철학과 자연의 거울

Philosophy and the Mirror of Nature

철학과 자연의 거울
Richard
Rorty
리처드
로티
지음
석기용
옮김
PHILOSOPHY AND THE MIRROR OF NATURE

P 필로소픽

TO

M . V . R.

우리가 세계의 미래를 생각할 때는 언제나 지금 우리가 보는 대로 세계가 그렇게 계속 움직여 나간다고 했을 때 위치하게 될 자리에 있는 세계를 염두에 둔다. 우리는 세계가 직선이 아니라 곡선으로 움직이며 그 방향이 끊임없이 바뀐다는 것을 깨닫지 못한다.

철학에는 진보란 없는 것인가? 누군가가 가려운 데를 긁으면 그걸 진보라 간주할 수 있을까? 그럴 수 없다면, 그것이 진정한 긁음이나 진정한 가려움이 아니었다는 뜻인가? 그 자극에 대한 이런 반응이 꽤 오랫동안 계속되다가 마침내 가려움증 치료법이 발견될 수는 없는 일일까?

Wenn wir an die Zukunft der Welt denken, so meinen wir immer den Ort, wo sie sein wird, wenn sie so weiter läuft, wie wir sie jetzt laufen sehen, und denken nicht, dass sie nicht gerade läuft, sondern in einer Kurve, und ihre Richtung sich konstant ändert. (Ludwig Wittgenstein, Vermischte Bemerkungen, Frankfurt, 1977, p. 14.)

Die Philosophie hat keinen Fortschritt gemacht? Wenn Einer kratzt, wo es ihn juckt, muss ein Fortschritt zu sehen sein? Ist es sonst kein echtes Kratzen, oder kein echtes Jucken? Und kann nicht diese Reaktion auf die Reizung lange Zeit so weitergehen, ehe ein Mittel gegen das Jucken gefunden wird? (Ibid., pp. 163-164.)

차례

제2부 거울반사

제3부 철학

◆ 30주년 기념판 서문 ◆

스승이자 친구, 리처드 로티를 기리며

마이클 윌리엄스Michael Williams

『철학과 자연의 거울Philosophy and the Mirror of Nature』은 직업적 철학자 집단에 충격파를 던졌다. 30년이 지난 지금도 이 책은 철학에 관심이 있는 사람이라면 누구든 읽어야 하는 책으로, 혹은 다시 읽어야 할 책으로 남아 있다. 로티의 논증들은 처음 제기된 그때나 다름없이 오늘날에도 생명력을 잃지 않았기 때문이다. 로티의 책은 우리가 철학적 기획에 대해 알고 있는 바를 재고하라고 요구하는 통찰력 넘치는 저술이다. 이 책은 오늘날 철학의 가장 흥미진진한 발전 중 하나인 미국 실용주의의 부흥에 단연코 가장 큰 영향을 미쳤다. 그 영향력은 강단 철학의 범위를 훨씬 넘어선 영역에까지 미친 상태다.

『철학과 자연의 거울』은 인식론, 형이상학, 심리철학, 언어철학, 그리고 그 밖의 많은 분야에 걸친 방대한 범위를 아우르는 야심작이다. 그러나 로티의 의도는 이러한 철학 영역들 내의 견해들을 옹호하려는 것이라기보다는 특유의 주제를 지닌 전문화된 학문으로서의 철학 개념 자체에 의문을 제기하려는 데에 있다.

로티는 지난 세기에 이해된 바로서의 철학이란 지식을 **정확한 표상**

accurate representation으로 보는 사고방식, 즉 자연의 거울로서의 마음이라는 은유에 뿌리를 둔 사고방식이 낳은 결과들을 탐구하고자 한 시도라고 본다. 주로 17세기 데카르트의 저술들에서 유래한 이 은유는 로티가 "인식론으로서의-철학"이라고 부르는 것의 등장으로 이어지며, 여기에 심신 문제, 회의주의, 진리의 본성 등 교과서적인 문제들의 표준 목록이 함께 따라온다. 로티에 따르면, 우리는 그런 문제들을 해결하려 계속 매달려서는 안 된다. 그런 문제들은 해결책에 저항할 작정으로 진화하여 형성된 것들이기 때문이다. 그냥 잊어버리는 편이 차라리 더 낫다.

특정 문제들을 아예 제쳐 **두어야 한다**는 제안이 참으로 좋은 말이긴 하다. 하지만 그렇게 **될 수**가 있을까? 우리를 사로잡고 있는 그런 문제들의 지적인 영향력에서 벗어나려면 그것들을 내버려도 무방하다고 설득할 수 있는 논증들이 필요하다. 더불어, 그런 논증들 자체에 우리가 지금 벗어나려 하는 형태의 인식론적 또는 형이상학적 찬동들이 함의되어 있어서도 안 된다. 이것은 무리한 주문이다. 전통적인 철학적 이론화에 누구 못지않게 적대적이었던 논리실증주의자들을 생각해 보라. 그들이 형이상학을 거부한 방식은 인식론으로서의-철학의 모범적인 예시라 할 의미 검증가능성 이론에 기반을 둠으로써, 오히려 그 영역을 영속화했다. 그런 위험을 헤아릴 때 우리는 오스틴이나 비트겐슈타인에게서 보게 되는 더 순도 높은 치유 전략들을 통해 인식론으로서의-철학에서 벗어날 탈출구를 찾고 싶어 할 수도 있다. 그러나 로티는 오스틴과 비트겐슈타인을 우러러보면서도 철학적 문제들이 그저 "무의미"하다거나 일상 언어의 남용(또는 오해)에서 비롯된 것이라는 생각에는 의구심을 품는다. 어떤 것이든 우리가 의미를 부여하면 의미를 지니는 것이다. 그리고 어디까지가 일상적 말하기 방식들이고 어디서부터 철학적 이론이 그 자리를 넘겨받는 것인지 누가 안단 말인가?

로티는 다른 접근법을 택한다. 인식론으로서의-철학에서 벗어나려는 그의 탈출구는 그가 "인식론적 행동주의"라고 부르는 넓게 보아 실용주의적인 관점에 의존한다. 인식론적 행동주의는 심적 활동을 겉으로 드러나는 행동으로 환원하자는 것에 대한 찬동이 아니라 하나의 방법론적 태도이다. 인식론적 행동주의자로서 그는 언어를 의사소통적인 것으로, 지식을 논증과 토론의 결과로 간주하면서 인간의 사고와 지식을 공적인, 즉 삼인칭의 관점에서 검토한다. 실천적 의의가 들어 있지 않은 차이는 이론적으로도 유의미하지 않다.

로티는 실용주의자라는 이름표에 "다소 과부하가 걸려 있다"고 생각하여 그 명칭을 피하지만, 그의 인식론적-행동주의의 태도는 최근 데이비드 맥아더와 휴 프라이스가 특징지은 바 있는 실용주의의 모범이다.[1] 로티의 영향을 인정하는 맥아더와 프라이스에 따르면 현대 실용주의는 두 가지 찬동을 결합한다. 첫째는 언어의 우선성이다. 즉 마음, 지식 등의 본성에 관해 물으면서 시작하지 말고, 심성주의적 또는 인식론적 어휘를 쓸 때 우리가 무엇을 하고 있는지 묻는 데

1 데이비드 맥아더David Macarthur와 휴 프라이스Huw Price, 「실용주의와 준-실재론Pragmatism and Quasi-Realism」, 『신 실용주의자들New Pragmatists』, 셰릴 미삭Cheryl Misak 편집, pp. 95-97(Oxford: Oxford University Press, 2007). 로티는 『실용주의의 결과들Consequences of Pragmatism』이라는 (아주 적절하게) 제목 붙인 첫 논문집 머리글에서 스스로 실용주의자로 자리매김한다(Minneapolis: University of Minnesota Press, 1982).

서 시작해야 한다는 것이다. 이것이 바로 로티가 전개해 나간 방식이다. 두 번째는 반反표상주의로서, 진리(사실과의 대응으로서)나 지칭(예를 들면, 자연주의적으로 해명 가능한 모종의 단어-세계 관계로서) 같은 표상주의적 개념들을 **이론적으로 활용**하는 방식으로 우리의 다양한 어휘들에 접근해서는 안 된다고 조언한다. 마음(또는 언어)을 자연의 거울로 보는 발상을 거부하는, 이른바 반표상주의가 로티 책의 기조이다.

로티의 실용주의는 일종의 자연주의를 통합한다. 이런 주장은 로티가 수행한 연구에 대해 뭔가를 아는 사람들에게는 믿기 어려운 소리로 들릴 수 있다. 자연주의는 흔히 물리주의와 결부되는데, 물리주의는 로티가 반대하는 부류의 형이상학적 신조이기 때문이다. 하지만 여기서 우리는 프라이스의 **객체 자연주의**object naturalism와 **주체 자연주의**subject naturalism라는 유용한 구분에 호소할 수 있다. 객체 자연주의자는 어떤 종류의 것들이 근본적으로 존재하는지에 대한 관점에서 시작하여, 자신의 존재론적 도식에 쉽게 들어맞지 않아 보이는 것들을 수용하는 과제를 맡는다. 예를 들어, 물리주의적 자연주의자는 기본 입자들로 이루어진 세계에서 의미나 가치의 자리를 어떻게 찾을지(혹은 찾을 수 있을지)를 궁금해할 것이다. 이와 대조적으로, 주체 자연주의자는 인간이 수행하는 일들에 대해 경험적 태도를 취할 뿐이다.[2] 따라서 주체 자연주의는 형이상학적이라기보다는 방법론적이다.

---

2 휴 프라이스, 「표상주의 없는 자연주의Naturalism without Representationalism」, 『자연주의에 대한 의문Naturalism in Question』, 데이비드 맥아더와 마리오 드 카로Mario de Caro 편집(Cambridge, MA: Harvard University Press, 2004).

주체 자연주의자는 객체 자연주의를 비판적 시선으로 바라보면서, 도대체 물리적 또는 심리적 어휘들을 어떻게 이해하고 있었기에 애초에 형이상학적 곤경에 빠지게 된 것인지 물을 수 있다. 로티는 바로 이런 종류의 주체 자연주의자이다. 프라이스가 언급한 바와 같이, 로티는 단지 철학 **내에서** 일종의 자연주의자일 뿐 아니라, 철학**을** 검토한다는 측면에서도 자연주의자이다.[3]

오늘날 주체 자연주의자를 포함하여 대체로 자연주의자들은, 철학과 자연과학 사이에는 분명한 경계가 없다고 주장하거나, 아예 철학은 단지 가장 추상적이고 일반적인 과학일 뿐이라고 주장한다. 로티는 이런 종류의 과학주의를 피한다. 그는 자연과학을 존중하지만, 과학적 지식이 경험적 지식의 전부라고 여기지 않는다. 또한 자연과학도 그렇고 심지어 심리학도 그의 철학적 관심사와 특별히 관련이 있다고 여기지 않는다. 오히려 그는 사상의 역사를 조명하는 쪽에 호소한다. 로버트 브랜덤의 말처럼, 로티의 철학은 자연주의와 **역사주의**의 종합이다.[4]

로티의 역사주의는 사회학적이라기보다는 합리적 성격을 지닌다. 로티는 "내적" 역사라고 때때로 불리곤 하는 것을 실천한다. 인식론으로서의-철학은 합리적으로 이해할 수 있는 경로를 따른다. 그것은 합리적 동기들에 반응하는 새로운 발상들로 시작해서, 그런 발상들

---

3 개인적으로 나눈 대화.

4 로버트 브랜덤Robert Brandom, 「실용주의의 용어들: 자연주의와 역사주의 종합하기Vocabularies of Pragmatism: Synthesizing Naturalism and Historicism」, 『로티와 그의 비판자들Rorty and His Critics』(Oxford: Blackwell, 2000). 이 책은 로티에 진지한 관심이 있는 사람이라면 누구나 읽어야 할 필독서다.

이 만들어 내는 문제들에 반응하며 발전하고, 마지막으로, 자신의 토대가 된 그 발상들을 통렬하게 비판하며 넘어서서 그 자신을 무효로 만든다.

역사주의는 반反표상주의와 쉽게 어우러진다. 로티의 반표상주의적 관점에 따르면, 언어는 자연의 거울이라기보다는 일군의 도구 집합으로 더 잘 이해된다. 새로운 도구가 그렇듯, 새로운 말하기 방식은 단지 **기존** 프로젝트와 문제 들을 더 잘 다룰 수 있게 해주는 것만이 아니라, 우리에게 새로운 할 일들을 부여한다. 새로운 문제와 프로젝트 들에 비추어 보면, 예전의 말하기 방식들은 쓸모보다는 문제가 더 많아 보일 수 있다. 그 경우 그런 방식의 용어들로 표현된 문제들은 합리적으로 버려질 수 있다.[5]

이것은 마음 편치 않은 제안이다. 철학적 문제는 인간적 조건을 깊이 성찰하는 사람이라면 누구나 접할 수 있는 영속적인 것이라고 흔히 여겨진다. 확실히, 철학적 문제들에 대한 해결책은 고도로 이론적일 수 있지만, 문제 그 자체는 극단적인 이론적 발상들과는 별개로 "직관적"이다. 로티의 역사주의는 그런 직관을 의심하게 만든다. 직관적이라고 하는 느낌은 그저 특정한 말하기 방식에 익숙하다는 말에 지나지 않을 수 있다. 역사는 철학적 성찰의 불가피한 출발점이라고 여겨지는 것들의 우연성을 폭로하면서 익숙한 것을 다시 낯설게 만들 수 있다.

로티는 분석철학자들에게는 익숙하지 않은 방식으로 언어적 우선성, 반표상주의, 역사적 설명을 혼합한다. 물론 듀이의 『확실성의 추

5 Ibid.

구The Quest for Certainty』도 비슷한 노선을 따라 전개된다. 하지만 듀이는 분석철학계에서 많이 읽히지 않았으며(지금도 그렇다), 어쨌든 로티의 진단적 서사가 깊이와 세세함에서 훨씬 뛰어나다.

로티는 인식론으로서의-철학의 흥망성쇠를 재구성하면서 인식론을 **경계 설정**demarcation **프로젝트**와 연결하는 사고방식을 구체화한다. 전형적인 경계 설정 질문은 "어떤 형태의 담론이 진정한 지식을 표현하고 어떤 형태가 단지 표현하는 듯 보일 뿐인가?" 또는 "무엇이 이성에 속하고 무엇이 신앙에 속하는가?" 등이다. 그런 대구對句의 양극들은 동등한 가치를 부여받는 것들이 아니므로, 경계 설정 프로젝트는 담론의 형태들을 상위 부류와 하위 부류에 배정하는 것이며, 이는 우리 문화에서 무엇이 중요한지에 대한 우리의 감각에 심대한 결과들을 초래한다. 이러한 결과들 때문에 철학 자체가 지극히 중요해 보이게 된다. 로티는 인식론에 많은 것을 부과하는데 인식론을 그런 식으로 이해하게 되면 철학이 왜 **중요한지**가 설명된다. 만일 우리가, 오늘날 많은 철학자가 그러고 싶어 하듯, 인식론의 더 커다란 야망을 빼버리고 나면, 인식론은 한낱 현학적인 기획으로 전락하고 만다. (게티어 문제Gettier problem를 기억하라.)

경계 설정의 야망은 서구의 지적 전통에서 아주 초창기에 나타났으며, 처음부터 퓌시스자연 대 노모스규약, 철학 대 시詩, 논리학 대 수사학 등 미심쩍은 대립들에 매달린다. 그러나 로티가 주목하는 대상은 **근대** 철학이다. 로티는 먼저 데카르트에서 칸트에 이르는 근대 철학의 영웅 시대를 탐구한다. 지금껏 계속해서 철학적 사유를 만들어 온 문제들이 처음으로 알아볼 만한 모양새를 갖춘 시기가 바로 이때다. 특히 우리는 데카르트에게 두 가지 문제를 빚지고 있다. 우리의 외부 세계 지식에 관한 회의주의의 문제와 심신 문제다. 로티는 데카르트의 문제들이 지닌 **참신성**을 강조하면서, 데카르트의 독창적인 마음 개념을 추적한다.[6] 로티는 데카르트가 마음을 **발명**했다고 도발적으로 말한다(1장).

데카르트 이전의 철학자들과 신학자들은 마음(또는 영혼)의 특별한 본성에 관한 다양한 발상들을 이리저리 궁리했다. 이를테면, **사후** 생존 능력, 또는 단지 지금 여기에만 반응하는 것이 아니라 (무시간적인) 필연적 진리를 파악하는 우리의 능력으로 입증되는 **이성적** 지식 능력 등등. 데카르트는 그런 고려사항들에 무감각하지 않다. 하지만 그의 심성mentality 규준은 상당히 다르다. 데카르트에게 있어 심적인 것을 보증하는 것은 의식 앞에 현전한다는 것이며, 그는 이것을 **수정 불가능한 지식가능성**incorrigible knowability과 동일시한다.

데카르트는 스콜라주의적 아리스토텔레스주의의 지적 환경을 새로운 수리 물리학에 더 우호적인 지적 환경으로 대체하려고 시도하는 과정에서 마음을 발명한다.[7] 데카르트에게 아리스토텔레스주의는 그저 우리가 통속적인 인식론과 통속적인 물리학이라고 부를 법한

---

6 데카르트 문제의 참신성은 고대 회의주의에 대한 새로운 관심 덕분에 지금은 예전보다 훨씬 더 널리 인정받고 있지만, 그래도 여전히 과소평가되고 있다. 고대 회의주의와 현대 회의주의의 차이에 대해서는 마일즈 버니엣Myles Burnyeat의 획기적인 논문 「관념론과 그리스 철학: 데카르트가 본 것과 버클리가 놓친 것Idealism and Greek Philosophy: What Descartes Saw and Berkeley Missed」(*Philosophical Review* 91, no. 1(1982년 1월): 3-40)을 참조하라.

7 로티는 이 점을 지적하지 않지만, 데카르트는 베이컨과 마찬가지로 기계론적인 과학이 틀림없이 우리를 "자연의 군주이자 주인"으로 만들어 주리라 주장하기 때문에 이 과업을 매우 중요하게 생각한다.

상식이 철학적 체계로 발전한 것일 뿐이다. 불행히도 수리 물리학은 세계에 대한 우리의 상식적인 사고방식과는 엄청나게 어긋난다. 우리가 순진하게 경험하는 세계는 색, 소리, 냄새 등으로 가득 차 있다. 그러나 물리학에서 가르치는 세계란 그 참된 본성상 파스칼을 오싹하게 했던 무한한 공간의 침묵 속에서 소용돌이치는 무색무취의 입자 뭉치일 뿐이다.

상식과 물리학 사이의 명백한 충돌은 데카르트에게 세 가지 문제를 선사한다.

1. 상식은 지각 경험의 주술에 너무 많이 사로잡혀 있다. 특히 통속적인 인식론은 우리의 사물 개념, 즉 사물의 참된 본성에 대한 우리의 이해가 감각들이 전달한 것들로부터 추상을 통해 도출된다는 순진한 경험론을 구현한다. 그러나 물리적 실재는 비록 수학적으로 이해할 수 있을지는 몰라도 문자 그대로 상상불가이다. 따라서 데카르트는 상충하는 그 세계상들을 "*이성*Reason"(본유 관념들로 작동하며 개념적 이해를 제공하는)과 상상력(감각이 제공하는 재료로 작업하면서 이해가능성과 그림가능성picturability을 같게 볼 것을 부추기는)의 인식론적 분할과 결부시킨다. 그는 전자가 진정한 지식, 이른바 "명석하고"(즉, 확실하고) "판명한"(즉, 개념적으로 매우 정확하여 우리가 잘못된 추론을 할 리 없는) 지식의 궁극적 원천이라고 우리를 설득하고 싶어 한다. 이 거슬리는 구분에 힘을 보태기 위해 그는 확실성과 이해의 잠재적 원천인 *이성*과 감각에 차등적인 영향을 미치는(그가 주장하는 바이다) 형태의 회의주의를 발전시킨다.

2. 색깔이나 여타의 "이차" 성질은 미립자-기계적인 세계에서는 설 자리를 찾지 못할 것처럼 보이므로, 데카르트로서는 어딘가 그것들을 집어넣을 곳이 필요하다. 갈릴레오를 따라서, 그는 그것들의 자리를 부분적으로 마음에 재배치한다. 물리적으로 말하자면, 색깔은 외부 대상이 자체의 미세구조적 속성들 덕분에 보유하는 힘으로서, 그 힘은 적절하게 구성된 관찰자에게 특유의 시각 경험을 유도한다. 간지러움이 피부에 닿는 깃털에서 발견되는 게 아니듯 우리가 경험하는 바로서의 녹색도 녹색의 감각을 유도하는 대상에서 발견되는 것이 아니다.

3. 이성적 사고도 기계론적인 용어들로 이해되기를 똑같이 거부한다. 관념은 본래 "지향적" 혹은 표상적이다. 관념은 바로 그 본성상 유니콘, 파리Paris, 3의 제곱근 등등 무언가에 관한 관념 혹은 무언가"의" 관념인 것이다. 지향적 대상(관념이 무언가에 "관한" 관념이라고 할 때 바로 그 무언가)이 물질적 대상일 필요는 없으므로(실은 굳이 존재해야 할 필요도 없다), 지향성은 그 어떤 종류의 인과-기계론적 관계에도 해당할 수 없다. 또한, 이성적 추론은 논리적 전후 관계를 파악하는 우리의 능력이 인도한다. 추론이 단지 뇌의 기계적 처리 과정에서 비롯된 관념들 사이의 결합으로 환원될 수는 없다.

데카르트는 마음에 대한 자신의 새로운 개념화가 기계적인 우주 안에서 이차 성질과 사고의 자리 문제를 해결하리라 생각한다. 그러는 가운데 그는 자신이 지닌 경계 설정의 야심이 요구하는 선택적 회의주의에 동의한다.

데카르트는 그렇게 마음을 새로 고안하면서 필연적 진리에 대한 이성적 파악을 단순 감각들과 함께 한 상자에 집어넣는다. 그러나 감각과 사고의 공통점이 무엇일까? 우리는 이미 그 대답을 보았다. "의식 앞에 현전"이다. 관념은 본래 표상적이지만 그 자체는 (무한 퇴행의 위험이 있으니) "직접적으로", 다시 말해 표상 없이도 알려져야 한다. 관념은 표상 덕분에 알려지는 것이 아니라서 **오**誤**표상될 수 없다.** 따라서 인식awareness은 필연적으로 수정불가능하다. 사유와 감각은 놓칠 수 없는 것들이다. 자신이 갖고 있음을 알지 못한 채로 그것들을 가질 수 없으며, 자신이 지금 어떤 사유나 감각을 지니고 있는지에 대해 틀릴 수도 없다.

데카르트의 표상주의는 아리스토텔레스의 질료형상론과 결정적으로 단절한다. 질료형상론적 관점에 의하면 우리는 어떤 대상의 형상을 공유함으로써 그 대상을 안다. 이는 어떤 이의 망막 상이 그가 보고 있는 대상과 그 모양을 공유하는 방식이다. 이 관점의 중요한 특징은 앎이란 대상과 공유할 수도, 공유하지 않을 수도 있는 형상을 **인식**하는 것과 관련된 것이 아니라 **단지** 그 공유함에 있다는 것이다. 대조적으로 데카르트적 관념은 직접적 인식의 대상이다. 그것은 자신이 표상하는 대상과 형상을 공유할 필요가 없고 따라서 그 대상에 더 정확하게 혹은 덜 정확하게 대응할 수 있다.

데카르트의 표상주의는 경계 설정에 대한 그의 야망에 잘 들어맞는데, 특히 또 다른 결정적인 움직임과 결합할 때 그렇다. 데카르트는 감각을 이성적 사고와 한 상자에 넣는 일의 타당성을 강화하기 위해 감각을 표상으로 취급한다. "삼각형의 관념(=개념)"에서 "~의"는 "빨강의 관념(=감각)"에서의 "~의"와 같다.[8] 그러나 비록 감각이 "사고"의 한 형식이기는 하지만, 인식론적으로는 이류의 형식이다. 감각은 아무래도 **혼란스럽기** 때문이다. 삼각형에 대해 명석 판명하게 파악되는 수학적 개념은 바뀔 수 없는 참된 본질에 대한 확실한 지식을 산출한다. 우리는 그러한 지식을 갖고서 나쁜 추론을 할 수 없다. 이에 반해, 빨강의 감각은 아무리 현상학적으로 생생하더라도 몸 상태(또는 그것의 외부 원인)의 잠재적으로 오도된 표상에 지나지 않는다. 오도한다고 한 이유는 그것이 우리를 잘못된 결론으로 끌어가는 경향이 있기 때문이다. 이는 기하학적 대상에 대한 감각적 상상들, 즉 마음의 눈에 비친 그림들에도 적용된다. 우리는 면이 천 개인 도형과 천 한 개인 도형의 차이를 **이해**할 수 있지만, 그 차이를 **마음속에 그려 볼** 수는 없다. 기껏해야 면이 수없이 많은 두 개의 도형을 각각 그릴 수 있을 뿐이다.

지금까지 우리는 사물의 본성에 대한 우리의 지식에 관심을 가져왔다. 그러나 만약 우리가 오직 우리 자신의 표상만을 직접적으로 인식한다면, 어떻게 감각이 홀로 외부 세계의 **존재**를 우리에게 보증해 주기까지 할 수 있는지가 문젯거리로 떠오른다. 아리스토텔레스의 질료형상론에 심취한 철학자라면 데카르트의 동시대 사람들 다수가

---

8 셀라스Wilfrid Sellars는 사유의 진정한 지향성과 감각의 "준-지향성"을 뒤섞은 것이 데카르트가 20세기 경험론에 남긴 가장 심각한 오류 중 하나라고 생각한다. 윌프리드 셀라스의 『경험론과 심리철학Empiricism and the Philosophy of Mind』을 로버트 브랜덤의 「학습 안내서」 및 리처드 로티의 「서문」과 함께 참조하라(Cambridge, MA: Harvard University Press, 1997). 브랜덤의 「학습 안내서」는 1960년대 후반에 로티가 학생들을 위해서 셀라스의 논고 후반부 절들에 대해 작성한 일군의 필기 자료에 그 연원이 있다.

처음에 그랬듯이 아마 이 문제를 이해하기조차 어려울 것이다. 마음에 대한 데카르트의 새로운 사고방식은 그 회의주의적인 문젯거리를 완전히 변환시킨다. 사물의 진짜 본성에 관해 확실성을 획득할 가능성에 대한 피론주의적 유보(이론적 문제들에서 외견상 조정이 불가능해 보이는 의견 차이들을 고려할 때)에 대응하는 문제에서 주체와 대상을 연결하는 문제, 즉 우리의 관념이 어쨌거나 무언가에 대응한다는 것과 만일 대응한다면 어느 정도나 대응하는 것인지 우리 자신에게 보증하는 문제로 변환된 것이다. 이 문제는 어떤 논쟁과도 전혀 관련이 없으며 전적으로 마음의 본성과 관련된 것이다. 아무도 논쟁거리로 여기지 않는 것들조차도 우리가 그것을 어떻게 알 수 있는지 이해하기가 어려워진다.[9]

마음에 대한 데카르트의 사고방식은 두 개의 이원론, 즉 인식론적 이원론(직접 알 수 있는 것 대對 추론을 통해서만 알 수 있는 것)과 형이상학적 이원론(심적/내적/비非공간적인 것과 물질적/외적/연장하는 것 사이의)을 나란히 정렬한다. 그러나 이러한 이원론들이 촉발한 환원 프로그램들(관념론, 물리주의 등)이 계속해서 우리의 시선을 끌고 있기는 하지만, 그것들은 자신들이 극복하고자 한 그 이원론들보다 더 설득력이 없다. 로티는 그런 프로그램들이 전혀 설득력이 없다고 주장한다. 마음에 관한 데카르트적 사고방식에서 불가피한 것이란

9 이 논제의 추가적인 전개에 대해서는 나의 다음 논문을 참조하라. 「회의주의 전통에 대한 데카르트의 변형Descartes's Transformation of the Skeptical Tradition」, 『고대 회의주의에 대한 케임브리지 지침서The Cambridge Companion to Ancient Skepticism』, 리처드 벳Richard Bett 편집(Cambridge: Cambridge University Press, 2008).

없다. 우리는 감각적인 "날 느낌raw feels", 혹은 **감각질**qualia을 억지로 개념적 인식과 한 상자에 집어넣을 필요가 없다. 실은, 우리가 **감각질**을 반드시 인정해야 하는 것도 **전혀** 아니다. 현재 "어려운" 심신 문제의 소재지로 여겨지는 **감각질** 관련 직관들은 데카르트적 담론 방식들의 **산물**이지, 그런 방식들을 정당화해 주는 명백한 근거가 아니다(제2장 참조). 우리는 지향적 기술記述이 기계론적 기술과 일으키는 **충돌**이 불가피하다고 보아야만 하는 것이 아니다. 반대로 그것이 기계론적 기술을 **보완**해 준다고 볼 수도 있다. 외부 세계 회의주의의 위협은 인간적 조건에 내장되어 있지 않다.

인식론으로서의-철학의 그다음 발전 단계는 로크가 맡는다.[10] 로크는 인간의 지성 능력에 대한 자신의 경험-내성적 탐구에서 일반적으로 마음에 관한 데카르트적 사고방식을 당연시하지만, 데카르트의 본유론과 섭리론을 거부한다. 결과적으로 로크는 선험적a priori 성찰만으로 실질적 진리들을 확립한다는 발상에 의구심을 품게 된다. 대신 로크는 마음의 능력에 대한 탐구를 인간 지식의 범위와 한계를 결정하는 더 소박한 프로젝트와 엮는다. 그것이 더 소박하다고 한 이유는 궁극의 형이상학적 질문에 대한 답변과 사물의 미립자-기계적 본성에 대한 상세한 지식이란 우리 능력 밖의 것일 수 있어서다. 그러나 기계론적 과학의 진보 가능성에 대해 데카르트보다 더 비관적이었음에도, 로크는 자신의 데카르트적 출발점이 지닌 깊은 회의주

10 로티가 이 점을 강조하지는 않지만, 데카르트에 비해 로크의 동기들이 훨씬 덜 과학-형이상학적이고 훨씬 더 정치-신학적이라는 점은 주목할 가치가 있다. 로크의 경계 설정 프로젝트의 목적은 지식과 신앙을 대조하여 "열광"(즉, 광신주의)을 억제하고, 확실성을 얻을 수 없는 문제들에서 관용을 장려하는 데 있다.

의적 잠재력을 직시하지 않는다. 어쨌거나 그에게는 그 문제를 다룰 수 있는 자원이 없다.

칸트가 본 바와 같이, 인식론이 답해야 하는 회의주의적 의문들은 우리가 사고하는 방식들의 정당화quid juris, 권리의 문제에 관한 것이지, 그런 방식들의 기원quid facti, 사실의 문제에 관한 것이 아니다. 게다가 이러한 의문들은 **매우** 일반적이어서 선험적으로 다루어져**야 한다**. 인식론에 대한 로크의 접근 방식은 인과와 정당화를 혼합한 것으로서, 경험적 지식을 주장할 수 있는 우리의 권리에 관하여 논점을 선취한 경험적 탐구다. 로크는 자신의 경계 설정 프로젝트를 충분히 뒷받침할 정도의 안전한 기반, 아니 심지어 올바른 종류의 기반조차 갖추고 있지 않다.

로크의 인식론은 과도기적인 것으로, 대상**에 대한** 지식에 우선성을 부여하는 더 예전 경향의 흔적을 간직하고 있다. 칸트는 획기적인 조치를 통해 앎이란 심지어 지각 경험에서도 명제를, 즉 **무엇이 어떠함**을 아는 것이라고 주장한다. 사고란 판단을 내리는 문제이며, 그런 판단만이 홀로 참이거나 거짓일 수 있고, 정당화되거나 정당화되지 않을 수 있다. 불행히도, 칸트의 통찰은 지식에 관한 로크의 소박한 인과적 설명을 초월적 관념론transcendental idealism이라는 불가사의한 준-인과적 설명으로 대체하는 방향으로 이어진다. 이에 따르면 마음은 감각적 직관을 개념에 따라 "종합"함으로써, 다시 말해 그런 직관을 규칙에 따라 분류함으로써 경험의 대상을 "구성"한다.

빨강 개념 같은 일부 개념은 경험적이며, 경험-기반의 가르침을 통해 획득할 수도 있다. 그러나 모든 판단은 반드시 지성의 **순수** 개념들을 수반하며, 그러한 개념들의 이해란 가능한 다양한 논리적 형식들(단언적 형식, 조건적 형식 등)을 판단할 수 있는 능력으로 **이루어진다**. 요점은 이것이다. 어떤 세계든 그것에 관해 우리가 무언가를 알 수 있으려면 그 세계가 반드시 특정한 형식을 갖춰야 한다는 것을, 즉 대상들이 시공간 속에서 일정한 인과 관계에 놓여 있어야 한다는 것을 우리는 선험적으로 알 수 있다. 왜냐하면 세계의 이러한 형식적 특징들이란 그저 경험적으로 적용할 수 있는 ("도식화된") 모습으로 나타난 판단의 논리적 형식들이기 때문이다. 그렇게 해서 (형이상학으로서의) 철학은 비록 대가를 치르긴 했으나 구원되었다. 우리는 오로지 **경험**할 수 있는 것으로서의 세계에 관해서만 실질적인 선험적 진리들을 알 수 있다. 다시 말해, 개념적 규칙들에 따라 직관을 종합한 판단을 통해서 세계를 아는 것이다. 다른 문제들(실천적, 종교적, 미학적인)은 제각기 나름의 합리성을 수반하지만, 그것들이 **지식**의 문제들은 아니다.

칸트에게 있어서 일부 판단들은 개념적 고려만으로 참이 된다. "금은 금속이다"가 그렇다. 왜냐하면 "금"이라는 개념을 적용하는 규칙은 금이라면 무엇이든 금속으로도 분류되어야 한다는 규정을 포함하기 때문이다. 대조적으로, 남아프리카에 금이 풍부하다는 판단은 감각적 직관을 통해 경험적으로 검증되어야 한다. 이렇게 칸트는 두 가지 중요한 구분을 상정한다. 오직 의미에 의해서만 참인 분석 판단과 경험적 증거의 볼모가 된 종합 판단의 구분이 하나고, 감각 소여the sensory Given•와 그것의 개념적 해석의 구분이 다른 하나다.

• 대문자가 사용된 'the Given'은 관례적으로 '소여'로 번역하였고, 소문자로 'the given', 'givenness' 등이 사용될 때는 '주어진 것', '주어짐' 등으로 번역하였으나 이 두 가지 형태의 표현에 특별한 의미의 차이가 있는 것은 아니다. – 옮긴이

이제 인식론으로서의-철학이 만개한 형태를 드러낸다. 이제 철학자들은 지식에서 선험적 요소와 후험적 요소를 분류하는 일에 나설 수 있다. 그들은 감각에 나타나는 것(즉 "관찰")과 개념적 해석으로 보태지는 것(즉 "이론")을 구분할 수 있다. 그들은 어떤 담론 형식들이 진정으로 인지적이고, 어떤 형식들이 단지 표현적이거나 실천적인지 결정할 수 있다. 그들은 인간적 지식을 **그 자체로** 검토할 수 있는 이론적 도구들을 지닌 것이다.

로티는 19세기 말에 이르러 "칸트가 우리에게 어떻게 해야 하는지 보여준 것"으로서의 철학이 자연과학(생리심리학을 포함하여)과 헤겔이 남긴 역사화의 유산이라는 두 가지 압력에 짓눌릴 위험에 처했다고 주장한다. 후설의 현상학과 마찬가지로 분석철학도 이러한 경향성에 대한 반동으로 시작된다. 분석철학은 사유의 근본 형식들과 관련하여 단지 **사실의 문제**에 관한 질문이 아니라 **권리의 문제**에 관한 질문에 답하는 학문으로서 철학의 자리를 수복하려는 시도이다. 그래서 적어도 처음 50~60년 동안 분석철학은, 비록 현대 수리논리학이 표상의 수단으로서 "마음"을 "언어"로 대체하기는 했지만, 근본적으로는 신칸트주의적 성격을 유지하였다.

중심축이 되는 제4장 「특권적 표상」에서 로티의 인식론적 행동주의가 전면에 등장한다. 이 견해를 취할 때, 우리는 "오직 의미" 덕분에 성립한다고 여겨지는 판단과 너무 명백해서 논할 가치가 없는 판단 사이에 실제로 유의미한 차이가 없음을 알게 된다. 이 통찰은 콰인의 위대한 공헌이다. 콰인이 옳다면 분석적 진리란 없다. 이 말은 철학자들이 자기네 학문이 선험적이라는 주장을 옹호하기 위해 "순수한 개념적" 문제들과의 관련성을 더는 들먹일 수 없다는 의미다.

감각 소여와 그것의 개념적 해석 사이의 구분도 비슷한 운명을 맞이한다. 소여에 호소함의 의의는 사유가 그 자신 바깥에 있는 어떤 것에 제약받는다는 점을 보증한다는 것이다. 그러나 지식 주장들에 대한 경험적 검증에 관한 한, 우리는 증거가 공적으로 이해할 수 있는 관찰 문장들을 수반한다는 것을 안다. 그런 문장들이 합의에 의해 받아들여지는 이유는 그것들이 (훈련을 통해) 주위 상황들과 **인과적으로** 조율되기 때문이다. 관찰 문장의 신뢰성을 개인적인 사적私的 자료와의 대면과 연결함으로써 얻을 수 있는 실질적인 유의미성은 아무것도 없다. 이것이 "소여의 신화the Myth of the Given"에 대한 셀라스의 공격에 담긴 핵심 교훈이다.

셀라스가 옳다면, 관찰-이론의 구분은 존재론적이라기보다는 방법론적인 구분이다. 모든 지식 주장에 대해 궁극의 최고 법정을 제공하는 영구적인 관찰 언어란 존재하지 않는다. 왜냐하면 어떤 속성도 "본래적으로 관찰적"이지 않기 때문이다. 관찰가능성은 우리가 신뢰할 만한 보고를 하기 위해 무엇을 배울 수 있느냐의 문제다. 따라서 관찰가능성에 관해서 우리의 마음은 바뀔 수 있다. 사람들이 마녀를 알아볼 수 있다고 믿은 적이 있지만, 마녀란 존재하지 않으므로 그럴 길이 없었다. 마녀에게 해당하는 이야기가 **감각질**에도 해당한다. 우리가 그것들을 "직접 인식"한다고 생각하는 것이 그런 것들이 있어**야 함**을 의미하지 않는다.

그러나 로티의 견해에 따르면, 콰인도 셀라스도 끝까지 가지 않는다. 인식론적-행동주의의 자세를 취하면, 우리는 칸트식의 구분 중에 어느 것도 유지될 수 없음을 알게 된다. 로티의 논증은 콰인과 셀라스의 장점을 취하되 그 둘을 넘어서 나아가는 솜씨 좋은 종합이다.

분석/종합의 구분을 기꺼이 걷어내면서도 콰인은 경험론에 대한 미련을 버리지 않는다. 그것이 감각 소여의 "자연화된" 후계자를 찾도록 그를 부추긴다. 그는 망막 자극에서 그 후계자를 찾고 싶은 유혹을 받는다. 그러나 자극은 정당화와는 무관하며 중요한 것은 관찰 문장이다. 콰인은 또한 경험론의 과학주의적 경향성을 이어받는다. 고도로 이론화된 의미 개념에 대한 그의 거부가 일상의 의미 담론을 의심하게 만든다. 콰인 자신의 견해가 지향하는 전체론적이고 대화적인 정당화 모형에 의하면 서로 다른 담론 방식들이 서로 다른 목적에 유용하다는 것을 받아들여야 하는데도, 특정한 담론 방식들만이 진정으로 "사실적"이라는 생각을 떨쳐 버릴 수 없는 그는 그 점을 인정하지 않는다.

셀라스는 콰인의 거울상을 드러낸다. 그는 개념적 진리에 대한 애착을 유지하는 가운데 감각 소여를 완전히 걷어내 버린다. 그런 까닭에 셀라스는 자신이 이런저런 개념에 대한 "분석을 제공"하고 있다고 계속 생각하게 되고, 그럼으로써 철학에 특별한 방법이 있다는 생각을 고무시킨다. 더불어 셀라스는 자신만의 일원론적 경향성을 지닌다. 셀라스에 따르면 철학의 과제는 사물들이 바로 그 사물이라는 용어의 가장 큰 의미에서 어떻게 서로 잘 들어맞아 있는지를, 바로 그 잘 들어맞는다는 용어의 가장 큰 의미에서 이해하는 것이다. 그러나 그는 이 과제를 *세계-속-인간*의 현시적 이미지와 과학적(즉 물리주의적) 이미지 사이에서 빚어진다고 가정된 충돌에 비추어 해석한다. 인식론적 행동주의자는 너그러운 언어적 다원주의에 만족해야 한다. 어떤 담론 방식들은 자연의 과정을 예측하고 통제하는 데 유용하다. 다른 방식들은 숙고나 새로운 삶의 방식을 사유하는 데 유용하다. 사물들은 서로 다른 기능을 수행하고, 그럼으로써 서로 충돌하지 않고 함께 어울려 들어맞을 수 있다.

칸트식 구분을 버린다는 것이 어떤 함의를 갖는지는 철저히 생각해 볼 일이다. 제5장에서 로티는 심리학자들(혹은 그들의 철학적 찬양자들이라고 하는 게 더 그럴듯할 것이다)이 인식론이 떠난 빈자리를 심리학이 채울 수 있다고 생각하지 않는 한, 철학자가 인지심리학자들과 싸움을 벌여서는 안 된다고 주장한다. 제6장에서 그는 프레게 덕분에 언어철학이 철학의 기본 하위 분과로서 인식론을 대체했을 때 비로소 철학이 올바른 길을 찾았다는 주장(마이클 더밋이 제기한)을 검토한다. 여기서 로티는 언어철학을 "순수" 언어철학과 "불순" 언어철학의 두 형태로 나누는 중요한 구분을 제시한다. 순수 언어철학은 현대 논리학이 제공하는 도구를 활용하여 의미, 지칭, 필연성에 관한 우리의 생각들을 체계화하려 하지만, 이 프로젝트가 전통적인 인식론적 쟁점이나 형이상학적 쟁점과 큰 관련이 있다고 가정하지 않는다. 불순 언어철학은 명백히 그러한 쟁점들을 지향한다. 인식론으로서의-철학은 언어의 화려한 옷차림으로 개선되지 않는다.

로티는 인식론으로서의-철학을 공격한 바람에 철학계 일부에서 오명을 얻었다(지금도 그렇다). 철학계 바깥에서 그의 작업을 호의적으로 받아들이면서 그가 포스트모더니즘의 과도한 주장들에 결부된 것이 그런 결과에 일조한다. 비판자들에게 로티는 회의주의자, 상대주의자, 비합리주의자, 허무주의자다. 그는 그 어느 것도 아니다. 로티는 **인식론적 회의주의자**가 아니라 **인식론에 대한 회의주의자**다. 철학적 회의주의자는 어떤 견해든 그게 다 그거라고 믿거나 그렇게 믿는 것처럼 군다. 로티는 단 한순간도 그렇게 생각하지 않는다. 회의주의(상대주의 등과 더불어)는 인식론의 어두운 일면이라는 것이 로티의 견해다. 인식론은 세계에 대한 우리 믿음의 총체적 정당화를 목표로 한다(적절한 근거 부여에 저항하는 믿음들을 결과적으로 격하시키는 일과 함께). 따라서 인식론이 작동해야 하는데 작동하지 않는다고 생각할 때 결국 도달하는 지점이 회의주의다. 부적합한 인식론이 아니라 지식, 정당화, 진리가 이론의 대상들이라는 바로 그 생각이 회의주의로 이어진다. 그런 생각을 하지 않았더라면, 아마도 총체적 정당화 프로젝트 같은 것은 이해할 수 없어 보였을 것이다. 제리 포더의 사례를 빌리자면, 만약 우리에게 칸트식 구분들이 없어도 무방하다면, 우리가 무언가가 어떻다는 것을 어떻게 아는지 설명하는 일이란 어느 한 화요일에 일어나는 모든 것을 설명하는 일과 비슷해 보이기 시작할 것이다. 어느 쪽이든 우리에게 이론적 완결성까지 약속하는 영역이란 없다. 여기서 우리는 표상주의의 원죄로 되돌아온다. 현대적인 급진적 형태의 회의주의는 거울의 왜곡 효과에 관한 난제들, 그리고 그에 따른 *실재의 지식*Knowledge of Reality에 관한 난제들을 제시하는 거울 이미지에서 비롯된 것이다. 그런 이미지를 버리면 회의주의의 위협은 사라진다. 물론 우리는 여전히 이런저런 구체적인 주제에 대해 이것저것 알아내는 방법을 물을 수 있다. 그러나 그러한 질문들은 철학의 직분이 아니다.

내가 로티의 회의주의가 어느 정도까지인지를 과소평가하고 있는 걸까? 건실한 인식론자들에겐 터무니없이 들리겠지만, 정당화된다는 것은 뭐든 우리의 양심이나 우리의 사회가 무방하다고 하는 것을 말하는 것이라는 그의 언급은 어떤가? 대답은 이렇다. 그것은 인식론적 행동주의에 대한 견강부회일 뿐이다. 요점은 "정당화되다"(승인의 용어로서)가 "사회적으로 수용되다"를 **의미한다**는 것이 아니라, 실제로 무언가를 결정하는 유일한 방법은 대화를 통해서, 토론을 통해서라는 것이다. 로티가 가르치는 것은 회의주의나 상대주의나 비합리주의가 아니라 겸양이다. 그가 말년에 한 논문에서 말했듯이, 만약 우리가 철학적인 수법들을 동원해 현재 통용되고 있는 생각들을 뒷받침하는 일에 몰두하는 데서 벗어날 수 있다면 "'내재적', '진정한', '무조건적', '합법적' 등과 같은 단어를 걷어내고, … [그리고] '데이터에 부합하다', '그럴듯하게 들리다', '득보다 실이 많다', '본능을 거스르다', '시도해 볼 만한 가치가 있다', '너무 우스꽝스러워서 진지하게 받아들이기 어렵다' 등과 같은 평범한 칭찬이나 비난의 표현들을 써도 별 문제가 없게 될지 모른다."[11]

로티는 종종 "언어적 관념론"이라는 비난을 받는다. 그것은 사실이란 "찾아지는" 것이 아니라 "만들어지는 것"이라는 견해를 말한다. 이 혐의 역시 근거가 없다. 로티는 칸트의 구분을 거부하면서 모든 것이 **노모스**이고 **퓌시스**는 없다고 주장한 것이 아니라, 만들어진 것과 찾아진 것의 구분 자체에 의문을 제기한 것이다. 우리는 이론을 만들고 그에 따라 살아가려고 노력한다. 이론이 잘 작동하면 그것은 발견으로 치게 된다. 찾아냄은 **제약된** 만듦이다. 로티는 우리가 사고하는 방식에 세계가 영향을 미친다는 것을 부정하지 않는다. 그러나 그는 자신의 대화적인 정당화 개념에 따를 때 세계는 인과적으로 영향을 미

---

11 「웅장함, 심오함 그리고 유한함Grandeur, Profundity and Finitude」, 리처드 로티, 『문화 정치학으로서의 철학Philosophy as Cultural Politics』(Cambridge: Cambridge University Press, 2007), p. 87.

치는 것이며, 무언가를 정당화하는 식으로 영향을 미치는 것이 아니라고 생각한다. 이는 인과 관계가 정당화와 무관하다는 것이 아니라, 다만 인과적 영향이란 먼저 그것이 **인정되고** 나서야 비로소 대화에 불러들일 수 있을 뿐이라는 말이다.

이 모든 것이 철학의 미래에 대해 어떤 의미를 지닐까? 『거울』에서 로티는 철학이 해석학적이고 교화적인 것이 되어야 한다고 제안한다. 그는 정상 과학과 혁명 과학이라는 쿤의 구분을, 공유된 기준에 따라 수행되는 정상 담론과 참여자들이 새로운 대화 방식을 실험하는 비정상 담론의 구분으로 일반화한다. 해석학적인 철학자는 새로운 방식과 오래된 방식의 관계를 공감 어린 마음으로 대조하여 새로운 방식이 나아갈 길을 수월하게 닦아 준다. 체계 철학자들이 현재 통용되는 실천들을 인식론이나 형이상학으로 전환하여 직관을 완고하게 만들려고 할 때, 교화 철학자는 그런 시도에 저항함으로써 개념적 혁신을 돕는다. 체계 철학자들이 존재하는 한, 우리에게는 교화적인 비판자들이 필요할 것이다.

로티는 이런 제안에 만족하지 않게 되었다. 이후 저술들에서 그는 철학이 문화 정치학, 즉 어떤 것에 관해 대화할 것인가에 대한 대화에 관심을 가져야 한다고 주장한다. 하지만 『거울』에서도 그런 제안은 표면 바로 아래에 자리한다. 로티는 해석학적인 교화 철학에 대한 자신의 사고방식을 바꾼 것이 아니라 확장한 것이다.

마지막 논고들에서 로티는 전통의 도덕-철학적 차원에 더 많은 무게를 두면서 자신이 논의해 온 철학의 흥망성쇠 이야기를 복잡하게 만든다. 철학이 오랫동안 사물의 궁극적 본성에 대한 지식을 추구해 왔던 이유는 그런 지식을 통해 우리가 어떤 종류의 인간이 되어야 하는지 깨우치려는 목적에서였다. 『거울』에도 내재해 있는 로티의 생각은 우리가 본질적으로 어떤 존재인지 깨우친다는 발상을, 우리 자신을 어떤 존재로 만들지 결정한다는 발상으로 대체하는 것이다. 이제 철학은 만물에 자리가 있고 만물이 제자리를 지키는 종교적인 과거와 완전히 세속적인 "문예적인" 문화 사이의 틈새를 메우는 과도기적인 분야로 그 모습을 드러낸다. 그 안에서 우리는 상상력 넘치는 문학에 의지하여 어떤 사람이 될 것인지 또는 어떤 사회에서 살 것인지에 관한 발상들을 찾아가게 될 것이다. 인간 세계는 우리가 고쳐 만들 수 있는 우리의 세계다. 우리는 마이클 오크쇼트가 명명한 이른바 **키비타스 페레그리나**civitas peregrina, 즉 낯선 나그네들이 체류하는 도시의 거류민들로서, 우리를 결속하는 것은 오로지 결코 끝이란 있을 수 없는 대화의 예절뿐이다.

『철학과 자연의 거울』에서 우리는 자신의 진가를 남김없이 드러낸 미국 철학의 가장 독특한 목소리 중 하나를 듣는다. 이 목소리는 너무도 일찍 고요해졌다. 하지만 이 목소리가 들리지 않았더라면 우리의 철학적 대화는 훨씬 더 빈곤해졌을 것이다.

머리말

거의 철학 공부를 시작하자마자 나는 새로운 가정들이나 어휘들의 결과로 철학적 문제들이 나타나거나, 사라지거나, 형태가 바뀌는 방식에 깊은 인상을 받게 되었다. 나는 리처드 맥키온과 로버트 브럼보에게서 철학의 역사를 같은 문제에 대한 대안적 해결책들의 연속이 아니라 일군의 전혀 다른 문제들의 연속으로 보는 법을 배웠다. 루돌프 카르납과 칼 헴펠에게서 나는 가짜문제들을 형식적인 화법으로 다시 진술하여 그 실체를 드러내는 방법을 배웠다. 찰스 하츠혼과 폴 와이스에게서는 만약 그 문제들이 화이트헤드나 헤겔의 용어들로 번역된다면 그런 실체가 어떻게 드러날 수 있을지 배웠다. 나에게는 이들을 스승으로 모신 것이 매우 큰 행운이었지만, 좋든 나쁘든 나는 그들이 모두 같은 말을 한다고 생각했다. "철학적 문제"란 그 문제가 진술된 어휘 안에 내장된 가정들을 무의식적으로 채택한 산물이며, 그 문제 자체를 진지하게 받아들이기 전에 먼저 그 가정들에 의문을 제기해야 한다는 것이다.

얼마 후 나는 윌프리드 셀라스의 책을 읽기 시작했다. ***소여의 신화***

에 대한 셀라스의 공격은 대부분의 현대 철학 배후에 놓인 가정들을 의심스럽게 만드는 것 같았다. 그러고 난 후 나는 언어-사실의 구분에 대한 콰인의 회의적인 접근을 진지하게 받아들이고 콰인의 관점을 셀라스의 관점과 결합하고자 노력하기 시작했다. 그 이후로 나는 전통적 경험론에 대한 셀라스와 콰인의 비판을 일반화하고 확장하기를 희망하면서 현대 철학의 문젯거리들 배후에 있는 가정들을 더 많이 격리해 내려고 노력해 왔다. 카르납이 표준적인 교과서적 문제들을 독창적으로 해소한 방식이 "치료적"이었던 것과 마찬가지 의미에서, 나는 그러한 가정들로 되돌아가 그것들이 선택 사항임을 분명히 하는 것이 "치료적"이 되리라고 믿었다. 이 책은 그 시도의 결과물이다.

이 책이 만들어지는 데는 오랜 시간이 걸렸다. 프린스턴대학은 연구 시간과 안식년 제공에 놀라울 정도로 관대한 곳이라서, 미국학문학회협의회American Council of Learned Societies, ACLS와 존 사이먼 구겐하임 기념재단John Simon Guggenheim Memorial Foundation의 추가 지원이 없었다면 아마 이 책을 쓰지 못했을 거라고 고백한다는 게 부끄럽다. 나는 1969-70년에 ACLS 연구비를 받으면서 이 책의 줄거리를 구상하기 시작했고, 1973-74년에 구겐하임 연구비를 받으면서 초고 대부분을 썼다. 세 기관의 도움에 가장 큰 감사를 표한다.

프린스턴을 비롯해 다른 여러 대학의 학생들, 다양한 학회 논문 발표회장의 청중들, 동료와 친구 등 많은 이들이 이 책의 여러 절의 여러 가지 초고를 읽거나 들었다. 그들의 반대 의견에 따라 내용과 양식을 많이 수정했는데, 매우 감사하게 생각한다. 기억력이 너무 형편없어서 그런 도움을 준 가장 중요한 사례들조차도 일일이 열거하지 못한 것이 아쉽지만, 부디 이곳저곳의 독자들이 본인의 의견을 통해 나온 유익한 결과물을 알아볼 수 있었으면 한다. 하지만 프린스턴대학 출판부의 익명 검토자 역할을 맡아서 이 책의 최종 교정본을 읽고 매우 유용한 의견을 제시해 준 두 사람, 마이클 윌리엄스와 리처드 번스타인에게는 감사의 말을 전하고 싶다. 또한 시간을 들여 마지막 장을 두고 막판에 생긴 의문들을 해결하는 데 도움을 준 레이먼드 고이스, 데이비드 호이, 제프리 스타우트에게도 고마움을 표한다.

마지막으로, 내가 쓴 글이 초고 상태에서 인쇄본으로 변모하는 과정에서 인내심을 갖고 도움을 준 로라 벨, 펄 캐버너, 리 리틴스, 캐롤 론, 샌포드 대처, 진 톨, 데이비드 벨맨에게 감사의 말을 전하고 싶다.

* * * * *

제4장의 일부는 『철학의 새 문제Neue Hefte für Philosophie』 14집(1978)에 실렸다. 제5장의 일부는 『몸, 마음, 방법: 버질 C. 올드리치 헌정 논문집Body, Mind and Method: Essays in Honor of Virgil C. Aldrich』(도널드 F. 구스타프슨과 뱅스 L. 탭스콧 편집, Dordrecht, 1979)에 실렸다. 그 장의 다른 부분은 『철학 연구Philosophical Studies』 31집(1977)에 실렸다. 제7장의 일부는 『핀란드 철학 학회지Acta Philosophica Fennica』(1979)에 실렸다. 이들 논문의 재수록을 허락해 준 편집자와 출판사 관계자분들에게 감사를 표한다.

철학과 자연의 거울

서론

철학자들은 흔히 자기네 학문을 영원 무구한 질문들, 누구나 성찰하기만 하면 떠오르는 질문들을 다루는 학문이라고 생각한다. 그중 일부는 인간과 다른 존재의 차이에 관한 것들로서, 마음과 몸의 관계에 관한 질문들로 구체화된다. 다른 질문들은 무언가를 안다는 주장의 합당성에 관한 것으로, 지식의 "토대"에 관한 질문들로 구체화된다. 그러한 토대를 발견하는 것은 마음에 관해 무언가를 발견하는 것이며, 거꾸로도 마찬가지다. 따라서 하나의 학문으로서 철학은 그 자신을 과학, 도덕, 예술, 종교 등에서 만들어진 지식 주장을 보증하거나 반박하려는 시도로 바라본다. 철학은 지식과 마음의 본성에 대한 특별한 이해에 기초하여 그런 일을 수행하고자 한다. 문화는 지식 주장들의 총합이고 철학은 그런 주장들을 심판하기 때문에 철학은 나머지 문화에 관하여 그 토대가 될 수 있다. 그럴 수 있는 이유는 철학이 지식의 토대를 이해하며, 지식을 가능하게 하는 아는-자로서의-인간에 대한 연구, "심적 과정" 또는 "표상 활동"에 대한 연구에서 그런 토대를 발견하기 때문이다. 안다는 것은 마음 바깥에 있는 것을 정확하게 표상하는 것이며, 따라서 지식의 가능성과 본성을 이해한다는 것은 마음이 그러한 표상을 만들어 낼 수 있는 방식을 이해하는 것이다. 철학의 중점 관심사는 일반 표상 이론이 되는 것이다. 문화를 실재를 잘 표상하는 영역, 썩 잘 표상하지 못하는 영역, (표상하는 체하지만) 전혀 표상하지 않는 영역으로 나누어 줄 이론이 되고자 하는 것이다.

우리는 "심적 과정들"의 이해에 기초한 "지식 이론"이라는 생각을 17세기, 특히 로크John Locke에게 빚지고 있다. 우리는 "과정들"이 발생하는 별개의 존재자로서의 "마음"이라는 생각을 같은 시대, 특히 데카르트René Descartes에게 빚지고 있다. 우리는 나머지 문화에서 제기한 주장을 지지하거나 부인하는 순수 이성의 재판정으로서의 철학이라는 생각을 18세기, 특히 칸트Immanuel Kant에게 빚지고 있으나, 이 칸트식 생각은 심적 과정들에 대한 로크의 생각들과 심적 실체에 대한 데카르트의 생각들에 대한 전반적인 동의를 선가정하는 것이었다. 19세기에는 철학을 지식-주장에 "근거를 부여하는" 토대 학문으로 보는 생각이 신칸트주의자들의 저술들에서 공고해졌다. 문화를 "근거 부여"가 필요한 대상으로 바라보는 이런 사고방식과 그런 작업을 수행하기 위한 지식 이론의 허상에 대해 때때로 반발이 있었지만(예를 들면, 니체Friedrich Nietzsche와 윌리엄 제임스William James에 의해) 대개는 잘 들리지 않았다. 지식인들에게 "철학"은 종교의 대체재가 되었다. 철학은 밑동을 건드리는 문화 영역이었다. 거기서 사람들은 지식인**으로서** 자신의 활동을 설명하고 정당화하고 그럼으로써 자기 삶의 유의성을 발견하게 해줄 어휘와 신념들을 찾았다.

우리 세기가 시작될 때, 그런 주장은 철학을 "엄격"하고 "과학적"

이게끔 유지하는 일에 관심을 가진 철학자들(특히 러셀과 후설)에 의해 재확인되었다. 그러나 그들의 목소리에는 절망의 음색이 묻어났다. 이 무렵에는 종교의 주장들에 대한 세속의 승리가 거의 완료되었기 때문이다. 그런 까닭에 철학자는 더는 자신을 지적 아방가르드 운동에 속해 있거나 미신의 힘으로부터 인간을 보호하는 존재로 볼 수 없었다.[1] 더군다나 19세기를 거치며, 새로운 형태의 문화가 생겨났다. 즉 시와 소설, 정치적 논고를 쓰고 다른 사람의 시와 소설, 논고를 비판하는 지식인, 즉 문필가들의 문화가 생겨난 것이다. 데카르트, 로크, 칸트는 자연과학의 성공으로 문화의 세속화가 가능해지던 시기에 글을 썼다. 그러나 20세기 초에 이르러 과학자들은 신학자들 못지않게 지식인들 대부분과 멀어지게 되었다. 시인과 소설가가 설교자와 철학자를 대신해 젊은이들의 도덕적 스승이 되었다. 결과적으로 철학이 더 "과학적"이고 "엄격"해질수록, 철학은 점점 더 나머지 문화와 무관해졌고 철학의 전통적인 자부심은 점점 더 터무니없어 보이게 되었다. 이것에 "근거를 부여하고" 저것을 "비판하려" 한 분석철학자들과 현상학자들의 시도는 근거를 부여받고 비판받는다고 알려진 활동을 하는 사람들에게 외면당했다. 이념이나 자아상을 원하는 사람들에게 철학 전체가 외면당했다.

우리는 바로 이런 배경에 비추어 우리 세기의 가장 중요한 세 철학자인 비트겐슈타인L. Wittgenstein, 하이데거Martin Heidegger, 듀이John

1 이 책 전반에 걸쳐 "그 자신himself"과 "남자들men" 등과 같은 단어들은 "그 자신 혹은 그녀 자신himself or herself", "남자들과 여자들men and women" 등을 축약한 말로 받아들이기를 바란다.

Dewey의 작업을 살펴봐야 한다. 세 철학자는 제각기 초창기에 철학을 "토대"로 만드는 새로운 방법, 즉 사고의 궁극적 맥락을 형성하는 새로운 방법을 찾으려고 노력했다. 비트겐슈타인은 심성주의mentalism와 무관한 새로운 표상 이론을 구축하려 했고, 하이데거는 과학, 인식론 또는 데카르트적인 확실성 추구와 무관한 일군의 새로운 철학적 범주들을 구축하려 했으며, 듀이는 헤겔 역사관의 자연화 버전을 구축하려 했다. 세 사람은 모두 이렇게 자신들이 초기에 기울인 노력을 결국은 자기기만으로 보게 되었다. 그런 노력은 철학을 바라보는 특정 사고방식에 살을 붙이는 데 필요한 개념들(지식과 마음에 대한 17세기적 개념들)이 폐기된 판인데도 여전히 그 사고방식을 존속시키려는 시도였다. 세 사람 모두 나중의 작업에서는 토대로서의 철학이라는 칸트식 사고방식에서 벗어났고, 본인들이 한때 굴복했던 바로 그 유혹을 우리에게 경고하는 데 시간을 들였다. 따라서 이들의 후기 저술은 건설적이라기보다는 치료적이고, 체계적이라기보다는 교화적이며, 독자에게 새로운 철학적 프로그램을 제공하기보다는 독자 스스로 자신의 철학함의 동기들에 의문을 던져 보도록 설계되었다.

비트겐슈타인, 하이데거, 듀이는 특별한 심적 과정 덕에 가능해지고 일반 표상 이론을 통해 이해할 수 있는 정확한 표상으로서의 지식 개념을 버릴 필요가 있다는 데 동의한다. 세 사람 모두에게서 "지식의 토대"라는 생각과 인식론적 회의주의자에 대한 데카르트적 답변 시도를 중심으로 돌아가는 그 무언가로서의 철학이라는 생각은 버려진다. 또한 그들은 데카르트, 로크, 칸트에게 공통된 "마음" 개념, 즉 내적 공간에 위치하며 지식을 가능하게 하는 요소나 과정을 포함하는 특별한 연구 주제로서의 "마음" 개념도 버린다. 그렇다고 해서 이들에게 **대안적인** "지식 이론"이나 "마음의 철학"이 있다는 말은 아니다. 그들은 가능한 학문으로서의 인식론과 형이상학을 버린다. 내가 "반론한다"고 하지 않고 "버린다"고 표현한 이유는 전통적인 문젯거리에 대한 그들의 태도가 17세기 철학자들이 스콜라 철학의 문젯거리에 대해 취했던 태도와 비슷하기 때문이다. 세 사람은 선대의 작업에서 거짓 명제나 나쁜 논증을 발견하는 데 몰두하지 않는다(물론 가끔 그러기도 한다). 오히려 그들은 계몽주의자들에게 13세기 철학적 어휘가 무의미해 보였던 것처럼, 17세기로부터 물려받은 철학적 성찰의 어휘가 무의미해 보일 수 있는 그런 형태의 지적 삶의 가능성을 엿본다. 포스트-칸트적 문화, 즉 다른 것들을 합법화하거나 그것들에 근거를 부여하는 포괄적 학문이 없는 문화의 가능성을 주장하는 것이 꼭 어떤 특정한 칸트식 학설에 반대하는 것은 아니다. 그것은 종교가 존재하지 않거나 혹은 종교가 과학이나 정치와 아무런 관련이 없는 그런 문화의 가능성을 엿보는 것이 꼭 자연 이성에 의해 신의 존재가 증명될 수 있다는 아퀴나스의 주장에 반대하는 것은 아닌 것과 같은 이치다. 비트겐슈타인, 하이데거, 듀이는 이전에 지배적인 것처럼 보였던 그런 특징들을 전혀 포함하지 않는 새로운 지형도(즉 인간 활동의 전체적인 파노라마에 대한 지도)를 도입함으로써 (쿤이 "혁명적" 과학을 말할 때의 의미에서) "혁명적" 철학의 시대로 우리를 이끌었다.

이 책은 내가 방금 기술한 반反데카르트 및 반反칸트 혁명의 관점에서 철학, 특히 분석철학의 최근 발전 양상 일부를 개관한 것이다. 이 책의 목적은 우리가 어떤 "철학적" 관점을 가져야만 하는 무언가로서의 "마음"에 대한 독자의 확신, "이론"이 있어야 하고 "토대"를 가져야만 하는 무언가로서의 "지식"에 대한 독자의 확신, 그리고 칸트로부터 배태된 개념으로서의 "철학"에 대한 독자의 확신을 약화하는 것이다. 따라서 논의된 주제들 가운데 어느 것에 대해서든, 무언가 새로운 이론을 찾는 독자는 실망하게 될 것이다. 나는 "심신 문제에 대한 해결책들"을 논하지만, 그것은 그 문제에 대해 어느 하나의 해결책을 제안하기 위한 것이 아니라 그런 문제가 존재하지 않는다고 생각하는 이유를 설명하기 위한 것이다. 마찬가지로, 나는 "지칭 이론들"에 대해 논하지만, 거기서도 그런 어떤 하나의 이론을 제시하는 것이 아니라 그러한 이론을 탐구하는 일이 왜 오도된 것인지에 대한 제언들만 제공한다. 이 책은 내가 가장 존경하는 철학자들의 저술과 마찬가지로 건설적이기보다는 치료적이다. 그렇지만 내가 제공한 치료법은 내가 문제를 제기하려 하는 준거 틀을 보유한 바로 그 분석철학자들의 건설적인 노력을 숙주로 삼는다. 따라서 그 전통에 대해 내가 제시하는 특정 비판들 대부분은 셀라스Wilfrid Sellars, 콰인W. V. O. Quine, 데이빗슨Donald Davidson, 라일Gilbert Ryle, 맬컴Norman Malcolm, 쿤T. S. Kuhn, 퍼트넘Hilary Putnam 같은 체계 철학자들에게서 빌린 것이다.

나는 내가 채택한 수단들에 관해서 이 철학자들에게 큰 빚을 졌다. 그 빚은 그 수단들을 이용해 이루고자 한 목적들에 관해서 비트겐슈타인, 하이데거, 듀이에게 진 빚만큼이나 크다. 나는 브로드C. D. Broad에서 스마트J. J. C. Smart에 이르기까지 심리철학에서 수행되었고, 프레게Gottlob Frege에서 데이빗슨에 이르기까지 언어철학에서 수행되었고, 러셀Bertrand Russell에서 셀라스에 이르기까지 인식론에서 수행되었고, 카르납Rudolf Carnap에서 쿤에 이르기까지 과학철학에서 수행되었던, 분석철학 내의 변증법이 몇 걸음 앞으로 더 나아갈 필요가 있음을 독자에게 설득하고 싶다. 나는 그렇게 몇 걸음 더 나아감으로써 우리가 "분석철학"이라는 그 개념, 나아가 칸트 시대 이래로 이해되어 온 바로서의 "철학"이라는 바로 그 개념 자체를 비판하는 위치에 서게 되리라 생각한다.

내가 채택하고 있는 관점에서 볼 때, 실제로 "분석" 철학과 그 외 다른 철학 사조들 사이의 차이는 비교적 중요하지 않다. 그것은 "방법"이나 제일 원리들의 차이라기보다는 양식과 전통의 문제다. 이 책이 대체로 현대 분석철학자들의 어휘로 써지고 그런 분석적인 문헌에서 논의된 문제들을 언급하는 것은 단지 자전적인 이유에서일 뿐이다. 그것들은 나에게 가장 익숙한 어휘와 문헌이며, 철학적 쟁점들에 대해 내가 가진 이해의 밑거름이 되는 것들이다. 내가 현대적인 다른 철학 저술 양식에 똑같이 익숙했더라면, 이 책은 비록 훨씬 더 길어졌을지 몰라도 더 낫고 유용한 책이 되었을 것이다. 내가 보기에 러셀과 프레게에게서 비롯된 부류의 철학은 고전적인 후설 현상학과 마찬가지로 다시 한번 철학을 칸트가 바랐던 위치, 즉 다른 문화 영역들의 "토대"에 대한 특별한 지식을 기초 삼아 그 영역들을 심판하는 위치에 세우려는 또 하나의 시도일 뿐이다. "분석" 철학은 또 하나의 변종 칸트 철학으로서, 주로 표상을 심적이기보다는 언어적인 것으로 생각하며, "지식의 기초"를 드러내는 분야는 "초월적 비판"이나 심리학이 아닌 언어철학이라고 생각하는 것이 특징이다. 제4장과 제6장에서 주장하겠지만, 언어에 대한 이러한 강조는 데카르트-칸트식 문젯거리를 근본적으로 바꾸는 것이 아니며, 따라서 실제로 철학에 새로운 자아상을 부여하지도 않는다. 분석철학은 여전히 영구적이고 중립적인 탐구의 근본 틀framework, 따라서 모든 문화의 근본 틀을 구축하는 데 전념하고 있기 때문이다.

현대 철학을 데카르트-로크-칸트 전통과 이어주는 것은 인간적 활동(그리고 탐구, 특히 지식의 추구)이 탐구의 결론에 선행하여 따로 분리해 낼 수 있는 근본 틀, 즉 선험적으로 발견할 수 있는 일군의 선행 조건들 안에서 생겨난다는 생각이다. 왜냐하면 그러한 근본 틀이 있다는 생각은 우리가 그 근본 틀을 인식 주체의 본성, 인식 주체가 지닌 능력의 본성 또는 인식 주체의 활동이 이루어지는 매체의 본성에 의해 부과된 것으로 생각할 때만 의미가 있기 때문이다. "과학"과 구별되는 무언가로서의 "철학"이라는 바로 그 발상은, 안으로 눈을 돌림으로써 피할 길 없는 진리를 발견할 수 있다는 데카르트적 주장과 그 진리가 경험적 탐구의 가능한 결과들에 한계를 부과한다는 칸트식 주장이 없었다면 사실상 의미가 없었을 것이다. (과거, 현재, 미래를 막론하고 전 분야의 **모든** 지식에 대한) "지식의 토대"나 (익숙한 어휘들로 표현된 것이나 아직 꿈꿔보지 못한 어휘들로 표현된 것이나 할 것 없이 **모든** 표상에 대한) "표상 이론" 같은 것이 존재할 수 있다는 생각은 그런 어떤 선험적 제약이 있다는 가정에 의존한다. 만약 우리가 지식에 대한 듀이식 사고방식, 즉 우리의 정당화된 믿음을 지식으로 보는 사고방식을 갖고 있다면, 우리는 지식으로 간주할 수 있는 것에 영속적 제약이 있다고 상상하지 않게 될 것이다. 왜냐하면 그런 사고방식을 갖고 있을 때 우리는 "정당화"를 "인식하는 주체"와 "실재" 사이의 거래 관계가 아닌 사회적 현상으로 보게 될 것이기 때문이다. 우리가 거울이 아닌 도구로서의 언어라는 비트겐슈타인식 사고방식을 가지고 있다면, 우리는 언어적 표상의 가능성에 대한 필요조건들을 찾지 않을 것이다. 우리가 철학에 대한 하이데거식 사고방식을 가지고 있다면, 우리는 인식 주체의 본성을 필연적 진리의 원천으로 삼으려는 시도가 또 하나의 자기기만적인 시도임을 알게 될 것이다. 그것은 애초에 사유를 시작하라고 우리를 유혹했던 낯섦에 대한 저 개방성을 "기술技術적"이고 확정적인 질문으로 대체하려는 것이기 때문이다.

분석철학이 전통적인 데카르트-칸트식 패턴에 어떻게 들어맞는지 이해하는 한 가지 방법은 전통 철학을 역사에서 탈출하려는 시도로 보는 것이다. 즉 그것을 모든 가능한 역사적 발전의 비역사적 조건들을 찾으려는 시도로 본다는 것이다. 이런 시각에서 볼 때 비트겐슈타인, 듀이, 하이데거에게 공통된 메시지는 역사주의적 메시지이다. 세 사람 모두 지식이나 도덕이나 언어나 사회의 토대에 대한 탐구가 단지 일종의 호교론일 수 있음을 각기 우리에게 상기시켜 준다. 다시 말해, 그런 토대에 대한 탐구는 단지 특정한 현대적 언어 게임, 사회적 실천 또는 자아상을 영구화하려는 시도일 수 있다는 것이다. 이 책의 교훈 역시 역사주의적이며, 이 책이 세 부분으로 나뉜 것은 "마음", "지식", "철학"의 개념들을 각각 역사적 조망 속에서 바라보고자 의도된 것이다. 제1부는 심리철학을 다루며, 제1장에서 나는 소위 데카르트적 이원론의 배후에 자리한 직관들에 역사적 기원이 있음을 보여주고자 한다. 제2장에서는 예측과 통제의 생리학적 방법들이 심리학적 방법들을 대신하게 되면, 그런 직관들이 어떻게 바뀌게 될 것인지 보이고자 한다.

제2부는 인식론을 다루며 더불어 인식론의 "후속 주제들"을 찾으려는 최근 시도들도 함께 다룬다. 제3장은 17세기 "인식론" 개념의 발생 및 그것이 제1장에서 논의한 "마음"에 대한 데카르트적 생각들과 연관되는 방식을 기술한다. 거기서 지식-주장을 정당화하는 것과 지식-주장을 인과적으로 설명하는 것 사이의 혼동, 다시 말해 대략 사회적 실천과 가정된 심리적 과정 사이의 혼동에 기초한 개념으로서의 "지식 이론"이 제시된다. 제4장은 전체의 중심이 되는 장으로, 이 책의 집필로 이어지게 된 발상들이 제시된다. 그것은 바로 셀라스와 콰인의 발상들인데, 이 장에서 나는 "소여"에 대한 셀라스의 공격과 "필연성"에 대한 콰인의 공격을 "지식 이론"의 가능성을 약화하는 결정적 단계들로 해석한다. 두 철학자의 공통점이자 그들이 후기 비트겐슈타인과도 공유했던 전체론과 실용주의는 내가 분석철학 내에서 확장하고 싶어 하는 사유 노선들이다. 나는 두 사유 노선이 특정 방식으로 확장될 때, 그 덕분에 우리는 진리를 "실재의 정확한 표상"이 아니라, 제임스의 표현을 빌리자면, "믿는 편이 우리에게 더 나은 것"으로 보게 될 것임을 주장한다. 혹은 덜 도발적으로 그 요지를 표현하자면, "정확한 표상"이라는 개념은 우리가 하고 싶은 일을 할 수 있도록 성공적인 도움을 준 믿음들에 대해 우리가 속없이 반사적으로 내뱉는 의례적인 찬사일 뿐임이 드러날 것이다. 제5장과 제6장에서는 내가 경험심리학이나 언어철학을 인식론의 "후속 주제"로 취급하려는 반동적 시도들이라고 간주하는 것들을 논의하고 비판한다. 나는 인식론이 실패한 일을 심리적 과정이나 표상의 매개로서의 언어에 관한 연구가 넘겨받아서 처리해 낼 수 있다고 우리를 설득하려는 시도는 오직 지식을 "표상의 정확성"으로 보는 사고방식에서만 나

올 수 있는 것임을 주장한다. 제2부 전체의 교훈은 정확한 표상들의 총체로서의 지식 개념은 선택의 문제로서, 사색과 행위, 세계 표상하기와 세계에 대처하기라는 그리스식 대비를 제거하는 실용주의적 지식 개념으로 대체될 수 있다는 것이다. 나는 그리스식의 시각적 은유들이 지배했던 역사상의 시대는, 그러한 은유들을 통합한 철학적 어휘가 그리스 · 로마 시대 이전 정령 숭배의 어휘만큼이나 기이해 보이는 시대가 도래하면서 뒤안길로 밀려날 수 있다고 제안한다.

제3부에서는 "철학"이라는 관념을 더 명시적으로 다룬다. 제7장은 "객관적 지식"의 탐구와 덜 특권적인 여타 인간적 활동 영역 사이의 전통적인 구분이란 단지 "정상 담론"과 "비정상 담론" 사이의 구분에 지나지 않는다고 해석한다. 정상 담론(쿤의 "정상 과학" 개념을 일반화한)은 합의에 도달하기 위해 합의된 기준을 포함하고 있는 모든 담론(과학적, 정치적, 신학적 담론 등등)이며, 비정상 담론은 그러한 기준이 없는 모든 담론이다. 나는 "합리성"과 "객관성"을 정확한 표상의 조건들을 통해 해명하려는 (그간의 전통 철학을 정의해 온) 시도는 당대의 정상 담론을 영속화하려는 자기기만적인 노력이며, 그런 시도가 그리스인들 이후로 철학의 자아상을 지배해 왔음을 주장한다. 제8장에서는 가다머Hans-Georg Gadamer와 사르트르Jean-Paul Sartre에게서 끄집어낸 몇 가지 착상들을 사용하여 "체계" 철학과 "교화" 철학을 대조하고, 전통적인 데카르트-칸트식 모체를 순순히 따르지 않는 "비정상" 철학이 "정상" 철학과 어떻게 관련되는지를 보인다. 나는 비트겐슈타인, 하이데거, 듀이가 당대의 직관과 관습에 "근거"를 제공하려한 철학자들이 아니라 독자들이나 사회 전체가 낡은 어휘와 태도를 떨치고 나오도록 돕는 교화의 목표를 지닌 철학자들임을 제안한다.

지금까지 말해 온 내용이 내가 "철학과 자연의 거울"을 책 제목으로 정한 이유를 명료히 보여주었기를 바란다. 우리의 철학적 신념 대부분을 결정하는 것은 명제라기보다는 그림이고, 진술이라기보다는 은유다. 전통 철학을 붙들고 있는 그림은 다양한 표상(일부는 정확하고 일부는 정확하지 않은)을 담고 있으면서 순수한 비非-경험적 방법으로 연구할 수 있는 위대한 거울로서의 마음이라는 그림이다. 거울로서의 마음 개념이 없었다면 표상의 정확성으로서의 지식 개념은 모습을 드러내지 않았을 것이다. 이 후자의 개념이 없었다면 데카르트와 칸트의 공통 전략, 이른바 그 거울을 검사하고 수리하고 깨끗이 닦아서 더 정확한 표상을 얻는다는 전략은 말이 되지 않았을 것이다. 그런 전략을 염두에 두지 않았다면 철학이 "개념 분석", "현상학적 분석", "의미의 해명", "우리 언어의 논리", "의식의 구성적 활동의 구조" 등에 대한 고찰로 이루어질 수 있다는 최근의 주장들은 말이 되지 않았을 것이다. 비트겐슈타인이 『철학적 탐구』에서 조롱한 것이 바로 그런 주장들이었고, 분석철학이 현재 취하고 있는 "탈-실증주의적" 견지를 향해 전진하게 된 것은 그런 비트겐슈타인의 인도를 따른 덕분이다. 그러나 매혹적인 그림들을 해체하는 비트겐슈타인의 솜씨는 역사적 인식, 즉 이 모든 거울 이미지의 원천에 대한 인식으로 보완될 필요가 있으며, 내가 보기에 그것이 하이데거의 가장 위대한 공헌인 것 같다. 하이데거의 철학사 서술 방식을 통해 우리는 그리스인들에게서 데카르트적 이미지의 시초들을 보게 되고 그런 이미지가 지난 3세기 동안 어떻게 변형되었는지 보게 된다. 이렇게 해서 그는 우리가 그 전통과 "거리"를 두게 만든다. 그러나 하이데거나 비트겐슈타인 둘 다 거울 이미지의 역사적 현상들, 즉 서구인의 마음이 시각적 은유에 지배받는 이야기를 사회적 시각으로 볼 수 있게 해주지는 않는다. 두 사람 모두 사회보다는 사람들이 좀처럼 좋아하지 않는 개인들에 관심을 가졌다. 쇠퇴하는 전통의 말기에 전형적으로 나타나는 진부한 자기기만과 멀찌감치 거리를 두는 가능성에 관심을 둔 것이다. 반면에 듀이는 비록 비트겐슈타인의 변증법적인 예리함이나 하이데거의 역사적인 학식을 갖지는 못했으나 새로운 종류의 사회 전망을 통해 전통적인 거울 이미지에 맞서는 강력한 반론들을 저술했다. 그의 이상 사회에서 문화는 더는 객관적 인식의 이상에 지배되지 않고 미적 고양의 이상에 지배된다. 그가 말했듯이, 그런 문화에서 예술과 과학은 "자발적으로 피어난 생명의 꽃"이 될 것이다. 나는 이제는 우리가 한때 듀이를 향해 제기되었던 "상대주의"와 "비합리주의"의 혐의란 단지 그가 공격했던 철학 전통의 무분별한 자위적 반사 작용이었음을 알아볼 수 있는 위치에 있기를 희망한다. 그를 비롯해 비트겐슈타인, 하이데거가 제기한 거울 이미지에 대한 비판들을 진지하게 받아들인다면 그런 혐의는 아무런 무게도 지니지 못할 것이다. 이 책이 그러한 비판들에 덧붙일 것은 거의 없지만, 그래도 이 책이 듀이가 깨뜨리고자 헛되이 희망을 품었던 철학적 관습의 저 딱딱한 껍질을 뚫고 들어가는 데 도움이 될 방식으로 그 비판들 중 일부를 보여주게 되기를 희망한다.

OUR GLASSY ESSENCE

제1부

우리의 유리 같은 본질

OUR GLASSY ESSENCE

제1장

마음의 발명

1. 심적인 것의 규준

흔히 심리철학philosophy of mind에서 이뤄지는 토론은 세계를 심적인 것과 물리적인 것으로 나누는 법을 누구나 항상 알고 있다고 가정하는 데서 출발하곤 한다. 물질과 비물질이라는 두 가지 "소재stuff"의 구분이 실은 철학적이고 당혹스러운 구분임에도 상식적이고 직관적이라고 가정하는 것이다. 그래서 라일이 심적 존재자들에 관한 말은 곧 행동 성향에 관한 말이라고 제안하거나 스마트가 그것은 곧 신경 상태에 관한 담화라고 제안할 때, 그들은 투 스트라이크에 몰리는 상황이 된다. 왜냐하면, 행동주의나 유물론 같은 이론이 참이라면, 어째서 그런 직관적 구분 같은 것이 존재한단 말인가?

우리는 통증, 기분, 이미지, "문득 떠오르는" 문장, 꿈, 환각, 믿음, 태도, 욕망, 의도는 모두 아무 의심 없이 "심적"이라고 간주하고, 반면

통증을 유발하는 위경련, 그에 수반되는 신경 과정 및 몸 안에 확고한 위치가 부여될 수 있는 나머지는 모두 비非심적이라고 간주하는 것 같다. 우리의 망설임 없는 분류는 우리가 "심성"이 무엇인지에 대해 명확한 직관을 지니고 있을 뿐만 아니라, 심성이 비-공간성과 관련이 있으며 또한 설령 몸이 파괴되더라도 심적 존재자나 심적 상태는 어떻게든 사라지지 않고 남을 수 있다는 생각과도 관련이 있음을 암시한다. 설령 우리가 "마음-소재mind-stuff"라는 개념을 버리더라도, 설령 술어 귀속의 대상으로서 **사유하는 실체**res cogitans라는 개념을 포기하더라도, 여전히 우리는 마음을 육체와 구분할 수 있어 보이며, 그것도 대체로 데카르트적인 방식으로 그럴 수 있는 것 같다.

그런 직관이라고 하는 것들이 데카르트적 이원론 같은 사고방식의 명맥 유지에 이바지한다. 행동주의와 유물론에 반대하는 포스트-비트겐슈타인 철학자들이 비트겐슈타인과 스트로슨P. F. Strawson에게 수긍하는 경향을 보이는 측면은, 어떤 의미에서 오직 인간 유기체가 존재할 뿐이며, 그 유기체가 **사유하는 실체** 일부분과 **연장하는 실체**res extensa 일부분이 비공간적으로 결합하여 만들어진다는 생각은 포기해야 한다는 것이다. 그러나 그들은 심-물리의 구분이 경험적 수단으로 메워질 수 없다거나, 심적 상태는 뉴런과 같은 것이 아니듯 성향disposition과 같은 것도 아니라거나, 어떤 과학적 발견으로도 동일성을 드러낼 수 없다고 하는 등의 데카르트적 직관은 여전히 그대로라고 말한다. 그들에게는 그런 직관이 그 메울 수 없는 간극을 확고히 해주기에 충분해 보이는 것 같다. 그러나 그런 신新이원론 철학자들은 본인들이 도달한 결론으로 인해 난처해진다. 왜냐하면 그들의 형이상학적 직관들이 데카르트적인 것처럼 보이기는 하지만, 그들이

"형이상학적 직관" 같은 것들을 **가질** 자격이 있는지가 분명치 않다는 게 문제이기 때문이다. 그들은 세계에 관하여, 경험 과학에 선행하면서 경험 과학이 손대지 못하는 그러한 앎의 방법이 있다는 식의 생각을 못마땅해하는 경향이 있으니 말이다.

이런 상황에서 신이원론자는 언어적인 측면으로 접근하여 "다른 어휘들", 즉 "대안적 기술記述들"에 대해 말하고 싶은 유혹을 느낀다. 이 전문 용어는 문제의 그 이원론적 직관이 동일 현상에 관한 말하기 방법의 차이 가운데 하나일 뿐임을 암시하며, 따라서 우리를 이원론 비슷한 것에서 스피노자식 양면 이론 비슷한 것으로 인도하는 것처럼 보인다. 그러나 "**무엇**에 대한 두 가지 기술인가?"라는 질문은 그런 견해를 고수하기 어렵게 만든다. "유기체에 대한 두 가지 기술"이라는 대답이 꽤 괜찮아 보이지만, 그것도 "유기체는 물리적인가?" 혹은 "유기체, 더 나아가 인간 유기체에는 그것의 각 부분이 지닌 실제적이고 가능한 성향 그 이상의 것이 있는가?"라고 질문하기 전까지만이다. 신이원론자들은 흔히 라일에게 꽤나 많은 심적 상태들을 기꺼이 양보하면서, 믿음, 욕망, 태도, 의도(솜씨, 덕성, 기분은 말할 것도 없고)가 모두 유기체와 그것의 각 부분, 그리고 그 부분들의 실제적이고 가능한 운동에 관해 말하는 방식들에 불과하다고 말한다(그러나 그러면서 그들은 브렌타노Franz Brentano와 치좀Roderick Chisholm의 견해에 따라 라일식의 필요충분조건은 결코 제시될 수 없다고 주장할 수도 있다).• 그

• 흔히 논리적 행동주의라고 불리는 라일의 이론에 따르면, 심적 상태란 관찰 가능한 행동의 성향일 뿐이다. 라일의 이론에서 그렇게 심적 상태와 행동 성향을 동일시한다는 것은 곧 각각 그 둘을 기술하는 두 진술이 필요충분조건 관계에 있다는 것을 의미한다. 예를 들어, 특정 심적 상태를 특정 행동 성향과 동일시한

러나 논의가 고통, 심상, 발생적 사고思考, 즉 성향과 비슷하다기보다는 소위 사건과 비슷해 보이는 단기적인 심적 상태들에 이르게 되면 그들은 주저한다. 그리고 그래야 마땅하다. 어떤 유기체가 고통스러워한다고 기술하는 것이 단지 그 유기체의 부분들이 지닌 어떤 상태에 관해 말하는 한 가지 방식일 뿐이라고 말하고 나면, 이원론과 유물론의 차이는 사라질 것이기 때문이다. 그런 부분들이 **물리적**인 부분들이어야 함을 잊지 말라. 왜냐하면 우리가 데카르트를 칸트화하고 또 스트로슨화하고 나면 "심적 부분"이라는 개념은 더는 말이 된다고조차 여겨지지 않을 것이기 때문이다. 심신 동일성 옹호자라면 우리가 어떻게 **느끼는가**에 관한 이야기가 그저 우리 해부학적 구조의 일부분(아마도 뉴런으로 추정될)이 어떤 형편에 **있는지** 보고하는 대안적 방식임을 인정하라는 것 말고 무엇을 더 요구할 수 있겠는가?

이렇게 해서 우리는 다음과 같은 딜레마에 처하게 된다. 즉, 신이원론자들은 존재자들이 환원되지 않는 서로 다른 두 가지 존재론적 종種에 속한다는 것을 우리가 어떻게 선험적으로 아는지에 대한 인식론적 설명을 구성해야 하거나, 아니면 "존재론적 간극"이나 "대안적 기술" 같은 개념들에 의존하지 않으면서 자신들의 이원론을 표현할 방법을 찾아야 한다. 그러나 이 딜레마를 해결할 방법들을 궁리하기 전에 우리는 "존재론적 종"이나 "존재론적 간극" 같은 개념들을 더 자세히 살펴봐야 한다. 그것은 어떤 종류의 개념일까? 존재론적

다는 말은 그 심적 상태에 관한 진술 M과 그 행동 성향에 관한 진술 B에 대해서 'M이면 B이고, 또한 B이면 M이다'가 참이라고 말하는 것이다. 그러나 논리적 행동주의의 비판자들은 심적 상태에 관해 그런 식의 필요충분조건은 결코 제시될 수 없다는 비판을 제기한다. – 옮긴이

간극의 다른 예시가 있을까? 경험적 탐구로는 두 존재자를 동일시할 수 없다는 것을 선험적으로 아는 다른 사례가 있을까? 어떤 경험적 탐구로도 서로 다른 위치에 있는 두 개의 시공간적 존재자를 동일시할 수 없다는 것쯤은 아마도 안다고 하겠지만, 그런 지식은 너무나 사소한 것이어서 별로 의미가 있어 보이지 않는다. 우리가 자연의 존재론적 종들에 대해 선험적으로 알고 있는 다른 어떤 사례가 있을까? 내가 생각해 볼 수 있는 유일한 예시들은 유한과 무한, 인간과 신, 그리고 특수자particular와 보편자universal의 구분들이다. 직관적으로 생각할 때 그 어떤 것도 **그러한** 경계선을 가로지를 수 없다. 하지만 이런 예시들은 그다지 도움이 되지 않는 것 같다. 흔히 우리는 무한한 무언가가 존재한다는 말이 과연 무슨 의미일지 알지 못한다고 말한다. 정통의 "신성神性" 개념을 명료히 하고자 할 때, 우리는 단지 부정적 사고방식을 갖거나,• 아니면 "무한성"과 "비물질성"이라는 개념들을 통해 해명하고자 하는 사고방식을 갖게 되는 것 같다. 무한성을 언급하는 것은 불분명한 것을 더 불분명한 것으로 설명하는 셈이므로, 우리에게 남은 것은 비물질성이다. 우리는 만약 무한자가 존재할 **수 있다면** 보편자처럼 그것도 비물질적인 것에 의해서만 예화될 수 있으리라 막연하게 확신한다. 보편자의 존재에 대해 말하는 것이 어떤 식으로든 의미를 지니려면, 보편자는 비물질적으로 존재해야 할 것으로 보이며, **그것이** 바로 보편자가 시공간적인 특수자와 결코

• "신은 이러저러한 존재다"라고 긍정형으로 서술하는 대신, "신은 이러저러한 존재가 아니다"라는 식으로 신이 지닐 수 없는 속성을 부정형으로 서술하여 신성을 해명하는 시도를 일컫는다. – 옮긴이

동일시될 수 없는 이유다. 하지만 "비물질적"이라는 것은 무슨 의미일까? 그것은 "심적"이라는 말과 같은 말인가? 설령 "물리적임"의 개념에서 "물질적임" 또는 "시공간적임" 이상의 무언가를 보기 어렵다고 하더라도, "심적"과 "비물질적"이 동의어인지는 분명하지 않다. 만약 그 두 용어가 동의어라면, 보편자의 지위에 관해 개념론자와 실재론자가 벌인 논쟁 같은 것들은 실제보다 훨씬 더 실없어 보일 것이다. 그런데 어쨌든 "심적"의 반대말은 "물리적"이고 "비물질적"의 반대말은 "물질적"이다. "물리적"과 "물질적"은 동의어로 보인다. 어떻게 별개의 두 개념이 동의어 반대말을 가질 수 있는가?

이 지점에서, 칸트로 되돌아가고픈 유혹을 받을 수도 있다. 심적인 것은 시간적이어도 공간적이지는 않지만, 비물질적인 것, 즉 감각의 범위를 넘어선 그 신비는 공간적이지도 시간적이지도 않다고 설명하는 것이다. 이것은 멋지고 깔끔한 삼중의 구분을 우리에게 제공하는 것처럼 보인다. 즉, 물리적인 것은 시공간적이고, 심리적인 것은 공간적이지 않으나 시간적이며, 형이상학적인 것은 공간적이지도 시간적이지도 않다는 식이다. 따라서 우리는 "물리적"과 "물질적"이 겉보기에 동의어처럼 보이는 것을 "비심리적"과 "비형이상학적" 사이의 혼동으로 잘 설명할 수 있다. 유일한 곤란은 칸트와 스트로슨이 심적 상태란 공간적으로 위치한 사람들의 상태로서만 확인할 수 있다는 주장을 옹호하는 설득력 있는 논증을 제시했다는 점이다.[1] 우

1 칸트의 「관념론 논박Refutation of Idealism」(*K.d.r.V.* B274ff)과 P. F. 스트로슨, 『개체들Individuals』(London, 1959), 제2장, 그리고 『감각의 한도The Bounds of Sense』(London, 1966), pp. 162ff를 보라.

리는 "마음-소재"를 포기했으므로 그런 논증들을 진지하게 받아들일 수밖에 없다. 이로써 우리는 거의 원점으로 돌아오게 된다. 왜냐하면 이제 우리는 공간적 존재자의 어떤 상태는 공간적이고 어떤 상태는 그렇지 않다고 말하는 것이 어떤 의미를 지니는지 알고 싶기 때문이다. 그런 상태를 시공간적 존재자의 **기능적** 상태들이라고 말해 봤자 도움이 되지는 않는다. 왜냐하면 어떤 사람의 미모, 체격, 명성, 건강은 기능적 상태들이지만, 그렇다고 그것이 심적 상태인 것은 아니라고 직관이 말해 주기 때문이다. 우리의 직관을 명료히 하기 위해 우리는 미모나 건강은 공유하지 않지만, 고통과 믿음은 공유하는 특징을 확인해야 한다. 심적인 것은 곧 죽음이나 육체의 파멸에도 살아남을 수 있는 것과 같다고 보는 것은 도움이 되지 않을 것이다. 미모는 죽음 뒤에도 살아남을 수 있고 명성은 육체의 파멸에도 살아남을 수 있기 때문이다. 만약 누군가의 미모나 명성이 그 자신의 상태들로서가 아니라 타인의 눈이나 의견 속에서 오직 관계적으로만 존재한다고 말한다면, 우리는 사람들의 단순한 관계적 속성들과 그들의 내재적 상태들을 어떻게 구분할 수 있느냐는 끈덕진 문제에 봉착하게 된다. 사람의 무의식적 믿음들에 대해서도 똑같이 끈덕진 문제가 발생한다. 그런 믿음들은 심리-전기작가에 의해 사후에야 비로소 발견될 수 있는데, 그럼에도 그것들은 생전에 본인이 갖고 있다고 의식했던 믿음들과 다를 바 없는 그의 심적 상태일 것이다. 사람의 미모는 비내재적인 관계적 속성인 데 반해 그의 무의식적 편집증은 비관계적인 내재적 상태인 이유를 설명할 방법이 혹시 있을 수도 있겠으나, 그것은 불명료한 것을 더 불명료한 것으로 설명하려는 시도로 보일 것이다.

나의 결론은 "상태" 개념이 너무 불명료해서 **공간적 상태**라는 용어나 **비공간적 상태**라는 용어가 유용해 보이지 않는다는 이유 하나만 보더라도, 비-공간성을 심적 상태의 규준으로 삼을 수는 없다는 것이다. 심적 존재자를 비공간적인 것으로 보고, 물리적 존재자를 공간적인 것으로 보는 식의 생각은, 그것이 설령 의미를 지닌다손 치더라도, 술어 귀속의 대상인 특수자들에 대해서 의미를 지니는 것이지, 그런 대상들의 속성 소유에 대해서 의미를 지니는 것이 아니다. 우리는 물질과 마음-소재에 대해서는 희미하게나마 전pre-칸트적으로 이해해 볼 여지가 있을 수 있지만, 공간적 특수자들의 공간적인 상태와 비공간적인 상태에 대해서는 그 어떤 후post-칸트적 의미도 끌어낼 수 없다. 인간의 몸이 지금처럼 움직이는 이유가 그 안에 유령이 거주하기 때문이라는 말을 들었을 때는 모호하게나마 설명력이 있다는 느낌을 받지만, 사람이 비공간적 상태를 지닌다는 말을 들을 때는 전혀 그러지 못한다.

나는 "심적"이라는 말이 무슨 의미인지 먼저 묻지 않고서는 우리가 심신 문제, 또는 심적 상태와 물리적 상태의 가능한 동일성 또는 필연적 비-동일성에 관한 이야기를 시작할 자격이 없음을 지금까지의 논의를 통해 충분히 보여주었기를 희망한다. 또한 나는 심적인 것에 대한 우리의 이른바 직관이라는 것이 단지 특정한 철학적 언어게임에 동참하려는 우리의 채비일지 모른다는 의구심을 불러일으켰기를 희망한다. 사실 그것이 바로 내가 옹호하고 싶은 관점이다. 나는 그러한 이른바 직관이란, 철학 서적들 바깥에서는 아무 쓸모가 없으면서 일상생활, 경험 과학, 도덕, 종교의 어떤 쟁점들과도 연결되지 않는 그런 특정한 전문 어휘를 구사할 수 있는 능력에 지나지 않는다고 생각한다. 이 장의 뒤 절들에서 그런 전문 어휘가 어떻게 등장했는지에 대한 역사적 설명을 대략 소개하겠지만, 그러기 전에 주변의 덤불을 더 헤쳐 보고자 한다. 그것은 바로 "심적"을 "지향성" 개념으로 정의할 가능성 및 그것을 "현상적"이라고 하는 개념, 즉 어떤 특징적 외양, 어떤 식으로든 실재성이 남김없이 망라되는 외양을 지닌다는 개념으로 정의할 가능성이다.

2. 기능적인 것, 현상적인 것, 비물질적인 것

심적인 것을 지향적인 것으로 정의하는 시도에 대한 명백한 반론은 고통은 지향적이지 않다는 것이다. 즉 고통은 무언가를 표상하지 않으며, 무언가에 **관한** 것이 아니라는 것이다. 심적인 것을 "현상적인 것"으로 정의하는 시도에 대한 명백한 반론은 믿음은 어떤 것도 느끼지 않는다는 것이다. 믿음은 현상적 속성을 지니지 않으며, 사람의 실제 믿음은 겉보기와 항상 같지 않다는 것이다. 고통과 믿음을 한데 묶는 시도는 임시변통처럼 보인다. 고통과 믿음은 우리가 그것들을 "물리적"이라고 부르기를 거부한다는 것 외에는 공통점이 없는 것처럼 보인다. 물론 우리는 경계를 억지로 조정하는 게리맨더링식의 수법을 통해 고통이란 조직 중 하나가 손상되었다는 믿음의 획득과 같은 것이라고 말할 수 있다. 고통 보고報告를 피처와 암스트롱이 지각 보고를 해석하듯 해석하는 것이다.[2] 그러나 그런 책략은 여전히 우리

2 조지 피처George Pitcher, 『지각 이론A Theory of Perception』(Princeton, 1971), D. M. 암스트롱D. M. Armstrong, 『지각과 물리적 세계Perception and the Physical

에게 이원론적 직관과 비슷한 무언가를 남긴다. 즉, 고통의 의식이나 붉음의 감각에는 조직 손상이 있다거나 근방에 붉은 대상이 있다는 믿음을 갖고 싶게 만드는 것 이상의 "무언가가 더 있다"라는 직관이다. 그게 아니면 우리는 다른 방식의 게리맨더링으로 **심적**이라는 용어를 단지 현상적 속성을 **가지는** 것에 한정하여 적용하고, 믿음과 욕구는 암스트롱에게 넘겨 물리적인 것과 동일시하게 두는 수도 있다. 그러나 그런 책략은 심신 문제가 뭐든 간에 그것이 느낌-뉴런의 문제는 아니라는 직관에 맞부딪힌다. 마음에서 표상, 지향적 상태를 추방하면 우리에게는 심신 문제가 아니라 생명과 비생명의 관계 같은 문제가 남겨진다.

또 다른 전략은 "심적"을 "현상적이거나 지향적"이라고 간단히 선언選言적으로 정의하는 것이다. 이 제안은 "심적"이라는 말이 그런 선언의 약어로서 어떻게 언어에, 아니 적어도 철학적 전문 용어 안에 정착하게 된 것인지를 완전히 불명료하게 남겨 둔다. 그렇긴 해도 어쨌든 그 전략은 다양한 "심적" 항목들이 가족 유사성에 의해 하나로 묶이는 가능성에 주목하게 만든다. 사고(마음 앞에 문득 특정 단어들로 떠오르는 사고)나 심상을 생각해 보면, 현상적이라는 점에서 고통과 약간 비슷하고 지향적이라는 점에서 믿음과 약간 비슷한 무언가가 우리에게 있는 것처럼 보인다. 단어들은 사고를 현상적으로 만들고 색과 모양은 상像을 현상적으로 만드는데, 그럼에도 그것들 둘 다 지금 요구되는 그 지향적 의미에서 무언가에 **관한** 것들이다. 내가 문

World』(London and New York, 1961) 및 『유물론적 마음 이론A Materialist Theory of the Mind』(London and New York, 1968)을 보라.

득 조용하게 "맙소사, 빈에서 카페 테이블에 지갑을 놓고 왔군"이라고 혼잣말하거나 혹은 테이블 위에 있는 지갑의 상을 갖고 있다면, 나는 빈, 지갑, 테이블 등을 표상하고 있는 것이며 그것은 곧 그것들 모두를 지향적 대상으로 갖는 것이다. 그러므로 아마도 우리는 사고와 심상을 **전형적인** 심적 존재자들로 생각해야 할 것이다. 그렇다면 우리는 고통과 믿음이 그런 전형적인 것들과의 유사성을 통해 심적인 것들로 분류된다고 말할 수 있다. 비록 그 유사성이 두 가지 아주 다른 측면을 지니지만 말이다. 자, 그러면 심성의 다양한 후보들 간의 관계를 다음 표를 통해 보여줄 수 있을 것이다.

	현상적 속성을 지닌 것	현상적 속성을 지니지 않은 것
지향적, 표상적	발생적 사고, 심상	믿음, 욕망, 의도
비지향적, 비표상적	날 느낌, 예를 들면 고통이나 아기가 색깔 있는 대상을 볼 때 갖는 것	"그냥 물리적인 것"

"무엇이 심적인 것을 심적으로 만드는가?"라는 질문에 대해 다음과 같은 "가족 유사성"식 답변, 즉 그것은 바로 전형적으로 심적인 것과의 이런저런 가족 유사성이라는 답변에 만족하기로 잠시 가정해 보자. 이제 우리의 원래 질문으로 되돌아가서 네 번째 칸을 "그냥 물리적인 것"으로 채우는 이유가 무엇인지 물어보자. "물리적"이란 단지

"다른 세 칸에 들어맞지 않는 것"을 의미하는 것일까? 그것은 "심적" 개념에 전적으로 기생하는 개념일까? 아니면 그것은 "물질적"이나 "공간적"과 어떻게든 연결되는 것인가, 연결된다면 어떻게 연결된다는 것인가?

이에 답하기 위해 우리는 두 개의 하위 질문을 던져야 한다. "지향적인 것은 왜 비물질적인가?" 그리고 "현상적인 것은 왜 비물질적인가?" 첫 번째 질문에는 꽤 간명한 대답이 있을 것처럼 보일지도 모른다. 예를 들어 우리가 "물질적인 것"을 "신경적인 것"으로 간주한다면, 뇌를 아무리 검사해도 거기서 발견되는 그림과 글자 모양 들의 지향적 특성은 드러나지 않을 것이라고 말할 수 있다. "I left my wallet on a cafe-table in Vienna(빈에서 카페 테이블에 지갑을 놓고 왔군)"라는 생각이 **바로 그 영어 단어들로** 갑자기 떠오른 모든 사람이 그 생각에 동반하는 일련의 동일한 신경 사건들을 가진다고 가정해 보자. 이것은 그럴듯한(아마도 거짓이겠지만) 가설로 보인다. 그러나 빈의 카페 테이블에 지갑을 두고 왔다는 믿음을 획득한 모든 사람이 그런 일련의 신경 사건들을 갖는다는 것은 그럴듯하지 않다. 왜냐하면 그들은 전혀 다른 단어나 전혀 다른 언어로 자신의 믿음을 형성할 수 있기 때문이다. 일본어로 된 사고와 영어로 된 사고가 똑같은 신경적 상관물을 가져야 한다고 하면 이상할 것이다. 똑같은 테이블 위에 놓인 똑같은 분실 지갑을 똑같은 거리만큼 떨어진 곳에서 마음의 눈으로 불시에 보게 된 모든 사람이 또 다른 일련의 신경 사건을 공유하리라는 것도 똑같이 그럴듯하다. 물론 이 신경 사건은 그 영어 문장에 관한 생각과 상관 있는 신경 사건과는 매우 다른 것이겠지만 말이다. 그런 깔끔한 병존조차도 우리로 하여금 그런 사고나 상의 지향적 속성과 신경적 속성을 "동일시"해야겠다는 생각이 들게 만들지는 않을 것이다. 그것은 우리가 인쇄된 종이에서 "빈에서 카페 테이블에 지갑을 놓고 왔군"이라는 문장을 접할 때, 그 문장의 활자 모양이 지닌 속성과 그 문장의 지향적 속성을 "동일시"하지 않는 것과 마찬가지다. 다시 말하지만, 빈을 배경으로 한 카페 테이블 위의 지갑 그림과 종이나 캔버스 표면의 특정 속성들이 병존한다고 해서 "빈에 관한 것임"이라는 지향적 속성과 화폭의 물감 배열이 동일시되는 것은 아니다. 따라서 우리는 어째서 지향적 속성은 물리적 속성이 아니라고 말해 볼 법도 한지 알 수 있다. 그러나 다른 한편으로 신경 속성과 활자 속성 간의 비교는 지향성에 대한 흥미로운 문제가 존재하지 않음을 암시한다. 어떤 문장이 겉으로 보이는 방식으로부터는 그것의 의미를 말할 수 없다거나, 관련된 회화적 관습에 익숙하지 않으면 X에 대한 그림을 X에 대한 그림으로 알아볼 수 없다는 사실을 가지고 철학적 풍파를 일으키고 싶은 사람은 아무도 없다. 적어도 비트겐슈타인과 셀라스 이래로, 글자처럼 새겨진 어떤 모양이 지닌 "의미"란 그 모양이 지닌 별도의 "비물질적" 속성이 아니라 단지 어떤 한 언어 게임, 어떤 한 삶의 형식 내에서 벌어진 주변 사건들의 맥락 안에서 그것이 차지하는 위치일 뿐임이 분명해 보인다. 이는 뇌-새김 brain-inscriptions에도 마찬가지로 해당한다. 뇌를 응시해서 지향적 속성을 관찰할 수 없다고 말하는 것은 마야어 고문서를 들여다봐도 명제를 볼 수 없다고 말하는 것과 같다. 우리는 도대체 무엇을 주시해야 하는지 모른다. 왜냐하면 우리가 보는 것을 기호 체계와 관련시키는 방법을 아직 모르기 때문이다. 종이에서건 혹은 그 가설적 병존에 따른 뇌 안에서건, 어떤 글자 모양의 새김과 그것이 의미하는 것 사이의 관계는 어떤 사람의 미모나 건강 같은 기능적 상태와 그의 신체 부위들 사이의 관계처럼 신비로울 게 없다. 기능적 상태란 곧 그런 부위들을 특정 맥락에서 바라본 것일 뿐이다.

따라서 "지향적인 것은 왜 비물질적인가?"라는 질문에 대한 답변은 "모든 기능적 상태, 즉 관찰된 것을 더 큰 맥락과 관련시켜야만 파악할 수 있는 모든 상태는 그냥 별다른 의미 없이 물질적이지 않기 때문"이라는 것이다. 문제는 "물질적이지 않다"라는 이 별것 아닌 개념(이는 단지 "보는 모든 사람에게 즉각적으로 명백하지 않음"과 비슷한 무언가를 의미할 뿐이다)을 "비물질성"이라는 철학적으로 묵직한 의미와 관계시키려고 하는 데 있다. 다른 식으로 말하자면, 설령 뇌가 공장 크기만 하게 부풀려져서 우리가 그 안을 거닐 수 있다 하더라도 생각들을 볼 수는 없으리라는 라이프니츠G. W. Leibniz의 지적에 우리가 왜 곤란해해야 하는 걸까? 우리가 신경적 상관관계를 충분히 안다면, 우리의 시각이 뇌 소유자의 생각들을 우리에게 드러내 줄 것이라는 의미에서 우리는 실제로 생각들을 보게 될 것이다. 만약 그 상관관계를 충분히 알지 못한다면, 그러지 못할 것이다. 하지만 그렇다면 그것은 우리가 **그 어떤** 공장에 들어가 봐도 마찬가지일 것이다. 공장 안의 부품들과 그 부품들 사이의 관계를 먼저 익히지 않는다면, 그 안을 돌아다녀도 무슨 일이 일어나고 있는지 알 수 없을 것이다. 더 나아가, 설령 그런 신경적 상관관계를 발견할 수 없다 하더라도, 설령 생각들의 대뇌 위치 확인에 완전히 실패했다고 하더라도, 단지 그 사람의 사고나 심상을 그의 신체 부위들을 통해 설명할 수 없다는 그 이유에서 굳이 그것들을 비물리적이라고까지 말해야만 하는 걸까? 힐러리 퍼트넘이 든 예시를 활용하자면, 사각 못이 둥근 구멍에 맞지 않는 이유를 그 못과 구멍을 구성하는 기본 입자들을 통해 설명할 수는 없지만, 그렇다고 거기서 거시 구조와 미시 구조 사이의 당혹스러운 존재론적 격차를 발견하는 사람은 아무도 없다.

나는 "물질적이지 않다"라는 그저 별것 아닌 의미(관찰 가능한 상태가 아닌 모든 기능적 상태에 적용되는)를 "비물질성"이라는 묵직한 의미와 연결하려면, 글자 모양에 의미가 붙는 방식에 대한 로크의 관점, 즉 비트겐슈타인과 셀라스가 공격하는 바로 그 관점을 되살려 내는 수밖에 없다고 생각한다. 로크에게 글자 모양으로 새겨진 것이 지닌 유의미성, 즉 지향적 특성은 관념에 의해 그 모양이 만들어진 혹은 그 관념이 부호화된 결과였다. 여기서 관념이란 "사람이 생각할 때 그의 마음 앞에 있는 것"을 의미한다. 따라서 지향적인 것을 비물질적인 것으로 보는 방식이란, 우리가 고통을 자각할 때처럼 "즉각적인" 방식으로 자각하는 무언가인 그 관념이 스며들어 있지 않은 한 뇌 속에 벌어지는 과정들의 연쇄나 종이 위의 잉크 그 자체는 아무것도 표상할 수 없다고 말하는 것과 같다. 로크의 관점에서는, 우리가 라이프니츠의 공장을 걸어 다닐 때 생각들을 볼 수 없는 이유는 비트겐슈타인의 경우처럼 우리가 아직 뇌-글을 번역할 수 없어서가 아니라, 눈에 보이는 것에 지향성을 주입하는 눈에 보이지 않는(비공간적이라서) 존재자들을 볼 수 없기 때문이다. 비트겐슈타인에게 사물을 표상적이거나 지향적인 것으로 만드는 것은 더 큰 맥락 안에서, 즉 눈에 보이는 다른 많은 사물과의 상호작용 속에서 그것이 수행하는 역할이다. 로크에게 사물을 표상적으로 만드는 것은 특별한 인과적 힘의 작용이다. 치좀은 그것을 달이 태양으로부터 빛을 끌어내듯이 문장이 생각으로부터 지향성을 끌어내는 현상이라고 기술한다.[3]

따라서 "지향적인 것이 비물질적이어야 함을 우리가 어떻게 확신할 수 있는가?"라는 질문에 대한 우리의 대답은 "비트겐슈타인과 셀라스에게는 유감이지만, 로크와 치좀을 따라서 먼저 우리가 지향성이란 오로지 현상적인 항목들, 즉 직접적으로 마음 앞에 있는 항목들에만 내재한다고 우리 자신을 설득해야 한다"는 것이다. 하지만 이 대답을 받아들인다고 해도 아직 완전한 문제 해결에 이른 것은 아니다. 왜냐하면 우리가 씨름해 온 문제가 바로 믿음들이 현상적 속성을 갖지 않는다는 사실에서 기인한 것이기 때문에, 이제 우리는 데카르트를 뒤이은 로크가 어떻게 고통과 믿음을 **관념**idea이라는 공통 용어 아래 통합할 수 있는지, 즉 어떻게 그가 믿음이 심상과 같은 방식으로 "마음 앞에 있는" 무언가라고 확신할 수 있는지, 어떻게 그가 심상과 판단에 같은 시각 이미지를 사용할 수 있는지 물어야 한다. 나는 뒤에서 **관념**이라는 용어에 대한 이러한 데카르트-로크식 사용의 기원에 대해 설명할 것이다. 그러나 잠시 이 문제는 제쳐 두고 "왜 심적인 것을 비물질적이라고 생각해야 하는가?"라는 질문의 **두 번째** 하위 문제로 넘어가기로 하자. 이른바, 왜 **현상적인** 것을 비물질적이라고 생각해야 하는가? 왜 일부 신이원론 철학자들은 무언가가 어떻게 느끼는지, 무언가가 된다는 것이 무엇과 같은지가 어떤 물리적 속성과도, 적어도 우리가 물리적 속성에 관해 알고 있는 그 어떤 것과도 동일시될 수 없다고 말하는가?

이 질문에 대한 한 가지 시시한 대답은 우리가 무언가의 물리적

---

3 로더릭 치좀, 「지향성과 심적인 것Intentionality and the Mental」, *Minnesota Studies in the Philosophy of Science* 2(1958), 533.

속성에 대해서는 전부 알 수 있지만, 그것이 어떻게 느끼는지는, 특히 그것에 말을 걸 수 없다면 알 수 없다는 것이다. 아기, 박쥐, 화성인, 신, 범신론적으로 바라본 바위 등이 모두 우리가 거주하는 공간과는 다른 현상적 "질 공간quality space"에 거주할 수 있다는 주장을 생각해 보라.[4] 그럴 수도 있다. 하지만 그것이 비-물리성과 무슨 관계가 있는가? 설마 현상적인 것을 비물리적이라고 말하는 사람들이, 박쥐 뇌의 원자들이 어떻게 배치되어 있는지 아는 것이 박쥐처럼 느끼는 데 도움이 되지 않으리라는 것 때문에 불평하는 것은 아닐 것이다. 고통의 생리학에 관한 이해 역시 우리가 고통을 느끼는 데 도움이 되지 않지만, 어째서 우리가 그것이 도움을 주리라 기대해야 한

---

4 이런 주장은 토머스 네이글Thomas Nagel의 「박쥐가 된다는 것은 무엇과 같은가? What Is It Like to Be a Bat?」(*Philosophical Review* 83, 1974, 435-450)에서 매우 강력하게 제시되었다. 나는 거의 모든 논점에서 네이글과 의견이 철저히 다르지만, 그의 심리철학 작업에서 아주 많은 것을 배웠다. 우리의 견해 차이는 "철학적 직관"이 언어적 관행의 잔재에 지나지 않느냐를 묻는(비트겐슈타인이 가장 날카롭게 제기한) 질문으로 거슬러 올라간다고 생각하지만, 나로서는 이 쟁점을 어떻게 토론해야 할지 확신이 없다. 네이글의 직관은 "X가 된다는 것이 무엇과 같은지에 대한 사실들은 매우 독특하다"(p. 437)라는 것이지만, 나는 네이글과 데카르트적 전통에 따라 우리가 "만약 물리주의가 옹호되려면 현상학적 특징들 그 자체에 대해서 물리적 설명이 주어져야 한다"(p. 437)라고 주장할 때만 그것들이 독특하게 보인다고 생각한다. 이 장의 후반부 절들에서 나는 이 주장의 보금자리가 되는 철학적 언어-게임의 역사를 추적해 보려고 한다. 뒤의 제4장 4절에 제시된 데이빗슨식의 여러 이유를 고려할 때, 나는 물리주의가 그런 제약을 받는다고 생각하지 않는다. 나는 거기서 만약 물리주의가 모든 시공간 영역 내의 모든 사건을 이렇게 기술하거나 저렇게 기술하여 예측하는 것으로 해석된다면 아마도 참이겠지만(하지만 흥미롭지는 않은), 만약 그것이 모든 것을 참되게 말하는 주장으로 해석된다면 명백히 거짓이라고 주장할 것이다.

단 말인가? 이는 공기역학에 대한 이해가 하늘을 나는 데 도움이 되지 않는 것과 같은 이치다. 어떤 한 생리학적 용어(예를 들면, "C-섬유의 활성화")의 용법을 안다고 해서 어떤 한 현상학적 용어(예를 들면, "고통")를 사용하는 데 반드시 도움이 되는 것은 아니라는 의심의 여지 없는 사실로부터 대체 어떻게 두 용어의 지칭 대상들 사이에 존재론적 격차가 있다는 생각에까지 이를 수 있는 것일까? 화성인의 생리학을 아는 것이 우리가 그의 신체 조직에 손상을 입혔을 때 화성인이 내뱉은 말을 번역하는 데 도움이 되지 않는다는 사실로부터 어떻게 화성인이 우리는 가진 적 없는 비물질적인 무언가를 가졌다는 주장에 이를 수 있다는 말인가? 요컨대, 같은 것(한 사람 또는 그의 뇌)에 관한 두 가지 말하기 방식이 있는 것이 아니라 두 개의 서로 다른 것들을 기술하고 있다고 할 때가 언제인지 우리가 어떻게 알까? 그리고 신이원론자들은 느낌과 뉴런이 그런 후자의 예시라고 어째서 그렇게 확신하는 것일까?

나는 그런 철학자들이 내놓아야 하는 유일한 응답은 현상적 속성의 경우 외양-실재의 구분이 없다는 점을 지적하는 것뿐이라고 생각한다. 이는 물리적 속성을 누구나 무언가에 잘못 귀속시킬 수 있는 것으로 정의하고, 현상적 속성을 어떤 특정한 사람은 그것에 관해 틀릴 수 없는 것으로 정의하는 것(예를 들어, 고통을 겪는 사람은 그 고통을 어떻게 느끼는지에 대해 틀릴 수 없다)에 해당한다. 물론 이 정의에 따르게 되면 어떤 현상적 속성도 물리적 속성이 될 수 없다는 것이 그냥 자명해진다. 하지만 어째서 그런 **인식적** 구분이 **존재론적** 구분을 반영해야 하는가? 사물이 우리에게 어떻게 보이는지에 대해 수정의 여지가 조금도 없다고 하는, 모든 이가 가진 인식적 특권이 어째서 존재의 두 영역 사이의 구분을 반영해야 한단 말인가?

아마도 답변은 이런 식이어야 할 것이다. 느낌은 바로 외양**이다**. 느낌의 실재성은 그것이 어떤 것 같은지 속에 남김없이 망라된다. 그것은 순수한 '그런 것 같음'이다. '그런 것 같음'이 아닌 것은 무엇이든 (지향적인 것은 잠시 접어두기로 하고) 그냥 물리적인 것으로서, 지금 보이는 대로가 아닌 다르게도 보일 수 있는 무언가다. 세계는 어떻게 보이느냐에 의해 그 본성이 남김없이 망라되는 것과 그렇지 않은 것으로 나뉜다. 그러나 만약 어떤 철학자가 이런 대답을 내놓으면, 그는 신이원론자에서 빤한 데카르트적 구식 이원론자로 바뀔 위험에 처하게 된다. 즉 세계를 "마음-소재"와 나머지 모든 것으로 나누는 이원론자 말이다. 왜냐하면 이제 그는 사람들의 상태나 사람들에게 서술되는 속성으로서의 고통에 대해 말하는 것을 멈추고, 본성상 단일한 하나의 속성이 전부인 특별한 종류의 특수자로서의 고통에 대해 말하기 시작한 것이기 때문이다. 마음-소재가 아니라면 그런 특수자가 무엇으로 만들어질 수 있겠는가? 달리 말해서, 그렇게 희미하고 성기고 반투명한 것을 마음-소재 빼놓고 무엇으로 만들어 낼 수 있겠는가? 만일 고통의 느낌이 사람이나 뇌-섬유의 속성이라면, 무언가의 느낌에 대한 보고와 그 외 다른 무언가에 대한 보고 사이의 인식적 차이가 존재론적 간극을 만들어 낼 이유는 없어 보인다. 그러나 존재론적 간극이 존재하자마자 우리는 더는 상태나 속성에 대해 말하는 것이 아니라 술어 귀속의 대상이 되는 개개의 특수자들에 대해 말하는 것이 된다. 고통을 고통에 처할 때 어떻게 느끼느냐와 동일시하는 신이원론자는 어떤 한 속성(고통스러움)을 특별한 종류의 특수자로 실체화하고 있는 셈이다. 그 특수자가 특별한 종류의 것이라고 함은 그것의 **존재**esse가 곧 **지각**percipi이라서 우리가 처음 접하게 될 때 그 실재성이 남김없이 망라된다는 의미에서다. 이제 신이원론자는 사람들이 어떻게 느끼는지를 말하고 있는 것이 아니라, 작은 자립적 존재자들로서의 느낌에 대해 말하고 있는 셈이며, 그런 느낌은 보편자가 그것의 예화들에 매여 있지 않듯 사람들에 매여 있지 않다. 사실 신이원론자에게 고통의 본보기는 바로 보편자인 셈이다. 따라서 그가 고통이 몸과 따로 존재할 수 있음을 "직관"할 수 있다고 말하는 것도 놀라운 일은 아니다. 왜냐하면 그 직관은 그저 보편자가 특수자와 독립적으로 존재할 수 있다는 직관일 뿐이기 때문이다. 외양이 곧 실재인(이를테면, 현상적 고통 같은) 그런 특별한 종류의 술어 귀속의 대상은 알고 보면 단지 고통을 겪는 바로 그 사람으로부터 추상한 바로 그 고통의 고통성, 간단히 말해서, **고통성**이라는 보편자 그 자체인 셈이다. 모순적인 어법으로 말하자면, 사람들의 심적 상태들과 달리 심적 특수자는 결국 보편자로 드러난다.

그렇다면 "왜 우리는 현상적인 것이 비물질적이라고 생각할까?"라는 질문에 대해 내가 하고 싶은 대답은 바로 이것이다. 라일이 말했듯이, 우리가 그러는 이유는 고통이 있다는 것을 시각적 은유를 통해 생각하려고 고집하기 때문이다. 즉 마음의 눈앞에 재미난 종류의 특수자가 나타난 것으로 생각하는 것이다. 그 특수자는 보편자로 드러나며, 그것은 술어 귀속의 대상으로 실체화되는 성질을 지닌다. 따라서 신이원론자들이 고통을 어떻게 **느끼느냐**가 고통이 **무엇이냐**에 본질적이라고 말하면서, 특정 뉴런의 인과적 역할이 고통에 본질적이라고 생각하는 스마트를 비판할 때, 그들은 논제를 바꾸고 있는 셈이다. 스마트는 고통스러워하는 사람에게 본질적인 것이 무엇인지에 대해 말하고 있는 반면에, 크립키S. Kripke 같은 신이원론자들은 무언가가 **고통**이려면 무엇이 본질적인지를 말하고 있다. 신이원론자들은 "고통의 본질적 속성이 무엇인지 안다는 당신 주장의 인식론적 기반은 무엇인가?"와 같은 질문을 두려워하지 않는다. 왜냐하면 그들은 고통이 **단 하나**의 내재적 속성, 즉 고통스럽게 느낌이라는 속성만을 가지도록 판을 짰으므로, 어떤 속성을 고통에 본질적인 것으로 간주할지의 선택은 명백하기 때문이다.

이제 이 절에서 얻은 결과를 요약해 보자. 나는 지향적인 것을 비물질적인 것과 결부시키는 유일한 방법은 그것을 현상적인 것과 동일시하는 것이고, 현상적인 것을 비물질적인 것과 동일시하는 유일한 방법은 보편자를 실체화하고 그것을 특수자들에서 추상한 것이 아니라 그냥 특수자로 생각하는 것이며, 그럼으로써 보편자에 비-시공간적인 거주지를 부여하는 것이라고 말했다. 달리 말하면, 결국 보편자-특수자 구분이 시공간 바깥은 고사하고 공간 바깥으로라도 무언가를 옮겨놓을 수 있는, 우리가 가진 **유일한** 형이상학적 구분이다. 그렇다면 심-물리의 구분은 보편자-특수자 구분에 기생하는 것이지, 그 반대가 아니다. 더 나아가, 마음-소재로 고통과 믿음이 만들어진다는 생각은 더도 덜도 아닌 정확히 "보편자가 만들어지는 바로 그것"이라고 하는 생각만큼의 의미를 지닌다. 따라서 보편자의 지위를 둘러싼 실재론자와 개념론자 사이의 싸움은 공허한데, 왜냐하면 우리는 보편자가 무엇으로 만들어지든 바로 그것으로 마음이 만들어진다는 것을 제외하면 마음이 무엇인지 전혀 모르기 때문이다. 로크적 관념과 플라톤적 형상을 구축할 때 우리는 두 경우 모두에서 정확히 같은 과정을 거친다. 즉 우리는 무언가에서 단일한 하나의 속성(빨강이나 고통스러움이나 선함의 속성)을 간단히 떼어 낸 다음 그것 자체가 마치 술어 귀속의 대상인 양, 그리고 어쩌면 인과적 효력의 소재지이기까지 한 것인 양 취급한다. 플라톤적 형상은 단지 따로 떼어 낸 채로 고려되는 속성, 인과 관계를 떠받칠 수 있다고 여겨지는 속성일 뿐이다. 현상적 존재자도 정확히 바로 그와 마찬가지다.

3. 심신 문제의 다양성

우리는 이 시점에서 우리가 심신 문제를 해소했다고 말하고 싶을 수도 있다. 대충 말하자면, 이 문제가 말이 안 된다고 보는 데 필요한 것은 우리가 유명론자가 되어서 개별 속성들을 실체화하는 것을 단호히 거부하는 것이 전부다. 그러면 우리는 현상적이라서 물리적일 수 없는 것으로서 고통이라고 불리는 존재자가 있다는 생각에 속지 않게 될 것이다. 우리는 "잘못 알아본 고통의 외양" 같은 것이 없다는 사실을, 심적인 것이라고 불리는 특별한 존재론적 유類에 관한 기이한 사실로 취급할 것이 아니라, 비트겐슈타인을 따라서 단지 언어 게임에 대한 언급, 즉 우리에게는 사람들이 자기가 느끼는 것에 대해 말하는 것을 있는 그대로 받아들이는 규약이 있다는 언급으로 취급해야 할 것이다. 그런 "언어 게임"의 관점에서 보면, 어떤 사람이 뭐든 자신이 느낀다고 생각하는 것을 느낀다는 사실은, 헌법이란 대법원이 헌법이라고 생각하는 것이라는 사실, 또는 심판이 그 공을 파울로 생각한다면 파울이라는 사실보다 존재론적으로 더 중요한 의미를 갖지 않는다. 다시 한번, 비트겐슈타인을 따라서, 우리는 지향적인 것을 단지 기능적인 것의 아종으로, 그리고 기능적인 것을 그저 그 즉시 관찰할 수 있는 것이 아닌 맥락적 지식에 따라 귀속하는 부류의 속성으로 취급할 것이다. 우리는 지향적인 것이 현상적인 것과 아무런 관련이 없다고 볼 것이며, 현상적인 것을 우리가 말하는 방식의 문제로 볼 것이다. 이제 우리는 심신 문제란 단지 단어가 의미를 얻는 방식에 대한 로크의 불행한 실수와 형용사를 마치 명사인 것처럼 말하고자 한 그와 플라톤의 엉터리 시도가 결합하여 생겨난 결과물일 뿐이라고 말할 수 있다.

철학적 문제의 빠른 해결이라는 측면에서 보자면, 이 해결책도 나름의 의의가 있다. 그러나 이런 진단에 도달함으로써 우리가 무언가를 해소했다고 생각하는 것은 어리석은 일일 것이다. 이는 마치 정신과 의사가 환자에게 그의 불행은 어머니가 그를 거세하려 했다는 잘못된 믿음과 자신을 아버지와 동일시하려는 혼란스러운 시도가 함께 낳은 결과라고 설명하는 것과 같다. 그 환자에게 필요한 것은 그의 실수와 혼란의 목록이 아니라 그가 어떻게 그런 실수를 하게 되었고 어떻게 그런 혼란에 빠지게 되었는지에 대한 이해다. 심신 문제를 제거할 생각이라면, 다음과 같은 질문들에 답할 수 있어야 한다.

> 고통과 뉴런의 가능한 동일시에 관한 별것 아닌 다소 시시한 질문들이 인간이 짐승과 "본성적으로 다른지"에 관한 질문, 즉 인간이 단순한 가치가 아니라 존엄성을 지녔는지에 관한 질문과 어쩌다 혼동되었던 것일까?
>
> 로크와 플라톤이 명확하게 철학적 혼란을 일으키기 훨씬 전부터 사람들은 몸이 파괴되더라도 자기들이 살아남는다고 생각했다는 점을 고려하면, 마음을 단순히 현상적이고 지향적인 상태들의 집

합으로 취급할 경우, 우리가 무언가를 놓치고 있는 것은 아닐까? 우리에게 지식을 가지는 능력이 있다는 것과 우리가 마음을 가진다는 것 사이에는 어떤 연관성이 있지 않은가, 그리고 그 연관성이 글자 모양의 새김이 그렇듯 사람이 지향적 속성을 가진다는 사실을 간단히 언급함으로써 설명될까?

이것들은 다 훌륭한 질문들로서, 지금까지 내가 말해 온 것은 답변에 도움이 되지 않는다. 이 질문들에 답하는 데에는 사상사 외에 아무것도 도움이 되지 않으리라 생각한다. 환자가 자신의 의문들에 답하기 위해 자신의 과거를 되살려야 하는 것처럼, 철학도 **그 자신의** 질문들에 답하기 위해 과거를 되살려야 한다. 지금까지 나는 현대 심리철학자들이 통상적으로 하는 것처럼, "현상적", "기능적", "지향적", "공간적" 등과 같은 용어들이 마치 이 주제를 논의하는 데 사용되는 명백한 어휘를 구성하는 양, 그 용어들을 여기저기에 마구 사용해 왔다. 그러나 우리에게 심신 문제를 부과한 언어를 창조한 철학자들은 당연히 이런 어휘나 그에 가까운 그 어떤 어휘도 사용하지 않았다. 근처 **어딘가에** 풀리지 않는 **진짜** 철학적 문제가 **틀림없이** 있다고 생각하게 만드는 직관들을 우리가 어떻게 얻게 된 것인지 이해하려면, 최신 전문 용어를 제쳐 두고 우리에게 그런 직관들을 넘겨준 철학자들의 책에 나오는 어휘로 생각해야 한다. 나의 비트겐슈타인적 관점에서, 직관이란 어떤 언어-게임에 대한 익숙함 그 이상도 이하도 아니므로, 우리 직관들의 원천을 발견하려면 우리 자신이 참여 중임을 깨달은 그 철학적 언어-게임의 역사를 되짚어 봐야 한다.

내가 방금 "해결"한 "심신 문제"는 사유의 역사에서 서로 다른 시점에 등장하여 한데 뒤엉켜 얽히고설킨 문제들을 만들어 낸 생각들 가운데 오직 일부에만 관련이 있다. "의식의 지향적 상태는 신경 상태와 어떤 관련이 있는가?", "고통성 같은 현상적 속성은 신경학적 속성과 어떤 관련이 있는가?" 등과 같은 질문들은 내가 이제부터 "의식의 문제"라고 부를 문제의 일부다. 이 문제는 "내가 정말로 이런 살과 뼈로 이루어진 덩어리에 불과한가?"와 같은 인격성에 대한 철학 이전의 문제들이나 "변하는 것들에 대해 우리가 어떻게 확신을 가질 수 있는가?", "어떻게 지식이 변하지 않는 것들에 관한 것이 될 수 있는가?", "어떻게 그 변하지 않는 것들이 알려짐으로써 우리의 내적인 무언가가 될 수 있는가?" 등과 같은, 지식에 대한 그리스 철학의 문제들과는 구별된다. "인격성의 문제"를 인간에게 육신 말고 무엇이 더 있느냐의 문제라고 부르자. 이 문제의 한 가지 형태는 불멸에 대한 철학 이전의 갈망 안에 나타나고, 다른 하나는 인간 존엄성에 대한 칸트적이며 낭만주의적인 주장에서 나타난다. 하지만 두 갈망 모두 의식의 문제나 지식의 문제와는 상당히 구분된다. 둘 다 우리가 죽어 없어지는 짐승과는 전혀 다른 무언가라는 주장을 표현하는 방식들이다. 인간과 짐승의 결정적인 차이가 우리는 **알 수 있다**는 것, 단지 개개의 사실뿐만 아니라 보편적 진리, 수, 본질, 영원한 것을 알 수 있다는 것이라는 그리스인의 주장을 어떻게 낱낱이 설명할 것이냐의 문제를 "이성의 문제"라고 부르자. 이 문제는 앎에 대한 아리스토텔레스의 질료형상론적 설명, 스피노자의 합리론적 설명, 칸트의 초월적 설명에서 서로 다른 형태를 취한다. 그러나 이러한 쟁점들은 두 종류의 것들(하나는 공간적이고 다른 하나는 비공간적인) 사이의 상호 관계에 관한 쟁점들이나 불멸과 도덕적 존엄성에 관한 쟁점들과는 구분된다. 의식의 문제는 뇌, 날 느낌raw feel, 신체 동작에 중점을 둔다. 이성의 문제는 지식, 언어, 지능 등 우리의 모든 "고등 능력"에 중점을 둔다. 인격성의 문제는 자유와 도덕적 책임의 귀속에 중점을 둔다.

이 세 가지 문제 사이의 몇몇 관계들을 정리하기 위해, 나는 "몸", "물질", 중추 신경계, "자연", "실증 과학의 소재" 등과 같은, "그냥 물리적"인 것과 대조적으로 마음을 가진 존재들을 분리하는 방법의 목록을 제시할 것이다. 다음은 철학자들이 한때 심적인 것의 표지로 삼았던, 전부라고 하기는 어렵지만, 몇 가지 특징들이다.

1. 그 자신을 수정불가능하게 아는 능력 ("특권적 접근")
2. 몸과 별개로 존재할 수 있는 능력
3. 비-공간성(비공간적 부분이나 "요소"를 갖는)
4. 보편자를 파악하는 능력
5. 존재하지 않는 것들과의 관계를 유지하는 능력 ("지향성")
6. 언어 사용 능력
7. 자유롭게 행동하는 능력
8. 우리 사회 집단의 일부를 형성하고 "우리의 일원"이 될 수 있는 능력
9. "세계 안에 있는" 그 어떤 대상과도 동일시될 수 없다는 점

이것은 긴 목록이고, 더 긴 목록도 쉽게 만들 수 있다.[5] 그러나 마음을 가진다는 것이 무엇인지에 대해 이처럼 다양한 제안을 살펴보는 것이 중요한 이유는 마음과 몸 사이의 메워질 수 없는 이원론을 고수

하려는 철학자들에게 그런 제안들 각각이 도움을 주었기 때문이다. 철학자들은 인간의 유일무이성에 대한 우리의 직관에 "단단한 철학적 기반"을 부여하기 위해 인간 삶의 어떤 독특한 특징을 끊임없이 포착해 왔다. 그런 단단한 기반들은 매우 다채로워서, 여러 형태의 자연주의와 유물론 이론들은 광대한 존재론적(또는 인식론적 또는 언어적) 간극을 뛰어넘으려는 절망적인 시도로 치부되며, 그게 아닐 때도 사소하게 참일지언정 별다른 의미가 없는 주장으로 흔히 취급받곤 한다. 그런 이론들이 무의미한 이유를 설명하자면, 우리의 유일무이성은 자연주의자가 힘겹게 메운 그 심연이 뭐든지 간에 그와는 아무런 관련이 없으나, 그의 바로 등 뒤에서 내내 틈을 벌리고 있는 또 다른 어떤 심연과는 모든 것이 다 관련 있기 때문이다. 특히 이런 식의 지적이 흔히 제기되곤 한다. 설령 우리가 고통과 뉴런 사이의 관계에 관한 모든 의문과 위의 (1)에 제시된 수정불가능성에서 생겨나는 유사한 의문을 해소하더라도, 여전히 기껏해야 심적인 것의 다른 표지 중 오직 (2)와 (3)만 다룰 수 있을 것이며, 이성과 관련된 모든 표지(특히 [4], [5], [6])와 인격성과 관련된 모든 표지(특히 [7], [8], [9])는 여전히 이전처럼 모호한 상태로 남겨 두게 되리라는 것이다.

나는 이 지적이 매우 옳다고 생각하며, 더 나아가 만약 이런 점이 더 일찍 헤아려졌더라면 의식의 문제가 최근 철학에서처럼 그리 크

5 헤르베르트 파이글Herbert Feigl이 『"심적"인 것과 "물리적"인 것The "Mental" and the "Physical"』(Minneapolis, 1967)에서 제시한 유사 목록 및 다양한 항목들 사이의 관계에 관한 유익한 논평을 참조하라.

게 주목받지 못했으리라고 생각한다. 뉴런뿐만 아니라 고통도 갖는다는 의미에서 우리는 짐승과 전부는 아니더라도 많은 측면에서 동등한 위치에 있지만, 추정컨대 우리는 짐승과 이성도 인격성도 공유하지 않는다. **어떤 것이건** 비물리적인 내적 상태의 소유가 어떻게든 (3)을 통해 (4)나 (5)와 연결되어 있다고 가정할 때만 우리는 날 느낌을 밝혀 준 빛이 표상적 정신 상태에도 비추어질 것이며, 그럼으로써 우리의 주변 세계를 마치 거울처럼 반사하는 우리의 능력을 조명할 수 있으리라 생각하게 될 것이다. 다시 말해, 생명 자체(심지어 태아, 뇌 손상을 입은 인간, 박쥐, 애벌레 등의 생명체까지도)가 인격성과 유사한 특별한 신성함을 지닌다고 가정할 때만 날 느낌을 이해하는 것이 우리의 도덕적 책임을 이해하는 데 도움이 될 수 있다고 생각하게 되리라는 것이다. 하지만 두 가정 모두 흔히 받아들여진다. 그런 가정들이 왜 받아들여지는지를 이해하려면 관련 용어들의 의미를 이해하거나 그 용어들이 표시하는 개념들을 분석하기보다 지성사에 대한 이해가 필요하다. 나는 마음에 대한 논의의 역사를 간략히 개괄함으로써, 이성의 문제란 아무도 진정으로 되살리고 싶어 하지 않는 인식론적 견해들로 돌아가지 않는 한 제기될 수 없음을 보여주고자 한다. 더 나아가, 나중에 발전시킬 제안에 대한 어떤 근거를 공급하고 싶다. 그 제안이란 인격성의 문제는 "문제"가 아니라 인간적 조건에 관한 하나의 기술記述이며, 철학적 "해결"이 필요한 문제가 아니라 전통 철학이 문화의 나머지 부분과 무관함을 훈계하는 잘못된 방법이라는 것이다.

하지만 이 장에서는 위의 목록에 있는 모든 항목이 아니라 (2), (3), (4), 즉 몸으로부터의 분리, 비-공간성, 보편자 파악만을 논의할 것이다. 다른 항목에 대해 말하고 싶은 내용은 다른 장들에서 다룰 것이다. (1)의 특권적 접근에 대해서는 다음 장에서, (5)와 (6)의 지향성과 언어 사용 능력에 대해서는 제4장과 제6장에서 논의할 것이다. 인격성과 관련된 항목들인 (7), (8), (9)는 별도로 논의하지 않겠지만, 인격성 개념이 어떻게 다루어져야 하는지에 대해 내가 생각하는 방식을 제4장 4절, 제7장 4절, 제8장 3절에서 개괄하게 될 것이다. 이 장에서는 다음 질문에 최대한 충실히 매달리고 싶다. 의식이 이성이나 인격성과 관련이 있는 것처럼 보여야 할 이유는 무엇인가? 보편자 파악, 몸과의 분리, 비-공간성이라는 세 주제에 충실함으로써, 나는 다음과 같은 결론을 향해 나아가려 한다. 만약 우리가 역사적으로 구분되는 이 세 개념을 잘 떼어 놓는다면, 자연을 반사할 수 있게 해주는 특별한 ***유리 같은 본질*** the Glassy Essence 덕분에 인간에게 지식이 가능하다는 생각에 우리가 더는 이끌리지 않게 되리라는 것이다. 그럼으로써 우리는 의식의 흐름이라고 하는 내면의 삶을 소유하는 것이 이성과 관련이 있다고 생각하고 싶은 유혹에도 이끌리지 않게 될 것이다. 이런 식으로 의식과 이성이 분리되면, 내가 주장하는 인격성이 무엇인지 알 수 있을 것이다. 인격성은 지식이라기보다는 결단의 문제, 공통 본질의 인식이라기보다는 다른 존재를 동료로 인정하는 문제라는 것이다.

4. 보편자를 파악하는 것으로서의 마음

만약 우리 종이 낭떠러지와 비를 경고하고, 개개의 탄생과 죽음을 기리는 등등의 개별 사태들을 언급하는 데에서 그쳤더라면, 이성의 본성에 관한 문제가 있다고는 생각하지 않았을 것이다. 그러나 시는 인간, 탄생, 죽음이라고 하는 것들에 관해 말하고 수학은 개별적인 세세한 사항을 문제 삼지 않는 것을 자랑스럽게 여긴다. 시와 수학이 자의식을 갖게 되었을 때, 즉 이온이나 테아이테토스 같은 이들이 자신을 자신이 다루는 주제와 동일시할 수 있게 되었을 때, 보편자의 지식에 관해 일반적인 무언가를 말해야 할 시기가 도래했다. 철학은 서쪽에 산맥들이 나란히 늘어서 있음을 아는 것과 무한히 연장된 평행선이 절대로 만나지 않음을 아는 것의 차이, 소크라테스가 선하다는 것을 아는 것과 선성goodness이 무엇인지 아는 것의 차이를 탐구하기 시작했다. 그래서 질문이 생겼다. 산에 관한 앎과 선線에 대한 앎, 소크라테스를 아는 것과 선善에 대해 아는 것 사이에는 어떤 유사성이 있는가? 이 질문이 몸의 눈과 ***마음의 눈***의 구분을 통해 답해졌을 때, *νοῦς*누스•가 인간을 짐승과 분리해 주는 것으로 여겨졌다. 우리 현대인들이 뒤늦게 고마운 줄도 모르고 하는 말일 수도 있으나, 이 눈의 은유가 서양 사상의 시조들의 상상력을 사로잡을 특별한 이유는 없었다. 하지만 사로잡았고, 현대 철학자들은 아직도 그로 인한 결과들을 연구하고, 그것이 초래한 문제들을 분석하고, 결국은 그 은유에 별다른 알맹이가 없을 수도 있는 게 아닌지 묻고 있다. 보편적 개념 혹은 진리에 관한 지식의 *θεωρία*테오리아로서의 "관조" 개념은 마음의 눈을 더 나은 종류의 지식을 위한 피할 길 없는 모형으로 만든다. 그러나 그런 종류의 지식을 무언가를 **응시하는** 것으로 본 것(이를테면,

• 고대 그리스 철학의 핵심 개념으로 영혼이 지닌 가장 고귀한 최고의 기능을 의미하며, 흔히 사유, 지성, 이성, 통찰, 이해, 마음 등으로 번역한다. – 옮긴이

그것을 문지르거나, 발로 짓밟거나, 혹은 그것과 성관계를 갖는 것으로 본 것이 아니라)에 대한 책임이 그리스의 언어에 있는지, 그리스의 경제 상황에 있는지, 소크라테스 이전 일부 무명 인사들의 태만한 공상에 있는지 묻는 것은 무익한 일이다.[6]

그런 모형과 더불어 ***마음의 눈*** the Mind's Eye이 제기된 상황에서, 마음은 어떤 것이어야 할까? 추정컨대, 그것은 눈에 보이지 않는 평행성性이 눈에 보이는 산등성이와 다른 것만큼이나 몸과는 다른 무언가가 아닐까. 그와 같은 무언가는 이미 마련되어 있었다. 시와 종교에서는 죽을 때 인간 비스름한 무언가가 육신을 남겨 두고 독자적으

---

6 듀이는 "마음의 눈"이라는 은유가 지식은 변할 수 없는 것에 관한 것이어야 한다는 선행 개념에서 온 결과라고 본다.

> 앎에 관한 이론은 시각 행위에서 일어날 것으로 가정되는 것을 본떠 만들어진다. 물체는 빛을 굴절시킴으로써 보이게 되는데, 이는 눈에 차이를 만들고 시각 기관을 가진 사람에게 차이를 만들지만 보이는 바로 그 사물에는 아무런 영향을 미치지 않는다. 실재하는 대상은 그 위엄 있는 초연함 속에 고정되어 있어서 그것에 시선을 줄 수 있는 그 모든 응시하는 마음의 왕이다. 지식 관찰자 이론a spectator theory of knowledge은 피할 수 없는 귀결이다. (『확실성의 추구The Quest for Certainty』[New York, 1960], p. 23)

시각적 은유가 참된 지식의 대상이 영원하고 불변해야 한다는 생각을 결정지은 것인지, 아니면 그 반대인지 알기는 어렵지만, 그 두 가지 생각은 서로를 위해 만들어진 것처럼 보인다. A. O. 러브조이A. O. Lovejoy의 『존재의 대연쇄The Great Chain of Being』(Cambridge, Mass., 1936), 제2장과 비교해 보라. 하지만 확실성의 추구와 시각적 은유는 불변성과 영원성이라는 생각이 포기된 후에도 지속된다. 예를 들어, "내 마음 앞에 타원으로 된 것이 아무것도 없다면, 어째서 동전이 다른 모양이 아닌 타원처럼 보여야 하는지 이해하기란 무척 어렵다"(『과학적 사유Scientific Thought』[London, 1923], p. 240)라는 점에 근거한 C. D. 브로드의 감각 자료에 대한 논증이 그것이다.

로 길을 떠난다고 했으니 말이다.[7] 평행성은 평행한 것들의 바로 그 생기, 즉 산이 더는 존재하지 않을 때 남아 있는 잔영으로 생각될 수 있다. 마음이 성길수록 평행성처럼 눈에 보이지 않는 존재자를 포착하는 데 더 적합할 것이다. 따라서 선배들의 형이상학적 무절제에 찬물을 끼얹으며 평생을 보낸 아리스토텔레스조차도, 설령 영혼에 관하여 다른 어떤 것도 안 된다고 할지라도 지성은 "**분리될 수 있다**"라는 생각에 어쩌면 **일리**가 있으리라 암시한다. 아리스토텔레스는 개구리가 파리를 잡고 뱀을 피하는 능력이 개구리의 몸과 존재론적으로 구별되지 않듯이, "영혼"도 인간의 몸과 존재론적으로 구별되지 않는다고 생각함으로써 이원론에 저항했다고 라일주의자들과 듀이주의자들의 찬사를 받았다. 그러나 영혼에 대한 이러한 "자연주의적" 관점에도 불구하고, 아리스토텔레스는 예를 들어 지성이 개구리성性의 형상을 받아들이며(말하자면, 분명하게 아는 특수한 개구리로부터 보편적

---

7 *ψυχή*프시케(영혼)와 그림자, 생기의 연관성에 대해서는 반 퍼르선C. A. van Peursen의 『몸, 영혼, 정신Body, Soul, Spirit』(Oxford, 1966), p. 88 및 제7장 여기저기, 그리고 반 퍼르선이 언급한 브루노 스넬Bruno Snell의 『마음의 발견Discovery of the Mind』(Cambridge, Mass., 1953)과 R. B. 어니언스R. B. Onians의 『유럽 사상의 기원The Origins of European Thought』(Cambridge, Mass., 1951)의 몇몇 단락들을 참조하라. *θυμός*튀모스(정신)와 *ψυχή*의 관계에 대한 어니언스의 논의(pp. 93ff)는 두 개념 모두 앎과 얼마나 관련이 적은지, 그리고 일반적으로 싸움, 성性, 운동과 얼마나 관련이 많은지를 분명히 보여준다. 이 두 개념이 철학 이전 시기의 *νοῦς*누스와 어떤 관계가 있는지는 스넬의 책 제1장을 보라. 거기서 스넬은 플라톤이 *νοῦς*를 "영혼의 눈"으로 묘사한 것을 인용하고, *νοεῖν*노에인(앎)을 이미지의 파악으로 보는 고풍스러운 용법을 언급하며 *νοῦς*를 설명한다. 우리의 목적상 중요한 것은 (기하학에 대한 앎에서처럼) 비물질적이고 비가시적인 지식의 대상이라는 생각이 함께 따라올 때만 반 퍼르선이 말한 것처럼 "내부 세계와 외부 세계" 사이의 분명한 구분이 발전한다는 것이다. 반 퍼르선, pp. 87, 90 참조.

인 것을 추려 내면서) 그 자신이 꼭 개구리가 되지 않고도 그 자체에 개구리의 형상을 취하는 힘을 가지고 있으므로, 지성νοῦς은 실제로 매우 특별한 것이어야 한다고 주장하기에 막힘없이 이르렀다. 그것은 비물질적인 무엇이어야 한다. 설령, 개구리의 행동을 설명할 때도 그렇듯이, **대부분** 인간 활동의 설명에는 그런 이상한 의사疑似-실체를 상정해야 할 필요가 없더라도 말이다.[8]

철학자들은 종종 아리스토텔레스가 플라톤의 보편자 담론과 지식 관찰자 이론the spectator theory of knowledge에 빠져들지 않았더라면 하는, 혹은 그의 **발전**Entwicklung이 충분히 오래 계속되어 『영혼에 관하여』 3권 5장과 『형이상학』 12장 같은 대목들을 그저 풋내기 시절의 생각으로 여겨 지워 버렸다면 하는 아쉬움을 토로하곤 한다.[9] 그러나 다시 한번 말하지만, 아리스토텔레스나 그의 해석자들에게 책임을 돌

---

8 나는 아리스토텔레스가 지성이 분리가능하다고 주장하기 위해 이런 논증을 명시적으로 제시한 적은 없다고 생각한다(그리고 『영혼에 관하여De Anima』 3장 4절에 나오는 능동 지성과 수동 지성의 관계에 관련된 난해함 때문에, 사실상 그가 그것을 의도했는지조차 알아내기가 불가능하다). 그러나 그의 추종자들은 이 논증 때문에 그가 『영혼에 관하여』 408b 19-20과 413b 25ff를 쓰게 되었다고 추정하며, 이보다 더 나은 제안이 내게는 없다. 모티머 애들러Mortimer Adler, 『인간의 차이와 그것이 만드는 차이The Difference of Man and the Difference It Makes』(New York, 1967), p. 220을 보라. 여기서 애들러는 429a 18-b23을 인용하여 추상에 대한 질료형상론적 설명에서 표준적인 아퀴나스식 논증이 윤곽을 드러내고 있음을 보여준다. "플라톤적인 방종"으로서의 "분리가능성"에 대한 듀이식 설명은 J. H. 랜달J. H. Randall의 『아리스토텔레스Aristotle』(New York, 1960)와 랜달이 언급한 베르너 예거Werner Jaeger의 처리를 참조하라. 또한 마저리 그렌Marjorie Grene의 『아리스토텔레스의 초상A Portrait of Aristotle』(London, 1963), pp. 243ff를 참조하라. 나는 지금의 요점에 대해 그렌이 느낀 당혹감을 공유한다.

리려고 애쓸 필요는 없다. 마치 몸의 눈이 특수자의 개별적인 색과 모양을 내재화함으로써 그 특수자를 알듯이, 보편자를 내재화함으로써 일반적 진리를 안다고 하는 은유는, 일단 제시되고 나자 사후 지하세계의 삶에 대한 농민들의 믿음에 맞먹을 만큼 강력한 지식인의 믿음이 되었다. 한편으로는 신과 직접적으로 연결되는(신성의 발산, 신성의 반영) 것으로서의 지식이라는 신플라톤주의적 개념과 다른 한편으로는 추상에 대한 현실적인 신아리스토텔레스식 질료형상론적 설명 사이를 오가며 다양한 형태로 나타나는, 보편자를-관조할-수-있기-때문에-비물질적인-것으로서의 영혼은 약 2천 년 동안 "인간은 왜 유일무이한가?"라는 질문에 대한 서양 철학자의 대답으로 남았다.

이렇게 우리 존재의 양면 사이에 확립된 긴장감은 셰익스피어의 희곡 『자에는 자로』의 등장인물 이사벨라의 "원숭이와 본질" 대사 같은 대목들에서 관습화된 표현으로 발견된다.

> 하지만 인간, 교만한 인간은
> 잠깐의 작은 권위로 꾸미고
> 자신이 가장 확신하는 것에 가장 무지하며

---

9 흥미로운 반대 견해에 대해서는 T. H. 그린T. H. Green, 「아리스토텔레스의 철학The Philosophy of Aristotle」(『선집Collected Works』[London, 1885], 제3권, pp. 52-91)을 참조하라. 그린은 『영혼에 관하여』 3권 5장을 플라톤과 『분석론 후서』 둘 다로부터 전체론과 구체적인 보편자의 발견을 향해 나아간 진전으로 간주한다. 이에 덧붙여 그린은 로크가 치명적으로 무시한 "감각과 감각의 지적 의식"의 차이를 인식한 아리스토텔레스를 칭찬한다(p. 81에서). 나는 뒤에서 케니Anthony Kenny를 좇아 로크의 실수가 데카르트가 마음 개념을 변형한 결과였다고 제안할 것이다.

그의 *유리 같은 본질*은 성난 원숭이처럼
저 높은 천상 앞에서 기상천외한 재주를 부려
천사들을 울게 만드는 것처럼, 우리의 비장脾腸으로
우리 모두의 필멸을 비웃을 거예요.[10]

우리의 *유리 같은 본질*, 즉 스콜라 철학자들의 "지성적 영혼"은 베이컨의 "인간의 마음"이기도 하다. 베이컨에 의하면 그것은 "사물의 광선이 실제 입사된 대로 반영되어야 하는 투명하고 평탄한 유리의 본질과는 거리가 먼… 오히려 구제되고 제한받지 않으면 미신과 허

---

10 윌리엄 셰익스피어, 『자에는 자로Measure for Measure』, 제2막 3장 117-123. 여기서 "유리 같은 본질"이 "지적 영혼"이고 그것이 "유리 같은 이유는 신을 반사하기 때문"이라는 주장에 대해서는 J. V. 커닝햄J. V. Cunningham, 「'본질'과 불사조와 거북이'Essence' and The Phoenix and the Turtle」, 『영국 문학사English Literary History』 19(1952), p. 266을 참고하라. 옥스퍼드 영어사전은 "유리 같은glassy"에 대해서 그런 의미를 부여하지 않지만, 커닝햄의 주장은 설득력이 있으며 『아든 셰익스피어Arden Shakespeare』(커닝햄을 참조하게 된 것은 이 책에 빚진 것이다)의 편집자들도 그를 따른다. 여기서 셰익스피어는 통용되던 비유를 사용하고 있다기보다는 순전히 독창적인 표현을 한 것으로 보인다. 성 바울의 "speculum obscurum어두운 거울" 관련 구절이나 다른 어떤 표준적 개념에 대한 명백한 암시도 없다. 영혼과 거울 간 유비의 역사에 대해서는 허버트 그레이브스Herbert Grabes, 『검경, 거울, 그리고 면경Speculum, Mirror, and the Looking-Glass』(Tübingen, 1973), p. 92를 참조하라("Geistig-Seelisches als Spiegel"). **인간의 유리 같은 본질**이라는 표현은 1892년 C. S. 퍼스C. S. Peirce가 "원형질의 분자 이론"에 관해서 쓴 논고에 저 제목을 붙임으로써 철학에 처음 도입되었는데, 퍼스는 "사람이란 일반 관념을 수반하는 하나의 기호에 지나지 않는다"라는 견해를 굳히고 "집단정신"의 존재를 확립하는 과정에서 이상하게도 이를 중요시했다(『선집Collected Works』, 찰스 하츠혼Charles Hartshorne과 폴 와이스Paul Weiss 편집[Cambridge, Mass, 1935], 6.270-271 참조).

위로 가득 찰 마법에 걸린 유리와 같다."[11] 이러한 17세기 초의 색다른 비유는 신新과학, 사유하는 실체와 연장된 실체 사이의 데카르트적 분리, 관념의 장막the veil of ideas, 그리고 "근대 철학"이 도래하기 오래전부터 느껴 온 우리 자신 안의 분리를 표현한다. 우리의 *유리 같은 본질*은 철학적 학설이 아니라, 식자들이 자신이 읽는 모든 지면에 미리 깔려 있음을 알았던 그림이었다. 그것은 두 가지 이유에서 유리, 즉 거울 같다. 첫째, 그것은 자신은 바뀌지 않으면서 새로운 형상을 취하는데, 그 형상은 물질적인 거울이 취하는 것 같은 감각적 형상이 아니라 지성적 형상이다. 둘째, 거울은 대개의 것들보다 더 순수하고, 입자가 곱고, 미묘하고, 섬세한 물질로 만들어진다.[12] 똑같이 상스럽고 가시적인 다른 기관들과 함께 우리의 행동 대부분을 처리하는 비장脾腸과 달리, 우리의 *유리 같은 본질*은 천사들과 공유하는 어떤 것이다. 비록 천사들은 우리가 그런 본성에 무지한 것을 통탄하지

11 프랜시스 베이컨Francis Bacon, 『학문의 진보Advancement of Learning』, 제2권, 『저작집Works』, 제임스 스페딩James Spedding과 로버트 엘리스Robert Ellis 편집(Boston, 1861), 제6권, p. 276.

12 "영혼은 가장 단순한 실체"라는 베이컨의 주장에 관해서는 같은 책, p. 242를 참조하라. 베이컨은 이를 뒷받침하기 위해 베르길리우스에서 루크레티우스적인 구절을 인용한다. purumque reliquit/aetherium sensum atque auraï simplicis ignem(그는 순수하고 영묘한 감각을 버리고 단순한 감각의 불을 지폈다)(『아이네이스』, 제6권, 747행). 영혼이 지식을 가지려면 매우 특별한 미세 물질로 만들어져야 한다는 생각은 아낙사고라스로 거슬러 올라간다. 고대인들은 *νοῦς*를 완전히 비물질적인 것으로 보는 견해와 그것을 매우 특별하고 매우 순수한 물질로 이루어진 것으로 보는 견해 사이에서 왔다 갔다 한다. 비非-시-공간적인 것에 대한 상상불가능성과 이성이 자신이 파악하는 비-시-공간적인 형상이나 진리를 닮아야 한다는 생각을 감안할 때, 그러한 동요는 불가피한 것이었다.

만 말이다. 16세기 지식인들에게 초자연적 세계는 플라톤의 이데아 세계를 본뜬 것이었으며, 마찬가지로 우리가 그 세계와 접촉하는 것 역시 플라톤의 시각 은유를 본뜬 것이었다.

오늘날 플라톤의 이데아론을 믿는 사람은 거의 없으며, 감각적 영혼과 지성적 영혼을 구분하는 사람도 많지 않다. 그러나 우리의 ***유리 같은 본질*** 이미지는 우리가 그것을 파악할 수 없다는 이사벨라의 탄식이 그런 것처럼 우리에게 그대로 남아 있다. "더 높은 것"에 지고의 관심을 두는 학문인 철학이 우리의 본성을 더 잘 깨닫게 해주지 못했다는 불만감이 도덕적 실패감과 뒤섞인다. 여전히 그런 본성은 특정 종류의 지식, 가장 높고 순수한 것들에 대한 지식, 이른바 수학, 철학 그 자체, 이론 물리학, 보편자를 사색하는 모든 것에 관한 지식에서 그것 특유의 성격을 가장 분명하게 느끼게 한다고 느껴진다. 보편자가 존재하지 않는다는 주장, 즉 그런 것은 빈 소리flatus vocis일 뿐이라는 주장은 우리의 유일무이성을 위험에 빠뜨리는 것이다. 마음이 뇌라고 말하는 것은 비장이 어두운 빛깔의 체액을 분비하듯 우리가 정리定理와 화음和音을 분비한다고 말하는 것과 같다. 전문적인 철학자들은 그런 "조야한 그림"을 꺼린다. 왜냐하면 그들에게는 덜 조야하다고 여겨지는, 17세기 후반에 그려진 다른 그림들이 있기 때문이다. 그러나 이성의 본성은 "영원한 문제"이고 우리의 유일무이성을 의심하는 사람은 누구나 수학을 공부해야 한다는 식의 감각은 여전히 남아 있다. 호메로스의 영웅들을 고무한 *θυμός*튀모스, 성 바울의 *πνεῦμα*프뉴마,* 아퀴나스의 능동 지성은 모두 완전히 다른 개념들이다. 그러나 현재의 목적을 위해 우리는 이사벨라가 한 것처럼 이것들을 ***유리 같은 본질***이라는 어구로 통합할 수 있다. 그것들은 모두 송장에는 없는 것들로서 인간 특유의 것들이다. 아킬레우스가 과시한 힘은 테아이테토스나 사도들이나 성 토마스의 힘은 아니었지만, 스콜라 철학자들의 "지성적 본질"은 달랐다. 그것은 호메로스에서 아낙사고라스에 이르는 사이에 힘을 모았고, 플라톤에게서 정전적 형식을 부여받았으며, 아리스토텔레스에 의해 누그러졌다가, 그 후 (성 바울에게서) 새롭고 단호히 내세적인 종교적 숭배와 얽히게 된 이원론적인 생각들을 이어받은 것이었다.[13] 르네상스 인본주의자들의 "거울"

• *θυμός*는 생명력, 생각, 강렬한 감정 등이 발생하는 원초적인 마음의 자리를 의 *πνεῦμα*는 흔히 영靈으로 번역되며 신과 교제하고 진리를 인식하는 인간의 가장 깊은 내면의 고등한 부분을 의미한다. – 옮긴이

13 데카르트에게 넘겨줄 준비가 되어 있던 육체와 영혼의 모호한 상식적 이원론은 다른 무엇보다도 모국어 『성서』 번역 어휘의 산물이었다. 따라서 데카르트적 구분이 얼마나 근래에 등장한 편협한 구분인지 알기 위해서, 『성서』의 저자들이 "의식"과 "무감각 물질" 사이의 데카르트적 대비 같은 것을 전혀 염두에 두지 않았다는 점에 주목할 필요가 있다. 유대인의 사고방식과 그것이 성 바울에 미친 영향에 대해서는 어니언스의 『유럽 사상의 기원』 480ff를 참조하라. 성 바울 본인으로 말하자면, 현대의 심리철학 저술가들과 달리 그는 몸*σῶμα*(소마)을 죽음 이후에 묻히는 것과 동일시하지 않는다는 점에 유의하는 편이 유용하다. 후자는 *σάρξ*사르크스(육, 肉)인 반면, J. A. T. 로빈슨J. A. T. Robinson에 따르면, "*σῶμα*는 우리의 말로 '인격'이라는 단어와 가장 가깝다."(『몸: 바울신학 연구The Body: Pauline Theology』[London, 1952], p. 28; 이를 키스 캠벨, 『몸과 마음Body and Mind』[New York, 1970], p. 2와 대조해 보라. "우리가 자신이 누구인지 안다면, 자신의 몸이 무엇인지 말하기는 쉽다. 그것은 장의사가 나를 묻을 때 묻는 그것이다.") 로빈슨이 말했듯이(p. 31n), *σῶμα*와 *σάρξ*는 사람의 서로 다른 부분들이 아니라 "온전한 한 사람이 다르게 여겨진 것"이다. 인간이 부분들로 나뉜다는 생각은 플라톤 이후에도 철학자가 아닌 사람들에게는 자연스럽게 다가오지 않는다. 반 퍼르선, 『몸, 영혼, 정신』, 제6장을 보라. 바울이 데카르트적이지 않은 방식으로 *σῶμα*몸, *σάρξ*육, *ψυχή*영, *πνεῦμα*혼를 사용한 사례들은 「고린도전서」, 15장 35-54절을 참조하라.

이미지 속에서는 호메로스와 아우구스티누스, 플로티누스와 토마스 사이의 차이가 뭉개져서 모호하지만 단호한 이원론(원숭이와 본질)을 생산하게 되었고, 철학자들이 이를 알고 있으리라는 것을 모두가 알고 있었다. 비록 철학자들이 그것에 대해 무엇을 말하고 싶어 할지 짐작할 수 있는 사람은 거의 없었지만 말이다. 최근의 심리철학은 인간의 ***유리 같은 본질***이라는 이 모호한 말뭉치를 데카르트 이후의 "의식" 또는 "인식" 개념과 한데 묶어 다루는 경향이 있다. 다음 절에서는 그것들이 얼마나 다른 개념인지 보이고자 한다.

5. 몸과 별개로 존재할 수 있는 능력

앞 절에서 논증이 끼어든 유일한 지점은 지식에 대한 질료형상론적 사고방식, 즉 지식이란 대상에 대한 정확한 **표상**을 소유하는 것이 아니라 주체가 대상과 **같아지는** 것이라는 사고방식으로부터 *νοῦς*의 "분리가능한" 비물질적 특성을 끌어낸 토마스주의적 (그리고 아마도 아리스토텔레스적인) 추론을 언급한 데뿐이다. 이 논증과 이원론을 옹호하는 다양한 데카르트적 논증 및 현대적 논증 들의 차이를 이해하기 위해서는 이들 두 인식론이 서로 얼마나 다른지를 살펴볼 필요가 있다. 둘 다 ***자연의 거울***이라는 이미지에 잘 어울린다. 그러나 아리스토텔레스의 사고방식에서 지성은 내면의 눈이 검사하는 거울이 아니다. 그것은 거울과 눈이 하나가 된 것이다. 망막 이미지는 **그 자체가** "만물이 되는 지성"의 모형이다. 반면, 데카르트적 모형에서는 지성이 망막 이미지들로 본떠진 존재자들을 **검사한다**. 개구리성性과 별성性이라는 실체적 형상들은 아리스토텔레스적 지성으로 곧장 들어

가며, 그것들은 개구리와 별이 거울에 반영되는 방식으로 지성 안에 존재하는 것이 **아니라** 그것들이 개구리들과 별들 안에 존재하는 것과 정확히 같은 방식으로 거기에 존재한다. "근대" 인식론의 기초가 된 데카르트의 사고방식에서 "마음" 안에 있는 것은 **표상들**이다. ***내면의*** 눈은 그러한 표상들이 원본과 같음을 입증해 줄 어떤 표지를 찾기를 희망하며 그것들을 조사한다. 고대 세계에서 회의주의가 도덕적 태도, 삶의 양식, 당대의 지적 유행에 실린 허식들에 대한 반작용의 문제였다면,[14] 데카르트의 「첫 번째 성찰」과 같은 방식의 회의주의는 완벽하게 명확하고 정확한 "전문적"인 의문이었다. 즉 심적인 무언가가 심적이지 않은 무언가를 표상한다는 것을 우리가 어떻게 아는가?

---

14 그리스의 회의주의에 대해서는 필립 P. 핼리Philip P. Hallie의 견해를 보라. 그는 그리스의 회의주의가 "행복을 추구하는 실천적-지혜의 철학"이며 여기서 "의심은 감각-경험의 장막을 거둬내는 도구가 된다기보다는 인간의 삶을 더럽히고 인간을 동료 인간과 끝없는 모진 갈등으로 이끄는 배설물을 닦아 내는 수단"이라고 여긴다(『회의주의, 인간, 그리고 신Scepticism, Man, and God』[Middletown, Conn., 1964], p. 7). 고대 회의주의에서 관념의 장막이라는 개념이 어떤 역할을 했는지는 분명하지 않지만, 그것은 중심적인 개념이라기보다는 부수적이었던 것으로 보인다. 이는 이 개념을 중심에 둔 로크-버클리-칸트의 전통과는 대조적이다. 샬럿 스타우Charlotte Stough는 피론이 *τὸ φαινόμενον*토 파이노메논(현상)을 "주체와 대상 사이의 커튼으로, 그의 시야에서 진짜 세계를 가리는 것"으로 보았다고 기술한다(『그리스 회의주의Greek Scepticism』[Berkeley, 1969], p. 24). 그러나 *τὸ φαινόμενον*이 로크적 관념과 아주 유사한지는 분명하지 않다. 로크의 관념은 마음 앞에 수정불가능하게 존재하며 단지 수정불가능하게 알려지기 때문에 순수하게 심적이다. 수정불가능하게 알 수 있는 심적 존재자의 집합이라는 개념에 가장 가까이 다가간 것처럼 보이는 고대 사상은 스토아 철학의 *καταληπτικὴ φαντασία*카탈렙티케 판타시아(인지적 인상) 학설이지만(Stough, pp. 38-40 참조), 이것은 대상에 정확히 대응하고 따라서 승인하지 않을 수 없게 하는 표상으로 정의되므로, 로크적 개념

마음의 눈이 보는 것이 거울(심지어 왜곡된 거울, 즉 마법에 걸린 유리)인지 장막인지 어떻게 아는가? 내적 표상으로서의 지식이라는 생각은 우리에게 너무 자연스러워서 아리스토텔레스의 모형은 그저 기이하게 보일 수 있을 것 같고, (피론주의의 "실천적" 회의주의에 반대되는 것으로서) 데카르트적 회의주의는 우리에게 "철학적으로 생각한다는 것"의 진정한 일부분처럼 보이기 때문에, 플라톤과 아리스토텔레스가 그런 생각을 직접 맞닥뜨린 적이 없다는 것이 놀랍다. 그러나 두 가지 모형, 즉 질료형상론적 모형과 표상론적 모형을 똑같이 선택의 문제라고 본다면, 아마도 이 두 모형에서 각각 비롯되어 심신 이원론에 도달한 추론들도 마찬가지로 정확히 선택의 문제로 볼 수 있을 것이다.

「심신 문제는 왜 고대의 문제가 아닌가?」[15]라는 논문에서 월러스 맷슨은 마음과 몸의 분리를 바라보는 17세기의 방식들과 그리스의 방식들을 가르는 주된 요점에 주목한다.

> 그리스인들에게 마음의 개념이 없지 않았다. 심지어 몸과 분리할 수

이라고 하기는 어렵다. 또한 조사이아 B. 굴드Josiah B. Gould의 「초기 스토아주의 및 여타 그리스 철학자들의 존재, 세계, 외양Being, the World and Appearance in Early Stoicism and Some Other Greek Philosophers」, *Review of Metaphysics* 27 (1974), 261-288, 특히 pp. 277ff를 참조하라.

15 월러스 맷슨Wallace Matson, 「심신 문제는 왜 고대의 문제가 아닌가?Why Isn't the Mind-Body Problem Ancient?」, 『마음, 물질, 방법: 헤르베르트 파이글에게 헌정하는 철학과 과학 논집Mind, Matter and Method: Essays in Philosophy and Science in Honor of Herbert Feigl』, 파울 파이어아벤트Paul Feyerabend와 그로버 맥스웰Grover Maxwell 편집(Minneapolis, 1966), pp. 92-102.

> 있는 마음이라는 개념도 있었다. 하지만 호메로스에서 아리스토텔레스에 이르기까지 어쨌거나 마음과 몸의 경계선이 그어지는 때에는 감각 지각의 과정을 몸 쪽에 두는 식으로 그어졌다. 이것이 그리스인들에게 심신 문제가 없었던 이유 중 하나다. 또 다른 이유는 "감각과 마음(또는 영혼)의 관계는 무엇인가?" 같은 문장을 그리스어로 번역하는 것이 거의 불가능할 정도로 어렵다는 것이다. 난제는 철학자들이 부여하는 의미를 지닌 "감각"과 동등한 그리스어 표현을 찾는 데 있다. … 정확히 말해서, "감각"은 외부 자극의 본성이나 더 나아가 그것의 존재 여부에 대해 개입하는 일 없이도 어떤 의식 상태에 대해 말하는 것을 가능하게 하려고 철학에 도입되었다.[16]

맷슨의 두 가지 요점은 그리스어에는 "의식적인 상태" 또는 "의식의 상태", 즉 내면의 삶에서 일어나는 사건들을 "외부 세계"의 사건들과 가를 방법이 없다는 말로 요약할 수 있다. 반면 데카르트는 "사고"라

---

16 맷슨, 「심신 문제」, p. 101. 맷슨은 계속해서 αἴσθησις아이스테시스(지각)나 αἴσθημα 아이스테마(느낌) 모두 "감각"의 동의어 역할을 하지 않을 것이라고 주장한다. φάντασμα판타스마는 매력적인 가능성이지만, 심지어 아리스토텔레스가 사용한 이 단어를 "심상"으로 번역하는 것조차도 의심의 여지가 있으며, 고통을 φάντασμα라고 부를 수도 없다. 아퀴나스의 phantasma 개념을 해석하는 어려움에 대해서는 앤서니 케니, 「성 토마스의 지성과 상상력Intellect and Imagination in St. Thomas」, 『아퀴나스: 비판적 논문집Aquinas: A Collection of Critical Essays』(케니 편집, Garden City, N.Y., 1969, pp. 293-294)을 참조하라. 이 인용문의 마지막 문장에서 맷슨의 요점은 "감각"이라는 용어에 대한 토머스 리드Thomas Reid의 설명이 뒷받침한다. 그의 『인간의 지성적 능력에 관한 논고Essays on the Intellectual Powers of Man』(Cambridge, Mass., 1969), p. 249 (및 『논고』 제2권, 여기저기)를 참조하라.

는 개념을 의심하기, 이해하기, 긍정하기, 부정하기, 의지하기, 거부하기, 상상하기, 감각하기 등을 포괄하는 방식으로 사용했으며, 설령 내가 빛을 보는 꿈을 꾸더라도 "엄밀히 말해 내 안에서 그것은 감각이라 불리며, 정확히 그런 의미에서 생각에 다름 아닌 것으로 사용된다"고 말했다.[17] 데카르트가 그런 식의 화법을 확고히 굳히고 나자, 로크가 "관념idea"을 "사람이 생각할 때 어쨌거나 이해의 대상이 되는 모든 것" 또는 "사고에서 마음의 모든 직접적 대상"을 의미하는 것으로, 그리스어에는 전혀 일치하는 단어가 없는 그런 방식으로 사용하는 것이 가능했다.[18] 케니가 말한 바대로, **관념**이라는 단어의 근대적

---

17 「두 번째 성찰」에서 데카르트는 "생각하는 것thing"을 "마음이나 영혼, 혹은 이해 혹은 이성res cogitans, id est, mens, sive animus, sive intellectus, sive ratio"으로 정의하는 데서 시작하여 "생각하는 것이란 어떤 것인가? 그것은 의심하고, 이해하고, 긍정하고, 부정하고, 의지하고, 거부하고, 또한 **상상하고 감각하는** 것이다"(강조는 추가한 것임. "Nempe dubitans, intelligens, affirmans, negans, volens, nolens, imaginans quoque, et sentiens")로 빠르게 나아간다. 그런 다음 그는 위의 본문에 인용한 두 번째 구절을 이어간다(hoc est proprie quod in me sentire appellatur; atque hoc praecise sic sumptum nihil aliud est quam cogitare). 이 세 개의 텍스트는 모두 알키에Ferdinand Alquié가 편집한 『철학 저작집Oeuvres Philosophiques』(Paris, 1967), 제2권, pp. 184-186에 나온다(홀데인과 로스 번역판에는 제1권, pp. 152-153에 있다). 또한 『철학의 원리』, 제1부 9절도 참조하라. "나는 사고라는 단어를 우리 안에서 작용하는 것에 관하여 우리가 의식하는 모든 것으로 이해한다tout ce qui se fait en nous de telle sorte que nous l'apercevons immédiatement par nous-mêmes. 그리고 그것이 여기서는 이해하기, 의지하기, 상상하기뿐만 아니라 감각하기sentir 또한 사고와 같은 것인 이유다"(『철학 저작집』 제3권, p. 95; 홀데인과 로스 판본, 제3권, p. 222). res cogitans를 "의식"으로 번역한 것에 대해서는 다음을 보라. 로버트 맥레이Robert McRae, 「데카르트의 사고 정의Descartes' Definition of Thought」, 『데카르트 연구Descartes Studies』, R. J. 버틀러R. J. Butler 편집(Oxford, 1972), pp. 55-70.

사용은 데카르트에서 로크를 거쳐 파생되었으며, "데카르트는 그 단어에 의식적으로 새로운 의미를 부여하고 있다. … 그것을 인간 마음의 내용에 체계적으로 사용한 것은 새로운 출발점이었다."[19] 더 중

---

18 첫 번째 인용문은 『인간지성론』(제1권, 제1장 8절)에, 두 번째 인용문은 「우스터 주교에게 보내는 두 번째 편지Second Letter to the Bishop of Worcester」에 나온다. 심적인 것의 표지로서의 직접성(수정불가능성으로서의 직접성 규준과 더불어)은 이와 같은 구절들 때문에 철학에서 의문의 여지가 없는 선가정이 되었다. 철학에서 종종 그렇듯이, 새로운 어구의 사용이 "확연히 철학적"인 주제와 쟁점에 관련된 이해의 표지가 되었다. 따라서 우리는 흄이 이렇게 말하고 있는 것을 보게 된다. "… 저속한 사람들이 이런 제목 아래에서 형성하는 모든 결론은 철학이 확증한 결론들에 직접 반대된다. 왜냐하면 철학은 우리에게, 마음에 나타나는 모든 것이 지각에 지나지 않고 비연속적이면서 마음에 의존한다고 알려주는 데 반하여, 저속한 사람들은 지각과 대상을 뒤죽박죽 혼동하고 우리가 만지고 보는 바로 그것들에 뚜렷이 지속하는 존재를 부여하기 때문이다."(『인성론』, 제1권, 제4부 2절) 조너선 베넷Jonathan Bennett은 "로크의 사고는 지각과 의미에 대한 자신의 설명에서 '관념'을 일의적인 핵심 용어로 사용하려는 시도, 간단히 말해서, 감각 자료와 개념 둘 다를 포괄하는 말로 '관념'을 사용하려는 시도가 지배한다"라고 지적하고, 그것은 "감각적인 것을 지성적인 것과 지나치게 밀접하게 동화시킨 그의 근본적인 실수가 구체적인 형태로 나타난 것으로서, 이는 버클리, 흄, 그리고 경험론 전통의 다른 이들과도 공유하는 것"이라고 말한다(베넷, 『로크, 버클리, 흄: 중심 주제들Locke, Berkeley, Hume: Central Themes』[Oxford, 1971], p. 25). 그러나 그런 실수는 데카르트에게로 거슬러 올라가며 합리론 전통에서도 똑같이 구현되었다. 이것은 윌프리드 셀라스가 두 전통에 공통된 "소여所與의 근본 틀"이라고 부르는 것의 일부이며, 헤겔의 영향을 받은 사람들에게 늘 표적이 되어 왔다. 이에 관해 셀라스의 『과학, 지각, 실재Science, Perception and Reality』(London and New York, 1963), p. 127과 pp. 155-156을 참조하라. 셀라스와 베넷의 불만은 프리처드H. L. Prichard에게서 먼저 감지되며, 그에 앞서 그린이 제기했는데, 이들에 대해서는 나중에 제3장 2절에서 간략히 논의할 것이다.

19 앤서니 케니, 「데카르트의 관념에 관하여Descartes on Ideas」, 『데카르트: 비판

요한 것은 그리스 및 중세 전통에서 데카르트-로크식 용법의 "관념"

적 논문집Descartes: A Collection of Critical Essays』, 윌리스 도니Willis Doney 편집(Garden City, N.Y., 1967), p. 226. 데카르트가 "사고"를 "우리가 즉시 알 수 있을 만큼 우리의 일부로서 우리 안에 있는 모든 것"으로, "관념"을 "직접적 지각에 의한 사고의 모든 형태로서, 우리가 이미 그와 같은 사고에 대한 지식을 가지고 있는 것"으로 정의한 것을 보라(「두 번째 반론에 대한 답변Replies to Second Objections」, 알키에, 제2권, 586). 그러나 존 욜턴은 케니에게 (그리고 표상적 지각에 대한 데카르트적 학설이 스콜라주의적인 직접 실재론 전통과의 확연한, 어쩌면 재앙적이라 할 단절이라는 관점(내가 여기서 취하고 있는 전통적 노선이다)을 취하는 알키에 및 여타 주석자들에게도 역시) 문제를 제기한다. 욜턴은 「17세기 철학의 관념과 지식Ideas and Knowledge in Seventeenth-Century Philosophy」(*Journal of the History of Philosophy*, 13[1975], 145-165)에서, 데카르트가 「세 번째 성찰」에서 "관념"을 "사유하는 방법 또는 방식"으로 기술한 것을 데카르트가 스콜라주의적인 직접 실재론과 양립할 수 있는 관념에 관한 "행위" 이론을 보유했다는 증거로 인용하였다(알키에, 제2권, 439). 이 논문이나 또 다른 저술에서 욜턴은 데카르트와 로크가 만들어 낸 표상적 지각 이론에서 인식론적 회의주의가 나왔다는 통상의 이야기(예를 들면, 에티엔 질송Étienne Gilson과 J. H. 랜달J. H. Randall에게 공히 나타나는)가 너무 단순한 생각일 수 있다고 제안했다. 브라이언 오닐Brian O'Neil도 『데카르트 철학의 인식론적 직접 실재론Epistemological Direct Realism in Descartes' Philosophy』(Albuquerque, N. M., 1974), pp. 96-97에서 비슷한 노선을 취하면서 "데카르트의 오랜 투쟁은 esse objectivum대상적 존재 이론과 단순 본성의 신조를 유지하고 연결하기 위한 노력이었다"고 말한다. 오닐은 다음과 같은 장 발Jean Wahl의 견해에 동의한다. 즉 데카르트가 "실재론의 기초가 되는 사고방식과 그에 반대되는 사고방식 두 가지를 기술"하였으며, 그 하나는 토마스주의와 같은 무언가에 기초한 것이고 다른 하나는 관념들의 장막 같은 무언가에 기초한 것으로서, 그런 관념 중 일부가 표상으로서 그 자체의 정확성을 보장한다는 것이다. 로크와 데카르트에 대한 욜턴의 수정주의적 독해가 옳다면, 오늘날 데카르트가 창조했다고 여겨지는 인식론적 문젯거리의 출현에 대해서는 역사를 더 거슬러 올라가서 살펴봐야 할 것이다. 하지만 여기서 나는 케니의 더 익숙한 설명을 따를 것이다.

과 공共외연적인 용어가 기교적인 철학적 용어로조차도 없었다는 점이다. 인간의 마음을 단일한 ***내면의 눈***Inner Eye이 고통과 명석 판명한 관념을 검열하는 내적 공간으로 바라보는 사고방식도 없었다. 암묵적인 숙고나 내면의 법정foro interno에서 결의를 형성하는 등의 개념은 확실히 존재했다.[20] 참신한 것은 신체적이고 지각적인 감각(데카르트의 표현을 빌리자면 "감각과 상상의 혼란스러운 관념들"), 수학적 진리, 도덕 규칙, 신 관념, 우울한 기분, 그리고 오늘날 우리가 "심적"이라고 부르는 나머지 모든 것들이 의사疑似-관찰의 대상이 되는 단일한 내적 공간이라는 개념이었다. 자체로 내면의 관찰자가 있는 그런 내면의 무대가 고대와 중세 사상의 다양한 지점에서 제안된 바 있었지만, 어떤 문젯거리의 근간을 형성할 만큼 심각하게 오랫동안 받아들여진 적은 없었다.[21] 그러나 17세기는 이 문제를 아주 심각하게 받

---

20 예를 들면, 플라톤의 『소피스트』, 263e를 참조하라.

21 애들러(『인간의 차이』, pp. 217-218)는 "아리스토텔레스적인 형이상학과 심리학의 근본 틀 안에서는 심신 문제가 있을 수 없다"는 맷슨의 주장에 동의하면서도 "예를 들어, 플라톤은 아리스토텔레스보다 데카르트를 훨씬 더 잘 이해했을 것이며, 특히 데카르트가 마음과 몸을 존재적으로 구분되는 실체들로 떼어 놓은 측면과 몸에 대한 마음의 독립성이라는 데카르트적 관점에 대해 그랬을 것"이라고 주장한다. 하지만 나는 그 점에서 플라톤과 아리스토텔레스 사이에 진정한 차이가 있는지 의심스럽다. 맷슨의 지적은 두 사람에게 똑같이 적용되기 때문이다. 반면, 나는 토마스가 아리스토텔레스를 끌어들여 비판했던 아우구스티누스 전통 내의 바로 그런 요소들을 데카르트가 다시 도입했다는 질송의 견해에 일리가 있음을 수용할 수밖에 없다. 그렇다면 플라톤과 아리스토텔레스 중에서 콜리지식Coleridgean으로 선택하는 것이 정말 적절해 보인다.〔새뮤얼 테일러 콜리지는 18~19세기에 활동한 영국의 시인으로, 모든 사람은 플라톤주의자로 태어나거나 아리스토텔레스주의자로 태어난다고 말했다. 그는 과학의 진리는 아리스토텔레스에, 절대적 진리는 플라톤에 속한다고 보았

아들이는 바람에 관념의 장막 문제, 즉 인식론을 철학의 중심으로 만든 문제를 제기하도록 허용하였다.

데카르트가 "감각"이란 "다름 아닌 생각"이라는 "정확한 의미"를 발명하고 나자, 우리는 보편자를-파악하는-것으로서의-이성과 감

다. – 옮긴이] 또한 감각과 지성을 모두 포괄하는 "사고"라는 개념의 독창성을 보여주기 위해 일반적으로 데카르트에게서 인용되곤 하는 구절과 놀라울 정도로 유사한 구절들이 아우구스티누스에게 있다. 개러스 매튜스Gareth Matthews(「의식과 삶Consciousness and Life」, *Philosophy* 52[1977], 13-26)는 『아카데미아 학파 반박Contra Academicos』 제3권(sec. 11, chap. 26)에 나오는 인상적인 예시를 인용하며 이렇게 논평한다.

> 인간이 … "내면"과 "외면"을 모두 가졌다고 보는 관점은 너무나 흔하고 상식적이어서 우리가 보기에는, 그것이 얼마나 놀랍도록 근대적인 생각인지 깨닫기 어렵다. 그러나 그것의 근대성을 음미하려면 그저 그에 관한 데카르트 이전의 진술들을 찾아보기만 해도 된다. 아우구스티누스에게서 그에 관한 흥미로운 전조들을 발견할 수 있지만, 그보다 더 이전도 그렇고 아우구스티누스 시대와 데카르트 시대 사이에도 그런 진술들은 그리 많지 않다. (p. 25)

매튜스의 지적은 (맷슨의 지적과 마찬가지로) 라일이 기계 속의 유령이라는 개념을 공격했을 때 단순히 데카르트적 특이성이 아니라 인간의 기본적 직관을 공격하고 있던 것이라는 주장을 교정할 수 있는 유용한 수단으로 보인다. 그런 주장은 예를 들어 스튜어트 햄프셔(「『마음의 개념』에 대한 비판적 고찰Critical Review of *The Concept of Mind*」, *Mind* 59[1950], 237-255, 특히 sec. 2)가 제기한다. 반면에 햄프셔의 비판은, 헬레니즘 철학을 읽고 르네상스 사상에서 스토아학파의 역할을 이해하면 표상적 지각과 인간의 "내적 공간"에 대한 데카르트적 학설들의 외견상의 참신성이 경감된다는 제안(미하엘 프레데Michael Frede가 나와 대화를 나누며 내놓은)에 의해 강화된다. 프레데가 옳다면, 특히 욜턴이 위의 각주 19번에서 논의한 쟁점들에 대해 옳다면, 이러한 주제들에 대한 철학적 논의의 역사에는 내가 지금 하는 이야기(질송-랜달의 사료적 전통에서 빌려온)보다 훨씬 더 많은 연속성이 존재한다.

각 및 운동을 관장하는 살아있는 몸을 구분하는 아리스토텔레스적 관점과 단절되기 시작했다. **새로운** 심신 구분이 필요했다. 이른바 "의식과 의식이 아닌 것 사이"의 구분이다. 이것은 인간의 능력들 사이의 구분이 아니라 두 사건 계열들 사이의 구분이다. 이를테면, 한 계열 내의 많은 사건은 다른 계열 내의 많은 사건과 많은 특성을 공유하지만, 설사 그렇다고 하더라도 하나는 연장된 실체에서의 사건이고 다른 하나는 연장되지 않은 실체에서의 사건이라는 점에서 **극도로** 다르다. 그것은 인간의 두 측면 또는 두 부분 사이의 구분이라기보다는 두 세계 사이의 구분에 더 가까웠다. 로이스 같은 철학자들의 "***이상 세계***Ideal World"는 르네상스 시대의 ***유리 같은 본질***이 지닌 명성과 신비를 물려받았지만, 인간의 일부분은 결코 그 안에 존재할 수 없는 그런 방식으로 자기충족적이다.[22] 따라서 몸과 떨어진 마음을 상상할 수 있음을 보여준다는 것은 아리스토텔레스에서 비롯된 전통에서 발견되는 프로젝트와는 완전히 다른 것이었다. 아리스토텔레스에게 보편자를 질료에 구현하지 않은 채로 받아들이는 능력은 "분리가능한" 것이었으며, 우리가 그 능력을 몸이 지닌 특별한 힘으로 보아야 할

---

22 로이스Josiah Royce는 데카르트의 주관주의를 "내적 삶의 재발견"(이것은 그의 『근대 철학의 정신The Spirit of Modern Philosophy』[New York, 1892] 제3장의 제목이다)이자, 실재하는 세계가 "심적"이어야 함을 이해하는 길로 들어서는 통로(제11장에서 그가 의기양양하게 도출한 결론)라고 기술한다는 점을 참고하라. 또한, 러브조이의 『이원론에 대한 반란The Revolt against Dualism』(La Salle, Ill., 1930) 제1장도 참조하라. 거기서 러브조이는 데카르트를 축출하려는 자들에 맞서, 관념의 장막은 다음과 같이

> 인간에 대한 으뜸가는 가장 보편적인 신념, 그의 논파할 수 없는 실재론, 한편으로는 자신이 그 자신도 아니고 그 자신의 비굴한 그림자에 불과한

지, 성숙한 인간 신체마다 부여되는 별개의 실체로 보아야 할지, 아니면 어쩌다 존재하게 된 수많은 인간과 천사가 어떤 식으로든 공유하는 단일한 실체로 보아야 할지는 선뜻 말하기 어려운 것이었다(기독교처럼 철학 외적 관심사들의 도움을 받지 않고서는 말이다). 아리스토텔레스는 첫 번째와 두 번째 선택지 사이를 왔다 갔다 했으며, 두 번째 선택지는 사후 생존 가능성이 제공하는 일상적 매력을 지녔다. 중세 철학은 두 번째와 세 번째 사이에서 왔다 갔다 했다. 그러나 이 모든 논의에서 쟁점이 된 것은 "의식"의 생존이 아니라 **이성**의 파괴불가능성이었다.[23] 마음이 더는 이성과 동의어가 아니라면, 보편적 진

> 것도 아닌 실재들의 한가운데, 무상한 자기 존재의 협소한 한도를 초월해 있는 세계에 있으면서, 다른 한편으로는 자신이 어떻게든 그런 한도를 넘어선 곳에 닿을 수 있고 그런 외부 존재를 자기 삶의 범위 안으로 가져올 수 있으면서도 그런 존재의 초월성을 무효로 만들지 않을 수 있다는 이중적 믿음 (p. 14)

을 주장하는 모든 사람에게 발생하는 문제라고 역설한다. 아리스토텔레스, 아퀴나스, 듀이, 오스틴에게 이러한 "실재론"은 로이스의 관념론만큼이나 인위적이고 억지스러워 보였을 것이다.

23 따라서 아우구스티누스는 「영혼의 불멸성에 관하여On the Immortality of the Soul」라는 논고를 그가 가장 단순하고 결정적인 것으로 간주한 논증에서 시작한다. 즉, 영혼은 학문의 주체(즉 자리)이고 학문은 영원하므로 불멸한다는 것이다. 예를 들어 2장에서 그는 이렇게 말한다. "인간의 몸은 가변적이고 이성은 불변한다. 항상 같은 양태로 존재하지 않는 모든 것은 가변적이지만, 둘 더하기 둘이 넷이라는 것은 항상 같은 양태로 존재한다. … 그렇다면 이런 종류의 추리는 불변한다. 그러므로 이성은 불변한다"(『교사에 관하여 그리고 영혼의 불멸에 관하여Concerning the Teacher and On the Immortality of the Soul』, 조지 레키George Leckie 번역[New York, 1938], p. 61). 플라톤의 『파이돈』에서부터 17세기에 이르는 사이에 불멸에 대한 표준적인 **철학적** 주장은 언제나 짐승이 할 수 없는 일, 즉 단지 특수한 사실들보다는 변하지 않는 진리를 알 수 있는 우리

리의 파악이 아닌 다른 무언가가 마음의 표지로 이바지해야 한다.

의 능력을 중심으로 전개되었다. 마음과 몸의 차이에 대한 완전히 새로운 사고방식의 수문을 개방한 데카르트조차도 표준적인 입장으로 되돌아가서 우리가 금수와 공유하는 모든 행동(예를 들면, 위험을 회피하고자 하는 행동 같은)에 대해서는 몸에 책임이 있다고 말하는 경향이 있었다. 따라서 그는 「네 번째 대답」에서 반사 작용은 "마음의 도움 없이" 일어나며, 이는 "늑대의 몸에서 나와 양의 눈에 반사된 빛이 도주 운동을 자극할 수 있음이 틀림없다"라는 말만큼이나 놀라울 게 없다고 말한다(『철학 저작집』, 알키에, 제2권, 671; 홀데인과 로스, 제1권, 104). 그러나 그가 감각을 일종의 사고로 취급한 것이 그 자신을 역설적 주장(아리스토텔레스나 아우구스티누스라면 제기할 이유가 전혀 없었을)에 빠질 수밖에 없도록 만드는 것처럼 보인다. 즉, 양 안에는 우리의 도주를 수반하는 공포의 감각과 유사한 그 어떤 것도 없다는 것이다. 헨리 모어Henry More에게 보낸 편지(1649년 2월 5일)에 나오는 논증을 보라(알키에, 제3권, 885). 그런 대목들에서 "추리"와 "의식" 사이를 오가는 "사고"의 애매함이 정점에 이른다. 데카르트가 역설을 피하고 전통과의 연결 고리를 유지하려면 전자의 의미가 필요하며, 연장된 실체와 연장되지 않은 실체의 이원론을 확립하려면 후자의 의미가 필요하다. 데카르트의 관련 문헌을 검토하고 데카르트의 견해가 후내 철학에 미친 영향을 훌륭히 설명한 노먼 맬컴Norman Malcolm의 「생각 없는 짐승Thoughtless Brutes」, *Proceedings and Addresses of the American Philosophical Association*, 46(1973), 5-20을 참조하라. 그러나 맬컴은 데카르트가 왜 고통과 사고를 재포장해서 같은 실체 안에 포함하려 했는지에 대한 나의 의문이, 상상하기, 의지하기, 감각하기, 느끼기 등에 공통된 것은 그것들 모두에 "인식awareness의 대상이 있다"는 것이라고 말함으로써 답해질 수 있다고 생각한다(맬컴, 「자신의 본질이 사유함이라는 데카르트의 증명Descartes's Proof That His Essence Is Thinking」, 『데카르트: 비판적 논문집』, 윌리스 도니 편집, p. 317n). 다른 말로 표현하자면, 맬컴은 데카르트가 cogitatio와 pensée〔생각, 사유, 사고 등을 뜻하는 라틴어와 프랑스어 단어들임–옮긴이〕 아래 통합하고 싶어 한 모든 것을 통합하는 데 있어 지향성이면 충분하다고 생각한다. 나는 이것이 고통에 통할 것이라고 생각하지 않는다. 어쨌든 그것은 아퀴나스가 떼어놓았던 언어적 표상의 진정한 지향성과 감각의 의사疑似-지향성(셀라스의 표현을 빌자면)을 한데 몰아넣는다. 설명이 필요한 것은 데카르트에 의한 바로 그 합병이다. 혹은, 달리 표현하자면, 설명이 필요한 것은 "인식의 대상"이라는

데카르트에게서 고통, 꿈, 기억-상, 진실한 지각과 환각적인 지각이 신神, 수數, 물질의 궁극적 구성 요소에 대한 개념(그리고 그런 것에 관한 판단)과 공유하는 공통 인자를 찾으려 해도, 명시적인 신조를 찾을 수 없다. 데카르트는 우리가 연장된 것과 연장되지 않은 것의 차이를 명확히 파악한다고 말하고 우리도 그러기는 하지만(유한한 것과 무한한 것 사이의 차이를 명확히 파악한다고 주장할 수 있는 것과 같은 사소한 의미에서), 이것은 공교롭게도 문제의 핵심에 해당하는 경계 사례들(특수자에 대한 감각적 파악)에는 도움이 되지 않는다. 왜냐하면 이성으로서의-마음과 의식으로서의-마음을 구분해 주는 것이 바로 "감각과 상상력의 혼란스러운 관념들"의 지위이기 때문이다.

"데카르트가 발견한 공통 인자는 무엇인가?"라는 질문에 대해 내가 내놓고 싶은 답변은 "의심불가능성", 즉 사고나 대부분의 믿음처럼 고통도 주체가 자신이 고통스럽다는 것을 의심할 수 없는 반면, 물리적인 모든 것에 대해서는 의심가능하다는 사실이다. 이런 답을 제시한다면, 우리는 로이스가 "내적 삶에 대한 데카르트의 재발견"이라고 불렀던 것을 의식의 참된 본질, 즉 나머지 다른 모든 경우에서와 달리 의식은 외양과 실재에 구분이 없다는 것의 재발견으로 이해할 수 있다. 그러나 이런 답변을 내놓을 때의 문제점은, 그것은 결코 데카르트 본인이 명시적으로 제시한 답변이 아니라는 것이다. 따라서 이를 정당화하기 위해 내가 할 수 있는 최선은 데카르트가 아리

어구에서 "인식awareness"이라는 개념의 바로 그 기원이다. 진정한 지향성과 의사-지향성의 구분에 대해서는 셀라스의 『과학, 지각, 실재』에 수록된 「존재와 알려짐Being and Being Known」을 참조하라.

스토텔레스와 아퀴나스가 분리했던 다양한 항목들을 다시 한데 묶은 것을 설명할 수 있는 **무언가**가 필요하고, 그것 말고 다른 것으로는 설명이 안 될 것으로 보이며, 「첫 번째 성찰」 저자의 마음에는 의심 불가능성이 아주 가까이 있었으므로 그것이 그의 개념적 혁명의 자연스러운 동기로 보인다고 말하는 것뿐이다.

마거릿 윌슨은 데카르트에게서 심신 이원론(내가 설명해 오고 있는 수정주의 노선에 따라 그려진 이원론)을 옹호하는 논증, 즉 간명한 "의심으로부터의 논증"을 발견할 수 있다고 지적한 바 있다. 이 논증은 라이프니츠의 법칙에 따라 우리가 존재를 의심할 수 있는 것은 존재를 의심할 수 없는 것과 같을 수 없다고 말한다. 윌슨이 말했듯이, 이 논증은 "오류라고 널리 인정"된다.[24] 라이프니츠의 법칙이 지향적 속성들에는 적용되지 않기 때문에 설령 다른 이유가 없더라도 이 논증은 오류이다. 그러나 계속해서 윌슨은 「여섯 번째 성찰」에 나오는 이원론 옹호 논증은 이런 오류 논증의 형태가 아니라고 말한다. 대신 그 논증은 "완전한 것"이라는 개념(데카르트가 사유, 연장, 신이라는 오로지 세 가지 실체만 인정할 것이라고 할 때 그 "실체"라는 용어와 의미상 같은 개념으로 보이는)에 주목한다. 중요한 전제는 "나는 무언가가 설령 ϕ(어떤 물리적 속성)를 결여하더라도 x(어떤 심리적 속성)를 가지

24 마거릿 윌슨Margaret Wilson, 「데카르트: 심신 구별에 대한 인식론적 논증Descartes: the Epistemological Argument for Mind-Body Distinctness」, *Nous* 10 (1976), 7-8 참조. 나는 이 장의 초안을 읽고서 세심하고 유용한 의견을 제시해 준 윌슨에게 큰 빚을 지고 있다.

• 대략 고대 그리스 철학의 *νοῦς* 개념을 라틴어로 번역한 용어로서 '지성', '오성' 등을 의미한다. - 옮긴이

고 있다면 그것은 완전한 것이 될 수 있음을 명석 판명하게 이해할 수 있다"라는 것이다(p. 14).

나는 윌슨의 분석이 옳으며, 그녀가 전체적으로 이 논증이 "명석 판명한 지각과 '그냥' 지각을 구분하자는 것과 다를 바 없다"고 하면서, 그런 구분과 관련하여 "근래의 본질주의자들이 말하는 직관에의 호소"(p. 14)가 더 나은 근거가 되는지 의심스럽다고 말할 때도 역시 그녀가 옳다고 생각한다. 하지만 내가 보기에, 그녀의 분석이 제기하는 주된 의문은 데카르트가 어떻게 고통과 수학적 지식을 둘 다 포함하는 무언가가 두 개가 아닌 "하나의 완전한 것"이라고 용케도 확신할 수 있었느냐는 것이다. 이는 다시 어떻게 그가 "penser사유"에 "의식"이라는 확대된 의미를 부여하면서도, 여전히 "penser"를 별개 실체의 이름으로 볼 수 있었느냐의 의문으로 환원된다. '*νοῦς*'와 'intellectus'*가 별개 실체들의 이름으로 익숙해진 방식과 유사하게 말이다. 앞서 말했듯이 내 관점에서, "본질주의적 직관"과 "명석 판명한 지각"은 언제나 우리 선조들이 언어에 단단히 심어놓은 언어적 습관에 호소하는 것들이다. 따라서 설명이 필요한 것은 데카르트가 어떻게 자신의 재포장이 "직관적"이라고 스스로 확신할 수 있었느냐는 것이다.

"의심으로부터의 논증"이 아무런 장점이 없다는 것을 인정하지만, 그렇더라도 나는 그것이 "직감적으로 믿는 것에 대한 나쁜 이유 찾기"의 사례들 가운데 하나로서, 실제로 그런 확신을 불러온 직감들을 찾아가는 실마리 역할을 한다고 생각한다. 내가 생각하기에, 여기서 문제가 된 그 직감은 의심불가능하게 알려진 수학적 진리들(이에 대한 증명이 완료되어 일종의 '현상적' 생생함과 비-이론성을 지닌 것으로 명석 판명하게 지각되는)과 의심불가능한 의식의 순간적 상태들에는 공통점, 즉 그것들을 하나의 실체 내부로 일괄 포장되게 해주는 무언가가 있지 않나 하는 것이었다. 그래서 데카르트는 이렇게 말한다.

> 이제 관념에 관하여 말하자면, 우리가 관념을 그 자체로만 고려하고 그것을 그것 너머 다른 어떤 것과도 관련시키지 않는다면, 정확히 말해 그것은 거짓이 될 수 없다. 내가 염소를 상상하든 키메라를 상상하든, 그중 어느 한쪽 말고 다른 쪽을 상상한다는 것이 참이 아니라고는 할 수 없기 때문이다.[25]

그는 화가가 창조한 상상 속 존재에 대해 언급하면서, 이렇게 말한다. 설령,

> 그들의 작품이 순전히 허구적이고 절대적으로 거짓된 것을 표상하더라도, 그것을 구성하는 색채가 반드시 진짜라는 것만은 한결같이 확실하다. 그리고 같은 이유에서 비록 눈, 머리, 손 등과 같은 일반적인 것들generalia이 가상적일지라도, 그 모든 것이 만들어지는 더 단순하고 보편적인 것들quaedam adhuc magis simplicia et universalia이 있어야 함은 필수적이다. 이는 색들로부터 참이든 거짓이든 우리의 사고 속에 있는quae in cogitatione nostra sunt 모든 사물의 이미지rerum imagines가 만들어지는 것과 마찬가지다.[26]

25 「세 번째 성찰」, 알키에판, 제2권, 193.

26 「첫 번째 성찰」, 알키에판, 제2권, 179.

이런 대목들에서 데카르트는 우리가 수리 물리학을 통해 알고 있는 "단순 본성"(문제의 그 quaedam simplicia et universalia단순하고 보편적인 것일 수 있는)과 색 그 자체 사이의 유사성을 어렴풋이 그려보고 있다고 나는 생각한다. 갈릴레오를 따르는 공식적인 그의 형이상학적 관점에 따르면 색은 단순한 것으로 분석되기를 기다리는 2차 성질이지만, 인식론적으로는 고통처럼 단순 본성 그 자체와 같은 종류의 원초적 불가피성을 가진 것처럼 보인다. 그는 이 비유를 명시화하느라 로크식 경험론으로 가는 길에 발을 들여놓지 않을 수 없었다. 그러나 그가 그 길을 포기하려면 감각적 영혼과 지성적 영혼 사이의 오래된 아리스토텔레스적 구분으로 물러서지 않을 수도 없었다. 이것은 그가 피하고 싶었던 갈릴레오 이전 형이상학을 모두 되살려내는 꼴이 될 것이었다. 갈릴레이 역학의 설명력과 화해한다는 것이 불가능하리만큼 어려운 질료형상론적 인식론은 말할 필요도 없고 말이다.[27] 이런 어려운 상황에서 나는 그가 "마음" 개념을 바꾸는 작업 대부분을 테이블 아래서 은밀하게, 어떤 명시적인 논증이 아니라 몸과 마음의 구분이 전면에 등장하는 대목마다 그저 살짝, 살짝만 다르게 카드

---

27 그런 점에서, A. G. A. 발츠A. G. A. Balz의 다음과 같은 언급을 보라.

> 나는 데카르트가 지성만이 사유하는 것, 즉 연장하지 않는 비물질적 영혼 실체이며, 상상, 감각, 감정은 몸에 귀속된다고 주장하고 싶었을 것으로 생각한다. 그러나 칼로 인한 통증이 물질 양태들의 배열인 칼의 속성이 아니라면, 그것은 인간의 몸이라는 저 물질 양태들의 배열이 지닌 속성일 수도 없다. 따라서 부득이 고통과 나머지 모든 즉각적 경험은 영혼 실체에 떠넘겨져야 한다. (「토마스적이고 데카르트적인 이원론에 관하여: 모랑 교수에 대한 답변Concerning the Thomistic and Cartesian Dualisms: A Rejoinder to Professor Mourant」, *Journal of Philosophy* 54[1957], 387).

를 다시 섞는 언어적 계략을 통해 수행해 냈다고 생각한다.[28]

나는 데카르트가 잘못 논증했던 직감, 즉 고통과 사고를 단일한 한 실체의 양태들로 볼 수 있게 만들었던 그 직감이란, 바로 의심불가능성을 고통과 사고가 물리적인 그 어떤 것과도 공유하지 않는 공통 요인으로 본 것이었다고 생각한다. 만약 이 생각이 옳다면, 우리는 그가 의심불가능성이란 더는 영원성이 아니라 그리스인들에게는 이름이 없었던 무언가인, 바로 의식의 표지라는 관점을 향해 적절히 나아간 것으로 볼 수 있다. 이전 철학자들이 대략 플라톤을 따라 영원한 것만이 확실하게 알려진다고 생각했다면, 데카르트는 "의심불가능성" 대신 "명석 판명한 지각", 즉 분석 과정을 거쳐서 얻은 종류의 혼동 없는 지식을 영원한 진리의 표지로 삼고 있었다. **이로써 의심불가능성은 자유로이 심적인 것의 규준으로 기여할 수 있게 되었다.** 비록 나에게 고통이 있다는 사고가 명석 판명한 지각으로 여겨지지 않는다고 하더라도, 그것은 내가 존재한다는 생각 못지않게 성공적으로 의심할 수 없는 것이기 때문이다. 플라톤과 그에 따른 전통이 혼동과

---

28 데카르트처럼 대담한 상상력을 가진 사람이 그런 무의식적인 잔재주를 부린 것은 비난보다는 감사를 표해야 할 사안이다. 어떤 위대한 철학자도 그런 수법을 외면한 적이 없고, 그 어떤 지적 혁명도 그런 수법 없이 성공할 수 없었다. "쿤식" 용어법으로 말하자면, 낡은 어휘와 통약가능한 어휘를 사용하는 혁명은 성공할 수 없으며, 따라서 전통적 지혜와 공유하는 용어들을 같은 의미로 사용하는 논증을 동원해서는 그 누구도 성공할 수 없다. 그러므로 빼어난 직감을 옹호하는 나쁜 논증들이 그 직감을 구체화하는 새로운 어휘의 정상화에 반드시 선행되어야 한다. 그 새로운 어휘가 제시되면, 더 나은 논증들이 가능해진다. 비록 언제나 혁명의 희생자들은 그런 논증들이 논점 선취의 오류임을 밝혀내겠지만 말이다.

명료성, 의심가능성과 의심불가능성, 마음과 몸 사이의 경계선들을 일치시켰다면, 이제 데카르트는 그 선들을 재조정하고 있다. 그 결과 데카르트 이후로 우리는 자신의 내적 상태들에 대해 우리가 가지는 확실성의 특별한 형이상학적 근거("마음 그 자체보다 마음에 더 가까운 것은 없다")와 그 밖의 다른 것들에 관한 우리의 확실성에 근거를 부여하는 다양한 인식론적 이유들을 구분해야 하게 되었다. 그것이 바로 그러한 구분이 명확하게 그려지자, 그리고 무언가가 존재한다는 확실성과 그것의 본성에 관한 확실성 사이에서 데카르트 본인이 빠졌던 혼동이 일소되자, 경험론이 합리론에 근소하게 우위를 차지하기 시작한 이유이다. "고통스럽다"나 "파랗다" 같은 우리의 개념이 실재하는 무언가를 표시한다는 확실성이, 우리가 "실체", "사고", "운동" 같은 단순 본성들에 대한 명석 판명한 지식을 갖는다는 확실성보다 근소하게 우위에 있기 때문이다. 로크의 경험론과 더불어 토대주의적 인식론이 철학의 패러다임으로 등장한 것이다.[29]

데카르트 본인은 한 손으로는 표준적인 플라톤과 스콜라주의의 구분들을 붙잡고자 끝없이 노력했지만, 다른 한 손으로는 그 구분들을 해체하려 했다. 그래서 우리는 그가 홉스의 도전을 받았을 때,[30]

---

29 경험론적 토대주의의 가능성 발견은 이언 해킹Ian Hacking이 『확률의 출현The Emergence of Probability』(Cambridge, Cambridge University Press, 1975)에서 현대적 의미의 "증거" 개념의 발명이라고 기술한 것과 연결된다. "증거" 개념은 토대주의 프로젝트의 전제 조건이자 더 나아가 경험론의 전제 조건이 된다. 이 발명은 경험론의 궁극적 승리와 더불어 고등 과학과 저급 과학의 구별과도 연결된다(해킹, p. 35 및 T. S. 쿤, 『본질적 긴장The Essential Tension』[Chicago, 1978], 3장 참조). 이러한 데카르트적 전환들을 더 자세히 설명하게 되면 이런 논제들이 한데 모이게 될 것이다.

송과선을 사용하여 감각적 영혼과 지성적 영혼의 구분을 다시 도입하고, 『정념론』에서 정념과 육신 사이의 표준적인 바울식 결합을 재현할 때 그 구분을 다시 사용하는 것을 보게 된다. 그러나 이러한 시치미 떼기는 예를 들어 스피노자에게 생각할 가치도 없는 것이라며 비웃음을 샀다. 스피노자는 혼란스러우나 순수하게 심적인 관념이 동물적 영혼, 즉 "신체적 환상"이 할 수 있는 모든 일을 할 수 있다고 분명히 생각했다.[31] 데카르트 본인이 여전히 스콜라주의의 진흙탕에 한쪽 발을 처박고 있다고 여긴 2세대 데카르트주의자들이 데카르트의 학설을 정화하고 "정상화"하고 나서야, 우리는 본격적인 형태의 "'관념'이라는 관념'idea' idea"을 얻게 되었다. 그런 관념 덕분에 버

30 데카르트가 「세 번째 반론에 대한 답변」(알키에, 제2권, 611)에서 홉스가 소위 관념이라고 적절히 불리는 것과 "les images des choses matérielles dépeintes en la fantasie corporelle신체적 환상 속에서 묘사된 물질적인 것들의 상"을 혼동한다고 주장한 것을 참조하라. 여기서 후자가 송과선과 관련된다. 마거릿 윌슨은 「데카르트적 이원론Cartesian Dualism」(『데카르트: 비판적이고 해석적인 논문집Descartes: Critical and Interpretive Essays』, 마이클 후커Michael Hooker 편집 [Baltimore, 1978])에서 그런 구절들을 근거로 "우리가 어떤 물리적 상태나 발생과는 별개로 우리의 감각을 명석 판명하게 지각한다"라는 견해를 그에게 귀속시키는 것에 주의해야 한다고 말한다. 주의가 필요한 것은 사실이지만, 그렇다고 해서 그것이 데카르트가 이 주장을 부인한다는 점을 『성찰』의 더 "주류적인" 이원론적 구절들과 일치시키는 방법이 있다는 말은 아니다. (윌슨의 이 논문은 또한 데카르트 본인은 가상디Pierre Gassendi, 홉스, 스피노자와 달리 심물평행론을 믿지 않았으며, 따라서 마음 안에서는 사고를 생리적으로 예측할 수 없게 만드는 비물리적인 힘들이 작용한다는 견해를 채택했다는 유용한 지적을 하고 있다.)

31 스피노자, 『윤리학』, 제3부의 첫 번째와 마지막 단락, 그리고 제5부 「서문」에서 동물의 영혼에 대한 논의를 참조하라.

클리가 연장된 실체를 우리에게 필요치 않은 어떤 것에 관한 가설로 생각하는 것이 가능해졌다. 지성적 혼란보다는 육신과 씨름하던 데카르트 이전 시기의 주교에게라면 그런 생각은 결단코 떠오르지 않았을 것이다. 이 본격적인 "'관념'이라는 관념"으로 인해 신과 도덕이 아니라 하필이면 인식론을 중심으로 하는 학문으로서 철학의 가능성이 생겨났다.[32] 데카르트 본인에게도 몸과 영혼의 관계는 철학

---

32 이 본격적인 "'관념'이라는 관념"(앞의 각주 18번에 인용된 구절에서 흄이 온화하게 선가정하고 있는)은 리드가 필사적으로 반대한 것이었다. 이런 항변에서 리드는 아르노Antoine Arnauld보다 앞서 있었고 후세에 T. H. 그린T. H. Green과 존 오스틴John Austin이 그를 계승했다. 존 욜턴은 내가 인식론의 원죄로 취급해 온 거울-이미지(플라톤의 『국가』 510a로 거슬러 올라가는)를 도입한 아르노의 『참된 관념과 거짓된 관념Des vraies et des fausses idees』(『전집Oeuvres』, Paris and Lausanne, 1780, 제39권, p. 190)의 한 대목을 내게 지적해 주었다.

> 모든 인간은 처음에 유아였고, 그 후 그들 자신의 몸과 그들의 감각이 마주치는 것들에만 몰두했기 때문에, 유형적인 것들 말고 다른 것을 본다는 것vue을 알지 못한 채 오랜 시간을 보내며, 그런 것들을 보는 일을 자기 눈 덕분으로 여긴다. 그들은 두 가지 사실을 깨닫지 않을 수 없었다. 첫 번째는 우리가 대상을 보고자 한다면 그것이 우리 눈앞에 있어야 함이 필수라는 것이다. 이것이 소위 현전présence이라는 것으로서, 이로써 사람들은 대상의 현전을 봄의 필수 요소로 간주한다. 두 번째 사실은 우리가 때때로 가시적인 사물들을 거울이나 물속, 혹은 그것들을 표상하는 다른 것들을 통해 본다는 것이다. 따라서 그들은 그럴 때 사물 자체를 보는 것이 아니라 그 이미지만 본다고 잘못 믿는다.

이를 "철학자들의 '직접 지각하다'의 사용"(『감각과 감각대상들Sense and Sensibilia』[Oxford, 1962], p. 19)이나 거울-이미지(Ibid., pp. 31, 50)에 대한 오스틴의 견해와 비교해 보라. 데카르트가 "관념"이라는 말로 의미했음이 틀림없는 것들에 대한 데카르트 이후의 설명들(브렌타노, 후설, G. E. 무어의 방식으로 관념을 행위로 취급하려는 아르노의 물러섬 없는 완강한 시도를 포함

에서 다룰 만한 문제가 아니었다. 말하자면, 철학은 고대인들이 추구했던 실천적 지혜를 뛰어넘어 전문화되어 있었다. 그것은 거의 수학 수준의 전문화였다. 그렇게 전문화된 철학의 주제는 마음의 특징인 의심불가능성을 기호화하는 것이었다. "상상력을 자극하는 문제들에 대한 명상이나 탐구를 멀리하는 일상의 삶과 보통의 담론 속에서만 우리는 몸과 영혼의 합일을 이해concevoir할 줄 알게 됩니다. … 모든 사람이 철학함 없이도 경험하는 그 합일을 말입니다."[33] 이성으로서의-마음에서 내면의-무대로서의-마음으로의 데카르트적 변화는, 스콜라주의의 굴레에서 벗어난 자랑스러운 개별 주체의 승리라기보다는 지혜의 탐구를 넘어서는 확실성의 추구가 거둔 승리였다. 이때부터 철학자들에게 사람들이 마음의 평화를 얻도록 돕기보다는 수학자나 수리 물리학자의 엄밀함에 도달하거나 그런 분야들에서 나타나는 엄밀함을 설명하는 길이 개방되었다. 삶이 아닌 과학이 철학의 주제가 되었고 인식론이 그 중심이 되었다.

6. 이원론과 "마음-소재"

앞 절의 결과를 요약하자면 이렇게 말할 수 있다. "마음과 몸의 분리"라는 개념은 데카르트 이전과 이후에 서로 다른 것을 의미하며,

---

하여)에 대한 귀중한 연구는 로버트 맥래이의 「17세기 철학 용어로서의 '관념''Idea' as a Philosophical Term in the 17th Century」, *Journal of the History of Ideas* 26(1965), 175-190을 참조하라.

33 「엘리자베스 공주에게 보내는 편지」, 1643년 6월 28일(알키에, 제3권, 45), 반 퍼르선의 『몸, 영혼, 정신』, p. 25에서 인용.

서로 다른 철학적 논증들로 입증된다. 개구리가 몸으로 예화한 것을 우리 지성 안에 예화하는 것이 곧 보편자의 파악이라고 생각하는 질료형상론적 인식론은, 수리 물리학의 부흥 덕분에, 개구리성性을 어떻게든 단지 "유명론적" 본질 정도로 설명하는 법칙-사건의 근본 틀로 대체되어 갔다. 따라서 보편자를 파악하는 능력으로서의 이성이라는 개념은 몸과 구분되는 마음의 특유성을 증명하는 전제로 사용될 수 없었다. "몸과 구분되게 존재"할 수 있는 것을 정의해 줄 개념은 위경련과 그에 결부된 당사자의 마음속 감각 사이에 선을 그어 줄 개념이었다.

나는 이 선을 그어 줄 유일한 규준이 의심불가능성이라고 제안하였다. 이는 ***내면의 눈***Inner Eye에 근접해 있음을 뜻하며, 덕분에 데카르트는 (아마도 이사벨라와 고대인을 놀라게 했을 법한 문장으로) "마음이 그 자신보다 더 쉽게 알 수 있는 것은 없다"라고 말할 수 있게 되었다.[34] 그러나 그것은 이상해 보일 수도 있다. 왜냐하면 그런 표지가 될 수 있는 명백한 데카르트적 후보란 비-공간성일 것으로 보이기 때문이다. 데카르트는 마음을 "연장된 실체"와 분리할 수 있으며 그럼으로써 그것을 비연장적인 실체로 간주함을 거듭 강조한다. 또

---

34 이 구절은 「두 번째 성찰」에서 밀랍 조각의 사례에 뒤이어 나온 근사한 'non sequitur불합리한 추론'에서 다음과 같이 등장한다. 몸조차 감각이나 상상력에 의해서가 아니라 오직 지성에 의해서만 "proprie제대로" 알게 되기 때문에, nihil facilius aut evidentius mea mente posse a me percipi내 마음이 그 자신보다 더 쉽게 알 수 있는 것은 없다는 것은 분명하다(알키에, 제2권, 192; 홀데인과 로스, 제1권, 157). 이 논증은 나의 존재 증명으로서의 코기토cogito와 나의 본질을 따로 떼어낸 것으로서의 코기토를 혼동한 데서 비롯된다.

한, 고통이 뇌의 과정과 동일시될 수 있다고 주장하는 현대철학자들에 맞서 제기되는 가장 으뜸가는 상식적인 반박, 즉 절단된 팔다리 "안"의 통증은 비공간적이라는 반박이 데카르트에게서 직접 도출된다. 그것은 만약 통증이 어떤 공간적 위치를 점한다면 그것은 팔 안이 될 텐데, 팔이 없으니 그것은 전혀 다른 존재론적 종류의 것일 수밖에 없다는 논증이다. 철학자들은 "생각의 발생을 우리 몸 안의 어느 곳에 위치시키는 것은 **전혀 말이 되지 않는다**"라고 여전히 주장하면서,[35] 이러한 통찰이 데카르트에게서 나왔다고 보는 경향이 있다. 그러나 내가 앞서 2절에서 주장했듯이, 우리가 사고나 고통을 위치를 부여할 수 없는 어떤 **것**(사람과 구분되나 사람의 상태는 아닌 어떤 특수자)으로 생각하기는 어려울 것이다. 그렇게 생각하려면 우리에게 이미 비연장적 실체의 개념이 있어서, 그런 사고나 고통이 그 일부에 해당한다고 할 수 있어야 한다. 고통과 사고가 비공간적이라는 그 어떤 직관도 마음이 별개의 실체(비공간적 실체)라는 데카르트적 개념에 선행하거나 그런 개념을 옹호하는 논증의 근거가 될 수 없다. 그러나 "비공간적 실체" 즉 "마음-소재"의 개념이 철학에 어떻게 들어왔는지, 그리고 그럼으로써 어쩌다 지금의 심리철학이 어느새 고통이나 믿음을 **가진 사람**이 아니라 **고통**과 **믿음**에 관해 논하고 있게 된 것인지에 대해서는 말해야 할 것이 더 있다. 나는 이 추가적인 요소를 살펴봄으로써 **데카르트적** 이원론이 현대적인 논의에서의 "이원론"

35 제롬 섀퍼Jerome Shaffer, 『심리철학Philosophy of Mind』(Englewood Cliffs, N.J., 1968), p. 48; 노먼 맬컴, 「과학적 유물론과 동일성 이론Scientific Materialism and the Identity Theory」, *Dialogue* 3(1964), 115-125 참조.

과 얼마나 크게 다른지를 더 분명하게 보일 수 있길 희망한다.

우리는 칸트와 스트로슨이 비정합적 개념이라고 거부한 비공간적 실체가 17세기의 개념이었으며, 그 세기에 "실체" 개념에 이상한 일들이 벌어졌다는 것이 지성사의 통념임을 명심해야 한다. 아리스토텔레스와 성 토마스에게 실체의 전형은 개별 인간이나 개별 개구리였다. 사람이나 개구리의 분리된 부분들은 잔디 뗏장이나 몇 들통의 물처럼 불분명한 경계 사례들로서, 어떤 의미(공간적 분리)에서는 "따로 존재할 수 있지만" 적절한 실체가 가져야 할 기능적 통일성이나 "본성"을 갖지 않는다. 그런 사례들을 우려한 아리스토텔레스는 그것들을 "단지 가능태들"이라고 일축했다. 개구리의 색깔처럼 우유성偶有性, accident도 아니고, 살아서 폴짝 뛰는 개구리 그 자체와 같은 고유한 현실태도 아니라고 본 것이다.[36] 데카르트는 "따로 존재할 수 있음"의 표준적 의미에서 "별개의 실체"라는 말을 사용하고 있는 것처럼 보이지만, 그가 의미한 것은 공간적 분리도 기능적 통일성도 아니다.[37] 그가 의미한 것은 "다른 모든 것을 사라지게 [혹은 "잊어버리게"]

---

36 『형이상학』 1040b, 5-10에 나오는 "더미"에 관한 내용 참조. 나는 「질료로서의 유Genus as Matter」에서 실체, 즉 "별개의 존재"이기 위한 아리스토텔레스의 규준과 "통일성" 사이의 긴장을 논의한 바 있다(『설명과 논증: 그레고리 블라스토스를 기리는 그리스 철학 연구 논문집Exegesis and Argument: Studies in Greek Philosophy in Honor of Gregory Vlastos』, 에드워드 N. 리 외 편집, Dordrecht, 1973).

37 데카르트는 인간의 손이, 분리되어 있든 아니든, 완벽하게 훌륭한 실체의 사례라고 생각한다. 「네 번째 답변」(알키에, 제2권, 663; 홀데인과 로스, 제2권, 99)을 참조하라. 여기서 그는 손이 "불완전한 실체"라는 견해는 중요한 것이 아니며, 그것은 단지 "다른 모든 것과 구분되는 전체를 형성하지 않음"의 문제일 뿐

하면서도 여전히 그냥 머물러 있을 수 있는" 무언가다.[38] "별개로 존재하기 위한 능력"에 대한 이러한 정의는 일자一者, 플라톤의 이데아, 아리스토텔레스의 부동의 원동자에는 들어맞지만, 그 외에는 들어맞는 것이 거의 없다. 그러한 정의를 고려한다면, 기껏해야 신, 마음, 물질이라는 오직 세 개의 실체만이 있는 것으로 밝혀지더라도 그리 놀랄 일은 아니다. 말브랑슈와 버클리가 세 번째 후보를 의심하고 스피노자가 세 번째와 두 번째를 둘 다 의심하는 데서 출발해야 했던 것도 놀랄 일이 아니다. 아리스토텔레스에게는, 세계의 다른 모든 물체(예를 들어, 흙과 공기)가 소멸한다고 상상할 때 거기서 개구리와 인간이 살아남으리라 상상하기 어려우리라는 단순한 근거를 가지고

이라고 말한다. 다른 의미로, 그것들은 실체라는 측면에서 불완전하여 불완전하다고 불릴 수 있는 것이 아니라, 그것 자체이자 다른 어떤 실체와도 구별되는 전체를 구성하기 위해 다른 어떤 실체와 관계한다는 측면에서만 불완전하다고 할 수 있다(en un autre sens on les peut appeler incompletes, non qu'elles aient rien d'incomplet en tant qu'elles sont des substances, mais seulement en tant qu'elles se rapportent a quelqu'autre substance avec laquelle elles composent un tout par soi et distinct de tout autre). 그러나 데카르트에게는 모든 물질적인 것(손, 먼지 티끌)이 실체라는 견해와 그런 것들은 오로지 더 큰 실체(예를 들면, 전체로서의 물질)의 양태들에 불과하다는 생각(스피노자에게 분명히 나타나는) 사이에 긴장이 존재한다.

38 이 정의는 다른 모든 것이 의존한다고 여겨져야 하는 유일한 실체가 신이라는 스피노자식 견해를 암시하기 때문에 데카르트에게 문제를 안겨준다. L. J. 벡L. J. Beck은 『데카르트의 형이상학The Metaphysics of Descartes』(Oxford, 1965), p. 110에서 이 점을 논의하면서 이렇게 말한다. "코기토의 자아를 내포하기 위해 substantia실체 혹은 res것라는 단어를 사용하는 데서 나타나는 명백한 비일관성은 새 술을 오래된 부대에 담으려는 시도에서 기인하는 바가 적지 않다. 즉 데카르트 학설을 스콜라 철학의 전문 언어로 표현하려고 시도했기 때문이다."

개구리, 별, 인간이 단지 하나의 커다란 실체의 아주 많은 우연적 존재자일 뿐이라고 생각하는 일은 벌어지지 않았을 것이다. 그러나 정확히 바로 이 하나의 커다란 실체라는 개념이야말로 갈릴레이 역학의 "철학적 토대"를 제공하는 동시에 전통적인 질료형상론적 설명을 실컷 경멸하는 데 필요한 것이었다.[39] 모든-원자를-한데-뭉친-것(혹은 소용돌이)으로서의-물질이 가능태로서의-물질을 대체했을 때, 그것은 (모든 예전의 아리스토텔레스적 비인간 실체들을 그 자체로 흡수하면서) 실체의 등급으로 승격되었고, 오로지 아리스토텔레스의 "순수 현실태"(부동의 원동자이면서 개별 인간들 안에 있는 "분리가능한" *νοῦς*와 구별되지 않을 수도 있는 *νοῦς*)만을 그 급의 가능한 경쟁자로 남겨 두었다.[40]

마음과 물질의 데카르트적 구분을 계승한 우리 현대인들은 17세기의 정의에 따른 "실체" 개념을 잊어버렸다. 그 자신으로부터의a se

---

39 E. A. 버트E. A. Burtt, 『현대 물리 과학의 형이상학적 토대Metaphysical Foundations of Modern Physical Science』(Garden City, N.Y., 1955), 제4장. 117 참조. 버트는 이렇게 말한다. "사실을 말하자면, 그리고 이것이 우리 연구 전체에서 가장 중요한 것인데, **데카르트의 진정한 규준은 영속성이 아니라 수학적 취급의 가능성**이다. 그의 경우 갈릴레오와 마찬가지로, 청년기의 연구에서부터 그의 전체 사고 과정은 줄곧 그를, 우리가 대상을 오로지 수학적 용어들 속에서만 안다는 생각에 익숙해지도록 만들었다." 그에 따른 일차 성질과 이차 성질의 구분은 전형적인 아리스토텔레스적 실체들을 단지 'res extensa연장하는 것'의 양태들로 간주하는 동기를 제공한다.

40 「네 번째 답변」(알키에, 제2권, 662; 홀데인과 로스, 제2권, 98)을 참조하라. 여기서 데카르트는 "concevoir pleinement완전함을 생각하다"과 "concevoir que c'est une chose complète그것이 완전하다고 생각하다"가 동의적이라고 말한다. 데카르트는 이 점이 우리가 영혼과 육체를 어떻게 두 가지 실체로 파악하는지 설명하

존재라는 개념은 세속적인 사람들이 결코 이해할 수 없는 것이었으며, 칸트는 그 개념을 전문 철학자들조차도 이해할 수 없게 만드는 데 성공했다. 따라서 **우리가** 공간에 존재할 수 있는 것들의 범주와 그럴 수 없는 것들의 또 다른 범주 사이에 명백한 차이가 있다는 주장에 동의할 때, **우리는** 마음과 물질이 "그 자신이 존재하기 위해 다른 어떤 것에도 의존하지 않는" 별개의 존재자들이라는 데카르트의 주장에 동의하고 있는 것이 아니다. 고통이나 사고의 위치에 대해 말한다는 것이 말도 안 된다는 데 동의하는 많은 현대 철학자들은 그러면서도, 데카르트에게는 미안한 말이지만, 몸이 없는 의식의 흐름은 상상할 수 없다고 역설한다. 그런 철학자들은 심적 존재자를 "유령 같은 소재의 것들"이 아니라 사람들의 상태로 생각하고, 위치할 당불가능성을 특정 특수자 특유의 구성에 관한 것이 아니라 상태들의 형용사적 지위의 표시로 삼는 것에 만족한다. 사람의 체격, 성격, 몸무게, 쾌활함, 매력 등의 공간 내 위치가 지정될 수 없다면, 어째서 그의 믿음과 욕망은 그래야 할까? 그러므로 데카르트의 통찰은 단지 한편으로 사람의 부분들 또는 그런 부분들의 상태들(예를 들면, 위경련)과 다른 한편으로 온전한 한 사람의 특정 상태들 사이의 차이를 인정한 것뿐이며, 그것이 오염된 스콜라주의적 어휘를 통해 "실체"의 구분으로 잘못 진술되었다고 말하는 것이 그럴 법해 보인다.

마음이 비공간적이라고 말하는 것이 무슨 의미인지에 대한 이런 설명은, **한 가지** 심신 문제를 진술하는 동시에 해소할 수 있는 편리한 방법을 제공한다. 이름이 나타내는 것과 형용사가 나타내는 것 사이

는 데 도움이 된다고 생각한다.

의 존재론적 간극을 우려하는 사람은 거의 없기 때문이다. 하지만 심신 문제에 대한 행동주의적 해법 대부분과 마찬가지로, 이 해결책도 사고와 날 느낌, 즉 성향에 대비되는 사건들에 대해서는 난점을 지닌다. 믿음과 욕구와 기분을 (라일의 표현을 빌자면) "지성과 성격의 특성"으로 간주하기는 쉽다. 그것은 비물질적인 매개를 기체로 요구하지 않고 오직 인간 그 자신만을 요구한다. 날 느낌, 심상, 사고를 그런 식으로 생각하기는 더 어렵다.[41] 그것들은 아무런 형태 없이 눈에 보이지 않게 어쩌면 뇌의 작은 틈을 통해 쇄도하는 비물질적인 의식의 흐름을 암시한다. 아마도 그것들을 어떤 것의 상태보다는 그 어떤 것 자체로 간주하는 것이 아주 자연스러워 보이기 때문일 것이다. 그래서 현대 철학자들은 데카르트의 정교하고 호사스러운 "실체" 개념 대신 아리스토텔레스적이면서 세속적인 "사물thing" 개념으로 회귀하여 아리스토텔레스와 데카르트의 차이를 절충하는 경향이 있다. 즉, 그들은 아리스토텔레스가 예를 들면 고통과 날 느낌 같은 특정한 특수자들을 무시한 데 반해, 데카르트는 그것들을 하나의 커다란 연장되지 않은 실체의 우연적 존재자들로 부적절하게 받아들였다고 생

41 햄프셔, 오스틴, 에이어가 『마음의 개념』에 대한 각자의 논평에서 다양한 방식으로 이런 주장을 제기한다. 이 글들은 O. P. 우드와 조지 피처가 편집한 『라일: 비판적 논문집Ryle: A Collection of Critical Essays』(Garden City, N.Y., 1970)에 재수록되어 있다. 라일의 방법을 지각 및 그에 결부된 날 느낌으로 확장하는 방법들에 대해서는 피처의 『지각 이론A Theory of Perception』을 참조하라. 믿음 성향으로서의 지각과 "부사副詞적 유물론"에 대한 논의는 다음을 보라. 제임스 콘먼, 『유물론과 감각Materialism and Sensations』(New Haven, 1971) 및 리처드 로티, 「심적인 것의 표지로서의 수정불가능성Incorrigibility as the Mark of the Mental」, *Journal of Philosophy* 67(1970), pp. 406-409.

각한다. 마치 개구리와 원자를 물질이라는 하나의 커다란 연장된 실체의 우연적 구성물로 받아들이듯 말이다. 덕분에 현대 철학자들은 영혼 없이도, 그래서 종교적 신앙에서 말하는 ***눈에 보이지 않고 손에도 잡히지 않는 인간***(그들이 데카르트에게서 읽어낸 것으로서 데카르트 본인이 조장한 바 없다고는 하지 못할 개념이다)에 사로잡힌 것처럼 보이지 않으면서도, 심적 존재자들을 보유할 수 있게 된 것이다.

"몸과 별개로 존재함"에 기초한 이 이원론은 네 번째 종류의 것으로서 사람과 그의 혼령의 이원론, 사람과 그의 아리스토텔레스적인 수동 지성의 이원론, res cogitans생각하는 것과 res extensa연장하는 것의 이원론과는 매우 다르다. 그러나 이것은 또한 부분적인 이원론으로서, 고대인들의 이원론과 동등하면서도 상반된 방식으로 부분적이다. 고대인들이 데카르트의 비연장적 실체에서 보편자-파악의 부분만을 "따로 존재"한다고 간주한 데 반해, 현대의 이원론자들은 (믿음, 욕망 등은 그것들이 그저 성향에 관해 말하는 방식들일 뿐이라고 한 라일에게 양보하면서) 심성의 후보로서 사건 비슷한 것들만 "따로 존재"한다고 간주한다. 예를 들어, 토마스주의자들은 데카르트가 감각에 이성의 특권인 비물질성을 부적절하게 부여했다고 비난하는 반면, 현대 이원론자들은 데카르트가 수학적 지식이나 행위의 결정에 고통, 잔상, 발생적 사고에 속하는 비물질성의 사물성thinghood을 부적절하게 부여했다고 비난한다. 고대인에게 마음은 불변하는 것을 관조하고 그 자체로 불변할 때 가장 명백하게 따로 존재할 수 있었다. 현대인에게 마음은 와글와글 생기가 도는 날 느낌들이 한데 모여 있는 것일 때 가장 분명하게 그렇게 존재할 수 있다.[42] 누가 옳든, 고대인이나 현대인이나 모두 데카르트가 "사고"라는 이름으로 한데 뭉쳐

놓은 **모든** 항목의 그 분리가능성에 대한 그의 "명석 판명한 지각"을 공유하지 않는 것은 분명하다.

데카르트가 *눈에 보이지 않고 손에도 잡히지 않는 인간*이라는 호메로스적 개념에서 유일하게 개선한 측면은 그 불청객에게서 인간적 형상을 제거한 것이다. 몸에 둘러싸여 있을 수 있는 그 불청객들을 그렇게 쉽사리 확인할 수 없게 만듦으로써 그는 그들을 더 철학적으로 만들었다. 그것들은 아리스토텔레스의 *νοῦς*나 이사벨라의 *유리 같은 본질*처럼 수상쩍은 호문쿨루스가 아니라 본질적으로 형상화할 수 없는 존재자들이라는 점에서 오히려 더 철학적이었다. 철학적 문제에 관심을 둔다는 것은 눈으로 볼 수 없고 귀로 들을 수 없는 것에 관심을 두는 것이므로, 17세기의 비연장적인 실체와 현대의 위치할당불가한 사고나 느낌은, 종교 신자들이 평화를 기원하는 혼령들보다 철학적으로 더 존중할 만한 것으로 생각되었다. 그러나 현대 철학자들은 데카르트를 최신화하면서, 과학을 방해하거나 종교를 지지하지 않으면서도 인간적인 관심사나 우려에는 조금도 영향을 미치지 않는 이원론을 주장하는 이원론자가 될 수 있다. 이원론이 고통과 사고에 자리가 없다는 단순 명료한 주장으로 환원되기만 하면, 마음과 몸의 구별에 달린 일은 뭐든 아무것도 없기 때문이다.

이제 이번 장에서 내가 따라온 과정을 독자들에게 상기시키고자

---

42 "플라톤에게는 이성적 사고가 영혼의 본보기적인 활동이었던 데 반해, 이제는 가려움, 치통, 쑤심과 같은 저급한 사건들이 철학적 논의에서 전형적으로 언급되는 정신적 사건들에 속한다"(김재권, 「유물론과 심적인 것의 규준Materialism and the Criteria of the Mental」, *Synthese* 22[1971], 336).

한다. 1~2절에서 나는 고통과 같은 "현상적 존재자", 즉 그것의 존재가 예를 들면 고통성性이라는 단일한 속성에 의해 남김없이 망라되는 존재자라고 하는 개념을 도입하지 않고는, 별개의 존재론적 유類로서 "심적 존재자"라는 개념을 이해할 수 없다고 주장했다. 나는 진짜 문제는 그러한 실체화된 보편자를 내버리는 것이 아니라 왜 사람들이 그것을 진지하게 받아들였는지, 그리고 그것이 어떻게 인격성과 이성의 본성에 대한 논의와 관련이 있는 것처럼 보이게 되었는지를 설명하는 것이라고 주장했다. 나는 3~6절이 그러한 역사적 질문들이 어떻게 답해질 수 있는가에 대한 나의 생각을 어느 정도 보여주었기를 희망한다(비록 나는 내가 한 이야기의 허점을 고통스럽게 인식하고 있지만 말이다). "왜 우리는 지향적인 것과 현상적인 것을 '심적인 것'으로 한데 묶는 경향이 있는가?"라는 질문에 대한 나의 대답은, 데카르트가 "수정불가능하게 알려지는 것"이라는 개념을 사용하여 그들 사이의 간극을 메웠다는 것이다. 그러므로 나는 이제 "심적인 것에 대한 우리의 특권적 접근"의 본성에 대한 나 자신의 반反데카르트적이면서 비트겐슈타인적인 견해를 더 자세히 설명할 필요가 있다. 따라서 다음 장에서 나는 인격성과 이성은 제쳐 두고 거의 전적으로 의식에 대해 논의할 것이다. 나는 소위 형이상학적인 "의식의 문제"라고 하는 것이 인식론적인 "특권적 접근의 문제" 그 이상도 그 이하도 아니며, 일단 그 점이 드러나고 나면 이원론 대 유물론에 관한 질문들은 관심을 잃게 되리란 점을 보이고자 노력할 것이다.

제2장

마음 없는 사람

1. 앤티포디아인들

우리 은하계 반대편, 저 머나먼 곳에 우리 같은 존재들이 사는 한 행성이 있었다. 그들은 우리처럼 집과 폭탄을 만들고 시와 컴퓨터 프로그램을 작성하는 깃털 없는 이족보행 생명체들이었다. 그 존재들은 자신에게 마음이 있다는 사실을 몰랐다. 그들은 "…하기를 원함", "…하기를 의도함", "…라고 믿음", "끔찍하게 느낌", "경이롭게 느낌" 같은 개념들을 가지고 있었다. 그러나 그들은 그런 개념들이 "앉아 있기", "감기 걸리기", "성적으로 흥분하기" 등과는 전혀 다른 이른바 **심적** 상태라는 독특한 별개 종류의 상태들을 표시한다는 생각이 없었다. 그들은 그들 자신뿐만 아니라 애완동물과 로봇에 대해서도 믿기, 알기, 원하기, 변덕 부리기 등의 개념을 사용했지만, 아무리 그래도 그들이 "우리는 모두 …를 믿는다" 혹은 "우리는 결코 …와 같은 일을 하지 않는다"라고 말할 때 그 '우리'에 애완동물이나 로봇이 포함된다고 여기지는 않았다. 즉 그들은 자기네 종의 구성원들만을 **인**

격체로 취급했다. 그러나 그들은 "마음", "의식", "정신" 또는 그와 유사한 어떤 개념을 통해 인격체와 비인격체의 차이를 설명하지 않았다. 그들은 그 차이를 전혀 **설명**하지 않았다. 그냥 그 차이를 "우리"와 다른 나머지 모든 것의 차이로 간주할 뿐이었다. 그들은 자신들의 불멸을 믿었고, 몇몇은 애완동물이나 로봇 혹은 그 둘 다 역시 그런 불멸성을 공유하리라고 믿었다. 하지만 이 불멸성은 몸과 분리된 "영혼"이라는 개념을 포함하지 않았다. 그것은 육체가 부활하고 나서 신비로운 순간적 동작으로 착한 사람은 그들이 "천상의 장소"라 부른 곳으로, 나쁜 사람은 일종의 동굴 같은 행성의 지면 아래로 이동하는 간단명료한 문제였다. 그들의 철학자들은 주로 네 가지 주제에 관심을 두었다. 존재의 본성, 부활을 주선해 줄 자애롭고 전지전능한 존재자의 존재 증명, 존재하지 않는 대상에 대한 담론에서 발생하는 문제, 그리고 상충하는 도덕적 직관의 화해가 그것이다. 그러나 이 철학자들은 주체와 대상의 문제나 마음과 물질의 문제를 만들어 내지는 않았다. 피론적인 회의주의의 전통이 있었지만, 로크의 "관념의 장막"은 알려지지 않았다. 왜냐하면 "관념"이나 "지각", "심적 표상"이라는 개념도 알려지지 않았기 때문이다. 그들 철학자 중 일부는 역사시대 초기부터 중심에 있었고 여전히 지식인층을 제외한 모두가 가지고 있는 불멸성에 대한 믿음이 언젠가는 모든 미신이 일소된 "실증주의적" 문화로 대체되리라 예측했다(그러나 이 철학자들은 중간의 "형이상학적" 단계에 대해서는 언급하지 않았다).

그래서 이 종족의 언어, 생활, 기술, 철학은 대부분의 측면에서 우리와 매우 흡사했다. 하지만 한 가지 중요한 차이점이 있었다. 최초의 기술 혁신을 성취한 학문 분야가 신경학과 생화학이었고, 그 사람들이 나누는 대화 대부분은 그들의 신경 상태에 관한 것이었다는 점이다. 아기가 뜨거운 난로 쪽으로 몸을 돌리면 어머니는 "아기의 C-섬유가 활성화되겠어"라고 외쳤다. 교묘한 착시를 보게 되면 사람들은 "정말 이상하군! 신경 다발 G-14가 떨리는데 옆에서 보면 그게 전혀 빨간 사각형이 아니라는 걸 알 수 있단 말이야"라고 말했다. 그들의 생리학 지식은 누군가가 그 언어로 애써 만든 각각의 적형 문장을 즉시 확인가능한 신경 상태와 손쉽게 연관시킬 수 있을 정도였다. 그런 상태는 누군가가 그 문장을 발화하거나, 혹은 발화하고 싶어지거나, 들을 때마다 발생했다. 또한 그런 상태는 가끔 혼자 있을 때도 발생했는데, 사람들은 "갑자기 S-296 상태에 있게 되어 우유병들을 꺼냈어" 같은 발언을 하는 경우들을 보고했다. 때때로 그들은 "코끼리처럼 보였는데, 이 대륙에는 코끼리가 출몰하지 않는다는 생각이 문득 떠올라 마스토돈이 틀림없다는 것을 깨달았다"라는 식의 말들을 하곤 했다. 그러나 그들은 또한 때때로 그와 똑같은 상황에서 "G-412와 F-11이 함께 생겼는데, S-147이 생겨서 마스토돈이 틀림없다는 것을 깨달았다"라는 식으로 말을 하기도 했다. 그들은 마스토돈과 우유병이 믿음과 욕망의 대상이면서 특정 신경 과정을 유발한다고 생각했다. 그들은 그러한 신경 과정이 믿음이나 욕망과 인과적으로 상호 작용한다고 보았다. 그것은 마스토돈과 우유병이 그런 것과 정확히 똑같은 방식으로다. 특정 신경 과정은 의도적으로 자가 유도할 수 있으며, 어떤 사람들은 다른 사람들보다 특정 신경 상태를 스스로 유도하는 데 더 능숙했다. 또 어떤 사람들은 대부분의 사람이 스스로 인식할 수 없는 특정한 특수 상태를 감지하는 데 능숙했다.

21세기 중반, 지구 탐험대가 이 행성에 착륙했다. 탐험대에는 다른 모든 학문 분야의 대표자들과 함께 철학자들이 포함되어 있었다. 철학자들은 원주민의 가장 흥미로운 측면은 그들에게 마음 개념이 없다는 점이라고 생각했다. 그들은 유물론자들 무리 속에 착륙했다고 자기들끼리 농담을 주고받으며, 이 행성의 이름을 '앤티포디아Antipodea'로 짓자고 제안했다. 이 이름은 이전 세기에 호주와 뉴질랜드를 중심으로 활동하면서 테란Terran, 지구 철학사에서 데카르트 이원론에 대항하는 수많은 헛된 반란 중 하나를 일으켰던, 지금은 거의 잊힌 철학자들로 구성된 어떤 학파와 관련된 것이었다.* 그 이름이 굳어진 바람에 이 새로운 지적 존재들의 종족은 앤티포디아인으로 알려지게 되었다. 테란의 신경학자들과 생화학자들은 앤티포디아인들이 드러낸 해당 분야의 풍부한 지식에 매료되었다. 그런 학문 분야들에 대한 기술적 대화는 거의 전적으로 신경 상태에 대한 직접적 언급으로 이루어졌기 때문에, 테란의 전문가들은 결국 자신들의 사고, 지각, 날 느낌을 보고하는 대신에 (의식적 추론 없이) 자신들의 신경 상태를 보고하는 능력을 습득하게 되었다. (다행히도 두 종족은 생리학적인 측면에서 거의 같았다.) 만사가 물 흐르듯 풀려 나갔다. 단, 철학자들이 직면한 난제들을 제외하고 말이다.

탐험대에 합류한 철학자들은 늘 그래 왔듯 서로 으르렁거리는 두 진영으로 나뉘었다. 철학이 **유의성**을 지향해야 한다고 생각하는 온건

* 이는 로티가 지어낸 'Antipodea'라는 이름이 영어 단어 'Antipodes'에서 유래했음을 말해 준다. 'Antipodes'는 본래 유럽 기준에서 지구의 저 반대편에 있는 호주와 뉴질랜드 지역을 가리키는 별칭이었다. 호주 출신의 데이비드 암스트롱, J. J. C. 스마트 등은 심적 상태를 뇌 상태와 동일시하는 심신 동일성 이론의 대표적 옹호자들이다. – 옮긴이

철학자들과 **진리**를 지향해야 한다고 생각하는 강성 철학자들이었다. 첫 번째 부류의 철학자들은 앤티포디아인에게 마음이 있는지 없는지에 관련해서는 어떤 진정한 문제도 없다고 생각했다. 그들은 다른 존재들을 이해하는 데 중요한 것은 그들의 세계-내-존재 양식을 파악하는 것이라고 주장했다. 앤티포디아인이 어떤 **실존론적 범주**를 사용하고 있든지 간에, 확실히 그들에게는 한 세기 전 하이데거가 "주관주의적"이라고 비판했던 것들 가운데 그 어떤 요소도 들어 있지 않다는 것이 분명해졌다. "인식론적 주체" 또는 정신으로서의 인간이라고 하는 온전한 개념은 그들의 자기 기술이나 그들의 철학 안에 전혀 있을 자리가 없었다. 일부 온건 철학자들은 이것이 아직 앤티포디아인이 **자연**을 뚫고 나와 **정신**으로 들어서지 못했거나, 더 너그럽게 말하자면 아직 **의식**에서 **자의식**으로 발전하지 못했음을 보여준다고 느꼈다. 이 철학자들은 내향성을 외치는 전령이 되었고, 보이지 않는 선 너머의 **정신계**로 앤티포디아인들을 이끌어 가고자 애썼다. 하지만 다른 이들은 플라톤이 *οὐσία*우시아(본질, 실체)를 *ἰδέα*이데아로 동화시키는 바람에 서구 테란의 의식에서 상실되어 버린 *πόλεμος*폴레모스(투쟁)와 *λόγος*로고스의 합일에 대해 앤티포디아인이 훌륭한 이해를 드러냈다고 느꼈다. 이들 철학자 무리의 관점에서 볼 때, 앤티포디아인이 마음 개념을 파악하지 못한 것은 그들이 *존재*Being에 근접해 있으며 테란 사상이 오래전에 굴복했던 유혹들에서 벗어나 있음을 보여주는 것이었다. 똑같이 온건하긴 마찬가지였던 이들 두 관점 사이의 논쟁에서, 토론은 결론을 맺지 못하는 쪽으로 기울었다. 당사자인 앤티포디아인은 큰 도움이 되지 않았다. 그들이 플라톤의 『테아이테토스』, 데카르트의 『성찰』, 흄의 『인간 본성에 관한 논고』, 칸트의 『순수이성비판』, 헤겔의 『정신현상학』, 스트로슨의 『개별자들』 등, 이 문제를 헤아리는 데 필요한 기본적인 읽을거리를 번역하는 데 많은 어려움을 겪었기 때문이다.

강성 철학자들은 늘 그랬듯이 토론할 만한 훨씬 더 간단명료한 질문을 찾아냈다. 그들은 앤티포디아인이 그 자신을 어떻게 생각하는지에는 신경 쓰지 않았고, 다만 다음 질문에만 집중했다. 앤티포디아인에게 실제로 마음이 있는가? 그들은 나름의 정확한 방식으로 그 질문을 다음과 같이 좁혔다. 앤티포디아인에게 실제로 감각이 있는가? 예를 들어, 뜨거운 난로를 만질 때 C-섬유의 활성화와 더불어 고통의 감각도 있는지가 명확해진다면, 다른 모든 것이 순풍에 돛 단 듯 술술 풀리게 되리라고 생각되었다. 앤티포디아인도 뜨거운 난로, 근육 경련, 고문 등에 대해 인간과 똑같은 행동 성향을 갖고 있음이 분명했다. 그들은 C-섬유가 활성화되는 것을 싫어했다. 하지만 강성 철학자들은 이렇게 자문했다. 그들의 경험에도 우리와 같은 현상적 속성들이 포함되어 있을까? C-섬유의 활성화가 고통스럽게 느껴질까? 혹은 똑같이 불유쾌한 어떤 다른 방식으로 느껴질까? 아니면 그 어떤 느낌도 일절 생겨나지 않을까? 이 철학자들은 앤티포디아인이 그들 자신의 신경 상태에 대한 비추론적 보고를 할 수 있다는 사실에 놀라지 않았다. 정신생리학자들이 알파-리듬뿐만 아니라 생리학적으로 기술할 수 있는 다른 다양한 피질 상태를 보고하도록 인간 피험자를 훈련시킬 수 있다는 것을 오래전부터 배워왔기 때문이다. 하지만 그들은 다음과 같은 질문에는 당혹감을 느꼈다. 어떤 앤티포디아인이 "또 내 C-섬유네요. 아시겠지만, 화상을 입거나 부딪치거나 이를 뽑거나 할 때마다 폭발하는 것들이죠. 그건 정말 불쾌해요"

라고 말할 때 그에게는 어떤 현상적 속성들이 감지되고 있을까?

이 질문은 오로지 실험을 통해서만 답해질 수 있을 것이라는 제안이 나왔다. 그래서 그들은 신경학자들과 협의하여 자기네 철학자 한 명과 앤티포디아인 지원자 한 명을 전선으로 연결하고 두 사람 뇌의 여러 부위 사이로 전류가 들락날락 통할 수 있게 해놓았다. 이렇게 하면 앤티포디아인이 전도된 스펙트럼inverted spectrum을 갖고 있지 않다든가* 그 밖에 쟁점을 어지럽힐 수 있는 다른 어떤 요소를 갖고 있지 않다는 것을 철학자들에게 보장해 줄 수 있으리라고 보았다. 하지만 결과적으로 이 실험은 흥미로운 결과를 산출하지 못했다. 난점은 앤티포디아인의 언어 중추가 지구인 뇌의 C-섬유로부터 입력을 받으면 항상 자신의 C-섬유에 관해서만 말하는데, 반면 지구인의 언어 중추가 발화 주도권이 있을 때는 항상 고통에 관해서만 말했다는 것이었다. C-섬유가 어떻게 느끼는지 물었을 때, 앤티포디아인의 언어 중추는 "느낌"이라는 개념을 제대로 이해하지는 못했으나 C-섬유가 활성화된다는 것은 당연히 끔찍한 일이라고 말했다. 전도된 스펙트럼과 여타 지각적 성질들에 관한 질문들에서도 같은 종류의 일이 벌어졌다. 도표에 있는 색들을 불러보라는 질문을 받았을 때는 두 언어 중추 모두 같은 순서로 일반적인 색이름을 댔다. 그러나 앤티포디

* 전도된 스펙트럼은 심리철학과 인지과학에서 자주 논의되는 사고실험이다. 만약 어떤 사람과 나의 색 경험이 전도되어, 그가 빨간색을 볼 때 내가 파란색을 볼 때와 같은 경험을 하지만, 색을 지칭하고 사용하는 등의 겉으로 드러나는 행동이나 언어에는 아무런 차이가 없다면, 우리가 과연 그 차이를 구별할 수 있을까? 이 사고실험은 주관적 경험의 질적 측면이 물리적 설명만으로 완전히 해명될 수 있는지 논의할 때 자주 등장한다. 로티는 지금의 설정이 전도된 스펙트럼의 가능성을 차단해 준다고 본 것이다. – 옮긴이

아인의 언어 중추는 도표상의 각 색깔 띠에 의해 활성화되는 다양한 뉴런 다발들도 부를 수 있었다(그것이 어쩌다 어느 시각 피질로 연결되든 상관없이). 그 색들이 앤티포디아인의 시각 피질로 전달되었을 때 어땠느냐고 지구인 언어 중추에 물었더니 그냥 보통 때나 다를 바 없는 것 같다고 답했다.

이 실험은 도움이 되지 않았던 것 같다. 앤티포디아인에게 고통이 있는지가 여전히 불분명했기 때문이다. 쪽빛이 그들의 망막으로 흘러 들어갈 때 그들이 하나의 날 느낌을 받는지 혹은 두 개의 날 느낌을 받는지(하나는 쪽빛의, 다른 하나는 신경 상태 C-692의), 아니면 그런 날 느낌이 전혀 없는지도 똑같이 불분명했다. 앤티포디아인에게 그것이 쪽빛이라는 것을 어떻게 알았는지 거듭 질문했다. 그들은 그것이 쪽빛임을 볼 수 있었다고 대답했다. C-692 상태에 있다는 것은 어떻게 알았느냐고 물었을 때 그들은 "그냥 알았다"고 말했다. 그들에게 C-692 느낌을 근거로 그것이 쪽빛이라고 무의식적으로 추론했을 수도 있지 않느냐고 넌지시 말했을 때, 그들은 무의식적 추론이 무엇인지, 혹은 "느낌"이 무엇인지 이해하지 못하는 듯 보였다. 그들에게 마찬가지로 쪽빛의 날 느낌을 근거 삼아 자기가 C-692 상태에 있다는 사실을 추론했을 수도 있지 않느냐고 슬쩍 비추었을 때도, 당연히 그들은 똑같이 당황했다. 그 신경 상태가 쪽빛으로 보였는지 물었을 때 그들은 아니라고, 그 **빛**이 쪽빛이었다고 대답했다. 그러면서 그들은 질문자가 일종의 범주 착오를 저지르고 있음이 틀림없다고 말했다. 그들에게 C-692 상태에 있으면서 쪽빛이 보이지 않는 경우를 상상할 수 있겠는지 물었을 때는 그렇게 상상할 수 없다고 답했다. 이들 두 경험이 함께 간다는 것이 개념적 진리인지 경험적 일반화인지 물었을 때는 그 차이를 어떻게 말해야 할지 확실치 않다고 대답했다. 지금 자기가 쪽빛을 보고 있는지 아닌지에 대해 틀릴 수 있느냐고 물었을 때 그들은 당연히 틀릴 수 있으나 자기들이 쪽빛을 보고 있는 것 같은지 아닌지는 틀릴 수 없다고 대답했다. C-692 상태에 있는지 아닌지에 대해 틀릴 수 있느냐는 질문에도 그들은 정확히 똑같은 방식으로 대답했다. 마침내 숙련된 철학적 변증법 덕분에 그들은 쪽빛을 보고 있는 것 같으면서도 C-692 상태에 있는 것 같지 않다는 것은 상상할 수 없음을 깨닫게 되었다. 그러나 이 결과는 다음 질문들에는 도움이 되지 않는 것 같았다. "날 느낌이란 무엇인가?", "두 개의 날 느낌인가, 하나인가?", "두 개의 지칭 대상인가, 혹은 두 가지로 기술記述한 하나의 지칭 대상인가?" 또한 활성화된 C-섬유가 그들에게 어떻게 드러나는지에 관한 질문에도 실험 결과는 아무 도움이 되지 않았다. C-섬유가 활성화되었다고 잘못 생각할 수도 있는지 물었을 때, 그들은 당연히 그럴 수 있으나 C-섬유가 활성화된 것 같은지 아닌지를 착각한다는 것은 상상할 수 없다고 대답했다.

이 시점에서 누군가가 "C-섬유가 활성화된 것 같음"에 동반하는 신경 상태를 발견할 수 있는지 그들에게 물어보자는 생각을 떠올렸다. 앤티포디아인은 당연히 "내 C-섬유가 활성화되는 것 같아"라는 문장의 발화에 항시 동반되는 신경 상태인 T-435가 있고, "마치 내 C-섬유가 활성화되고 있었던 것 같군"과 함께 가는 상태로 T-497이 있고, "활성화된 C-섬유야!"와 함께 가는 T-293 상태가 있으며, 기타 대략 같은 의미의 다양한 문장들에 동반하는 다양한 다른 신경 상태들이 있으나, 이외에 추가로 아는 신경 상태는 더 없다고 답했다.

앤티포디아인이 C-섬유의 활성화 없이 T-435 상태에 있는 사례로는, 예를 들어 그들이 고문 기계로 알고 있는 가짜 장치에 묶여 있었고, 스위치를 올리는 시늉을 했지만 실제로는 아무 일도 일어나지 않았던 경우가 있다.

이제 그 철학자들 간의 토론은 다음 주제로 넘어갔다. 앤티포디아인이 T-계열의 신경 상태들(문장을 이해하거나 발화할 때 동반하는 것들)에 대해 착각할 수 있을까? 그들이 T-435 상태에 있는 것 같으나 실제로는 그렇지 않을 수 있을까? 앤티포디아인은 그럴 수 있다고 말했다. 그런 일이 종종 일어난다는 것을 뇌내경이 보여주었다는 것이다. 그런 일이 일어난 사례들에 대해 어떤 설명이라도 있었는가? 그런 사례들에 어떤 패턴이라도 있었는가? 아니다, 그런 것은 없었던 것 같다. 그것은 그냥 종종 생기는 이상한 일들 가운데 하나였을 뿐이다. 신경생리학은 T-계열의 상태들 말고는 아직 그런 기묘한 착각에 동반하는 다른 부류의 신경 상태를 찾아내지 못하고 있으며, 그것은 특정한 지각적 환영의 경우들도 마찬가지다. 하지만 아마도 언젠가는 찾아낼 것이다.

이 대답은 앤티포디아인에게 고통의 감각이 있는 것인지, 아니면 다른 무언가가 있는 것인지에 관한 의문과 관련하여 여전히 철학자들에 난제를 남겼다. 왜냐하면 이제 앤티포디아인에게는 사물이 그들에게 어떻게 보이는지를 제외하고는 수정불가능한 것이란 아무것도 없어 보였기 때문이다. 그러나 "사물이 그들에게 어떤 것 같은가"가 그들이 주로 말하는 경향과는 대조적으로 그들에게 어떤 날 느낌이 있는지의 바로 그 문제인지는 분명하지 않았다. 만약 그들에게 고통스러움이라는 날 느낌이 있다면, 그들에게는 마음이 있는 것이다.

그러나 날 느낌은 현상적 속성이다(혹은 그런 속성을 가진다). 즉 가졌다는 착각을 가질 수 없는 것이다(말하자면, 그런 착각을 하는 것 자체가 **그것**을 가지고 있다는 말이기 때문이다). 활성화된 C-섬유와 고통의 차이는 활성화된 C-섬유가 없어도 활성화된 C-섬유의 착각을 가질 수는 있지만(예를 들어, T-435 상태에 있을 수 있음), 고통 없이 고통의 착각을 가질 수는 없다는 것이다. 앤티포디아인에게는 사물들이 그들에게 어떤 것 같은지를 제외하고 틀릴 수 없는 것은 아무것도 없었다. 그러나 그들이 "단지 그들에게 …인 것 같은 것 같을" 수 없다는 사실은 그들에게 마음이 있는지를 결정하는 데 아무 관련이 없다. "…인 것 같은 것 같다"가 쓸모없는 표현이라는 사실은 "외양" 개념에 관한 사실이지 "현상적 속성"이 현전한다는 단서가 아니다. 외양-실재의 구분이 주관적 표상과 객관적 사태의 구분에 기초한 것은 아니기 때문이다. 그것은 단지 무언가를 잘못 아는 것의 문제, 즉 거짓 믿음을 갖는 것의 문제일 뿐이다. 따라서 철학자들이 앤티포디아인에게 후자의 구분을 귀속할지 말지 판단할 때 그들이 전자의 구분을 확고하게 이해한다는 점은 도움이 되지 않았다.

2. 현상적 속성들

이제 현재로 되돌아와, 우리는 앤티포디아인에 관해 무슨 말을 **해야 할까**? 아마도 가장 먼저 해야 할 일은 "현상적 속성"이라는 개념, 특히 물리적 현상을 오도된 방식으로 파악하는 것과 심적 현상을 오도된 방식으로 파악하는 것 사이의 불일치를 더 자세히 살펴보는 일이 될 것이다. 그 구분에 대한 크립키의 설명은 이원론 옹호자들이 일반적으로 의존해 온 직관을 요약한 것이므로, 그의 용어법을 적용해 보는 것으로 이 문제를 더 자세히 살펴보는 일에 착수할 수 있다.

> 어떤 사람은 열heat이 없는데도 단순히 열의 감각을 느낌으로써 만약 열이 있었더라면 처할 법한 것과 같은 인식적 상황에 놓일 수 있다. 그리고 열이 있는데도 단지 감각 S가 없음으로써 열이 없을 때 가질 수 있는 것과 같은 증거를 가질 수 있다. 고통이나 여타 심적 현상의 경우에는 그런 가능성이 존재하지 않는다. 고통이 있다면 얻게 되었을 것과 같은 인식적 상황에 있다는 것은 고통을 갖고 있다는 것이고, 고통이 없을 때 얻게 되었을 것과 같은 인식적 상황에 있다는 것은 고통을 갖고 있지 않다는 것이다. … 문제는 관찰자가 감각 S를 가졌을 때의 상황과 질적으로 같은 인식적 상황이라는 개념은 단순히 그 관찰자가 그 감각을 가졌을 때의 바로 그 상황이라는 점이다. 무엇이 고정 지시어[그것이 무언가를 지시하는 모든 가능 세계에서 같은 대상을 지시하는 표현]의 지칭 관계를 가려내느냐에 관한 생각을 통해서도 같은 것을 지적할 수 있다. 열과 분자 운동의 동일성의 경우에 중요한 고려 사항은, 비록 "열"이 고정 지시어이지만 그 지시어의 지칭 관계는 그 지칭 대상의 우연한 속성, 이른바 우리 안에서 감각 S를 생성하는 속성에 의해 결정된다는 것이었다. … 반면에 고통은 그것의 우연적 속성 중 하나에 의해 가려지는 것이 아니라 통증임이라는 속성 그 자체, 그것의 즉각적인 현상론적 속성에 의해 가려진다. 따라서 열과 달리 고통은 "고통"에 의해 고정 지시될 뿐만 아니라 그 지시어의 지칭 관계가 지칭 대상의 본질적 속성에 의해 결정된다. 따라서 고통이 특정한 물리적 상태와 필연적으로 같음에도 불

> 구하고 우리가 그 물리적 상태와 연관됨 없이 고통을 가려내는 것과 같은 방식으로 특정 현상이 가려질 수 있다고 말하는 것은 불가능하다. 우리가 고통을 가려내는 것과 정확히 같은 방식으로 어떤 현상이 가려진다면, 그 현상이 곧 고통이다.[1]

이러한 고려 사항들은 진정한 질문이란 바로 다음과 같은 것임을 제기한다. 즉, 앤티포디아인은 심적 현상들을 우연적 속성들을 통해 가려내는가? 만약 그들에게 정말로 고통이 있다고 잠시 가정한다면, 그들이 혹시 "즉각적인 현상론적 성질"은 놓치고 그저 활성화된 C-섬유가 항시 동반된다고 하는 우연적 특징만을 주목하는 것일 수도 있을까? 아니면, 그들이 즉각적인 현상론적 성질을 절대 **놓칠 수가** 없다면, 그들이 혹시 그 성질을 가리키는 이름이 없는 바람에 그 성질을 가진 존재자를 본질적 속성을 통해 가려내는 데 실패하는 것일 수도 있지 않을까? 다른 식으로 말하자면, 앤티포디아인은 "우리가 고통을 가려내는 것과 정확히 같은 방식으로" 고통을 가려내지 **않으므로**, 그들이 무엇을 가졌든 간에 그것은 고통이 **아니라고** 결론 내릴 수 있을까? 문제의 그 날 느낌과 맺는 당사자의 인식적 관계는 날 느

1 솔 크립키, 「이름과 필연Naming and Necessity」, 『자연 언어의 의미론Semantics of Natural Language』, 도널드 데이빗슨과 길버트 하먼Gilbert Harman 편집(Dordrecht, 1972), pp. 339-340. 이원론과 유물론에 대해 크립키가 제기한 논의에 대한 비판은 프레드 펠드먼Fred Feldman, 「동일성 이론에 대한 크립키의 견해Kripke on the Identity Theory」 및 윌리엄 라이칸William Lycan, 「크립키와 유물론자들Kripke and the Materialists」을 보라. 두 논문 모두 *Journal of Philosophy* 71(1974, pp. 665-689)에 게재되어 있다.

낌의 존재를 확립하기에 충분할 뿐만 아니라 필요한 것이기도 한가? 아니면, 그들이 "아야! C-섬유들의 활성화로군!"이라고 말할 때 정확히 우리가 "고통이야!"라고 말할 때 느끼는 바로 그것을 느끼기 때문에, 실제로 그들이 우리와 정확히 같은 방식으로 고통을 가려낸다고 말해야 할까? 실제로, 어쩌면 그들은 고통을 느끼고 그 느낌을 "자신의 C-섬유가 활성화된 것 같은 상태"라고 부르고 있던 것이었을지도 모른다. 그리고 그들의 C-섬유가 활성화된 것 같은 것과 관련하여, 그들은 우리가 어떤 빨간 것을 보는 것 같은 상태에 처하거나 그 밖에 그런 모든 수정불가능한 상태들에 처할 때와 동일한 인식적 상태에 있는 것일 수도 있다.

이제 우리에게 필요한 것은 어떤 두 사물이 두 가지 방식으로 기술된 "실제로는" 같은 사물인 경우를 판가름하는 모종의 매우 일반적인 규준인 것처럼 보인다. 지금의 수수께끼에는 심적인 것들 특유의 성질들에 매달리게 만드는 특별한 무언가가 전혀 없어 보이기 때문이다. 만약 우리가 앤티포디아인에게 날 느낌이 있는지를 결정하는 데 중요한 것은 수정불가능성, 즉 …에 관해 착각할 수 없음이라는 점에 동의한다면, 대안적 기술들에 관련한 일반적인 문제가 그 규준을 적용하여 쟁점을 해결하는 일을 여전히 방해할 것이다. 이 문제는 깔끔하고 명쾌하게 기꺼이 적용할 수 있는 해결책을 받아들일 그런 문제가 아니다. 어떤 일반적 규준도 다음 두 발언 사이의 모든 긴장을 해소하지 못하기 때문이다.

> 당신이 X에 관해서 말하고 있는 것은 맞지만, 실제로 당신이 그것에 관해 한 말은 모두 거짓이다.

> 당신이 X에 관해서 한 말은 실제로 그 어떤 것도 참이 아니라서, 당신은 X에 관해 말하고 있는 것일 수 없다.

그러나 이 난점은 잠시 접어두고(제6장에서 다시 돌아올 것이다), 표현의 지칭 대상을 동화하거나 구분하는 일반 규준을 진술하려고 시도라도 해봤던 사람이라면, 그 일에 그냥 착수하는 데만도 어떤 일반적인 존재론적 범주들, 비록 조악하더라도 확고하게 사물들 사이에 선을 긋는 어떤 방법이 필요했으리라는 더더욱 침울한 요점을 고려해 보자. 아마도 특히 심적 존재자와 물리적 존재자 사이를 구분하는 것이 도움이 되었을 것이다. 그러나 앤티포디아인에 관한 문제는 이 구분 전체를 의심에 빠뜨린다. 왜 그런지 이해하기 위해 크립키의 인식적 규준 말고는 "심적 현상"에 대한 규준이 없다고 가정하자.[2] 이 가정은 "심적인 것"을 날 느낌, 스쳐 가는 사고들, 심상들과 동일시한다. 그것은 믿음, 기분 등과 같은 것들은 배제한다(이런 것들은, 비록 의심할 바 없이 "더 고차적"이지만, 그렇더라도 우리의 수정불가능하게 보고가능한 내적 삶의 일부가 아니며, 따라서 두 존재론적 영역을 가르는 데카르트적 구분을 장려할 수 있을 정도의 것들이 아니다). 다른 말로 하면, 이 가정은 다음과 같은 주장에 해당한다. (1) 무언가가 심적 상태가 되기 위해서는 문제의 그 상태를 그 상태의 소유자가 수정불가능하게 알 수 있어야 한다는 것으로 충분하며, (2) 우리는 그렇게 수

---

2 나는 제한된 형태의 이런 가정을 다음 글에서 옹호하였다. 「심적인 것의 표지로서 수정불가능성Incorrigibility as the Mark of the Mental」, *Journal of Philosophy* 67(1970), 399–424. 또한 김재권, 「유물론과 심적인 것의 규준Materialism and the Criteria of the Mental」, *Synthese* 22(1972), 323–345, 특히 336–341을 보라.

정불가능하게 알 수 있는 상태들을 갖지 못하는 존재들에게는 말 그대로 그 어떤 비물리적 상태(예를 들면 믿음)도 귀속하지 않는다. (이는 앤티포디아적 관행에 부합하며, 개는 단지 고통을 느끼는 덕분에 비물리적 상태를 가지지만 컴퓨터는 우리에게 새롭고 흥미로운 진리를 제공하는 데도 그렇지 않다는 우리의 직관에도 부합한다). 그렇다면 이 가정에 따를 때, "그들이 C-섬유가 발화firing하고 있는 것 같다고 보고할 때 그들은 느낌(아마도 우리가 "고통스럽군!"이라는 말로 보고하는 느낌과 같은 느낌)을 보고하는 것인가, 아니면 단지 그의 뉴런들이 특정 상태에 있음으로써 촉발되는 소음을 내는 것뿐인가?"라는 질문에 **아무런** 답도 할 수 없게 될 것이다. 그리고 상황이 그렇다면, 우리 삶에서 느낌의 보고가 수행하는 역할이 앤티포디아인의 삶에서 뉴런의 보고가 수행하는 역할과 같으므로, 우리는 또 다른 질문에 직면한다. **우리가** "고통"이라는 말을 사용할 때 **우리는** 느낌을 보고하는 것인가, 아니면 뉴런을 보고하는 것인가?

이것이 진정한 쟁점임을 이해하기 위해 기능적 역할의 동일성이 갖는 함의들을 생각해 보라. 만약 앤티포디아인이 우리처럼 전 영역의 문화를 보유한 것이 사실이라면, 그들이 우리처럼 그네들 담론에서 지향적이고 대상과 사람을 선택할 때 우리처럼 자의식적으로 심미적이라면, 도덕적 탁월성과 불멸성에 대한 열망이 우리만큼 크다면, 그들은 자기네에게 마음이 있는지에 대한 우리 철학자들의 관심이 다소 편협하다고 생각할 가능성이 크다. 그들은 궁금해한다. 어째서 그것이 그렇게 대단한 차이를 만드는가? 그들은 이렇게 물을 수도 있다. 왜 **우리**는 우리에게 "느낌"과 "마음"이라고 부르는 그런 이상한 것들이 있다고 생각하는가? 이제 그들이 우리에게 미시-신경학을 가르쳐 주었으니, 심적 상태들에 관한 대화가 단지 뉴런들에 관한 대화의 자리-표시자였을 뿐임을 우리도 알 수는 없을까? 혹은 설령 우리가 신경학적 상태 외에 어떤 재미있는 별도의 상태들을 정말로 가지고 있더라도, 그것들이 정말로 그렇게 대단히 중요할까? 그러한 상태들의 소유가 정말로 존재론적 범주들을 구분하는 근거가 될까?

이 마지막 질문 묶음은 테란 철학자들 사이에서는 유물론자와 부수현상론자가 첨예하게 다투는 쟁점을 앤티포디아인이 얼마나 가볍게 받아들이고 있는지를 보여준다. 또한 앤티포디아인의 신경학이 그들 행동의 설명과 통제에서뿐만 아니라 앤티포디아인의 자아상에 관한 어휘를 제공하는 데서도 성공을 거두었다는 것은 "마음과 몸의 관계"에 관한 테란의 다른 이론들 가운데 그 어떤 것에도 일말의 승산이 없다는 것을 보여준다. 왜냐하면 평행론과 부수현상론은 오직 인과에 대한 모종의 비-흄적인 관점에 의해서만 차별화될 수 있는데, 이 모종의 관점에 따르면, 인과관계가 어느 방향으로 성립하는지 보여줄 인과 메커니즘이 발견될 것이기 때문이다. 그러나 아무도, 제아무리 가장 완고한 데카르트주의자라도, 뉴런에 대한 분자 단위의 설명이 우리 앞에 제시될 때(가정에 따라, 그것은 앤티포디아인 앞에 제시되는 바와 같다) 그 이상의 인과 메커니즘을 찾을 데가 남아 있을 것이라고는 상상하지는 않는다("찾아본다"라는 것은 대체 무슨 말일까?). 따라서 우리가 흄을 버리더라도, 심적인 것이 자족적인 인과의 영역임을 "그냥 알 수 있게" 해주는 어떤 선험적 근거에 의존하지 않고서는 여전히 평행론자의 견해 쪽에 설 자리는 없다. 상호작용론에 관해서는, 예를 들어 믿음과 욕망이 망막의 조사照射, 팔 운동 등과 인과적으로 상호 작용한다는 것을 앤티포디아인은 꿈에도 부인하지 않을 것이다. 그러나 그들은 그런 상호작용에 관한 대화를, 서로 다른 존재론적 영역들을 이어 묶는 것이 아니라 구조 말고 기능에 대한 편리한(간단하므로) 언급으로 간주한다. (이는 정부와 개인 간의 업무거래만큼이나 철학적으로 문제 될 것이 없다. 그런 업무거래에 관한 어떤 하나의 언급에 대해 정확히 누가 누구에게 무엇을 했는지의 방식으로 진술된 필요충분조건들의 집합이 제시될 수 없으며, 그것은 빛의 방사가 일으킨 믿음과 믿음이 일으킨 운동에 관한 언급들에 대해서도 마찬가지다. 하긴 그럴 수 있으리라고 누가 감히 생각이나 할 수 있겠는가?) 상호작용은 신경 방출이 날 느낌으로 인해 그 경로를 바꾼다거나, 날 느낌으로 인해 그것이 가진 힘을 일부 소모하는 등과 같은 종류의 일이 일어날 때나 비로소 흥미롭게 보일 것이다. 하지만 앤티포디아의 신경학자들은 그런 가설들을 필요로 하지 않는다.

앤티포디아인에게 마음과 몸에 관한 우리의 문제들과 이론들을 설명할 방법이 없다면, 즉 그들에게 이것이 존재론적 분리의 본보기 사례임을 이해시킬 방법이 없다면, 우리는 (더 너그러운 "부수현상론자" 앤티포디아인과는 반대되는) "유물론자" 앤티포디아인이 옳을 가능성을 직면할 준비를 해야 한다. 우리가 날 느낌을 보고하고 있다고 생각할 때 실은 단지 뉴런을 보고하고 있을 뿐일 수도 있다는 것이다. 우리가 그렇게 오랫동안 자리-표시자를 붙들고 있었던 것은 우리의 문화 발전 중에 일어난 우연한 사건이었을 뿐이다. 그것은 마치 우리가 수많은 하계下界의 학문 분야들을 완성해 나가는 동안 천문학을 발전시키지 못하고 달 너머 세계에 대한 우리의 생각이 프톨레마이오스 이전의 사고방식에 머물러 있었던 것과 같다. 틀림없이 우리에게는 검은 천장에 난 구멍들, 천장 전체의 운동 등에 대해 해야 할 복잡한 이야기가 많았겠지만, 일단 제대로 알고 나면 우리가 보고 해 오던 것들을 아주 쉽게 다시 설명할 수 있었을 것이다.

그러나 이 시점에서 다루어져야 할 익숙한 이의 제기가 있다. 그것은 다음과 같은 언급들에서 나타난다.

> … 찌르는 고통의 경우, 미세-그림이 진짜 그림이고 지각적 외양은 조야한 복제물에 불과하다고 주장할 수 없다. 왜냐하면 이 경우 우리는 지각적 외양 그 자체를 다루고 있으며, 그것이 그 자신의 조야한 복제물이 될 수 없다는 것은 지극히 당연하기 때문이다.[3]

> 아픔은 피질에서 C-섬유의 활동이 나타나는 방식이고, 양파 냄새는 정상적인 후각 시스템을 가진 사람에게 양파 분자의 형태가 나타나는 방식이라고 주장한다면 그건 다 좋다. … 이는 감지된 고통, 냄새 또는 색깔을 다루면서 그것을 외양의 범주로 이관시켜 존재론적으로 중립적인 것으로 만든다. 그러나 그것은 불완전한 감지 행위들인 이른바 **그런 것 같음**의 집합을 우리에게 남기는데, 그런 행위에서 현상적 속성들이 파악된다. 그러므로 우리는 새로운 질문을 던져야 한다. 순전히 물질적인 시스템에게 사물들이 특정한 방식으로 **있는 것 같을** 수가 있을까? 불완전한 감지 행위들이 존재적으로 중립적인 것으로 이해될 방법이 있는가?

3 리처드 브랜트Richard Brandt, 「동일성 이론에 관한 의심들Doubts about the Identity Theory」, 『마음의 차원들Dimensions of Mind』, 시드니 훅Sidney Hook 편집 (New York, 1961), p. 70.

… 진짜 인간들에 대한 유물론적 설명은 우리의 불완전한 감지가 현상적 속성에 의한 것이며, 예를 들어 그냥 자연발생적으로 생겨난 믿음들에 의한 것이 아니라는 사실이 위치할 자리를 마련할 수 없다.[4]

브랜트와 캠벨의 공통된 이 반론은 언뜻 보기에 우리가 "단순한 물질적 시스템"이 아니어야만 사물을 잘못 기술할 수 있다는 뜻으로 들린다. 왜냐하면 그런 시스템이라면 사물이 자기에게 실제 모습과 다르게 나타날 수 없기 때문이다. 그러나 그런 식의 주장만으로는 안 될 것이다. 내가 앞서 제시했듯이, 실재와 외양의 구분이란 단지 제대로 파악한 것과 잘못 파악한 것의 구분처럼 보이기 때문이다. 우리가 단순 로봇이나 서보기구servo-mechanisms 등을 상대로 그런 구분을 해도 아무런 문제가 생기지 않는다. 이 반론을 그럴듯하게 만들려면 현재 맥락에서 "외양"은 "현상적 속성"이라는 개념으로 해명되어야 하는 더 풍부한 개념이라고 말해야 한다. 우리는 다음과 같은 어떤 원리를 내세워야 한다.

(P) 우리가 우리 자신의 어떤 상태에 대해 수정불가능한 보고를 할 때마다, 그 보고를 하도록 유발하는 어떤 속성이 우리에게 나타나야 한다.

그러나 물론 이 원리는 "마음 그 자체보다 더 마음에 가까운 것은 없

---

4 키스 캠벨Keith Campbell, 『몸과 마음Body and Mind』(New York, 1960), pp. 106–107, 109.

다"라는 데카르트적 사고방식을 소중히 간직하고 있으며, 구체적으로 이원론적이라고 할 수 있는 인식론과 형이상학 전체를 포함한다.[5] 그러므로 우리가 이 견해를 "현상적 속성"이라는 개념으로 압축하고 나면, "유물론적 설명은 우리의 불완전한 감지가 현상적 속성에 의한 것[이라는] … 사실이 위치할 자리를 마련할 수 없다"는 것이 놀랄 일은 아니다.

여전히 우리는 (P)에 보존되어 있으면서 데카르트의 그림과 분리될 수 있는 어떤 철학 이전의 직관이 있는지 물어야 한다. 별 같은 것을 잘못 기술하는 것과 고통 같은 것을 잘못 기술하는 것의 차이점은 정확히 무엇일까? 전자는 명백히 가능하나 후자는 상상할 수 없

---

5 조지 피처는 그런 전제를 사용하지 않고 우리가 고통을 보고할 때 드러내는 언어 행동에 대한 설명을 전개하였다. 피처는 고통을 손상된 말초 조직에 대한 보고로 받아들이는 반면, 앤티포디아인은 고통을 중추 신경계의 상태에 대한 보고로 받아들인다. 그의 견해에 따르면, 상식적인 고통 개념을 심적 특수자의 개념으로 생각하는 것은 실수다. 나는 그것이 심적 특수자의 개념이라고 말하고 싶지만, 고통의 인식론적 지위에 대한 그의 분석이 이 의문에 대해 어떤 견해를 취하든, **필요한 부분만 약간 수정한다면** 똑같이 잘 적용된다고 주장하겠다. 피처, 「고통 지각Pain Perception」, *Philosophical Review* 79(1970), 368-393 참조. 피처의 일반적인 전략은 직접 실재론을 옹호하는 것이며, 그것은 그의 『지각 이론A Theory of Perception』(Princeton, 1971)과 D. M. 암스트롱의 『지각과 물리적 세계Perception and the Physical World』(London and New York, 1961), 『유물론적 마음 이론A Materialist Theory of the Mind』(London and New York, 1968)에서도 찾아볼 수 있다. 나에게는 이 전략이 근본적으로 옳고, 심적 특수자 견해가 선택 사항임을 보여주기에 충분해 보인다. 그러나 나는 피처와 암스트롱의 메타철학적 입장이, 이 관점을 우리가 믿는 것(그러나 계속 믿을 필요는 없는 것)에 대한 올바른 설명이라기보다는 우리가 믿는 것에 대한 철학자의 잘못된 해석으로 만들지 않을까 하는 의구심이 든다.

는 것처럼 보이는 이유는 무엇일까? 아마도 그 답변은 이런 식으로 제시될 것이다. 우리는 별이 가까운 곳에 있는 구멍이 아니라 멀리 있는 불덩어리라는 사실을 깨달은 후에도 그 별이 똑같이 보일 것으로 기대하지만, 고통은 그것이 활성화된 C-섬유임을 깨닫게 되면 다르게 느껴져야 한다. 왜냐하면 별이 시각적 외양이 **아닌 반면**, 고통은 느낌**이기** 때문이다. 그러나 우리가 이런 답변을 제시하면, 우리는 여전히 "느낌" 개념과 앤티포디아인에게 느낌이 있기나 한지에 관한 수수께끼에 봉착한다. 우리는 물어야 한다. 고통을 느끼는 것과 단순히 활성화된 C-섬유에 대해 "고통스럽군"이라고 말을 내뱉거나 회피 행동을 하는 등의 반응을 보이는 것의 차이는 무엇인가? 그리고 여기서 우리는 이렇게 말하는 경향이 있다. 밖에서 보면 전혀 차이가 없으나 안으로부터의 세계에서는 확연한 차이가 있다고 말이다. 난점은 이런 차이를 앤티포디아인에게 설명할 방법이 전혀 없다는 것이다. 유물론자 앤티포디아인은 우리가 그 어떤 "느낌"도 갖지 않는다고 생각한다. 왜냐하면 그들은 "느낌" 같은 것은 존재하지 않는다고 생각하기 때문이다. 부수현상론자 앤티포디아인은 그런 것들이 있을 수 있다고는 생각하지만, 어째서 우리가 그런 것들을 가지는 문제에 관해 그렇게 소란을 피우는지 짐작할 수 없다. 앤티포디아인에게 느낌이 있는데 본인들이 그것을 모르는 것이라고 생각하는 테란 철학자들은 비트겐슈타인이 언급한 철학하기의 말기 단계에 도달한 것이다. 그들은 그저 못 알아먹을 소리라도 해야겠다고 느끼는 것이다. 그들은 앤티포디아인에게 "우리의 내부에서는 사정이 다르다"라고 말할 수조차 없다. 왜냐하면 앤티포디아인은 "내부 공간"이라는 개념을 이해하지 못하며, "내부"가 "두개골 내부"를 의미한다고 생각하기 때문이다. 그들은 **그곳**의 사정이 다를 게 **없다**고 옳게 지적한다. 앤티포디아인이 느낌을 가지지 않는다고 생각하는 테란 철학자들이 차라리 더 나은 위치에 있는데, 그 이유는 단지 그들은 마음 없는 존재들과 그들에게 마음이 있는지 논쟁하는 것이 품위에 맞지 않다고 느낄 것이기 때문이다.

브랜트와 캠벨이 제시한 반론을 좇아가다가는 아무런 진전도 없을 듯 보인다. 다른 방법을 시도해 보자. 유물론적 관점에서는 무언가의 모든 외양이 실제로는 뇌-상태가 될 것이다. 따라서 유물론자는 어떤 뇌-상태의 "조야한" 복제물(활성화된 C-섬유가 느끼는 방식)이 또 다른 뇌-상태가 될 것이라고 말해야 할 것이다. 하지만 그러면 우리는 활성화된 C-섬유가 아닌 그 다른 뇌-상태를 "고통"의 지시 대상으로 삼자고 말할 수 있다. 유물론자가 "하지만 그건 그냥 뇌 상태에 대한 우리의 기술일 뿐입니다"라고 말할 때마다 그의 상대방은 "좋소, 첫 번째 뇌-상태에 대한 '불완전한 감지 행위'인 그 뇌-상태에 관해 이야기해 봅시다"라고 대꾸할 것이다.[6] 그리고 그렇게 그 유물론자는 계속 뒤로 밀려나는 것처럼 보이며, 오류가 튀어나올 때마다 심적인 것이 다시 불쑥 모습을 드러내게 된다. 그것은 마치 인간의 ***유리 같은 본질***, 즉 ***자연의 거울***이 약간 흐릿해졌을 때만 비로소 자기에게 보이게 되는 것과 같다. 신경계에는 구름이 낄 수 없으나 마음은 그럴 수 있다. 따라서 우리는 마음이 신경계일 수 없다고 결론을 내린다.

---

6 이런 식으로 브랜트-캠벨의 요점을 처리하는 것은 토머스 네이글에게 빚진 것이다.

이제 앤티포디아인이 "불완전한 감지 행위"를 어떻게 바라볼지 고려해 보라. 그들은 그것을 ***자연의 거울***의 흐릿한 부분으로서가 아니라 2등급 언어를 학습한 결과로 볼 것이다. 존재자들이 어떤 것 같으냐에 관한 수정불가능함과 대조적으로, 수정불가능하게 알려질 수 있는 존재자라고 하는 이 전체 개념, 즉 그 자체 일종의 존재자로 여겨지는 "그런 것 같음" 개념은 그들에게 가당치 않은 말하기 방식이라는 인상을 준다. "감지 행위", "인지적 상태", "느낌" 등 테란 어휘 전체가 그들에게는 언어가 취한 불행한 방향 전환이라는 인상을 준다. 그들은 우리를 이 문제에서 벗어나게 할 유일한 방법이란 우리 어린이 중 일부를 앤티포디아어 사용자로 길러서 그 아이들이 대조군처럼 되는지 확인해 보라고 제안하는 길뿐이라고 생각한다. 다른 말로 하자면, 앤티포디아의 유물론자는 우리의 "마음과 물질" 개념을 불행한 언어 발달이 반영된 결과로 본다. 앤티포디아의 부수현상론자는 "C-섬유 보고뿐 아니라 고통 보고까지 생성하는 테란인 언어 중추의 신경 입력은 무엇일까?"라는 질문에 곤란해한다. 앤티포디아인에게 실제로 느낌이 있다고 생각하는 테란인 철학자들은 앤티포디아인의 언어가 "실재에 부합하지 않는다"고 생각한다. 앤티포디아인에게 느낌이 없다고 생각하는 테란인 철학자들은 이 사례를 언어 발달 이론에 근거하여 이해한다. 그 이론에 따르면, 일차적인 명명 대상은 "우리에게 더 잘 알려진" 것들, 즉 날 느낌들이므로, 느낌에 대한 이름의 부재는 느낌의 부재를 함축한다.

이 쟁점을 조금 더 선명하게 만들기 위해, 어쩌면 앤티포디아 부수현상론자와 테란 회의주의자를 고려 대상에서 빼버릴 수도 있다. 고통 보고의 신경학에 관한 앤티포디아 부수현상론자의 문제는 해결 불가로 보인다. 만약 그들이 앤티포디아인에게는 알려지지 않은 상태들을 계속해서 지구인에게 자비롭게 귀속시키고자 한다면, 그들은 우리의 언어 행동을 설명하기 위해 더 이상의 경험적 탐구로는 반박할 수 없는 이원론적 체계 전체를 고스란히 받아들여야 할 것이다. 앤티포디아인에게 날 느낌이 없다는 테란 회의주의자의 주장에 관해 말하자면, 이는 날 느낌이 있으면서 그것에 대한 단어가 없을 수는 없다는 선험적 언명에 전적으로 근거한 것이다. 앤티포디아 부수현상론자의 과도한 자비나 테란 회의주의자의 편협한 불신이라는 두 지적 입장 모두 매력적이지 않다. 우리에게 남겨진 것은 한편으로 "그들은 우리에게 느낌이 있다고 생각하지만 그렇지 않다"라고 말하는 앤티포디아 유물론자와, 다른 한편으로 "그들에게는 느낌이 있으나 본인들은 그것을 모른다"라고 말하는 지구 철학자다. 모든 경험적 결과(뇌-스위칭* 등)가 양쪽 모두에 똑같이 무게를 더하는 것처럼 보이는 상황에서, 이 교착 상태를 벗어날 길이 있을까? 문제를 가르고 들어가 해결하거나 어떤 행복한 타협점을 제시해 줄 강력한 철학적 방법들이 있을까?

3. 수정불가능성과 날 느낌

전혀 소용이 없는 한 가지 철학적 방법이 "의미 분석"이다. 모든 사람은 다른 모든 사람의 의미를 실제로 아주 잘 이해한다. 문제는,

* 전 개별 뇌의 발달이라는 맥락에서 수행하는 진화적 행동 변화에 대한 연구를 일컫는다. – 옮긴이

한쪽은 너무 많은 의미가 넘친다고 생각하고 다른 한쪽은 너무 적다고 생각한다는 것이다. 이런 측면에서 우리가 찾을 수 있는 가장 가까운 비유는 영감을 받은 유신론자와 받지 못한 무신론자 사이의 갈등이다. 이를테면 영감을 받은 유신론자는 자연 현상을 해명할 때 특정한 설명적 역할을 하는 초자연적 존재들이 있다는 것을 "그냥 아는" 사람이라고 할 수 있다. (그들을 자연 신학자들과 혼동해서는 안 된다. 자연 신학자는 그런 현상에 대한 최선의 설명으로서 초자연적인 것들을 제시하는 사람이다.) 영감을 받은 유신론자들은 우주가 초자연적인 것들과 자연적인 것들이라는 두 가지 커다란 존재론적 영역들로 나뉜다는 구도를 그들의 언어와 함께 물려받는다. 그들이 사물들에 관해 대화하는 방식은 신에 대한 언급과 불가분하게 묶여 있다. 아니, 적어도 불가분하게 묶여 있다는 인상을 그들에게 준다. 초자연적인 것의 개념은 심적인 것의 개념이 우리에게 "이론"이라는 인상을 주지 않듯이 그들에게 "이론"이라는 인상을 주지 않는다. 무신론자들을 만나면 그들은 무신론자가 실제로 자연 현상을 예측하고 통제하는 능력이 매우 뛰어나 보이는 것을 인정하지만, 아무리 그래도 그들은 정작 세상에서 무슨 일이 일어나고 있는지 모르는 사람들이라고 간주한다. (그들은 "우리가 저들 자연 신학자들과 같지 않다는 것을 하늘에 감사하라. 그렇지 않다면 우리도 실재하는 것들과의 접촉을 잃었을지도 모르니"라고 말한다.) 무신론자들은 이들 유신론자가 그들 언어에 너무 많은 단어를 갖고 있으며 신경 쓸 의미도 너무 많다고 여긴다. 열성적인 무신론자들은 영감을 받은 유신론자들에게 "**실제로** 존재하는 것은 …가 전부일 뿐"이라고 설명하고, 유신론자들은 하늘과 땅에는 더 많은 것이 있다는 것을 깨달아야 한다고 대꾸한다. … 그리고 그렇게 논쟁은 계속된다. 양쪽 철학자들은 죽기 살기로 의미를 분석할 수 있지만, 그러한 모든 분석은 "방향성"을 띤 "환원적" 성격이 되거나(예를 들면, 종교 담론에 대한 "비인지적" 분석들이 그러한데, 그런 분석은 고통 보고에 대한 "표현적" 이론들과 유사하다), 그게 아니면 단지 대안적인 "삶의 형식들"을 설명하다가 결국은 이렇게 선언하는 것보다 더 도움 될 게 하나 없는 결말에 도달한다. "이런 언어 게임이 수행된 것이다." 유신론자들의 게임은 인간의 *유리 같은 본질*이라는 이미지가 서구 지식인의 자아상에 본질적인 것처럼 그들의 자아상에 본질적이지만, 어느 쪽에게도 그런 이미지를 평가하는 데 쓸 수 있는 더 큰 맥락은 없다. 결국, 그런 맥락을 도대체 어디에서 얻을 수 있겠는가?

글쎄다, 어쩌면 철학에서겠다. 실험과 "의미 분석"이 실패할 때 철학자들은 전통적으로 시스템 구축, 즉 소위 말해 그 현장에 새로운 맥락을 고안하는 방식으로 방향을 전환해 왔다. 일반적인 전략은 오컴의 면도날을 선호하는 사람들(예를 들면 유물론자, 무신론자)과 "그냥 아는 것"에 매달리는 사람들 두 부류 모두, 철학이 이제 막 윤곽을 드러낸 어떤 더 큰 실재를 바라보는 "대안적 전망"을 성취한 것이라고 너그러이 여겨질 수 있는 타협점을 찾는 것이다. 따라서 일부 온건 철학자들은 "과학과 신학의 전쟁"을 딛고 넘어서서 보나벤투라와 보어Niels Bohr가 서로 다른 비경쟁적인 "의식의 형태"를 소유했다고 본다. "**무엇**의 의식"인가라는 질문은 "세계" 또는 "물자체" 또는 "감성적 다양" 또는 "자극" 같은 것으로 답해진다. 이 중 어떤 것이 제시되든 상관없다. 왜냐하면 모두 평온한 중립성을 빼면 흥미로운 특징이라고는 없는 존재자들에 이름을 붙이기 위해 고안된 전문 용어이기 때문이다. 마음에 관한 강성 철학자들 사이의 견해 중 이 책략과 유사한 것이 중립적 일원론이며, 여기서 심적인 것과 물리적인 것은 더 설명할 필요가 없는 어떤 근본적 실재의 두 "측면"으로 간주된다. 때때로 우리는 이 실재가 직관된다거나(베르그송), 감각의 날 재료raw material와 같다는 말을 듣기도 하지만(러셀, 에이어), 때로는 그것이 인식론적 회의주의를 피하기 위한 유일한 수단으로 그냥 상정되기도 한다(제임스, 듀이). 어떤 경우에도 우리가 그 실재에 대해 듣는 소리는 "우리는 그것이 어떤 것인지 그냥 안다"거나 이유가 있어서(즉 철학적 딜레마를 피해야 할 필요성) 그것이 요구된다는 말뿐이다. 중립적 일원론자들은 과학자가 원소 아래 분자, 분자 아래 원자 등을 발견한 것과 같은 방식으로 철학이 근본적 기체를 발견한다거나 혹은 찾아내야 한다고 제안하고 싶어 한다. 그러나 사실 심적이지도 물리적이지도 않은 "중립적 소재"는 그 자체의 힘이나 속성을 가진 것으로 밝혀진 것이 아니라 단순히 그렇게 상정되었다가 잊힌 것일 뿐이다(또는 같은 결과가 되겠지만, 형언할 수 없는 자료의 역할을 부여받거나).[7] 이 책략은 강성 테란인 철학자들이 앤티포디아인에 관해 제기

7 코닐리어스 캠프Cornelius Kampe는 철학자들이 이보다는 더 많은 일을 해야 한다고 촉구하면서, 심신 동일성 이론은 "동일성이 주장되는 그 두 가지 서로 다른 현상 사이에 연결 고리를 제공하는 유형의 이론적 근본 틀(또는 공통 용어를 위한 존재론)"을 제공할 때만 의미가 있을 것이라고 말한 바 있다. 중립적 일원론의 그런 부활을 바라는 그의 동기는 동일성 이론을 이해하려면 "일인칭 내성적 보고의 특권적 지위가 포기되어야 하는 것처럼 주관적-객관적의 구분도 포기되어야 한다"는 그의 믿음이다. 그는 그런 변화가 "우리 언어의 논리에 강렬한 영향을 미칠 것"이라고 말한다. 나는 주관적-객관적의 구분을 포기하는 것이 그런 강렬한 영향을 미칠 것이라는 캠프의 생각은 옳으나 특권적 접근을 포기하는 것

했던 질문에 대처하는 데 도움이 되지 못한다. 도대체 그들에게는 날 느낌이 있는가, 없는가?

앤티포디아인에 관한 문제는 다음과 같이 요약할 수 있다.

1. 날 느낌에 본질적인 것은 그것이 수정불가능하게 알 수 있어야 한다는 것이다.
2. 앤티포디아인은 그 자신이 수정불가능하다고 생각하는 것이 전혀 없다.

이 두 진술은 우리에게 다음 중 하나의 선택지를 남겨 주는 것 같다.

3. 앤티포디아인에게는 날 느낌이 없다.

혹은

4. 앤티포디아인은 자신이 가진 수정불가능한 지식에 관해 알지 못한다.

(3)의 난점은 앤티포디아인도 우리와 거의 같은 행동, 생리학, 문화를 갖고 있다는 것이다. 더 나아가, 우리는 앤티포디아의 유아가 날

도 같은 영향을 미치리라는 생각은 잘못되었다고 본다. 내가 생각하기에 셀라스가 보여준 바와 같이, 그리고 여기서도 계속 주장해 오고 있는 바와 같이, 주관적-객관적의 구분("…인 것 같다seem"라는 개념)은 "마음", "현상적 속성" 등의 개념들이 없어도 충분히 잘 작동할 수 있다. (캠프, 「마음-몸의 동일성: 이해가능성의 문제Mind-Body Identity: A Question of Intelligibility」, *Philosophical Studies* 25[1974], 63-67 참조.)

느낌을 보고하고 그것에 관해서 자신은 수정불가능하다고 받아들이게끔 교육할 수 있다. 이런 고려 사항들이 우리를 (4)로 몰아가는 것 같다. 하지만 (4)는 실없는 소리로 들리며, 최소한 다음과 같이 순화할 필요가 있다.

4′. 앤티포디아인은 수정불가능한 지식에 대한 본인의 능력에 관해 알지 못한다.

이는 조금 이상하기는 해도 적어도 몇 가지 유사 사례들이 있다. (비교해 보라. "요한네스 23세는 교황직을 계승할 때 자신의 무오류성에 대한 논증에 설득되어야만 했다.") 그러나 (4′)을 밀면, 앤티포디아 유아들의 교육 가능성이 우리를 다음 둘 사이에 붕 뜬 상태로 남겨 둘 것 같다.

5. 그 자신의 날 느낌을 인정하도록 앤티포디아인을 가르칠 수 있다.
5′. 날 느낌의 신경적 동반자가 나타나는 덕분에 실제로는 날 느낌을 갖고 있지 않아도 그것에 대한 보고를 흉내 내게끔 앤티포디아인을 가르칠 수 있다.

두 언어를 구사하는 앤티포디아인을 찾아서 이 새로운 딜레마를 해결하고 싶어 할 수도 있다. 그러나 그 두 언어 사용자는 외국어 표현의 의미에 관한 "내면의" 지식이 없다. 그는 단지 사전 제작자가 가진 것과 같은 종류의 이론만을 가지고 있을 뿐이다. 영어로 말할 수 있게 된 성인 앤티포디아인을 생각해 보라. 그는 어느 언어로 말하느냐에 따라서 "나는 고통스럽다"고 말하거나 앤티포디아어로 "내 C-섬유가 발화하고 있다"고 말한다. 만약 어떤 테란인 대화자가 그에게 그가 실제로는 고통스럽지 않다고 말한다면, 그는 그 발언은 정상이 아니라고 지적하며 특권적 접근을 주장할 것이다. 앤티포디아인 대화자들이 그에게 그의 C-섬유가 실제로 발화하고 있지 않다는 것을 보여주면 그는 이런 식으로 말한다. "그거 재밌네요. 확실히 발화된 것 같거든요. 그러니까 테란인들에게 고통스럽다고 말한 거죠." 혹은 어쩌면 이렇게 말할 수도 있다. "그거 재밌네요, 나는 확실히 테란인들이 '고통'이라고 부르는 상태에 있고, 그런 일은 내 C-섬유가 발화될 때를 제외하고는 절대 일어나지 않아요." 그가 어느 어법을 더 강하게 선호할지는 알기 어렵고, 설령 그가 둘 중 어느 쪽을 선호한다고 한들 철학자들이 그런 선호로부터 무언가 의미 있는 주장을 끄집어내기는 더 어렵다. 다시 한번, 우리는 "하지만 대체 그게 어떻게 **느껴지는** 거죠?"라는 수사학적 질문을 던질 수밖에 없는 것 같다. 그리고 이에 대해 그 앤티포디아의 두 언어 구사자는 "고통처럼 느낀다"라고 대답하는 식이다. "C-섬유의 발화처럼 느껴지지는 않는가?"라고 물었을 때, 그는 앤티포디아인에게는 "느낌" 개념이 없으므로 C-섬유의 발화를 **느꼈다**고 말한다는 생각은 떠오르지 않을 것이라고 설명한다. 물론 당연히 발화가 일어날 때마다 그것을 알겠지만 말이다.

이것이 역설적으로 보인다면 그 이유는 아마도 "비추론적 인식"과 "느낌"이 사실상 거의 동의어라고 생각하기 때문일 것이다. 그러나 이것을 지적하는 것은 도움이 되지 않는다. 만약 우리가 그 둘을 동의어로 취급한다면, 당연히 앤티포디아인에게는 "느낌"이라고 불리는 상태의 개념이 **정말로** 있는 셈이지만, 그럼에도 여전히 지식의 지향적 대상으로서 "느낌" 개념은 없다. 말하자면 앤티포디아인에게는 그것이 동사로서는 있으나 명사로서는 없는 셈이다. 융통성 있는 앤티포디아인이라면 자기네 언어가 "자신이 어떤 상태에 있다고 생각함에 있어서 착각할 수 없는 그런 상태"에 관한 개념, 즉 자기에게 …인 것 같은 그런 상태를 표현할 수 있다는 점에 주목할 수 있겠으나, 그런 상태가 테란인들이 그토록 관심이 있는 고통이나 여타 날 느낌 같은 것인지에 대해서는 여전히 의아해할 수 있다. 한편으로는, 그것이 말할 **수 있는** 전부인 것처럼 보인다. 왜냐하면 그는 C-섬유가 발화하고 있는 것 같을 때 그리고 오직 그때만 "고통"이라고 말하는 법을 배웠다고 기억하기 때문이다. 반면에 테란인들은 누군가가 자기가 …인 것 같은 상태에 있는 것과 날 느낌을 가지는 것 사이에는 차이가 있음을 고수한다. 전자의 상태는 의심이 가능한 어떤 것에 대한 인식적 입장이다. 후자의 상태는 자동으로 그 당사자를 의심이 불가능한 어떤 것에 대한 인식적 입장에 놓이게 만든다.

따라서 딜레마는 이렇게 정리되는 것 같다. 우리는 다음을 긍정하거나 부정해야 한다.

6. 어떤 것이 본인에게 어떤 것 같은지에 대한 모든 보고는 날 느낌에 대한 보고이다.

이것을 긍정하는 유일한 근거는, 그것이 (1)의 역으로부터 따라 나오는 당연한 결과라는 것처럼 보인다. 즉,

7. 수정불가능하게 알 수 있는 것이 무엇이건 간에 그것이 날 느낌이어야 한다는 것이 본질적이다.

그러나 (7)은 앞서 본 브랜트-캠벨의 반론이 끌어들인 원리의 한 형태일 뿐이다.

(P) 우리가 우리 자신의 어떤 상태에 대해 수정불가능한 보고를 할 때마다, 그 보고를 하도록 유발하는 어떤 속성이 우리에게 나타나야 한다.

그리고 이 원리에서 "나타난다"라는 개념에 모든 게 달려 있다. 그것은 "*마음의 눈*", "의식에의 현전" 등의 은유로 곧장 되돌아가게 하는 개념으로서, 이는 결국 자연의 거울이라는 애초의 이미지, 즉 비물질적 표상들의 집합이 곧 지식이라는 그 이미지에서 파생된 것이다. 우리가 이 원리를 받아들이면 매우 이상하게도 우리는 더는 회의주의자일 수 없다. 즉 앤티포디아인은 자동으로 날 느낌을 갖는다. 우리는 (5′)이 아닌 (5)를 선택**해야 한다**. 우리는 어떤 앤티포디아인이 위경련을 일으킨 것 같다거나 C-섬유가 발화한 것 같다는 것에 이의를 제기하지 않으며 그런 보고에 대해서 수정불가능성을 인정하므로, 그의 그런-것-같음-진술의 "기반"이 되는 날 느낌을 그가 가지고 있고 적절한 어휘를 학습하여 그것을 보고하도록 훈련될 수 있다는 점을 인정해야 한다. 그러나 이것은, 매우 역설적으로, 데카르트적인 *마음의 눈*이라는 이미지를 구체화하는 바로 그 원리, 즉 "관념의 장막"과 유아론으로 이어진다고 자주 비난받아 온 바로 그 이미지에 일종의 행동주의가 반드시 수반된다는 의미가 된다. 우리가 회의주의자가 되어서 흉내 내기가 앤티포디아인이 할 수 있는 전부일지 모른다는 (5′)을 옹호할 수 있으려면, 앤티포디아인이 그런-것-같음-진술을 했을 때 그들이 그 말로 우리가 의미하는 바를 실제로 의미하고 있는 것은 아니며, 앤티포디아어로 "당신이 당신의 C-섬유가 발화하는 것 같다고 말하는 것은 착각일 수 있다"라는 표현이 이상하기는 해도 그것이 앤티포디아인이 수정불가능한 지식을 가지고 있음을 보여주기에 충분한 것은 아니라고 주장하는 길뿐이다. 다시 말해, 우리는 처음에 우리에게 드러났다고 여긴 그들의 행동을 재해석하고, 그들의 날 느낌에 대한 회의주의의 근거를 그들의 지식(또는 몇몇 종류의 지식) 보유에 대한 더 일반적인 회의주의에 두어야 한다. 그러나 그들에게 마음이 없으리라는 어떤 선행하는 확신, 즉 날 느낌을 더 유력하게 배제해 줄 확신에 호소하지 않고는 그런 더 일반적인 회의주의를 얼마나 그럴 법하게 만들 수 있을지 알기 어렵다. 따라서 여기서 회의주의는 근거가 없는 피론적Pyrrhonian인 것일 수밖에 없을 것이다.[8] 반면에 (6)을 부정한다면, 다시 말해, 우리가

---

8 나는 "단순한" 또는 피론적인 회의주의와, 회의적 태도를 정당화하기 위해 "관념의 장막"을 끌어들이는 "데카르트적"인 구체적 형태의 회의주의를 구분하고 싶다. "피론적" 회의주의는, 내가 앞으로 이 용어를 사용할 방식대로라면, "우리는 결코 확신을 가질 수 없고, 그러니 도대체 우리가 어떻게 알 수 있겠는가?"라고 말할 뿐이다. 반면에 "관념의 장막" 회의주의는 더 구체적인 할 말이 있다. 즉, "우리 자신의 마음속 내용 외에는 그 어떤 것에 대해서도 확실성을 가질 수 없는데 도대체 우리가 어떻게 다른 무언가에 대한 믿음으로의 추론을 정당화할 수 있는가?" 이 두 가지 형태의 회의주의가 서로 얽혀 있는 문제에 관한 논의는 리처드 팝킨Richard Popkin, 『에라스무스에서 데카르트에 이르는 회의주의의 역사

심적 상태를 갖는 것과 그런-것-같음seeming 사이의 관계를 끊고 데카르트적 그림을 버린다면, 우리 자신이 그 어떤 감정, 그 어떤 심적 상태, 그 어떤 마음, 그 어떤 ***유리 같은 본질***도 결코 가진 적이 없다는 가능성에 직면해야 한다. 이 역설은 매우 위압적이어서 우리를 (P)와 ***자연의 거울***로 바로 되돌아가게 할 것처럼 보인다.

따라서 문제는 세 가지 곤란한 가능성 중 하나를 선택하는 것으로 귀착된다. 우리는 우리의 ***유리 같은 본질***을 그런-것-같음-진술을 포함하는 언어를 말하는 것처럼 보이는 모든 존재와 공유하거나, 피론적 회의주의자가 되거나, 아니면 이 본질이 결코 우리의 것이 아닐 가능성에 직면해야 한다. 만약 우리가 위의 (7)을 인정한다면, 즉 날 느낌이라고 하는 것이 수정불가능한 지식의 대상이 되는 데 본질적이라는 전제를 인정한다면, 우리는 (a)수정불가능한 보고를 포함한다는 바로 그 이유에서 앤티포디아인의 언어가 날 느낌에 관한 것임을 인정하거나, (b)앤티포디아인이 날 느낌을 가지는지 우리가 결코 알지 못하리라는 바로 그 이유에서 그들이 언어를 사용하는지 결코 알지 못하리라는 것을 인정하거나, (c)앤티포디아인의 사례는 우리 자신이 날 느낌을 전혀 가지지 않음을 보여준다는 이유에서 날 느낌에 관한 문제 전체가 가짜임을 인정해야 한다.

이 세 가지 가능성은 심리철학에서 대략 세 가지 표준적인 견해들에 상응한다. 행동주의, 타인의 마음에 대한 회의주의, 그리고 유물론이다. 하지만 나는 이 셋 중 어느 하나를 채택하기보다는 (7)을 부정하고 더불어 (P)까지 부정할 것을 제안한다. 즉, 나는 우리가 "심

The History of Scepticism from Erasmus to Descartes』(New York, 1964) 참조.

적 대상"이라고 불리는 특별한 종류의 대상과의 특별한 관계 덕분에 수정불가능한 지식을 소유한다는 생각을 포기할 것을 제안하는 것이다. 이 제안은 ***소여의 신화***에 대한 셀라스의 공격으로부터 따라 나오는 지당한 결론이다. 그 공격은 제4장에서 더 자세히 제시할 것이며, 여기서는 이 신화가 "직접적 지식"이나 "수정불가능한 지식"이나 "확실한 지식" 등과 같은 인식적 관계들이란 인과적인 준-기계적 모형하에서 지식을 더 쉽거나, 더 자연스럽거나, 더 빠르게 생성하게 만드는, 특정 대상과 인간 마음 사이의 특별한 관계로 이해되어야 한다는 생각에 해당한다는 점만 언급하고자 한다. 만약 우리가 수정불가능한 지식을 단순히 사회적 실천의 문제, 즉 특정 지식-주장에 대한 정상적인 대화에서 정상적인 반박이 없는 것의 문제로 생각한다면 (7)이나 (P) 같은 원칙은 그럴듯해 보이지 않을 것이다.

앞선 두 절에서 나는 "심적 대상"을 마치 "수정불가능하게 알 수 있는 대상"과 동의어인 것처럼, 그래서 마음을 갖는다는 것이 수정불가능한 지식을 갖는 것과 같은 것처럼 취급했다. 나는 제1장에서 논의했던 비물질성과 추상 능력, 그리고 제4장에서 논의할 지향성을 문제시하지는 않았다. 마음이 단지 수정불가능하게 내성가능한 날 느낌들의 집합일 뿐이고 마음의 본질이 이 특별한 인식적 지위에 있다고 감히 말했던 것에 대한 나의 변명은, 그 똑같은 허세가 "심리철학"이라고 불리는 영역 전체에서 현재 통용되고 있다는 것이다. 이 철학 영역은 라일의 『마음의 개념』 이후 30년 사이에 생겨났다. 이 책이 불러온 효과는 마음과 몸에 관한 쟁점들이 거의 전적으로, 데카르트의 이원론을 해체하려는 라일 본인의 논리적 행동주의의 시도에 저항하는 사례들인 이른바 날 느낌에 몰입하게 만든 것이었다. 비트겐슈타인이 『철학적 탐구』에서 다룬 감각에 대한 논의도 같은 종류의 해체를 시도한 것처럼 보였다. 따라서 많은 철학자가 "심신 문제"란 결국 날 느낌을 행동 성향으로 볼 수 있는지에 대한 문제라고 당연시했다. 따라서 가능성은 내가 지금 다음과 같이 나열한 것들이 전부로 보인다. (a)라일과 비트겐슈타인이 옳았고 심적 대상은 없다고 인정하는 것, (b)그들이 틀렸고 따라서 데카르트의 이원론은 고스란히 유지되며 타인의 마음에 대한 회의주의는 자연스러운 결과라고 말하는 것, (c)라일과 비트겐슈타인이 틀렸으나 그렇다고 데카르트가 옹호되지는 않는 모종의 마음-뇌 동일성 이론.

이런 방식으로 쟁점들을 설정한 결과, 초점은 고통에 맞춰졌고 인식론에 더 중요하거나 인식론이 더 중요시해야 하는 마음의 측면, 즉 믿음과 의도에는 주의를 덜 기울이게 되었다. (최근 몇 년 동안 경험적 심리학과의 교량을 놓으려는 심리철학자들 덕분에 균형이 어느 정도 회복되었다. 이들의 연구는 제5장에서 다뤄질 것이다.) 그러나 여전히 "심신 문제"가 주로 고통에 대한 문제로 여겨지는 것은 사실이며, 고통에 관한 특이한 점은 크립키가 언급한 바로 그것, 즉 고통에 대한 우리의 지식에는 외양-실재의 구분 같은 것이 없어 보인다는 것이다. 사실, 내가 제1장에서 보이고자 했던 것처럼, 이 문제는 인간에게 특히 신비로운 무언가가 있어서 인간이 앎 혹은 어떤 특별한 부류의 앎을 가질 수 있게 해준다는 불명료한 생각에 이바지해 온 여러 "심신 문제들" 중 하나일 뿐이다.

하지만 이 장의 나머지 부분에서 나는 우리가 (P)를 버려야 하고 그럼으로써 이원론자도, 회의주의자도, 행동주의자도, "동일성 이론가"도 되지 말아야 한다는 나의 주장을 뒷받침하고자 노력할 것이다.

나는 (P)를 어떻게 직접 반박할 수 있을지 알지 못한다. 왜냐하면 수정불가능한 지식이 현상적 속성의 나타남에 관련된 문제라는 주장은 주장이라기보다는 전체 이론의 축약이기 때문이다. 여기서 전체 이론이란, 자연을 반사하는 것으로서의 마음이라는 이미지를 중심으로 삼으면서, 또한 마음이 자연스럽게 그 자신에게 "주어진다"라고 하는 데카르트의 주장에 의미를 부여할 수 있도록 힘을 보태는 일련의 용어들과 가정들의 전체 집합을 말한다. 우리가 마음의 작동 방식들을 이해함으로써 우리의 앎을 이해하고 개선할 수 있다는 17세기식 생각을 꿰뚫어 보고자 한다면 치워야 하는 것이 바로 그 이미지이다. 나는 그 이미지를 치우는 것과 그 이미지를 미리 가정한 채로 제기된 여러 입장 중 어느 하나를 채택하는 것 사이의 차이를 보여주길 희망한다. 따라서 이 장의 나머지에서는 행동주의, 회의주의, 심신 동일론에 몰두하면서 이들 이론을 내 견해와 차별화하고자 한다. 이번 장의 결론 절인 "동일성 없는 유물론"에서 나는 더 적극적인 내용을 말하려 할 것인데, 그 시도가 그럴듯하게 보이려면 제1장의 다른 "심신 문제들"에 대한 논의와 연결될 필요가 있다.

4. 행동주의

행동주의는 "내적 상태"에 대한 담화란 단순히 특정 방식으로 행동하는 성향에 관해 말하는 축약된, 그리고 아마도 오도된 방식일 뿐이라는 학설이다. 라일적인 또는 "논리적"인 형태의 행동주의(이어지는 논의에서 내가 관심을 두게 될)에서 중심 신조는 어떤 날 느낌에 대한 보고의 진리성과 그러저러한 행동 성향 사이에 필연적 연관성이 있다는 것이다. 이러한 견해를 주장하는 한 가지 동기는 라일이 "기계 속의 유령"이라고 부른 데카르트적 인간관에 대한 불신이며, 또 하나는 타인의 마음에 대한 회의주의자가 바닥에 누워 몸부림치는 사람을 보고 그 사람도 자기가 몸부림칠 때 느끼는 것과 같은 종류의 느낌들을 지니는지 의문을 제기하지 못하게 막고 싶다는 욕구다. 논리적 행동주의의 관점에서는 그런 느낌들에 대한 보고가 비물리적 존재자를 지칭하는 것이 아니며, 아마도 몸부림침 혹은 몸부림치는 성향 외에 그 어떤 존재자도 지칭하지 않는다고 받아들여져야 한다.

이 학설은 가능한 운동과 소음의 무한히 긴 목록을 제시하는 길 말고는 필요로 하는 행동 성향을 기술할 방법이 없어 보인다는 이유에서 공격받아 왔다. 또한 이 영역에 존재하는 "필연성"이 무엇이건 간에 그것은 "의미"의 문제가 아니라 단지 우리가 특정 행동을 설명할 때 습관적으로 특정 내적 상태를 언급한다는 사실의 표현일 뿐이며, 그러므로 그 필연성은 기껏해야 난로의 붉음을 그 안의 불과 연결하는 정도의 "언어적" 혹은 "개념적" 성격을 지닐 뿐이라는 이유로도 공격받아 왔다. 마지막으로, 그것은 실재하지 않는 것을 믿는 위험을 피하려고 관찰할 수 없는 모든 것을 관찰가능한 것으로 환원하려는 도구주의 또는 검증주의의 독단에 사로잡힌 마음에만 떠오를 일종의 철학적 역설이라고도 공격받아 왔다.

나는 이 모든 비판이 매우 정당하다고 생각한다. 논리적 행동주의의 고전적 진술들은 실제로 관찰과 이론, 언어와 사실 사이의 구분을 전제로 하고 있는데, 제4장에서 논하겠지만, 아마도 철학자들은 그런 구분을 포기하는 편이 더 좋을 것이다. 하지만 행동주의자가 뭔가 알아낸 것 같다는 느낌은 여전히 남는다. 행동주의자에게 유리한

점 한 가지는, 우리가 앤티포디아인과 수년간의 유익한 대화를 나누고 나서 언젠가 "아니 이런, 날 느낌도 없고, 마음도 없고, 언어도 없고, 결국 사람이 아니로군"이라고 추론할 근거를 갖게 될지도 모른다는 식의 제안이 터무니없어 보인다는 점이다. 앤티포디아인에게 날 느낌이 없다고 말할 수밖에 없는 상황에 놓일지도 모른다는 식의 제안은 그러한 어쩔 수 없음이 대체 무엇일지 우리가 상상이나 할 수 있겠냐고 묻게 만든다. 또한, 그것은 설령 우리가 어쨌거나 그렇게 어쩔 수 없는 상황이 되었다 하더라도 그런 식의 추론을 끌어내서는 안 된다는 것이 거의 확실함을 깨닫게 해준다. 오히려 반대로 우리는 어째서 우리가 그런 의문에 그렇게나 관심이 많은지에 대해 앤티포디아인이 느꼈던 당혹감을 공유하기 시작할지도 모른다. 우리는 앤티포디아인이 그 주제 전반에 대해 취하는 호기심 어린 태도, 폴리네시아인들이 선교사가 "이들은 셈의 자손인가, 함의 자손인가?"라는 질문에 집착하는 것을 바라보는 것과 똑같은 그 태도를 헤아려 보기 시작해야 한다. 행동주의자의 강점은 "날 느낌이 있는가, 없는가?" "마음이 있는가, 없는가?"라는 강성 철학자들의 질문에 대답하려 하면 할수록 그 질문들이 점점 무의미해 보인다는 점이다.

그러나 이 강점은 그것이 "의미 분석"에 의해 확립되는 "필연적 연결 관계"에 관한 논제로 상정되는 순간 약해지기 시작한다. 라일의 통찰은 그가 물려받은 실증주의적 인식론으로 인해 망가졌다. 그는 수정불가능한 지식이란 단지 당사자의 동료들이 어떤 정당화 실천을 채택했느냐의 문제(제4장에서 내가 "인식론적 행동주의"라고 부를 입장)일 뿐이라고 말하는 대신, 특정 유형의 행동이 날 느낌의 귀속에 필요충분한 조건을 형성하며 그것이 "우리의 언어"에 관한 사실이라고 말하는 쪽으로 이끌렸다. 그러고 나니 그는 완강한 문제에 부딪혔다. 우리 언어가 그러한 느낌의 현전에 대한 추론을 허용한다는 사실은, 유물론에 기대지 않는 한, 보고의 대상이 되는 유령 같은 존재자가 실제로 존재한다는 사실을 부정하기 어렵게 만들었다. 따라서 논리적 행동주의의 배후에 있는 두 가지 동기가 충돌하게 되었다. 타인의 마음에 대한 회의주의를 막아낼 "논리적" 방어벽을 찾고자 하는 욕구는 결국 우리를 다시 이원론으로 돌아가게 만드는 것처럼 보이기 때문이다. 왜냐하면 날 느낌이 어떤 의미로 존재하건 상관없이, 주어진 어떤 언어 실천, 주어진 어떤 행동이 내면에 있는 그런 느낌의 필연성을 보여주기에 충분하다는 생각(회의주의자에게는 미안한 말이지만)을 받아들이면, 앤티포디아인들과 나눈 우리의 대화 경험은 그들도 **우리가** 어떤 의미에서 날 느낌을 지니건 간에 바로 그런 의미에서 날 느낌을 지닌다는 것을 함축한다고 말해야만 할 것 같기 때문이다. 요컨대, 다음과 같은 견해를 채택할 필요가 있어 보인다는 것이다.

(P′) 수정불가능한 그런-것-같음-진술을 포함하는 언어를 말할 수 있는 능력은, **우리** 안에 날 느낌이 어떤 의미로 현전하건 상관없이, 그 언어의 화자들에게 날 느낌이 현전함을 함축한다.

"의미 분석하기"라고 불리는 일을 수행함으로써 그런 주장의 진위를 밝힐 수 있다는 생각은 비웃음을 사기 쉽다.[9] 날 느낌이 없어도 그런

9 그런 조롱의 표본은 다음을 보라. 힐러리 퍼트넘Hilary Putnam, 「뇌와 행동Brains

능력을 지닐 수 있다고 (회의주의자 편에 서서) 말하기도 쉬워 보인다. 그러나 비트겐슈타인과 바우스마O. K. Bouwsma가 분명히 밝혔듯이, 우리가 상상한 것에 관해 정합적인 이야기를 지어내기란 실제로 어렵다. 그럼에도 불구하고, (P′)은 어느 정도 개연성이 있다. 개연성이 있는 이유는 이번에도 역시 그것이 다음으로부터 당연히 따라 나오는 귀결이기 때문이다.

> (P) 우리가 우리 자신의 어떤 상태에 대해 수정불가능한 보고를 할 때마다, 그 보고를 하도록 유발하는 어떤 속성이 우리에게 나타나야 한다.

이것은 *자연의 거울* 이미지에 필수적인 원리다. 이 그림에 따르면 "외양"은 단지 잘못된 믿음이 아니라 행동과 날 느낌의 관계를 매우 필연적으로 보이게 만드는 특수한 메커니즘이 생성한 잘못된 믿음(*마음의 눈* 앞에 등장한 오도된 것)이다. 이 그림에 따르면 어떤 사람이 무언가를 잘못(또는 더 나아가서, 옳게) 파악할 때 세 가지가 관여한다. 그것은 그 사람, 그가 말하고 있는 대상, 그 대상의 내적 표상이다.

라일은 자신이 이 그림을 피했다고 생각했지만, 수정불가능한 보고 같은 것이 존재하지 않음을 보여주려 한 그의 시도는, 역설적이면서 무익하게도, 오히려 그가 그렇게 할 수 없었음을 보여준다. 라일은 만약 그런 보고가 존재한다면 그것의 존재를 설명하기 위해 (P)와 같은 무언가가 참이어야 하지 않을까 우려했다. 왜냐하면 그는 만

---

and Behavior」, 『마음, 언어, 실재Mind, Language and Reality』(Cambridge, 1975).

약 내적 상태에 대해 수정불가능하게 비추론적으로 보고하는 능력 같은 것이 있다면, 이는 행동에 대해서는 아무것도 모르는 사람이 내적 상태에 대해서는 모든 것을 알 수 있음을 보여주며, 따라서 결국 데카르트가 옳았음을 보여주게 되리라고 생각했기 때문이다. 그는 내성을 "준-광학"의 일부분으로 여기는 통상적인 데카르트식 설명을 옳게 비판했지만, 가용할 다른 설명이 없었던 탓에 특권적 접근 현상을 모조리 부정해야 하는 불가능한 입장에 설 수밖에 없었다. 그는 『마음의 개념』에서 가장 설득력이 떨어지는 장章(「자기 지식」)을 "나 자신에 관해 찾아낼 수 있는 종류의 것들은 다른 사람들에 관해 내가 찾아낼 수 있는 종류의 것들과 같으며, 그것을 찾아내는 방법도 사실상 같다"라는 역설적인 주장에 할애했다.[10] 그 결과, 라일이 믿음과 욕구가 내적 상태가 아님을 보여주었다는 데 동의한 많은 철학자는 그가 날 느낌을 건드리지 않고 그대로 두는 바람에 여전히 이원론과 유물론 사이에서 선택이 이루어져야 한다는 데에도 동의하게 되었다.[11]

---

10 길버트 라일, 『마음의 개념The Concept of Mind』(New York, 1965), p. 155. '준-광학para-optics'에 대한 언급은 p. 159를 보라.

11 셀라스, 「경험론과 심리철학Empiricism and the Philosophy of Mind」(『과학, 지각, 실재Science, Perception and Reality』[London and New York, 1963])은 라일을 넘어서는 첫걸음을 내디뎠다. 셀라스는 비록 행동이 날 느낌의 증거라는 사실이 날 느낌 개념의 "'바로 그 논리에' 들어 있다"고 하더라도, 그것이 날 느낌이 있을 수 없음을 의미하는 것은 아님을 보여주었다. 그것은 거시 현상과 미시 존재자에 관련한 유사한 요점이 미시 존재자가 있을 수 없다는 조작주의적 주장을 좌지우지하지 않는 것과 같다. 셀라스가 볼 때 라일이 "자기-지식"에 관한 장에서 말했어야 했는데 말하지 않았던 것은 이것이다. 즉 내성적 보고는

라일의 실수를 다른 말로 표현하자면, 그는 행동 성향의 귀속과 내적 상태의 귀속 사이에 "필연적 연관성"을 보여줄 수 있다면 내적 상태가 실제로 존재하지 않음을 보여줄 수 있으리라고 믿었다. 그러나 (P)를 피할 수가 있고, 이러한 도구주의적인 **불합리한 귀결**non sequitur도 피할 수 있다. 그러면서도 앤티포디아인의 행동은 우리 자신이 소유한 내적 삶이 많든 적든 그만큼의 내적 삶을 그들에게 귀속하도록 보장해 줄 매우 충분한 증거가 된다는 반회의주의적인 요점을 유지할 수 있다. 행동주의자가 하고 싶어 하는 형이상학적 추론, 즉 우리 안에 ***유리 같은 본질***이 존재하지 않는다는 추론은 그것만 따로 떼어 놓고 보면 다른 어떤 도구주의적 주장만큼이나 그럴 법하지 않다. (비교해 보라. "양전자는 존재하지 않으며, 단지 전자電子에 관한 이러저러한 성향들이 있을 뿐이다." "전자는 존재하지 않으며, 단지 거시 물체에 관한 이러저러한 성향이 있을 뿐이다." "물리적 대상은 없으며, 단지 감각-내용에 관한 이러저러한 성향이 있을 뿐이다.") 엄격함의 허울

다른 비추론적 보고보다 더 신비롭지 않으며, 그것을 설명하기 위해 소여의 신화를(따라서 준-광학을) 요구하지 않는다는 것이다. 그러나 안타깝게도 셀라스는 "논리적으로 특권적인 접근"은 없으며 다만 "경험적으로 특권적인 접근"만 있을 뿐이라는, 나중에 암스트롱이 말한 것과 같은 결론을 끌어내지는 않았다(암스트롱, 『유물론적 마음 이론A Materialist Theory of the Mind』(London, 1968), p. 108). 내가 이 책에서 제시하고 있는 견해에 핵심적이라 할 이 요점은 셀라스가 말한 모든 것에서 암시되지만, 라일이 심리철학 안에 구축한 "논리적으로 필연적인 연결 관계"라는 구호의 우회를 가능하게 만들기 위해서는 논리적-경험적 구분에 대한 콰인의 공격이 필요했다. 내가 제4장에서 제안하겠지만, 셀라스는 콰인주의를 도저히 있는 그대로 덥석 받아들일 수 없었고, "그러한 개념들의 바로 그 논리"에 대한 그의 담론은 안타깝게도 라일의 전통에 속해 있었다.

을 벗겨내고 나면 행동주의적 입장은 단순히 다음을 상기시키는 것으로 귀결된다. 날 느낌이라는 개념은 특정 종류의 행동(내성적 보고)과 다른 종류의 행동(물리적 대상에 대한 보고)을, 인간들이 어떤 존재인지(단지 그들의 마음이 아니라)에 관한 특정 이미지의 측면에서 연결해 주는 그림의 맥락에서만 역할을 지닌다는 것이다. 행동주의자는 "고통" 개념의 사회적 역할을 주시하고 있는 것이지, 그 배후로 파고 들어가 고통이 지닌 형언할 수 없는 현상학적 특질을 알아내려 시도하고 있는 것이 아니다. 회의주의자는 바로 그 특질, 오로지 자신의 경험으로부터만 아는 그 특질이 중요한 것이라고 주장해야 한다. 행동주의자가 행동 성향에 비성향적인 심적 원인들이 있음을 부정하는 역설적인 형이상학적 입장으로 계속 비집고 들어가려 하는 이유를 비트겐슈타인은 이렇게 설명한다.

> 심적 과정과 상태에 관한, 그리고 행동주의에 관한 철학적 문제는 어떻게 생겨날까? 그 첫 단계를 전연 눈치채지 못한다. 우리는 과정과 상태에 관해 말하면서 그것들의 본성은 미결인 채로 남겨둔다. 아마도 언젠가는 우리가 그것들에 대해 더 많이 알게 되겠거니, 그렇게 생각한다. 그러나 그것이 바로 우리를 그 문제를 바라보는 특정한 방식에 말려들게 만든다. 왜냐하면 우리는 어떤 과정을 더 잘 아는 법을 배운다는 것이 무슨 의미인지에 대한 명확한 개념을 가지고 있기 때문이다. (마술-속임수에서 결정적인 동작이 수행되었는데, 그것은 우리가 전혀 무관하다고 생각했던 바로 그 동작이었다.)[12]

앨런 도너건Alan Donagan은 이 구절에 대해 다음과 같이 탁월한 해설을 제공한다.

> 데카르트주의자들은… 우리가 감각은 비-성향적이고 사적私的이라는 명제로 요약했던 문법적 사실들을, 감각은 사적이고 따라서 비물질적인 매개의 상태 또는 과정이라고 하는 문법적 허구로 변형시켰다.

반면 행동주의자들은

> 대부분의 내성주의 심리학의 불모성에 영향을 받았건, 데카르트주의의 철학적 난점들 때문에 그랬건, 또는 다른 어떤 고려 사항 때문이었건 간에, 사적인 데카르트적 과정이 그 과정의 비물질적 매개 안에 하여간 존재한다는 것을 부정하면서 시작했다.

도너건은 비트겐슈타인이 "감각이란 그것이 자연스럽게 표현되는 행동의 사적인 비-성향적 동반자"임을 인정하면서도, "그런 동반자를 그것을 생성하는 상황이나 그것이 자연스럽게 표현되는 행동과 독립적으로 명명되고 탐구될 수 있는 과정으로 인정하지" 않음으로써 이 문제를 일소했다고 생각한다.[13]

---

12 루트비히 비트겐슈타인, 『철학적 탐구Philosophical Investigations』(London and New York, 1953), pt. I, sec. 308.

13 네 개의 인용 모두 다음 글에서 나온 것들이다. 앨런 도너건, 「감각에 관한 비트겐슈타인의 견해Wittgenstein on Sensation」, 『비트겐슈타인: 철학적 탐구: 비판적 논문 모음집Wittgenstein: The Philosophical Investigations: A Collection of

나는 도너건이 행동주의자들과 이원론적 회의주의자들이 타인의 마음에 관해 겪는 공통의 난점을 간결하게 잘 설명했다고 보지만, 이를 더 명확히 하고 한 걸음 더 나아갈 수 있다고 생각한다. "사적이며…비물질적인 매개"라는 개념이 불분명한 이유는, 그것이 우리가 심적인 것의 인식적 규준과는 독립적으로 ***유리 같은 본질***을 갖는다는 것이 어떤 것인지 안다고, 즉 비연장적 실체가 어떤 것인지 형이상학적으로 파악한다고 암시하기 때문이다. 만약 우리가 이런 개념을 등한시하고 비트겐슈타인의 "어떤 과정을 더 잘 아는 법을 배운다는 것이 무슨 의미인지에 대한 명확한 개념"이라는 어구를 강조하면, 도너건이 행동주의와 데카르트주의의 "반대되면서도 상보적인 오류들"[14]이라고 부르는 것이 날 느낌의 형이상학적("비-물질적"인, 유령 같은) 본성에 대해서는 언급을 피하고 있다는 진단을 얻을 수 있다.

두 학파가 공유하는, 그들의 "더 잘 앎" 개념을 형성하는 기본적인 인식론적 전제는 다음과 같은 ***본성적으로 주어진 것***the Naturally Given의 학설이다.

> 지식이란 의식에의 즉각적인 현전에 자연적으로 적합한 종류의 존재자에 관한 것이거나, 첫 번째 종류의 존재자들에 의해 그 존재와 속성이 수반되는(따라서 그러한 첫 번째 종류의 것들로 "환원될 수 있는") 존재자들에 관한 것이다.

Critical Essays』, 조지 피처 편집(New York, 1966), p. 350.

14 Ibid., p. 349.

데카르트주의자들은 의식에 직접적으로 나타나기에 자연적으로 적합한 유일한 종류의 존재자들은 심적 상태들뿐이라고 생각했다. 행동주의자들은 의식에 직접적으로 나타나는 유일한 종류의 존재자들은 인식론적으로 기껏해야 물리적 대상의 상태들이라고 생각했다. 행동주의자들은 우리의 ***유리 같은 본질***과 ***내면의 눈***이라는 개념에서 자신들이 벗어났다고 자부했지만, 어떤 것을 직접적으로 파악하는 ***마음의 눈***이라는 개념을 유지함으로써 데카르트의 인식론에 충실했다. 이 견해에 따르면 과학은 "지층ground-floor" 존재자들이 수반하는 다른 것들을 추론하고, 그러면 철학은 그런 다른 것들을 다시 지층으로 환원한다. 행동주의자들은 "마음에 그 자신보다 더 잘 알려지는 것은 없다"라는 생각을 포기했다. 그러나 그들은 어떤 것은 자연적으로 직접 알 수 있고 어떤 것은 그렇지 않다는 생각과 첫 번째 부류만이 "진짜로 실재한다"는 형이상학적 귀결을 유지했다. 가장 잘 알 수 있는 것이 가장 실재적이라는 학설, 조지 피처가 "플라톤적 원리"[15]라고 명명한 이 학설이 ***본성적으로 주어진 것***의 원리에 보태지면서, 관념론적 혹은 범심론적으로 물리적인 것을 심적인 것으로 환원하거나 그 반대 방향으로 행동주의적 또는 유물론적인 환원을 시도하는 귀결로 이어졌다. 나는 이 두 가지 환원 사이의 선택이 심리학이나 철학에서의 난점들에 달려 있다기보다는 지혜가 어떤 것이고 따라서 철학이 무엇에 좋은 것인지에 대한 우리의 일반적인 생각에 달

---

15 다음을 참조하라. 피처, 『지각 이론Theory of Perception』, p. 23 그리고 플라톤, 『국가』 478B. "그러므로 만약 실재하는 것이 지식의 대상이라면, 믿음의 대상은 실재하는 것이 아닌 다른 어떤 것이어야 한다."

려 있다고 생각한다. 일상적 대화와 과학적 탐구라는 공적인 방법들을 통해 닿게 되는 인간의 여러 측면을 강조할 것인가? 아니면 그보다는 "훨씬 더 깊게 배어든 무언가"에 대한 개인적이고 말로 표현하기 어려운 감각을 강조할 것인가? 이 선택은 철학적 논증이나 ***자연의 거울*** 이미지와는 거의 관련이 없다. 그러나 그 이미지, 그리고 특히 ***내면의 눈***의 은유는 두 논자의 목적에 똑같이 잘 이바지하며, 그것이 바로 둘 사이의 토론이 그토록 깊에도 결론을 내리지 못하는 이유다. 양쪽 모두 가장 잘 알려지는 것에 대한 명료한 감각을 갖고 있으며, 여기서 어떤 과정을 안다는 것은 그것을 **그** 방식으로 알든가 아니면 "실제로는" 그 방식으로 **알려진** 다른 어떤 것에 "불과함"을 보여주든가, 둘 중 하나를 의미한다.

만약 우리가 타인의 마음에 대한 행동주의자와 회의주의자 사이의 논쟁을 앤티포디아인의 관점에서 본다면, 가장 먼저 깨닫게 되는 것은 "***본성적으로 주어진 것***"이 설 자리가 없다는 것이다. 확실히 "직접 지식"이라는 개념이 들어설 자리는 있다. 이것은 단순히 그것의 소유자가 의식적인 추론을 전혀 거치지 않고 갖게 된 지식이다. 그러나 어떤 존재자들이 이런 방식으로 알려지는 데 특별히 더 적합하다는 암시는 없다. 우리가 비추론적으로 안다는 것은 우리가 무엇에 우연히 익숙해지느냐의 문제다. 어떤 사람들(안개상자• 앞에 앉아 있는 사람들)은 소립자에 익숙하고 그것에 대해 비추론적 보고를 한다. 다른 사람들은 수목병에 익숙하며 어떤 추론도 수행하지 않으면서 "또

• cloud chamber. 고속 원자나 원자적 미립자가 지나간 자취를 보는 장치를 말한다. – 옮긴이

다른 네덜란드 느릅나무병 사례"를 보고할 수 있다. 모든 앤티포디아인은 신경 상태에 익숙하며, 모든 테란인은 자신들의 날 느낌에 익숙하다. 앤티포디아인은 날 느낌에 관하여 미심쩍게 형이상학적이거나 유령 같은 무언가가 있다고 시사하지 않는다. 그들은 단지 신경에 관한 담론 대신 그런 것들에 관해 말하는 것의 요지를 알지 못할 뿐이다. 자연적으로 적합한 특정 존재자들 말고 다른 무언가가 혹시 비추론적으로 알려질 **수 있다**고 해도(무의식적 추론의 가능성은 제쳐 두고) 그로부터 그 무언가가 **수정불가능하게** 알려질 수 있다는 주장이 따라 나오지는 않는다고 테란인이 설명해 봐야, 역시 도움이 되지 않는 것은 당연하다. 왜냐하면 앤티포디아인은 수정불가능하게 알려지는 **존재자들**이라는 개념을 가지고 있지 않으며, 다만 수정불가능한 보고(그런-것-같음-진술)들이 있고 **어떤** 종류의 존재자에 관해서든 그런 보고들을 할 수 있다는 개념만 갖고 있기 때문이다. 그들은 테란인이 수정불가능하게 알려지는 존재자 개념을 가지고 있다는 것은 알지만 그들이 왜 그런 개념이 필요하다고 생각하는지 도무지 이해하지 못한다. 비록 신경학에 무지할 때 얼마나 많은 이상한 개념들이 횡행할 수 있는지는 능히 알지만 말이다.

5. 타인의 마음에 대한 회의주의

타인의 마음에 대한 회의주의자, 즉 행동을 동반하지 않는 내적 상태가 있을 수 있다고 강조하는 사람에게로 눈을 돌리면, 우리는 완벽하게 건전한 직관이 부풀려져 역설이 되는 상황을 또 보게 된다. 여기서 건전한 직관이란 바로 날 느낌은 탁자나 대천사나 전자만큼이나 훌륭한 특수자이며, 그것들만큼 훌륭한 세계의 거주자이고, 그것들만큼 훌륭한 존재론적 지위의 후보자라는 것이다. "앤티포디아인에게 날 느낌이 있는가?"라는 질문은 "그들에게 붉은 피가 있는가?" 또는 "그들에게 도덕감이 있는가?"라는 질문들이 그렇듯 수상쩍을 게 없고 형이상적이지도 않다. 또한, 우리는 자신의 날 느낌에 대해 알 수 있는 특별하고 우월한 방법을 실제로 가지고 있다. 즉 우리는 사적인 존재자들에 특권적으로 접근한다.

그러나 그런 훌륭한 요점은, ***본성적으로 주어진 것***의 원리가 날 느낌에 대해, 그것은 정말로 너무나 잘 알려지기 때문에 매우 특별한 종류의 존재자로서 아마도 사적인 "비물질적 매개"를 통한 과정일 것이라고 말할 때 잘못된 방향으로 흘러가기 시작한다. 말하자면, 인간의 지식이 ***자연의 거울***이라고 하는 사실 그 이상으로 인간의 ***유리 같은 본질***을 중요시할 때, 그리고 "어떤 종류의 특별하고 경이로운 물질 혹은 비-물질이 그런 반사를 할 수 있을까?"라는 의문이 생길 때, 그것은 잘못된 방향으로 흘러간다. 사람이, 이를테면, 들짐승보다 훨씬 더 많은 것을 알기 위해서는 꽤 특별해야 한다고 말하는 것에 잘못된 점은 없으며, 심지어 앤티포디아인도 똑같이 말한다. 하지만

1. 우리는 우리가 다른 어떤 것을 아는 것보다 우리의 마음을 더 잘 안다.

에서

2. 설령 우리가 다른 것에 대해 아무것도 모른다 해도 우리 마음에 대해서는 모든 것을 알 수 있다.

그리고 다시

> 3. 무언가에 마음이 있는지를 안다는 것은 그것이 그 자신을 아는 것처럼 아는 문제이다.

로 넘어가려 할 때, 그렇다면 왜 우리가 유아론자가 되어서는 안 되는지 말할 방도가 없다. (1)에서 (2)로의 이행은 ***본성적으로 주어진 것***의 원리와 ***내면의 눈*** 은유에 따라 비록 필연적이지는 않지만 자연스럽게 이루어진다. 왜냐하면 ***내면의 눈***이 그냥 안으로 향하여 날 느낌을 포착한다고 생각하면, 그런 날 느낌에 대한 보고를 둘러싼 사회 제도와 행동적 현시들로 이뤄진 전체 복합체는 아무 상관도 없어 보이기 때문이다. 그것이 무관하다는 정확히 바로 그 이유에서 우리는 (2)에서 (3)으로 넘어가지 않을 수 없다. 이제 우리는 우리가 동료들에 대해(우리에게 어쨌든 동료가 있다면) 알게 될 모든 것은 그들의 행동과 사회적 지위뿐이라고 애석하게 말한다. 만약 실제로 "안"이 있다면 우리는 그들의 안이 어떠한지 결코 알 수 없을 것이다. 그 결과 우리는 친구와 이웃을 사람으로 생각하는 것을 멈추고, 신비한 것(***유리 같은 본질***, 사적인 비물질적 매개)을 둘러싼 껍데기로 생각하기 시작한다. 그게 무엇인지는 아마도 전문 철학자들만이 기술할 수 있을 것이며, 우리는 그저 거기에 그런 것이 있음을 알(혹은 있기를 희망할) 뿐이다. 내성이 다른 존재론적 영역을 들여다보는 것이라는 생각은 우리가 실제로 내성을 수행할 때 분명해지는 무언가가 아니다(그리고 이 점에서 비트겐슈타인주의자들은 매우 옳다). 우리가 ***마음의 눈***을 안으로 돌릴 때 무언가 불가해한 것을 엿보고 있다는 섬뜩한 감각이 문득 생겨나는 것이 아니다. 우리가 그러고 있다는 생각은 우리를 (1)에서 (2)로, (2)에서 (3)으로 미끄러지게 만드는 인식론적 개념들의 산물이다. 다른 데서와 마찬가지로 여기에서도 인식론이 형이상학에 선행해서 우리를 형이상학으로 끌어들이려 유혹한다.

그러나 과도한 인식론이 만들어 낸 인위적인 불가해함이 내면에 아무것도 존재하지 않을 수 있다는 생각으로 이어져서는 안 된다(그리고 이 점에서 일부 비트겐슈타인주의자들은 매우 그르다). 또한, 자기 자신의 심적 상태에 대한 우리의 특권적 접근을 형이상학적 변론이나 회의주의적 파괴를 요구하는 신비로운 것으로 생각해서도 안 된다. 회의주의자가 원래 가졌던 건전한 직관의 힘은 방금 말한 이 요점을 강조함으로써 드러낼 수 있다. 그러기 위해 나는 심적 존재자가 일종의 축소된 존재론적 책임을 지닌다는 것과 "사적" 존재자를 비롯해 그것에 대한 특권적 접근의 개념 전체가 어쨌거나 오도된 것이라는 비트겐슈타인의 논증들을 비판적으로 고찰할 것이다. 스트로슨은 비트겐슈타인이 두 종류의 "적대감"을 가졌다고 강조한 바 있다. 하나는 사밀성에 대한 적대감이고 다른 하나는 직접성에 대한 적대감이다. 나는 후자는 결정적으로 중요하지만, 전자는 전적으로 오도되었다고 생각한다.[16]

16 각주 13번에 인용된 선집에 실린 스트로슨의 「비트겐슈타인의 『철학적 탐구』에 대한 검토Review of Wittgenstein's Philosophical Investigations」, p. 62를 참조하라. 나는 다른 곳에서 사밀성에 대한 적대감이 비트겐슈타인을 행동주의의 언저리로 이끌었고 그의 추종자 중 일부를 그 언저리 너머 한복판으로 이끌었으며, 그런 적대감에 사로잡히지 않고도, 단어의 의미를 배우려면 선행하는 "무대-설치"가 필요하다는 내용을 중심으로 하는 비트겐슈타인의 인식론적 통찰을 구원할 수 있다고 주장한 적이 있다. 내가 권장하고 싶은 관점에 따르면, "순수한 직시적ostensive 정의"에 대한 비트겐슈타인의 비판은 다른 많

비트겐슈타인이 말한 다음과 같은 유명한 구절을 고려해 보라. 감각은 "**무언가**가 아니지만, 그렇다고 **아무것도 아닌 것**도 아니다! 결론은 다만 아무것도 아닌 것이 하는 역할이 아무것도 말해질 수 없는 무언가나 다를 바 없다는 것이었다."[17] 이것은 내적 상태의 "특별하고 소통불가능한, 느껴지는 특질들"이 관건이라는 회의주의자의 주장에 관련한 역설적인 측면으로 시선을 돌리게 만든다. 하지만 만약 우리가

> 우리는 우리 자신의 고통에 특권적으로 접근한다.

라는 주장과

> 우리는 우리가 어떤 심적 상태에 있는지 순전히 그것의 특별한 느껴지는 특질들 덕분에 안다.

라는 주장을 구분하면, 우리는 그 역설을 피하고 감각을 탁자 같은 무언가와 다를 바 없이 존재하게 만들 수 있다. 앞의 주장은 누군가가 고통에 처해 있는지 알아내는 방법 가운데 그에게 물어보는 것보다

은 단어의 의미를 알지 못하면 한 단어의 의미를 알 수 없다는 셀라스의 학설로 일반화될 수 있으며, 따라서 형이상학적인 추론들을 끌어들이지 않고도 ***마음의 눈*** 개념에 무슨 문제가 있는지 보여주는 데 사용될 수 있다. 나의 「비트겐슈타인, 특권적 접근, 그리고 소통 불가능성Wittgenstein, Privileged Access, and Incommunicability」, *American Philosophical Quarterly* 7(1970), 192-205 및 「검증주의와 초월적 논증Verificationism and Transcendental Arguments」, *Nous* 5(1971), 3-14를 보라.

17 비트겐슈타인, 『철학적 탐구』, pt. I, sec. 304.

더 좋은 방법은 없으며, 그 어떤 것도 본인의 진실한 보고를 파기할 수 없다고 말할 뿐이다. 뒤의 주장은 그런 특권을 가능하게 하는 메커니즘이 본인 심적 상태의 "현상학적 특질들"에 대한 본인의 검사라고 말한다. 첫 번째 주장으로부터 두 번째 주장에 도달하기 위해서는 관찰과 유사한 데카르트적 자기-지식 모형 즉 ***내면의 눈*** 이미지, 그리고 예를 들어 위경련은 그것이 생성한 느낌들과 달리 그런 식으로 ***본성적으로 주어진 것***이 아니라는 생각이 필요하다. 이런 생각이 앤티포디아인에게 적용되면, 그들은 자신의 C-섬유를 직접 알 수 없으며 "특별한, 느껴지는 특질들"로부터 그것을 "무의식적으로" 추론하고 있음이 틀림없다는 생각을 낳는다.

어떤 존재자의 "특별하고, 느껴지고, 소통불가능한 특질들"을 아는 것만이 그것에 대해 "직접 지식"을 가질 수 있는 유일한 방법이라는 생각을 버린다면, 우리는 역설 없이 특권적인 접근을 취할 수 있다. 만약 비트겐슈타인의 편에 서서, 전형적인 고통 행동 같은 것이 없다면 우리가 결코 아이에게 예를 들어 "치통"의 의미를 가르칠 수 없으리라는 점에 주목한다면, 그런 생각을 버릴 수 있다. 더 일반적으로, 우리는 전前-언어 단계의 유아가 자신에게 고통이 있음을 아는 방식이 레코드판 교환기가 스핀들이 비어 있음을, 식물이 태양의 방향을, 아메바가 물의 온도를 아는 바로 그 방식이라는 점에 주목할 수 있다. 그러나 그런 방식은 언어 사용자가 고통이 무엇인지 알 때 아는 것(이를테면, 그것은 물리적이기보다는 심적이고, 전형적으로 손상된 조직에 의해 생겨나고 등등)과는 연관이 없다. 비트겐슈타인은 첫 번째 의미에서 고통이 무엇인지에 대한 우리의 지식에 언어로 된 옷을 입힘으로써, 다시 말해 특별하고 느껴지고 소통불가능한 특질들에 대한 우리의 직접적 앎에 단어들로 된 옷을 입힘으로써 두 번째 의미에서 고통이 무엇인지를 배운다고 가정하는 것이 착오임을 폭로하였다(그렇게 가정함으로써 우리 친구들이 똑같은 단어를 사용할 때 소통불가능한 바로 그 특질이 똑같이 명명되고 있는 것인지에 대해 영원히 우리를 회의적으로 만든다). 첫 번째 의미에서의 지식(행동의 차이로 현시되는 그런 종류의 것)이 두 번째 의미에서의 지식의 "토대"(단순히 하나의 가능한 인과적 선행자가 아니라)라는 개념 자체가 데카르트적 모형이 낳은 또 하나의 산물이다. 왜냐하면 *본성적으로 주어진 것*이 단순히 *내면의 눈*에 보이는 것에 의해 속속들이 알려진다고 생각되는 한, 우리가 일상의 대화에서 "고통"이라는 단어를 **사용**하기 위해 알아야 하는 행동과 환경이 "고통"이 **의미하는** 바와 어떻게든 관련되어야 한다는 제안은 이상하게 보일 것이기 때문이다. *내면의 눈* 이미지가 언어란 *본성적으로 주어진 것*들의 이름에 더해 *본성적으로 주어지지 않은* 모든 존재자의 현전을 탐지하기 위한 도구주의적 규준들의 약어로 구성된 것이라는 생각과 결합하면 회의주의를 낳는다. 왜냐하면 그런 가정들은 행동주의자와 비트겐슈타인주의자가 중시하는 행동과 환경에 대한 사실들이 고통의 "본질"과 무관한 것처럼 여겨져야 함을 담보하기 때문이다. 왜냐하면 그 본질은 단순히 **명명되는** 것에 의해 결정되기 때문이다.[18]

---

18 감각에 대한 비트겐슈타인의 견해가 의미에 대한 그의 견해로부터 따라 나오는 당연한 귀결인지, 혹은 전자에 반영된 인식론적 견해가 그의 언어철학을 함의하는지 논쟁을 벌일 수도 있을 것이다. 나는 그러한 논쟁이 유익하리라고 생각하지 않는다. 제6장에서 제시하겠지만, 언어철학이 철학의 다른 부분들보다 "우선"한다고 볼 특별한 이유는 없다. 특히 "지칭 이론"(제6장 4절에서 논의할)

앤티포디아인의 관점에서 볼 때, "사적 존재자"의 개념, 즉 오직 한 사람만이 그것에 대해 수정불가능한 지식을 갖는다는 개념은 이상하지만, 이해할 수 없는 것은 아니다. 앤티포디아인에게 그런 개념은 명료하지만 무의미하다는 인상을 준다. 그들에게 말이 되지 않는다는 인상을 줄 **만한** 것은, 말하자면, 너무 사적이어서 그것에 대한 지식은 특권적일 뿐만 아니라 소통할 수도 없다는 그런 존재자의 개념이다. 그들이라면 그런 것은 실제로는 전혀 존재자가 아니라고 말할지도 모른다. 반대 방향으로 말하자면, 감각이 아무것도 아닌 것들과 무언가인 것들 사이의 일종의 중간적 존재, 즉 비트겐슈타인의 유명한 비유에 나오는 상자 속의 딱정벌레처럼 세계로부터 "떨어져 나온" 존재라고 제안하고 싶은 비트겐슈타인적인 유혹은 수정불가능성과 소통불가능성이라는 개념을 함께 사용하는 데서 비롯된 것이다. 만약 그 둘을 합치고 소통불가능성의 회의주의적 함의들을 깨닫는다면, 사적 존재자에 대한 특권적 접근에 관련해서 실제로 회의적인 태도를 지니게 될 것이다. 그러나 그러한 회의주의는 앤티포디아인이 가진 종류의 회의주의가 아닐 것이다. 그들이 회의적인 이유는 그런 존재자와 그런 접근을 **군더더기**라고 생각하기 때문이지, 그런 것들에 관한 개념들이 "개념적 혼란"이라고 생각해서가 아니다.

타인의 마음에 대한 전통적인 데카르트적 회의주의자들은 또 다른 세 번째 부류에 속한다. 그들은, 예를 들어 다른 사람에게도 고통이

에 대한 논의가 이번 장 2절에 인용한 구절에서 크립키가 고통의 본질에 대해 제기한 쟁점을 조명하는 데 도움이 된다고 생각하지 않는다. 고정 지시에 관한 의문들은 본질에 관한 의문들을 미해결로 남긴다.

있는지 의심할 뿐이다. 이 회의주의는 탁자를 지각할 사람이 아무도 없을 때 탁자가 과연 존재하는지에 관한 회의주의보다 더 반박할 만하지도, 더 흥미롭지도 않다. 주변에 아무도 없을 때 탁자가 사라질 가능성은 어쨌든 꽤 있다. 우리의 동료들이 결코 고통을 느끼지 않으면서도 늘 고통-행동을 가장할 가능성도 꽤 있다. 세계가 우리가 상상하는 것과는 매우 다른 종류의 장소일 가능성 역시 꽤 있다. 그러나 *본성적으로 주어진 것*이라고 하는 개념이 없었다면, 그리고 그로부터 따라 나오는 암시가 없었다면, 다시 말해 우리 *내면의 거울*의 한 조각, 우리 자신의 *유리 같은 본질*의 한 부분이라도 되지 않는 모든 것(우리 친구의 식탁이나 몸뿐만이 아니라 그의 마음까지도)은 단지 "가정된 것", "추론된 것", "구성된 것"이거나 자기방어를 위한 형이상학적 체계의 구축(데카르트, 칸트)이나 "우리의 언어"에 관한 여러 가지 발견(러셀, 에이어)을 요구하는 똑같이 의심스러운 무언가일 뿐이라는 암시가 없었다면, 이런 유형의 회의주의는 철학자들의 관심을 사로잡지 못했을 것이다. 실재나 언어에 대한 그런 재기술은 회의주의자가 어떤 대대적인 지적 실수, 이를테면 "물질의 본성을 오해"(칸트의 진단)하거나 "우리 언어의 논리를 오해"(에이어의 진단)하는 등의 일을 저지르지 않고서는 자기가 의심하는 대상을 의심하는 일이 불가능함을 보여주는 것으로 여겨진다. 그러나 확실성을 가질 수 없다는 것 외에 다른 어떤 의심의 이유가 제시되지 않는 한, 그 일은 불가능한 것이 아니라 그냥 하나 마나 한 일일 뿐이다.

17세기 철학자들이, 말하자면, 일상 언어를 체계적으로 왜곡함으로써 마음의 본성을 잘못 이해했다고(라일) 생각해서는 안 된다. 또한 상식적인 순진한 형이상학이 회의적인 문제들을 일으키므로 이를테면 중립적 일원론(스피노자), 범심론(화이트헤드, 하츠혼), 유물론(스마트)으로 그것을 대체해야 한다고 생각해서도 안 된다. 아리스토텔레스가 자연의 운동이나 뉴턴의 중력을 오해한 것이 아니듯 17세기도 ***자연의 거울***이나 ***내면의 눈***을 "오해"한 것이 아니었다. 그들은 사실상 그것을 오해할 **수 없었다**. 그들이 그것을 발명했기 때문이다. 이런 일련의 이미지가 인식론적 회의주의를 중심으로 한 철학의 한 시대를 열었다는 고발은 매우 건전하지만, 그것이 타인의 마음이 어쨌거나 회의주의에 특별히 취약했기 때문은 **아니**라는 점을 아는 것이 중요하다. 타인의 마음은 자기 마음 바깥에 있는 다른 어떤 것보다 더 취약한 것이 아니다. 17세기가 회의주의에 새 생명을 주게 된 것은 그 시대의 심리철학이 아니라 인식론 때문이었다. 지식을 표상의 정확성으로 보고 확실성은 오직 표상에 대해서만 합리적으로 부여될 수 있다고 주장하는 모든 이론은 회의주의를 불가피하게 만들 것이다.

17세기 철학을 장악한 관념의-장막 인식론은 학문적 호기심(피론적 회의주의)이나 구체적이면서 지엽적인 신학적 쟁점(교회의 권위 대對 개별 성경 독자의 권위)에서 비롯된 회의주의를 하나의 문화적 전통으로 변모시켰다.[19] 그런 변모는 새로운 철학적 장르로서 주체와 대상을 다시 결합해 주는 체계의 탄생 덕분이었다. 그런 화해가 그 이후

---

19 이러한 전통의 형성에 이바지한 다양한 요인들에 대한 논의는 다음을 보라. 팝킨, 『에라스뮈스에서 데카르트까지의 회의주의』 및 모리스 맨들바움Maurice Mandelbaum, 『철학, 과학 및 감각-지각Philosophy, Science, and Sense-Perception』(Baltimore, 1964). 더 급진적인 해석으로는 자크 마리탱Jacques Maritain, 『데카르트의 꿈The Dream of Descartes』(New York, 1944)을 보라.

로 철학적 사고의 목표가 되었다. 라일과 비트겐슈타인이, 우리를 사로잡아 온 17세기의 그림에는 틀림없이 뭔가 잘못된 것이 있으며 일상생활에서 우리가 어떤 것에 마음이 있고 어떤 것에 없는지, 또한 시야 바깥의 탁자가 계속 존재하는지 아닌지 등을 이야기하는 데 어려움이 없 다는 것이 그 근거라고 말할 때 그들은 오도하고 있다. 그것은 마치 우리가 일상생활에서 사려분별과 자기 이익이 사랑에 부과하는 제한을 알아보는 데 어려움이 없으니 그리스도를 본받는 것이 적절한 이상이 될 수 없다고 말하는 것과 같다. 종교가 내놓는 완전성에 대한 권고가 평일에는 주목받지 못할 공산이 큰 것처럼, 철학적 (그리고 시적) 전통을 만들어 내는 이미지들은 서재 밖에서는 주목받지 못할 공산이 크다. "가장 넓은 의미에서의 사물들이 가장 넓은 의미에서 어떻게 서로 들어맞는지" 알아내고자 하는 시도가 철학이라면, 철학은 항상 특유의 문제들을 갖고 특유의 글쓰기 양식을 낳을 이미지들의 구축을 수반하게 될 것이다. 누군가는 나처럼 17세기 이미지가 낡았다고, 그 이미지가 영감을 준 전통이 생명력을 잃었다고 말하고 싶어 할 수도 있다. 하지만 그것은 그 전통이 무언가를 잘못 이해했거나 문제 해결에 실패했다고 말하는 것과는 전혀 다른 비판이다. 회의주의와 근대 철학의 주된 장르는 공생 관계에 있다. 그들은 상대의 죽음으로 살고 상대의 삶으로 죽는다. 우리는 철학이 "회의주의자에게 답함"으로써 성공을 거둔다고 보아서도 안 되고, 답해야 할 회의주의적 주장이 없다는 것을 깨달았다고 해서 무가치해지는 것도 아니라고 보아야 한다. 이야기는 그보다 더 복잡하다.

6. 심신 동일성 없는 유물론

행동주의자나 타인의 마음에 대한 회의주의자와 마찬가지로, 유물론자도 건전한 직관을 지니고 있으나 그 직관은 자신이 반발하려 하는 전통의 어휘로 진술될 때 역설적인 것이 된다. 앤티포디아인에 대한 성찰에 고무된 유물론자는 인간 행동을 설명할 때 신경학적 미세 구조와 과정에 대한 언급이 단기적인 심적 상태(감각, 사고, 심상)에 대한 언급을 능히 대체할 수 있으리라 생각한다. (만약 그가 현명하다면, 그는 믿음, 욕망 및 여타 장기적인(그리고 수정불가능하게 알 수 있는 것이 아닌) 심적 상태들에 대해서는 그렇게 생각하지 않고, 대신 라일의 방식으로 그것들을 마음이 아닌 사람의 속성으로 보는 것에 만족할 것이다.) 하지만 그는 이 개연성 있는 예측에 만족하지 않고 무언가 형이상학적인 것을 말하고 싶어 한다. 유일하게 말할 수 있어 보이는 것은 "심적 상태는 단지 신경 상태에 불과하다"인 것 같다. 그러나 이것은 역설적으로 들린다. 그래서 그는 이 역설을 완화하기 위해 다양한 책략을 시도한다. 그런 책략 중 하나는 마음의 본성이 지금까지 잘못 이해되어 왔으며, 올바르게 이해하고 나면 마음이 신경계로 밝혀질 수 있다는 말이 역설적이지 않음을 알게 되리라고 말하는 것이다. 행동주의는 그런 책략의 한 형태이며, 다음과 같은 의미에서 유물론과 양립할 수 있다. 즉,

> 우리가 심적 사건에 관해 말할 때 우리는 실제로는 행동 성향에 관해 말하고 있다.

라는 주장은

> 우리가 심적 사건에 관해 말할 때 우리는 실제로는 신경 사건에 관해 말하고 있다.

와는 비록 양립할 수 없더라도, 다음 주장과는 양립할 수 있다는 것이다.

> 하지만 행동의 예측 및 설명에는 외부 세계의 사건과 성향의 체계적인 상호 관계성 말고도 다른 관련된 것들이 있으며, 그런 것들 가운데 때때로 그런 성향의 발현을 일으키는 신경 사건이 있다.

그러나 최근 논의에서는 행동주의와 유물론을, 마음에 관한 17세기의 그림을 각각 온건하고 과격하게 수정하는 매우 다른 두 가지 방식으로 간주하는 것이 관례적이었다. 이러한 기조에서 유물론자들은 라일의 성향 분석에 가장 저항하는 심적 존재자, 즉 날 느낌, 문득 지나가는 사고, 심상에 주목하고, 그런 것들이 대략 "그게 무엇이건 간에 어쨌든 특정 행동이나 행동 성향의 발현을 **야기하는** 것"으로 이해되어야 한다는 것을 보여주려고 노력했다. 그러나 이런 소위 주제-중립적 분석•은 (특히 J. J. C. 스마트와 데이비드 암스트롱의) "어떤 심적 상태이건 간에 …의 발현을 야기하는 것"과 "어떤 물리적 상태이

• topic-neutral analysis. '주제-중립어'는 라일이 처음 도입한 용어로, 다뤄지는 제재의 특성을 표시하는 요소가 전혀 들어 있지 않은 표현을 말한다. – 옮긴이

건 간에 …의 발현을 야기하는 것"의 직관적 구분과 관련하여 곤경에 부딪힌다. 다른 방식으로 말하자면, 유물론과 평행론 사이에 어떤 차이가 있다는 직관은 심적인 것을 심적으로 만드는 것이 무엇이냐에 대한 주제-중립적 설명에 무언가 오도적이거나 적어도 불완전한 것이 있다고 느끼게 만든다. 혹은 또 다른 방식으로 말해서, 우리의 "마음" 개념이 주제-중립적 분석에서 말하는 바 그대로라면, 심신 문제의 존재를 설명하기가 매우 어렵다는 것이다.[20] 세밀한 신경학적 설명의 부재가 마음에 특유한 무언가가 있다는, 즉 마음은 유령 같은 무언가가 틀림없다는 생각을 조장했다고 말할 수도 있지만, 이런 책략은 심적인 것에 대한 전통적 개념을 단순히 두 부분으로 나눈 것뿐이다. 인과적 역할과 그런 인과적 역할을 한다고 믿어지는 ***유리 같은 본질***이 그 둘이다. 주제-중립적 분석은 분명히 후자를 포착할 수 없으며, 포착하고 싶어 하지도 않는다. 그러나 "심적 상태"라는 개념을 유물론과 양립할 수 있는 부분과 그렇지 않은 부분으로 나눈 다음, 오로지 전자만이 그 개념에 "본질적"이라고 말하는 것은 그저 경계를 멋대로 재조정하는 게리맨더링으로 보인다.[21]

우리는 "주제-중립적" 분석의 시도를 다음과 같은 이원론 옹호 논증을 우회하기 위한 한 가지 방법으로 봄으로써, 그것을 더 넓은 시

---

20 이 점에 관해서는 M.C. 브래들리M. C. Bradley, 「J. J. C. 스마트의 『철학과 과학적 실재론』에 대한 비평Critical Notice of J.J.C. Smart's Philosophy and Scientific Realism」, *Australasian Journal of Philosophy* 42(1964), 262–283을 참조하라. 내가 쓴 「심적인 것의 표지로서 수정불가능성」(*Journal of Philosophy* 67, 1970, 399–424)은 이 점에 대한 논의로 시작하는데, 스마트에 대한 브래들리의 논평에서 영감을 얻었다.

각에서 이해할 수 있다.

1. "나에게 방금 고통의 감각이 있었다"라는 형식의 일부 진술은 참이다.
2. 고통의 감각은 심적 사건이다.
3. 신경 과정은 물리적 사건이다.
4. "심적"과 "물리적"은 양립불가능한 술어들이다.
5. 어떤 고통의 감각도 신경 사건이 아니다.
6. 비물리적 사건이 존재한다.

심성이란 특권적 접근에의 접근가능성에 있다고 여기면서 스트로슨이 "사밀성에 대한 적대감"이라고 부른 태도에 빠져든 라일주의자들과 일부 비트겐슈타인주의자들은 (2)를 부정한다. 범심론자들은 (3)을 부정해 왔다.[22] 심성주의적 용어에 대한 "주제-중립적" 분

---

21 그렇게 하는 것은 고통의 "즉각적인 현상학적 특질"이 고통에 본질적이라는 크립키의 데카르트적 주장을 거꾸로 뒤집은 것이다.

22 하츠혼과 화이트헤드가 아마도 최근 철학의 가장 분명한 사례일 것이다. 나는 다음 글에서 이 학설의 화이트헤드적 버전에 대해 반론을 제기한 적이 있다. 「주관주의 원리와 언어적 전환The Subjectivist Principle and the Linguistic Turn」, 『알프레드 노스 화이트헤드: 그의 철학에 관한 논문집Alfred North Whitehead: Essays on His Philosophy』, 조지 클라인George Kline 편집(Englewood Cliffs, N.J., 1963). 범심론적 관점은 "경험의 물리적 근거에 관한 의문들이 더 이해하기 좋은 형태를 취하도록 허용"해 줄 "객관적 현상학"을 제안하는 토머스 네이글의 견해에서도 암시된다(「박쥐가 된다는 것은 무엇과 같은가?」, *Philosophical Review* 83[1974], 449). 하지만 하츠혼과 네이글 모두에게 범심론은 중립적 일원론과 통합되는 경향을 보인다.

석을 제공하는 스마트와 암스트롱 같은 "환원적" 유물론자들은 (4)에 도전한다. 파이어아벤트나 콰인 같은 "제거적" 유물론자들은 (1)을 부정한다. 이 마지막 입장은 용어에 대한 교정적 "분석"을 제공할 필요가 없고, 그래서 "의미"나 "분석" 같은 의심스러운 개념에 연루될 필요가 없다는 이유에서 "환원적" 형태의 주장에 비해 이점이 있다고 주장한다. 그것은 우리가 신경 과정을 "감각"이라고 잘못 불러왔다는 말이 아니라, 단지 감각이라는 것이 없다는 말이다. 또한 **감각**이라는 용어의 의미가 (4)의 부정과 같은 예상치 못한 결과를 낳는 그런 방식으로 분석될 수 있다고도 말하지 않는다. 그것은 이원론자가 일반 대중의 말로 해석하고 싶어 하는 모든 것을 기꺼이 받아들이면서, 단지 거기에 "그러니만큼 일반 대중은 잘못된 거야"라고 덧붙이면 그만이라는 점에서 완전히 "콰인"적이며 전적으로 반反라일적이다.

이 입장은 "심적 상태는 신경 상태일 뿐이다"라는 유물론자들의 형이상학적 주장을 싼값에 채택할 수 있다는 식의 희망을 품고 있는 것처럼 보인다. 현재로서 이 입장은 "철학적 분석"과 같이 수고스럽고 수상쩍은 무언가를 굳이 할 필요 없이도 옹호될 수 있다. 우리는 어떤 의미에서 감각은 그냥 존재하지 않을 뿐이지만, 다른 의미에서 사람들이 "감각"이라고 **부르는** 것, 즉 신경 상태는 실제로 존재한다고 말할 수 있다. 이 두 의미를 구분하는 일은, 하늘이 존재하지 않으나 사람들이 하늘이라고 부르는 무언가(굴절된 햇빛으로 인해 파란 구체로 보이는 것)가 정말로 존재한다고 말할 때보다 더 고차원의 노력을 기울일 일은 아니다(비록 2절에서 논의한 브랜트-캠벨식 반론이 널리 받아들여진다는 것이 보여주듯이, 심적 상태를 신경 상태의 "외양"으로 만들 정도로까지 이 유비를 밀어붙일 수는 없지만 말이다). 따라서 위의 이원론 옹호 주장은 이원론자가 가질 자격이 있는 전제는 다음뿐이라고 말함으로써 처리될 수 있어 보인다.

1′. "나에게 방금 고통의 감각이 있었다"라는 형식의 일부 진술은 "하늘이 흐리다"와 "해가 뜨고 있다"처럼 당연히 참으로 받아들여지지만, 그중 어느 것도 참이 아니다.

만약 우리가 논증에서 (1)을 (1′)으로 대체하면 (2)를 다음으로 대체하게 될 것이다.

2′. 만약 어떤 고통의 감각이 있었더라면, 그것은 심적 사건이었을 것이다.

그리고 그런 다음 이런 결론을 도출한다.

6′. 사람들이 "감각"이라고 부르고 있는 것들은 물리적(특히 신경적) 사건들이다.

그러면 우리는 심적 사건이란 것은 없지만 사람들이 심적 사건이라고 불러온 것들은 물리적 사건이라고 결론 내릴 수 있다. 비록 "심적"과 "물리적"은 "지평선 위로 떠오르는 것"과 "그대로 머물러 있는 것"처럼 양립할 수 없지만 말이다.

마음과 뇌의 동일성을 이렇게 값싼 형태로 제시하려는 시도는 지칭의 동일성 규준에 관한 질문들을 따지고 들지 않는다면 충분히 잘 먹혀들 것이다. 그것은 마치 주제-중립적 분석이 의미 동일성에 관한 질문들을 따지고 들지 않는다면 충분히 잘 먹혀들게 되리라는 것과 같다. 하지만 나는 철학적으로 논쟁적인 사례들에서 유용하게 쓸 수 있는 동일성 규준이 둘 중 어디에도 존재하지 않는다고 생각한다. 따라서 나는 마음-뇌 동일성 논제로서 "제거적 유물론"이 "환원적 유물론"보다 더 개연성 있는 형태라고 생각하지 않는다. 우리가 "어떤 X도 실제로 존재하지 않으며, 당신이 말해 오고 있는 것은 Y에 불과하다"라는 형식의 주장을 이해하려고 할 때 항상 다음과 같은 반론이 제기될 수 있다. (a)"X"는 X들을 지칭하고, (b)우리는 존재하지 않는 것을 지칭할 수 없다. 따라서 이 표준적인 비판을 모면하려면 제거적 유물론자는 "감각"이 감각을 지칭하는 것이 아니라 아무것도 지칭하지 않는다고 말하거나, "…에 관하여 말하다"라는 의미에서의 "지칭하다"는 (b)의 적용 대상이 아니라고 말해야 할 것이다. 어느 노선이든 옹호될 수 있으며, 나는 뒤의 제6장에서 소위 개념적 변화의 문제와 관련하여 지칭 개념을 논의할 때 두 번째 노선을 옹호할 것이다. 그러나 나는 동일성 이론의 환원적 형태와 제거적 형태 모두 앤티포디아인과의 만남에서 나온 우리의 자연스러운 반응을 현재의 철학적 특수 용어 속으로 집어넣으려는 어색한 시도일 뿐이라고 생각하기 때문에, 그 둘 사이의 차이가 강조되어서는 안 된다고 생각한다. 오히려 둘 다 버려져야 하며, 더불어 "심신 동일성"이라는 개념도 함께 버려져야 한다. 앤티포디아인 이야기에 대한 올바른 반응은 **그 어떤** 의미에서도 동일성 이론이 아닌 유물론을 채택하는 것이며, 그럼으로써 심리철학의 쟁점들을 판단하기 전에 "적절한 의미(또는 지칭) 이론"을 기다려야 한다는 인위적인 생각을 피하는 것이다.[23]

이것은 다시 한번, 유물론자라면 앤티포디아인에 관한 이야기 같은 것에 대해서 형이상학적인 뭔가를 말하는 식으로 반응하는 일을 멈추어야 한다고 말하는 것이나 다름없다. 유물론자는 그저 "우리가 일평생 앤티포디아어로 말했었더라도 예측력이나 설명력이나 기술記述력을 잃지 않았을 것이다" 정도를 주장하는 선에서 그쳐야 한다.

---

23 이것은 동일성 이론의 환원적 형태와 제거적 형태를 둘러싼 논쟁이 무의미했다고 말하는 것이 아니다. 반대로 나는 그런 논쟁이 매우 유용했으며 특히 그것이 언어철학의 질문들과 상호 작용했기 때문에 더욱 그러했다고 생각한다. 그러나 나는 그런 상호작용의 결말이 첫째, "공외연적"이라는 개념이 해결하지 못한 철학적 문제들을 해결하기 위해 "의미의 같음" 개념이 요청될 수 없다는 콰인의 견해가 강화된 것이었고, 둘째, 유물론에 관한 논의들 같은 데서 사용되는 "실제로 …에 관하여 말하기"라는 표현의 의미가 프레게의 지칭 개념(우리는 존재하지 않는 것을 지칭할 수 없다고 하는)과 그다지 흥미롭지 않게 연결된다는 것을 보여준 것이었다고 생각한다(후자의 요점은 제6장에서 주장된다). 몇 년 전 나는 제거적 유물론의 견해를 취했는데(「심-신 동일성, 사밀성 그리고 범주Mind-Body Identity, Privacy and Categories」, *Review of Metaphysics* 19[1965], 25-54), 이 논문에 비판을 제기한 사람들에게 매우 감사한다. 그런 비판 덕분에 내가 그 쟁점들에 관해 더 분명한 이해에 이르렀기를 희망한다. 특히 리처드 번스타인Richard Bernstein, 에릭 부시Eric Bush, 데이비드 코더David Coder, 제임스 콘먼James Cornman, 데이비드 힐리David Hiley, 윌리엄 라이칸William Lycan, 조지 파파스George Pappas, 데이비드 로젠털David Rosenthal, 스티븐 새빗Steven Savitt, 리처드 시코라Richard Sikora의 출판물 및 이들과 나눈 대화에 큰 빚을 졌다. 환원적 유물론과 제거적 유물론의 유사점과 차이점을 더 알아내는 데 관심이 있는 독자는 다음 글들을 참조하라. 콘먼, 『유물론과 감각Materialism and Sensations』(New Haven, 1971); 라이칸과 파파스, 「제거적 유물론이란 무엇인가?What Is Eliminative Materialism?」, *Australasian Journal of Philosophy* 50(1972), 149-159; 부시, 「로티 재검토Rorty Revisited」, *Philosophical Studies* 25(1974), 33-42; 힐리, 「'제거적 유물론'은 유물론인가?Is 'Eliminative Materialism' Materialism?」, *Philosophy and Phenomenological Research* 38(1978), 325-337.

내적 상태에 대한 앤티포디아인의 보고를 뇌내경이 정정한다는 사실이 그 상태가 **심적** 상태가 아님을 보여주는지, 혹은 더 정확히 말해 심적 상태가 실제로는 신경 상태임을 보여주는 것인지 묻는 것은 무의미하다. 그 이유는 단지 아무도 문제 해결 방법을 모르기 때문만이 아니라 그것에 좌우되는 것이 아무것도 없기 때문이다. 거기에 명확한 답이 **있다**는 제안은 "감각", "심적" 등과 같은 용어를 적용하기 위해 "우리 언어에 내장된 필요충분조건"이라는 콰인 이전의 개념 또는 그와 유사한 모종의 본질주의에 의존한다.[24] "존재론적 지위"라는 개념에 많이 투자한 철학자만이 수정불가능하게 보고가능한 고통이 "정말로" 고통인지 아니면 그보다는 활성화된 C-섬유인지 걱정할 필요가 있을 것이다.[25]

무엇을 "심적"인 것으로 간주하고 무엇을 간주하지 않을지에 관한

---

24 나는 위의 각주 20번에 인용된 「심적인 것의 표지로서 수정불가능성」에서 그러한 개념을 분별없이 사용했다. 거기서 나는 찬사받아 마땅한 뇌내경cerebroscopes의 발전이란 곧 그 어떤 심적 사건도 존재한 적이 없었음을 발견하는 것을 의미하게 되리라고 결론지었다. 그러나 그것은 과장이며, (라이칸과 파파스가 보여준 것처럼) 제거적 유물론과 환원적 유물론의 차이가 실제보다 더 크다는 주장을 확고히 성립시켜 보고자 한 것이다. 나는 데이비드 코더의 「중추 신경 상태 유물론의 근본적 오류The Fundamental Error of Central State Materialism」, *American Philosophical Quarterly* 10(1973), 289-298에 관해서, 그리고 데이비드 로젠털의 「심성과 중립성Mentality and Neutrality」, *Journal of Philosophy* 73(1976), 386-415에 관해서 각 저자들과 서신을 교환하며, 그들에게서 나의 초기 견해의 결함을 알아내는 데 큰 도움을 받았다.

25 하지만 이것은 앤티포디아인이 철학에 아무런 영향을 미치지 않을 것이라는 말이 아니다. 신경학과 구별되는 학문으로서 심리학이 사라지고 그와 유사한 문화적 발전이 이루어진다면, 그것이 결국 철학자들의 동일성 이론보다 훨씬 더 효과적으로 우리를 *자연의 거울* 이미지에서 벗어나게 할 수도 있다. 철학 바

질문을 멈추고, 대신 앤티포디아인에 관한 수수께끼에서 쟁점이 되는 것은 오직 수정불가능성이라는 점을 상기한다면, 위에 제시된 이원론 옹호 논증은 다음 논증을 지나치게 과장한 형태라고 볼 수 있다.

1. "나에게 방금 고통의 감각이 있었다"라는 형식의 일부 진술은 참이다.
2′. 고통의 감각은 수정불가능하게 보고가능하다.
3′. 신경 사건은 수정불가능하게 보고가능하지 않다.
4′. 어떤 것도 수정가능하면서 수정불가능하게 보고가능할 수 없다.
5. 어떤 고통의 감각도 신경 사건이 아니다.

여기서는 (1)을 부정함으로써 (5)를 피하려는 유혹이 훨씬 적다. (4′)이 (4)보다 더 쉽게 비판되기 때문이다. "범죄 행위"가 실제로는 "무죄로 판명될 수도 있는 행동"을 의미한다고 말하기 어려운 것처럼, "심적"이라는 것이 실제로는 "물리적인 것으로 판명될 수도 있는 무언가"를 의미한다고 말하기는 어렵다. 그것이 바로 (4)를 부정

같의 일상적 언행에서는 약간의 "뭉갬"(진지한 내성자가 뇌내경을 업신여길 때 "무슨 말을 해야 할지 모르는" 경우들)이 있겠지만, 상식, 언어, 문화는 그보다 더 심한 혼란을 겪고도 살아남았다. 예를 들어, 도덕주의적인 판사와 피고인의 병력을 제출하며 그의 행동에 "범죄"라는 단어가 부적절하게 적용되었음을 보여주는 정신과 의사가 나누는 대화와 비교해 보라. 과열된 철학자 외에는 아무도, 예를 들어 "우리의 언어"를 살펴봄으로써 "범죄"의 본질이 결정되고 그것이 판사의 딜레마를 해결할 수 있다고 생각하지 않을 것이다.

하려는 희망하에 이루어지는 세세한 주제-중립적 분석 시도들이 실패할 운명으로 보이는 이유다. 그러나 (4′)을 부정하고 어떤 것은 수정가능하게 보고가능하면서(신경학을 아는 사람들에 의해) 수정불가능하게도 보고가능하다고(그렇지 않은 사람들에 의해) 말하기는 상대적으로 쉽다. 그것은 "무언가가 처벌되기보다는 치료될 수 있고(심리학을 이해하는 사람들에 의해) 치료되기보다는 처벌될 수 있다(그렇지 않은 사람들에 의해)"고 말하는 것만큼이나 쉽다. 왜냐하면 이 두 가지 후자의 예시에서 우리는 "해당 존재자의 본질적 속성"이나 "우리 언어의 논리"가 아닌 사회적 실천에 관해 이야기하고 있기 때문이다. 해당 문화의 지성적, 정신적 발달 정도에 따라(헤겔에게는 미안한 말이지만, 여기서 "상위" 발달 단계들이란 오히려 정신이 덜 자의식적인 단계들이 되는 셈이다) 같은 대상, 행위, 사건 등에 관한 서로 다른 사회적 실천을 상상하기는 쉽다. 따라서 (4′)을 부정함으로써 우리는 (5)를 부정하고, "감각"과 "뇌 과정"이 같은 것에 관해 말하는 두 가지 방법일 뿐이라고 말하는 길을 여는 것처럼 보인다.

앞서 중립적 일원론자와 동일성 이론가 모두를 퇴짜 놓았던 내가 지금은 그들의 진영으로 가까이 다가가고 있는 것처럼 보일 수도 있다. 왜냐하면 이제 이런 질문이 떠오르기 때문이다. 대체 **무엇**에 대한 두 가지 이야기 방식인가? 심적인 어떤 것, 아니면 물리적인 어떤 것? 하지만 나는 여기서 우리가 우리의 자연스러운 형이상학적 충동에 저항해야 하며, 그래서 "심성과 물리성 둘 다를 측면으로 지닌 제3의 것"이라고 대답하지 **말아야 한다**고 생각한다. 이 시점에서는 논쟁을 접고 빈정거리기 수법으로 물러나 이런 수사학적 질문들을 던지는 편이 더 나을 수도 있다. "이 심-물의 대비가 대체 뭐란 말인가?

누군가가 언급한 것이기만 하면 그게 뭐든 두 개(여섯 개는 왜 아니고)의 존재론적 영역 중 이쪽이나 저쪽에 떨어져야 한다고 대체 누가 그러던가?" 그러나 이 책략은 정직하지 못한 것처럼 보이는데, (심리학과가 설문지와 슬라이드 쇼를 이용한 실험을 중단하고 그냥 만사를 뇌내경으로 처리하게 되면) 어쨌든 "물리적인 것"이 승리했음이 명백해 보일 것이기 때문이다.

하지만 그것은 무엇을 상대로 거둔 승리였을까? 심적인 것? 그게 무엇이었더라? 자신의 특정 상태에 대해 수정불가능하게 보고하는 실천? 그 정도는 지성적 혁명으로 간주하기에는 너무 작은 것 같다. 그렇다면 아마도 그 승리는 공공성과 "과학적 방법"과 사회가 침투할 수 없는 내면의 사적 영역이 있다는 감성적 지식인의 신념을 상대로 거둔 승리였을지 모른다. 하지만 이것도 옳지 않기는 마찬가지다. 시인의 마음속 비밀은 비밀경찰이 그에게 부착된 뇌내경을 밤낮으로 모니터하면서 그의 모든 생각과 발화, 움직임을 예측할 수 있음에도 불구하고 여전히 알려지지 않는 채로 남는다. 우리는 누군가의 마음에 무슨 생각이 스쳐 가는지 알면서도 그것을 이해하지는 못할 수 있다. 우리의 침해 불가한 유일무이성은 오로지 자기 자신에게만 명백한 것을 말할 수 있는 능력에 있는 것이 아니라, 독특하고 모호한 것을 말할 수 있는 시적 능력에 있다.

여기서 우리가 직면하는 진정한 어려움은 다시 한번, 한 손으로는 자연을 반사하기에 적합한 ***유리 같은 본질***의 소유자라는 인간상을 제쳐 두려고 노력하면서 다른 한 손으로는 그 이미지에 매달리고 있다는 것이다. 만약 우리가 앤티포디아인과 공유하지 않는 이미지 다발 전체를 모두 내버릴 수만 있었던들, 물질이 정신을 상대로, 과학이 사밀성을 상대로, 또는 무언가가 다른 무언가를 상대로 승리했다고 추론할 수는 없었을 것이다. 이러한 적대적인 대립 항들은 테란의 17세기로부터 물려받은 이미지 다발들 바깥에서는 이해되지 않는 개념들이다. 그런 이미지들을 진지하게 받아들여야 할 직업적 의무가 있는 철학자들을 제외하면, 그 누구도 설사 사람들이 "기계가 나에게 자기가 정말로 아프지는 않다고 말했어. 아주 끔찍했지만, 단지 그런 것 같았을 뿐이래"라고 말하기 시작하더라도 분개하지 않을 것이다. 철학자들은 "존재론적 지위" 같은 개념에 너무 깊이 관여하기 때문에 그런 발전을 가볍게 여기지 못하지만, 문화의 다른 구성원은 누구도 그렇지 않다. (우리가 어떻게 무의식적인 동기와 욕망을 가질 수 있는지에 대해 **오직** 철학자들만 여전히 당혹스러워한다는 사실을 생각해보라.) 가능한 모든 경험적 발견과 문화적 발전을 무리 없이 끼워 넣을 수 있는 범주들의 영구적 모체를 철학이 제공해야 한다는 생각만이 이런 대답할 수 없는 질문들을 던지게 만든다. "그렇다면 그것은 마음이 존재하지 않는다는 것을 의미하는가?", "우리가 마음의 본성을 잘못 알고 있었던 걸까?", "앤티포디아인이 '당신들이 날 느낌이라고 부르는 그런 것들은 전혀 존재한 바가 없었다'라고 말한 것이 옳았을까?"

마지막으로, 대뇌정위cerebral localization와 "철학적 분석"이 협력하여 마음과 몸을 "동일시"하지 않으면 "과학의 통일성"이 위험해질 것이라는 유물론자의 두려움은 그 17세기의 이미지 다발에서 비롯된 과도하게 야심 찬 철학 개념에 책임이 있다. 만약 우리가 과학이 만물의 척도라는 셀라스의 말을 따른다면, 일상적인 심적 어휘에 대한 유물론적 "분석"이 반례에 굴복하는 경우는 말할 것도 없고, 대뇌정위가 실패작으로 판명되더라도 걱정하지 않을 것이다. 우리는 이 두 실패를 과학이 어느 순간에든 서로 반대 방향으로 질주를 시작할 수 있는 두 필의 말, 즉 견실한 말과 유령 같은 말을 내내 타고 있음을 보여주는 것으로 해석하지 않을 것이다. 과학이 단핵구증이나 나비의 이동이나 주식시장 사이클을 설명하지 못한다고 해서 과학의 "통일성"을 위험에 빠트리지 않듯이 뇌의 작동 원리를 밝혀내지 못한다고 해도 마찬가지일 것이다. 뉴런이 아직 과학적으로 알려지지 않은 힘의 영향으로 "방향을 튼다"고 밝혀지더라도, 그래서 데카르트의 주장이 옳다고 입증되는 것은 아닐 것이다. 그렇지 않다고 생각하는 것은 **미지의 것을 유령으로 간주하는 오류**omne ignotum pro spectro를 저지르는 것이다. 이는 우리가 이해할 수 없는 모든 것을 유령으로, 즉 애당초 과학의 범위를 넘어서 있다고 알려진 뭔가로 받아들이고, 그럼으로써 그것들을 절망적으로 철학에 넘겨주어야 하는 것들로 여기는 것이다.[26] 만약 우리가 철학이 가능한 모든 과학적 결과에 대해 영구

---

26 지금의 요점은 밀Paul Meehl과 셀라스가 나눈 "물리적$_1$"("어떤 사건이나 존재자가 시공간 네트워크에 속한다면 물리적$_1$이다")과 "물리적$_2$"("어떤 사건이나 존재자가 생명의 등장 이전 우주의 잠재성까지 반드시 기술하지는 못하더라도, 현실적 상태를 완전히 기술하기에는 적합한 이론적 원초 어휘들로 정의될 수 있다면 물리적$_2$이다")의 구분을 사용하면 조금 더 정확해질 수 있다. 이러한 구분(「창발의 개념The Concept of Emergence」, 『미네소타 과학철학 연구 시리즈Minnesota Studies in the Philosophy of Science』 제1권[1956], 252)은 "물리적$_1$"을 "언어 행동("지향적 행위의", "믿음과 욕구의" 등등)의 출현 이전의 우주"에 관하여 정의되는 "물리적n"의 적절한 의미들과 구분하도록 확장될 수 있다. 그런 모든 구분에 대해서 강조되어야 할 점은 과학이 물리적n(이때 n은 1보다 더 크다)인 존재자들에 관하여 무언가를 설명하는 데 실패했다고 해서, 그 설명이 비-물리적$_1$ 존재자들에 관한 것이어야 함을 보여주는 데 도움이 되는

적인 존재론적 틀(예를 들면, "심적"과 "물리적"과 같은 범주들로 구성된)을 제공한다고 생각하지 않는다면, 우리는 과학의 실패를 데카르트의 입증으로 생각하지 않게 될 것이다. 그렇게 생각하는 것은 과학이 최초 생세포의 기원을 설명하지 못한 것을 아퀴나스의 입증으로 간주하는 것이나 다름없을 것이다. 만약 뉴런이 실제로 방향을 튼다 해도, 아니면 원자론적으로가 아니라 전체론적으로 작동한다고 해도, 이것이 우리가 결국은 "심적인 것"과 "물리적인 것"에 대한 명석 판명한 관념들을 가지고 있음을 보여주는 데 도움이 되는 것은 아니다. 이러한 소위 존재론적 범주들은 단지 무척 다양한 역사적 출처에서 나온 다소 이질적인 개념들을 데카르트 자신의 목적에 맞도록 편리하게 포장하는 방식들일 뿐이다. 그러나 그의 목적이 우리의 목적은 아니다. 철학자들은 그의 인위적인 복합물을 마치 미리 존재하고 있던 무언가를 발견한 것처럼, "직관적" 또는 "개념적" 또는 "범주적"이어서 마치 과학과 철학의 영구적인 매개변수를 설정하는 발견인 것처럼 생각해서는 안 된다.

것은 전혀 아니라는 것이다. 제프리 헬만Geoffrey Hellman과 프랭크 톰슨Frank Thompson은 다음 논문들에서 이 요점을 잘 활용하고 있다. 「물리주의: 존재론, 결정 그리고 환원Physicalism: Ontology, Determination and Reduction」, *Journal of Philosophy* 72(1975), 551-564 및 「물리주의적 유물론Physicalist Materialism」, *Nous* 11(1977), 309-346. 그들의 "동일성 없는 유물론" 버전은 「심적 사건Mental Events」(아래 제4장에서 논의된)에서 드러난 데이빗슨의 견해와 비교되어야 한다.

7. 인식론과 "심리철학"

방금까지 읽은 "심신 문제"에 관한 두 장이 독자에게 적어도 다음과 같은 요점들을 설득했기를 바란다.

> 보편자 파악에 관하여 플라톤, 아리스토텔레스식의 생각들을 되살릴 의사가 있는 게 아닌 한, 우리는 일반적 진리에 대한 지식이 인간에게 있는 어떤 특별하고 형이상학적으로 독특한 요소에 의해 가능해진다고 생각하지 않을 것이다.
>
> 아리스토텔레스적 "실체" 개념에 대한 17세기의 다소 거북하고 일관성 없는 사용을 되살리고 싶은 게 아닌 한, 우리는 심적인 것과 물리적인 것이라는 두 존재론적 영역이 있다는 생각을 납득하지 않을 것이다.
>
> 내가 원리 (P)라고 부른, 대략 "의식에 현전"이라는 특유의 형이상학적 속성이 우리의 상태들에 대한 일부 비추론적 보고의 근거라는 주장을 긍정하고 싶은 게 아닌 한, 우리는 심-물 구분을 보강하기 위해 "외양이 그 실재성을 남김없이 망라하는 존재자"라는 개념을 사용하지 못할 것이다.

몸과 마음에 관한 문제가 있다는 생각은 "마음"을 독자적인 탐구 영역으로 만들려는 17세기의 시도에서 비롯되었다. 이 발상은 심적 과정에 대한 준-기계적 설명을 제공함으로써 그것이 어떻게든 일부 지식 주장은 뒷받침하고 여타 주장은 불허하게 되리라는 것이었다. 17

세기 철학이 취한 "인식론적 전환"의 패러다임은 칸트가 "명성 높은 로크 선생의 인간 지성의 생리학"이라고 불렀던 것으로서, 지식-주장을 비판하고 정당화할 것으로 여겨지는 심적 과정에 대한 인과적 설명이었다. 이런 생각을 순조롭게 펼쳐 가려면 데카르트식으로 고대와 중세의 이성 문제를 근대의 의식 문제로 대체해야 할 필요가 있었다. 만약 내가 지금까지 두 장에서 말해 오고 있는 것이 옳다면, "심신 문제"나 "심리철학" 같은 개념들이 지속되는 것은 이성이나 인격성에 대한 옛 개념들과 데카르트적인 의식 개념 사이에 어떤 연결고리가 있다는 생각이 지속된 데서 기인한 것이다. 이 책의 제2부는 이성 문제의 근대판, 즉 "인식론"이라고 불리는 분야의 관심사인 정확한 표상의 가능성 또는 범위에 관한 문제가 존재한다는 생각을 해체하고자 시도한다. 그 시도가 성공한다면, 우리는 인간의 지식을 ***자연의 거울***에 비친 표상들의 집합체로 보는 생각에서 벗어나서, 우리의 ***유리 같은 본질***이라는 개념이 없어도 우리에게 별문제가 없다는 제1부의 주장을 강화하게 될 것이다. 만약 가장 사소하고 문제가 될 게 없는 의미에서라면 모를까, 그게 아닌 그 어떤 의미에서도 지식이 표상의 정확성 문제가 아니라면, 우리에게는 내면의 거울이 필요하지 않으며, 따라서 그 거울과 우리의 더 큰 부분의 관계에 관한 신비도 없다.

하지만 설령 의식과 이성의 문제가 모두 해소된다고 하더라도 인격성의 문제는 고스란히 남는 것처럼 보일 수 있다. 인격성 개념은 우리의 도덕적 직관들에 의존하는데, 이런 직관들이 단지 앎이나 마음에 관한 모형을 구성하려는 그리스나 17세기의 오도된 시도가 불러온 결과일 것 같지는 않기 때문이다. 이 책에서 인격성이 논의된다면,

그것은 "철학"이라는 개념과 관련하여 제3부에서 다뤄질 것이다. 나는 거기서, 어떤 존재자가 인격체이고 따라서 도덕적 존엄성을 보유하는지를 모종의 "객관적 기준"(예를 들면, *유리 같은 본질*의 소유 여부)에 근거하여 가려내는 유독 철학적인 프로젝트가 어떻게 대략 과학과 윤리 사이를 혼동한 것이라고 말할 수 있는지 보여주고자 한다. 제3부에서는 그런 발상을 피하면서 우리의 도덕적 의식을 바라보는 방법을 제시하고자 한다.

따라서 제2부와 제3부에서는 앞의 제1장 3절에서 "심적인 것의 표지"로 열거했으나 제1부에서 논의하지 않은 개념들을 선별할 것이다. 일단 우리의 *유리 같은 본질*이라는 특별한 심적 요소에 관한 생각을 내려놓은 다음에, 예를 들면 지향성, 도덕적 존엄성 같은 개념들을 다루는 방식들이 제시될 것이다. 그리하여 제1부를 읽어 오는 동안 독자의 마음속에 떠오른 몇 가지 의구심과 아직 어중간하게 남아 있을 수 있는 일부 의문들이 이 책의 나머지 지면에서 해결되기를 희망한다.

MIRRORING

제2부

거울반사

MIRRORING

제3장

"지식 이론"의 관념

1. 인식론과 철학의 자아상

"철학"이라고 불리는 자율적인 학문 분야가 존재하며, 그것이 종교 및 과학과 구분되고 그러면서 그 둘 모두를 판단하는 위치에 앉아 있다고 하는 생각은 아주 최근에 기원한 것이다. 데카르트와 홉스가 "스콜라 철학"을 비난했을 때 그들은 본인들이 새롭고 더 나은 지식 이론, 더 나은 형이상학, 더 나은 윤리학 등 더 나은 종류의 철학으로 그것을 대체한다고 생각하지 않았다. "철학의 영역들" 사이에서 그런 구분들은 아직 생겨나지 않았다. 19세기에 학술적 주제로 표준화된 이래로 이해되어 온 의미에서의 "철학" 관념 그 자체는 당시에는 아직 임박하지 않았다. 뒤돌아보면 우리는 데카르트와 홉스를 "근대 철학의 시작"으로 보지만, 그들은 자신들의 문화적 역할을 레키W. E. H. Lecky가 "과학과 신학 사이의 전쟁"이라고 부르고자 했던 것과 관련지어 생각했다. 그들은 코페르니쿠스와 갈릴레오에게 안전한 지성적 세계를 만들기 위해 (비록 조심조심하면서지만) 싸우고 있었다. 그들은 본인들이 "철학 체계"를 제공한다고 생각하지 않았으며, 다만 수학과 역학 연구의 개화에 기여하고 더불어 지성적인 삶을 교회 기관들로부터 해방하고 있다고 생각했다. 홉스는 "철학"을 "외양의 결과에 대한 지식"으로 정의하였으며, 그런 지식은 "우리가 외양의 생성 원인에 대해 먼저 가지고 있는 지식으로부터 참된 추리를 통해 획득하는 것"이라고 보았다.[1] 그는 자신이 하는 일을 "과학"이라고 불리는 다른 무언가와 구별하고 싶지 않았다. 칸트 이후에야 비로소 우리의 근대적인 철학-과학의 구분이 자리를 잡았다. 과학과 학문에 행사하던 교회의 권력이 망가지기 전까지, 우리가 오늘날 "철학자"라고 생각하는 사람들은 자신들의 활동과 종교 사이에 선을 긋는 일을 위해 에너지를 발산했다. 이 싸움에서 승리한 후에야 비로소 과학으로부터의 분리라는 문제가 생겨날 수 있었다.

철학이 결국 과학으로부터 자신을 분리하는 경계 설정을 할 수 있었던 것은 철학의 핵심을 "지식 이론"으로 보는 생각 덕분이었다. 지식 이론은 과학들의 **토대**이므로 그런 과학들과 구분된다고 본 것이다. 우리는 오늘날 이런 생각의 유래를 찾아 적어도 데카르트의 『성찰Meditationes de prima philosophia』과 스피노자의 『지성 개선론De Emendatione Intellectus』까지 거슬러 올라가지만, 그것은 칸트에 이르러서야 비로소 자의식을 성취하였다. 그것은 19세기가 한참 지난 후에야 학술 기관의 구조 속으로, 그리고 철학 교수들의 매우 능숙한 무반성적 자기-기술 속으로 내장되어 들어갔다. "지식 이론"이라는 이 발상이 없었다면 근대 과학의 시대에 "철학"이 과연 어떠했을지 상상하기

1 토머스 홉스Thomas Hobbes, 『물체론De Corpore』, 제1장 2절.

어렵다. 하늘과 땅이 어떻게 구성되는 것인지에 관한 기술로 여겨지던 형이상학은 물리학으로 대체되었다. 17~18세기 유럽 지식인들의 지배적 관심사였던 도덕적 사고의 세속화는, 당시에는 유신론적 형이상학의 자리를 차지할 새로운 형이상학적 토대의 탐색으로 여겨지지 않았다. 하지만 칸트는 오래된 철학 개념, 즉 가장 보편적이고 가장 덜 물질적인 것에 관심을 둔 덕에 "만학의 여왕"이 된 형이상학으로서의 철학 개념을 "가장 기본적인" 학문, 즉 **토대** 학문의 개념으로 용케 바꾸어 놓았다. 철학은 더는 "가장 높다"라는 의미에서가 아니라 "밑바탕에 있다"라는 의미에서 "으뜸"이 되었다. 칸트의 저술 이후, 철학사가들은 17세기와 18세기의 사상가들을 "우리의 지식은 어떻게 가능한가?"라는 질문에 답하려고 시도한 사람들로 철학사에 위치시킬 수 있었고 심지어 이 질문을 고대인들에게까지 거슬러 투사할 수 있었다.[2]

---

2 칸트 이전과 이후에 쓰인 철학사들의 차이점에 관해서는 다음을 보라. 모리스 만델바움Maurice Mandelbaum, 「철학의 역사 서술에 관하여On the Historiography of Philosophy」, *Philosophy Research Archives*, vol. II(1976); 존 패스모어John Passmore, 『철학 백과사전The Encyclopedia of Philosophy』(New York, 1967) 중 '철학의 역사 서술Historiography of Philosophy' 항목; 뤼시앵 브라운Lucien Braun, 『철학사의 역사Histoire de l'Histoire de la Philosophie』(Paris, 1973), 특히 제5장; 빅토르 쿠쟁Victor Cousin, 『역사 철학 입문Introduction l'Histoire de la Philosophie』(Paris, 1868), 제12강 「철학사학자들Des Historiens de la Philosophie」. 만델바움은 독일에서 18세기 마지막 10년 동안 철학의 역사라는 개념이 논의된 빈도에 대해서 "비록 나의 문헌 조사가 지금 내가 하는 이 말을 추측 이상으로 만들기에는 불충분하지만, 나는 이 논의가 그 시기에 칸트의 연구가 미친 영향력을 통해 촉발된 것이 틀림없는 사실이라고 믿는다. 그의 체계가 끝이면서 동시에 새로운 시작이었다는 의미에서 그렇다는 것이다"(p. 713)라고 말한다. 이 저

그러나 인식론에 중점을 둔 칸트적 철학관은 헤겔과 사변적 관념론이 독일의 지성계를 지배하는 일을 멈춘 후에야 비로소 일반적으로 수용되었다. 첼러와 같은 사람들이 이제는 체계를 급조하는 일을 멈추고 마음이 만들어 낸 "주관적 첨가물들"에서 "주어진 것"을 선별하는 인내의 노동에 착수해야 한다고 말하기 시작한 후에야 비로소 철학은 철저히 전문화될 수 있었다.[3] 1860년대 독일의 "칸트로 돌

술가들은 모두 브루커Jakob Brucker의 1742~1767년 시기에 대한 『철학 비평사Historia Critica Philosophiae』와 티데만Dietrich Tiedemann(『사변 철학의 정신Geist der spekulativen Philosophie』, 1791~1797)과 테네만W. G. Tennemann(『철학의 역사Geschichte der Philosophie』, 1789~1819)이 말하는 역사들 사이의 대비를 강조한다. 브루커는 지면의 약 1/10을 근대의 "혼합주의 철학자들"(즉, 고대 학파들 가운데 어느 하나에 들어맞지 않는 철학자들)에 할애하고 (베이컨, 데카르트, 홉스, 스피노자 등으로 구성된 오늘날의 표준적인 계보 외에도) 약 20명 남짓의 다른 인물들을 포함한다(예를 들면 마키아벨리, 케플러, 보일). 이들은 "위대한 근대 철학자"의 짧은 표준 명단의 기원이 된 티데만의 고려 대상에서는 제외된다. 테네만은 "철학의 역사는 면면히 이어져 온 철학 발전 단계들의 전람회로서, *자연*과 *자유*의 궁극적 기초와 법칙들에 대한 과학이라는 발상을 실현하고자 *이성*이 수행해 온 노력을 전시하는 것"이라고 말하는데, 그는 이보다 앞에서 이성은 "표상의 다양성manifold을 통일"하는 능력에서 시작하여 그로부터 과학적 사고의 궁극적 통일로 이어져 나아간다고 말한 바 있다(『철학의 역사』 제1권, Leipzig, 1798, pp. xxix, xxvi). 그의 철학사에는 우리가 헤겔과 연관 짓는 "극적인" 성격이 벌써 들어 있다. 그는 칸트의 작업과 얼마나 가깝다고 여겨질 수 있느냐에 근거하여 철학자로 꼽을 수 있는 사람들의 정전과 고대인에서 근대인에 이르기까지의 철학의 진보라는 개념을 둘 다 우리에게 제공한다.

3 에두아르트 첼러Edouard Zeller, 「인식론의 의미와 과제에 대하여Über Bedeutung und Aufgabe der Erkenntnistheorie」, 『강의록과 논문들Vorträge und Abhandlungen』, 제2집(Leipzig, 1877), p. 495를 참고하라. 첼러의 논고는 칸트 이후 철학적 아마추어의 시대는 끝났고 이제 전문가들이 책무를 맡는다고 선언하는, 길게 이어져 온 논의 가운데 하나다. 나중 버전을 보려면 G. J. 워녹G. J. Warnock, 『1900

아가자" 운동은 "일에 착수하자" 운동이기도 했다. 그것은 철학이라는 자율적이고 비경험적인 학문을 한편으로는 이데올로기로부터, 그리고 다른 한편으로는 경험심리학이라는 떠오르는 과학으로부터 분리하는 방식이었다. 신칸트주의자들이 확립한 "인식론-형이상학"을 "철학의 중심"에 놓는 그림(그리고 인식론으로부터 "형이상학"이 출현한 것이며 그 반대가 아니라고 보는 그림)은 오늘날 철학 교과 과정에 붙박이가 되었다.[4] **지식 이론**이라는 표현 자체는 헤겔 철학이 케케묵은 소리가 되고 난 이후에야 널리 통용되고 위상을 인정받게 되었다. 1세대 칸트 추종자들은 "칸트가 한 일"을 가리키는 편리한 이

년 이후의 영국 철학English Philosophy Since 1900』(London, 1958), p. 171을 참조하라. "… 철학은 다소 최근에야 비로소 전문적 지위를 성취했다." 그리고 같은 책의 p. 172도 보라. "… 철학의 주된 논제, 혹은 과제라 할 만한 것이 다른 학문과 명확하게 구분되기 시작한 것은 아주 최근의 일일 뿐이다."(워녹은 1900~1958년의 시기에 대해 말하고 있다.) 그러한 주장이 언제 제일 처음으로 등장했는지는 모르겠지만, 에른스트 라인홀트Ernst Reinhold가 그의 『철학의 일반 역사에 대한 편람Handbuch der allgemeinen Geschichte der Philosophie』에서, 독자층으로 삼은 **과학 교육을 받은 모든 사람**alle wissenschaftliche Gebildete과 대조하기 위해 **전문직으로서의 철학자**Philosophen von Profession라는 용어를 사용한 것에 주목하라(『철학의 일반 역사에 대한 편람』[Gotha, 1828], 제1부, p. v). 라인홀트 역사서의 머리글은 칸트 사상이 "철학자들의 견해에 관한 연대기"를 현대적 의미의 "철학사"로 대체한 것과 어떤 관계가 있는지에 대한 만델바움의 주장(위의 각주 2번 참조)을 확인하는 데 유용하다.

4 나중에, 특히 제6장에서 내가 더 자세히 논증하게 될 바와 같이, "제1철학"으로서의 언어철학이라고 하는 현대적 개념은 인식론이 "제일"이라는 더 오래된 주장으로부터의 변화라기보다는 그 주장의 사소한 변형일 뿐이다. 칸트 이후 철학의 중심 주장은 "실재를 표상하는 가능성"이 설명을 요구한다는 것이었으며, 이 프로젝트와 관련하여 심적 표상과 언어적 표상 사이의 차이는 상대적으로 중요하지 않다.

름표로 Vernunftkritik이성 비판를 사용했고, Erkenntnislehre인식학와 Erkenntnistheorie인식론라는 단어들은 조금 뒤에(각각 1808년과 1832년에) 고안되었다.[5] 그러나 헤겔과 관념론적 체계-구축의 간섭으로 인해 그때까지도 "철학과 다른 학문과의 관계는 무엇인가?"라는 질문은 불명료한 상태였다. 헤겔주의는 철학이 다른 학문들의 **토대**가 되기보다는 그것들을 완성하기도 하고 삼켜 버리기도 하는 학문이라는 이미지를 만들어 냈고, 또한 철학을 너무 인기 있고, 너무 흥미롭고, 너무 중요하게 만드는 바람에 오히려 제대로 된 전문성을 지니지 못하게 만들었으며, 철학 교수들에게는 단순히 Fach학과목만 붙잡고 있기보다는 *세계-정신*을 구현하라고 요구했다. (마우트너에 따르면) "'Erkenntnistheorie'라는 용어를 그것이 지금 누리는 학술적 지위로 처음 끌어올린" 인물은 첼러다.[6] 그의 논고는 거미가 거미

5 이 용어의 역사에 대해서는 한스 파이힝거Hans Vaihinger, 「인식론이라는 단어의 기원에 대하여Über den Ursprung des Wortes 'Erkenntnistheorie'」, *Philosophische Monatshefte*, vol. XII(Leipzig, 1876), pp. 84-90을 참조하라. 파이힝거는 신칸트주의자들 대부분이 공유하는 것 같고 내가 여기서 채택하고 있기도 한 견해인, 로크가 "모든 형이상학적, 윤리적 논의에 선행해서 인식론적 탐구가 수행되어야 한다는 명확한 의식을 지닌" 최초의 인물이었으며 데카르트와 스피노자가 유사한 논조로 말한 것들은 단지 우발적이고 비체계적이었다(p. 84)는 관점을 제시한다. 내가 파이힝거를 참조하게 된 것(이뿐만 아니라 여타의 참조들 및 통찰력 있는 많은 발상까지도)은 하나의 학문 분야로서 인식론의 부상에 관해 저술한 이언 해킹Ian Hacking의 미발표 논문에 빚진 것이다.

6 프리츠 마우트너Fritz Mauthner, 『철학 사전Wörterbuch der Philosophie』(Munich and Leipzig, 1910), '인식론Erkenntnistheorie' 항목, 제1권, p. 296. "전적인 독일어 표현으로, (아이슬러에 따르면) 아들 라인홀트Ernst Reinhold가 만들었으나 첼러에 의해 지금 누리는 학술적 지위로 처음 끌어올려졌다." 파이힝거는 첼러에 대해 같은 주장을 한다(「'인식론'이라는 단어Wortes 'Erkenntnistheorie'」, p. 89).

줄을 잣듯, 우리가 모든 과학을 우리 자신의 정신으로부터 짜낼 수 있다고 믿는 사람들은 헤겔과 계속 함께할 수도 있겠지만, 더 멀쩡한 정신을 지닌 사람이라면 누구나 철학의 적절한 임무는 (일단 물-자체 개념과 관념론의 유혹들이 거부되고 나면) 다양한 경험적 학문에서 제기된 지식-주장들의 객관성을 확립하는 것임을 인식해야 한다는 말로 끝맺고 있다. 그런 일은 지각에 부여되는 선험적 기여의 적절성에 의해 성취될 것이다.[7] 그렇게 1862년에 "관념론"과 "사변" 둘 다에서 벗어날 방법으로 **인식론**이 등장한다. 15년 후, 첼러는 **인식론**이 이제는 특히 "우리의 젊은 동료들"에 의해 일반적으로 받아들여지고 있으니, 그것의 적절한 역할을 더는 지적할 필요가 없다고 말한다.[8] 그로부터 30년 후 윌리엄 제임스는 "학교에서 서로를 지루하게 하며 『철학 리뷰Philosophical Review』 같은 데에 실리는 그런 끔찍한 학술 보고서들을 써대고 '참고 서적들'을 파먹고 살면서 'Aesthetik미학'와 'Erkenntnistheorie'를 혼동하는 법이 결코 없는, 젊은 대머리 박사들의 잿빛 회반죽 같은 기질"을 한탄하곤 했다.[9]

이번 장에서는 "스콜라 철학"에 대한 데카르트와 홉스의 반대 운동에서부터, 19세기에 철학이 자율적이고 자족적인 "학자들의" 학문으로 재확립되기까지, 그 변천사의 몇몇 중요한 단계들을 추적해 보

파이힝거의 글은 신칸트주의 철학자들이 창조해 가던 새로운 "전문화된" 자아상에 대한 보고서이자 그 사례이다.

7 첼러, 「인식론」, pp. 494-495.

8 Ibid., p. 496.

9 윌리엄 제임스, 『서한집Letters』, 헨리 제임스 편집(Boston, 1920), p. 228(1905년 5월 2일에 조지 산타야나George Santayana에게 보낸 편지).

고 싶다. 나는 지식이 "문제"를 선사하며 우리가 지식에 대해 "이론"을 가져야 한다는 생각은 지식을 표상들의 모음으로 보는 시각의 산물이라는 (비트겐슈타인과 듀이의 공통된) 주장을 뒷받침하려고 한다. 그러한 지식관은 내가 지금껏 주장해 오고 있는 바와 같이 17세기의 산물이었다. 여기서 끌어낼 수 있는 교훈은 지식에 대한 이러한 사고방식이 임의적 선택의 문제라면 인식론도 마찬가지이며, 지난 세기 중반 이후로 그 자신에 관해 이해해 온 바로서의 철학도 마찬가지라는 것이다. 인식론으로서의-철학이 근대기에 어떻게 자기 확신을 얻게 되었는지에 관해 내가 풀어놓을 이야기는 다음과 같이 전개될 것이다.

데카르트가 마음을 발명한 것, 즉 믿음과 감각을 로크식 관념으로 병합한 것은 철학자들에게 딛고 설 새로운 발판을 마련해 주었다. 그것은 고대 철학자들이 의견을 나눴던 주제들에 "선행하는" 것으로 보이는 탐구 분야를 제공했다. 더 나아가 그것은 단순한 **의견**과는 반대되는 **확실성**이 가능한 영역을 제공했다.

로크는 데카르트가 새롭게 고안한 "마음"을 어떤 한 "인간 과학"의 주제로 만들었는데, 그것은 바로 자연철학과 대비되는 도덕철학이었다. 그가 그런 일을 하게 된 것은 뉴턴의 입자 역학과 유사한 무언가를 "내적 공간"에 도입하면 "다른 *사물*에 대한 탐구에서 우리의 *사유*를 인도하는 데 큰 도움이 될 것"[10]이며 그럼으로써 어떻게든 "어떤 *대상*들이 우리의 *지성*들이 다루기에 적합하고, 또 어떤 *대상*들이 그

10 존 로크John Locke, 『인간지성론An Essay Concerning Human Understanding』 제1권, 제1장 1절.

렇지 않은지 알 수 있게"[11] 해주리라는 혼란스러운 생각 때문이었다.

우리의 마음이 어떻게 작동하는지 연구하여 우리가 무엇을 알 수 있고 어떻게 하면 더 잘 알 수 있는지에 대해 더 많은 것을 배운다고 하는 이 프로젝트는 결국 "인식론"으로 명명되었다. 그러나 이 프로젝트가 완전한 자의식을 갖추기 전에 그것을 **비경험적** 프로젝트로 만드는 방법을 먼저 찾아야 했다. 그것은 생리학적 발견과 무관하면서 필연적 진리들을 생산할 수 있는 온전한 사변적 성찰의 문제여야 했다. 로크는 연구를 위한 새로운 내적 공간, 새로 발명된 데카르트적 마음의 작동 방식들을 그대로 유지했지만, 데카르트적 확실성을 확보할 수 없었다. 로크의 "감각론"은 공석인 "만학의 여왕" 자리에 어울리는 후보가 아직 아니었다.

칸트는 외부 공간을 내부 공간(초월적 자아의 구성적 활동의 공간) 안에 집어넣고, 전에는 외부적으로 여겨졌던 것에 관한 법칙들에 대해서 내부에 관한 데카르트적 확실성을 주장함으로써 철학을 "과학의 안전한 행로" 위에 올려놓았다. 그렇게 그는 우리가 오직 우리의 관념들에 대해서만 확실성을 가질 수 있다는 데카르트적 주장을, 우리가 관념이 아닌 것처럼 보이는 것에 대해 이미 확실성(선험적 지식)을 가지고 있다는 사실과 화해시켰다. 코페르니쿠스적 혁명은 우리가 대상들을 "구성"할 때만 그것들에 관해서 선험적으로 알 수 있다는 생각에 기초한 것이었으며, 칸트는 이러한 "구성 활동"에 대해 어떻게 우리가 의심의 여지가 없는 지식을 가질 수 있는가 하는 문제로 곤란해하지 않았다. 왜냐하면 데카르트적인 특권적 접근이 그

---

11 Ibid., 「독자에게 보내는 서한Epistle to the Reader」.

문제를 수습하게 되어 있었기 때문이다.[12] 칸트가 "명성 높은 로크 선생의 인간 지성의 생리학"을 (스트로슨의 말을 빌리면) "초월적 심리학이라는 신화적인 주제"로 대체하고 나자, 학문으로서의 "인식론"이 무르익었다.

칸트는 "인간 과학"을 경험적 수준에서 선험적 수준으로 끌어올린 것 외에도, 인식론으로서의-철학이 자의식적이고 자기 확신을 지니게 되는 데 도움을 준 세 가지 일을 했다. 첫째, 인식론의 중심 문제를 똑같이 실재하나 환원할 수 없게 구분되는 두 종류의 표상, 즉 "형식적" 표상(개념)과 "실질적" 표상(직관) 사이의 관계라고 밝힘으로써, 그는 새로운 인식론적 문젯거리와 고대인과 중세인을 괴롭혔던 문제들(이성의 문제와 보편자의 문제) 사이에 중요한 연속성이 있음을 이해할 수 있게 해주었다. 이로써 그는 근대적 형태의 "철학의 역사들"을 쓰는 작업을 가능하게 만들었다. 둘째, "이성을 파괴하여 신앙의 여지를 만드는"(즉, 공통된 도덕의식의 여지를 만들기 위해 뉴턴의 결정론을 파괴하는) 프로젝트 안에서 인식론과 도덕을 연결함으로써, 그는 도덕을 논란의 여지가 덜 하고 좀 더 과학적인 무언가에 "근거"를 두게 하는 이른바 "완전한 철학 체계"의 개념을 되살려 냈다. 고대 학파들이 세계가 어떠한가에 관한 각자의 관점에 맞춰 인간적 덕의 관

12 *K.d.r.V.*, Bxvi-xvii을 보라. 칸트는, "대상이 우리의 인식에 부합해야 한다"라는 가정은 "대상에 관한 선험적 인식이 있어서, 그 대상이 주어지기에 앞서 그것에 대해 무언가를 결정하는 것이 가능해야 한다는 가정과 한층 잘 들어맞는다"라고 말한다. 대상이 부합해야 하는 조건들이 무엇인지를 우리가 어떻게 아느냐의 문제, 즉 초월적 관점에서 제기된 지식-주장들을 정당화하는 방법에 관한 문제는 이 부분에서도, 첫 번째 『비판』 다른 어디에서도 논의되지 않는다.

점을 설계했다면, 이제 세계가 어떠한가에 관한 관점들은 뉴턴이 선점한 상태였다. 칸트와 더불어 인식론은 도덕의 선가정들을 보증하는 자로서 형이상학이 담당했던 역할을 인수할 수 있게 되었다. 셋째, 우리가 말하는 모든 것을 우리가 "구성한" 무언가에 관한 것으로 간주함으로써, 칸트는 인식론을 인간 삶의 모든 영역에서 "형식적"(또는 후대 버전에 의하면 "구조적", "현상학적", "문법적", "논리적", "개념적" 등등) 특징들을 발견할 수 있는 토대 학문이자 온전한 사변적 성찰의 분야로 여겨지게 했다. 그렇게 해서 그는 철학 교수들이 자신을 순수 이성의 재판소를 주재하는 자로 여기게 만들었으며, 다른 학문 분야가 해당 탐구 주제의 "구조"에 의해 설정되는 합법적인 한계 내에 머물러 있는지 판단할 수 있게 해주었다.[13]

2. 설명과 정당화를 구분하지 못한 로크의 혼동

데카르트가 취한 "인식론적 전환"은 기존 제도들에 대한 확신이 위기에 빠지지 않았더라면 유럽의 상상력을 사로잡지 못했을지도

---

13 칸트가 법률적 은유를 애호한다는 점은 자주 언급된다. 이는 신칸트주의자들에게서도 발견된다. 예를 들어, 첼러의 「철학의 과제와 다른 과학과의 관계에서 철학의 위치Über die Aufgabe der Philosophie und ihre Stellung zu den übrigen Wissenschaften」(『강의록과 논문들』, 제2집, pp. 445-466)를 보라. 그는 철학자가 문화의 감독자를 자임하는 태도를 개괄하는 과정에서 각 학문 분야가 철학으로부터 확보해야 하는 Rechtstitel법적 근거에 대해 말하면서 "모든 과학은 앎의 정신에서 샘솟고 그 정신의 절차로부터 나름의 법칙들을 빌리기 때문에, 철학적 영토에 뿌리를 내리지 못한 인간 지식의 분과란 존재하지 않는다"라고 말한다(p. 465).

모른다. 그러한 위기는 몽테뉴에게서 전형적으로 표현된 바 있다. 그러나 우리는 확실성에 도달할 수 있는 우리 능력에 대한 전통적인 피론적 회의주의와 데카르트가 내면의 공간을 개척함으로써 가능하게 만든 새로운 관념의-장막 회의주의를 구별해야 한다. 전통적 회의주의는 주로 "규준의 문제", 즉 순환성이나 독단주의를 피하면서 탐구 절차의 정당성을 인준하는 문제로 곤경을 겪었다. 데카르트가 "명석 판명한 관념들의 방법"으로 해결했다고 생각한 이 문제는 내부 공간에서 외부 공간으로 나아가는 문제, 즉 근대 철학의 패러다임이 된 "외부 세계의 문제"와는 관련이 거의 없었다.[14] "지식 이론"이라는 발상은 이 후자의 문제, 즉 우리의 내적 표상이 정확한지 아는 문

14 이 두 가지 형태의 회의주의 사이의 불편한 관계는 흄David Hume의 『인간 지성에 관한 탐구Enquiry Concerning Human Understanding』 제12절인 「아카데미 또는 회의주의 철학에 관하여Of the Academical or Sceptical Philosophy」에 잘 설명되어 있다. 흄은 데카르트의 「첫 번째 성찰」의 회의주의(그가 과장되고 불가능하다고 생각한)를 "마음에는 이미지나 지각 외에는 아무것도 나타날 수 없다"라는 관점에 근거한 본인의 관념의-장막 회의주의(데이비드 흄, 『철학 저작집Philosophical Works』[Boston and Edinburgh, 1854], 제4권, p. 173)나 피론주의, 즉 **과도한** 회의주의(p. 183) 둘 다와 구별하고 싶어 한다. 그는 두 번째를 세 번째와 떼어 놓으면서 우리가 "새로운 관념의 길"에 대한 단지 "직업적"이고 "전문적"일 뿐인 회의주의를 진지하게 받아들이지 말아야 한다고 애써 강조했다. 흄은 자신이 섹스투스를 뒷받침할 새로운 논증들을 찾았다고 생각하지 않았으며, 오히려 그는 로크의 프로젝트가 낳은 회의적인 결과가 (칸트와 러셀이 믿었던 것처럼) 새롭고 더 나은 종류의 인식론의 필요성을 보여준 것이 아니라 인식론의 사소함과 감성의 중요성을 헤아릴 필요성을 보여준 것임을 보이기 위해 애썼다. 데카르트 이전 시대의 피론주의에 대해서는 다음을 보라. 리처드 팝킨Richard Popkin, 『에라스뮈스에서 데카르트에 이르는 회의주의의 역사History of Scepticism from Erasmus to Descartes』(New York, 1964).

제를 중심으로 자라났다. "인식론"에 대한 교과서적 정의로서 "인간 지식의 본성, 기원, 한계"에 전념하는 학문이라는 발상은 "인간의 마음"이라고 불리는 연구 분야를 요구했고, 바로 그 연구 분야를 데카르트가 창안한 것이었다. 데카르트적인 마음은 관념의-장막 회의주의와 그런 회의주의를 우회하는 데 전념하는 학문을 동시에 가능하게 했다.

하지만 그것이 데카르트적인 마음의 발명이 인식론 발전의 **충분** 조건이라는 말은 아니다. 그 발명은 우리에게 내적 표상이라는 개념을 주었지만, 이 개념은 만약 내가 로크의 탓으로 돌린 혼동이 없었더라면 인식론을 탄생시키지 못했을 것이다. 대체로 데카르트는 결백하다고 할 그 혼동이란, 우리 마음의 작동에 대한 기계론적 설명과 우리의 지식 주장에 "근거를 부여하는 것" 사이의 혼동이다. T. H. 그린이 근본적 혼동이라고 불렀던 것이 바로 그것이다.

> 모든 경험심리학을 좌우하는 근본적 혼동은 본질적으로 구별되는 두 질문, 즉 '지식의 가장 단순한 요소는 무엇인가?'라는 형이상학적인 질문과 '개별 인간 유기체를 지식의 매개자가 되게 만들어 주는 조건들은 무엇인가?'라는 생리학적인 또 다른 질문 사이에 발생하는 혼동이다.[15]

그린이 "지식의 요소"와 "유기체의 조건"을 구분한 것은 지식 주장이

15 T. H. 그린T. H. Green, 『흄과 로크Hume and Locke』[흄의 『인간본성론』에 대한 그린의 「서문」], 레이먼 레모스Ramon Lemos 편집(New York, 1968), p. 19.

란 곧 정당화된 참인 믿음의 주장이며, 우리가 **정당화**를 위해 우리 유기체의 적절한 기능에 호소한다는 것은 당최 말이 되지 않는다는 점을 상기시켜 준다. 예를 들어, 설사 우리가 때때로 "나는 시력이 좋아"라고 말함으로써 믿음을 정당화한다는 점을 인정한다고 하더라도, 내적 공간의 **사건들**로 여겨지는 시간순이거나 조합적인 "관념들 사이의 관계들"이 어째서 **명제들** 간의 논리적 관계들에 관해 말을 해줄 수 있다고 생각해야 하는가? 결국 셀라스가 말한 바대로,

> 어떤 에피소드나 상태를 앎의 에피소드나 상태로 특징지을 때, 우리는 그 에피소드나 상태에 관한 경험적 기술을 제공하고 있는 것이 아니라, 그것을 이유들의 논리적 공간, 즉 우리가 한 말을 정당화하고 또 정당화할 수 있는 공간에 위치시키는 것이다.[16]

셀라스가 "윤리학에서 소위 '자연수의적 오류'로 불리는 것과 같은 부류의 실수"라고 부른 일을 로크가 저질러야만 했던 것은 어떻게 된 일일까? 이른바 "인식적 사실들을 비-인식적 사실들로 남김없이 분석하려는" 시도 말이다.[17] 어째서 로크는 우리가 어떤 믿음을 갖게 되는 방법에 대한 인과적 설명이 그 믿음에 대해 우리가 지닌 정당화의 표시여야 한다고 생각해야 했던 것일까?

---

16 윌프리드 셀라스, 『과학, 지각, 실재Science, Perception and Reality』(London and New York, 1963), p. 169.

17 Ibid., p. 131. 셀라스의 요점이 최근의 현상론들에 적용된 바를 비롯하여 어떻게 발전했는지는 다음을 보라. 마이클 윌리엄스Michael Williams, 『기반 없는 믿음Groundless Belief』(Oxford, 1977), 특히 제2장.

내 생각에 그 답은, 간단히 말해서, 로크와 17세기 저술가들이 일반적으로 지식을 정당화된 참인 믿음으로 생각하지 **않았다**는 것이다. 그 이유는 그들이 지식을 사람과 명제 사이의 관계로 생각하지 않았기 때문이었다. **우리**는 "S가 아는 것"을 "나는 …라는 것을 안다"라는 S의 진술을 채워서 참이 되게 만드는 명제들의 모음으로 생각하는 것이 자연스럽다고 생각한다. 그 빈칸이 "이것은 빨갛다", "e=mc^2", "나의 구세주는 살아 계시다", "나는 제인과 결혼할 것이다" 등과 같은 다양한 소재로 채워질 수 있다는 것을 깨달을 때, 우리는 "인간 지식의 본성, 기원, 한계"라는 개념과 그런 주제에 전념하는 "사유 분과"에 대해 마땅히 회의적인 입장이 된다. 하지만 로크는 "명제적 지식knowledge that"을 지식의 주된 형태로 생각하지 않았다. 그는 아리스토텔레스와 마찬가지로 "대상적 지식knowledge of"이 "명제적 지식"에 앞선다고 생각했고, 따라서 지식을 사람과 명제보다는 사람과 대상 간의 관계로 생각했다. 이런 구도하에서, 우리의 "지성 능력"을 검토한다는 생각은 의미를 지니며, 그 능력이 다루기에 어떤 종류의 대상들은 적합하고 어떤 종류의 대상들은 그렇지 않다는 생각도 마찬가지로 의미를 지닌다. 만약 우리가 그 능력을 대상들이 **인상**을 남기는 밀랍 서판과 같은 무언가라고 확신하고, 우리가 "인상을 받는 것"을 앎에 인과적으로 선행하는 것이 아닌 그 자체 **앎**이라고 생각한다면 그것은 더욱더 의미가 있다.

"'관념'이라는 관념"에 대한 18세기의 위대한 적수 리드가 매달렸고, 다음 세기에 그린, 그리고 우리 시대에 수많은 다른 사람들(H. A. 프리처드, 윌프리드 셀라스, J. L. 오스틴, 조너선 베넷)이 뒤를 이어 붙잡고 있는 것이 바로 그 "인상"이라는 개념이었다. 리드는 말한다.

> 마음의 작동이 물체의 작동과 어떤 유사성이 있다고 생각하는 것은 인간의 가장 자연스러운 편견이다. 그래서 사람들은 인접 물체가 가하는 어떤 충격이나 영향으로 물체가 움직여지듯이, 마음이 생각하고 지각하게 되는 것도 어떤 인상이나 인접 물체가 그것에 가한 어떤 충격 때문에 이루어진다고 상상하는 경향이 있다.[18]

그린은 앞에 인용한 단락에 이어지는 구절에서, 오로지 지식(명제들)의 요소들과 생리적 조건들 사이의 혼동을 통해서만 "어쨌든 모든 관념이 '인상'으로 기술될 수 있다. … 은유가 사실인 양 해석되면서 (로크의) 철학 체계의 기초가 된 것이다"라고 말한다.[19] 셀라스는 (로크보다는 흄에 관해 말하면서) 다음 둘 사이의 혼동을 진단한다.

1. 존재한다는 것과 빨갛고 세모나다는 것이 즉각적이고 비추론적으로 알려지는 빨갛고 세모난 물품으로서의 어떤 빨간 삼각형에 대한 인상.

[그리고]

2. 빨갛고 세모난 물품이 존재한다고 하는 하나의 앎으로서의 빨간 삼각형에 대한 인상.[20]

---

18 토머스 리드Thomas Reid, 『인간의 지성적 능력에 관한 논고Essays on the Intellectual Powers of Man』, 바루크 브로디Baruch Brody의 「서문」이 실린 개정판(Cambridge, Mass., 1969), p. 100.

19 그린, 『흄과 로크』, p. 11.

세 비판 모두 물질세계가 우리의 비물질적 서판에 자국을 내는 방식에 대한 준-기계론적 설명이 우리가 무엇을 믿을 자격이 있는지 아는 데 도움을 주리라는 생각에 이의를 제기하고 있다.

로크는 아마도 셀라스가 구분한 "인상"의 두 가지 의미를 자기가 혼용한 것이 정당화된다고 생각했을 것이다. 왜냐하면 그는 우리의 준-서판에 눌린 자국이 (라일의 표현을 빌리자면) 자기-고시적self-intimating이라고 생각했기 때문이다. 따라서 그는 이렇게 말한다. "… 각인이란, 그것이 어쨌든 무언가를 의미한다면, 다만 다름 아닌 어떤 *진리*들이 지각되게 만드는 것이다. *마음*이 지각하지 않으면서 *마음*에 무언가를 각인한다는 것은 나로서는 거의 이해할 수 없는 것처럼 보이기 때문이다."[21] 마치 그것은 tabula rasa빈 서판가 깜박이지 않는 *마음의 눈*의 시선 아래 영원히 놓여 있는 것과 같다. 데카르트가 말한 것처럼, 마음 그 자체보다 마음에 더 가까이 있는 것은 아무것도 없다. 그러나 그 은유를 이런 식으로 풀어내면 각인하기가 각인 자국을 관찰하는 것보다 덜 흥미롭다는 것, 즉 모든 앎은 이를테면 서판 자체에 의해가 아니라 각인된 서판을 관찰하는 눈에 의해 성립한다는 것이 분명해진다. 따라서 로크의 성공은 그 은유를 풀어낸 것이 **아니라**, 내면의 공간에 있는 준-빨간-삼각형인 준-대상과 그런 대상이 거기에 있다는 지식 사이의 애매성을 고스란히 남겨둔 것에 달려 있었던 것이었다. 아리스토텔레스는 지식이란 마음과 알려진

---

20 셀라스, 『철학적 전망들Philosophical Perspectives』(Springfield, Ill., 1967), p. 211.

21 로크, 『인간지성론』 제1권, 제2장 5절.

대상의 **동일성**이라고 믿었기 때문에 *마음의 눈*을 걱정할 필요가 없었던 반면, 로크는 그런 대안을 갖고 있지 않았다. 그에게 인상은 **표상**이었기 때문에 그는 표상을 **인식**하는 능력, 즉 단순히 표상을 **갖는** 것이 아니라 표상을 **판단**하는 능력, 즉 표상이 존재한다거나, 표상이 신뢰할 만하다거나, 표상이 다른 표상들과 이런저런 관계가 있다거나 하는 등을 판단하는 능력이 필요했다. 그러나 그에게는 그렇게 할 여지가 없었다. 그런 능력을 상정하는 것은 그가 기술하기를 희망했던 준-기계의 작동 속으로 유령을 침입시키는 꼴이 될 것이기 때문이었다. 그는 지식이 영혼으로 들어오는 어떤 대상 비슷한 무언가로 구성된다는 발상을 유지하기에 딱 충분한 정도만 아리스토텔레스의 견해를 남겨두었지만,[22] 표상의 정확성에 대한 회의주의적인 문제들이나 "나는 생각한다"가 있는 직관과 없는 직관의 차이에 관한 칸트의 의문들을 피하기에는 충분하지 않았다. 달리 표현하자면, 로크가 당연하게 여겼던 데카르트식 **마음** 복합체는 "인상"이라는 개념에 전통의 풍미를 보태 줄 만큼만 아리스토텔레스의 *νοῦς*와 닮았고, 흄의 회의주의와 칸트의 초월론을 가능하게 할 만큼은 아리스토텔레스에게서 벗어난 것이었다. 로크는 대상과의-동일성으로서의-지식과 대상에-대한-참된-판단으로서의-지식 사이에서 어색하게 균형을 잡고 있었으며, 경험적 "인간 과학"으로서의 "도덕철학"이라는 혼란스러운 발상은 오로지 이러한 과도적 입장 때문에 가능했다.[23]

---

22 리드는 아리스토텔레스가 환타지아(아리스토텔레스 철학에서 감각적으로 받아들여진 대상을 마음속에 이미지나 표상으로 재현한 것을 의미함 – 옮긴이)에 대한 그의 학설에서 미끄러운 경사면에 올라타 미끄러지기 시작해서 흄에까지 이어졌다고 생각했다. 『논고』, p. 133 참조.

로크 사유의 긴장을 기술하는 또 다른 방법은 그것이 한편으로는 생리학 쪽으로 당겨지고, 다른 한편으로는 아리스토텔레스 쪽으로 당겨졌다고 보는 것이다. 리드와 그린은 이 진단에 다시 한번 동의한다. 리드는 데카르트에 대해 다음과 같이 말한다.

> 때때로 그는 물질적 대상들에 관한 관념을 뇌 안에 위치시킨다. … 하지만 때때로 그는 우리가 마치 뇌 안에 눈이 있어서 뇌에 있는 이미지나 흔적이 지각되는 것으로 생각해서는 안 된다고 말한다. 그런 흔적들이란 단지 영혼과 육체의 합일에 관한 법칙들에 따라 마음속에서 관념이 돋우어진 경우들일 뿐이라는 것이다. … 데카르트는 두 의견 사이에서 망설였거나 한쪽 의견에서 다른 쪽 의견으로 넘어갔던 것 같다. 마찬가지로 로크 역시 두 의견 사이에서 흔들렸던 것으로 보인다. 때로는 물질적인 것들의 관념이 뇌 안에 있다고 표현하지만, 그것이 마음 자체에 있다고 표현할 때가 더 빈번하다.[24]

로크의 "반성의 관념들"에 관해 논의한 그린은 로크의 "상상 속 대뇌 서판에서 사유와 물질의 혼동"을 이야기하며 다음과 같이 말한다.

---

23 이언 해킹은 그의 획기적인 저서 『확률의 등장The Emergence of Probability』(Cambridge, 1975)에서 명제들 사이의 확증 관계로서의 **증거**라는 발상이 17세기에 막 등장하기 시작했다고 말한다. 만약 해킹이 옳다면, 이 사실은 영국 경험론자들의 연구에서 명제적 지식과 비명제적 지식(이라고 하는 것)이 어색하게 뒤섞여 있는 여러 가지 상황을 상당히 해명해 준다. 특히 제19장에서 해킹이 로크, 버클리, 흄에 대해 언급한 부분을 보라.

24 리드, 『논고』, pp. 147-148.

> 로크는 수용하는 주체와 인상을 남기는 물질을 둘 다 끊임없이 자리 이동시킴으로써 자기 자신과 독자에게 난점을 감춘다. 우리는 "서판"이 끊임없이 뒤로 물러나는 것을 발견한다. 처음에는 "바깥으로 향한 부분" 즉 신체 기관이다. 그다음은 뇌다.… 그런 다음 감각 인상을 받아들이거나 그것에 관한 관념을 갖는 지각적 마음이다. 마지막으로 반성적 마음이다.…[25]

리드와 그린이 비판하는 그 뒤섞기가 일어난 이유는 (아리스토텔레스와 로크처럼) 감각-지각을 본떠서 **모든** 지식을 만들려고 할 경우, 신체 일부(예를 들면, 망막)가 외부 대상과 같은 성질을 가질 수 있다는 문자 그대로 방식과 예를 들어 어떤 사람이 개구리에 대한 견해를 가질 때 그 사람 전체가 개구리성性을 "마음속에" 가진다는 은유적인 방식 사이에서 갈팡질팡하게 되기 때문이다. "비물질적 서판"이라는 개념은 단순한 생리학적 사실과 사변적 은유 사이의 차이를 절충하고 있으며, 이를 사용하는 모든 철학은 그 두 가지 방식으로 갈라질 것이다. 아리스토텔레스와 로크가 "명제적 지식", 즉 명제로 이루어진 정당화된 참인 믿음을, "마음속에 갖는 것"으로 해석되는 "대상적 지식"으로 환원하려고 시도하게 된 것은 바로 감각-지각, 특히 시각 이미지를 모델로 선택했기 때문이다. 로크는 자신을 최신 과학자로 생각했기 때문에 "서판"이라는 비유를 생리학 용어로 바꿔놓고 싶은 생각이 간절했을 것이다. 그럴 수가 없으니 그의 유일한 선택지는 뒤섞기뿐이다. 아리스토텔레스를 향해 거슬러 올라가도록 패를 뒤섞을

---

25 그린, 『흄과 로크』, p. 11 및 p. 163을 참고하라.

때, 그는 사실상 매우 서판-같지-않은 "반성적 마음"을 말하기 시작한다.

그러나 로크의 지식 취급에서 가장 중요한 뒤섞기는 뇌와 *νοῦς* 사이가 아니라, 앞서 말했듯이 판단 없이 그저 관념을 **보유**함으로써 생길 수 있는 무언가로서의 지식과 정당화된 판단을 형성한 결과로서의 지식 사이의 뒤섞기다. 이것은 칸트가 경험론의 근본적 오류라고 간파한 뒤섞기로서, "포착의 이어짐과 이어짐의 포착"을 혼동한 것을 비판할 때 가장 단호하게 표현된 오류다. 하지만 그 오류는 단순히 개구리성性과 초록성性이라는 두 개의 "병치된" 관념들을 갖는 것과 그것들을 "개구리는 대개 초록이다"라는 판단으로 "종합"하는 것 사이의 혼동에도 똑같이 해당한다. 아리스토텔레스에게는 보편자 파악과 판단 내리기를 관계 맺게 할 명확한 방법이 없었다. 즉 마음 안으로 형상들을 받아들이는 수용성과 명제의 구성을 관계 맺게 할 방법이 없었으며, 로크도 마찬가지였다. 바로 이것이 "명제적 지식"을 "대상적 지식"으로 환원하려는 **모든** 시도, 앎이 봄을 본뜨게 하려는 모든 시도의 주된 결함이다.

그린과 19세기 대부분의 인식론 저술가들은 칸트가 이런 로크의 결함을 개선했다고 생각했다. 그린은 다음 구절에서 영국 경험론에 대한 자신의 기본적인 비판을 정리한다.

> 로크의 경험론은 일정 조건의 사물들이 마음의 구성적 행위 없이 "자연에서 발견"된다는 것을 인정하는 순간 무적이 된다. 로크를 다루는 유일한 효과적 방법은 이렇게 묻는 것이다. 본인이 사유의 창조물이라고 인정한 모든 것을 추상하고 나서 단지 발견되는 것으로

남는 것이 무엇인가? 그와 마찬가지로 흄 역시, 그 자신이 보여준 바에 따르면 단순 인상이 아닌 관계 관념들은 제쳐둔다 쳐도, 심지어 단칭 명제조차 가능하지 않은 것은 아닌가 하는 질문에 **초입부터** 맞닥뜨릴 수밖에 없다. 만약 가능하지 않다면, 그런 명제의 단칭성은 감각에 나타난 것의 그 어떤 단일성에 있는 것이 아니다.[26]

"마음의 구성적 행위"라는 문구는 이 문제에 대한 그런 본인의 관점을 알려주는 단서다. 그것은 영국 관념론자들의 구호로 이렇게 요약된다. ***오로지 사유만이 관련이 있다***. 그들은 이 강령을 "개념 없는 직관은 맹목이다"라는 칸트의 구호를 축약한 것으로 여겼다. 칸트의 발견은 "마음의 구성적 행위"에 선행하는 "일정 조건의 사물" 즉 대상은 없다는 것이라고 여겨졌다. 따라서 여러 술어가 적용되는 무언가로서의 대상은 항상 종합의 결과물이다.

칸트의 편에 서서 "지식 이론"을 공식화하려는 시도는 근본적으로 지식을 "대상적 지식"이 아니라 "명제적 지식"으로 보는 사고방식을 향해 절반 정도 전진을 이루었다. 앎이 지각으로 형성되는 것이 **아니라는** 사고방식을 향해 중간쯤 도달한 것이다. 그러나 불행히도 칸트가 그 전환을 수행한 방식은 여전히 데카르트의 준거 틀 안에 머물러 있었다. 즉 여전히 어떻게 하면 우리가 내부 공간으로부터 외부 공간에 닿을 수 있는가 하는 의문에 대한 답변으로 진술되었다는 것이다. 그의 역설적인 대답은 바깥 공간은 내부 공간에 거주하는 Vorstellungen표상들으로 구성된다는 것이었다. 칸트의 역설을 피

26 Ibid., pp. 185-186.

하면서 지식이란 대상들이 아닌 명제들과 맺는 관계라는 통찰을 유지하고자 한 19세기의 시도들 역시 데카르트의 틀 안에 머물러 있었고, 그래서 "관념론"이었다. 그들이 생각할 수 있던 유일한 대상은 로크식 관념들의 종합에 의해 구성된 것이었으며, 그리하여 그들은 그런 대상들의 앙상블을 물-자체와 동일시하는 데 전념했다. 그러므로 20세기가 계승한 것으로서의 "인식론"이라는 발상을 이해하기 위해서는, 로크가 저질렀던 설명과 정당화 사이의 혼동에서 칸트가 저지른 서술(대상에 관하여 무언가를 말하는 것)과 종합(표상들을 내적 공간에서 합치는 것) 사이의 혼동으로 방향을 전환할 필요가 있다.

3. 서술과 종합에 관한 칸트의 혼동

사람이 서술적 판단을 형성한다는 것은 그가 어떤 문장을 참이라고 믿게 되는 것이다. 칸트식 초월적 자아가 어떤 문장을 참으로 믿게 된다는 것은 그 자아가 표상들Vorstellungen을 서로 연관시킨다는 것이다. 즉 근본적으로 다른 두 종류의 표상인, 한편으로 개념과 다른 한편으로 직관을 연관시키는 것이다. 칸트가 "로크가… 지성의 모든 개념을 감성화했던 것처럼 라이프니츠는 현상을 지성화했다"[27]라고 말했을 때 그는 혼란스러운 17세기 지성계를 이해하기 위한 근본 틀을 제공한 것이었다. 그럼으로써 칸트는 표준적 형태의 "근대 철학의 역사"를 창조해 냈다. 이에 따르면 칸트 이전의 철학은 감각을 개념으로 환원하고 싶어 한 "합리론"과 역방향의 환원을 원하는 "경험

27 *K.d.r.V.*, A271/B327.

론" 사이의 싸움이었다. 만약 칸트가 그 대신, 합리론자들은 이차 성질에 관한 명제를 어떤 식으로든 같은 임무를 수행하면서도 확실성 있게 알려지는 명제로 대체할 방법을 찾고자 했고, 경험론자들은 이 프로젝트에 반대했다고 말했더라면, 그다음 두 세기 동안의 철학 사상은 매우 달라졌을지도 모른다. 왜냐하면 만약 "지식의 문제"가 명제의 **구성 요소**로 추정되는 것들이 아니라, 명제와 그것에 결부되는 확실성의 정도 사이의 관계들이라는 측면에서 진술되었더라면, 우리는 현재 우리가 가진 "철학의 역사"라는 개념을 물려받지 않았을 수도 있기 때문이다. 표준적인 신칸트주의적 역사학에 따르면, 『파이돈』과 『형이상학 Z』의 시대에서부터 아벨라르두스와 안셀무스, 로크와 라이프니츠를 거쳐 콰인과 스트로슨까지 곧장 이어져 내려오면서 이뤄진 특유의 **철학적** 성찰은 보편자와 특수자의 관계에 관련한 것이었다. 이 통일된 논제가 없었다면 우리는 그리스인들이 발견하고 오늘날에 이르기까지 지속해서 고심하고 있는 부단한 문젯거리를 볼 수 없었을지 모르며, 따라서 2,500년의 역사를 가진 무언가로서의 "철학"이라는 개념도 없었을지 모른다. 그리스 사상과 17세기 사상은 이를테면 힌두교 신학과 마야 수비학numerology처럼 서로에게도, 그리고 우리의 현재 관심사와도 뚜렷이 구분되는 것으로 보였을 것이다.

그러나 좋든 나쁘든 칸트는 이런 실용주의적 전회를 취하지 않았다. 그는 문장이 아닌 내적 표상에 관해 말했다. 그는 동시에 우리 학과목의 한 역사를 제공했고, 철학의 문젯거리를 정착시켰고, 철학을 전문화했다(첫 번째 『비판』에 정통하지 않고서는 "철학자"로 진지하게 받아들여질 수 없게 만든 것만으로도). 그는 "지식 이론"에 대한 우리의 사고방식(따라서 무엇이 철학자와 과학자를 구분 짓는가에 대한 우리의 사고방식) 안에 루이스가 "가장 오래되고 가장 보편적인 철학적 통찰 중 하나"라고 불렀던 것을 구축함으로써 그렇게 했다. 즉

> 우리의 인지적 경험에는 두 가지 요소가 있다. 그것은 감각의 자료처럼 마음에 나타나거나 주어지는 즉각적 자료와 사고 활동을 표상하는 형식, 구성 또는 해석이다.[28]

그러나 그 "통찰"은 오래된 것도 보편적인 것도 아니다. 그것은 우리가 "인지적 경험"이라고 불리는 무언가를 소유한다는 생각보다 더 오래된 것이 아니다. **경험**이라는 용어는 인식론자들이 자기네 주제에 붙인 이름이자 데카르트적 **사유행위**cogitation, 로크적 관념의 총체에 붙여진 이름이 되었다. 이런 의미에서 "경험"은 철학의 전문 용어다(이는 "업무 경험"에서와 같은 일상적인 사용과는 상당히 구별되며, 이런 일상적 의미의 경험은 *ἐμπειρία*엠페이리아에 해당한다). 우리가 이 총체를 들여다보면 그것이 두 종류로 나뉜다는 것을 발견하게 된다는 루이스의 주장은, 마치 철학을 배우지 않은 일반인에게 ***마음의 눈***을 안으로 돌려 그 구분을 포착해 보라고 요구하는 것이 별일이 아닌 것처럼 들릴 수 있다. 그러나 로크가 "경험"을 오직 "감각과 반성의 관념들"만을 포함하고 판단은 배제하기 위해 사용했으며, 칸트가 그것을 "인식의 대상과 방법 둘 다를, 즉 사고의 법칙들에 따르는 인식

---

28 C. I. 루이스C. I. Lewis, 『마음과 세계-질서Mind and the World-Order』(New York, 1956), p. 38.

의 전 기능의 조합”[29]을 모두 포괄하기 위해 사용했다는 것을 모르는 사람은 자기가 무슨 구분을 알아채야 하는지는 말할 것도 없고, 도대체 자기가 무엇을 **보게 되어** 있다는 것인지 어리둥절해할 수도 있다.

스트로슨이 “일반 개념과… 경험에서 마주치는 일반 개념의 특수 사례들이라고 하는 그 이중성”은 “경험이나 경험적 지식에 대한 모든 철학적 사고에서 피할 수 없는 근본적 이중성”이라고 말할 때, 그는 루이스의 주장을 반복하는 것이다.[30] 이 버전은 루이스의 것보다는 오해의 소지가 덜한데, 그것은 단순히 거기에 **철학적**이라는 단어가 포함되어 있기 때문이다. 왜냐하면 경험에 대한 **철학적** 사고에서 그런 이중성을 피할 수 없는 이유는 단지 그것을 발견하지 못하는 사람들이 그 자신을 “철학자”라고 부르지 않기 때문이다. 우리는 칸트가 한 일과 같은 종류의 일에 비추어서만 “경험에 대한 철학적 사고”가 무엇인지 설명할 수 있다. 심리학자들은 자극과 반응에 관해 계속 이야기할 수 있지만, 이는 **노골적인 자연주의**blosse Naturalismus이지 “철학적”인 것으로 여겨지지는 않는다. 상식은 예를 들어 우리가

29 하인리히 라트케Heinrich Ratke, 『칸트의 순수 이성 비판에 대한 체계적인 중형 사전Systematisches Handlexikon zu Kants Kritik der Reinen Vernunft』(Hamburg, 1929), p. 62: “Erfahrung bezeichnet sowohl den Gegenstand als die Methode der Erkenntnis, den denkgesetzlichen Zusammenhang aller Funktionen der Erkenntnis.” 사실 칸트의 용법은 라트케처럼 불명료하고 무척이나 애매하게 정의한 바람에 비로소 그 참모습을 드러낼 수 있었던 그런 용법이다. “경험”의 철학적 의미에 관해서는 존 듀이John Dewey, 『경험과 자연Experience and Nature』(New York, 1958), p. 11을 보라.

30 P. F. 스트로슨P. F. Strawson, 『감각의 범위The Bounds of Sense』(London, 1966), p. 20.

무언가에 관해 판단을 내릴 수 있을 정도로 그것을 충분히 경험했는지 고민할 때처럼 나름의 평범한 방식으로 경험에 관해 말할 수 있지만, 역시 철학적이지는 않다. 사고는, 칸트의 경우처럼 경험적인 지식 주장에 대해 단지 이유라기보다 원인을 찾아야 하며, 그 결과 얻은 인과적 설명이 심리학적 탐구에서 내놓을 수 있는 어떤 것과도 양립할 수 있어야만 비로소 **철학적**이다.[31] 이런 이중성을 피할 수 없다고 보는 종류의 철학적 사고는, 우리가 통상 정당화된 참인 믿음을 가질 때 지식을 가진다고 말하면서 무엇을 정당화로 간주할 것이냐에 관한 세부 사항들은 그냥 상식과 상식적 관행의 처분에 맡겨 두는 데 그쳐서는 안 된다고 여긴다. **지식이 어떻게 가능한지** 설명해 주어야 할 것이며, 그런 설명은 상식을 뛰어넘으면서도 뉴런이나 생쥐, 설문지 같은 것들을 갖고서 씨름할 필요가 없는 선험적인 방식으로 이루어져야 한다.

이런 다소 까다로운 요구 사항과 더불어 철학의 역사에 대해 전혀 아는 게 없는 상황에서라면, 우리는 원하는 게 정확히 무엇인지, 어디서부터 논의를 시작해야 할지 당연히 당황할 수 있다. 그런 당혹감

31 칸트의 설명을 "인과적"이라고 부르는 것이 충격적일 수 있겠지만, "초월적 구성"이라는 개념은 내적 공간의 역학에 관한 데카르트-로크의 개념을 완전히 숙주로 삼고 있으며 칸트가 자기-기만적으로 "원인" 대신 "근거"를 사용한 것이 이 점을 불분명하게 만들도록 놔두어서는 안 된다. 스트로슨이 "초월적 심리학의 신화적 주체"라고 부르는 것을 칸트에서 제거한다면 우리는 코페르니쿠스적 혁명을 이해할 수 없다. 나는 우리가 코페르니쿠스적 혁명을 잊고 나면 칸트에게 무엇이 남느냐에 관한 스트로슨의 견해를 다음 글에서 논의한 바 있다. 「스트로슨의 객관성 논증Strawson's Objectivity Argument」, *Review of Metaphysics* 24(1970), 207-244.

은 "존재 대 생성", "감각 대 지성", "명석한 지각 대 혼란스러운 지각", "단순 관념 대 복합 관념", "관념과 인상", "개념과 직관" 등의 용어에 익숙해져야만 완화될 수 있다. 그럼으로써 우리는 인식론적 언어-게임과 "철학"이라고 불리는 전문적인 삶의 형식으로 들어서게 될 것이다. 우리가 철학적 숙고를 시작할 때 루이스와 스트로슨이 제안한 것처럼 직관-개념의 구분을 필연적으로 마주치는 것은 아니다. 오히려, 우리가 그 구분을 숙지한 상태가 아니라면 무엇을 "경험"으로 간주하는지 몰랐을 것이며, 더군다나 그것에 관해 **철학적**이 된다는 것은 말할 것도 없었을 것이다. 왜냐하면 다시 한번 말하지만, "지식 이론"이라는 개념은 우리가 로크처럼 인과와 정당화를 혼동하지 않는 한 의미가 없을 것이며, 그렇게 혼동할 때조차 우리가 내적 공간에서 그 인과 관계가 수수께끼처럼 보이는 어떤 존재자들을 격리하기 전까지 그것은 불분명해 보일 것이기 때문이다. "개념"과 "직관"이 정확히 여기서 요구되는 존재자들이다. 만약 칸트가, "단칭 명제"를 "감각에 나타난 것의 단칭성"(이 문제에 관해서라면, 지성에 나타난 것도 마찬가지다)과 동일시해서는 안 된다는 통찰에서 곧바로 지식을 사람과 명제 사이의 관계로 보는 관점으로 나아갔더라면, 그는 "종합"이라는 개념이 필요하지 않았을 것이다. 그는 사람은 문장을 방출하는 블랙박스이고, 그러한 방출의 정당성은 그 사람이 환경과 맺는 관계(동료 블랙박스들의 방출을 포함해서) 속에서 발견되는 것이라고 보았을 수도 있다. 그렇다면 "지식은 어떻게 가능한가?"라는 질문은 "전화기는 어떻게 가능한가?"라는 질문과 비슷하게, "어떻게 우리가 그런 일을 하는 무언가를 만들 수 있는가?" 같은 무언가를 의미했을 것이다. 그랬다면 "인식론"이 아닌 생리심리학이 『영혼에 관하여』와

『인간지성론』의 유일하게 적법한 후속 연구로 보였을 것이다.

그러나 칸트 논의를 마무리하기 전에, 그가 **어떻게** 기어이 개념-직관 구분을 그럴듯하면서도 흥미진진한 문젯거리로 보이게 만들었는지 묻는 것이 중요하다. 이를 이해하기 위해서는 판단에 요구되는 칸트의 "종합"이, 일반 관념과 특수 관념이라는 서로 다른 두 종류의 관념들 사이에서만 성립할 수 있는 관계라고 하는 흄의 "관념의 연합"과 다르다는 점에 주목해야 한다. 따라서 "종합"과 개념-직관의 구분이라는 두 생각은 서로를 위해 맞춤 제작된 것으로서, 둘 다 첫 번째 『비판』을 관통하는 역설적이지만 의심받지 않은 가정, 즉 잡다manifoldness는 "주어진" 것이고 통일성은 만들어지는 것이라는 가정을 이해하기 위해 고안된 것이다. 이 가정은, 내적 공간에는 흄이 거기서 발견한 것과 비슷한 것, 즉 "감각에의 단칭적 현전들"의 모음이 존재하지만, 이러한 "직관들"은 두 번째 집합의 표상들(흄이 주목하지 않은), 즉 일단의 직관과 일대다 관계를 맺는 개념들로 "종합"되지 않는 한 "의식에 불러 나올 수" 없다고 하는 주장에서 구체적으로 설명된다. 비공식적으로 말하자면, 확실히 그런 가정을 하는 이유란 코페르니쿠스적 혁명의 전략이 요청하는 바에 따라서 대상이 우리의 순응을 요구할 수 있기보다 오히려 대상이 우리의 지식에 순응할 것이 보장되어야 하기 때문이다.[32] 그러나 공식적으로 그 가정은 "***초월적 연역***"에서 "***코페르니쿠스적***" 전략이 통한다고 주장하기 위한 전제로 사용된다. "**연역**"은 우리가 우리 자신의 종합 활동으로 구성한 대상만을 의식할 수 있음을 보여준다고 여겨진다. 그렇다면 공식적으로,

---

32 *K.d.r.V.*, Bxvii.

우리는 바로 다음과 같은 것을 **알게** 되어 있는 셈이다.

> 모든 표상 중에서 **결합**만이 객관으로부터 주어질 수 없는 유일한 표상이다. … 지성이 사전에 결합한 바 없는 경우라면, 지성이 분해할 수 없다. 왜냐하면 분석을 허용하는 것이라면 무엇이든 오로지 **지성에 의해** 결합한 것으로서만 표상력에 주어질 수 있기 때문이다.[33]

그러나 우리가 만약 로크와 흄을 읽지 않았다면 마음에 다양성이 주어진다는 것을 어떻게 알았을까? 왜 우리는 "그 자체로 본래 수용성"[34]을 지닌 감성이 우리에게 잡다를 제공하지만 그 잡다는 지성이 개념을 사용하여 종합하기 전까지는 "잡다로 표상될 수 없는"[35] 것이라고 생각해야 할까? 그렇다는 것을 우리가 내성을 통해 알 수는 없다. 왜냐하면 우리는 종합되지 않은 직관도, 직관에 적용된 것과 별개로 있는 개념도 의식하지 못하기 때문이다. 우리가 그렇게 의식하지 않는다는 학설은, 지식을 대상이 아닌 명제에 관한 것으로 간주하는 방향으로 나아간 칸트가 이룬 바로 그 진전으로서, 지각을 본떠 앎을 형

33 Ibid., B130.

34 Ibid., A100.

35 Ibid., A99. 물론 초월적 감성론Transcendental Aesthetic에 따르면, 잡다는 처음부터 시-공간적이다. 그러나 초월적 분석론Transcendental Analytic은 이와 모순되며(예를 들어, A102, B160n 참조), 감성론의 학설이 포기되지 않는 한 유추론의 논증은 성사될 수 없을 것이다. 이 점에 관해서는 다음을 참조하라. 로버트 폴 울프Robert Paul Wolff, 『칸트의 심적 활동 이론Kant's Theory of Mental Activity』(Cambridge, Mass., 1963), pp. 151ff.

성하려는 아리스토텔레스와 로크의 시도에서 벗어나는 쪽으로 발을 내디딘 것이다. 그러나 그런 잡다가 존재한다는 것이 명백한 분석-이전의 사실이 아니라면, 우리는 어떻게 감성이 우리에게 잡다를 제공한다는 주장을 전제로 사용할 수 있을까? 다른 말로 하면, 어떻게 우리는 잡다로 표상될 수 없는 잡다가 잡다**인** 것을 아는가? 더 일반적으로, 만약 우리가 오로지 종합된 직관만을 의식할 수 있다고 주장하려 한다면, 어떻게 우리는 종합 이전에 직관에 대한 우리의 정보를 얻는가? 이를테면, 그것들이 하나 이상 있다는 것을 어떻게 알 수 있을까?[36]

이 마지막 질문에는 오로지 하나만 존재한다면 종합이 불필요하리라는 말로 답할 수 있다. 그러나 이것은 단지 우리에게 다소 작은 원을 빙빙 돌라고 하는 것일 뿐이다. 우리가 알고 싶은 것은 개념이 과연 종합하는 자**인가** 하는 것이며, 종합되기를 기다리는 수많은 직관이 존재하지 않으면 종합하는 자가 될 수 없다는 말을 들어 봤자 아무 도움도 되지 않는다. 나는 이 시점에서 우리가, "직관"과 "개념"은 각각 칸트적 의미에서 오로지 맥락적 정의만을 허용한다는 것을 인정해야 한다고 생각한다. "전자"와 "양성자"처럼, 그것들은 무언가를 설명하고자 희망하는 이론 내의 요소들로서만 의미를 지니는 것이다. 물론 그렇게 인정함으로써 우리는, "우리 마음에 가장 가깝고"

36 어떤 신비주의자가 직관은 우리에게 통일성, 즉 영원성의 순백한 광휘를 제공하는 반면, 개념적 사고는 그것을 (다채로운 색유리의 돔처럼) 다수성으로 쪼갠다고 말한다고 가정해 보라. 통일성과 상관이 있는 것이 수용성인지 아니면 자발성인지에 대해 그가 옳았는지 칸트가 옳았는지 과연 어떻게 판단할 수 있을까? 그게 상관이 있기나 할까?

"우리가 가장 알기 쉬운 것"을 자각할 때 갖는 그 특별한 확실성에 호소했던 로크 및 데카르트와의 마지막 연결고리를 끊는다. 다양성이 발견되고 통일성이 만들어진다는 가정은, 오로지 그런 "코페르니쿠스적" 이론만이 종합적인 선험적 지식을 가질 수 있는 우리의 능력을 설명해 주리라 주장할 때만 **유일하게** 자신의 정당성을 갖는 것으로 밝혀진다.[37]

그러나 만약 우리가 종합에 관한 칸트의 이야기 전체를 **오로지** 종합적인 선험적 지식의 가능성을 설명하기 위한 가정으로만 본다면, 만약 우리가 "**연역**"에서 기술된 준-심리학적인 사건들에 내성적 근거가 없다는 주장을 받아들인다면, 우리는 더는 "코페르니쿠스적" 전략에 유혹받지 않게 될 것이다. 만들어진("구성된") 대상들에 관한 필연적 진리들에 대한 지식이 발견된 대상들에 관한 것보다 더 잘 이해될 수 있다는 주장은, 우리가 그 만듦의 활동에 특권적으로 접근한다는 데카르트적 가정에 의존하는 것이기 때문이다. 그러나 칸트에 대해서 방금 제시한 해석에 따르면, 우리의 구성 활동에 대한 그런 접근은 존재하지 않는다. 필연적 진리에 대한 우리의 지식에 붙어 있는 모든 신비는 그대로 남을 것이다. 왜냐하면 그런 지식이 어떻게 발생할 수 있는지 설명하는 데 있어 내부 공간에 상정된 이론적 존재자들

37 이를 다른 방식으로 표현하자면, 칸트 자신의 초월적 관념론은 "초월적 연역"을 근본적으로 망쳐 놓는다는 것이다. 왜냐하면 "연역"에서 기술된 장치(종합)와 원재료(개념, 직관)는 본체적이거나 현상적인데, 만약 "현상적"이면 "연역"의 전제와는 반대로 우리는 그것들을 인식할 수 있으며, 만약 본체적이라면, ("연역"이 말하는 것을 포함하여) 그것들에 관해서 아무것도 알려질 수 없기 때문이다.

이 내면에 있다는 이유에서 외부 공간에 있는 존재자들보다 더 유용하지는 않기 때문이다.

4. "토대"가 필요한 것으로서의 지식

직관과 개념 사이에는 플라톤만큼이나 오래된 분석-이전의 구분이 사실상 존재한다는 점에서 칸트를 대하는 나의 태도에 이의를 제기할 수도 있다. 감각적 직관은 무엇보다 우선 우연적 진리들에 대한 지식의 원천으로, 개념은 필연적 진리들에 대한 지식의 원천으로 인정된다고 주장할 수도 있을 것이다. 이런 관점에 의하면, 합리론과 경험론 사이의 갈등은 내가 주장해 온 것처럼 칸트가 자신의 새로운 구분을 통해 선배들을 깎아 내린 서술 방식에 있는 것이 아니라, 수학적 진리와 그보다 더 평범한 진리 사이의 극적인 차이가 발견된 때만큼이나 오래된 것이다. 나는 마치 감각과 지성, 혼란스러운 관념과 명석한 관념 등의 익숙한 대립들이 모두 "지식 이론"이라고 불리는 근대적 인공물의 일부분인 것처럼 말해 왔다. 하지만 설령 "경험"의 "철학적" 의미가 근대적 인공물이라는 점을 인정하더라도, 확실히 감각과 지성의 그리스적 구분은 기하학적 진리의 엄밀한 증명 가능성이 그런 것만큼이나 진정한 발견이지 않은가? 그리고 칸트가 필연적(예를 들면, 수학적인) 진리가 어떻게 가능한지 물었을 때, 분명 그는 좋은 질문을 던지고 있지 않았나?

이 반론은 나에게 "인간 지식의 기원과 본성을 다루는 사고의 분과"라는 발상의 기원과 본성에 대한 나의 설명을 마무리할 수 있는 마지막 요점을 소개할 기회를 부여한다. 내가 보기에 플라톤은, 내적

이거나 외적인 두 종류 존재자들의 구분을 발견한 것이 아니었다. 오히려 앞서 내가 언급했듯이, 플라톤은 조지 피처가 "플라톤적 원리"라고 부르는 것, 즉 확실성의 차이는 알려진 대상들의 차이에 대응해야 한다는 것을 처음으로 명료화한 사람이었다.[38] 이 원리는 지각을 지식의 본보기로 삼아 "대상적 지식"을 "명제적 지식"에 근거를 부여하는 것으로 취급하려는 시도의 당연한 귀결이다. 벽돌과 수 같이 서로 다른 대상들을 "파악"하기 위해서 (우리가 색깔과 냄새에 대해 별개의 감각 기관을 가지고 있듯이) 별개의 능력들이 필요하다고 가정된다면, 기하학의 발견은 *νοῦς*라고 불리는 새로운 능력의 발견처럼 보일 것이다. 이것이 결국 제1장에서 논의한 이성의 문제를 발생시킬 것이다.

수학적 진리의 특별한 성격에 통감하는 것이 "철학적으로 생각하기"의 아주 커다란 일부분이기 때문에 플라톤적 원리의 손아귀에서 벗어나기는 어렵다. 그러나 만약 우리가 "이성적 확실성"을, 알려진 대상과의 관계 문제보다는 논쟁의 승리 문제로 생각한다면, 우리는 현상을 설명하기 위해 우리의 능력보다는 대화 상대방을 바라보게 될 것이다. 만약 우리가 피타고라스 정리에 대한 우리의 확실성을, 그런 문제들에 관련한 논쟁들에서 얻은 경험에 근거하여, 우리가 그 정리를 추론해 낸 전제들에 대해 아무도 이의를 제기하지 않으리라는 확신이라고 생각한다면, 우리는 이성과 삼각성性의 관계로 그것을 설명하려고 노력하지 않을 것이다. 우리의 확실성은 비인간적 실재와의 상호작용의 문제가 아니라 사람들 사이의 대화 문제가 될

38 제2장 각주 15번 참조.

것이다. 따라서 우리는 "필연적" 진리와 "우연적" 진리 사이에서 어떤 종류상의 차이를 보지 않게 될 것이다. 우리는 기껏해야 우리의 믿음에 반박하기가 얼마나 쉬운지의 정도 차이를 보게 될 것이다. 요컨대 우리는 플라톤이 자신의 원리를 적용하고 "철학적 사고"를 발명하기 전, 소피스트들이 있던 자리에 있게 될 것이다. 즉 흔들리지 않는 토대보다는 빈틈없는 논거를 찾게 될 것이다. 우리는 대상들에 대한 인과 관계의 공간보다는 셀라스가 "이유들의 논리적 공간"이라고 부르는 곳에 있게 될 것이다.[39]

필연-우연 구분과 관련해 내가 주장하고 싶은 주된 요점은 단지 "지식의 토대"라는 개념, 즉 확실한 진리란 그것을 옹호하는 논증들이 제시되어서가 아니라 그 원인들 때문에 확실한 것이라는 개념이 지각함과 앎 사이의 그리스적(구체적으로는 플라톤적) 유비의 결실이라는 것이다. 이 유비의 본질적 특징은, 어떤 명제가 참임을 안다는 것을 어떤 대상에 의해 무언가를 하도록 야기되는 것과 동일시한다는 것이다. 어떤 대상에 관한 명제가 있을 때 바로 그 대상이 명제에 진리성을 부과한다. "필연적 진리"라는 발상은 단지 우리를 사로잡은 대상의 "손아귀"를 피할 수 없어서 믿게 되는 명제라는 발상일 뿐이다. 그런 진리는 우리 눈앞에 있는 것이 빨갛게 보인다고 믿는 것이

39 이 견해에 부합하는, 소피스트들 및 플라톤 이전 사상에 대한 동조적인 설명을 얻기 위해서는 라슬로 베르세니László Versényi, 『소크라테스적 인본주의Socratic Humanism』(New Haven, 1963)를 보라. 또한 하이데거가 『기술에 관한 문제와 기타 논문들The Question Concerning Technology and Other Essays』(윌리엄 로빗William Lovitt 번역, New York, 1977), pp. 143-147에서 프로타고라스를 논의한 부분을 보라.

때때로 필연적이라는 그런 의미에서 필연적이다. 즉 우리를 강제하는, 우리 자신이 아닌 어떤 힘이 있다는 의미에서 그렇다는 것이다. 수학적 진리의 대상들은 그 자신이 오판되거나 오보되게 **내버려두지** 않는다. 기하학의 공리들 같은 전형적인 필연적 진리는 정당화, 논증, 토론이 필요 없는 것으로 여겨진다. 그것들은 번개를 흔드는 제우스의 명령이나 침대로 손짓하는 헬레네의 명령처럼 토론 불가의 것들이다. (추정컨대, 이성적인 *ἀνάγκη*아난케는 이를테면 단지 금수와 같은 *βία*비아•가 승화된 형태일 뿐이다.)

"개념"이라는 생각은 굳이 원한다면 "필연적 진리에 관한 지식의 원천"으로 여길 수 있지만, 그렇다고 해서 루이스와 스트로슨이 주장하는 것처럼, 개념-직관 구분이 분석-이전에 주어졌다고 생각하는 것이 옳다는 의미는 아니다. 그것은 단지 플라톤이 선택하여 "철학적 사유"의 최종 규정자가 된 한 뭉치 은유들의 현대판일 뿐이다. 플라톤의 주된 구분은 내적 공간에 있는 두 종류의 존재자들 사이의 구분, 즉 두 종류의 내적 표상들 사이의 구분이 아니었다. 비록 그가 "내적 공간"의 은유들(『테아이테토스』의 새장 이미지와 "영혼 안에서"["*ἐν τῇ ψυχῇ*"]라는 말의 사용에서)을 만지작거렸고, 때로는 다양하고 다소 강제성을 지닌 내적 그림들을 검사하는 데카르트적 ***마음의 눈*** 이미지에 근접하기도 했으나, 그의 생각은 근본적으로 "실재론적"이었다. 수학적 진리가 낳은 플라톤적 구분은 인식론적이라기보다는 형이상학적이었다. 즉 ***존재***Being의 세계와 ***생성***Becoming의 세계 사이

• *ἀνάγκη*는 그리스 신화에서 필연적 운명의 강제력을 의인화한 여신이고, *βία*는 폭력을 의인화한 신이다. – 옮긴이

의 구분이었다. 『국가』 제6권의 "분할된 선분"에 관한 형이상학적 구분에 상응하는 것은, 비명제적인 내적 표상의 종류들 사이의 구분이 아니라 명제들에 부여되는 확실성의 등급들 사이의 구분이다. 플라톤은 비명제적인 내적 존재자들이라는 발상에 초점을 맞춘 것이 아니라 영혼과 신체의 다양한 부분들이 각각의 대상에 의해 각각의 방식으로 강제된다는 발상에 초점을 맞췄다. 플라톤은 데카르트와 마찬가지로 두 종류의 진리 구분에 근거해 인간의 모형을 만들었지만, 그들의 모형은 전혀 다른 두 개의 모형이었다. 그러나 더 중요한 것은, 수학적 진리의 존재가 그런 어떤 설명적 모형을 요구한다는 발상은 철학적 성찰의 시작 단계에서 주어진 분석-이전의 무언가가 아니라는 점이다. 그것은 지식에 관해 말하기 위해 일군의 특정한 은유들, 즉 플라톤적인 논의와 근대적인 논의 모두의 밑바탕에 있는 지각적 은유들을 선택해서 얻은 산물이다.[40]

이만하면, 내가 이번 절을 시작할 때 제시했던 반론에 대한 논의는 충분하다. 이제 "지식의 토대"라는 발상이 지각적 은유들을 선택해서 얻은 산물이라는 측면을 더 자세히 설명하고 싶다. 요약하자면, 우리는 지식을 명제들과의 관계로 생각할 수 있고, 따라서 정당화를 문제의 명제들과 그 명제들이 추론될 수 있는 다른 명제들 사이의 관계라고 생각할 수 있다. 혹은, 지식과 정당화를 둘 다 그런 명제들이 다루고 있는 대상들과 맺는 특권적 관계로 생각할 수도 있다. 첫 번째 방식으로 생각한다면, 우리는 다른-명제를-옹호하기-위해-내세

40 플라톤의 시각적 은유들에 대한 나의 논의가 듀이와 하이데거에게 빚진 것임은 아마도 분명하다.

워지는-명제들의 잠재적인 무한 퇴행을 끝낼 필요가 없음을 알게 될 것이다. 모든 사람 혹은 대다수 혹은 현명한 사람들이 만족하고 나서도 이 주제에 관한 대화를 계속하는 것은 어리석은 일이 되겠지만, 어쨌든 우리는 **계속할 수 있다**. 두 번째 방식으로 지식을 생각한다면, 우리는 이유의 배후에 있는 원인에, 논증 너머에 있는 그 알려진 대상으로부터의 강제성에 도달하고 싶어 할 것이다. 그 상황에서는 논증이 단지 어리석을 뿐 아니라 불가능한데, 요구된 방식으로 대상에 붙잡힌 사람이라면 의심하거나 대안을 찾을 **수 없을 것이기** 때문이다. 그 지점에 이르는 것은 지식의 토대에 이르는 것이다. 플라톤이 그 지점에 이르게 된 것은 감각들에서 탈출하여 ***영혼의 눈***인 이성의 능력 앞에 ***존재의 세계***를 열어 준 덕분이었다. 데카르트에게 그것은 혼란스러운 내적 표상들로부터 명석 판명한 표상들로 ***마음의 눈***을 돌리는 문제였다. 로크에게 그것은 데카르트의 지시 사항들을 뒤집고 "감각에 단칭적으로 나타난 것들"을 우리를 "붙잡아야" 하는 것, 즉 우리가 벗어날 수도 벗어나기를 바라서도 안 되는 것으로 보는 문제였다. 로크 이전에는 그 누구도 감각의 영역에서 지식의 토대를 찾으려는 생각을 떠올리지 않았을 것이다. 확실히 아리스토텔레스는 사물이 우리에게 어떻게 보이는지에 대해 우리가 오류를 범할 수 없다고 말했지만, 지식을 외양에 근거 지운다는 발상은 그와 플라톤 모두에게 터무니없다는 인상을 주었을 것이다. 우리가 지식의 대상으로 삼고 싶어 하는 것은 정확히 외양이 아닌 그 무엇이며, 한 종류 대상(외양)에 대한 명제가 다른 종류 대상(실제로 존재하는 것)에 대한 명제를 옹호하는 **증거**가 된다는 생각은 두 사람 모두에게 이해가 되지 않았을 것이다.

그러나 데카르트 이후, 관심에서 멀어지기 시작한 외양-실재 구분은 내면-외면의 구분으로 대체되었다. "나는 어떻게 외양의 영역에서 벗어날 수 있는가?"라는 질문은 "나는 어떻게 관념의 장막 배후에서 탈출할 수 있는가?"라는 질문으로 대체되었다. 이 질문에 대해 로크는 해답이 있었다. 플라톤이 기하학의 공리들로 그랬던 것처럼, 사물들이 감각에 어떻게 나타나는지에 대한 우리의 확신을 똑같이 사용하고, 그것을 전제로 삼아 다른 모든 것을 추론하라는 것이다(플라톤처럼 연역적으로라기보다 오직 귀납적으로만). 이 해답이 그럴듯해 보인 것은 흄이 그 문제로 씨름하기 전까지지만, 그래도 어떤 순진무구한 매력이 있었다. 그것은 플라톤이 느꼈던 것과 똑같은 붙잡히고, 파악되고, 강제되고자 하는 욕구를 만족시켰고, 그러면서도 "감각의 단순 관념들"은 ***플라톤의 형상***보다 덜 허식적이고 더 최신식으로 보였다. 따라서 칸트 시대에 이르러서는 마치 지식의 두 가지 대안적 토대가 있는 것처럼 보였다. 우리는 한편으로 ***형상***의 내면화된 형태인 데카르트의 명석 판명한 관념과, 다른 한편으로 흄의 "인상" 사이에서 하나를 선택해야 했다. 두 경우 모두 우리를 강제하는 대상들을 선택하고 있었다. 칸트는 그렇게 추정된 두 부류 대상을 거부했는데, 그것들이 "종합"을 통해 서로 결합하지 않으면 본질적으로 불완전하고 강제력을 지닐 수 없는 것이라 여겼기 때문이었다. 칸트는 그렇게 지식의 토대를 대상이 아닌 명제로 생각한 최초의 인물이었다. 칸트 이전에 "지식의 본성과 기원"에 대한 탐구는 특권적인 내적 표상을 탐색하는 것이었다. 칸트에 이르러 그것은 마음이 스스로 설정한 규칙들("***순수 지성의 원리들***")을 찾는 것이 되었다. 이것이 칸트가 우리를 자연에서 자유로 이끌었다고 간주하는 이유 중 하나다. 칸트는 우리가 우리 자신을 준-*뉴턴적* 기계로 보고 올바른 내적 존재자들에 의해 강제됨으로써 자연이 우리를 위해 설계한 대로 기능하기를 희망하는 대신, 자연이 어떤 모습을 지녀야 할지를 (본체적으로, 따라서 무의식적으로) 결정하는 존재로 보게 했다.

그러나 칸트는 로크의 정당화와 인과적 설명 사이의 혼동, 즉 "지식 이론"이라는 발상에 포함된 기본적 혼동에서 우리를 자유롭게 해주지 못했다. 우리의 자유가 관념론적 인식론에 의존한다는 생각, 즉 우리 자신을 "메커니즘을 넘어선" 존재로 보기 위해 우리가 초월적인 견지에서 원자와 빈 공간을 스스로 "구성"했다고 주장해야 한다는 생각은 로크의 실수를 온전히 반복한 것에 불과하기 때문이다. 그것은 우리의 발화와 여타 행위들을 정당화하는 것으로서 이유를 제시하는 논리적 공간과 인과적 설명의 논리적 공간이 일치할 것을 보장하거나(로크) 어느 한쪽이 다른 한쪽에 간섭할 수 없음을 보장하기(칸트) 위해 그 두 공간이 어떤 특별한 관계를 맺을 필요가 있다고 가정하는 것이다. 칸트가 일치는 무의미하고 간섭은 불가능하다고 생각한 것은 옳았지만, 후자의 요점을 확립하기 위해 앎의 주체가 자연을 "구성"한다는 개념이 요구된다고 생각한 것은 잘못이었다. 칸트가 지식에 대한 지각적 관점이 아닌 명제적 관점의 방향으로 나아간 것은, 그것이 "구성", "만들기", "형성하기", "종합하기" 등과 같은 인과적 은유의 기본 틀 안에 갇힌 채로였기 때문에 절반의 전진에 불과했다.

20세기 철학에서 "주류" 앵글로색슨 전통과 "주류" 독일 전통의 차이는 칸트를 향한 두 가지 상반된 입장의 표현이다. 러셀로 거슬러 올라가는 전통은 칸트의 종합적인 선험적 진리에 관한 문제를 수학의 본성에 대한 오해로 일축하고, 그럼으로써 인식론을 본질상 로크를 최신화하는 문제로 보았다. 그런 최신화 과정에서 인식론은 기초 명제와 비기초 명제 사이의 증거적 관계에 관한 연구로 여겨짐으로써 심리학과 분리되었고, 그러한 관계는 경험적 사실보다는 "논리학"의 문제로 여겨졌다. 반면에 독일 전통에서는 "구성"이라는 개념을 통해 자유와 정신성을 옹호하는 것이 철학자 특유의 사명으로 유지되었다. 논리적 경험주의logical empiricism와 이후의 분석철학은 대부분의 독일(그리고 많은 프랑스) 철학자들에 의해 "초월적"이지 않고, 따라서 방법론적으로 건전하지도 않고, 적절하게 교화적이지도 않다고 무시되었다. 대부분의 칸트 학설에 대해 가장 짙은 의구심을 가진 사람들조차도 그의 "초월적 전회" 비슷한 무언가가 본질적이라는 점은 절대 의심하지 않았다. 앵글로색슨 쪽에서는 소위 언어적 전회가 과학으로부터 철학의 영역을 구획하는 동시에, (철학이 대륙에 저지른 주된 죄악으로 여겨진) "관념론"의 흔적이나 그것의 유혹으로부터 우리를 자유롭게 하는 역할을 해줄 것으로 생각되었다.

그러나 영국 해협을 사이에 둔 양측 모두에서 대부분의 철학자는 칸트주의자로 남아 있다. 그들이 인식론을 "넘어서 나아갔다"라고 주장할 때조차도, 그들은 철학이 우리 믿음의 "형식적" 또는 "구조적" 측면들을 연구 대상으로 삼는 학문이며, 그런 것들을 검토함으로써 철학자는 다른 학문 분야들을 정직하게 유지하는 문화적 기능을 수행하고, 그들의 주장이 제대로 "근거"가 부여될 수 있는 것에 한정되게 하는 역할을 한다는 데 동의한다. 이런 신칸트주의적 합의에 대한 가장 위대한 예외들은 다시 한번 듀이, 비트겐슈타인, 하이데거다. 이번 절의 주제, 즉 어떤 대상을 바라볼 때 믿을 수밖에 없게 만드는 강제성과의 유비에 근거를 둔 것으로서 지식의 "토대"라는 개념과 관련하여 특히 중요한 사람은 바로 하이데거다. 왜냐하면 하이데거는 "객관성"이라는 인식론적 개념이, 그의 표현을 빌리자면 어떻게 플라톤적인 "φύσις퓌시스와 ἰδέα이데아의 동일시"로부터, 즉 어떤 사물의 실재성과 그것의 현전과의 동일시로부터 도출되는지 보여주려고 노력했기 때문이다.[41] 하이데거의 관심사는, 우리가 대상과 맺는 일차적 관계를 시각적 지각과 유사한 것으로 보는 생각에 서구가 집착하게 된 방식을 탐구함으로써, 우리가 사물과 맺는 관계에 관한 다른 사고방식이 있을 수 있음을 암시하는 데 있다. 지식을 지각에 빗댄 아리스토텔레스-로크의 비유가 어떤 역사적 뿌리를 지녔는지의 문제는 이 책의 범위를 벗어나지만, 적어도 우리는 하이데거로부터 "인식론"에 대한 욕망이란 애초에 선택된 은유들의 집합이 변증법적으로 발전한 가장 최근의 산물일 뿐이라는 생각을 취할 수 있다.[42]

이러한 발전을 직선적인 순서로 기술하는 것은 물론 지극히 단순한 처사이기는 하지만, 초기의 지배적 은유는 우리의 믿음이 믿음의 대상(예를 들어, 정리를 입증하는 기하학적 도형)과 직접 대면함으로써 결정된다는 것으로 생각하면 아마 도움이 될 것이다. 다음 단계는 더 나은 앎의 방법을 이해하는 것을 준-시각적 능력인 ***자연의 거울***이 수행하는 활동을 개선할 방법을 이해하는 것으로 생각함으로써 지식을 정확한 표상들의 묶음으로 생각하는 것이다. 그다음, 정확한 표

41 마르틴 하이데거, 『형이상학 입문Introduction to Metaphysics』(랄프 만하임Ralph Manheim 번역, New Haven, 1959), p. 185

42 하이데거, 『철학의 종말The End of Philosophy』(조운 스탬보Joan Stambaugh 편역, New York, 1973), p. 88.

상을 갖는 방법은 *거울* 안에서 그 정확성을 의심할 수 없을 정도로 매우 강제성이 강한 특별한 특권적 표상들의 집합을 찾는 것이라는 발상이 등장한다. 이러한 특권적 토대가 지식의 토대가 될 것이며, 우리를 그것들로 이끄는 학문, 즉 지식 이론이 문화의 토대가 될 것이다. 지식 이론은 마음의 장막이 벗겨지는 순간 그것에 믿음을 강제하는 무언가를 찾는 탐구가 될 것이다. 인식론으로서의-철학은 지식과 삶과 문화가 그 안에 담겨 있어야만 하는 변경 불가의 구조물, 즉 그것이 연구하는 특권적 표상들로 설정되는 구조물에 관한 탐구가 될 것이다. 그렇게 해서 신칸트주의적 합의가 우리 믿음의 결정자로서, **대화**를 **대면**으로 대체하려는 원래 소망의 최종 산물로 출현한다.

나는 제3부에서 만약 대화로 충분하다고 생각하고 대면을 위한 탐구를 포기한다면, 따라서 지식을 *자연의 거울*에 비친 표상들로 생각하지 **않는다면**, 사물들이 어떻게 보일지 보여주고자 한다. 하지만 다음 세 장에서는 먼저(제4장에서) 20세기 철학에서 신칸트주의적 합의가 어떤 모양새를 취했는지, 그리고 그런 합의의 한 형태인 "분석철학"이 최근에 어떤 혼란에 빠져들었는지 개괄해 보려 한다. 여기에는 특권적 표상 개념에 대한 콰인과 셀라스의 공격을 설명하고 옹호하는 작업이 포함될 것이다. 제5장과 제6장에서는 인식론으로서의-철학에 대한 두 가지 "계승 분과"라고들 하는 경험심리학과 언어철학을 각각 다루는데, 이 두 분과는 전형적으로 철학을 표상하기에 관한 연구로 간주함으로써 신칸트주의적 합의 안에 머물러 있다.

제4장

특권적 표상

1. 필연적 진리, 특권적 표상, 그리고 분석철학

19세기 말에 철학자들이 자기네 학문의 미래를 걱정하는 것은 당연한 일이었다. 한편으로는 경험심리학의 부상으로, "우리가 알 필요가 있는 것 가운데 심리학이 말해 줄 수 없는 것은 무엇인가?"라는 의문이 제기되었다.[1] 명석 판명한 관념들을 위한 안전한 세계를 만들려는 데카르트의 시도와 종합적인 선험적 진리를 위한 안전한 세계를 만들려는 칸트의 시도 이후로 줄곧, 존재론은 인식론이 지배해 왔다. 따라서 심리학에 의한 인식론의 "자연화"는 단순하고 완화된 물리주의만이 유일하게 필요한 종류의 존재론적 관점일 수 있음을 시사

1 이 질문은 다음 장에서 기술한 방식들로 우리 세기를 관통하는 내내 울려 퍼졌다. 심리학은 칸트 이전으로 돌아가 로크적인 순수성을 되찾을 수도 있겠다는 혼란스러운 희망 속에 철학의 외부에서 탄생했다. 그 이후로 줄곧 심리학자들은 신칸트주의 철학자들(분석적 부류와 현상학적 부류 양쪽 모두)이 자신들을 무시하는 것에 항의했으나 헛수고였다.

했다. 반면에 영국과 미국에서는 독일 관념론의 전통이 쇠퇴하여 "다른 수단에 의한 프로테스탄트주의의 지속"이라고 곧잘 묘사되는 형태로 변모하였다. 관념론자들은 물질적 실체를 제거하려는 버클리식 논증과 개별적 자아를 제거하려는 헤겔식 논증(헤겔의 역사주의는 단호하게 무시하면서도)을 끌어들임으로써 물리주의가 무시하는 것처럼 보였던 "영적 가치들"을 구하고자 꾀했다. 그러나 그러한 고결한 노력을 진지하게 받아들이는 사람은 거의 없었다. 베인Alexander Bain과 밀J. S. Mill의 열렬한 환원주의나 그에 못지않게 열렬한 로이스Josiah Royce의 낭만주의는, 제임스나 브래들리M. C. Bradley 같은 심미적 냉소자들과 더불어 청년 듀이 같은 사회 개혁가들을 자극하여 전통적인 인식론적 문제와 해결책 들의 비현실성을 선포하게 했다. 그들은 "대응으로서의 진리"와 "표상의 정확성으로서의 지식"에 대한 급진적 비판을 표출하기에 이르렀고, 그럼으로써 전공 학문 분야들에 대한 메타비평으로서의 철학이라는 칸트적 개념 전체를 위협했다. 동시에 니체, 베르그송, 딜타이 등 다양한 철학자들이 그와 같은 일부 칸트식 선가정들을 뒤흔들고 있었다. 한동안 철학이 마치 인식론으로부터, 확실성과 구조 및 엄격성의 추구로부터, 그리고 그 자신을 이성의 재판소로 구성하려는 시도로부터 단박에 완전히 벗어날 수 있을 것처럼 보였다.

그러나 1900년 무렵 철학에 금방 진입할 것 같았던 가벼운 유희의 정신은 싹을 틔우지 못했다. 수학이 플라톤에게 영감을 주어 "철학적 사고"를 발명하게 했던 것처럼, 진지한 마음을 가진 철학자들은 그들을 비평하는 사람들의 열성적인 풍자를 피하고자 수리논리학으로 눈을 돌렸다. 수학적 정신을 되찾으려는 이 시도의 전형적인 인물들이 후설과 러셀이었다. 후설은 철학이 "자연주의"와 "역사주의" 사이에 갇혀 있으며, 어느 쪽도 칸트가 철학자들이 생득권을 가진다고 확신했던 일종의 "필연적 진리"를 제공하지 않는다고 보았다.[2] 후설과 함께 러셀은 수리철학을 감염시킨 심리주의를 비난하고, 논리학이 철학의 본질이라고 선언했다.[3] 무언가 필연적인 것을 찾아야 할

---

2 에드문트 후설Edmund Husserl, 「엄밀한 학문으로서의 철학Philosophy as Rigorous Science」, 『현상학과 철학의 위기Phenomenology and the Crisis of Philosophy』, 퀜틴 라우어Quentin Lauer 편역(New York, 1965), p. 120을 참조하라. 이 논고(1910년에 발표된)에서 후설은 자연주의와 역사주의를 둘 다 회의주의와 상대주의의 형태들로 분석했다. 예를 들면 pp. 76-79, 122를 보라. 그는 『논리적 탐구Logical Investigations』에서 수행했던 논리학을 바라보는 심리적 사고방식에 대한 공격을 반복하면서 자연주의 비판을 시작했다. (자연주의가 규범을 사실로 환원함으로써 자기-논박에 빠진다는 것에 관하여는 pp. 80ff 참조.)

3 버트런드 러셀은 그의 『외부 세계에 대한 우리의 지식Our Knowledge of the External World』(London, 1914)에서 '철학의 본질로서의 논리학Logic as the Essence of Philosophy'이라는 제목의 장을 다음과 같은 주장들로 끝맺었다.

> 낡은 논리학이 사유에 족쇄를 채웠다면, 새로운 논리학은 그것에 날개를 달아 주었다. 내 견해로는, 그것은 갈릴레오가 물리학에 도입한 것과 같은 종류의 진보를 철학에 도입하여 마침내 어떤 종류의 문제들이 해결될 수 있고, 어떤 종류의 문제들은 인간의 능력을 넘어서는 것으로 포기되어야 하는지를 알 수 있게 해주었다. 그리고 해결책의 등장이 가능한 경우, 새로운 논리학은 단지 개인의 특이성을 구현하는 것이 아니라, 의견을 형성할 능력이 있는 모든 사람의 동의를 끌어낼 수밖에 없는 결과를 얻게 해줄 방법을 제공한다.

지금 나의 목적에 비추어 볼 때, 러셀이 새로운 논리학에서 **실제로** 비롯된 프레게와 비트겐슈타인의 구체적인 의미론적 학설들을, 그렇지 않은 인식론적 학설들과 혼동했다는 표준적인 비판은(예를 들어, 더밋Michael Dummett과 앤스콤G. E. M. Anscombe이 제기한) 중요하지 않다. 그 비판은 아주 정당하지만, 바로 그 혼동이 없었다면 분석 운동은 아예 시작도 못했거나 전혀 다른 양상을 띠었을

필요성에 마음이 움직이면서, 러셀은 "논리적 형식"을 발견했고, 후설은 비형식적인 것들에 "괄호"를 친 뒤에 남는 세계의 "순수하게 형식적인" 측면들인 "본질"을 발견했다. 이러한 특권적 표상들의 발견으로 다시 한번 진지함, 순수성, 엄밀성에 대한 탐구가 시작되었고,[4] 그 탐구는 약 40년 동안 지속되었다. 그러나 결국 후설의 이단적 추종자들(사르트르와 하이데거)과 러셀의 이단적 추종자들(셀라스와 콰인)은 필연적 진리의 가능성에 대해 헤겔이 칸트에 대해 제기했던 것과 같은 종류의 의문들을 제기했다. 현상학은 점차 후설이 절망적으로 "단지 인류학"[5]이라고 불렀던 것으로 변모하였고, "분석적" 인식론(즉 "과학철학")은 점점 더 역사주의적이 되고 점점 덜 "논리적"(핸슨N. R. Hanson, 쿤T. S. Khun, 하레Rom Harré, 헤세Mary B. Hesse의 경우

것이다. "언어적 철학linguistic philosophy"과 "언어철학philosophy of language"이 명확하게 구분되기 시작한 것은 불과 지난 20년 동안의 일이다. 이 구분에 대해 더 많은 내용은 제6장 1절을 참조하라.

4 러셀, 『외부 세계에 대한 우리의 지식』, p. 61(미국판, [New York, 1924]), 그리고 후설, 『현상학Phenomenology』, pp. 110-111을 보라.

5 헤르베르트 슈피겔베르크Herbert Spiegelberg, 『현상학 운동The Phenomenological Movement』, 2판(The Hague, 1965), 제1권, pp. 275-283. 그리고 데이비드 카David Carr가 후설의 『유럽 학문의 위기와 선험적 현상학The Crisis of European Sciences and Transcendental Phenomenology』(Evanston, 1970)에 수록한 「역자 서문」(pp. xxv-xxxviii)을 참조하라. 또한, 러셀의 영향을 받은 영미권의 프로젝트들과 후설 고유의 프로젝트 사이의 유사성을 보여주는 『존재와 시간Sein und Zeit』에 대한 라일의 반응도 참조하라. "제1철학으로서 현상학은 현재 파산과 재앙으로 향하고 있으며 자기 파멸적인 주관주의 또는 허풍스러운 신비주의로 끝나리라는 것이 나의 개인적인 의견이다"(*Mind*, 1929; 슈피겔베르크가 인용, 제1권, p. 347). 라일의 예지력 있는 주장은 "실존적 현상학"의 도래가 "엄밀한 학문"으로서의 현상학의 종말을 의미한다는 것이었다.

처럼)인 것이 되었다. 따라서 후설의 「엄밀한 학문으로서의 철학」과 러셀의 「철학의 본질로서의 논리학」 이후 70년이 지난 지금, 우리는 이 선언문의 저자들이 직면했던 것과 같다고들 하는 위험으로 되돌아온 것이다. 즉 철학이 자연주의로 너무 치우치면 강경한 실증적 학문이 철학을 밀어 내칠 것이고, 역사주의로 너무 치우치면 지성사, 문학 비평 및 "인문학" 내의 유사하면서도 말랑한 영역들이 철학을 집어삼키리라는 것이다.[6]

현상학과 분석철학의 영광과 비참에 관한 이야기의 전모를 밝히는 것은 분명히 이 책의 범위를 훨씬 넘어선다. 이번 장에서 내가 말하고 싶은 이야기는 단지 두 종류의 표상, 즉 직관과 개념이라는 생각이 분석 운동의 후기에 어떻게 평판을 잃게 되었는지에 관한 것이다. 나는 개념과 직관이 합쳐져 지식을 생산한다는 칸트식 그림이, 심리학과 구분되는 특유의 철학적 학문으로서의 "지식 이론"이라는

6 나는 영국과 미국에서 철학의 주된 문화적 기능은 이미 문학 비평으로 대체되었다고 생각한다. 젊은이들은 문학 비평을 그 자신이 과거와 어떻게 다른지 자술하는 원천으로 삼는다. 해럴드 블룸Harold Bloom, 『오독의 지도A Map of Misreading』(New York, 1975), p. 39 참조. 지금 미국에서는 과거의 현재성을 가르쳐야 할 운명이 역사나 철학이나 종교를 가르치는 교사보다 문학 교사에게 훨씬 더 많이 지워져 있는데, 왜냐하면 교육 현장에서 역사, 철학, 종교가 대행자의 역할에서 물러났고 제단에는 당황한 문학 교사가 자신이 제물이 될 것인지 사제가 될 것인지 두려움에 떨며 고민하는 채로 남겨졌기 때문이다. 이것은 대략 앵글로색슨 철학이 걷고 있는 칸트주의와 반역사주의의 행로 때문이다. 헤겔이 잊히지 않은 나라들에서 철학 교사의 문화적 기능은 상당히 다르며, 미국 문학평론가의 위치에 더 가깝다. 나의 「전문화된 철학과 초월주의적 문화Professionalized Philosophy and Transcendentalist Culture」, *Georgia Review* 30(1976), 757-769를 보라.

발상을 이해하는 데 필요하다고 주장해 왔다. 이것은 우리가 "주어진 것"과 "마음에 의해 보태진 것", 또는 "우연적인 것"(주어진 것의 영향을 받으므로)과 "필연적인 것"(전적으로 마음 "내부"에 있고 마음의 통제 아래 있으므로)을 구분하지 않으면, 무엇이 우리 지식의 "합리적 재구성"에 해당할지 알지 못할 거라는 말과 같다. 우리는 인식론의 목표나 방법이 과연 무엇이 될 수 있을지 알지 못할 것이다. 이 두 가지 구분은 분석 운동의 역사 내내 간헐적으로 공격받았다. 예를 들어 노이라트Otto Neurath는 주어진 것에 대한 카르납의 호소에 의문을 제기했고, 러셀의 "직접지knowledge by acquaintance" 개념과 루이스의 "표현적 언어expressive language"에 대해서도 종종 의구심이 표출되었다. 그러나 그런 의심들이 본격적으로 대두된 것은 1950년대 초 비트겐슈타인의 『철학적 탐구』, 오스틴의 "감각적 잡다의 존재론"에 대한 냉소, 셀라스의 「경험론과 심리철학」이 등장하면서부터다. 러셀과 빈학파Vienna Circle에 의해 "의미에 의한 참"과 "경험에 의한 참"의 구분으로 소생한 필연적인 것과 우연적인 것의 구분은 대체로 도전받지 않았으며, "이상理想 언어"와 "일상 언어" 분석의 최소한의 공통분모를 형성하고 있었다. 그러나 50년대 초반에는 또한 콰인의 「경험론의 두 독단」이 그 구분에 도전했고, 그와 더불어 구조 연구가 내용 연구에 맞서 있듯 철학이 경험 과학에 맞서 있다는 표준적인 생각(칸트, 후설, 러셀에게 공통된)에도 도전했다. 우리가 "경험"의 강제가 아니라 "언어"의 강제에 반응하고 있을 때가 언제인지를 어떻게 말할 수 있는가에 대한 콰인의 의구심(비트겐슈타인의 『탐구』에서 제기된 비슷한 의구심으로 뒷받침되는)이 제기되면서, 철학이 어떤 의미에서 별도의 "형식적" 탐구 분야를 가지는지, 그리고 그럼으로써 그 결과물이 철학이 원하는 필연적 성격을 어떻게 가질 수 있다는 것인지 설명하기가 어려워졌다. 왜냐하면 이 두 가지 도전은 "지식 이론"이라는 바로 그 발상 자체에 대한 도전이었으며, 따라서 그런 이론을 중심으로 하는 학문으로 여겨지던 철학 자체에 대한 도전이었기 때문이다.

이어지는 글에서 나는 분석철학의 칸트적 토대를 비판하는 두 가지 급진적 방식, 즉 "주어짐이라는 근본 틀 전체"에 대한 셀라스의 행동주의적 비판과 필연-우연 구분에 대한 콰인의 행동주의적 접근을 논의하는 것으로 나 자신을 한정할 것이다. 나는 그 둘을 전체론의 형태들로 제시할 것이다. 지식을 *자연의 거울*처럼 정확하게 표상하기의 문제로 간주하는 한, 콰인과 셀라스의 전체론적 학설은 무의미한 역설처럼 들린다. 그런 정확성은 자동적이고 내재적으로 정확한 특권적 표상들에 관한 이론을 요구하기 때문이다. 따라서 주어짐에 대한 셀라스의 주장과 분석성에 대한 콰인의 주장에 맞서 제기된 반응은 흔히 그들이 "너무 멀리 나갔다"는 것이다. 즉 전체론이 그들의 마음을 송두리째 빼앗아 상식을 내버리게 했다는 것이다. 나는 셀라스와 콰인을 옹호하기 위해 그들의 전체론이, 정당화라는 것은 관념(또는 말)과 대상 사이의 특별한 관계의 문제가 아니라 대화의 문제이자 사회적 실천의 문제라는 논제에 전념한 산물이라고 주장할 것이다. 말하자면 대화적 정당화는 자연스럽게 전체론적이며, 반면 인식론적 전통에 내재한 정당화 개념은 환원적이고 원자론적이다. 나는 셀라스와 콰인이 주어진-것-대-주어지지-않은-것, 필연적인-것-대-우연적인-것의 구분에 똑같이 반대하는 동일한 하나의 논증에 호소한다는 것을 보이려고 노력할 것이다. 이 논증의 결정적인 전제는, 우리는 믿음의 사회적 정당화를 이해할 때 지식을 이해하며, 따라서 지식을 표상의 정확성으로 볼 필요가 없다는 것이다.

대화가 대면을 대체하고 나면, *자연의 거울*로서의 마음 개념은 폐기될 수 있다. 그러면 *거울*을 구성하는 것들 가운데서 특권적 표상을 찾는 학문으로서의 철학이라는 개념은 말이 되지 않게 된다. 철저한 전체론에서는 "개념적인" 것이라거나, "자명한" 것이라거나, 나머지 지식의 "토대"를 분별하는 것이라거나, 어떤 표상이 "순수하게 주어진 것이고" 어떤 표상이 "순수하게 개념적"인지를 설명하는 것이라거나, 경험적 발견이 아닌 "규격화된 표기법"을 제시하는 것이라거나, "근본 틀을 변형시키는 휴리스틱heuristic 범주들"을 분리해 내는 것이라는 등의 철학 개념이 들어설 자리가 없다. 만약 우리가 지식을 자연을 반사하려는 시도가 아니라 대화와 사회적 실천의 문제로 본다면, 우리는 가능한 모든 형태의 사회적 실천에 대한 비판이 될 메타실천을 머리에 떠올릴 일은 거의 없을 것이다. 따라서 콰인이 자세히 주장하고 셀라스가 지나가면서 말한 것처럼 전체론은 확실성의 추구와는 아무런 관련이 없는 철학 개념을 산출한다.

그러나 콰인이나 셀라스 모두 새로운 철학 개념을 상세하게 발전시키지는 않았다. 콰인은 과학과 철학 사이에 경계가 없다고 주장하고는 그렇게 해서 자기가 과학이 철학을 대체할 수 있음을 보여주었다고 당연시하는 방향으로 나아간다. 그러나 그가 과학에 어떤 과제의 수행을 요구하고 있는지는 분명하지 않다. 또한 왜 예술이나 정치나 종교가 아니고 자연과학이 그 공석을 떠맡아야 하는지도 명확하지 않다. 게다가 콰인의 과학 개념은 흥미롭게도 여전히 도구주의적이다. 그것은 "자극stimuli"과 "가정posits"의 구분을 기반으로 하는데, 이는 오래된 직관-개념의 구분에 지원과 위로를 제공하는 것처럼 보인다. 그래도 콰인은 감각 기관의 자극 역시 다른 어떤 것이든지와 마찬가지로 "가정"임을 인정함으로써 두 구분 모두를 넘어선다. 콰인은 개념적-경험적, 분석적-종합적, 언어-사실의 구분을 단념하면서도, 여전히 주어진 것과 가정된 것 사이의 구분을 완전히 단념할 수 없었던 것처럼 보인다. 반대로 후자의 구분을 물리친 셀라스는 전자의 구분 뭉치를 완전히 포기하지 못한다. 분석성을 물리친 콰인의 승리를 정중하게 인정하면서도 셀라스의 글에는 여전히 다양한 용어나 문장에 대한 "분석 제공"의 개념이 스며들어 있으며, 필연적인 것과 우연적인 것, 구조적인 것과 경험적인 것, 철학적 것과 과학적인 것 사이의 구분이 암묵적으로 사용되고 있다. 두 사람 모두 각기 상대방이 넘어선 구분을 비공식적이고 암묵적이면서 휴리스틱하게 지속해서 사용하는 경향을 보인다. 분석철학은 마치 칸트의 두 가지 위대한 구분 가운데 적어도 **하나**가 없이는 써질 수 없는 것처럼 보인다. 그리고 콰인이나 셀라스 둘 다 그들을 러셀, 카르납, 그리고 "철학의 본질로서의 논리학"과 묶어 주는 마지막 연결 고리를 끊으려 하지 않는 것처럼 보인다.

의심컨대, 아마도 분석철학은 그런 구분 가운데 어느 하나라도 없이는 써질 **수 없을** 것이다. 개념들을 분해하여 도달할 수 있는(카르납의 『논리적 세계의 구조Der Logische Aufbau der Welt』의 방식으로) 직관이나 "문법적 발견"을 가능하게 하는("옥스퍼드 철학"의 방식으로) 개념들 사이의 내적 관계들이 존재하지 않는다면, 실제로 어떤 "분석"이 있을 수 있겠는지 상상하기 어렵다. 현명하게도 이제 분석철학자 중에는 분석을 제공한다는 것이 무엇인지 설명하려고 노력하는 사람이 거의 없다. 1930년대와 1940년대에는 러셀과 카르납의 후원 아래 상당히 많은 메타철학적 문헌이 등장했고, 1950년대에는 『철학적 탐구』와 『마음의 개념』을 모범으로 삼은 또 다른 그런 문헌이 쏟아졌지만,[7] 지금은 성공적인 분석과 실패한 분석을 구분하는 방법을 설명함으로써 "분석철학"에 자의식을 일깨우려는 시도가 거의 없다. 현재 분석 운동 내에서 메타철학적 성찰이 부족하다는 것은, 분석철학이 이제 여러 나라에서 확고하게 자리 잡은 사유 학파라는 사회학적 사실의 징후라고 나는 생각한다. 따라서 이들 나라에서는 특정 양식을 사용하거나 특정 주제를 언급하는 철학자들이 하는 작업이라면 **무엇이든** 러셀과 카르납이 시작한 연구를 이어가는 것으로 여겨진다(말하자면, 직무상 그렇다ex officiis suis). 급진적 운동이 그 반란의 대상이었던 기존 체제를 인수하고 나면, 방법론적 자의식, 자기비판, 변증법적 공간이나 역사적 시간에서의 위치 감각 등은 그 필요성이 적어진다.

나는 그런 양식적이거나 사회학적인 방식을 제외하고는, "분석철학"이라고 식별할 수 있는 것이 더는 존재하지 않는다고 생각한다. 그러나 이것은 마치 어떤 합당한 기대가 수포가 되었다는 식의 비방 발언이 아니다. 철학의 분석 운동은 (다른 모든 학문의 다른 운동과 마찬가지로) 일련의 가정들에 대한 변증법적 귀결을 산출했으며, 이제는 해야 할 일이 거의 남지 않았다. 러셀과 카르납이 칸트와 공유했던 종류의 낙관적 믿음, 즉 철학의 본질과 올바른 방법이 마침내 과학의 안전한 행로 위에 자리하게 되었다는 그 믿음은 조롱하거나 개탄할 것이 아니다. 그런 낙관주의는 드높은 상상력과 대담함을 지닌

---

7 나는 『언어적 전회Linguistic Turn』(리처드 로티 편집, Chicago, 1967)의 「서문」에서 1965년까지 나온 그런 문헌을 정리해 보려고 시도했다.

인간들, 그 시대의 영웅들에게나 가능한 것이다.

2. 인식론적 행동주의

논리적 경험주의에 대한 콰인과 셀라스의 공격에 공통된 특징을 기술하는 가장 간단한 방법은, 둘 다 논리적 경험주의가 특권적 표상의 보고들이라며 특정 주장들에 부여하는 인식적 특권에 대해 행동주의적 의문을 제기한다고 말하는 것이다. 콰인은 원주민이 한결같이 전적으로 동의하는 문장들을, 인류학자가 어떻게 한편으로는 우연적이고 경험적인 평범한 진술로, 다른 한편으로는 필연적이고 개념적인 진리로 구별할 것인지 묻는다. 셀라스는 예를 들어 사물이 우리에게 보이는 방식, 우리가 겪는 고통, 우리 마음 앞에 떠다니는 사고들 등에 대한 일인칭 보고의 권위가 금속의 응력, 새의 짝짓기 행동, 물리적 대상의 색깔에 대한 전문가 보고의 권위와 어떻게 다른지 묻는다. 우리는 두 질문을 한데 묶어 간단히 이렇게 물을 수 있다. "우리의 동료들은 우리의 주장 중 어떤 것은 곧이곧대로 믿고, 어떤 것은 추가로 확증을 찾아야 하는지를 어떻게 알 수 있을까?" 원주민들은 어떤 문장이 "언어 덕분에" 참인지는 알지 못해도, 그저 어떤 문장이 의문의 여지 없이 참인지 아는 것으로 충분한 것 같다. 우리의 동료들은 우리의 내적 상태들을 알아내는 데 있어, 우리의 보고를 통하는 것보다 더 나은 방법은 없다고 믿는 것으로 충분한 것 같다. 우리의 그 보고 "배후"에 무엇이 놓여 있는지 알지 못해도 상관없다는 것이다. 또한 **우리**로서는 우리의 동료들이 그런 묵인의 태도를 지녔음을 아는 것으로 충분한 것 같다. 그것 하나만으로 "의식에의 즉각적인 현전", "증거의 감각", 그리고 *자연의 거울*에 반사된 것들이 본질상 자연 자체보다 더 잘 알려진다는 가정에 따른 여타 표현들 등을 동원하여 전통적으로 설명해 온 우리의 내적 상태에 대한 그 내적 확실성을 대신하기에 충분해 보인다. 셀라스에게 "나는 고통스럽다"의 확실성은 아무도 그것에 의문을 제기하고 싶은 마음이 없다는 사실의 반영이지, 그 반대가 아니다. 콰인에게 "모든 인간은 동물이다"의 확실성과 "검은 개가 몇 마리 있었다"의 확실성도 마찬가지다. 콰인은 "의미들"이 기계장치의 제 부속품이 아닌 바퀴처럼 떨어져 나간다고 생각하며,[8] 셀라스도 "자기-보증적인 비-언어적 에피소드들"에 대해서 똑같이 생각한다.[9] 더 넓게 보면, 어떤 주장이 그것이 표현하는 내적 표상의 특성에 의해서가 아니라 사회에 의해 정당화된다면, **특권적** 표상을 따로 분리하려는 시도는 의미가 없다.

합리성과 인식적 권위를 통해 사회가 우리에게 어떤 말을 허용하는지 설명하는 것이 아니라, 오히려 후자를 참고해서 전자를 설명하는 것이 바로 내가 "인식론적 행동주의"라고 부를 입장의 본질이며, 이는 듀이와 비트겐슈타인에게 공통되게 나타나는 태도이다. 이런 종류의 행동주의는 일종의 전체론으로 가장 잘 이해될 수 있지만, 관념론적인 형이상학적 지지대를 요구하지는 않는다. 그것은 우리가 만약 언어 게임의 규칙들을 이해하면, 그 언어 게임에서 그런 조처들

---

8 콰인의 견해를 "철학적인 의미 개념"의 설명적 유용성을 공격한 것으로 해석하는 것에 관해서는 다음을 보라. 길버트 하먼Gilbert Harman, 「의미와 존재에 관한 콰인의 견해Quine on Meaning and Existence, I」, *Review of Metaphysics* 21(1967), 124-151, 특히 125, 135-141.

9 윌프리드 셀라스, 『과학, 지각, 실재』, p. 167.

이 성립된 이유에 대해 이해해야 할 모든 것(즉, 언어의 역사, 뇌의 구조, 종의 진화, 게임 참여자들의 정치적 또는 문화적 환경 등 아무도 인식론적이라고 부르지 않을 것들의 탐구에서 얻는 추가분의 이해를 제외한 나머지 모든 것)을 이해한 것이라고 주장한다. 만약 우리가 이런 의미에서 행동주의자라면 전통적인 칸트식 구분 가운데 어느 것에도 호소할 일이 생기지 않을 것이다. 하지만 우리가 그냥 그렇게 믿고 나가기만 하면 행동주의자가 될 수 있는 걸까? 아니면 콰인과 셀라스의 비판자들이 제안하듯이, 행동주의가 단지 논점 선취의 오류를 저지르고 있는 것은 아닌가?[10] 근본적인 인식적 개념들이 행동적 용어들로 해명**되어야 한다**고 생각할 어떤 이유가 있을까?

이 마지막 질문은 이렇게 귀착된다. 우리는 "인간 지식의 본성"에 대한 연구를 그저 인간이 상호 작용하는 특정 방식들에 관한 연구로만 취급할 수 있을까, 아니면 그것이 존재론적 토대(인간을 기술하는 특정한 철학적 방식과 관련된)를 요구할까? 우리는 "S는 *p*를 안다"(또는 "S는 *p*를 비추론적으로 안다", "S는 *p*를 수정불가능하게 믿는다", "*p*라는 S의 지식은 확실하다")를, S의 동료들 사이에서 그의 보고가 누리는 위상에 대한 발언으로 받아들여야 할까, 아니면 주체와 대상, 자연과 그것의 거울 사이의 관계에 대한 발언으로 받아들여야 할까? 첫 번째

10 콰인의 행동주의에 대한 이런 종류의 비판에 대해서는 다음을 보라. H. P. 그라이스H. P. Grice와 P. F. 스트로슨, 「하나의 도그마를 옹호하며In Defense of a Dogma」, *Philosophical Review* 65(1956), pp. 141-156. 셀라스에 관한 그런 비판에 관해서는, 지향성에 관한 그의 주장들에 대해 로더릭 치좀이 서신을 통해서 제기한 비판을 보라. *Minnesota Studies in the Philosophy of Science* 2(1958), pp. 521ff.

대안은 실용주의적 진리관으로, 그리고 존재론에 대한 치유적 접근으로 이어진다(여기서 철학은 상식과 과학 사이의 무의미한 다툼을 바로잡을 수는 있지만 어떤 것의 존재 또는 비존재에 대한 자체적인 논증을 제공하지 못한다). 따라서 콰인에게 필연적 진리란 그것에 의문을 제기하게 만들 흥미로운 대안을 아무도 제시하지 않는 진술에 불과하다. 셀라스에게 있어서, 스쳐 지나간 어떤 사고에 대한 보고가 수정불가능하다고 말하는 것은, 사고에 관한 현시점의 진지한 일인칭 보고를 액면 그대로 받아들이지 않으면서 인간의 행동을 예측하고 통제하는 좋은 방법을 아직 아무도 제시한 적이 없다고 말하는 것이다. 두 번째 대안은 마음과 의미, 마음과 즉각적 자각의 자료, 보편자와 특수자, 사고와 언어, 의식과 뇌 등의 관계에 대한 "존재론적" 설명으로 이어진다. 치좀이나 베르크만Gustav Bergmann 같은 철학자들이 볼 때, 만약 우리가 상식의 실재론을 보존하고자 한다면, 그런 설명이 **반드시** 시도되어야 한다. 그런 모든 설명의 목적은, 진리를 듀이가 "보증된 주장가능성"이라고 불렀던 것 이상의 무언가로, 다시 말해 **나머지 사정이 그대로인 한**ceteris paribus, 우리가 말해도 우리 동료들이 별로 문제 삼지 않을 것 그 이상으로 만들겠다는 것이다. 그런 설명이 존재론적일 때는 일반적으로 지식의 대상을 재기술하여 그것과 앎의 주체 사이의 "간극을 메우는" 형태를 취한다. 이 두 접근 방식 중 하나를 선택하는 것은 "믿는 편이 우리에게 좋은 것"으로서의 진리와 "실재와의 접촉"으로서의 진리 중 하나를 선택하는 것이다.

따라서 우리가 지식에 대한 우리의 태도에서 행동주의적일 수 있는지를 질문하는 것은 지식 주장이나 심적 상태에 대한 행동주의적 "분석"의 "적절성"에 대한 문제가 아니다. 인식론적 행동주의("실용주의"라는 용어에 다소 과부하만 걸리지 않았더라도, 간단히 "실용주의"라고 부를 수도 있었을)는 왓슨John B. Watson이나 라일과는 아무 관련이 없다. 오히려 그것은 철학이 지식과 진리에 대해 (생물학, 역사 등으로 보완된) 상식 이상의 것을 제공하지 않으리라는 주장이다. 문제는 "S는 *p*를 안다"에 대해 행동적 필요충분조건들이 제시될 수 있느냐가 아니다. 그 누구도 더는 그런 가능성을 꿈꾸지 않는다. 또한 이것은 "S가 *p*를 본다", "S에게 마치 *p*처럼 보인다", 혹은 "S에게 *p*라는 생각이 있다" 등에 대해서 그런 행동적 조건들이 제시될 수 있느냐의 문제도 아니다. 셀라스와 콰인을 행동주의자라고 칭할 수 있는 더 넓은 의미에서 행동주의자가 된다는 것은 환원주의적 분석을 제공하는 것이 아니라 특정한 종류의 설명을 시도하지 않는 것이다. 즉 환경이 인간에게 미치는 영향과 그런 영향에 대한 보고 사이에 "의미들에 대한 직접적 앎acquaintance" 또는 "감각적 외양들에 대한 직접적 앎" 같은 개념을 삽입하거나 더 나아가 그러한 개념을 사용하여 그런 보고의 신뢰성을 설명하려 하는 온갖 종류의 시도를 거부하는 것이다.

하지만 다시 한번 묻는다. 그런 개념들이 필요한지 아닌지를 우리가 어떻게 결정해야 할까? 이에 대해 인간 본성에 관한 선행하는 결정, 즉 인간을 기술하기 위해 "마음", "의식의 흐름" 등과 같은 개념들이 필요한지 아닌지에 관한 결정에 기초하여 답하고 싶은 유혹이 있다. 하지만 이는 잘못된 대답일 수 있다. 우리는 지식에 대해 셀라스-콰인의 태도를 받아들이면서도, 날 느낌, 선험적 개념, 본유관념, 감각 자료, 명제, 그리고 그 밖에 인간 행동을 인과적으로 설명할 때 상정하면 도움이 되겠다고 생각할 수 있는 다른 모든 것을 기분 좋게 "밀어줄" 수 있다.[11] 우리가 **할 수 없는** 일은 그러한 "내적" 또는 "추상적" 존재자들에 대한 지식을, 다른 존재자들에 대한 우리의 지식을 정상적으로 추론하는 **전제들**로 삼아서 그런 전제 없이는 후자의 지식이 "근거를 지니지 못하게" 만드는 일이다. 그 차이는 언어를 안다는 것이 그 용어들의 의미에 친숙해지는 것이라거나 탁자를 본다는 것은 직사각형의 감각-인상을 얻는 것이라고 말하는 것과, "모든 사람은 동물이다" 또는 "저것은 탁자처럼 보인다"라는 개별 발화token의 **권위**를 의미에 대한 지식이나 감각 인상이 지닌 선행하는 권위(내적, 사적, 비사회적인)에 의해 설명하는 것 사이에 있다. 인식론에서 행동주의는 가정을 최소화하는 형이상학적 근검절약의 문제가 아니라, 예를 들면 사고, 인상, 보편자, 명제 등과 사람들 사이의 "친숙" 관계를 통해 주장들에 권위가 부여될 수 있느냐의 문제다. 이런 문제들에 대한 콰인-셀라스의 관점과 치좀-베르크만의 관점 사이의 차이는 우거진 풍경과 성긴 풍경의 차이가 아니라, 권리와 책임이 사회가 부여할 문제라고 생각하는 도덕 철학자와 사회가 권리를 부여할 때 사회가 "인정하는" 무언가가 인간 내부에 있다고 생각하는 도덕 철학자 사이의 차이에 더 가깝다고 할 수 있다. 인간에게 목숨 걸고 지킬 권리가 있다는 점에서는 도덕철학에서 이 두 학파의 의견이 다르지 않다. 다만 그들은 그런 권리가 언제 그리고 왜 부여되거나 거부

---

11 나는 제5장에서 경험심리학을 논의할 때 이 주장을 옹호할 것이다. 안타깝게도 셀라스와 콰인 본인들은 이 문제를 이렇게 태평한 방식으로 바라보지 않는다. 콰인이 의도들을 버리고 탈출한 것에 대한 비판은 아래 4절을 보라. 이 비판은 "과학적 이미지"가 의도들을 배제한다는 주장을 고수하는 셀라스에게도 마찬가지로 적용될 수 있다. 하지만 셀라스의 요점은 더 미묘하며, 뒤의 제6장 5절에서 비판한 그의 『논리철학논고』식 그림 개념과 관련되어 있다.

되는지를 사회역사가와 지성사가 들이 이해하는 방식으로 이해하고 나서도 이해해야 할 것이 더 남아 있느냐 여부에 대해 의견이 다를 뿐이다. 요컨대 그들은 "인권의 존재론적 토대"가 있느냐에 대해서 의견이 다른데, 이는 (지식을 다루는 역사가들이 이해하는 바대로) 다양한 믿음이 언제 그리고 왜 채택되거나 폐기되는지 이해하고 나서도 여전히 "지식과 실재의 관계"라는 이해해야 할 무언가가 남아 있는지에 대해서 셀라스-콰인의 접근 방식이 경험론 및 합리론의 전통과 다른 것과 마찬가지다.

도덕철학과의 이러한 유비를 통해 우리는 행동주의와 관련한 인식론의 쟁점에 다시 한번 집중하게 된다. 여기서 쟁점은 사실에 대한 설명의 적절성이 아니라 정당화의 실천이 사실에 "접지"할 수 있는지다. 이것은 인간의 지식이 실제로 "토대"를 가지는지의 문제가 아니라, 토대를 가진다고 제안하는 것이 말이 되는지, 즉 인식적 또는 도덕적 권위가 자연 안에 "근거"를 지닌다는 발상이 정합적인 발상인지의 문제다. 도덕 실용주의자에게 특정 사회의 관습이 "인간 본성에 근거를 둔다"라는 주장은, 그가 어떻게 논쟁을 벌여야 할지 알지 못하는 주장이다. 그는 관습이 그렇게 근거를 갖는다는 것이 어떤 것일지 알 수 없어서 실용주의자다. 인식론에 대한 콰인-셀라스의 접근 방식에서 진리와 지식이 오직 우리 시대 탐구자들의 기준에 의해서만 판단될 수 있다고 말하는 것은, 인간의 지식이 우리가 생각했던 것보다 덜 고귀하거나 덜 중요하다고 말하는 것이 아니며, 더 "세계와 단절"되어 있다고 말하는 것도 아니다. 단지 우리가 이미 받아들이고 있는 것을 참고하지 않는 한 어떤 것도 정당화될 수 없으며, 정합성 이외의 다른 시금석을 찾아서 우리의 믿음과 언어 바깥으로 나갈 방법은 없다는 것을 말하려는 것이다.

*참*과 *옳음*이 사회적 실천의 문제라고 말하는 것은 우리에게 상대주의의 운명을 지우는 것처럼 보일 수 있다. 그것은 그 자체로 지식이나 도덕에 대한 행동주의적 접근을 귀류법적으로 거부할 수밖에 없게 만든다. 나는 제7장과 제8장에서 역사주의를 논의할 때 이 비난을 다룰 것이다. 여기서 나는 모든 탐구와 역사에서 영구적이고 중립적인 모체를 형성하는 무언가에 호소함으로써 특정한 과학적 관점이나 도덕적 관점의 집합을 대안들보다 더 "합리적"인 것으로 분간해 줄 학문이라고 하는 철학의 이미지만이, 그런 상대주의 때문에 지적 실천적 정당화에 대한 정합성 이론들이 자동으로 배제되어야 한다고 생각하게 만들 수 있다는 점만을 간단히 언급하고자 한다. 지식이 토대를 갖지 않을 수 있다거나 권리와 의무가 존재론적 근거를 갖지 않을 수 있다는 주장 앞에 전문 철학자들이 움츠러드는 한 가지 이유는, 토대가 없어도 상관없다는 식의 행동주의라면 철학이 없어도 상관없다는 방향으로 나아갈 가능성이 농후하기 때문이다. 왜냐하면 탐구와 역사의 드라마가 펼쳐지는 영구적이고 중립적인 모체가 존재하지 않는다는 견해는 누군가의 문화 비판이 단편적이고 부분적일 수밖에 없으며, 결코 "영구적인 기준을 통해서" 이루어질 수 없다는 결론을 낳기 때문이다. 이는 철학이 과학 및 문화와 맺는 관계에 대한 신칸트주의적 이미지를 위협한다. 어떤 주장과 행위가 다른 주장과 행위와 정합해야 할 뿐만 아니라 사람들이 말하고 행하는 것과는 별개로 무언가에 "대응"해야 한다고 말하고 싶은 충동은 **이른바** 철학적 충동이라고 불릴 만하다. 소크라테스의 말과 행동이 현행 이론이나 실천과 있는 그대로 정합하지 않았음에도 불구하

고, 아테네 사람들이 가까스로 엿볼 수 있었던 무언가에 대응한다고 말하도록 플라톤의 마음을 움직인 것이 바로 이 충동이다. 콰인과 셀라스가 반대하는 플라톤주의의 잔재는 비물리적 존재자의 실체화가 아니라, 그런 존재자와의 "대응"을 현재 실천의 가치를 평가하는 시금석으로 보려는 생각이다.[12]

요컨대 지금 나는 두 종류의 표상, 즉 하나의 능력에 "주어지는" 직관과 다른 하나의 능력에 "주어지는" 개념(또는 의미)이라는 칸트식 발상에 대한 콰인-셀라스의 공격이, 인간 지식에 대한 어떤 한 종류의 설명을 다른 설명으로 대체하려는 시도가 아니라 "인간 지식에 대한 설명"이라는 개념에서 벗어나려는 시도임을 주장하고 있다. 이는 하나의 원형적인 철학적 문제, 즉 규범, 규칙, 정당화를 사실, 일반화, 설명으로 환원하는 방법에 관한 문제에 맞서는 저항인 셈이다.[13]

---

12 불행히도, 두 사람 모두 이 대응을 물리적 존재자들에 대한, 더 구체적으로는 물리 과학의 "기본 존재자들"(소립자들 혹은, 그것의 후임자들)에 대한 대응으로 대체하려는 경향을 보인다. 그림그리기의 정확성으로서의 플라톤적 지식 개념에서 무언가를 건지려는 셀라스의 (그리고 제이 로젠버그Jay Rosenberg의) 시도는 뒤에서 비판된다(제6장 5절). 나 자신의 태도는 스트로슨의 것과 같다(그리고 하이데거와도). "대응 이론은 정화가 아니라 제거가 필요하다."(P. F. 스트로슨, 「진리」, 『진리Truth』에 재수록, 조지 피처 편집[Englewood Cliffs, N.J., 1964], p. 32) 혹은 더 온건하게 말하자면, 대응 이론은 인식론으로부터 분리되어 의미론으로의 강등이 요구된다. (로버트 브랜덤, 「진리와 주장가능성Truth and Assertability」, *Journal of Philosophy* 73[1976], 137-149를 보라.)

13 "인식론적 사실들이 현상적이든 행동적이든, 공적이든 사적이든, 어쨌거나 비인식론적 사실들로 남김없이, 적어도 '원리상으로'라도 분석될 수 있다는 발상은, 가정법과 가설을 아무리 아낌없이 남발한다고 하더라도, 내가 생각하기에는 근본적인 실수, 즉 윤리학에서 소위 '자연주의적 오류'라고 부르는 것과 같은 종류의 실수다"라는 셀라스의 주장을 참조하라(『과학, 지각, 실재』, p. 131).

이러한 이유로, 우리는 콰인과 셀라스가 제기하는 쟁점들을 논증하기 위한 중립적인 메타철학적 기반을 찾을 일이 없을 것이다. 왜냐하면 그들은 "적절성"을 검증해 봐야 할 어떤 "설명"을 제시하고 있는 것이 아니라 "설명"을 제공하는 일의 무익함을 지적하고 있기 때문이다. 두 사람처럼 행동주의적으로 검증할 수 없는 에피소드에 호소하여(이때 마음은 파랑임의 예화 혹은 "파랑"의 의미에 대한 그 자신의 직접적 앎을 인식한다) 주장을 정당화하려는 시도를 거부한다는 것은, 정당화가 단지 전체론적이어야 함을 말하는 것뿐이다. 만약 우리에게 토대를 제공해 주겠다는 "직접지"의 신념을 갖지 않기로 하되, 그러면서도 단순히 정당화 같은 것이 있다는 것을 부정하는 것이 아니라면, 우리는 셀라스의 편에 서서 "과학은 **토대**가 있어서 합리적인 것이 아니라 그 **어떤** 주장이건 위태롭게 만들 수 있다는(비록 모든 주장이 한 번에 위태로워지는 일은 없더라도) 자기 교정의 기획이기 때문에 합리적"이라고 주장하게 될 것이다.[14] 우리는 콰인의 편에 서서 지식은 건축학적 구조물이 아니라 일종의 힘의 장場과 같으며[15] 수정을 면할 수 있는 주장은 없다고 말할 것이다. 우리가 전체론적인 입

나는 인식론에 접근하는 셀라스의 방식이 지닌 중요성은 그가 이 영역에서 참되고 흥미로운 환원불가능성을 한 종류의 특수자(심적, 지향적인 것들)와 또 다른 종류의 특수자(물리적인 것들) 사이가 아니라 한편으로 기술記述과 다른 한편으로 규범, 실천, 가치 사이에 적용되는 것으로 본 점에 있다고 주장할 것이다. (아래 각주 17번을 보라.)

14 셀라스, 『과학, 지각, 실재』, p. 170.

15 콰인, 『논리적 관점에서From a Logical Point of View』(Cambridge, Mass., 1953), p. 42.

장을 택하게 되더라도 그 이유는 전체를 애호하기 때문이 아니며, 그것은 우리가 "유령 같은 존재자"에 대한 염증 때문에 행동주의자가 된 것은 아닌 것과 마찬가지다. 그 선택의 이유는 단지 정당화가 언제나 행동주의적이고 전체론적**이었기** 때문이다. 오로지 직업적 철학자만이 정당화가 다른 무언가일 수 있지 않을까 꿈꾸었다. 왜냐하면 오로지 그런 사람만이 인식론적 회의주의자에게 겁을 먹기 때문이다. 지식에 대한 전체론적 접근은 반反토대주의적 논박의 문제가 아니라 인식론적 기획 전체에 대한 불신이다. "직접적 인식"의 에피소드들에 대한 행동주의적 접근은 반심성주의적 논박의 문제가 아니라 시각적 지각에 결부된 특별한 종류의 확실성을 지향하는 플라톤적 추구에 대한 불신이다. ***자연의 거울*** 이미지, 거울이 반사하는 바깥의 대상들보다 더 쉽고 확실하게 보인다는 거울의 이미지는 그러한 추구로서의 철학의 이미지를 암시하기도 하고 또 그런 철학의 이미지에 의해 암시되기도 한다.

지금까지 내가 말한 것이 건전하다면, 셀라스와 콰인의 견해를 옹호할 수 있는 유일한 방법은 그들의 비판자들에게 응수하는 것뿐이다. 그들이 딛고 서서 공정한 싸움을 벌인 끝에 각각 "주어진 것"과 "분석적인 것"을 극복했음을 보여줄 수 있는 그런 중립적인 지반 같은 것은 존재하지 않는다. 우리가 할 수 있는 최선은, 전통에 대한 그들 비판의 순수한 형태를 그들의 비판자들(그리고 어느 정도는 콰인과 셀라스 본인들)이 끌어들인 여러 이질적인 쟁점들과 떼어 놓음으로써 그들의 학설이 자아내는 역설적인 분위기를 혹시라도 완화해 보는 것뿐이다. 다음 절에서는 ***소여의 신화***에 대한 셀라스의 공격을 다루면서, 전-언어적pre-linguistic 인식 같은 것은 없다는 주장이 지닌 "아기에게 불공정함"의 함의들로부터 그 공격을 떼어 내고자 노력할 것이다. 그런 다음, 나는 언어와 사실의 구분에 대한 콰인의 공격을 다루면서, 번역과 ***정신과학***Geisteswissenschaften의 "불확정성"에 대한 콰인 본인의 불유쾌한 환원주의적 주장들로부터 그 공격을 떼어 내고자 노력할 것이다. 셀라스와 콰인의 신조들이 그렇게 정화될 때, 그 신조들은 하나의 단일한 주장, 즉 "지식의 본성에 대한 설명"은 실재와 특권적 관계에 있는 표상 이론에 의존할 수 없다는 주장을 보완하는 표현들로 보일 것이다. 이들 두 철학자의 작업 덕분에 우리는, 오랜 시간이 흐른 후 마침내 로크가 저지른 설명과 정당화의 혼동을 해명하고, "지식의 본성에 대한 설명"이 기껏해야 인간 행동에 대한 하나의 기술일 수 있을 뿐인 이유를 명확히 할 수 있게 된 것이다.

3. 전-언어적 인식

「경험론과 심리철학」에서 셀라스는 "심리적 유명론"을 다음과 같은 견해로 공식화한다.

> **종류**, **유사성**, **사실** 등에 대한 **모든** 인식, 간단히 말해 추상적 존재자들에 대한 모든 인식, 실은 특수자들에 대한 모든 인식조차도, 언어적인 사안이다. 이에 따르면, 소위 직접적 경험에 관련되는 것들로서의 그러한 종류, 유사성, 사실에 대한 인식조차도 언어의 사용을 습득하는 과정에 앞서 미리 가정되는 것이 아니다.[16]

16 셀라스, 『과학, 지각, 실재』, p. 160.

날 느낌, 이를테면, 고통이나 그게 뭐든 간에 아기가 색깔 있는 물체를 볼 때 갖는 느낌 같은 것들의 존재가 이 학설에 대한 명백한 반대 근거다. 이 반대를 되받아치기 위해 셀라스는 분별적-행동으로서의-인식과 본인이 소위 "이유들의 논리적 공간"에 있다고 한 것, 즉 "자신이 말하는 것을 정당화하고 또 정당화할 수 있는"(p. 169) 것으로서의 인식 사이의 구분에 호소한다. 첫 번째 의미의 인식은 쥐와 아메바와 컴퓨터에서 현시되는 것으로서, 단순히 신뢰할 만한 신호하기에 해당한다. 두 번째 의미의 인식은 다른 문장들의 발화를 정당화하려는 의도를 가지고 문장을 발화하는 것으로 해석되는 행동을 하는 존재들에 의해서만 현시된다. 이 후자의 의미에서 인식은 정당화된 참인 믿음 즉 지식이지만, 전자의 의미에서 인식은 자극에 반응하는 능력이다. 「경험론과 심리철학」의 대부분은 그런 능력이 지식의 인과적 조건일 뿐 지식의 **근거**는 아니라는 논증이다. 이 견해는 특수자나 개념에 대한 지식이 명제에 대한 지식보다 시간상으로 선행하는 것이 아니며(언제나 후자로부터 추상된 것이다), 따라서 명제적 지식의 비명제적 근거나 언어-학습에 대한 경험론적 설명은 잘못된 것일 수밖에 없다는 당연한 결과를 낳는다. 이 논증의 결정적 전제는 비명제적인 정당화된 믿음 같은 것은 존재하지 않으며, 명제들 사이의 관계가 아닌 형태의 정당화 같은 것은 존재하지 않는다는 것이다. 따라서 빨강임이나 빨강임의 예화에 대한 직접적 앎이 "이것은 빨간 대상이다" 또는 "빨강임은 색이다"라는 지식의 "근거가 된다"고 말하는 것은 (인과적 조건이 된다고 하는 것과는 달리) 언제나 잘못이다.

어린이와 광전지는 둘 다 빨간색 물체를 구별하지만, 전-언어적 단계의 어린이는 광전지는 그렇다고 생각될 수 없는 어떤 의미에서 "빨강이 무엇인지 안다"고 여겨진다. 하지만 무엇에 대해서건 모든 인식이 "언어적인 사안"이라면 그 아이가 고통이 무언지를 어떻게 알 수 있을까? 여기서 셀라스에게는 또 다른 구분이 필요하다. 이번에는 "X가 어떠한지 아는 것"과 "X가 어떤 종류의 것인지 아는 것"의 구분이다. 후자는 X들에 관한 주장을 정당화하는 방식으로 X성性의 개념을 다른 개념들과 연결할 수 있는 능력과 관련이 있다. 개념을 갖는다는 것은 단어를 사용하는 것이라는 셀라스의 비트겐슈타인적 관점에 의하면, 이 두 능력은 같은 능력이다. 이로부터 우리가 많은 개념을 가지지 않은 채로 단 하나의 개념을 가질 수는 없으며, "무언가에 대한 개념을 사물이 바로 그 종류의 것임을 알아챘기 때문에 갖게" 될 수도 없다는 결론이 따라 나온다. 왜냐하면 "어떤 종류의 것을 알아챌 수 있는 능력이 있다는 것은 이미 그 종류의 것에 대한 개념을 가진 것이기"(p. 176) 때문이다. 그러나 "어떤 종류의 것을 알아챈다는 것"은 어떤 기술記述하에서 알아보는 것이지, 단지 그것에 대해 차별화된 반응을 보이는 것이 아니다. 그렇다면 고통이 **어떠한지**를 알면서 그것이 어떤 **종류**의 것인지 알거나 알아차리지 못한다는 것은 무슨 말인가?

그것은 그냥 고통을 **갖는** 것이다. 여기서 피해야 할 덫은 언어, 개념, 설명, 명제에 의해 아이의 마음에 불이 켜질 때만 생겨나고 아이가 아무렇게나 흐느끼고 몸부림칠 때는 생겨나지 않는 어떤 내면의 조명 같은 것이 있다는 생각이다. 그 아이는 같은 것을 **느끼며**, 그것은 언어를 배우기 전이나 후나 아이에게 **똑같이** 느껴진다. 언어 이전에, 아이가 자기가 느끼는 것을 **안다고** 말해지는 경우란 훗날 그가 비추론적으로 보고할 수 있게 될 종류의 것들에 한해서이다. 그런 잠재적 능력 때문에 아이가 광전지와 구별되는 것이지, 아이가 더 큰 감도를 지녀서가 아니다. 따라서 아이는 공기 중 산소 부족, 지나치게 빠른 분자 운동, 뇌의 꼬인 알파-리듬 등에 직접 반응할 수 있지만, 관련 어휘를 파악하기 전까지는 "그것들이 무엇인지 안다"고 말해지지 않는다. 그러나 질식, 열, 희열, 고통, 불, 빨강, 부모의 적대감, 어머니의 사랑, 배고픔, 시끄러움 등은 전-언어적으로 "알려지는" 것이며, 대략 일상적인 화법에서는 그렇게 말하곤 한다. 그것들은 단지 **가짐**, 혹은 느낌으로써 알려진다. 그것들은 집합들 안에 놓이거나 다른 어떤 방식으로 다른 어떤 것과 관계 맺거나 할 수 없어도 알려진다.

셀라스는 "고통(혹은 빨강임)이 어떠한지를 앎"이라는 개념에 반대할 이유가 없다. 왜냐하면 그것이 *소여의 신화*를 뒷받침하고 심리적 유명론과 모순되는 경우란, 고통을 느끼는 것이 어떤 것인지 아는 것과 고통이 어떤 종류의 것인지 아는 것 사이에 어떤 연관성이 있다고 할 때뿐이기 때문이다. 그러나 유일한 연관성은 전자가 후자에 대한 충분하지도, 필요하지도 않은 인과적 조건이라는 것뿐이다. 그것은 빨강임이 파랑과 다르다는 것, 그것이 색이라는 것 등을 알지 못하더라도 빨강임이 어떠한지 알 수 있다는 명백한 이유에서 충분조건이 아니다. 그것은 태어날 때부터 눈이 보이지 않았고 그래서 빨강임이 어떠한지 알지 **못하면서도**, 빨강임에 관해 그 모든 것과 그 이상의 훨씬 더 많은 것을 알 수 있기 때문에 필요조건도 아니다. 우리가 무언가에 관해 날 느낌을 갖지 않으면 그것에 관해 말할 수 없고 알 수도 없다는 말은 거짓일 뿐이며, 우리가 그것에 대해 말할 수 없음에도 불구하고 그것에 대한 정당화된 참인 믿음을 가질 수 있다는 것 역시 똑같이 거짓이다. 언어의 특별한 점은 언어가 "우리 경험의 질을 바꾸거나", "새로운 의식의 지평을 열거나", "이전에 무의식적이었던 잡다를 종합하거나", 다른 어떤 종류의 "내적" 변화를 만들어 낸다는 것에 있지 않다. 언어 습득이 하는 일이라고는 단지 구성원들이 자신들의 주장과 기타 행위의 정당화를 서로 교환하는 공동체에 우리를 들어가게 해주는 것이 전부다.[17]

그러므로 우리는 셀라스가 전통적 경험론에 대해서 사물이 어떠한지에 관해 아는 것은 명제를 주장할 때의 정당화 문제가 아님을 말하고 있다고 받아들일 수 있다. 이에 대해 경험론자는 로더릭 퍼스와 여타 학자들이 그리한 것처럼, 그런 견해는 개념과 단어를 혼동한 것이라고 대답할 가능성이 크다.[18] 사람들은 언어의 중요성을 "과

17 Ibid., p. 169 참조. "핵심은 어떤 에피소드나 상태를 앎의 에피소드나 상태로 특징지을 때, 우리는 그 에피소드나 상태에 대한 경험적 기술을 제공하고 있는 것이 아니라, 그것을 이유들의 논리적 공간, 즉 사람이 말한 것을 정당화하고 정당화할 수 있는 공간에 위치시킨다는 것이다."

18 로더릭 퍼스Roderick Firth, 「정합성, 확실성, 그리고 인식적 우선성Coherence, Certainty, and Epistemic Priority」(로더릭 치좀과 로버트 스와츠Robert Swartz가 편집한 『경험적 지식Empirical Knowledge』에 재수록, Englewood Cliffs, N.J., 1973)을 보라. 퍼스는 "개념에 관한 정합성 이론"이 만들어 낸 문제의 해결을 시도한다. 즉, "우리가 '빨갛게 보이다'를 완전히 이해하려면 그에 대비되는 개념인 '빨갛다'를 보유해야 하므로, '빨갛다'라는 개념을 갖기 전에 '빨갛게 보이다'라는 개념을 갖는 것은[C. I. 루이스의 "감각 의미" 학설이 요구할 법한 대로] 논리적으로 불가능할 것으로 보인다"(p. 461). 퍼스는 이렇게 말한다.

> 개념과 그것을 표현하는 데 사용되는 단어를 혼동하지 않으면 근본적인 역설이 쉽게 해소된다. 아이가 "빨강"이라는 단어를 일관성 있게 처음 사

장하는" 셀라스와 비트겐슈타인을 비롯해 다른 여러 사람이, 개념을 갖는다는 것은 단어를 사용할 줄 아는 것이라고 가정함으로써 심리적 유명론에 유리하게 논점 선취의 오류를 저질렀다고 말한다. 이에 셀라스는 다음과 같은 딜레마로 대꾸할 수 있다. 즉 그렇게 비판하려면, 대상들의 집합들에 차별화된 반응을 보일 수 있는 모든 것(예를 들면, 음반 자동 교체 장치)에 개념을 부여하거나, 아니면 개념적 사고와 그것의 원초적 선행자들 사이에 그을 선을 어째서 언어를 습득한 상태와 아직 학습 중인 상태 사이에 그어진 선과는 다른 위치에 그어야 하는지 설명해야 할 것이라고 말이다. 이 딜레마는 주어짐에 관한 전통적 개념들이, 날 느낌과 분별 능력을 한데 합쳐서 전자의 결핍을 근거로 기계는 배제하고 아기는 포함한 다음, 후자의 존재를 근거로 아기가 가진 것을 명제적 지식과 닮게 만든다는 사실을 강조한다. 이

> 용하기 시작하면 자기에게 빨갛게 **보이는** 사물에 그것을 적용한다는 것은 발생적 사실이지만, 거기에는 철학적인 함의도 들어 있다. … 이것을 "빨갛게 보이다"라는 개념의 "원초적 형태"라고 부르는 것은 어떤 의미에서 그 아이가 성인의 용법을 **완전히** 이해할 수 있어야 단순히 빨갛게 보이는 사물과 실제로 빨간 사물을 구분할 수 있다는 것을 인정하는 것이다. 하지만 아이가 더 정교한 개념을 습득할 때 자신의 원초적 개념을 어떤 식으로든 **잃어버린다고** 가정해서는 안 된다. (pp. 461-462)

개념을 갖는 것을 단어의 사용과 동일시하는 라일-비트겐슈타인-셀라스의 견해에 반대하는 더 상세한 반박에 대해서는 브랜드 블랜샤드Brand Blanshard의 『이성과 분석Reason and Analysis』(La Salle, Ill., 1962), 제9장을 보라. "원초적 개념"에 관한 퍼스의 사고방식 같은 무언가가 윌리엄 로빈슨William S. Robinson의 셀라스 비판에서 되풀이된다. 「소여의 전설The Legend of the Given」, 『행위, 지식, 그리고 실재Action, Knowledge and Reality』, H.-N. 카스타녜다H.-N. Castañeda, Indianapolis, 1975, pp. 83-108.

점을 둘러싼 셀라스와 그의 비판자들 사이의 논쟁은 다음과 같이 요약된다. 개념화를 분류의 문제로 받아들일 것인가, 정당화의 문제로 받아들일 것인가? 셀라스는 음반 자동 교체 장치나 그에 상응하는 원형질에 개념을 부여하고 싶어 하는 사람들에게 **개념**이라는 용어를 넘겨주겠다고 말할 수 있다. 언어 사용자들이 특정 물품을 어떤 집합에 집어넣어야 할지 논쟁할 때 하는 그런 방식으로 우리가 분류들과 분류들의 관계를 설정할 때 가지고 있는 바로 그것을 가리킬 다른 어떤 용어를 확보할 수만 있다면 상관이 없다. 셀라스는 다시금, 정당화는 사회적 실천의 문제이며, 사회적 실천의 문제가 아닌 모든 것은 인간 지식의 **획득**을 이해하는 데 아무리 도움이 될지라도 그것의 **정당화**를 이해하는 데는 도움이 되지 않는다는 말에 기댄다. 셀라스는 자연주의적 오류와 발생적 오류가 전통적인 경험론 안에서 결합하여 다음과 같은 견해를 낳았다고 생각한다. 즉, 우리가 아동기 발달 단계들을 의식에 불러올 수만 있다면, 자연을 정확하게 반사한 것을 자축할 수 있는(혹은 실패를 한탄할 수 있는) 더 나은 위치에 있었을 것이라는 견해이다. 데카르트가 사고와 느낌을 뒤섞은 것에 혼란스러워하고, 로크의 밀랍 서판이 가진 티끌 하나 없는 순결성에 당황하고, 만약 진리가 전체 안에 있다면 확실성은 어디에도 없다는 사실에 두려움을 느낀 경험론자들은, 자연 세계에 대한 우리 지식의 열쇠로서 "빨강이 어떻게 느껴지는지"에 매달려 왔다. 셀라스에게 이것은 마치 공통된 도덕 의식에 대한 열쇠로, 수유가 지연될 때 아기가 어떻게 느끼는지에 매달리는 것과 비슷하다.

요약하자면, 셀라스의 심리적 유명론은 마음이 어떻게 작동하는지에 대한 이론도 아니고, 유아의 가슴에서 지식이 어떻게 탄생하는지에 대한 이론도 아니고, "개념의 본성"이나 다른 어떤 사실의 문제에 대한 이론도 아니다. 그것은 사실과 규칙의 차이에 대한 소견이며, 우리가 인식적 규칙들의 관장하에 들어갈 수 있는 것은 오로지 그러한 규칙들이 지배하는 게임이 진행되는 공동체에 들어갔을 때뿐이라는 취지의 소견이다. 우리는 지식, 인식, 개념, 언어, 추론, 정당화, 그리고 이유들의 논리적 공간이 모두 여태껏 가장 원시적인 형태로도 존재한 적이 없다가, 네 살 무렵 영리한 아이의 어깨 위에 드리운다는 주장에 주저할 수 있다. 그러나 우리는 한 묶음의 권리와 책임이 여태껏 가장 원시적인 형태로도 존재한 적이 없다가 열여덟 번째 생일에 그에게 드리울 것이라는 생각에는 주저하지 않는다. 확실히, 후자의 상황은 전자보다 더 명확하다. 왜냐하면 어른이 건성으로 하는 말(예를 들면, "저 아이는 자기가 무슨 말을 하는지 알아")을 제외하고는 전자의 경우에 대해서는 아무런 표시가 없기 때문이다. 그러나 두 경우 모두에서 벌어진 일이라고는, 사람이 다른 사람들과 맺은 관계들의 변화일 뿐, 그 사람의 내면에 이제 그러한 새로운 관계를 맺기에 **적합한** 어떤 변화가 일어난 것은 아니다. 우리가 법령의 조문을 열여덟 살짜리 아이는 자유롭게 결혼할 수 있지만 열일곱 살짜리는 그럴 수 없다는 사실에 대한 것으로 받아들이는 것이 **잘못**일 수 없듯이, 네 살짜리 아이는 지식이 있지만 한 살짜리 아이는 아니라고 생각하는 것 역시 **잘못**일 수 없다. 네 살짜리 아이들의 재잘거림을 진지하게 받아들이는 것이 **분별없는** 행동일 수 있으며, 이는 법적 책임의 나이를 너무 낮게 설정하는 것이 분별없는 일일 수 있는 것과 같다. 그러나 지식(또는 책임)이 어떻게 "작동"하는지에 대한 더 큰 이해가 그러한 문제들을 결정해 주지는 않을 것이다.

따라서 셀라스에게 "언어와 사고의 관계에 관한 이론"을 옹호하는 논증들을 제시해 줄 것을 기대해서는 안 된다. 왜냐하면 사고는 (경험심리학이 요구하는 바에 따라) 언어, 뇌의 상태 또는 다양한 다른 것들과 필연적으로 연관되어 있다고 생각될 수도 있고 그렇지 않다고 생각될 수도 있는 내적 에피소드이기 때문이다. **인식론자**로서 셀라스는 내적 에피소드에 관한 이론을 제공하고 있는 것이 아니다. 오히려 그는 "인식론"에 대한 전통적이고 비행동주의적인 사고방식이 그런 에피소드들에 대한 설명과 특정한 주장을 제기할 권리에 대한 설명을 혼동한 것임을 지적하고 있다. 이는 철학(구체적으로는 "심리철학")이 우리 자신의 주장에 대해 동료들의 승인이 우리에게 주는 확신을 강화하거나 약화할 수 있는 더 고상한 비판적 관점을 제공하지 못한다는 견해를 채택하는 것이다. 셀라스의 심리적 유명론은 마음이 어떤 것인지, 혹은 어떤 것이 아닌지에 대한 논제로서의 행동주의에서 비롯된 것이 아니다. 그것은 위에서 정의한, 인식론적 전체론과 구별할 수 없다는 의미에서의 인식론적 행동주의에서 비롯된 것일 뿐이다. 그런 의미에서 행동주의자가 된다는 것은 단순히 일체의 심적 사건과 능력을 배제하고, 주장을 정당화하는 우리의 실천을 경험적 또는 "존재론적" 근거가 필요하지 않은 것으로 간주한다는 것이다.[19]

---

19 나는 제8장에서 심리철학과 인식론 사이의(혹은 더 크게는, 한편으로 인간에 대한 과학적 또는 형이상학적 설명과 다른 한편으로 언어적이건 그렇지 않건 인간 행위의 정당화에 관한 어떤 언급 사이의) 관계를 바라보는 이런 태도가 『탐구』에서 비트겐슈타인이 기울인 노력의 핵심이라고 주장하게 될 것이다. 나는 셀라스 본인이 인간을 기술하는 것과 인간을 판단하는 것 사이의 구분을 적용한 경우와 마찬가지로, 그것은 『논고』에서 이루어진 사실-진술하기와 다른

나는 어쨌든 다시 인식적 권위의 원천인 공동체로 되돌아가서, 날 느낌이 어떤 것인지에 대한 비개념적이고 비언어적인 지식조차도, 해당 공동체의 잠재 구성원 자격을 근거로 존재들에 귀속된다는 점을 재차 강조하는 것으로 이번 절을 마무리할 것이다. 아기들이나 더 매력적인 동물 종들은, (광전지나 예를 들면 넙치와 거미처럼 누구도 감정적이라고 느끼지 않는 동물들처럼) "단순히 자극에 반응하는" 존재가 아니라 "감정을 가지는" 것으로 인정받는다. 이것은 우리를 그 어떤 휴머노이드와도 하나로 묶어 주는 바로 그런 종류의 공동체적 감정에 기초하여 설명되어야 한다. 휴머노이드가 된다는 것은 인간의 얼굴을 가지는 것이며, 그 얼굴에서 가장 중요한 부위는 우리가 전체로서의 얼굴에 나타나는 적절한 표정과 조화를 이루며 문장을 발화하는 모습을 상상할 수 있는 입이다.[20] 상식적으로 아기와 박쥐가 고통과 빨강이 어떤 것인지는 알지만 분자 운동이나 계절의 변화가 어떤 것인지는 모른다고 말하는 것은, 단지 그들이 입을 벌리고 전자에 관해 말하는 것은 아주 쉽게 상상할 수 있으나 후자에 관해서는 아니라고 말하는 것일 뿐이다. 우리가 빨간빛을 비추면 오로지 그때만 "빨강!"이라고 말하는 장치(녹음기에 연결된 광전지로 구성된)가 빨강

모든 언어 사용(예를 들면, 윤리적인)의 엄격한 분리의 자연스러운 귀결이라고 생각한다.

20 인간의 몸이 인간 영혼의 최고의 그림이라는 비트겐슈타인의 견해가 지닌 힘과 그 파급 효과들에 대한 훌륭한 해설은 다음을 보라. 버질 올드리치Virgil C. Aldrich, 「인간이 된다는 것은 무엇과 같은가에 관하여On What It Is Like to Be a Man」, *Inquiry* 16(1973), 355-366. 또한 스튜어트 햄프셔Stuart Hampshire, 『사유와 행위Thought and Action』(London, 1959), 제1장을 보라.

이 어떤 것인지 알지 **못한다고** 말하는 것은, 우리가 그 장치와 대화를 이어가는 것을 쉽게 상상할 수 없다고 말하는 것이다. 원형질로 제작된 안드로이드(곧 설치될 언어 중추를 제외하고는 모든 게 준비된 상태인)가 빨강이 어떤 것인지 아는지 모르는지 우리는 그저 **알지** 못할 뿐이라고 말하는 것은, 주관성의 본성에 관한 과학적 또는 철학적 당혹감을 고백하는 것이 아니다.[21] 그것은 단지 언젠가는 대화 상대가 될 수 있을 것처럼 보이는 대략 인간의 얼굴을 한 것들에게 보통 "감정"이 있다고 여겨지지만, 만약 우리가 그런 것들이 어떻게 조립되었는지에 대해 너무 많이 알게 되면 잠재적인 파트너로조차도 생각하기 꺼려질 수 있음을 말하는 것뿐이다.[22]

전-언어적 인식의 귀속(잠재적인 혹은 상상된 우리 언어의 동료-화자에게로 확장되는 특별 우대로서)을 바라보는 이러한 관점은, 아기들이나 더 나아 보이는 종류의 동물에게 상처를 입히지 못하게 막는

21 힐러리 퍼트넘, 「로봇: 기계인가, 인공적으로 창조된 생명체인가?Robots: Machines or Artificially Created Life?」, 『현대 유물론Modern Materialism』에 재수록, J. 오코너J. O'Connor 편집(New York, 1969), 특히 p. 262를 보라. "… '로봇은 의식이 있는가?'라는 질문은 로봇을 우리 언어 공동체의 동료 일원으로 대할 것인지, 아니면 그렇게 대하지 않을 것인지 우리 쪽의 결정을 요구한다."

22 이것은 우리가 그렇게 꺼리는 것이 **옳다**는 뜻도 아니고, 틀렸다는 뜻도 아니다. 나는 단지 생물학자나 심리학자들이 동료 인간을 대하는 그들의 태도에서 "해부를 위한 살인"을 저지를 수 있다는 전통적인 두려움에 주의를 환기하고 싶은 것뿐이다. 우리가 특별히 어떤 것의 내부 구조를 근거로 그것의 행동을 예측하는 일에 능숙할 때, 그것에 대해 "객관적"이라는 유혹을 받는다. 즉 그것을 "대자"나 "우리 가운데 하나"가 아닌 "즉자"로 취급하려는 것이다. 나는 그런 유혹이 언제 정당화되고 언제 정당화되지 않는지에 대해 철학자들이 할 말이 많지 않다고 생각한다. 하지만 소설가와 시인은 할 말이 많다.

도덕적 금지가 그들의 감정 소유에 "존재론적 근거"를 둔 것이 아니라는 지당한 결론을 낳는다. 오히려 그 반대다. 도덕적 금지는 상상된 대화 가능성에 기반한 공동체 감각의 표현이며, 감정의 귀속은 그러한 금지를 상기하게 해주는 것에 지나지 않는다. 이는 심리철학자를 제외하고는 아무도 고통이나 빨강에 대한 날 느낌에서 코알라와 우리가 서로 다른지 신경 쓰지 않지만, 몸부림치는 코알라를 볼 때는 우리 모두가 상당히 신경을 쓴다는 점에 주목함으로써 알 수 있다. 이 사실은 우리나 코알라의 고통이 "단지 그 자신의 행동일 뿐"임을 의미하지 않는다. 그것은 단지 그 몸부림이 코알라 내부에서 무슨 일이 벌어지고 있는지보다는, 코알라가 우리에게 도움을 요청하고 있음을 상상하는 우리의 능력에 더 중요하다는 것을 의미한다. 돼지는 지능 검사에서 코알라보다 훨씬 높은 점수를 받지만, 인간과 닮은 제대로 된 방식으로 몸부림치지 않으며, 그 얼굴은 일상의 대화에 어울리는 표정을 짓기에는 부적합한 모양새다. 그래서 우리는 냉정하게 돼지를 도축장으로 보내지만, 코알라를 보호하기 위해 협회를 만든다. 지능이 낮은 사람(또는 태아나 원주민 부족이나 화성인)에게 시민권을 부여하거나 거부하는 것이 비합리적이지 않듯이, 이것도 "비합리적"인 것이 아니다. 합리성이 "사실들"의 발견에 기초한 삼단논법의 구성과 "고통은 최소화되어야 한다"라거나 "지능적 생명체는 아름다운 비지능적 존재자들보다 항상 더 가치 있다"와 같은 원칙들의 적용으로 여겨질 때, 그 합리성은 신화에 지나지 않는다. 모든 도덕적 정서, 사실상 종류와 상관없이 모든 감정이 수용자가 지닌 객관적 성질의 인식에 기초해야 한다는 플라톤적 충동만이 코알라나 백인이나 화성인에 대한 우리의 대우가 "도덕적 원리의 문제"라고 생각하게 만든다. 왜냐하면 원리를 적용하기 위해 발견되어야 하는 "사실들"은 코알라나 백인의 "느낌"의 경우 정감과 독립적으로 발견할 수 있는 것들이 아니기 때문이다.[23] 경계 사례들을 향한 우리의 감정은 우리 상상의 생생함에 좌우되며 그 반대도 마찬가지다. 철학 안에 우리가 본능적으로 믿는 것들에 대해 훌륭한 이유를 제공할 수 있는 학문 분야가 있다는 생각만이, "더 신중한 철학적 분석"을 통해 냉철한 가슴과 어리석은 감상벽 사이에 선을 긋는 데 도움을 얻을 수 있으리라 생각하게 만든다.

어떤 사물이 어떤 것 같은지에 관한 동물의 지식이 정당화된 참인 믿음과는 사실상 무관하나 도덕과는 많은 관련이 있다는 이런 주장은, 인간과 준-인간의 내면은 바깥에서 벌어지는 일들에 의해(특히 우리 공동체에서 그들의 위치에 의해) 설명되어야지 거꾸로는 아니라는 셀라스식 개념에서 자연스럽게 따라 나온다. 데카르트가 방법

23 무엇을 도덕적 행위자로 여겨야 할지, 무엇을 쓸모보다는 존엄성을 지닌 존재로 여겨야 할지, 무엇을 행복을 극대화해야 하는 존재들에 속한다고 여겨야 할지, 무엇을 여전히 무지의 베일에 가려진 채로 **산다고** 밝혀질 공산이 있는 존재 중 하나로 여겨야 할지 등등을 결정할 때 도덕 철학자들은 거의 도움이 되지 않는 것으로 악명이 높다. 셀라스는 이 주제를 인식적 공동체의 모든 구성원이 윤리적 공동체의 구성원인지, 즉 "인식적 복지를 증진하려는 상호주관적 의도가 어떤 단서도 붙이지 않은 복지 그 자체를 증진하려는 상호주관적 의도를 함의하는지"라는 질문의 관점에서 짧게 결론 없이 논의한다(『과학과 형이상학Science and Metaphysics』[London and New York, 1968], p. 225). 메타-윤리학과 방금 언급한 플라톤적 충동에 전체론이 미친 영향에 관해서는 다음을 보라. J. B. 슈니윈드J. B. Schneewind, 「도덕 지식과 도덕 원리Moral Knowledge and Moral Principles」, 『지식과 필연성Knowledge and Necessity』, G. A. 베시G. A. Vesey 편집(London and New York, 1970).

론적 유아론唯我論을 엄격하고 전문적인 철학적 사고의 표지로 삼은 이래로 줄곧 철학자들은 인지, 도덕, 미적 취향, 그 밖에 중요한 모든 것의 "근거"를 개인 안에서 찾고 싶어 했다. 왜냐하면, 개인들이 사회에 내놓지 않은 것이 거기에 어떻게 존재할 수 있겠는가? 헤겔 이후에야 철학자들은 비로소 사회와 분리된 개인은 또 다른 한 마리의 동물에 불과하다는 개념을 만지작거리기 시작했다. 이러한 관점의 역사주의적이고 상대주의적인 함의들은 말할 것도 없고, 그 관점이 지닌 반민주적 함의들은 헤겔적 사유 양식이 분석철학의 핵심 영역인 인식론, 언어철학, 심리철학에 어떤 영향도 미치기 어렵게 만들었다. 그러나 셀라스가 스스로 "싹트기 시작한 헤겔적 성찰incipient Méditations hégéliennes"[24]이라고 묘사한 「경험론과 심리철학」은 날 느낌과 정당화된 참인 믿음을 캐내어 분리하고, 날 느낌이 지닌 특권적 표상의 지위를 박탈하는 데 성공했다. 그럼으로써 그것은 인식론에서의 행동주의가 경험론적 인식론을 가능하고 필연적인 것으로 보이게 만들었던, 설명과 정당화 사이의 혼동을 어떻게 피할 수 있는지 보여준다. 제7장과 제8장에서 나는 경험론 논박에서 귀결된, 사적인 것에 대한 공적인 것의 우선성에 대한 강조가 어떻게 더 나아가 헤겔적이고 하이데거적인 해체 프로젝트의 길을 닦아 주게 되는지 보이고자 한다.

24 셀라스, 『과학, 지각, 실재』, p. 148.

4. "'관념'이라는 관념"

소여의 신화에 대한 셀라스의 공격이 아기와 동물에 대한 애정과 양립할 수 있고 따라서 공통의 도덕 의식과 양립할 수 있음을 논증했으니, 이제 나는 "'관념'이라는 관념" 및 언어와 사실의 구분에 대한 콰인의 공격이 ***정신과학***에 대한 지성적 존중과 양립할 수 있음을 논증하고 싶다. "번역 불확정성"과 "지칭 불가해성inscrutability of reference"이라는 콰인의 학설들은 발화에 의미를, 사람들에게 믿음을, 문화에 열망을 귀속하는 데 관련된 "사실의 문제"란 존재하지 않는다는 주장으로 이어졌다. 나는 여기서도 다시 몇 가지 구분이 인식론적 행동주의의 반직관적 귀결로 추정될 만한 것들을 처리해 줄 것이며, 그럼으로써 우리가 인식론적 행동주의는 도덕과 고급문화에서 "객관적 진리"를 박탈하는 견해가 아니라 그것들의 기반을 닦아 주는 견해임을 알 수 있게 해주리라고 생각한다.

콰인이 "'관념'이라는 관념"이라고 부르는 것은, 언어란 "내면"에 있는 무언가를 표현하는 것이며, 어떤 발화가 무슨 의미인지 말하거나 발화자의 언어적 행동을 해석하려면(예를 들어, 발화자에게 믿음, 욕구, 문화를 귀속하려면) 내면의 그 무언가를 먼저 발견해야 한다는 관점이다. 이런 관념을 버린다는 것은 "의미에 의해서 참"이라는 논리-경험론적 개념과 한때의 옥스퍼드적 개념인 "개념적 진리"를 동시에 버린다는 의미다. 왜냐하면 진리를 읽어낼 수 있는 의미나 개념 같은 것은 없기 때문이다. "개념"이라는 개념에 대한 이런 태도는 칸트의 필연적 진리(오로지 개념만 보고 결정될 수 있는 [분석적 진리]이거나, 순수 개념과 직관의 순수 형식만으로 결정될 수 있는 [종합적인 선험적 진리])와 우연적 진리(경험적 직관에 대한 언급이 요구되는)의 구분을 일축하는 일을 가능하게 해준다. 그러나 콰인은 개념과 의미를 단지 의도의 일종으로 간주하며 아예 **모든** 의도를 없애고 싶어 한다. 따라서 예를 들어 "의미하다", "믿다", "욕구하다"에 행동주의적 등가물이 없다는 것을 인정하면서(브렌타노와 치좀 또한 전통적 심신 이원론에 들어 있는 진리의 일부 골자를 보존하려는 노력을 통해 이를 보여주려고 시도했듯이), 콰인은 이는 "믿음"과 "욕구"라는 생각들이 "개념"과 "직관"이라는 생각들만큼이나 ("과학적" 목적을 위해서는) 없어도 무방함을 보여준다고 결론 내린다.

> 브렌타노 논제를 지향적• 어구들의 필수불가결성과 의도에 관한 자율적 과학의 중요성을 보여주는 것으로 받아들일 수도 있고, 혹은 지향적 어구들의 기반 없음과 의도에 관한 과학의 공허함을 보여주는 것으로 받아들일 수도 있다. 브렌타노와 달리 나의 태도는 두 번째다. 지향적 용법을 액면 그대로 받아들이는 것은 우리가 보았듯이, 번역 관계가 발언 성향의 총체에 견주어 볼 때 원리상 불확정적임에도 어떻게든 그것을 객관적으로 타당하다고 상정하는 것이다. 의미론과 의도에 관한 일상적 어구들이 그렇게 가정된 번역 관계를 선가정한다고 말하는 것보다 더 나은 근거를 확보하지 못하는 한, 그런 상정은 과학적 통찰의 별다른 이득을 약속하지 못한다.[25]

• 여기서 말하는 지향적 어구들이란, 믿음, 욕구, 희망 등의 심적 상태를 표현하는 '…를 믿다', '…를 바라다', '…를 희망하다' 등의 어휘들을 가리킨다. 이런 심적 상태들은 모두 무언가를 향해 있다는 성질을 갖는다는 점에서 '지향적'이며, 또한 이런 심적 상태를 소유한 주체의 측면에서 볼 때 '의도적'이라고

콰인은 이러한 반反-지향주의가 자신의 분석성 논박과 일맥상통한다고 생각한다. 하지만 그렇지 않다. 「경험론의 두 독단」의 저자는 개념과 의미를 우리의 행동을 설명하기 위해 가정한다면 해롭지 않으며, 그것들을 특별한 종류의 진리와 특정 주장에 대한 특별한 종류의 권위의 원천으로 취급할 때만 비로소 해로워지는 것이라고 **말했어야** 했다. 특히 우리는 그가 이렇게 말해 주길 기대한다. 언어를 저런 방식 말고 이런 방식으로 번역하기 위해 (혹은 이상한 대안 말고 어떤 한 믿음과 욕구의 집합을 귀속하여 그와 같은 언어적 행동을 예측하려 할 때) 통상 주어지는 이유들은 단순히 그것들의 내적 정합성에 의해 정당화되며, 번역이나 지향적 상태의 귀속 같은 실천은 그것들의 사회적 유용성에 의해 정당화된다고 말이다. 콰인도 그런 유용성을 인정하지만, 그는 "'Hund'는 '개'의 독일어다", "로빈슨은 신을 믿는다"와 같은 발언에서 제공되는 종류의 진리는 "사실의 문제"를 표현하는 종류의 진리가 아님을 고수하는 것이 철학적으로 중요하다고 생각한다.[26] 그렇게 해서 그는 규약에 의한 진리와 감각 경험으로 확증

도 할 수 있다. 이 책의 앞부분에서 언급한 것처럼 심적인 것은 항상 무언가에 '관한' 것이라고 말하는 더 포괄적인 맥락에서는 흔히 '지향성'으로 번역하지만, 콰인처럼 마음속에 있다고 여겨지는 불투명한 주관적 심리 상태를 비판하는 문제와 관련한 논쟁의 맥락에서는 '의도'라는 표현을 사용하는 것이 더 자연스러울 수 있다. 이런 점들을 고려하여, 대체로 'intentional'은 '지향적'으로, 'intention'은 '의도'로, 혼용하여 번역하였다. – 옮긴이

25 콰인, 『말과 대상Word and Object』(Cambridge, Mass., 1960), p. 221.

26 『말과 반박: 콰인 저술에 관한 논문집Words and Objections: Essays on the Work of W. V. O. Quine』, 도널드 데이빗슨과 야코 힌티카Jaakko Hintikka 편집(Dordrecht, 1969), p. 303을 보라. 여기서 콰인은 이렇게 말한다. 알려진 것과

되는 진리라는 오래된 실증주의적 구분 대신에, 이를테면 편의에 의한 진리와 대응에 의한 진리의 구분을 우리에게 제공한다. 의미와 믿음과 명제에 관한 진리는, 실증주의자들이 필연적 진리란 실제로 "세계에 관한 것"이 아니라고 말하곤 했던 것처럼, 어쨌거나 실제로는 온전한 의미에서의 진리가 아니다.

「두 독단」의 전체론과 실용주의는 이러한 두 종류 진리의 구분을, 콰인이 관심을 기울여 공격하고자 하는 그 오래된 구분만큼이나 유지하기 어렵게 만드는 것처럼 보인다. 콰인에 대한 많은 비판자가 이 점을 지적하면서, 그가 그 구분을 고수하려 하는 것은 전통적 경험론의 잔재라고 진단하였다.[27] 나는 그러한 비판 대부분에 동의하며,

---

알려지지 않은 것, 관찰 가능한 것과 관찰할 수 없는 것, 과거의 것과 미래의 것 등 자연에 관한 진리의 총체를 생각해 보라. 요점은 번역 불확정성이 이 모든 진리, 즉 자연에 대한 진리 전체 앞에서도 건재하다는 것이다. 그것이 바로 내가 번역 불확정성이 적용되는 상황에서는 올바른 선택에 대한 진짜 문제가 존재하지 않으며, 심지어 자연에 관한 어떤 이론의 용인된 미결정성의 범위 **내**에서조차도 그 문제의 사실이 존재하지 않는다고 말할 때 의미한 바다.

27 이 부류에 속하는 가장 잘 알려진 비판은 『말과 반박』에 수록된 노엄 촘스키 Noam Chomsky의 「콰인의 경험적 가정들Quine's Empirical Assumptions」이다. 하지만 그 요점은 힐러리 퍼트넘이 「규약주의 논박 The Refutation of Conventionalism」, *Nous* 8(1974), 38에서 가장 설득력 있게 제기한다. "다른 분석 가설 체계 말고 어떤 한 분석 가설 체계를 채택함으로써 신경생리학, 심리학, 인류학 등과 같은 과학을 크게 단순화하는 것이 허용된다면, 우리가 '번역'이라는 말로 의미하는 것이 **그런 성질을 가진 지침서에 따른 번역**이라고 말하지 말아야 하는 이유는 무엇일까?" 퍼트넘은 콰인의 그 특별한 번역 불확정성 학설이 일종의 본질주의에서 따라 나오는 것이라고 올바르게 진단한다. 즉, 대략 말하자면, 당대 물리학의 어휘 안에 집어넣을 수 없는 것은 단지 "보는 사람의 눈"에 따른 것이고 주관적 편의의 문제에 불과할 정도로 비본질적이라는 것을 우

그것들을 요약하거나 종합하려 시도하지 않을 것이다(그런 비판자들은 번역에서 우리가 찾을 수 있는 모든 종류의 "불확정성"이 ***자연과학*** Naturwissenschaften에서도 똑같이 무해하게 그 모습을 드러내리라는 점을 모두 한목소리로 지적한다는 것 정도만 언급하고자 한다). 그러나 "지칭 불가해성"이라는 개념을 검토함으로써 우리는, 콰인에게 "대응" 담론을 지속하게 만들고, 본인의 행동주의와 전체론이 갖는 헤겔적 함의들로 넘어가지 못하게 붙잡았던 "경험론적" 직관이 무엇이었는지 어느 정도 이해할 수 있을 것이다.

콰인은 자신의 「존재론적 상대성」의 논증을 이렇게 요약한다.

> 유의미한 것은 이론의 대상들이 절대적으로 말해 무엇인지를 말하는 것이 아니라, 대상들에 관한 어떤 한 이론이 다른 이론에서는 어떻게 해석되거나 재해석될 수 있는지를 말하는 것이다. … 지금 우리가 하는 성찰이 우리에게 인정하도록 만들고 있는 점은 사물을 거꾸로 보거나 보색으로 보는 등의 수수께끼를 진지하게 받아들이고 그 교훈을 널리 적용해야 한다는 것이다. 우리가 도달한 상대주의적 논제는, 반복하자면 이것이다. 즉 어떤 한 이론의 대상들에 대해서 그 이론을 해석하거나 재해석하는 다른 방식을 말하는 것 이상을 말하는 것은 의미가 없다는 것이다. … 하위 이론들과 그것들의 존재론들

리가 미리 안다고 하는 것이 바로 그 학설이라는 것이다. 또한, 크리스토퍼 보스Christopher Boorse, 「불확정성 논제의 기원들The Origins of the Indeterminacy Thesis」, *Journal of Philosophy* 72(1975), 369-387과 리처드 로티, 「번역과 진리의 불확정성Indeterminacy of Translation and of Truth」, *Synthese* 23(1972), pp. 443-462를 보라.

에 관한 담론은 의미가 **있지만**, 그것은 원초적으로 채택된 궁극적으로 불가해한 그 자신의 존재론을 지닌 배경 이론에 상대적으로만 그렇다.[28]

"원초적으로 채택된 궁극적으로 불가해한 존재론"이라는 불온한 문구만 아니었다면, 우리는 이 상대주의적 논제가 콰인이 셀라스와 공유하는 지식과 과학에 대한 접근 방식의 자연스럽고 행복한 결과라고 생각했을 것이다. 철두철미한 전체론적 관점에서 보면, "우리가 **정말로** 지칭하고 있는 것이 토끼인가, 토끼-단계들rabbit-stages인가? 공식인가, 괴델 수인가?"라는 질문은 무의미하다거나 배경 언어에 상대화될 때만 말이 된다고 여겨지는 것이 아니라,[29] "우리가 실제로 말하고 있는 것이 국가인가, 개별 사람들의 무리인가?" 혹은 "우리가 실제로 말하고 있는 것이 마녀인가, 환각적 정신병자인가?"와 비슷하다고 여겨질 것이다. 후자의 질문들은 우리가 그것들에 어떤 의미를 부여한다면, 즉 그 답변에 추가적인 무언가가 좌우된다면 의미를 지닌다. 그 질문들에 의미가 부여될 수 있을 법한 상황들을 상상하기란 쉽다. 토끼 대 토끼 단계의 경우는 불가능하지는 않아도 더 어

28 콰인, 『존재론적 상대성 및 기타 논문들Ontological Relativity and Other Essays』(New York, 1969), pp. 50-51.

29 Ibid., pp. 47ff를 보라. 하트리 필드Hartry Field는 "배경 언어에 상대화"라는 콰인의 개념과 "지칭을 액면 그대로 받아들임"이 그의 전반적인 논증 방향과 양립할 수 없음을 보여주었다. 그의 다음 논문을 보라. 「콰인과 대응 이론Quine and the Correspondence Theory」, *Philosophical Review* 83(1974), 207ff. 그러나 이 난점은 나의 지금 목적과는 관계가 없다.

렵다. 하지만 콰인은 **그런** 의미 부여 방식을 묻는 것에는 관심이 없다. 불확정성과 불가해성에 대한 그의 주장들은 과학이나 실천이 요구하는 바와 연결 지으려고 의도된 것들이 아니다. 언어학자들이 불확정성을 이용해, 토끼가 튀어나오는 모습을 볼 때 통상 내뱉는 짧은 표현을 "또 다른 토끼-단계로군!"으로 번역할 생각은 꿈도 꾸지 않으리라는 점을 인정하면서, 콰인은 이렇게 말한다.

> 그가[언어학자가] "토끼"를 선택하도록 지침을 준 암묵적인 격률은 … 어떤 대비되는 배경을 뒤로 하여 하나의 전체로서 움직이는, 지속적이고 비교적 동질적인 대상이 어떤 한 짧은 표현의 유망한 지칭체라는 것이다. … 이 격률은 객관적으로 불확정적인 것을 안착시키는 방향으로 그 자신이 부과한 것이다. 그것은 매우 합당한 부과이며, 나는 다른 것을 추천하지 않을 것이다. 다만 나는 하나의 철학적 요점을 제기하고 있는 것이다.[30]

이런 의미에서의 "철학적 요점"이란 것은 최소한 세계가 어떠한지 결정하는 것과는 무관하다. 콰인은, 그런 요점이야말로 평판 낮은 "형이상학적" 요점들에 속한다고 하는 오래된 실증주의적 관점과 그런 특유의 철학적 요점들이 "'관념'이라는 관념" 같은 *πρῶτον ψεῦδος*Proton Pseudos, 원초적 거짓말에 대한 해독제 역할을 한다는 좀 더 옥스퍼드적인 치료로서의-철학 사이를 오가며 줄타기한다. 그러나 우리는 이 특수한 철학적 요점을 오히려 "존재론"과 "지칭"이라는 개

---

30 콰인, 『존재론적 상대성 및 기타 논문들』, p. 34.

념들을 물리치는 해독제를 제공하는 것으로 받아들일 수도 있다. 다시 말해 우리는 더 구식의 관점으로 되돌아갈 수도 있다는 말이다. 즉, 「두 독단」에서 "의미에 의해 참"에 대한 행동주의적 접근이 "의미의 같음" 개념에 대해서 우리에게 고작 "대통령이 베트남에 갔다"와 "존슨이 베트남에 갔다"가 같은 것을 의미한다는 상식적이고 철학적으로 흥미롭지 않은 측면 말고는 (하먼이 말한 바대로) 아무것도 남겨놓지 않았던 것처럼, 마찬가지로 「존재론적 상대성」에서 "존재론"에 대한 행동주의적 접근 역시 "지칭의 같음"에 대해서 우리에게 고작 토끼-단계에 관한 대화와 토끼에 관한 대화는 같은 것을 (다른 방식으로) 말하는 것이라고 하는 상식적이고 철학적으로 흥미롭지 않은 측면 말고는 아무것도 남기지 않는다는 것이다.[31] 콰인에게 철학적인 "지칭" 개념은 철학적인 의미 개념과는 대조되는 것처럼 보인다. 왜냐하면,

> 지칭, 외연은 단단한 것이었고, 의미, 내포는 무른 것이었다. 그러나 지금 우리가 직면한 번역 불확정성은 외연과 내포를 똑같이 가로지른다. "토끼", "분리되지 않은 토끼 부위", "토끼 단계"라는 용어는 의미에서 다를 뿐만 아니라 서로 다른 것들에 적용된다. 지칭 자체가 행동적으로 불가해함을 입증하는 것이다.[32]

---

31 상식적인 차원에서 의미의 같음이 무엇인지 말해 주는 이 사례는 하먼의 「콰인 Quine」, p. 142에 나온다. "무언가에 관하여 말하기" 혹은 지칭하기에 대한 상식적 의미와 철학적 의미의 구분에 관한 더 많은 논의는 나의 글 「실재론과 지칭Realism and Reference」, *Monist* 59(1976), 321-340과 제6장 4절을 보라.

그러나 그런 상대적 견고성 자체가, 동일성 규준이 없는 내포가 동일성 규준이 있는 외연보다 더 흐물흐물한 존재자라는 콰인의 주장이 낳은 산물일 뿐이다. 콰인이 생각하기에, 내포의 동일성 조건에 대한 문제는 결국 다음과 같은 문제로 귀결된다. 그것은 "'*p*'와 '*q*'를 두 개의 영구 문장•이라고 할 때, 우리가 [*p*]를 다른 명제가 아닌 바로 [*q*]와 같은 명제라고 말할 수 있는 권한을 가지려면 그 두 문장이 어떤 방식으로 관계 맺어져야 할까"의 문제다.[33] 그러나 이 질문이 답해질 수 있다고 생각하는 것은, 한 언어의 어떤 문장을 다른 언어의 어떤 문장에 대한 올바른 번역으로 만드는 모종의 동의어 관계가 있다고 생각하는 것과 같다고 콰인은 말한다.[34]

그러나 이제 우리는 완전히 한 바퀴를 돌아 원점으로 돌아왔다. 지칭은 의미에 관련된 물렁물렁함과 추정상 대조되기 때문에 견고성을 지닌다. 그러나 그런 물렁물렁함은 물리학이 불확정적이지 않은 어떤 방식으로 번역이 불확정적일 때만 비로소 나타난다. 따라서 우리가 콰인의 "이중적" 번역 불확정성(이 경우에는 "사실의 문제"가 존재하지 않는다는 점에서 물리 이론의 불확정성과는 다른 불확정성이다)에 대한 표준적 비판을 받아들인다면, 지칭 쪽의 사정이 더 나을 바 없다는 것에 놀랄 이유가 없으며, 지칭의 행동적 불가해성으로부터 따라 나올 결론이 "그렇게 되면 지칭에 대해서는 더 안 좋은 일이다"

---

32 콰인, 『존재론적 상대성 및 기타 논문들』, p. 35.

• eternal sentence. 언제 누가 발화하건 상관없이 진릿값이 고정된 문장을 가리키는 콰인의 용어이다. – 옮긴이

33 콰인, 『말과 대상』, p. 200.

34 Ibid., p. 206.

나 "토끼-단계와 토끼는 그냥 같은 것들이다" 같은 것들 말고 무언가 다른 게 있으리라 생각할 이유도 없다. 여기서 "지칭"은 특별한 철학적 개념을 의미하고, 지칭 불가해성은 토끼와 토끼-단계를 과학적이거나 실용적인 필요성에 따라 주장해 볼 수 있는 그 어떤 수준보다도 더 멀리 떼어 놓는 일에 의존하는 특별히 철학적인 요점이다. 따라서 우리는 그런 불가해성에 대해, 콰인이 동의성이라는 특별한 철학적 개념과 브렌타노의 지향적인 것의 환원불가능성 논제에 대해 취했던 것과 같은 무관심한 태도를 취하는 것이 마땅하다고 느낄 수 있을 것이다.

실제로 그런 태도를 취해야 하지만,[35] 그것은 존재론이라는 주제에 관련한 콰인의 동요를 더 자세히 살펴본 다음의 일이다. 지칭이라는 철학적 개념이 우리에게 굳이 필요하지 않을 수도 있는 그런 개념이라고 말하는 것은, 콰인도 동의하겠지만, 존재론도 마찬가지라고 말하는 것과 같다. 콰인이 지칭을 진지하게 받아들이는 이유가 바로 존재론에 관한 관심 때문이므로, 그런 관심을 일상의 과학적 탐구에 선행하는 더 드높은 "제1철학"은 없다는 그의 전체론적 주장과 조화시키는 일이 그에게 얼마나 어려운지 아는 것이 도움이 될 것이다.[36] 이 후자의 견해는 그를 "과학은 모든 것의 척도, 그것이 그러하다는 것이 무엇인지, 그것이 그러하지 않다는 것이 무엇인지의 척도

35 나는 제7장에서 그러한 태도에 대해 다시 논증할 것이다.

36 다음을 보라. 콰인, 「존재론에 대한 카르납의 견해에 관하여On Carnap's Views on Ontology」, 『역설의 길들Ways of Paradox』(New York, 1968) 및 「자연화된 인식론Epistemology Naturalized」, 『존재론적 상대성 및 기타 논문들』.

이다"라는 셀라스의 견해로 기울어지게 하는 것처럼 보일 것이다.[37] 그럼에도 불구하고, 콰인은 지향적 어구들이 실천적으로 필요 불가결하다는 점이 다음과 같은 사실을 못 보게 만들어서는 안 된다고 주장한다.

> 만약 우리가 참되고 궁극적인 실재의 구조를 그리는 중이라면, 우리에게 규격화된 도식이란, 직접 인용 외에는 어떤 인용도, 오직 유기체의 물리적 구성과 행동 이외에는 어떤 명제적 태도도 알지 못하는 그야말로 준엄한 도식인 것이다.[38]

그는 이 프로젝트가 과학의 프로젝트와 연속적이라고 주장한다. 왜냐하면,

> 우리가 더 명료한 요소들로 바꿔 씀으로써 어렵사리 모호한 구성이나 개념을 제거해 낼 때마다 그것은 곧 과학의 개념적 도식을 명료화하는 것이다. 과학자들이 자신들의 특수한 과학 분야의 주된 문제에 적합한 더욱더 단순하고 명확한 이론을 추구하도록 재촉하는 동기는 모든 과학이 공유하는 더 광범위한 근본 틀의 단순화와 명료화 동기와 똑같다. … 가장 단순하고 명확한, 규격화된 표기법의 전반적 패턴을 추구하는 일은, 궁극적인 범주들 및 실재의 가장 일반적인 특질들에 대한 그림을 추구하는 일과 구분되어서는 안 된다. 또

37 이 구절은 셀라스의 『과학, 지각, 실재』, p. 173에 나온다.

38 콰인, 『말과 대상』, p. 221.

한 그런 구성이 실재의 명령을 받는 것이 아닌 규약적인 사안이라고 반박되게 내버려두어서도 안 된다. 왜냐하면, 물리 이론에 대해서도 같은 말을 할 수 있지 않은가? 진실을 말하자면, 실재의 본성 덕분에 어떤 한 물리 이론이 다른 물리 이론보다 우리의 이해를 더 잘 돕게 되는 것이라면, 규격적 표기법도 마찬가지다. (p. 161)

물론 함정은 "불명료성"과 "명확성"이 무엇인지 아는 데에 있다. 콰인이 생각하기에 ***정신과학***은 너무 불분명해서 실재의 구조를 그릴 때 그냥 깨끗이 없애 버려야 하는 개념들을 사용한다. 그러나 물리 과학들에서는 수, 함수, 속성 등이 불려 나올 때를 제외하고 모든 것이 명료하다. 그럴 때 우리는 그것들을 집합으로 해석하는데, 물리 과학자는 그러한 해석을 초연히 무심하게 응시할 수 있다. 그러나 "믿음", "의미", "…로의 번역" 등의 불명료성은 구제 불능이다. 그것들을 대체하기 위해 집합 이론 내에 마련된 것은 아무것도 없다. 그것들은 단지 실천적 편의성이라는 이유로 살아남을 수 있을 뿐이다.[39]

---

39 하먼은 이런 문제들에 관한 콰인의 견해에 대해 더 관대한 해석을 제시한다 (「콰인」, p. 126). 하먼에 따르면,

> 그가 내포적 대상들인 명제나 의미를 (누군가가 전자電子가 괴상한 종류의 존재자임이 틀림없다고 믿을 수 있는 것처럼) **괴상한** 종류의 존재자로 생각하는 것은 아니다. 그의 불만은 추상적인 무언가로서의 내포적 대상들이 넬슨 굿맨의 감수성에 명백히 거슬렸던 방식으로 그의 감수성에 거슬린다는 것이 아니다. … 콰인의 논증은 … [그런 존재자들을 소환하는] 저 무리에서 나온 다양한 관점들은 그것들이 설명하고자 하는 것을 설명하지 못하는 이론들이라는 것이다. 따라서 내포적 대상들을 향한 그의 태도는 플로지스톤이나 에테르(또는 마녀)를 향한 그의 태도와 유사하다.

하지만 왜 "…를 믿다"와 "…로 번역하다"가 "…와 같은 전자電子다"와 "…와 같은 집합이다"보다 실천적 필요성에 더 많은 빚을 진다는 것일까? 왜 *자연과학*은 실재를 그리는 데 반해 *정신과학*은 단지 우리가 실재에 대처할 수 있게 해줄 뿐이란 말인가? 우리가 그 어떤 종류의 진술도 더는 특권적인 인식론적 지위를 갖지 않으며, 대신 모든 진술이 「경험론의 두 독단」 덕에 유명해진 점진적인 전체론적 조정 과정에서 인류의 선을 위해 함께 작동한다고 생각할 때, 대체 무엇이 그 두 영역을 가른다는 말인가? 왜 경험적 탐구의 단위가 단지 전체 물리 과학이 아니라 전체 문화(*자연과학*과 *정신과학*을 둘 다 포함하는)가 되어서는 안 되는 것일까?

이런 수사학적 질문들에 답하려는 시도는 우리를 콰인의 관점 안에 들어 있는 진정한 모순으로 인도한다. 이는 그가 번역의 실천적 명령들이 인식론적 함의를 갖지 않음을 주장하고자 하는 다음 구절에서 가장 분명하게 드러난다.

> "논리적 진리는 제외하고"라는 것은 번역의 불확정성 때문에 성격상 규약적이다. … 결정성의 바로 그 결핍이 이 강력하고 단순한 규칙을 부분적인 결정자로 고수할 가치가 있게 만든다. … "논리적 진리는 제외하고"는 규약일 뿐 아니라 현명한 규약이다. 그리고 우리는 또한 그 규약이, 논리적 진리에 소위 사실적인 종류의 모든 명백한 진

콰인은 『말과 반박』, p. 296에서 하먼의 해석을 담담하게 승인하는 것처럼 보인다. 그러나 나는 이 해석이 콰인이 채택했어야 할 태도를 대변한다는 데는 동의하지만, 그것이 『말과 대상』이나 그 밖에 다른 곳에서 제시한 수많은 논증과 조화될 수 있다고 생각하지 않는다.

리가 지닌 인식론적 지위와 구분되는 인식론적 지위를 부여하지 않는다는 것도 알게 된다.[40]

그러나 규약성이 번역의 **특별한** 불확정성에 의존한다면, 우리는 물리 이론이 "실재의 명령을 받는 것이 아닌 규약적인 사안"이라고 말해서는 **안 될** 것이며, 이는 앞서 인용한 구절에서 콰인이 말한 바대로다. 논리적 진리의 영구성이 실재의 본성에 대한 통찰이 아니라 단지 실천적 규칙에 불과한데, 만약 물리 이론이 바로 그런 통찰**이라면**, 그것이 또한 실천적 규칙도 될 수는 없는 일이다.

콰인의 동요를 요약하자면, 우리는 그가 다음을 전부 다 주장하고 싶어 한다고 지적할 수 있다.

1. "우리가 가정할 수 있는 대상이 무엇이냐에 관한 가책"에 지배되면서 "무책임한 물상화物象化와 그에 반대하는 견해"의 구분에 기초하는, 존재론이라고 하는 것이 있다.[41]
2. 어떤 문장도 "힘의 장"을 유지하는 역할을 제외한 특별한 인식론적 지위를 갖지 않는데, 여기서 "힘의 장"이란 인간적 지식이며 감각적 조사照射들에 대처하는 것을 목표로 한다.
3. 따라서 보고가 일반적인 믿음의 도식에서 수행하는 역할과 별개로, 실재와의 대응 덕에 그런 보고에 불가침성을 제공해 줄 감각 자료나 의미에 대한 직접적 앎 같은 것은 없다.

---

40 콰인, 『말과 반박』, p. 318.

41 콰인, 『말과 대상』, pp. 119-120.

4. 따라서 인식론과 존재론은 결코 만날 수 없는데, 어떤 대상을 가정할 것인가에 관한 우리의 가책은 보편자나 특수자에 대한 우리의 직접적 앎에 좌우되지 않기 때문이다.
5. 그러나 그러함에도 불구하고 믿음의 거미줄에서 사실의 문제를 표현하는 부분들과 그렇지 않은 부분들은 구분되며, 존재론은 우리가 이 차이를 감지할 수 있게 보장한다.

만약 콰인이 (1)~(4)와 더불어 (5)까지 주장하려면, 그는 "사실의 문제"와 "규약" 사이의 구분에 의미를 부여해야 하는데, 그 구분은 우리가 정말로 직접 대면하는 것과 자극에 대처하기 위해 "가정"하는 것 사이의 구분이라고 하는 보통의 도구주의적-현상론적 구분과는 아무런 연결고리가 없다. 내가 아는 한, 그가 그렇게 할 수 있는 유일한 방법은 간단히 현대 물리학의 기본 입자들을 전형적인 사실의-문제로 지목하고, 의미나 믿음에 관한 사실의 문제는 없다는 말이 어떤 의미인지를 다음과 같이 설명하는 것이다. 즉, 어떤 문장이 의미하는 바나 어떤 사람이 믿는 것에 대해서는 서로 다른 것들이 말해질 수 있으며 그것은 그러한 입자들의 운동에 대해서는 어떤 함의도 지니지 않는다는 것이다. 이 책략은 그가 심리학보다 물리학을 선호하고 그에 따라 "무책임한 물상화"를 우려하는 것을 순전히 심미적인 문제로 만든다. 더군다나, 그것은 통하지도 않을 것이다. 왜냐하면 (예를 들면) 대안적인 생화학 이론들뿐만 아니라 대안적인 심리학 이론들 역시, 같은 입자들의 같은 운동들 모두와 그리고 오직 그것들과만 양립할 수 있기 때문이다. 물리학의 법칙으로부터 참인 모든 법칙적 진술이 연역되기 전까지는(아무도 진지하게 기대하지 않을 일이다), 미토콘드리

아에 대해 제기될 수 없는 불만을 의도에 대해 제기할 수는 없을 것이다.[42]

내 생각에, 콰인은 셀라스와 마찬가지로 카르납으로부터, 그리고 궁극적으로는 비트겐슈타인의 『논고』로부터 물려받은 견해, 즉 세계가 외연적 언어로 "완전히 기술"될 수 있다는 견해를 보존하려는 시도로 인해 이러한 어려움에 빠지게 된 것이다. 진짜 골칫거리는 지

---

42 다그핀 푈레스달Dagfinn Føllesdal은 콰인의 불확정성 논제를 해석하는 한 가지 방식을 제안하는데(「의미와 경험Meaning and Experience」, 『마음과 언어Mind and Language』, 새뮤얼 구텐플랜Samuel Guttenplan 편집[Oxford, 1975]), 이는 다음을 보여주고자 의도한 것이다. 즉 "물리주의에 대한 콰인의 존재론적 편향을 경험론에 대한 더 근본적인 인식론적 편향의 결과로 간주한다면 그의 입장은 더 흥미로워진다."(p. 33) 그 제안은 다음과 같다.

> … 자연에 관한 이론 안에는 존재하는 모든 진리가 포함된다. 우리가 앞서 언급했듯이, 자연에 관한 우리의 이론에서 우리는 우리의 **모든** 경험을 설명하려고 노력한다. 그리고 우리가 가정하는 것이 정당화되는 유일한 존재자들은 이 모든 증거를 설명하는 가장 단순한 이론에서 호소하는 존재자들뿐이다. 그러한 존재자들과 그것들의 속성 및 상호 관계가 이 세상에 존재하는 전부이자 옳고 그름을 가릴 수 있는 전부이다. 이것들에 관한 모든 진리가 자연에 관한 우리의 이론에 포함된다. 번역에서 우리는 또 다른 영역의 실재를 기술하고 있는 것이 아니며, 단지 존재하는 모든 것에 관한 두 개의 포괄적인 이론들을 서로 관계 맺어주고 있는 것뿐이다. (p. 32)

그러나 우리가 언제 기술하기를 멈추고 그 기술들을 서로 관계 맺어 주기 시작한 것인지를 어떻게 말할 수 있을 것인지 나는 알지 못한다. 혹은, 달리 말하자면, 나는 어떻게 "자연"을 다른 무언가와 구별할 수 있을지 알지 못한다. 그렇게 할 수 있는 방법은 문화 전체에 못 미치는 무언가가 우리의 모든 경험을 설명할 수 있다는 차원에서 "우리의 모든 경험에 대한 설명"이 지닌 모종의 의의를 찾아내는 것뿐이다. 불확정성 논제의 출처를 찾아 경험론으로 거슬러 올라가는 대안적 방법을 존 맥도웰John McDowell, 「진리 조건, 이가二價, 그리고 검증주의Truth Conditions, Bivalence, and Verificationism」, 『진리와 의미Truth and

향성이라기보다는 내포성이다. 왜냐하면 지향적 담론이 자신의 주제로 여겨진 것을, 이를테면 미토콘드리아에 대한 환원불가능한 생화학적 담화보다 더 추레하게 만드는 것은 오로지 그 담론의 비-진리-함수적 특성뿐이기 때문이다. 미립자 담화로의 환원가능성은 진리-함수적 담론으로의 환원가능성에 대한 가림막일 뿐이다. 미립자는 문제가 아니며, 논리적 형식이 문제다. 의도에 대한 명확한 동일성 조건의 부재는 그로 인해 어떤 유령 같은 무언가가 생겨나기 때문이 아니라, 단지 그런 부재가 특정 문장들을 비-외연적으로 남겨두기 때문에 재앙이다. 그러나 만약 그런 게 문제라면, 우리는 콰인의 수단을 쓰지 않고도 그의 목적을 달성할 수 있다. 우리가 그렇게 할 수 있는 방법은, 세계가 진리-함수적 언어로 완전히 기술**될 수 있**

Meaning』가 제공한다(G. 에반스G. Evans와 J. 맥도웰J. McDowell 편집[Oxford, 1976]). 맥도웰은 콰인이 "의미 이론에서 실재론에 대한 강력한 검증주의적 반론의, 그리 순조롭게 공식화되지는 않은, 한 형태"를 주장하고 있는 것일 수 있다고 생각한다(p. 65). 그 반론이란, 어떤 주장의 진리성을 "관찰가능한 것에 의해서 미결정되는 것"으로 해석하는 것은, 만약 우리가 그 진술을 "실재론적으로" 해석하는 한, 그 화자에게 "진리를 관찰가능한 것과 독립적인 것으로 여기는 사고방식"을 귀속하라고 요구한다는 것이다(p. 64). 검증주의자에게 후자는 불합리한 것이므로, 이는 우리가 그 진술을 "실재론적으로" 해석하지 말아야 한다는 것을 보여준다. 하지만 이 전략은 생물학은 유지하고 번역은 배제해 줄 방식으로 "관찰가능한 것에 의한 결정"의 의미를 찾아내는 일을 수반하는 것처럼 보이며, 다시 한번 나는 그런 일이 어떻게 이루어지게 될지 알지 못한다. 따라서 나의 결론은 촘스키의 비판(펄레스달과 맥도웰 모두 언급하면서 또한 회피하고 싶어 하는 비판), 즉 이 영역의 유일한 불확정성은 우리가 익히 아는 관찰에 의한 이론의 미결정성뿐이라는 비판으로부터 콰인의 요점을 안전하게 지켜 내고자 그에게 우호적인 비판자들이 그의 요점을 다시 공식화하려고 시도했음에도 불구하고 (4)와 (5) 사이의 긴장은 그대로 남는다는 것이다.

다고 인정하는 동시에 세계의 일부가 내포적 언어로도 기술될 수 있음을 인정하면서, 그런 기술 양식들의 무분별한 비교를 삼가는 것이다. 세계가 **완전히** 기술될 수 있다고 말하는 것은 설명력이나 실천적 편의성이 아닌 시-공간적 범위를 기준으로 정의된 완전성 개념을 사용하는 것이다. 만약 우리가 의도들을 언급할 수 없다면, 세계에 대처하는 일이 무척 힘들 수도 있을 것이다. 그러나 어쨌든 우리는 (이것이 어떤 가치를 지니건 간에) 세계를 남김없이 기술할 수 있고, 시공간-내 원하는 모든 세세한 것들의 내용에 관해서도 정확히 예측할 수 있을 것이다.

데이빗슨은 동질법칙적 일반화와 이질법칙적 일반화의 구분을 통해 이 문제를 제기하면서 이러한 요점을 믿음과 욕망의 어휘에 적용하는 방법을 보여주었다.

> 한편으로는 이런 일반화가 있다. 즉 그것의 긍정적 사례들이, 원래의 일반화와 같은 일반 어휘로 진술된 또 다른 단서나 조건을 추가함으로써, 우리에게 그 일반화 자체가 개선될 수 있다고 믿을 만한 이유를 제공하는 일반화다. 그런 일반화는 완결된 법칙의 형태와 어휘를 시사하며, 우리는 그것을 **동질법칙적** 일반화라고 부를 수 있다. 반면에 다른 일반화도 있다. 이 일반화는 예화될 때 어떤 엄밀한 법칙이 작동하고 있다고 믿을 만한 이유를 제공하지만, 그 법칙은 오로지 다른 어떤 어휘로 바뀌어야만 진술될 수 있다. 우리는 그런 일반화를 **이질법칙적** 일반화라고 부를 수 있다.
>
> 나는 우리의 실천적 전승(그리고 과학)이 대부분 이질법칙적이지 않을까 생각한다. 왜냐하면 법칙이란 오로지 어떤 포괄적인 닫힌 이론

에서 자신의 개념들을 끌어낼 때만 엄밀하고, 명시적이며, 가능한 한 예외가 없기를 희망할 수 있기 때문이다. … 어떤 진술이 동질법칙적이며 그 자신의 개념적 영역 안에서 교정가능하다고 확신하려면 그 진술이 강력한 구성적 요소들을 가진 이론으로부터 그 자신의 개념들을 끌어낸 것이어야 한다. …

우리가 어떤 대상에 길이를 합당하게 부여할 수 있으려면 그런 종류의 대상들에 들어맞는 포괄적 이론이 있어야 하듯이, 우리가 어떤 명제 태도를 행위자에게 합당하게 귀속시킬 수 있으려면 반드시 그 귀속이 그의 믿음, 욕망, 의도, 결정에 대한 쓸모 있는 이론의 근본 틀 내에서 이루어져야 한다.[43]

이어서 데이빗슨은 정신물리적 법칙이라고 하는 것들은 "모든 에메랄드는 녹파색grue이다"와 비슷하다고 말한다.[43] 그런 법칙들은 서로 괴리된 어휘들에서 가져온 용어들을 결합한다. 우리는 에메장미emeroses와 녹파색임에 대해 말할 수 있고, 또는 에메랄드와 녹색임에 대해 말할 수도 있으나, 그 둘을 한꺼번에 말할 수는 없다(적어도 유용한 포괄적 이론을 원한다면, 그럴 수 없다). 마찬가지로, 우리는 행위와 믿음에 대해 말하거나 혹은 운동과 뉴런에 대해 말할 수 있지만, 그 둘을 (포괄적으로) 동시에 말할 수는 없다. 하지만 앞의 예시에서는 우리가 어떤 술어들의 집합을 선택하든, **같은 것들**에 관해 말하고 있다는 명백한 의미가 있다. 데이빗슨은 후자도 마찬가지라고 말

43 도널드 데이빗슨, 「심적 사건들」, 『경험과 이론Experience and Theory』, L. 포스터L. Foster와 J. W. 스완슨J. W. Swanson 편집(Amherst, Mass., 1970), pp. 94-96.

한다. 어휘 선택의 차이는, 실재하는 것과 존재론적으로 추레한 것의 차이, 혹은 사실적인 것과 신화적인 것의 차이를 표시하는 것이 아니라, 국가 그-자체의 활동을 말하는 것과 각료나 장군 들의 활동을 말하는 것의 차이, 미토콘드리아 그 자체를 말하는 것과 그것에 포함된 기본 미립자들을 말하는 것의 차이와 정확히 같다. 우리는 "애스퀴스Asquith가 총리로 있었더라면, 영국이 패했을 것이다", "중성자가 몇 개만 더 들어 있었더라도 미토콘드리아는 살아남지 못했을 것이다", "우리가 피질의 올바른 위치에 전극을 꽂기만 했었더라도, 그는 결코 자기가 나폴레옹이라고 판단하지는 않았을 것이다", "에메랄드를 손에 넣을 수 있었다면, 바로 그 적절한 녹색의 색조를 얻었을 텐데" 등과 같은 말들을 유용하고 참되게 할 수 있지만, 우리가 그런 이질법칙적 발언들을 (적어도 지금 우리가 아는 한) 포괄적 이론의 부분들이라 할 법칙들로 발전시킬 수는 없다. 다른 한편으로, 그런 이질법칙적인 발언들이 존재론적 영역들, 특히 사실적인 것들의 영역과 비사실적인 것들의 영역 사이의 경계선을 가로지른다고 볼 필요도 없다. 서로 다른 설명적 어휘들 사이의 관계를 바라보는 데이빗슨의 관점에서는, 진리-함수적 공식들에 적합한 그런 어휘들이 내포적 어휘들은 하지 않는 방식으로 "실재의 참되고 궁극적인 구조를 그린다"고 생각할 이유가 **전혀** 없다. 외연적-내포적의 구분은 더도 덜도 아닌 국가와 국민을 구분하는 딱 그 정도의 철학적 흥미를 자아내는 것으로 드러난다. 그것이 환원주의적 정서를 자극할 수는 있겠으나, 환원주의적 프로젝트에 착수할 만한 특별한 이유를 제공하지는 못한다.

데이빗슨의 구분은 지향적 어휘가, 실제로 그런 어휘 없이도 완벽하게 기술될 수 있는 세계의 일부분에 대해 말하기 위한 단지 또 하나의 어휘일 뿐임을 이해하는 방법을 제공한다. 우리는 콰인처럼 "지향적 어구들의 근본 없음과 의도에 관한 과학의 공허함"을 말하지 않고도 기본 입자들의 운동에 기초하여 모든 것의 운동을 예측할 수 있으며, 단순히 그 모든 입자를 추적하기만 하면 존재하는 모든 것을 추적하고 있는 셈이 될 것(비록 설명하고 있는 것은 **아니지만**)이라는 카르납의 직관을 공유할 수 있다. 입자 물리학의 어휘 같은 어떤 한 어휘는 우주의 **모든** 부분에 통할 수도 있으나 반면 미토콘드리아, 에메장미, 각료, 의도에 관한 말하기는 오로지 여기나 저기서만 요청된다. 그러나 보편적인 것과 구체적인 것의 구분은 사실적인 것과 "공허한 것"의 구분이 아니며, 하물며 실재하는 것과 외양적인 것, 이론적인 것과 실천적인 것, 자연과 규약 사이의 구분은 더더욱 아니다.

그러나 데이빗슨이 "심적인 것과 물리적인 것을 연결하는 일반 진술의 이질법칙적 성격은 모든 명제 태도의 기술에서 번역이 맡은 그런 중심적 역할과 번역의 불확정성에서 기인한다"[44]라고 말하고, 또한 그가 "지향적 어구들의 환원불가능성이라는 브렌타노의 논제는 번역 불확정성 논제와 같은 종류의 것"[45]이라는 콰인의 발언에 동의하며 이 대목을 인용할 때, 그는 자신의 프로젝트를 콰인의 프로젝트와 오도된 방식으로 연결한 것이다. 이 두 발언은 모두, 번역을 제공하는 진술과 행동어behaviorese 사이의 관계가 미토콘드리아에 대한 진술과 기본 입자에 대한 진술 사이의 관계와는 다른 어떤 방식으로 **특별하다**는 것을 시사한다. 둘 다 "이중적" 번역 불확정성이라는 콰

44 Ibid., p. 97.

45 Ibid., p. 97n., 콰인, 『말과 대상』, p. 221에서 인용.

인의 기이한 학설을 떠오르게 한다. 하지만 만약 내가 말해 오고 있는 것이 옳다면, 환원불가능성은 언제나 **그냥** 환원불가능성일 뿐이며 "존재론적" 차이에 대한 단서가 결코 아니다. 언어에는 **많은** 어휘가 있어서 그 안에서 우리는 동질법칙적 일반화들로 표현되는 포괄적 이론을 얻으리라 기대할 수도 있으며, 바라건대 과학, 정치 이론, 문학 비평, 기타 등등이 계속해서 그러한 어휘를 점점 더 많이 만들어 낼 것이다. 철학 안에 "무책임한 물상화"를 경계하고 "우리가 어떤 대상들을 가정할 수 있는지에 대한 가책"을 체계화하는 분야가 있다는 생각을 포기하는 것은, 환원불가능성을 태연하게 수용하고 그럼으로써 그런 어휘들 각각을 실용적이거나 미학적인 근거만으로 판단하는 일이 될 것이다. 과학에서 철학을 분리해 내려는 카르납의 시도에 대한 콰인의 혹평은 단지 우리가 그러한 학문 분야는 존재하지 않는다는 것을 깨닫도록 도움을 주는 데 필요한 것일 뿐이며, 따라서 브렌타노와 딜타이의 환원불가능성 주장이 틀린 것으로 판명되었더라도 *정신과학*이 더 *과학적*이 되거나 존재론적으로 더 존중할 만하게 되지는 않았으리라는 것을 이해하는 데 필요한 것일 뿐이다. 하지만 불행히도 기호 논리가 어떻게든 "존재론적 함의"를 가져야 한다는 변함없는 신념으로 인해 콰인은 번역, 지향성, "'관념'이라는 관념"을 필요 이상으로 과하게 중시하기에 이른 것이다.

나는 이 긴 절을 다음을 논증하는 데 할애했다. 필연적 진리라고들 하는 것에 대한 설명 중 하나인 "의미 덕분에 참"이라는 개념에 대한 콰인의 공격은, "의미"를 마음속 관념으로 보고 그것이 언어적 행동이 할 수 없는 방식으로 번역의 정확성을 결정한다는 생각에 대한 그의 공격과 혼동해선 안 된다는 것이다. 전자는 실제로 가짜-설명이다. 「두 독단」에 제시된 전체론적 이유들을 고려할 때 **특권적** 표상은 존재하지 않는다. 그러나 특권적 표상에 대한 콰인의 불신은 그를 **모든** 표상에 대한 불신, "'관념'이라는 관념" 자체에 대한 불신으로 이끈다. 하지만 마음속 관념들은 뇌 속의 뉴런, 세포 속의 미토콘드리아, 영혼 속의 정념, 역사 속의 도덕적 진보보다 더 추레할 것도, 덜 추레할 것도 없다. 근대 철학에서 "'관념'이라는 관념"이 끼친 피해는 감각 자료와 의미 같은 심적 존재자들을 "마음의 눈"으로 "직접 알게 된다"는 생각을 통해 인식론적 권위를 설명하려 한 가짜-설명에 의해 발생한 것이었다. 그러나 이것은 존재론적 피해가 아니라 인식론적 피해다. 만약 내가 콰인에게 제기해 오고 있는 비판이 옳다면(그리고 이 책에서 내가 취하고 있는 전반적인 노선에 비추어 볼 때), 우리가 **존재론적** 피해를 줄 수 있는 유일한 방법은 나쁜 옛 이론을 고집하여 훌륭한 새 이론을 희생시킴으로써 탐구의 길을 막는 것이다. 19세기 내성주의 심리학이 잠시 탐구의 길을 막았다고 주장할 수도 있다. 그러나 설령 그것이 사실이라고 하더라도, 그것은 *정신과학*이 우리가 실재를 있는 그대로 보지 못하게 방해하고 있다거나, 실천적 목적을 위해 그것의 수상쩍은 존재론을 용인해야 한다고 말하는 것과는 전혀 다른 문제일 것이다. 인식론적 행동주의의 교훈은 번역이나 지향성에 관해서든 다른 어떤 "존재론적" 주제에 관해서든, "철학적 요점"이 없다는 것이다. 오히려 인식론적 행동주의는 설명력이란 우리가 그 힘을 발견하는 곳에 있으며, "과학적" 설명과 "비과학적" 설명을 구분하려는 철학적 시도는 불필요하다는 것을 깨닫게 해준다.

5. 인식론적 행동주의, 심리적 행동주의, 그리고 언어

앞 장에서 나는 인식론적 전통이 지식 습득의 인과적 과정과 그것의 정당화에 관한 질문들을 혼동했다고 말했다. 이번 장에서는 *소여의 신화*에 대한 셀라스의 비판과 의미 덕분에 참이라는 개념에 대한 콰인의 비판을, 그런 더 일반적인 비판의 두 가지 세부적인 전개로 제시했다. 만약 우리가 그런 비판들을 받아들여서, 데카르트에서 시작된 바 있는, 의식의 장 안에서 진리의 시금석인 특권적 항목들을 탐구하는 것으로서의 인식론 개념을 버린다면, 그래도 여전히 우리에게 인식론이란 이러이러한 것이라고 말할 만한 무언가가 남아 있는지 물어야 할 처지에 놓이게 된다. 나는 그런 것은 남아 있지 않다고 촉구하고자 한다. 데카르트가 이해하고 싶었던 문제들, 즉 아리스토텔레스에 대한 신新과학의 우월성 및 그런 신과학과 수학, 상식, 신학, 도덕 사이의 관계를 이해하려면 우리는 내면보다는 외면으로, 내적 표상들 사이의 관계보다는 정당화의 사회적 맥락으로 시선을 돌려야 할 필요가 있다. 최근 수십 년 동안 이뤄진 많은 철학적 발전이 이런 태도를 촉진했으며, 특히 비트겐슈타인의 『철학적 탐구』와 쿤의 『과학 혁명의 구조』에서 비롯된 철학적 발전들이 그런 역할을 했다. 제7장과 제8장에서 그런 발전 중 일부가 검토될 것이다. 그러나 그러기 전에, 나는 데카르트 전통에서 무언가를 보존하려는 두 가지 시도, 즉 과연 우리가 *자연의 거울* 이미지를 간단히 내버릴 수 있을지에 의구심을 드리우는 듯 보일 수 있는 시도들에 대해 논의할 것이다.

그런 시도 중 첫 번째는 심리학의 철학에서 논리적 행동주의에 맞서 일어난 반란으로서, 그것은 어떤 식으로든 믿음과 행동의 정당화와 연결해야 할 필요성 없이 다만 내적 표상을 통해 행동에 대한 설명을 발전시키는 쪽으로 이어졌다. 나는 이미 설명과 정당화를 따로 떼어 놓고 나면 표상을 통해 지식 습득을 설명하는 것에 반대할 이유가 없으며, 그런 설명은 전통적인 "심신 문제"를 소생시키지 않고도 제공될 수 있다고 말한 바 있다. 그러나 나는 라일과 스키너를 거스르는 그런 설명들을 옹호하는 것이 전통적인 17세기의 철학적 문젯거리들을 재건하는 쪽으로 쉽게 변질될 수 있다고 생각하며, 따라서 제5장은 그런 옹호들을 논의하는 데 할애될 것이다. 나의 목표는 비트겐슈타인적인 비판과 촘스키적인 찬사 둘 다에 반대하여 경험심리학을 변론함으로써 경험심리학을 인식론의 잔재로부터 분리하는 일이 될 것이다.

내가 논의할, 데카르트 전통에서 무언가를 보존하려는 두 번째 시도는 최근 언어철학에서 벌어지고 있는 "언어가 세계에 어떻게 걸리는지" 규명하려는 노력으로서, 이는 사유가 어떻게 세계에 걸리느냐는 데카르트적 문제와 유사한 문제를 만들어 낸다. 데카르트를 곤란하게 했던 문제들의 이해를 돕기 위해 항項의 지칭과 문장의 진리성이라는 개념들을 사용하려는 시도는 내게 실패할 운명처럼 보인다. 하지만 그런 프로그램은 매우 유혹적이다. 사유가 "사적인" ***자연의 거울***이라면 언어는 "공적인" ***자연의 거울***이기 때문에, 우리는 아주 많은 데카르트적이고 칸트적인 질문과 답변을 언어적으로 명확히 재형성해서 많은 표준적인 철학적 쟁점들(예를 들면, 관념론과 실재론 사이의 선택 같은)을 재건할 수 있어야 할 것처럼 보인다. 나는 제6장을 그런 재건을 노리는 다양한 노력들을 다루는 데 할애할 것이며, 심리학이 그래야 하듯 의미론도 인식론에 물들지 않고 순수하게 지켜져야 함을 주장할 것이다.

심리학적 설명에 필요한 내적 표상, 그리고 의미론이 자연 언어의 의미 이론을 산출하는 데 필요로 하는 단어-세계 관계가 모두 정당화의 쟁점들과는 무관한 것으로 여겨지고 나면, 우리는 특권적 표상의 탐색을 포기하는 것은 곧 "지식 이론"의 목표를 포기하는 것과 같다고 볼 수 있다. 17세기에 그런 이론을 향한 충동은 자연을 이해하는 하나의 패러다임에서 다른 패러다임으로의 변화, 종교적인 문화에서 세속적인 문화로의 변화가 낳은 산물이었다. 우리에게 "진리 추구의 올바른 방법"을 제공할 수 있는 학문으로서의 철학은, 모든 가능한 탐구를 위한 영구적이고 중립적인 근본 틀을 찾는 데 의존한다. 그런 근본 틀을 이해하면, 예를 들어 어째서 아리스토텔레스나 벨라르미노 추기경 또한 자신이 믿었던 바를 믿은 것이 정당화되지 않았던 것인지 알 수 있게 될 것이다. *자연의 거울*로서의 마음은 그런 근본 틀의 필요성에 대한 데카르트적 전통의 반응이었다. 그런 거울에 특권적 표상이 없다면, 우리 믿음에 대한 정당화된 주장과 정당화되지 않은 주장 사이의 선택을 위한 시금석의 필요성에 더는 응답하지 않게 될 것이다. 그런 다른 어떤 근본 틀을 찾을 수 없는 한, 거울 이미지를 포기하는 것은 과학과 종교, 수학과 시, 이성과 감성의 주장들을 판결하고 각각에 적절한 자리를 배정하는 학문으로서의 철학 개념을 포기하는 것으로 이어질 것이다. 제7장과 제8장에서 나는 이 점을 더욱 발전시키고자 한다.

제5장

인식론과 경험심리학

1. 심리학에 관한 의혹들

내가 "인식론적 행동주의"라고 부르는 사유 노선은 "심적 존재자"와 "심리적 과정"이라는 개념에 대한 편견을 낳았다. 데카르트와 로크에게 공통된, 인간의 고등 능력에 대한 특정 그림은 듀이, 라일, 오스틴, 비트겐슈타인, 셀라스, 콰인 같은 저술가들의 작업을 통해 점차 지워져 왔다. 그러나 "관념의 장막"이라는 17세기 개념과 그에 따른 인식론적 회의주의를 탄생시킨 이 그림이 어떤 하나의 새롭고 더 명료한 그림으로 대체되지는 않았다. 오히려 반反-데카르트주의자들 사이에서는 마음에 관해 무엇을 말해야 하는지에 대해 동족상잔의 의견 불일치가 광범위하게 존재한다. 라일의 마법의 단어 "성향"은 더는 선호되지 않으며 "기능적 상태" 같은 더 최신의 개념이 대체자로 제시된다. 스키너식 방법론적 행동주의나 라일식 "논리적" 행동주의의 낌새가 나는 것은 무엇이든 의심의 곁눈질을 받는다. 하지만 전통적인 "근대 철학의 문제들"을 초래한 형태의 이원론으로 되돌아가지 않으면서 그런 환원적 노력을 피할 방법이 반드시 있어야 한다는 데에는 동의가 이루어진다. 환원적으로 해석된 행동주의의 반직관적 귀결들은 심리학자들이 최근 수행한 많은 연구에 대한 맬컴의 논박에서 잘 드러난다.

> 따라서 어떤 행동에 인식recognition•을 표현하는 속성을 부여하는 것은 그 행동을 둘러싼 사실들, 상황들이다. 이 속성은 내면에서 벌어지는 무언가에서 기인하는 것이 아니다.
> 내가 보기에는 철학자와 심리학자 들이 이 점을 이해했더라면 그들에게 인식, 기억, 사고, 문제 해결, 이해 및 기타 "인지 과정"에 대한 이론과 모형을 구축해야겠다는 동기가 더는 없었을 것이다.[1]

이 사유 노선을 따르면 심리학이라는 경험 과학 전체가 착각에 기반을 두고 있으며, 행동에 대한 상식적 설명과 신경생리학 사이에는 연구할 만한 중간 지대가 존재하지 않는다고 판단할 수 있다. 이 관점

• 'epistemology'를 일반적으로 '인식론'이라고 번역할 때에서 보듯이 '인식'은 'episteme'의 번역어로 사용되는데, 이때 '인식'은 '지식'과 바꾸어 쓸 수 있다. 이 책에서 '인식적', '인식론' 등으로 표현된 경우는 모두 '지식'의 의미로 사용된 것이다. 한편, 'recognition'은 여러 가지 의미로 이해되며 그에 따라 여러 가지 우리말로 번역될 수 있다. 지금의 경우는 어떤 대상이나 개념을 식별하고 알아본다는 의미로서 '재인'이라고 번역될 맥락도 있으나 불행히도 우리 번역 관행에서는 이 또한 '인식'으로 흔히 번역된다. 그렇더라도 문맥상 '지식'의 의미로 사용되는 경우와 혼동되지는 않으므로 부득이 혼용하여 옮긴다. – 옮긴이

1 노먼 맬컴Norman Malcolm, 「인지 과정과 구조의 신화The Myth of Cognitive Processes and Structures」, 『인지 발달과 인식론Cognitive Development and Epistemology』, 시어도어 미셸Theodore Mischel 편집(New York and London, 1971), p. 387.

에서 보면, 심리학이 탐구할 중간 지대가 있다는 생각은 맬컴이 말한 "인지 과정과 구조의 신화", 라일이 말한 "데카르트적 신화"의 산물이 될 것이다. 예를 들어, 맬컴이 "내재화된 규칙 체계"라는 촘스키적 개념을 "전통적 형상Ideas 이론"의 뿌리 깊은 실수의 전형으로 기술할 때 그는 문제를 그런 측면까지 고려하고 싶어 했던 것 같다.

> 가정되는 것은 … 말을 할 때 사람은 **지침에 따라야** 한다는 것이다. 그에게 말하는 방법, 문법적으로 그리고 정합적인 의미로 단어들을 조합하는 방법을 보여주는 무언가가 마련되어 있어야 한다. … 지금 설명되고 있는 것은 바로 지식이며 그것은 명제적 지식과 방법적 지식을 모두 포함한다. 그 사람 안에 현전하는 언어의 구조나 그것의 규칙 체계가 이 지식을 설명해 준다고 여겨진다. 즉 그가 **어떻게** 아는지를 설명해 준다는 것이다. (p. 389)

맬컴에 따르면, 만약 우리가 "자극-반응의 신화를 내면적 지침 체계의 신화로 대체한다고 해서, 인간의 인지 능력에 대한 우리의 이해가 진전되지 않는다"는 것을 알고 나면(p. 392), 우리는 이 영역에서 **그 어떤** 설명도 찾아질 게 없다고 생각하게 될 것이다.

"전통적인 철학적 문제들"을 고안해 내도록 데카르트와 로크를 유도해 간 마음의 모형이 심리학이라는 신흥 과학의 전문 용어 체계에 내장되어 있었다는 것은 확실히 맞는 말이다.[2] 이 모형의 전복이 그

---

2 예를 들면, J. C. 플루겔J. C. Flugel과 도널드 웨스트Donald J. West, 『100년간의 심리학A Hundred Years of Psychology』(London, 1964), 제1장과 제2장을 보라.

학문의 연구에 어떤 영향을 미치지 않았다면 놀랄 일일 것이다. 하지만 어떤 학문이 이제는 여러 세대의 시간이 지났는데도 여전히 자신의 철학적 기원으로부터 자립하지 못하는 형편일 수밖에 없다면 그 역시 놀라운 일이 될 것이다. 우리는 프로그램 설계자들이 사용하는 어휘에 대한 어떤 하나의 철학적 비판 정도로는 위험에 빠뜨릴 수 없는 심리학적 연구 프로그램들이 반드시 있지 않을까 추측해 볼 수 있다.

그런 프로그램들에 대한 비트겐슈타인적인 비판들(맬컴의 비판과 비슷한)은 흔히 다음과 같은 잘못된 전개에 근거한 것처럼 보인다. 즉,

1. 심적인 것을 지칭하는 용어들의 의미는 내적 직시直示•가 아닌 행동(여기서 "행동"이란 "상황과 자극을 행동과 관계 맺어 주는 함수들"의 줄임말이다)의 측면에서 설명되어야 한다.

에서 다음으로 나아가는 것이다.

2. 심리학은 단편적 행동과 외부 환경 사이의 경험적 상관관계에만 관심을 가질 수 있다.

• ostension. 'ostension'은 어떤 개념 혹은 단어의 의미를 설명할 때 그 개념 혹은 단어의 적용 대상을 직접 가리켜 보이는 방식을 말하며, 대체로 'ostensive definition직시적 정의'으로 풀어 쓸 수도 있는 말이다. 단어의 의미가 모종의 심적 존재자라고 생각하게 되면 단어의 의미란 바로 그런 존재자에 대한 내적 직시를 통해 설명할 수 있다고 할 것이다. 한편, '직시直示'가 우리 철학계에서 'ostention'의 번역어로 고정된 것은 아니며, 이 단어는 다양한 우리말로 번역되고 있다. 더구나 우리가 흔히 사용하는 '직시'는 한자로는 '直示'가 아닌 '直視'로

잇따른 라일 비판자들이 지적했듯이 이런 추론은 조작주의적인 과학철학자들이 물리학에 관해 내놓는 유사한 추론 정도의 힘밖에는 갖지 못한다.[3] 예를 들어, 포더는 심리학자들이 행동 및 사회적 모체 social matrix 내의 특정 요소들이 사고, 인식, 감정 등의 발생에 필요조건임을 인정할 준비가 충분히 되어 있다고 언급하지만, 똑같이 필수적인 "내적" 조건도 많이 있을 수 있다고 강조한다.[4] 그러므로 심리학 탐구자가 예를 들어 "인식 작용"을 순전히 내적 사건들을 통해서만 **정의하는** 일을 피할 정도의 분별력이 있다면, 아마도 그는 자신의 자료를 확인하기 위해 행동과 주변 환경을 활용할 수 있을 것이다. 신화화의 혐의를 피하는 데 이보다 더 많은 것이 필요할까? 물론 상정할 만한 "간섭 변수"가 없었던 것으로 밝혀질 수도 있지만, 이는 아마도 시행착오를 거치며 사후적으로만 발견될 수 있을 것이다. 맬컴에게 응답하면서 도드웰이 이렇게 말한 것처럼 말이다.

맬컴의 관점에 따르면, 심리학자들은 기억력과 수면 부족 사이의 관

표기하며, '直示'는 우리말의 표준적인 한자어가 아니다. 여기서 이 번역어를 채택하게 된 것은 역자의 은사이신 이한조 서강대 철학과 명예교수의 제안을 따른 것이다. '직시'에서 '시'의 한자어로 '視'가 아닌 '示'를 쓰면 일종의 새로운 조어가 되는 것이기는 하지만, '示'를 쓰게 되면 소위 '내적 직시'처럼 추상적이거나 비물질적으로 여겨지는 것들에 대한 봄 혹은 보임의 의미도 포함할 수 있다는 것이 이한조 교수의 의도이다. – 옮긴이

3 내가 알기에, 이 요점은 앨버트 호프스태터Albert Hofstadter가 「라일 교수의 범주-착오들Professor Ryle's Category-Mistakes」, *Journal of Philosophy* 47(1951), 257-270에서 가장 먼저 제기했다.

4 제리 포더, 「혹시 지각 이론이 존재할 수 있을까?Could There Be a Theory of Perception?」, *Journal of Philosophy* 63(1966), 371.

> 계 같은 단순한 경험적 관계에 관한 탐구로 자신들의 연구 범위를 제한해야 할 것이다. 하지만 그런 제한이 어떻게 정당화될 수 있는지 이해하기란 매우 어렵다. 심리학자들이 탐구하는 인간 기억력의 요소들은, 비록 대개 방금 언급한 것보다 더 복잡하긴 하지만, 어쨌든 경험적 관계들이다. 그러면 탐구를 위해 어떤 경험적 관계들이 해명되어야 할지는 누가 결정해야 할까? 확실히, 철학자는 아니다.[5]

이 응수가 내게는 더없이 설득력이 있어 보이지만, 그렇더라도 우리는 환원적 조작주의가 물리학보다 심리학에 훨씬 더 적합해 보이는 이유가 뭘까 숙고해 보는 것으로부터 소득을 얻을 수 있다. 철학자들은 어째서 우리의 행동을 설명하는 데 도움이 될지도 모를 이론적 존재자와 과정을 자유롭게 꿈꿔 볼 권리를 심리학자들에게 주길 꺼리는 것일까? 그런 한 가지 이유는 이미 주어졌다. 그것은 앞서 (1)과 (2)로 번호를 붙인 주장들 사이의 혼동이다. 이런 혼란은, 인간 행동을 "심리적 과정"이라고 하는 기계론적인 설명의 대상으로 만드는 것은 인간과 사물의 구분, 그리고 ***정신과학***이 연구하는 인간적 실재와 ***자연과학***이 연구하는 나머지 실재 사이의 구분을 모호하게 만들 것이라는 두려움에서 기인한다. 이런 두려움은 후설과 딜타이뿐만 아니라 윈치나 케니 같은 비트겐슈타인주의자들에게서도 발견된다. 그 구분에 관해서는 나중 장들에서 더 논하게 되겠지만, 지금은

---

5 P. C. 도드웰P. C. Dodwell, 「개념 발달 이론은 필요한가?Is a Theory of Conceptual Development Necessary?」, 『인지 발달과 인식론』(앞의 각주 1번에서 인용된), p. 382.

도드웰의 응수 정도로 만족해도 될 것이다. 기계론과 인간성 상실에 대한 두려움은 **모든** 행동 과학을 의심하는 근거라서, 그것으로는 철학자들이 심리학에 대해 특히 의심스럽다고 여기는 것이 무엇인지 잡아내지 못한다. 더 직접적으로 관련되어 있다고 볼 만한 의심의 이유들은, 심리학자가 덜 기계론적이기보다는 **더** 기계론적이어야 하며, 심적인 것들을 지나쳐 곧장 신경생리학적인 것들로 들어가야 함을 시사하는 것들이다.

그 첫 번째 이유는 통일 과학을 향한 충동이다. 이것은 ***다***多를 ***일자***一者로 환원하려는 충동이라기보다는 17세기 과학이 원자와 빈 공간으로 모든 것을 설명할 수 있음을 발견했고 철학이 그런 통찰을 보존해야 할 도덕적 의무가 있다는 확신이다. 그러나 이런 확신이 양자역학에 대한 어렴풋한 인식으로 누그러짐에 따라, 감각 없는 물질에 대한 존재론적 존중은 물리학 교수들에 대한 사회학적 존중으로 대체되었다. 이제 철학자들이 "물리적인 것"을 언급할 때는 어떤 존재자이건 "물리 과학들"이 불러들인 것들을 "물리적"으로 간주할 것임을 분명히 하는 단서가 표준적으로 따라붙는다. 콰인 이전, "환원"이 여전히 논리-경험주의 프로그램의 핵심이던 시절에는 철학자들이 사회학, 심리학 등에서 사용되는 용어들의 "의미를 분석함"으로써 과학의 통일성에 실질적인 공헌을 할 수 있다고 생각했다. 그러나 의미에 대한 콰인의 공격 이래로, 모든 것을 무엇이건-물리학자들이-인정할-것들로 환원해야 한다는 요구는, 물리학 이외의 과학들이 이론적 존재자(예를 들면 "유전자")에 대한 기능적 기술을 구조적 기술(예를 들면 "DNA 분자")로 대체할 수 있을 때 "더 과학적"이 되지 않을까 하는 더욱더 모호한 느낌으로 대체되었다. 이런 느낌은 사회학이나 경제학처럼, 아무도 상정된 이론적 존재자의 물리적 실현을 강요하고 싶어 하지 않는 경우들에서는 금세 사라지지만, 심리학에서는 지속된다. 심리학의 이론적 존재자들은 대략 신경생리학에 의한 대체를 초래할 정도의 구체성을 지니기 때문이다. 그러나 한 분야의 용어를 적용하기 위한 그 어떤 흥미로운 필요충분조건도 다른 학문의 용어들을 통해 주어질 수 없다고 생각할 만한 콰인적인 이유들을 고려한다면, 왜 우리가 그런 대체에 그렇게 조바심을 내야 하는 걸까? DNA의 등장에 오랜 시간이 걸렸다는 이유로 유전학이 의심스러운 존재자에 호소한다고 생각할 사람은 아무도 없다. 그렇다면 심리학자들이 탐구의 길을 막고 있다는 본능적인 느낌을 어떻게 설명해야 할까?

이에 답하기 위해 우리는 상정된 심적 존재자와 과정을 의심하는 두 번째 이유로 눈을 돌려야 한다. 우리는 라일을 따라 그것을 유령에 대한 두려움이라고 부를 수 있다. 우리가 심적인 것을 일시적으로라도 인정하면 과학 정신을 잃는다는 생각은 두 가지 원천에서 비롯한다. 첫째는 제1장에서 논의한 것처럼, "의식"에 대한 데카르트 이후의 사고방식과 죽을 때 몸에서 떠나는 것으로서의 전前-철학적인 영혼 개념의 혼동이다. 둘째는 다음과 같이 전개되는 인식론적 논증이다. 내성가능성은 특권적 접근을 동반한다고 하는데, 그런 인식적 특권은 존재론적 차이(물리적인 대상이 누구에게나 알려질 수 있는 것에 비해 심적 존재자는 그 소유자에게 더 잘 알려진다는 점에서)에 기반할 수밖에 없다. 그러므로 우리가 실재에 대한 우리 지식의 일부를 검증할 수 없는 보고에 의존하게 되는 꼴이 되지 않으려면, 내성가능한-것으로서-정신적인-것들의 존재를 부인해야 한다. 이런 식의 논증이 그렇게 노골적으로 제시되는 경우는 드물지만, 이와 비슷한 무언가가 심적인 것들에 대한 실증주의적 적대감과 비트겐슈타인적 적대감 모두를 상당 부분 뒷받침하고 있다.[6] 그러나 철학적 연구 프로그램으로서의 "과학의 통일성"이라는 개념이 "의미"에 대한 콰인의 공격을 버티어 낼 수 없듯이, 이런 인식론적 논증도 "소여"에 대한 셀라스의 처리 방식을 버티어 낼 수 없다. 즉각적 지식에 대한 셀라스의 설명에서 내성은 학습된 능력이며, 실험자가 피험자에게 내성할 수 있어야 한다고 말하면 그게 무엇이든 결국은 피험자가 내성하게 되리라는 어두운 의심은 대체로 정당화된다. 셀라스에 따르면 심적 사건에 대한 우리의 즉각적 지식은 별도의 존재론적 지위의 표시가 아니며, 일인칭 보고의 수정불가능성은 인식적 지위에 관한 모든 문제와 마찬가지로 형이상학적 관심사가 아닌 사회학적 관심사이기 때문이다. 그러나 특권적 접근을 가능하게 한다고 여겨졌던 특별한 유령 같은 지위를 포기하면 내성에의 호소를 방법론적으로 존중할 가능성이 오히려 되살아난다. 왜냐하면 이제 우리는 사람들에게 사고나 향수鄕愁나 혈압이나 꼬인 알파 리듬 등을 내성하게 가르치는 일은 단순히 유기체 내의 연결 관계들, 추정컨대 언어 중추와 나머지 신경계 사이의 연결 관계들을 과학적 도구로 활용하는 문제임을 알 수 있기 때문이다. 그런 훈련이 상호주관적으로 접할 수 있는 상황들에서 출발해야 한다는 사실만으로도 남몰래 벌어지는 일이란 없음을 보장하기에 충분하다. 따라서 내성적 보고의 "주관성"과 "비

6 예를 들면, 『철학적 탐구』의 한 대목을 근거로 맬컴이 제안하는 심성주의적 일인칭 보고에 관한 "표현 이론"을 보라.

과학적" 성격은, 분광기의 결합이 철학적으로 중요하지 않은 것처럼, 철학적으로 중요한 문제가 아니다. "주관적 보고"가 누군가의 입증되지 않은 말이 유망한 과학적 가설을 반박하도록 허용하는 것이 아니라 휴리스틱 차원의 편의상의 문제로 여겨지게 되면, 우리는 내성주의 심리학이 명석 판명한 관념들에 호소하는 합리론이나 개인의 양심에 호소하는 프로테스탄트주의와 불행하게 결합하는 사태를 일소할 수 있다.

나는 앞 장에서 개괄한 콰인과 셀라스의 논증들이, 경험론적이고 물리주의적인 철학자들이 심리학에 반대하며 끌어들인 표준적인 의혹들을 일소하는 데도 이바지하리라 결론 내린다. 다른 방향, 즉 인간의 고유성, 자유 의지, *정신과학*의 고결성을 보존해야 할 필요성에서 비롯된 의혹들은 제7장과 제8장에서 논의하고자 한다. 지금 장에서는 다음 질문에 매달릴 것이다. 우리가 경험심리학 연구의 실제적 결과 또는 예상되는 결과에서 **지식**에 관한 전통적인 철학적 문제들과의 어떤 관련성을 찾을 수 있을까? 나는 그런 "철학적 문제들"이 해결되기보다는 해소되어야 한다고 말하고 싶으므로, 내가 부정적인 대답을 내놓아야 하리라는 것은 예측할 수 있는 일이다. 그러나 그런 부정적인 대답에는 상당한 변론이 필요한데, 왜냐하면 많은 철학자가 특권적 표상에 대하여 콰인과 셀라스가 내세운 반대 논증들에 감명을 받았으면서도, 전통적인 "토대론적" 인식론을 여전히 심리학적 결과들을 활용하여 내적 표상에 관한 일반 이론을 산출하는 것으로 대체하고 싶어 하기 때문이다. 나는 그런 "새로운 인식론"은 정당화의 쟁점들과 관련된 아무런 것도 제공할 수 없으며, 결과적으로 17세기와 18세기에 인식론의 등장으로 이어졌던 문화적 요구와도 전혀 관련이 없음을 주장하게 될 것이다. 또한 결과적으로 그것은 철학이 경험적 탐구와 동떨어져 있으면서 그런 탐구의 결과와 나머지 문화와의 관련성을 설명해 주는 학문이라는 이미지를 유지하는 데도 도움이 되지 못한다.

이런 주장을 제기하기 위해 나는 최근 철학 문헌에서 유행하는 두 가지 제안을 논의할 텐데, 그 두 제안 모두 내가 적절하다고 생각하는 것보다 더 큰 철학적 중요성을 심리학에 부여하고 있다. 첫째는 심리학이 인식론의 주된 문젯거리였던 "이론과 증거 사이의 관계"를 탐구할 수 있다는 콰인의 제안이다. 2절에서 나는 그런 관계들이 심리학의 용어들로 재진술될 수 없음을 주장할 것이다. 둘째는 컴퓨터의 프로그램 상태와 사람의 심리적 상태, 컴퓨터의 "하드웨어" 상태와 신체의 신경생리학적 상태 사이의 유비가 우리의 지식이 세계에 대한 "내적 표상"으로 구성된다는 생각에 새롭고 흥미로운 의미를 부여한다는 주장이다. 이 주장은 포더가 가장 세밀하게 발전시켰는데, 3절과 4절에서 나는 포더가 정확하거나 부정확하다고 판단할 수 있다는 의미에서의 "표상" 개념과 그럴 수 없다는 의미에서의 "표상" 개념을 뒤섞고 있다고 주장할 것이다. 나는 이 두 의미가 인식론과 심리학이라는 각각의 영역을 표시한다고 주장한다.

2. 인식론의 부자연스러움

「자연화된 인식론」이라는 논문에서 콰인은 "과학의 토대"를 제공하려는 노력이 직면하는 여러 가지 난처한 상황들을 검토하고, 마지막으로 그런 기획에 대한 비트겐슈타인의 냉소적 태도를 고려한다.

카르납과 여타 빈학파의 논리 실증주의자들은 이미 "형이상학"이라는 용어가 무의미함을 내포하는 비하적 용법으로 쓰이도록 몰아갔고, "인식론"이라는 용어가 그다음 차례였다. 비트겐슈타인과 주로 옥스퍼드에 있는 그의 추종자들은 남아 있는 철학적 소명이 치료에 있음을 발견했다. 인식론적 문제들이 존재한다는 착각에 빠진 철학자들을 치료한다는 것이다.

그러나 나는 이 시점에서 오히려 인식론이 여전히 지속 중이며, 다만 새로운 설정에서 더 명료한 지위를 지니고 있을 뿐이라고 말하는 것이 더 유용하리라 생각한다. 인식론 또는 그와 유사한 무언가는 단지 심리학의 한 장章, 따라서 자연과학의 한 장으로 자리 잡는다. 인식론은 자연 현상, 즉 물리적인 인간 피험자를 연구한다. 이 인간 피험자는 실험적으로 통제된 특정 입력(이를테면, 다양한 주파수를 지닌 특정 조사照射 패턴들)을 받고, 시간이 흘러서 때가 되면 3차원 외부 세계와 그 세계의 역사에 관한 어떤 기술을 출력으로 내놓는다. 미미한 입력과 폭포 같은 출력 사이의 관계는 언제나 인식론을 자극했던 이유, 즉 증거와 이론이 어떻게 연결되는지, 그리고 어떤 방식으로 자연에 관한 자신의 이론이 가용한 모든 증거를 초월하는지 이해해 보려 한다는 이유와 별반 다르지 않은 이유에서 우리의 연구를 자극한다.[7]

먼저 인식론 배후의 동기가 항상 "증거와 이론이 어떻게 연결되는지, 그리고 어떤 방식으로 자연에 관한 자신의 이론이 가용한 모든 증거

7 콰인, 『존재론적 상대성 및 기타 논문들』, pp. 82-83.

를 초월하는지 이해해 보려"는 것이었다는 콰인의 주장을 고려해 보라. 대다수 지성사 연구자들은 오늘날 우리가 "지식 이론"이라고 부르는 것이 17세기 이전 저술가들의 사고에서 중요한 역할을 거의 하지 않는다는 것을 뜻밖으로 여겼다. 인식론에 대한 콰인의 설명에서는 그게 왜 그런지 알기 어렵다. 갈릴레오와 데카르트 시대에 행성과 탄도 발사체에 관해 근본적으로 서로 다른 이론들 사이에서 선택해야 할 필요성이 강렬해졌고, 결과적으로 서구의 정신은 "자연에 관한 자신의 이론이 가용한 모든 증거를 초월하는" 방식에 새롭게 충격을 받았다고 제안할 수도 있다. 그러나 이런 제안은 다소 얄팍하다. 고대와 중세 시대에는 천상에 대한 수많은 경쟁하는 이론들이 있었지만, 플라톤과 아리스토텔레스에게서 "인식론"이라고 불릴 만한 것을 찾으려면 꽤 샅샅이 뒤져야 한다. 만약 인식론이 이론과 증거 사이의 간극에 주목하고 그 간극을 가로지르는 방법들을 비교하는 것을 의미한다면 그렇다. 우리는 첼러 같은 신칸트주의적인 그리스 철학 사가들이 종종 그랬던 것처럼 『테아이테토스』와 『영혼에 관하여』의 일부 대목에 기쁨에 찬 함성을 지르며 매달릴 수 있다. 그러나 기원전 4세기의 다른 대목에서는 쓸 만한 내용이 거의 나타나지 않을 것이며, 『분석론 후서』에서는 실제로 전혀 찾아볼 수 없다(경쟁하는 과학 이론들 사이의 논쟁을 모두 알고, 그중 최고의 이론들과 겨뤘던 아리스토텔레스가 과학의 지위와 방법론을 논한 이 책에서 말이다). 17세기에 데카르트주의가 돌연 등장해 세계를 놀라게 했을 때, 그것은 이론과 증거 간의 관계에 관련하여 오랫동안 논쟁해 온 문제들에 관해 새로운 견해가 제시되었기 때문이 아니었다. 오히려 질송이 다소 분개하며 말했듯이, 너무도 분별이 있었던 스콜라주의자들이 감히 던지지 않

았던 질문들이 진지하게 받아들여지고 있었기 때문이었다.[8]

17세기가 어째서 이론과 증거의 관계에 호기심을 갖게 된 것인지 이해하려면 데카르트의 공상들이 유럽의 상상력을 사로잡은 이유를 물어야 할 필요가 있다. 콰인이 말한 바와 같이, "인식론자들은 과학보다 더 단단하게 외부 세계에 대한 우리 지식의 정당화에 이바지하는 제1철학을 꿈꿨다."[9] 그런데 왜 갑자기 모든 사람이 같은 꿈을 꾸기 시작했을까? 어쩌다가 지식 이론이 섹스투스 엠피리쿠스에 대한 답변을 지어내는 따분한 강단의 연습 과제 이상의 무언가가 된 것일까? 과학보다 더 단단한 제1철학의 꿈은 『국가』만큼이나 오래되었으며, 종교와 플라톤주의 둘 다의 배후에 같은 원초적 충동이 놓여 있다는 듀이와 프로이트의 의견에 동의할 수도 있다. 하지만 그것은 어째서 누구든 그 제1철학이 다름 아닌 바로 인식론에 해당한다고 생각해야 하는지는 말해 주지 않는다.

콰인의 구절들을 이런 식으로 찍어 누르는 것이 고압적으로 보일 수도 있다. 그런데도 내가 그렇게 하는 이유는 근대 철학을 이해하기

---

8 "중세 철학의 관점에서 볼 때 데카르트는 교양 없는 자indisciplinatus의 역할을 맡는다. 어떤 학문 분야를 다루건 상관없이, 아무리 부적절하더라도 개의치 않고 똑같은 수준의 확실성을 고집하는 데 자부심을 느끼는 사람인 것이다. 한마디로 데카르트는 참과 거짓 사이의 중간자를 더는 인정하지 않는다. 그의 철학은 '개연성 있는 것'이라는 개념을 근본적으로 제거한 것이다."(에티엔 질송Étienne Gilson, 『데카르트 체계의 형성에 있어서 중세 사상의 역할에 관한 연구Études sur le rôle de la pensée médiévale dans la formation du système cartésien』[Paris, 1930], p. 235.)

9 콰인, 「이론성의 등급Grades of Theoreticity」, 『경험과 이론Experience and Theory』, L. 포스터와 J. W. 스완슨 편집(Amherst, Mass., 1970), p. 2.

위해서는 콰인이 이루고자 하는 것보다, 혹은 그의 목적을 위해 필요한 것보다 더 급진적인 전통과의 단절이 요구된다고 생각하기 때문이다. "인식론을 내버리지는 말라. 대신 그것이 심리학이 되게 하자"라는 그의 온정 어린 대사는, 우리가 독단들을 버리고 나면 경험론에서 무엇이 구제될 수 있는지 보여주는 게 우리의 목표일 때는 전적으로 합리적이다. 그러나 어째서 경험론자가 되는 것을 누군가가 가치 있는 일이라고, 더 나아가 흥분되는 일이거나 도덕적 의무라고까지 생각했는지 알고 싶다면, 우리는 전체 주제에서 한 걸음 물러서서 콰인이 안심하고 무시할 수 있는 질문들을 제기해야 한다. 이러한 거리 확보에 도움을 주기 위해 나는 이제 콰인이 심리학에 대해 말한 것들 가운데 몇 가지에 눈을 돌리고자 한다. 나는 그가 예견하는 종류의 모든 심리학적 발견들이, 과학의 토대나 이론과 증거 사이의 관계에 관한 모든 관심사에서 얼마나 동떨어져 있는지를 보여주고 싶다.

대체로 경험적인 지각 심리학과 경험론적 인식론 사이의 연결 고리는 "증거", "정보", "증언" 같은 단어들의 느슨한 사용이 제공한다고 나는 생각한다. 그런 사용 덕분에 콰인은 "신경 종말은… 세계에 관한 미처리 정보의 입력 장소"[10]라거나 "우리의 인지 메커니즘의 입력으로 가장 적절하게 간주할 수 있는 것은 간단히 말해 우리 감각 수용체의 자극이다"[11] 같은 말들을 할 수 있게 된 것이다. 우리가 이렇게 묻는다고 가정해 보라. 정보 처리가 시작되는 곳이 망막(광선에 의해 교란되는 최초의 신경 세포)이 아니라는 것을 심리학이 혹시 발

---

10 Ibid., p. 3.

11 콰인, 「자연화된 인식론Epistemology Naturalized」, 『존재론적 상대성』, p. 84.

견할 수 있을까? 심리학이 그곳이 실제로 수정체 안이라거나, 혹은 어쩌면 시신경이 시각 피질과 합체하는 바로 그 지점이라는 것을 발견할 수 있을까? 후자의 그 지점까지 도달한 것은 정보가 아니라 그저 전기가 전부라는 것을 심리학이 발견할 수 있을까? 아마도 못 할 것이다. 왜냐하면 무엇을 "정보" 혹은 "처리"의 실험적 규준으로 간주할 것인지 알기 어렵기 때문이다. 그러나 콰인은 마치 그런 규준이 있을 **수 있다**는 듯이 쓴다. 그는 인식론이 "자료가 되는 것"의 두 가지 규준 사이에서 항상 고민해 왔다고 지적한다. 바로 "물리적 자극에 대한 인과적 근접성"과 "인식awareness•의 초점"이다. 그러나 그는 이렇게 말한다.

> 우리가 과학보다 더 단단한 제1철학의 꿈을 포기할 때 딜레마는 해소되고 긴장은 완화된다. 우리가 외부 세계에 대한 우리 지식의 인과적 메커니즘만을 추구하고 과학에 선행하는 어떤 기준으로 그 지식의 정당화를 추구하지 않는다면, 우리는 결국 2차원 장場의 색점에 기초한 버클리 방식의 시각 이론에 만족할 수 있다. … 우리는 인간을 물리 세계 속의 블랙박스로 여길 수 있다. 이 블랙박스는 입력

• 이 책에서 이미 '인식'을 'episteme'와 'recognition'의 번역어로 사용하였기에, 'awareness'를 또다시 '인식'으로 번역하는 것은 매우 부담스럽다. 'awareness'는 '의식', '알아챔', '자각', '각성' 등의 의미를 지니고 있으며 실제로 '인식'으로 널리 옮겨진다. 여기서도 '인식'은 '지식' 그 자체를 의미하는 것은 아니며, 간단히 말하자면, 감각 입력으로부터 믿음을 출력하는 데 기여하는 마음의 능력을 가리키는 것으로 볼 수 있다. 이렇게 되면, 결과적으로 'episteme', 'awareness', 'recognition' 등 세 용어가 모두 경우에 따라 '인식'으로 번역되는데, 이는 분명 바람직하지 않으나 불가피한 측면이 있음은 어쩔 수가 없다. – 옮긴이

으로 외부적으로 결정가능한 자극의 힘에 노출되고, 출력으로 외부 세계에 대한 외부적으로 결정가능한 증언을 분출한다. 블랙박스의 내부 작동들 가운데 정확히 어느 부분이 인식의 기미를 띨 수 있을지는 글쎄다.[12]

그러나 만약 우리가 정당화를 잊어버리고 인과적 메커니즘을 쳐다본다면, 우리는 확실히 2차원 시각 장의 색점에 관해 말하고 있지는 않을 것이다. 주어진 것과 추론된 것을 구분하는 것이 아무 쓸모도 없을 것이고, 전자를 주장하기 위해 "시각 장"이라는 개념이 필요하지도 않을 것이다. 우리는 2차원 망막에 조사照射된 색점이나 시신경 내의 파동을 말할 수 있지만, 이는 탐구의 시금석을 발견하는 문제가 아니라 단지 블랙박스를 선택하는 문제일 뿐이다. 콰인은 오로지 탐구의 동기를 바꿈으로써만 딜레마를 해소한다. 만약 우리가 오로지 인과적 메커니즘에만 관심이 있었더라면 인식에 관해 애써 머리를 싸맬 일은 없었을 것이다. 하지만 콰인이 묘사한 꿈을 꾸었던 인식론자들은 인과적 메커니즘에만 관심이 있던 것이 아니었다. 예를 들어, 그들은 갈릴레오의 망원경을 들여다보기를 거부한 교수들과 갈릴레오를 악의적으로 구분 짓는 일에도 관심이 있었다.

만약 진짜 자료가 어디에서 오는지에 대한 실험적 규준이 정말로 존재하지 않는다면, "감각 자료" 개념을 포기하고 신경 종말에 대해서는 인과적으로 말하고 관찰 문장observation sentence에 대해서는 인식론적으로 말하자는 콰인의 제안[13]은 인식론을 괴롭혀 온 딜레마를

---

12 콰인, 「이론성의 등급」, pp. 2-3.

해결하지 못한다. 오히려 그것은 인식론이 시들어 죽게 만들 수 있다. 왜냐하면 만약 우리에게 인과 메커니즘 쪽을 담당할 심리생리학이 있고, 이론을 구성하고 해체하는 과정에서 관찰 문장이 호출되거나 회피되는 경우들을 기록하는 과학사회학과 과학사가 있다면, 인식론은 할 일이 없기 때문이다. 혹시 이런 결과가 콰인에게 잘 어울린다고 생각할지 모르지만, 실제로 그는 이에 저항한다. 그 저항은 그가 폴라니Michael Polanyi, 쿤, 핸슨 등과 같은 저술가들이 관찰이라는 개념을 완전히 버리기를 원한다며 그들의 잘못을 꾸짖을 때 가장 분명하게 드러난다.[14] 콰인은 관찰이 완벽하게 훌륭한 개념이라고 생각하며 그것을 상호주관성의 관점에서 재구성하고 싶어 한다. 그는 "관찰 문장"을 "동시에 같은 자극이 주어졌을 때 그 언어의 모든 화자가 같은 판정을 내리는 문장"이라고 정의한다. "이 요점을 부정형으로 제시하자면, 관찰 문장은 언어 공동체 내에서 과거 경험의 차이에 민감하지 않은 문장이다."[15] 콰인은 시각장애인, 정신이상자 및 몇몇 "간헐적 일탈자"(p. 88n)를 제외하면, "현재의 감각 자극에 의존하며, 문장을 이해하는 데 투입되는 것 이상으로 저장된 정보에 의존하지 않는"(p. 86) 문장이 어떤 것인지 말할 수 있다고 생각한다. 이것은 "현재의 감각 자극"을 특정 문장들이 지닌 논쟁의 여지 없음이라는 성질을 통해 정의하는 것에 해당한다. 콰인은 이것이 경험론적 통찰의 힘을 보존하면서 동시에 "'관념'이라는 관념"과 결합되어 있

13 Ibid., p. 3.

14 Ibid., p. 5. 그리고 「자연화된 인식론」, p. 87 참조.

15 콰인, 「자연화된 인식론」, pp. 86-87.

는 의미에 관한 생각들을 포기하는 길이라고 생각한다.

나는 경험론의 참된 부분을 보존하기 위해 이런 방향을 택한 점에서는 콰인이 옳다고 생각한다. 왜냐하면 그렇게 함으로써 만약 무언가가 인식론을 "대체"한다면, 그것은 과학에 관한 역사와 사회학이지 확실히 심리학은 아님이 매우 분명해지기 때문이다. 하지만 그것은 콰인의 이유가 아니다. "자료"에 관한 또 다른 대목을 고려해 보라.

> 이제 무엇을 관찰로 간주할지는 감각 수용체의 자극이라는 측면에서 해결될 수 있으며, 의식은 아무 데나 있을 만한 곳에 자리 잡게 하라.
>
> 과거 반反심리학적이던 시대에 인식론적 우선성의 의문은 미결이었다. 인식론적으로 무엇이 무엇에 우선하는가? ***게슈탈트***가 감각 원자들보다 우선하는가…? 이제 우리가 물리적 자극에 호소할 수 있게 되었으니 그 문제는 해소된다. A가 B보다 인과적으로 감각 수용체에 더 가깝다면 A가 B보다 인식론적으로 우선한다. 또는 어떤 면에서 더 나은 방법은, 감각 수용체에 대한 인과적 근접성 측면에서 명확히 이야기하고 인식론적 우선성에 대한 담화를 그만두는 것이다. (pp. 84-85)

당혹스러운 것은 우리가 "관찰 문장"을 **전체의 합의**consensus gentium라는 측면으로 정의했다는 것이다. 우리는 얼마나 멀리까지 신경을 타고 들어가야 "처리 과정"이 시작되는지는 말할 것도 없고, 우리 몸의 어느 부분이 감각 수용체인지 알거나 신경 쓰지 않아도 관찰과 이론을 구분할 수 있다. 우리가 상호주관적으로 동의할 수 있는 것을 분리해 내는 데에는 인과적 메커니즘에 대한 어떤 정신생리학적 설명도 필요치 않다. 일상적 대화에서 그냥 그런 일을 할 뿐이다. 따라서 추정컨대 심리학은 "심리학의 설정 안에서 인식론"을 계속하고 싶어 하는 사람들이 알 만한 가치가 있는 인과적 근접성에 대해 우리에게 말해 줄 것이 없을 것이다. 다른 식으로 말하자면, 우리가 관찰 문장들을 신경학적이 아니라 대화적으로 분간하게 되면, "증거가 이론과 어떻게 관계되는지"에 대한 추가적인 탐구는 폴라니, 쿤, 핸슨이 맡을 문제로 보이게 될 것이다. 왜냐하면, 과학자들이 이론을 형성하고 폐기하는 방식에 대한 그들의 설명에 심리학이 무엇을 보탤 수 있겠는가? 콰인은 그들에 대해 다음과 같이 말한다.

> … 일부 인습 타파적인 과학철학자들은 관찰이라는 개념이 문제를 일으키지 않게 된 지금에 와서야 비로소 그 개념에 대한 의문 제기에 나서기 시작했다. 내 생각에 그들의 주장은 자료라는 오래된 개념의 의심스러움에 대한 뒤늦은 반응이다. 이제 우리는 제1철학의 오래된 꿈을 버린 마당이니, 오히려 아무 문젯거리가 없는 개념들에 새롭게 접근하게 된 것을 기뻐하자. 신경 입력이 그중 하나고, 방금 정의한 바로서의 관찰 문장이 또 다른 하나다.[16]

그러나 그런 개념들은, 아무 문젯거리가 없다고 해도 새롭지는 않다. 전류로서의 신경 입력은 새롭지 않다. 반면 "정보"로서 그것은 문젯거리다. 콰인이 정의한 바로서의 "관찰 문장" 개념은 증인에게 "하지

---

16 콰인, 「이론성의 등급」, pp. 4-5.

만 당신이 실제로 본 것은 무엇입니까?"라고 물었던 최초의 변호사 만큼이나 오래된 것이다. 만약 무언가를 기뻐해야 한다면, 그것은 우리가 더는 특정 질문들을 던지지 않고 있다는 것이지, 새로운 할 일이나 새로운 사유의 방식을 발견했다는 것이 아니다. 콰인은 우리가 합리적 재구성을 포기했을 때 의식에 관해 신경 쓰는 일도 포기한 것이라고 말한 바 있다. 그러나 그는 관찰성을 상호주관성을 통해 해명함으로써 그렇게 신경 쓸 일을 곧장 다시 끌어들이고 있는 것 같다. 그러므로 그는 폴라니, 쿤, 핸슨을 시켜 "관찰"이란 단지 현재 우리가 동의할 수 있는 것들의 문제라고 말하게 하든지, 아니면 심리학의 발견들이 그런 개념에서 더 많은 것을 끄집어낼 방법을 보여줘야 한다. 그런 발견들이 그런 일을 해내지 못한다면, "현재의 감각 자극에 의존함"을 상호주관성을 통해 정의하는 것은 그 오래된 인식론적 경칭敬稱을 아무런 심리학적 목적 없이 불러내는 꼴에 불과할 것이다.

콰인에 대한 나의 논의는 그의 말을 피곤할 정도로 문자 그대로 몰아붙인 것이다. 아마도 콰인은 "인식론"이라는 단어의 운명에 대해 신경 쓰지 않았을 것이다. 그가 신경 쓰는 것은 아마도 과학과 철학이 연속적이라는 듀이적인 견해일 것이다. 그 견해에 따르면 그 둘이 서로 다른 방법이나 주제를 가진 것으로 여겨져서는 안 된다. 그는 "개념 분석으로서의 철학"에 관한 느슨한 옥스퍼드식 담화에 반대하며, 비트겐슈타인과 "치료적 실증주의"를 그런 종류의 담화와 결부시킨다. 나는 오히려 듀이와 비트겐슈타인의 공통점을 강조하자고 제안해 왔다. 그들의 관점은 자연스러운 이해의 추구가 근대 철학자들에 의해 부자연스러운 확실성의 추구와 뒤섞였다는 것이다. 그런 관점에서 보면, 여러 시대에 걸쳐 심리학이 철학자들 사이에 불러일으킨 희망과 공포는 똑같이 오도된 것이다.[17] 위즈덤John Wisdom과 바우스마O. K. Bouwsma의 편에 서서 "인식론"은 확실성에 대한 강박적 관심사들의 더미이며, 치료를 통해 해소되어야 한다고 말하는 것과 콰인의 편에 서서 인식론적 충동은 심리학적 결과들로 충족되어야 한다고 말하는 것 둘 다 다음을 말하는 방식들이라고 볼 수 있다. 우리가 가질 수 있는 것은 심리학 말고 아무것도 없다.

이 책에서 나의 관심사 중 하나가 왜 우리 문화에 "철학" 같은 현상이 존재하는지 묻는 것이 아니었기만 해도, 그 문제는 그냥 그렇게 내버려둘 수 있다. 그러나 그런 역사적인 의문을 위해서는 아무것도 가질 게 없는 것과 심리학의 차이가 중요하다. 듀이는 철학의 비-"과학적" 측면들 배후에 있는 종교적, 사회적 동기를 강조했고, 철학과 과학의 연속성에 대한 자신의 주장을 철학이 어떠했는지와 어떻게 되어야 하는지 사이의 부당한 구분과 결부시켰다. 콰인은 발생적 오

17 비트겐슈타인, 『철학적 탐구』에서 "심리학의 혼란과 불모성"에 관한 내용을 보라. "실험적 방법의 존재는 우리가 우리를 괴롭히는 문제들을 해결할 수 있는 수단을 가지고 있다고 생각하게 한다. 실은 문제와 방법이 서로를 지나쳐 버리는데도."(London, 1953, p. 232.) 또한 종래에 콰인이 존중하는 "행동주의적 심리학"으로 발전하게 되는 움직임에 대한 듀이의 경고도 참고하라. "감각과 관념 사이의 오래된 이원론이 말초와 중추의 구조와 기능 들에 관한 현재의 이원론에서 반복된다. 그리고 몸과 영혼의 오래된 이원론은 자극과 반응에 관한 현재의 이원론에서 뚜렷한 반향을 발견한다. … " 이어서 "… 자극으로서의 감각은 어떤 특수한 정신적 **존재**를 의미하지 않는다. 그것은 단순히 함수를 의미하며, 수행될 필요가 있는 특별한 작업에 따라 그 값의 변환치를 얻게 될 것이다."(「심리학에서 반사궁 개념The Reflex Arc Concept in Psychology」, 『존 듀이 초기 저작집The Early Works of John Dewey』, 제5권[Carbondale, 1972], pp. 96, 107.)

류를 들먹이는 것을 꺼리면서, 자신과 로크를 "이론과 증거의 관계"에 대한 동료 탐구자로 친근히 여긴다. 그는 로크가 나쁜 의미 이론에 의해 오도되었지만, 우리 현대인은 이제 좋은 의미 이론에 힘입어 (심리학을 향해) 바르게 인도될 수 있다고 생각한다. 그러나 이러한 관대함이 바로 역사적 이해에 관련한 중요한 일면을 숨긴다. 로크는 우리의 주관적 포착의 양식들이 우리에게 실재를 숨길 수도 있다는 회의주의자의 제안을 우려했고, 콰인은 회의주의 때문에 곤란에 빠진다는 생각을 일절 거부한다는 것이다.

콰인이 회의주의적 우려에서 멀리 떨어져 있다는 것은 그가 경험의 요소들을 지식의 요소들로, 설명의 요소들을 정당화의 요소들로 동화시키는 데서 잘 드러난다. 심리학은 경험의 요소들을 찾아냄으로써 지식을 설명한다. 인식론은 (추정컨대) 지식의 요소들을 찾아냄으로써 비非요소적 지식을 정당화한다. 회의주의에 겁을 먹은 사람이 아니고서야, (어떤 특수한 이론이나 보고와 대비되는 것으로서의) "인간적 지식"이 정당화되길 원하는 사람은 아무도 없을 것이다. "인간적 지식에 근거 부여하기"를 하찮은 농담 정도로 여길 만큼 회의주의를 두려워할 일이 없었던 사람이 아니고서야, 인식론을 심리학에 흡수시킬 사람은 아무도 없을 것이다. 따라서 인간 지식에 관해 이루어질 발견들이 있다면 그것은 심리학에서 나올 가능성이 크다는 콰인의 의견에 우리가 진심으로 동의할 수 있음에도, 우리는 또한 콰인이 비트겐슈타인에게 귀속시킨 관점에도 공감할 수 있다. 그것은 인식론에서 해야 할 일은 "인식론적인 문제들이 있다는 망상에서 철학자들이 벗어나도록 치료하는 것"이라는 관점이다. 그런 치료는 철학과 과학을 분리하지 않는다. 그것은 철학을 단지 상식으로 보거나 "어떤

특수한 목적을 위해 유념할 사항들"을 제공하기 위해 동원되는 과학으로 본다.[18]

3. 진정한 설명들로서의 심리학적 상태들

이론과 증거 사이의 관계에 대해 무언가를 말해 **줄 수 있는** 심리학 이론을 얻으려면, 최소한, 상황들이나 다른 주장들을 이용해 어떤 주장을 정당화하는 식의 일상적인 "공적" 정당화를 "내적으로" 재현할 이론이 필요하다. 다른 말로 하면, 우리는 발언에서 전제와 결론이 맺는 관계나 법정에서 증인의 증언과 혐의가 맺는 것과 같은 관계를 공적인 주장과 맺을 수 있고, 또 그런 관계를 서로 간에도 맺을 수 있는 심적 존재자들이 필요하다. 그러나 이런 필요성에 답하는 심리학 이론이 제안될 때마다 "무한 퇴행"을 외치는 고함이 커질 가능성이 있다. 그래서 우리는 맬컴이 이렇게 말하는 것을 보게 된다.

> 만약 우리가, 어떤 사람이 자기 눈앞에 있는 것이 개라는 것을 아는 방법은 그 동물이 자신이 가진 개의 **형상**에 "일치"한다는 것을 아는 것이라고 말한다면, 우리는 "이것이 일치의 사례라는 것을 그가 어떻게 아는가?"라고 물을 필요가 있다. 여기서 그의 판단을 끌어낸 것은 무엇인가? 그에게는 무언가가 ***형상***에 일치한다는 것이 어떤 것인지 보여주는 이차 ***형상***이 필요하지 않을까? 즉, 그는 어떤 **일치함**의 모형이 필요해지지 않을까? … 무한 퇴행이 발생한 것이며, 아무것

18 비트겐슈타인, 『철학적 탐구』, p. 50.

도 설명된 게 없는 것이다.[19]

라일 덕에 친숙해진 이 난제는, 만약 우리가 "그가 그것을 본다"를 자기 앞에 개가 있다는 그의 앎에 대한 충분한 정당화로 받아들이는 데 만족하지 않는다면, 다른 그 어떤 것도 정당화로 받아들일 수 없게 되리라는 것이다. 왜냐하면 심성주의적 설명이 눈으로 보고 알아본 것에 대해 단지 인과적 설명만을 제공하는 한, 그것은 "그가 어떻게 아는가?"라는 질문에 대한 답을 제공하는 것처럼 보이지 않기 때문이다. 그것은 그 사람이 자신의 견해를 뒷받침하기 위해 가지고 있는 **증거**에 관해서는 아무것도 말해 주지 않고, 다만 그가 그 견해를 주장하게 된 것만을 말해 줄 뿐이다. 반면에, 그것이 애초의 그 공적 지식-주장에 정당화를 실제 제공한다고 하면, 그것은 추가적인 정당화를 재촉할 기회를 열어 준다.

포더는 "준-기계적인" 그 어떤 것도 지각적 인식에 대한 우리의 이해를 개선할 수 없다는 라일의 주장을 비판하면서, "라일의 입장이 지닌 매력적인 간명함은 지각과 학습 이론들이 전통적으로 답하고자 했던 바로 그런 종류의 질문들에 답하지 않고 넘어감으로써 손

19 맬컴, 「인지 과정의 신화Myth of Cognitive Processes」, p. 391. 다음과 비교하라. 라일, 『마음의 개념』(New York, 1949), 제7장; 비트겐슈타인, 『철학적 탐구』, pp. 213-215. 또한 다음을 보라. 존 패스모어, 『철학적 추리Philosophical Reasoning』(London, 1961), 제2장("무한 퇴행"). 여기서 그는 무한 퇴행 논증을 사용하는 라일의 견해를 논의한다. 나는 다음 글에서 비트겐슈타인과 C. S. 퍼스가 이 논증을 반-데카르트적으로 활용한 사례를 비교한 적이 있다. 「실용주의, 범주, 그리고 언어Pragmatism, Categories, and Language」, *Philosophical Review* 49(1961), 197-223.

에 넣은 것"[20]이라고 말한다. 그는 "학습된 연합learned associations에 관한 어떤 단순한 이야기"가 그런 질문들에 답을 주지는 않을 것이라고 주장하며 논의를 이어간다.

> 그러나 "릴리불레로"•를 연주하는 다양한 방법들의 공통점이 추상적인 무언가라면, 우리가 그 노래를 듣는 방법을 구성하는 기대의 체계a system of expectations도 같은 의미에서 추상적일 수밖에 없다는 결론이 나올 것으로 보인다. …
> … 지각적 동일성은 자극들 사이의 물리적 획일성과는 놀랍게도 독립적이므로, 그런 관련된 기대들은 복잡하고 추상적일 수밖에 없다. 심리학자와 인식론자 들이 전통적으로 무의식적 추론 및 여타 준-기계적 처리 과정들이 있어야 설명하게 되리라고 가정해 온 것이 바로 그 지각 "항등성"이므로, 라일의 논법은 항등성이 제기하는 쟁점에 전혀 답하지 않고 넘어간 것이라고 언급하는 것이 적절해 보인다. (pp. 377-378)

우리는 "항등성이 제기하는 쟁점들"이 **있다**면 라일이 그것들에 답하지 않고 넘어간 것이라는 포더의 의견에 동의할 수 있을 것이다. 그러나 라일은 아마도 쉽게 이렇게 대답할 수 있다. "복잡하고 추상적인 기대들"(예를 들어, 어떤 규칙들이나 추상적 패러다임들과의 관련성을 수반하는 일련의 무의식적인 추론들 같은)이라는 개념이 마치 여기에

20 포더, 「혹시 지각 이론이 존재할 수 있을까?」, 375.

• Lillibulero. 영국의 작곡가 헨리 퍼셀이 17세기에 작곡한 행진곡. – 옮긴이

쟁점들이 있는 것처럼 보이게 만든 것이라고 말이다. 아마도 비언어적이지만 여전히 "추상적"인 방식으로 만들어진 규칙을 적용하는 마음속 작은 사람의 그림만이, 우리에게 "그것이 어떻게 그렇게 되나?"라는 질문을 하게 만들 것이다. 만약 우리에게 그런 그림이 강요되지 않았더라면, 라일은 우리가 아마도 이런 식으로 응수했을 것이라고 말할 수 있다. "그것은 오로지 복잡한 신경계가 있어서 가능하다. 틀림없이, 언젠가 어떤 생리학자가 그것이 정확히 어떻게 작동하는지 말해 줄 것이다." 다시 말해, 우리가 이미 데카르트적인 온갖 장치들을 손에 넣고 있지 않았던들, 비생리학적 "모형"이라는 개념은 생겨나지도 않았으리라는 것이다.

이 응답은 조금 더 정확하게 재진술될 수 있다. 잠재적으로 무한한 차이들 사이에서 유사성을 인식recognition한다는 것은 "추상적인" 무언가, 이를테면 릴리불레로성性을 인식하는 것이라는 포더의 주장에 동의한다고 가정해 보라. "우리가 그 노래를 알아듣는 비결도 같은 의미에서 추상적이어야 한다"라는 말은 무엇을 의미할까? 추정컨대, 잠재적으로 무한한 차이들 사이에서 유사성을 식별할 수 있어야 한다는 뜻이 아닐까 싶다. 하지만 그렇다면 "**비**-추상적 비결"이라는 개념은 아무 쓸모도 없다. **어떤** 비결이건 간에 그런 일을 할 수 있어야 할 테니 말이다. 초코칩 쿠키 한 판의 성분들 사이에서 가능한 질적 변동들 역시 잠재적으로 무한하다. 따라서 우리가 이왕 "복잡한 기대들의 집합"(또는 "프로그램들" 또는 "규칙들의 체계들")에 대해 말하고자 한다면, 우리는 언제나 "추상적"인 무언가에 관해 말하게 될 것이다. 정확히 말하자면, 그것은 사실상 우리가 어떻게 알아봤는지 설명하고 싶어 하는 바로 그 대상이 지닌 특성만큼(또는 어떻게 성취했는지 설명하고 싶어 하는 바로 그 과제만큼) 추상적이다. 하지만 그렇다면 우리는 딜레마에 빠진다. 그런 기대나 규칙 들의 집합을 획득하는 것이 새로운 기대나 규칙 들의 집합을 가정할 것을 요구하거나, 아니면 그런 집합은 획득되는 것이 아니거나, 둘 중 하나다. 만약 전자의 뿔을 잡는다면, 추상적인 것의 인식에는 추상적인 것이 사용되어야 한다는 포더의 원리에 의해서 맬컴의 무한 퇴행이 발생할 것이다. 인식에 대해 성립하는 것이 획득에 대해서도 성립해야 하기 때문이다. 만약 후자의 뿔을 잡는다면, 우리는 라일로 되돌아오는 것 같다. 즉 무한한 차이들 사이에서 유사성을 알아보는 획득되지 않은 능력 unacquired ability이 사람들에게 있다고 말하는 것은, "항등성이 제기하는 쟁점들"에 관해 무언가를 설명하는 것이라고 말하기 어렵다는 것이다.

따라서 라일은 그러한 쟁점들이 "인식하다recognize" 같은 용어들의 일상적 적용의 충분조건들에 관련된 "개념적" 쟁점들이거나, 혹은 생리학적 메커니즘들에 관한 쟁점들이라고 결론지을 수 있다. 후자 부류의 쟁점은, "항등성"이 광전지나 소리굽쇠에 "추상적인" 메커니즘을 가정할 것을 요구한다고 그 누구도 생각하지 않으므로, 퇴행에 관한 문제들과는 관련이 없다. 그런데 가온 다음과 "릴리불레로성性" 사이에는 전자를 "구체적인 음향 특질"이라고 부르고 후자를 "추상적인 유사성"이라고 부른다는 점 외에 어떤 차이가 존재할까? 우리는 릴리불레로-인식자가 그렇게 하듯이, 소리굽쇠가 무시하는 수천 가지의 우연한 특징들(음색, 음량, 빛의 현전, 소리 내는 물체의 색깔)을 명세화할 수 있다. 추상抽象-구체具體 구분은 복잡-단순 구분과 마찬가지로 주어진 자료 틀에 상대적이므로, 심리학적 설명이 추상적 존재자들에 대한 언급을 요구한다고 말할 때, 그것은 마치 우리가 단지 포유류가 할 수 있는 것을 설명하려면 아메바, 소리굽쇠, 세슘 원자, 별 등이 할 수 있는 것들을 설명할 때와는 다른, **범주적으로** 다른 종류의 것들을 언급해야 한다고 주장하는 것처럼 보인다. 그러나 우리가 그런 차이를 어떻게 알까? 그리고 여기서 "범주적으로"라는 말은 무엇을 의미할까? 다시 한번, 라일은 만약 우리가 이미 데카르트적 그림(심적 무대의 벽면에 게시된 규칙들을 바라보는 ***내면의 눈***이라고 하는)을 가지고 있지 않았다면 우리는 그러한 주장이 무엇을 의미하는지 이해하지 못했을 것이라고 말할 수 있다.

무한 퇴행 논증의 위력은 이 정도로 충분히 보여주었다. 이제 비-생리학적 모델 구축은 선험적으로 좋거나 나쁜 것이 아니라, 다만 그것의 결실에 따라 정당화되는 것이라고 주장하는 도드웰 같은 사람이 이에 대해 제기할 법한 종류의 반론을 고려해 보자. 도드웰은 뇌와 컴퓨터의 비유에 깊은 인상을 받았다. "현재, 인지 과정에 대한 심리학자들의 발상에 가장 강력한 영향을 미치고 있는 단 하나의 요소를 꼽자면 바로 컴퓨터 프로그래밍을 위해 개발된 개념들의 집합체이다."[21] 그러면서도, 그는 다음을 인정한다.

> 컴퓨터 비유가 사소하다고 주장할 수도 있을 것이다. 왜냐하면 프로그램은 단지 인지적 연산과 같은 일군의 연산을 부호화할 뿐이며 사고를 **설명하는** 것이 아니기 때문이다. 산술 문제를 푸는 일련의 규칙들을 작성하는 것이 문제 풀이를 설명하는 것이 아니듯 말이다. … 그

21 도드웰, 「개념 발달 이론은 필요한가?」, p. 370.

렇다면 컴퓨터 프로그램이 사고를 "설명"할 수 있다고 말하는 것은 대략 일군의 논리적 공식들이 올바른 연역 논증의 법칙들을 "설명"한다고 말하는 정도의 힘을 지닐 것이다. (pp. 371-372)

이 논증에 대한 그의 응답은 컴퓨터의 비유는 층위를 구분하고 난 후에 비로소 힘을 발휘한다는 것이다.

… 컴퓨터의 문제 해결에서 벌어지는 일에 대한 설명들은 다양한 층위에서 주어질 수 있다. … 추정컨대 사고의 구현이 어떤 의미에서 중추 신경계에서 실제로 발생하는 과정으로 설명되어야 하듯이, 마찬가지로 프로그램의 **구현**도 컴퓨터 하드웨어의 측면에서 설명되어야 한다. 특정 계산이 이루어지는 서브루틴은 "기계어"와 해답이 발견되는 단계별 알고리듬에 비추어 설명될 수 있다. … 뇌를 검사해서 구구단의 요점을 파악할 수 없는 것과 정확히 같은 방식으로, 서브루틴 연산 원리는 단지 하드웨어를 살펴보는 것만으로는 그 자체가 이해되거나 설명되지 않는다. 마찬가지로, 서브루틴 자체의 작동 방식을 이해한다고 해서 문제 해결의 원리가 일련의 단계들을 통해 설명되는 것도 아니다. … 그것을 위해 우리는 기계에서 프로그램의 전체 조직과 목표를 구현하는 실행 과정을 살펴봐야 하며, 인간에게서는 덜 명확하게 이해되는 "목표 지향성"을 살펴봐야 한다. (p. 372)

층위의 중요성은, 예를 들어, 실험이 우리에게 시각 패턴의 인식은 특징-추출 과정이 아닌 템플릿-매칭 과정을 통해 이루어진다고 말할 이유를 제공할 수 있다는 사실로 잘 설명된다(p. 379). 이를 언급하는 것은 "개념적"("실행 과정"에 관한) 언급도 아니고 "생리학적"("하드웨어"에 관한) 발언도 아니지만, 그렇더라도 진정으로 설명적일 수 있다. "서브루틴"이라는 개념은 심리학이 필요로 하는 바로 그것을 제공하는 것처럼 보인다. 즉 상식과 생리학 사이의 중간 지대가 어떤 쓸모가 있을 수 있는지에 대한 설명을 제공한다는 것이다.

하지만 그런 개념이 무한 퇴행 논증을 피하는 데 어떻게 도움이 될까? 아마도 맬컴과 라일은 "템플릿"이든 추출된 특징에 관한 추상적 관념이든, (어떤 모형을 선택하느냐에 따라 다르겠지만) 그것들이 원래 설명하기로 되어 있는 "항등성"과 같은 문제들을 그 자체로 일으킨다고 강하게 주장할 것이다. 그러나 도드웰은, 그것들이 "추상(인식, 항등성)이 어떻게 가능한가?"와 같은 일반적인 질문들에 대한 답으로 여겨지는 경우에만 문제를 일으킬 것이라고 대답할 수 있다. 그런 질문들에 대해서라면, 그는 대략 그런 임무를 수행해 낼 수 있는 적절한 하드웨어를 자연이 진화시켰다는 별 의미 없는 언급 외에는 답이 **없다**고 말할 수 있다. 왜냐하면 실제로 도드웰의 어떤 모형이건 뇌 속의 작은 추론자者가 그 자신의(혹은 그것 자체의) 템플릿들을 점검하거나 특징들을 확인하는 모습을 떠올리게 한다는 의미에서 의인화될 것이기 때문이다. 이 추론자의 추상이나 인식 능력은 그의 주인이 가진 그런 능력들만큼이나 문제가 될 것이며, 그를(또는 그것을) 작은 사람이 아니라 소형 기계라고 부른다고 해서 문제가 덜어지는 것은 아니다.[22] 여기서 의인화된 모형은 "당신이 폴란드식 표기법을 사용하면 기계가 그 문제를 이해하지 못할 텐데, 왜냐하면 그 기계는 오로지 …만 알기 때문이다"라는 투로 말하는 프로그래머의 의인화된 발언이 그렇듯 오해의 소지가 없다. "템플릿"이 로크의 "관념"처럼 피설명항의 반복이라는 불평은, 보어Bohr 원자를 구성하는 입자들이 그것들의 성질을 설명하는 데 도움을 주는 당구공의 반복이라는 주장과 매한가지이다. 큰 당구공 안에 작은 당구공을 상정하는 것이 유익한 것으로 밝혀진다면, 큰 사람 안에 작은 사람(또는 큰 쥐 안에 작은 쥐)을 상정하는 것은 왜 안 될까? 그런 모든 "모형"에는, 셀라스의 표현을 빌리자면, 모형에서 "추상한" 모형화된 존재자의 특

---

22 일부 심리학자들은 이를 의심할 것이다. 그레고리Richard Gregory는 지각에 수반되는 "무의식적 추론"이라는 헬름홀츠Hermann von Helmholtz의 개념을 동조적으로 인용하며 다음과 같이 말한다.

> 우리는 논쟁을 수행하는 "내부의 작은 사람"이 없다는 것을 분명히 해야 한다. 그런 것은 견디기 어려운 철학적 난점들로 이어지기 때문이다. 헬름홀츠가 확실히 그렇게 생각한 것은 아니지만, "무의식적 추론"이라는 그의 어구와 지각에 대해 "무의식적 결론"이라고 한 그의 기술은 아마도 그 당시 컴퓨터에 익숙하지 않은 사람들에게는 그런 어떤 수용할 수 없는 발상을 암시한 것이었다. 그러나 우리가 컴퓨터에 익숙해지면 이런 종류의 혼란으로 나아갈 유혹은 반드시 제거될 것이다. 왜냐하면 우리는 더는 추론을 의식을 수반하는 인간 고유의 활동으로 생각하지 않기 때문이다. (『지적인 눈The Intelligent Eye』[New York, 1970], p. 30.)

나는 작은 사람이 "견디기 어려운 철학적 난점들"로 이어진다고 말하는 것에는 오해의 소지가 있다고 생각한다. 왜냐하면 나는 소형 기계가 작은 사람보다 덜 "의식적"이라고 보지 않기 때문이다. 데닛이 트랜지스터나 뉴런 군群을 향해 소위 "지향적 태도"를 채택한다는 것은, 우리가 그런 것들에 대해서 마치 의식적 존재에 대해 말할 때처럼 말한다는 것이다. 그러면서 "그러나 물론 그것들이 **정말로** 의식을 가진 것은 아니다"라고 덧붙이는 것은, 단지 우리가 그것들에 대해 도덕적 책임이 없다고 말하려는 것처럼 보인다. 우리는 그런 뭉치가, 콰인의 표현을 빌리자면, "의식이 가미된" 것들인지 물어볼 수도 없고, 그런 존재가 추론을 수행할 수 있는지를 **알아낼** 수도 없다. 컴퓨터에 익숙해진다고 그런 발견이 이루어지는 것은 아니다. 그것은 단지 지향적 태도의 귀속을 더 흔하고 별것 아닌 일로 만들 뿐이다.

징들을 열거하는 "해설"이 동반된다.[23] 심리학의 모든 의인화 모형에 대한 암묵적 해설은 다음과 같다고 제안하는 것이 합당해 보인다.

> 우리가 서브루틴의 차원에 머무는 한, 우리는 사람이 "무의식적으로" 수행하거나 혹은 뇌의 중추나 다른 기관들이 ("의식적이지도" 않고 "무의식적이지도" 않게) 마치 그것들 자체가 사람인 것처럼 수행하는 추론이나 다른 연산들에 관해서 자유롭게 의인화된 방식으로 이야기하게 될 것이다. 그런 어구들의 사용이 뇌 중추에 지성과 성격의 귀속을 약속하는 것은 아니다. 그것은 다양한 환영幻影의 공통 요소로서 "빨강 감각-인상"에 관해 말하는 것이 "내적"이면서 빨간 무언가의 존재를 우리에게 약속하는 것이 아닌 것과 같다. 그러나 일단 "서브루틴" 차원에서 벗어나 하드웨어 수준으로 올라가면 의인화는 더는 설 자리가 없다.

이런 해설의 힘을 이해하기 위해, 심리학 이론이 빨강-감각 인상의 발생(그리고 다른 모든 지각 상황에서도 마찬가지다)을 예측할 때 그리고 오직 그때만, 어떤 특별한 종류의 신경 전류가 시신경을 따라 내려온다고 가정해 보자. 만약 우리가 이 사실을 알고 있다면, 우리는 "서브루틴" 설명을 간단히 건너뛰고 곧바로 하드웨어로 넘어가야 한다. "감각-인상"이라는 개념은 (심리학 이론이 상정한 또 다른 이론적 존재자들이 있어서 그것들을 해명하기 위해 이 개념이 요구되지 않는 한)

---

23 셀라스, 『과학, 지각, 실재』, "해설"에 관해서는 p. 182를, 빨강 감각-인상에 관해서는 pp. 192ff를 참조.

더는 역할을 하지 못할 것이다. 만약 문제가 이렇게 단순한 것으로 밝혀졌다면 "컴퓨터"의 비유는 행동에서 생리학으로 넘어가는 단계가 너무 짧아 "층위"라는 개념이 의미 있어 보이지 않는 단세포 동물의 경우에서와 마찬가지로 더는 특별히 적절해 보이지 않을 것이다.

이는 생리학이 지금보다 더 단순하고 명백했더라면 아무도 심리학의 필요성을 느끼지 않았으리라는 말이다. 이 결론은 이상해 보일 수도 있다. 특히 "뇌를 검사해서 구구단의 요점을 파악할 수 없는 것과 정확히 같은 방식으로, 서브루틴 연산 원리는 단지 하드웨어를 살펴보는 것만으로는 그 자체가 이해되거나 설명되지 않는다"라는 도드웰의 언급(앞에 인용된)에 비추어 보면 더욱 그렇다.[24] 그러나 이런 언급은 심각한 오해의 소지가 있다. 그 안에는 다음과 같은 명백한 진술, 즉

> 우리가 곱셈이 무엇인지 알지 못했다면, 뇌를 들여다보는 것이 그것을 말해 주지 않을 것이다.

와 다음과 같은 의심스러운 진술, 즉

> 우리가 곱셈이 무엇인지를 실제로 알았다고 해도, 어떤 이가 어떤

---

24 또한 포더는 심리학에서 "기능적"(또는 "프로그램") 분석과 "기계적"(또는 "하드웨어") 분석의 구분은 환원불가능하며 단순한 편의성의 문제가 아니라고 제안한 바 있다. 그의 「심리학의 설명들Explanations in Psychology」, *Philosophy in America*, M. 블랙M. Black 편집(Ithaca, 1965), p. 177을 보라. 나는 다음 글에서 이 제안에 반대하는 주장을 펼쳤다. 「기능주의, 기계, 수정불가능성Functionalism, Machines, and Incorrigibility」, *Journal of Philosophy* 69(1972), 203-220.

> 특정한 곱셈을 하고 있다는 것을 그의 뇌를 살펴봐서는 말할 수 없을 것이다.

의 혼동이 담겨 있다. 후자가 의심스러운 이유는 단지 특정한 심적 연산들과 결부된 아주 단순한 신경생리학적 매개변수들이 존재하는지 아닌지를 우리가 모르기 때문이다. 그런 것이 있을 가능성은 엄청나게 낮지만, 훈련된 관찰자가 적절한 뇌-탐침-현미경을 이용해 "아하, 당신은 47 곱하기 25를 계산하고 있군요"라고 보고하는(그리고 매번 맞을 수 있는) 뭔가를 보여주지 못할 선험적인 이유란 없다. 더 일반적으로 말해서, 무엇이 하드웨어 측면에서 가장 잘 설명되고 무엇이 프로그램 측면에서 가장 잘 설명되는지의 문제는 전적으로 하드웨어가 얼마나 특수 목적에 맞게 설계되었는지와 그것이 얼마나 명료하게 설계되어 있는지에 달려 있다. 분명히 특수성이나 명료성은 어휘 선택과 추상 수준과 관계가 있겠지만, 그렇다면 하드웨어-소프트웨어의 구분 자체도 마찬가지다.[25] 올바른 종류의 하드웨어와 올바른 매개변수들이 주어진다면 "서브루틴 연산 원리를 단지 하드웨어를 살펴보는 것만으로 이해하거나 설명하는" 것이 확실히 가능하다. 실제로 우리는 프로그램을 읽는 것보다 기계를 열어서 들여다

25 이런 종류의 상대성에 대해서는 다음을 보라. 윌리엄 카크William Kalke, 「포더와 퍼트넘의 기능주의는 무엇이 잘못되었나What Is Wrong with Fodor and Putnam's Functionalism」, *Nous* 3(1969), 83-94. 카크의 논문과 나 자신의 같은 논조의 논문(각주 24에 인용한)에 대한 비판은 다음을 보라. B. J. 넬슨B. J. Nelson, 「기능주의와 동일성 이론Functionalism and the Identity Theory」, *Journal of Philosophy* 73(1976), 379ff.

봄으로써 그것이 무슨 일을 하고 있는지 더 쉽게 알아낼 수 있는 그런 기계를 상상할 수 있다.

뇌는 거의 확실히 그런 기계가 아니어서 여기서 요점은 원리적인 차원의 것이지만 그 원리는 철학적 중요성을 지닌다. 왜냐하면 그것은 심리학과 생리학의 구분이, 이를테면 화학과 물리학의 구분보다 더 강한 의미에서 뚜렷한 차이가 있는 두 개의 연구 주제 사이의 구분이 아님을 보여주기 때문이다. 화합물 형성과 같은 화학 현상이 해당 원소의 극미소한submicroscopic 구성과는 전혀 관련이 없는 것으로 밝혀졌을 수도 있었다. 하지만 실제로는 관련이 있고, 그렇다면 이제 반응을 설명할 때 물리학자의 용어를 사용하든 화학자의 용어를 사용하든 그것은 편의성이나 교수법의 문제다. 만약 전자電子가 폭발과 관련이 있는 것처럼 생리학이 곱셈과 관련이 있다고 밝혀진다면, 심리학-생리학의 구분은 똑같이 실용적인 구분이 될 것이다. 그러므로 앞서 제시된 역설적인 결론, 즉 생리학이 더 명백했다면 심리학이 생겨날 일은 없었을 것이라는 결론은 재확인될 수 있다. 실제로, 우리는 그런 결론을 강화하여 신체가 더 이해하기 쉬웠다면 아무도 우리에게 마음이 있다고 생각하지 않았을 것이라고 말할 수 있다.[26]

26 제2장이 분명히 해주었다고 내가 믿는 바와 같이, 나는 이를 통해 우리가 우리 자신을 믿음과 욕망을 지닌 존재, 보고 추론하는 등의 활동을 하는 존재로 생각하지 말았어야 한다고 말하려는 것이 아니다. 다만 우리가 "분리가능한 능동적 지성", 데카르트적인 "비물질적 실체" 혹은 로크적인 관념 같은 개념들로 우리 자신을 옭아매지는 않았으리라는 것이다. 우리의 마음 개념은 우리가 현재 가지고 있는 데카르트적 개념보다는 라일이나 아리스토텔레스의 개념에 훨씬 더 가까웠을 것이다.

이제 이것이 무한 퇴행 논증을 어떤 식으로 다루게 되는지 요약할 차례다. 핵심은 심리학자들이 상정한 설명적 존재자들이 피설명항 속에서 문제들을 반복하는 경우는, 예를 들어 "인식은 어떻게 가능한가?"처럼 오로지 그 문제들이 어쨌거나 나쁜 문제들일 때뿐이라는 것이다. 맬컴이나 라일 같은 철학자들은 나쁜 철학적 질문에 대한 나쁜 철학적 답변에 익숙해 있다. 이를테면, "운동은 어떻게 가능한가? 잠재적인 것으로서의 잠재성의 실현으로", "어째서 자연은 법칙을 따르는가? 신의 자비와 전능함 때문에" 같은 질문과 답변이 그런 것들이다. 그러다 보니 그들은 매우 구체적이고 제한된 연구 프로그램에조차 그 배후에 이런 질문들이 도사리고 있다고 보는 경향이 있다. 그들이 항상 틀린 것은 아니다. 여전히 심리학자들은 때때로 자신의 최신 "모형"이 고대 철학의 문제를 해결한다고 제안하니까 말이다.[27] 그러나 도드웰이 염두에 둔 것과 같은 모형, 즉 ("실행 과정"

---

27 예를 들어, 워렌 맥컬러크Warren S. McCulloch의 『마음의 체현Embodiments of Mind』(Cambridge, Mass., 1965)에 시모어 페이퍼트Seymour Papert가 붙인 「서문」을 보라. 페이퍼트는 매컬러크의 저술이 지닌 중요성을 설명하는 가운데, "우리는 더는 딜레마에 사로잡힐 필요가 없다"며 다음과 같이 말한다. 그가 말한 딜레마란,

> 메커니즘에 기반하지만 사고의 복잡한 속성에는 도달할 수 없었던 심리학과, 사고의 속성을 진지하게 받아들이나 구상해 볼 수 있는 그 어떤 메커니즘에도 만족할 수 없었던 철학 사이의… 분열 (p. xiv)

을 가리킨다. 이 딜레마를 해결하기 위한 통찰은 다음을 그 "주요한 개념적 단계"로 삼는다. 즉,

> 기계적 시스템, 전기적 시스템, 심지어 사회적 시스템에서 행동의 목적론적 규제를 수반하는 일군의 물리적으로 서로 다른 상황들이 하나의 기본 현상, 즉 정보가 되돌아가 닫힌 중앙 루프를 형성하는 현상의 발현들로 이

처럼) 내성할 수도 없고 ("하드웨어"처럼) 생리적으로 판독할 수도 없는 서브루틴들에 대한 제안들이 데카르트적인 가짜-문제들의 해결에 공헌한 것으로도, 어떤 비물리적 유형의 존재자를 발견한 것으로도 여겨지지 않는다고 가정해 보라. 그러면 무한 퇴행 논증은 아무런 힘을 갖지 못한다. 왜냐하면 그러한 서브루틴들에 해당하는 하드웨어-상관물이 결국 발견되든 발견되지 않든, 그런 서브루틴들의 실험적 발견 덕에 가능해진 행동 예측 및 제어의 성공은 심리학적 탐구의 대상들이 실재한다는 것을 보여주기에 충분할 것이기 때문이다.[28] 도드웰의 제안은 어떤 주제의 비신화적이고 "과학적인" 성격을 확립하는 문제에서 그만큼 성공적인 것은 없으며, 아마도 이것이 그 문제에 관한 사실상 최종 결론일 수도 있다는 것이다.

해되어야 함을 인정하는 것이다. (p. xvi)

여기서 페이퍼트는 철학자들을 괴롭혔던 "사고의 속성들"이 합목적성과 관련된 것들이라고 가정한다. 그러나 인식론을 심리학과 분리하는 두 가지 주요한 방법인 정당화와 인과적 설명의 구분 혹은 의식과 의식의 결여 사이의 구분은 합목적성을 명료히 한다고 해서 명료해지지 않는다. 또한 합목적성에 대해 우려하는 베르그송주의자들이 자동 음반 교환기를 숙고해 본다고 해서 위안을 느끼지도 않을 것이다.

28 심리학자들이 상정하는 "개입 변수들"(그것들로 작성된 "서브루틴들"과 더불어)이 아직 발견되지 않은 신경학적 과정을 위한 단순한 자리 표시자일 뿐이라고 생각하기가 쉽다. 실제로 우리는 신경생리학이 특정 지점에 도달하면 경쟁하는 심리학적 "마음 모형들" 가운데서 이뤄질 선택의 시금석 역할을 하리라고 흔히 가정한다. 그러나 설령 신경생리학이 우리가 희망했던 단계에 결코 도달하지 못하리라는 사실을 어떻게든 발견하더라도, 그런 실망이 심리학자들의 연구를 "방법론적으로"나 또는 "형이상학적으로"나 더 의심스럽게 만들지는 않으리라는 점을 이해하는 것이 중요하다.

이 점을 내가 개괄한 획득된 능력과 획득되지 않은 능력에 대한 라일식 딜레마에 적용하면, 우리는 어떤 경우든 그런 식의 모든 모형 구축은 자연이 고차원의 심적 연산을 수행할 수 있는 어떤 선천적 능력을 배선해 놓았음을 인정해야 한다는 점을 흔쾌히 받아들일 수 있다. 이는 적어도 다양한 뇌-중추들에서 서브루틴들을 수행하는 작은 사람 중 몇몇이 태어날 때부터 거기에 있었어야 한다는 말이 될 것이다. 하지만 그게 뭐 어떤가? 영국 경험론자들이 하지 못한 일을 경험심리학이 하게 되리라는 생각을 포기한다면, 다시 말해 경험심리학이 말초 감각 기관에 가해지는 충격들 덕에 **빈 서판**이 어떻게 복잡한 정보 처리 장치로 바뀌는지 보여주리라는 생각을 포기한다면, 성인의 서브루틴 중 절반이 염색체의 지시에 따라 유아의 뇌에 선천적으로 배선되었다는 것에 놀라지 않을 것이다. 또한, 정확히 **어떤 것**이 그때 배선되었고 어떤 것이 나중에 생겨났는지 알아내는 일이 인간 본성이나 인간의 마음에 대한 우리의 이해에 중요하리라는 생각이 떠오르지도 않을 것이다.[29] 결국, (차이 속에서 유사성을 인식하는

29 "본유적"인 것을 발견하는 일이 중요하다는 생각은 "모든 지식(현대적인 용어로는 정보)이 감각 기관을 통해 오는가, 아니면 일부 지식은 마음 자체가 제공하는가?"와 같은 질문들에서 생겨난다(J. J. 깁슨과 E. J. 깁슨, 「지각 학습: 지각 학습: 차별화인가 향상인가?Perceptual Learning: Differentiation or Enrichment?」, *Psychological Review* 62[1955], 32). 이들 두 깁슨Gibson은 이런 칸트적인 질문을 최대한 진지하게 받아들이고, 흄과 헬름홀츠에게는 안된 말이지만, 지각적 학습은 기억-흔적에서 무의식적으로 추론하는 것이 아니라 단순히 "자극 배열의 변수들에 대한 민감성 증가"임을 강조한다(p. 40). 그러나 이런 견해와 이를테면 지각적 학습의 표준 실험에 대한 그레고리의 신-헬름홀츠주의적 해석 사이에서 선택해야 할 때, 실험이 어떻게 도움이 될 수 있을지 상상하기란 매우 어렵다. R. L. 그레고리, 『눈과 뇌Eye and Brain』(New York and Toronto, 1966)

능력과 같은) "추상적인" 무언가가 가온 다# 음에 차별적으로 반응하는 능력 같은 "구체적인" 능력들처럼 획득된 것이 아니라고 여기는 것이 이상해 보이지 않을 것이다. 왜냐하면 우리는 후자가 그 자체로 어떤 능력이 마땅히 그럴 수 있을 만큼 "추상적"이면서, 어떤 능력이건 반드시 그래야 하는 만큼까지만 추상적이라는 점을 상기하면 그만이기 때문이다. 칸트처럼 포더 역시 무비판적으로 받아들인 구체적 능력 대 추상적 능력이라는 그 전체 개념은, "환원불가능하게 물리적인 것" 대 "환원불가능하게 정신적인 것"이라는 개념과 같은 부류다. 일시적인 탐구 목적과 관련된 경우를 제외하고 그런 경계선을 어떻게 그어야 할지는 아무도 말할 수 없다. 그러나 그런 경계선을 단번에 그으려는 데카르트적 시도와 한쪽을 다른 한쪽으로 "환원"하려는 "경험론자"와 "행동주의자"의 시도로 인해 철학자들을 혼란스럽게 했던 어떤 심오한 불가사의들이 어쨌든 심리학 연구로 뚫릴 수도 있다는 견해가 생겨난 것이다. 맬컴과 라일이 무한 퇴행 논증을 부주의하게 사용한 것은, 심리학이 철학자들이 제기한 문제들을 해결하는 데 성공할 수 있다는 생각에 대한 이해할 만한 반응으로 보아야 한다고 나는 생각한다.

나는 이제 내적 표상으로서의 심리학적 상태들이라는 개념이 반대할 만한 것은 아니어도 그다지 흥미롭지는 않다고 말함으로써 "무한 퇴행" 논증을 검토한 결과와 앞 절의 결과를 한데 묶을 수 있다.

참조. 특히 p. 11에 있는 다음과 같은 대목을 보라. "감각은 우리에게 세계의 그림을 직접 제공하지 않는다. 오히려 우리 앞에 놓인 것에 대한 가설들을 점검할 수 있는 증거를 제공한다." 내가 4절에 인용하고 짧게 논한, 깁슨에 대한 포더의 논의를 보라.

심리학적 상태들은 행동을 설명하기 위해 가정된 것들로서 우리가 아직 생리학적 상태들과 어떻게 동일시해야 할지 모르는 것들이라고 말하는 것은 마음의 참된 본성을 발견하게 된다는 말이 아니다. 그것은 알려져야 할 "본성"이 없다는 점을 재차 강조하는 말일 뿐이다. 도드웰과 포더가 그린 마음과 컴퓨터의 비유가 플라톤의 마음과 새장의 비유보다 더 나은 이유는, 단지 전자가 우리 내면의 관찰로서의 내성이라는 **인식론적으로**(형이상학적으로는 아닌) 오도된 그림을 피하고 있기 때문이다. 그런 비유들을 통해 깨달음을 얻는다는 것은 철학자들의 우려에 대응하는 문제로서, 철학자들은 한편으로는 통일과학에 대해 우려하고 다른 한편으로는 "주관성"에 대해 우려한다. 우리의 하드웨어가 더 명료했다면 심성주의적 설명들이 생겨나지 않았으리라는 데 동의한다면, 그것은 심신의 구분을 존재론적이기보다는 실용적으로 만들기에 충분할 것이다. 그것은 결국 우리가 다음과 같은 사실에 만족하게 만들기에 충분하다. 즉, 우리는 우리 안에서 벌어지는 일에 대해서 하드웨어가 컴퓨터 프로그램을 "구현"하는 방식에 대한 엔지니어의 설명처럼 명쾌하게 심리학적 상태들과 연결되는 신경생리학적 설명을 **결코** 얻지 못할 수도 있다는 것이다. 콰인적인 이유에서 일단 우리가 그러한 설명의 가능성 또는 불가능성을 "철학적 분석"으로 결정할 수 있다는 생각을 멈춘다면, 우리는 과학의 통일성을 위험에 빠뜨리는 것은 미지의 것이나 환원불가능한 것이 아니라 오로지 유령뿐이라는 것을 알 수 있다. 데모크리토스의 원자와 뉴턴의 찬란한 빛이 기하동역학적 범프bump에 불과하다는 제안이 그 누구의 "물리주의적" 본능도 성가시게 하지 않는 것처럼, 네모난 말뚝이 둥근 구멍에 들어가지 않는 이유에 대한 초미립자적인 설명을 우리가 결코 확보할 수 없다는 퍼트넘의 지적도 마찬가지다. 심성주의적 대화의 영구적 필요성은 오로지 "심적인 것"이 유령에 대한 언급을 수반한다고 생각하는 철학자들에게나 위험해 보일 뿐이며, 심적인 것의 주어짐givenness에 대한 셀라스의 대처가 그런 유령을 잘 처리해 준다. 셀라스는 우리가 내성할 때 그 어떤 비물리적 항목도 비물리적 관찰자에게 나타나지 않음을 보여준다. 그렇게 그는 "과학적 객관성" 상실의 위협을 막아낸다. 다시 한번, 그런 형이상학적 문제들의 씨앗은 인식론적 난점들에서, 특히 우리가 어떻게 향수를 느낀다고 굳게 확신할 권리를 갖게 되는지 이해하려면 향수와 뉴런 사이에 존재론적 경계선을 세워야 한다는 식의 생각에서 발견된다.

4. 표상으로서의 심리학적 상태

그렇지만 우리는 확실성이 더 큰 것과 더 적은 것을 나누는 선들을 따라서가 아니라 추상적인 것과 구체적인 것을 나누는 선, 표상과 비-표상을 나누는 선 위에 새로운 종류의 심-물 장벽을 세우려는 시도들을 경계해야 한다. 그런 시도가 어떤 것인지 이해하기 위해 지각에 대한 전통적인 경험론적 설명을 부흥시키는 포더의 견해를 고려해 보라.

> 내가 받아들이기에, 심리학적 과정들이 계산적 과정인지 아닌지는 경험적인 문제다. 그러나 만약 그것들이 계산적 과정이라면, 지각에서 벌어져야 하는 일은 환경에 대해서 물리적 변수들의 값을 지시하

는 용어들을 보유한 어휘로 표현되지 **않은** 기술記述이 그런 어휘로 표현된 기술을 기반으로 어떻게든 계산된다는 것이다.[30]

포더는 우리에게 "지각의 심리학적 문제"와 같은 무언가가 있으려면, 우리가 마음속에 그런 어떤 모형을 보유해야 한다고 올바르게 말한다. 그는 "(추정되는) 자극 불변성이 어떻게 탐지되는지에 대한 문제"를 "**감각 변환기**에 주어지는 자극(즉 물리적 에너지)과 **지각 기관**에 주어지는 자극(즉 추상적 불변성)을 구별"함으로써 피할 수 있다는 깁슨의 제안을 다음과 같은 말로 비판한다.

> … 이렇게 가다가 문제가 사소해지는 결과를 낳는다. 자극 개념을 사용하여 망막으로 들어가는 입력(빛 에너지)과 시각 체계로 들어가는 입력(예를 들면, 지각 항등성에 대한 설명에 관련된 불변성을 드러내는 빛 에너지 패턴)을 구별할 수 있다면, **전체 유기체**에 주어지는 자극(즉, 지각할 수 있는 것들)에 대해서도 말하지 않을 이유가 있을까? 따라서 "우리는 병bottle을 어떻게 지각하는가?"에 대한 답은 이런 식이 될 것이다. "자극 불변의 **병**의 현전이 병의 지각을 위한 필요충분조건이다."
> … 내가 생각하기에, 이것이 보여주는 것은 지각의 심리학적 문제가 혼란하다는 것이 아니라, 그 문제를 **진술하려면** 입력을 표상하는 데 사용할 전용 어휘를 선택해야(그리고 그 선택에 합당한 이유를 제시해야) 한다는 것이다. 나는 감각 변환기가 물리적 매개변수의 값을 감

30 제리 포더, 『사고 언어The Language of Thought』(New York, 1975), p. 47.

> 지하고 감각 변환기의 활동이 모든 지각적 지식을 매개한다는 그럴법한 가정을 근거로, 물리적 매개변수 값들의 어휘가 그에 적절하다고 주장한 바 있다. (p. 49n)

여기서 포더는 내가 심리학을 자연화된 인식론으로 보려는 콰인의 시도를 논의할 때 제기한 질문에 직면한다. 무엇을 자료라고 할지에 대한 선택이 일상의 언어로 표현될 수 있는 관찰자들 사이의 합의보다 더 심원한 무언가에 관한 문제라면, 심리학자가 "우리의 인지 메커니즘에 들어오는 입력"을 격리하려 할 때 어떤 규준을 사용할 수 있는가? 콰인은 이 문제에서 동요하지만, 포더는 우리의 주체가 알 필요가 없는 무언가를 그의 입력으로 삼지 않는 한 "인지 메커니즘 내에서의 처리"라는 개념은 사소해질 것이라고 단호하고도 현명하게 말한다. "인지 메커니즘에 대한 입력이 망막이 아니라 시신경을 따라가다 어느 중간쯤에 주어진다는 사실을 심리학이 과연 밝혀낼 수 있을까?"라는 앞에서의 내 수사학적 질문에 대해, 포더는 추정컨대 이렇게 답할 것이다. 물론이다. 왜냐하면 이 방식으로 하느냐 저 방식으로 하느냐 하는 문제는, 유기체를 일종의 변환기transducer와 처리기processor로 나누고 그것들에 관한 기술記述들을 통해 인지 처리에 대한 유익한 일반 이론을 구성하려면 어떤 방식으로 블랙박스들에 선을 긋는 것이 최선인지에 달린 것이기 때문이다.

그런 답변은 "우리는 병을 어떻게 지각하는가?"라는 질문과 "추론의 확실한 기준점으로 삼기에 알맞은 것으로서, 마음에 의심의 여지없이 주어진 것은 무엇인가?"라는 질문 사이의 모든 연결을 제거한다는 점에 유의하라. 왜냐하면 "주체가 의식적 추론 없이 무엇을 믿을 권리가 있는가?"라는 질문, 혹은 더 정확하게는, "단지 '나는 지금 내가 당신을 보듯 분명하게 그것을 보았다'라거나 '나는 영어를 안다'와 같은 언급만으로 그가 정당화할 수 있는 것은 어떤 종류의 것인가?"라는 질문은 "우리는 유기체의 어떤 부분을 세계와 이어지는 것으로 선택할 것인가?", 더 정확하게는 "'입력을 표상하는 데 사용할 전용 어휘'에 관해 어떤 선택을 하게 될 것인가?"라는 질문과는 뭐가 됐든 아무 상관이 없기 때문이다. 포더의 견해는 이 점에 대해 감탄할 정도로 명백하다.

> 그러나 유기체의 상태와 그 유기체의 신경계 상태 사이의 구분이 **일부** 목적과 관련하여 어떤 관련성이 있을 수 있다고 하건 말건 간에, 그것이 인지심리학의 목적들과 관련이 있다고 가정할 특별한 이유는 없다. (p. 52)
> … 인지 이론들에서 상정하는 유기체의 상태들을, 이를테면 법적 혹은 도덕적 책임 이론의 목적들을 위한 유기체의 상태들로 간주하지는 않을 것이다. 하지만 그래서 어쨌다는 건가? 중요한 것은 그것들을 **어떤** 유용한 목적들을 위한 유기체의 상태들로 간주해야 한다는 것이다. 특히 중요한 것은 그것들을 참된 심리학적 이론들을 구성한다는 목적에 어울리는 유기체의 상태들로 간주해야 한다는 것이다. (p. 53)

우리는 단지 도덕적 혹은 법적 책임에 해당하는 것이 인식론적 책임, 즉 유기체가 이것이나 저것을 믿는 것이 정당화된다는 측면에도 해당한다는 점을 덧붙이기만 하면 된다. 유기체와 세계 사이의 다양한 접점들을 발견하는 것으로부터, 세계에 관한 유기체의 관점들을 비판하는 것으로 이어지는 길이란 없다. 더 일반적으로 말해서, 심리학에서 인식론으로 이어지는 길은 없다. 경험론자들이 지각에 대해 옳게 보았던 점은, 감각 기관이 "가설들이 표현되는 어휘", 즉 처리 장치(들)나 그 주체 자체에 의해 표현되는 어휘에 비해 빈곤한 어휘를 가진다고 생각해야 한다는 것이었다. 또한 경험론자들이 아리스토텔레스의 이론보다 차라리 자기 눈을 택한 갈릴레오를 칭찬한 것도 의심의 여지 없이 옳았지만, 그런 인식론적 판단은 그들의 지각 이론과는 특별히 관련이 없다.

이제 우리는 마음을 내적 표상의 체계로 보는 포더의 그림이 내가 비판해 온 ***자연의 거울*** 이미지와는 아무런 관련이 없음을 알 수 있다. 결정적인 점은 포더의 "사고 언어"•에 대해서는 "주체의 내적 표상이 실재를 얼마나 잘 표상하는가?"라는 회의주의적 질문을 제기할 방법이 없다는 것이다. 특히 자발성 이론들의 생산물이 수용성의 증거 원천을 어디에서 혹은 얼마나 잘 표상하는지 물을 방법이 없고, 그럼으로써 외양과 실재 사이의 관계에 대해 회의적인 태도를 보일 방법도 없다. 또한 수용성이 제공한 증거와 자발성이 고안한 이론들 사이의 간극에 대해 할 수 있는 일반적인 이야기도 없다. 다른 종류의 간극은 감각 메커니즘의 어휘가 "어떤 (이상적으로 완성된) 물리과학의 자연종 어휘들"(p. 45)로 구성되어야 한다는 요구를 통해 건

• the language of thought. 포더가 인간의 사고가 규칙에 따라 조합되고 계산될 수 있는 기호 체계 내에서 일어난다는 주장을 뒷받침하기 위해 도입한 '정신적 언어mentalese'로서, 이에 따르면 인간의 마음은 일종의 계산 체계로 이해할 수 있다. – 옮긴이

넌다. 이 어휘는 "처리기"의 어휘보다 빈곤할 것이다. 물리적 매개변수 값들의 집합과 처리기들이 자체의 가설들에서 사용하는 용어 사이에 다대일 관계가 존재하게 되리라는 의미에서 그렇다. 그래서 그 관계는 과학과 상식 사이의 관계와 비슷해질 것이다. 콰인식의 "증거에 의한 이론의 과소결정"이 그래서 그 모형에 내장된다. 그것은 상식적 말하기의 많은 방식들이 물리 과학에 의한 하나의 참된(이상적으로 완성된) 세계 기술과 양립하게 될 것이며, 많은 가능한 "처리기" 언어들이 그것들 사이를 매개할 수 있다는 점에서 그렇다. "사고언어"의 특징을 학습하여 인식론적인 무언가를 찾아낸다는 것은, 감각 메커니즘이 사용하는 과학적 어휘와 주체가 의식적으로 사용하는 다양한 어휘 사이에 처리기가 사용하는 어휘가 있고, 그런 어휘에 대한 지식이 주체가 사물 일반에 대한 진리를 발견하는 데 도움을 주게 되는 그런 경우에만 가능할 것이다. 오로지 이런 종류의 "심리학적 실재"만이, 정당화의 인식론적 시금석으로서 "해석 없이 마음에 주어진 것"을 대신할 수 있다. 그러나 어째서 특정 색깔, 문법 또는 도덕 원리에 관한 심리학적 실재가 그런 것들을 사용해 비심리학적 실재를 설명하거나 판단하는 일에 부합하게 되는지 그 이유를 알기란 어렵다. 우리는 심리학 이론이 격리해 낸 처리 유닛들을 어떤 식으로든 "우리의 더 나은 부분"으로 볼 때만, 즉 우리 영혼의 나머지 부분을 다스리는 자연스러운 통치자 혹은 우리의 참된 자아라 할 수 있는 이성의 후계자로 볼 때만 그러한 부합을 기대해야 한다. 포더와 인지심리학은 내적 부호에 대해 그런 어떤 영예로운 지위를 부여하는 데는 관심이 없다. '포트란' 같은 부호, 즉 이진수 표현들은 **단지** 부호일 뿐, 참과 거짓을 구분하는 데는 도움이 되지 않는다.

이 점을 이전 장들에 비추어 이해해 보기 위해, 인식론적 전통이 믿음의 획득에 대한 인과적 설명과 믿음의 정당화를 혼동했다는 주장을 상기해 보라. 인과적 설명이 내적 부호로 주어질 때, 이 부호가 참인 믿음의 획득을 탐지하는 데 사용될 수 있다는 가정은 "진리-생성의 심적 과정들"이 심리학 이론 내의 자연종이라고 가정하는 것에 해당할 것이다. 그러나 포더는 그런 평가적 용어들이 그런 자연종을 표시한다고 생각할 그 어떤 이유도 없다는 데 아마 동의할 것이다. 그가 창의성에 대해 다음과 같이 말했듯이 말이다.

> 우리가 창의적이라고 생각하는 과정들이 심리학적 설명의 목적들에 따른 자연종을 형성하지 않을 수도 있지만, 그렇더라도 그런 어떤 과정의 모든 **사례**는 이런저런 종류의 규칙-기반 계산 활동의 사례일 수 있다. … **창의적인/따분한**이라는 범주들은 심리학이 채택한 분류 체계를 간단히 교차 분류할 수 있을 것이다.
>
> 그러나 나의 주된 요점은 단지 창의적인 심적 과정들이 **심적** 과정이라는 사실만으로는, 그것들이 심리학의 언어로 그것들에 대한 그 어떤 기술을 통해 설명될 수 있음을 보장하지 않는다는 것이다. 어쩌면 좋은 아이디어들이란 … 심적 원인이 없는 종류의 심적 상태일 수 있다. (pp. 201-202)

지식을 올바르게 질서 잡힌 내적 표상의 문제, 즉 흐릿하거나 왜곡되지 않은 ***자연의 거울***의 문제라고 보는 개념의 등장은, 참인 믿음을 가진 사람과 거짓인 믿음을 가진 사람의 차이가 "그들의 마음이 어떻게 작동했느냐"에 좌우된다는 생각에서 비롯된 것이었다. 만약 그 어구를 "그들이 대화에서 무슨 말을 할 것인가"라는 의미로 받아들인다면, 그것은 참이지만 얄팍하고 철학적이지가 않다. 우리가 그것을 심오하고 철학적인 것으로 만들려면 데카르트와 로크의 편에 서서 심적 존재자와 과정에 대한 분류법이 단지 마음에 관한 진리뿐만이 아니라 진리 발견의 방법까지 제공해 줄 발견들로 이어질 것이라고 믿어야 한다.[31] 그러나 포더가 구상한 심리학적 분류 체계는 인식론적 분류 체계가 아니다. 그것은 문화를 구성하는 서로 다른 다양한 분야의 방법과 내용 모두 가라앉든 헤엄쳐 나가든 스스로 알아서 하도록 남겨둔다. 예를 들어 촘스키, 피아제, 레비-스트로스, 마르크스, 프로이트가 구성한 다양한 분류 체계가 언젠가 모두 교류하여 하나의 위대한 ***자연의 보편 언어***를 상술할 것이라는 가정(때때로 구조주의의 주장으로 돌리기도 하는 가정)만이 인지심리학이 인식론적 의의를 지닌다고 시사할 수 있을 것이다. 그러나 물질의 운동에 대해 충분히 알게 되면 모든 것을 예측할 수 있으리라는 제안만큼이나, 완성된 신경생리학이 갈릴레오가 그의 동시대 사람들보다 우월함을 입증하는 데 도움이 될 것이라는 제안도 여전히 오도된 것이다. 우리 자신을

---

31 하이럼 캐턴Hiram Caton, 『주체성의 기원들: 데카르트에 관한 논고The Origins of Subjectivity: An Essay on Descartes』(New Haven, 1973), p. 53 참조. "아리스토텔레스적 방법론과 데카르트적 방법론의 큰 차이점은 데카르트에게 마음은 과학의 원리라는 점이다." 『영혼에 관하여』와 『분석론 후서』 사이에 연관성이 부족하다는 점과 "믿음, 의견, 동의의 근거와 정도"에 대한 탐구가 "역사적인, 평범한 방법"으로 수행될 수 있다는 로크의 가정을 대조해 보라. 여기서 그 방법은 "관념, 개념, 혹은 그 밖에 뭐라 부르고 싶은 것이건 간에 인간이 관찰하고, 자기 마음속에 있다고 의식하는 것들의 기원 및 지성에 그런 것들이 제공되게 하는 방식들"(『인간지성론』 제1권, 제1장 2-3절)과 더불어 시작한다.

설명하는 것과 우리 자신을 정당화하는 것 사이의 간극은 그 설명에 프로그래밍 언어가 사용되든 하드웨어 언어가 사용되든 마찬가지로 크다.

그러나 만약 우리가 인식론을 성공적인 **진리의** 발견을 보증하는 것이 아니라 **합리성**의 규범을 발전시키는 것으로 해석한다면, 내부 부호에 대한 지식이 우리에게 계속 파고들 만한 무언가를 제공하리라 생각할 수도 있을 것이다. 포더가 그런 부호의 발견이 "합리성이 어떻게 구조화되는지"를 보여준다고 말할 때, 그는 아마도 무심결에 그런 견해를 제안한 것이다. 그러나 다음 대목에서 제공한 것이 그가 그런 "합리성" 개념에 부여하는 유일한 내용이다.

> 이 책의 주된 방향이 옳다면, 사고 언어는 유기체의 환경에서 심리학적으로 현저한 측면을 내적으로 표상하는 매개를 제공한다. 그런 정보가 유기체의 인지적 레퍼토리를 구성하는 계산 루틴에 속하게 되는 것은 이 언어에서 그런 정보를 명세화할 수 있는 범위까지, 오직 거기까지만이다. … 그러나 이제 나는, 적어도 일부 유기체는 이 표상 체계가 어떻게 사용될 것이냐를 결정하는 데 상당한 자유가 있는 것으로 보이며, 대개는 그 자유가 합리적으로 활용된다는 것을 추가하고자 한다. … 만약 주체가 실제로 내부 표상들을 어떻게 배열할지 **계산**한다면, 그런 계산들 역시 표상들을 대상으로, 즉 표상들의 표상들을 대상으로 정의되어야 한다. 요컨대, 사고 언어의 일부 속성은 사고 언어로 표현되어야 한다. 왜냐하면 표상을 표상하는 능력은 아마도 표상을 합리적으로 조작하는 능력의 선행 조건일 것이기 때문이다.[32]

여기서 "합리성"은 목적에 맞춘 수단의 조정을 의미하며, 유기체가 표상을 통해 이를 수행하는 능력이 호르몬을 통해 이를 수행하는 능력과 다른 점은 오로지 전자의 능력을 기술하려면 메타언어적 어휘가 필요하다는 것뿐이다. 그러나 유기체가 그런 목적으로 사용하는 메타언어적 어휘를 파악한다는 것은 "합리성의 구조"라는 어구가 제시할 법한 일반적인 무언가를 파악하는 것이 아니라, 오히려 프로그래머가 효율성 최적화의 필요성에 따라 컴퓨터가 하나의 서브루틴에서 다른 서브루틴으로 전환되게 만들고자 사용하는 수법들 같은 특수한 무언가를 파악하는 것이다. 우리가 그런 수법들을 이해한다고 해서 합리적인 탐구자 또는 행위자가 된다는 것이 무엇인지에 대해, 뇌하수체가 이 호르몬 말고 저 호르몬을 분비하게 만든 이유를 이해하는 것으로부터 얻는 것보다 더 많은 것을 이해하게 되지는 않는다. 또한 주변 환경에 대한 주체의 **의식적** 표상, 다시 말해 그가 자신의 관점을 진술하는 어휘를 우리가 비판하는 이유가 그것이 "그 유기체의 인지적 레퍼토리를 구성하는 계산 루틴"만큼 그런 측면들을 잘 표상하지 못했기 때문이라고 한다면 그것 또한 말이 되지 않을 것이다. 우리가 우리 마음이 어떻게 작동하는지 앎으로써 더 잘 이해할 수 있을 법한 평가적 개념의 후보로서 "합리적"이라는 말은 "참"(또는 "정직", "순결", "선함" 등등)보다 더 나을 것이 없다. 왜냐하면 진화가 우리를 얼마나 합리적으로 설계했는지, 혹은 진화가 우리를 얼마나 합리적으로 만들려고 애썼는지에 관한 판단은 우리가 이바지하고자 하는 목적들에 대한 우리의 관점들을 언급함으로써 이루

32 포더, 『사고 언어』, p. 172.

어져야 하기 때문이다. 우리의 마음이 어떻게 작동하는지에 대한 지식은 우리의 땀샘이나 우리의 분자가 어떻게 작동하는지에 대한 지식만큼이나 그런 관점들의 발전이나 교정과는 관련이 없다.

만약 우리가 내적 표상에 관한 학설에서 인식론적 관련성을 찾고자 한다면, 촘스키와 포더의 명시적인 반환원주의적 취지보다는 그들에게 공통된 "본유적" 관점에 담긴 합리론적 함의 안에서 찾아야만 할 것이다. 벤들러는 촘스키-포더의 선천적으로 배선된 사고 언어(및 메타언어) 개념에서 합리론적 인식론으로 나아가는 추론을 제공한다. 다음과 같은 도발적인 반-비트겐슈타인적 대목을 고려해 보라.

> … 가장 합리적인 설명은 아이는 사람들이 제2의 언어를 배우는 것과 비슷한 방식으로 모국어를 배워야 한다는 것이다. 다른 말로 하면, 아이는 가능한 모든 인간 언어의 근본적인 발화적, 구문론적, 의미론적 특징들을 부호화하는 선천적 장비를 보유해야 한다. … 그런 선천적 "관념" 체계는 향후 모국어의 특징을 표상하는 더 구체적인 부호의 영향으로 점차 채워지는 근본 틀을 제공한다. … 우리는 이런 선천적 개념 뭉치에 관해 현재로서는 경험상의 추측 정도밖에는 할 수가 없다. 하지만 그것을 자세히 해명하는 작업이 불가능한 것은 아니라고 생각한다. 아리스토텔레스, 데카르트, 칸트, 그리고 최근에는 촘스키가 이 근본 틀에 속해야 하는 영역들을 표시하는 데 성공한 바 있다. … 그러면 그것들은 나머지 것들에 이해가능성을 부여하는 "명석 판명한" 관념들이다. 그것들은 그 기원상 "선천적"이고 그 발전 과정에서 자족적이며, 경험이 그것의 내용을 바꿀 수 없다. 어떤 경험도 무언가를 주장하거나 요구한다는 것이 무엇인지, 믿거나 결

> 정한다는 것이 무엇인지, 진리 또는 필연성이 무엇인지, 사람, 사물, 과정 또는 상태가 무엇인지, 변화, 목적, 인과, 시간, 연장, 수가 무엇인지에 대한 당사자의 관념과 관련이 없다. 그러한 관념들을 명료화할 필요가 있다면, 그런 명료화를 성취하는 방법은 우리가 올바른 언어 사용 속에서 암묵적으로 모두 알고 드러내는 것을 고찰하는 것이다. …[33]

이렇게 선천적으로 배선된 어휘로부터 오로지 "명확해질" 수 있을 뿐 바뀔 수는 없는 믿음 집합을 추론하는 것은 사실과 언어, 과학과 철학, 의미 명료화와 믿음의 변화 사이의 구분에 대한 콰인의 비판을 거스르는 것이다. 그러나 더 근본적인 반대는 벤들러가 고정된 사고 언어가 있다는 전제뿐만 아니라 그 언어의 본성에 대한 우리의 지식 자체가 경험에 근거한 수정의 대상이 될 수 없다는 전제까지 요구한다는 데 있다. 이것은 칸트가 종합적인 선험적 진리를 보유한다는 것은 우리의 마음이 그러한 진리들에 이바지하는 경우, 오직 그 경우에만 이해될 수 있다고 설명할 때 사용한 것과 같은 전제다.[34] 그러나 사고 언어의 발견이 장기전으로 이어질 경험적 과정이 되리라는 포더의 주장은, 이 언어가 무엇인지에 대해 완전히 틀릴 가능성이 언제나 우리에게 있으며, 따라서 무엇이 선천적인지에 관해서도 틀릴 수 있다는 지당한 결론으로 이어진다. 우리가 내면에서 무슨 일이 진행

---

33 제노 벤들러Zeno Vendler, 『사유하는 실체Res Cogitans』(Ithaca, N.Y., 1972), pp. 140-141.

34 *K.d.r.V.*, Bxvii.

되는지를 알면 순수 이성의 법정에서 우리의 확신을 합법화할 수 있다는 칸트의 주장은 "마음이 그 자신을 아는 것보다 더 쉬운 일은 없다"라는 데카르트의 주장을 떠올리게 한다. 그러나 인식론은 사변적 학문이라고 하더라도 심리학은 그런 학문이 아니다. 그리고 이것이 바로 심리학이 인식론적 목적에 이바지할 수 없는 한 가지 이유다.[35]

나는 설명과 정당화 사이의 혼동을 다시 한번 되풀이함으로써 내적 표상에 대한 지금의 논의를 요약할 수 있다. 심리학자들이 사용하는 것으로서의 "표상" 개념은 대략 그림인지 명제인지 애매하다. 예를 들어, 망막 이미지(또는 시각 피질 깊숙한 곳에 있는 그에 상응하는 이미지)인지 "저건 빨간 직사각형이다"와 같은 믿음인지 애매하다는

---

35 길버트 하먼은 인식론과 심리학을 연결하려는 흥미로운 비-촘스키적인 시도를 『사고Thought』(Princeton, 1973)에서 제시한다. 그는 "게티어 사례들"이라는 주제에서 그 둘 사이의 연관성을 발견한다. 그 사례들이란 정당화된 참인 믿음이 지식이 아닌 경우로서, 그 이유가 대략 어떤 사람이 추론에서 잘못된 전제를 사용하여 문제의 그 믿음에 이르렀다고 여겨지는 그런 경우를 말한다. 하먼은 믿음의 "진짜 이유들"에 대한 이론이 필요하며, 그 필요성에 따라 그는 자신이 "심리주의"라고 기술한 것으로 나아간다(pp. 15ff). 그러나 하먼이 게티어 사례들에 대한 우리의 직관이 요구하는 바로서의 특정 무의식적 추론들("진짜 이유들"을 수반하는)의 사변적 상정과 경험심리학적 탐구 사이에서 어떤 연관성을 찾을 수 있을지는 분명하지 않다. 마이클 윌리엄스Michael Williams의 「추론, 정당화 그리고 지식의 분석Inference, Justification and the Analysis of Knowledge」, *Journal of Philosophy* 75(1978), 249-263과 하먼의 「추론을 연구하기 위해 추론에 관한 직관들 사용하기: 윌리엄스에 대한 답변Using Intuitions about Reasoning to Study Reasoning: A Reply to Williams」, 같은 책, 433-438을 보라. 만약 하먼이 그러한 연결 고리를 확립할 수 있다면 그는 내적 공간의 역학 측면에서 지식을 다루려는 로크의 시도에서 올바른 무언가를 분별해 내게 될 것이다. 그러나 그렇게 되더라도 **정당화**와 심리적 과정 사이의 연결 고리는 여전히 유실된 상태일 것이다.

것이다. 오로지 후자만이 전제 역할을 하지만, 오로지 전자만이 "매개되지 않은" 것이며, 영국 경험론의 전통은 그 둘을 함께 끌어들이면서 우리가 잘 아는 결과를 낳았다. 포더의 처리기-내-표상은 그림이라기보다 명제이므로 "소여"라는 경험론적 개념에 대한 그린과 셀라스의 비판 대상이 되지 않는다. 다른 한편으로, 그것들은 반드시 그 주체가 그것에 대해 어떤 태도를 지니는 명제들일 필요는 없다. 실제로 주체가 본인이 인지하고 있는 명제들에 대해 가지는 태도는 처리기의 관점으로부터 자유로이 유동한다. 데닛이 포더에 대한 비판에서 언급했듯이, 두 주체는 각자의 처리기가 같은 언어를 사용하지 않더라도 같은 믿음을 가질 수 있다.[36] 따라서 설령 다양한 명제 태도를 처리기에 귀속시키는 것이 주체가 어떻게 그 믿음을 가지게 되었는지 **설명하는** 가능한 제일 나은 방법일지라도, 처리기가 보유한 명제에서 주체가 보유한 명제로의 **추론**이 존재할 필요는 없다. 경험론자의 "관념들"과 달리, 망막 이미지에서 다양한 처리기가 보유한 다양한 명제 태도를 거쳐 주체의 언어 중추의 출력으로 흘러가는 인과적 과정이 주체의 견해를 정당화하는 어떤 추론의 연쇄에 부합할 필요는 없다. 우리가 알거나 관심을 둔 바로는 어떤 생리학적 특이성 때문에 황인종 남성이나 빨간 머리의 남성이 백인 남성이나 물갈퀴 발의 남성 등등과는 전혀 다른 언어와 전혀 다른 방식으로 정

36 대니얼 데닛, 「『사고 언어』에 대한 비판적 논평」, *Mind* 86(1977), 278. "만약 우리가 사람들의 심리학적인 진짜 과정들을 상세히 조사하는 것이 인지심리학의 임무라는 포더의 견해에 동의한다면, 우리는 믿음과 욕망의 귀속이 단지 그러한 과정들과 간접적으로만 엮여 있으므로 믿음과 욕망은 인지심리학의 적절한 연구 대상이 아니라고 마땅히 말할 수 있을 것이다."

보를 처리한다고 말할 수도 있을 것이고 그런 의미에서, 설명은 사적일 수 있다. 그러나 무엇을 믿어야 하는지에 대해 다양한 사람들 사이에 벌어지는 논쟁에서 아마도 그들의 기이한 마음이 어떻게 작동하는지 언급하는 일은 없을 것이고 또한 그래서도 안 된다는 의미에서, 정당화는 공적이다. 따라서 우리가 내적 표상 체계를 가지고 있다는 주장은 최악의 경우 그림과 명제 사이의 혼동뿐만 아니라 인과와 추론 사이의 더 일반적인 혼동을 포함한다.

그러나 사실 이러한 혼란은 인지심리학에 대한 철학적 해석에만 나타날 뿐, 실제 심리학적 설명에는 나타나지 않는다. 비트겐슈타인주의자들이 심리학을 비판할 때, 실제로 그들의 공격 목표는 심리학이 아니라 인식론과 심리학의 혼동이다. 심리학자들은 "철학적"이고자 하는 오도된 충동으로 인해 가끔 이러한 혼동을 저지른다. 행동주의에 반기를 든 현대 심리학자들은 종종 로크와 칸트가 사변적으로 했던 일을 자신들은 "과학적으로" 하고 있다고 생각하고 싶어 한다. 그러나 다음 두 언급에는 세상에 있을 수 있는 모든 차이가 드러난다.

> 우리는 명제적 믿음의 토대인 인식의 비명제적 항목들을 격리해 내야 한다.
>
> 우리는 심적 과정의 모형을 구축하면서 "데이터로부터의 추론"이라는 은유를 사용하기 위해, 신경 흥분 패턴 같은 항목들을 마치 믿음인 것처럼 취급할 수 있다.[37]

심리학자들은 후자만 말할 필요가 있다. 만약 그들이 여기에만 국한한다면, 그들은 "뇌 과정"과 "심적 과정"의 구분이 "하드웨어 기술"과

"프로그램 기술"의 구분만큼이나 철학적으로 큰 관심사가 아니라는 측면에서 퍼트넘을 따를 수 있다.[38] 전자를 말하고 싶은 유혹, 즉 "마음과 몸 사이의 연결 고리를 발견"하고자 인식론적으로 부추겨진 유혹은 "전선을 따라 흘러오는 전하의 패턴이 그날 현금 수입의 총합이라는 것을 컴퓨터가 어떻게 말할 수 있는가?"라는 질문을 제기하려는 유혹과 동등하게 취급할 수 있다. 우리가 어떻게 작동하는지 더 잘 이해함으로써 우리가 무엇을 믿어야 하는지에 대해 더 많이 알 수 있다는 전반적인 17세기식 개념은, 로봇이 어떻게 작동하는지를 더 잘 이해함으로써 로봇에게 시민권을 부여할지 말지를 알게 될 것이라는 개념만큼이나 오도된 것으로 보일 수 있다. 인간-기계 비유는 유용한 유기체 모형의 원천으로서만이 아니라, 설명의 대상으로서의 인간과 자신의 믿음과 행위를 정당화하는 데 관심이 있는 도덕적 행위자로서의 인간 사이의 차이를 유념하는 데에도 도움이 되는 것으로 여겨질 것이다. 또한 제7장과 제8장에서 주장하겠지만, 그것은 우리 자신을 바라보는 그런 두 가지 방식이 "종합"되어야 할 필요가 있다는 생각을 포기하는 데도 도움이 될 수 있을 것이다.

---

37 이 차이에 대해서는 엄슨J. O. Urmson의 가혹한 비판을 보라. 「재인Recognition」, *Proceedings of the Aristotelian Society* 56(1955-56), 259-280.

38 퍼트넘의 1960년 논문 「마음과 기계Minds and Machines」를 보라(『마음, 언어, 실재』에 재수록[Cambridge, 1975], pp. 362-385, 특히 결론부의 단락들). 퍼트넘은 컴퓨터와 사람 사이의 비유가 주는 교훈이 "컴퓨터는 마음과 몸의 관계를 이해하는 데 도움이 된다"가 아니라 "마음과 몸의 관계에 어떤 문제도 있을 수가 없다"라는 점임을 명확하게 지적한 최초의 철학자였다.

제6장

인식론과 언어철학

1. 순수 언어철학과 불순 언어철학

현재 "언어철학"이라고 불리는 이 학문 분야는 두 개의 원천이 있다. 하나는 프레게가 지적하고, 예를 들면 비트겐슈타인이 『논고』에서, 카르납이 『의미와 필연성』에서 논의한 문제들의 뭉치다. 그것들은 의미와 지칭 개념을 체계화하는 방법에 관한 문제들로서, 그런 체계화는 양화 논리를 활용하고, 양상성에 대한 우리의 직관을 유지하며, 대개는 "진리", "의미", "필연성", "이름" 같은 개념들이 서로 맞물리는 방식에 관해 명료하고 직관적으로 만족스러운 그림을 산출하기 위한 방식으로 이루어진다. 나는 그런 일군의 문제들을 "순수" 언어철학의 주제라고 부를 텐데, 이 순수 언어철학은 인식론적 선입관 parti pris도 없고, 사실상 근대 철학의 전통적인 관심사 대부분과 관련도 없다. 프레게의 몇몇 문제들은 파르메니데스, 플라톤의 『소피스트』, 그리고 기타 고대 및 중세의 저술에서 그 발단을 찾을 수 있지만, 교과서에 나오는 다른 "철학의 문제들"과는 거의 교차하지 않는

쟁점들이다.[1]

현대 언어철학의 두 번째 원천은 명시적으로 인식론적이다. 이 "불순" 언어철학의 원천은, 탐구를 위한 영원하고 몰역사적인 근본 틀을 지식 이론의 형태로 제공하는 것이 곧 철학이라고 본 칸트의 구상을 유지하려는 시도이다. 제4장에서 말했듯이 "언어적 전회"는 철학적 질문을 "논리학"의 질문으로 고쳐 진술하여 비심리주의적인 경험론을 산출하려는 시도로 출발했다. 경험론적 학설과 현상론적인 학설은 이제 경험심리학적 일반화로서가 아니라 "논리적 언어 분석"의 결과로 제시될 수 있으리라 생각되었다. 더 일반적으로 말하자면, 인간 지식의 본성과 범위에 대한 철학적 요점들(예를 들면 칸트가 신, 자유, 불멸에 관련된 지식-주장에 관해 제기한 요점들)이 언어에 대한 언급으로 진술될 수 있었다.

철학을 언어 분석으로 취급하는 것은 흄의 장점과 칸트의 장점을 통합하는 것처럼 보였다. 흄의 경험론은 실질적으로는 참으로 보였지만, 지식 획득에 대한 경험적 이론 말고는 그 어떤 것에도 의존하지 않았기 때문에 방법론적으로 위태위태했다. "나쁜" 철학(예를 들면 자연신학)에 대한 칸트의 비판은 흄보다 더 체계적이고 더 강력해 보였지만, 비경험적 방법론의 가능성을 선가정하는 것처럼 보였다. 초월적 종합과 달리 언어는 "자연에 관한" 탐구 분야로 적합해 보였고, 다른 한편으로 언어적 분석은 내성적 심리학과는 달리 선험적 진리

1 『소피스트』를 『국가』와 한데 묶거나, 『의미와 필연성Meaning and Necessity』을 『세계의 논리적 구조Logical Structure of the World』와 한데 묶는 일의 어려움을 생각해 보라.

의 전망을 제공하는 것처럼 보였다. 직관의 잡다를 선험적 개념 아래 종합함으로써 물질적 실체가 구성된다고 말하는 것은 "형이상학적"으로 보였던 반면, 현상론적인 가설적 진술들을 통해 그런 실체에 대해 어떻게든 유의미한 언급을 제시할 수 있다고 말하는 것은 필연적으로 참이면서 방법론적으로도 탈신비적인 것처럼 보였다.[2] 칸트는 선험적 지식이 가능할 수 있는 유일한 방법은 그것이 지식 대상의 구성에서 우리가 기여하는 바, 즉 자발성의 능력이 기여하는 바에 대한 지식인 경우뿐이라고 가르쳤다. 버트런드 러셀과 C. I. 루이스는 이 견해를 모든 참인 진술에는 세계의 기여(감각 지각에 관한 사실들의 형식으로)뿐만 아니라 우리의 기여(요소 항들의 의미라는 형식으로)도 포함되어 있다는 견해로 바꾸어 진술하였다.

내가 제4장에서 기술한 '세계의 기여' 개념에 대한 공격은 최근 언어철학에서 놀랍도록 다른 두 가지 움직임을 만들어 냈다. 그중 한 움직임은 데이빗슨이, 다른 하나는 퍼트넘이 가장 잘 대표한다. 첫 번째 반응은 언어철학에 대한 순수하고 탈-인식론적인 사고방식을 추구하는 방향으로 나아간다. 그렇게 해당 학문 분야를 재편한 한 가지 성과는 데이빗슨이 경험론의 "세 번째 독단"이라고 부르는 것, 즉 "도식과 내용, 조직하는 체계와 조직되기를 기다리는 무언가의 이원론"을 버리는 것인데, 이 독단은 내가 제4장에서 주장했듯이 특별히 경험론의 중심에 있을 뿐만 아니라 인식론 일반의 중심에 있기도

2 관념론과 현상론에 대한 힐러리 퍼트넘의 논의를 참조하라. 『마음, 언어, 실재』, pp. 14-19에서 퍼트넘은 "언어적 전회"를 통해 철학자들이 전통적인 문제들에 대한 실질적 해결책을 제공할 수 있게 되었다는, 내가 계속 부정하고 있는, 전통적 관점을 제시한다.

하다.[3] 데이빗슨은 "소위 제대로 된 의미 이론"의 일부를 구성하는 철학적 프로젝트와 "어떤 우발적인 철학적 청교도주의"가 동기를 부여한 프로젝트를 구별한다.[4] 대략 프레게와 타르스키Alfred Tarski가 첫 번째 종류의 프로젝트를 추구했던 반면, 러셀과 카르납과 콰인은 순수한 의미 이론에 불순한 인식론적 고려 사항들을 혼합하였고 그런 것들로 인해 그들은 다양한 시기에 다양한 방식으로 다양한 형태의 조작주의, 검증주의, 행동주의, 규약주의 및 환원주의에 빠져들었다.[5] 제각기 이 이론들은 모두 확실한 것들(감각의 자료들 또는 언어의 규칙들)로부터 "논리적으로 구성"될 수 없는 모든 것은 의심스럽다고 간주하는 근원적인 "철학적 청교도주의"의 표현이었다.

데이빗슨이 보기에 "언어가 어떻게 작동하는가"라는 물음은 "지식이 어떻게 작동하는가"라는 물음과 특별한 연관성이 없다. 진리가 그 두 질문과 관련하여 논의된다는 사실 때문에 우리가 다음과 같은 진술, 즉

> 의미 이론은 감각질에 대한 지칭 표현들 외의 모든 지칭 표현의 의미를 감각질을 지칭하는 표현들에 비추어 분석할 것이다.

---

3 도널드 데이빗슨, 「개념적 도식이라는 바로 그 생각에 대해서On the Very Idea of a Conceptual Scheme」, *Proceedings of the American Philosophical Association* 47(1973-74), 11을 보라.

4 데이빗슨, 「진리와 의미Truth and Meaning」, *Synthese* 7(1967), 316.

5 퍼트넘은 이 점에 대해서 콰인을 신랄하게 비판한다. 퍼트넘, 「규약주의 논박The Refutation of Conventionalism」, 『마음, 언어, 실재』, pp. 153-191 참조. 그러나 내가 앞으로 주장하겠지만, 퍼트넘 본인도 같은 혼란에 휘말리게 된다.

라는 진술을 다음과 같은 진술로부터 추론할 수 있다고 오해해서는 안 된다.

> 경험적 진리에 대한 우리의 유일한 증거는 우리의 감각계 내의 감각질 패턴이다.

데이빗슨에게 의미 이론이란 개별 용어들의 의미에 대한 "분석들"을 모아놓은 것이 아니며, 그보다는 문장들 사이의 추론 관계에 관한 이해다.[6] 그런 관계를 이해하는 것은 영어 문장에 대한 진리-조건을 이해하는 것인데, 많은 단순 문장들("참나무는 나무다", "러시아는 우리 조국이다", "죽음은 피할 수 없다")에 대해서는 "눈은 희다"에 주어지는 진리-조건만큼이나 그 진리-조건이 분명하다.

그러나 믿음이나 행위를 귀속하는 문장, 부사 수식어를 포함한 문장, 양화 논리의 통상적 장치로는 인접 문장들과의 사이에 성립하는 추론 관계를 드러낼 수 없어 재분석이 필요한 여타 문장들 등은 경우가 다르다. 그런 경우 우리는 자명하지 않고, 구성하기 어렵고, 다른 문장들의 진리-조건에 관한 이론 내로 쉽게 통합되겠는지의 측면에서만 검사할 수 있는 진리-조건을 얻는다. 데이빗슨은 이렇게 말한다. "바라는 효과는 이론 구축에서 표준적이다. 즉, 충분한 수의 단편들에 형식적 구조를 부여함으로써 빈약한 증거 단편들(여기서는 문장의 진릿값)로부터 풍부한 개념(여기서는 번역에 상당히 가까운 무언가)을 추출하는 것이다."[7] 이 프로그램은 인식론과는 아무런 관련

---

6 데이빗슨, 「진리와 의미」, 316-318을 보라.

이 없을 뿐만 아니라, 그것의 "존재론적" 결과들도 특별할 게 없을 수밖에 없다. 예를 들어, 데이빗슨으로부터 행위-문장에 대한 진리-이론을 얻기 위해서는 사람들을 사물로 "환원"하기보다는 아마도 그냥 사람들을 양화의 대상에 포함해야 할 것이라고 배우는 것은 형이상학적 체계-구축이라는 흔한 감상적 목적에 조금도 이바지하지 않는다. 이 프로그램에 대한 철학적 관심은 사실 대체로 부정적이다. 그것이 칸트나 흄을 모방하려는 시도를 씻어 냈을 때 언어철학이 어떻게 되는지 보여줌으로써 초창기 프로그램들의 "우발적인 청교도주의"를 뚜렷이 부각했기 때문이다. 부사 수식 등등에 대해서 데이빗슨의 제안을 수행하기 위해 합심한 노력의 결과로 얻어 낸 고된 작업의 실제 결과물은 철학의 교과서적인 문제들을 해결하는 데 거의 도움이 되지 않거나 방해가 되곤 했다.

데이빗슨의 작업은 의미의 문제와 사실의 문제 사이의 구분을 해체하려는 콰인의 시도를 이행한 것으로 이해하는 것이 가장 적절할 것이다. 콰인이 한 일은 자발성에 의해 주어지는 선험적 개념과 감각의 수용성을 구분한 칸트의 작업을 언어적으로 재해석하려는 시도를 공격한 것이었다. 데이빗슨은 만약 우리가 의미에 대한 선험적 지식을 진심으로 단념한다면 의미 이론은 경험적 이론이 될 것이라고 말한다. 따라서 그런 이론에는 대략 문법학자의 전통적인 영역, 즉

---

7 데이빗슨, 「규약 T에 대한 변론In Defense of Convention T」, 『진리, 구문론, 양상성Truth, Syntax and Modality』, H. 르블랑H. Leblanc 편집(Amsterdam, 1973), p. 84. 그러한 이론의 온건한 형이상학적 요지에 대해서는 데이빗슨의 「형이상학에서 진리의 방법The Method of Truth in Metaphysics」, *Midwest Studies in Philosophy* 2(1977), 244-254, 특히 결론부의 단락들을 보라.

문장이 어떻게 사용되는지 설명하는 데 도움이 되는 문장 기술 방법들을 찾고자 하는 시도 외에 특별한 영역이랄 게 있을 수 없다. 이런 관점에서 볼 때 콰인의 "규격화된 표기법canonical notation"은 "실재의 참되고 궁극적인 구조를 그리려는 시도"[8] 라기보다는, 실재의 아주 작은 부분인 언어 사용을 가장 명료하게 기술하는 방법을 찾으려는 시도로 여겨져야 한다. "영어에 관한 진리 이론"을 구축하는 요점은 철학적 문제가 형식적인 발언 양식에 담길 수 있게 하거나 단어와 세계 사이의 관계를 설명하는 것이 아니라, 단순히 어떤 한 사회적 실천의 부분들(특정 문장들의 사용)과 다른 부분들(다른 문장들의 사용) 사이의 관계를 명료하게 드러내는 데 있다.

최근 언어철학에서는 더밋과 퍼트넘에게서 데이빗슨과 반대되는 접근 방식을 찾아볼 수 있다. 더밋은 빈과 옥스퍼드의 공통 구호를 여전히 고수하고 있다. 즉 "철학은 그것의 유일한 임무는 아니더라도 첫 번째 임무로서 의미를 분석한다"라는 주장이다. 내가 알 수 있는 한, 데이빗슨은 "의미 분석하기"라는 개념에 그렇게 애착을 두고 있지 않다. 더밋은 계속해서 데이빗슨이 말하지 않는, 그리고 내가 알 수 있는 한, 말할 이유도 없을 것 같은 말들을 한다. "데카르트로 인해 우리가 잘못 믿게 된 인식론이 아니라, 그런 모형을 탐색하는 의미 이론이 모든 철학의 기초이다."[9] 이 책에서 내가 강조하고

---

8 콰인, 『말과 대상』, p. 221.

9 마이클 더밋Michael Dummett, 『프레게의 언어철학Frege's Philosophy of Language』 (London, 1973), p. 559. 더밋은 데이빗슨의 전체론에 반대하는 논증에서 콰인과 셀라스가 공격한 두 가지 칸트적 구별(주어진 것 대 해석된 것, 필연적 대 우연적) 없이는 적절한 언어철학을 가질 수 없다고 강조한다. 특히 「의미 이론이란

있는 관점에 따르면, 이 주장은 오해의 소지를 배가한다. 왜냐하면 데카르트가 인식론이 모든 철학의 기초라고 믿도록 우리를 오도했다는 말은 오해의 소지가 있기 때문이다. 오히려 데카르트가 한 일은 로크와 칸트가 스콜라주의의 문젯거리를 대체하는 인식론적 문젯거리를 발전시킬 수 있게 한 것이었다. 그는 하나의 학문을 가능하게 만들었으며, 그 안에서 형이상학은 명석 판명한 관념과 도덕적 의무를 위해 세계를 안전하게 만드는 문제가 되었고, 도덕 철학의 문제들은 메타-윤리의 문제, 도덕적 판단의 정당화 문제가 되었다. 이것은 인식론을 철학의 기초로 만드는 것이라기보다는 "철학"이라는 이름을 떠맡을 무언가 새로운 학문으로서 "인식론"을 고안한 것이다. 고대 및 중세 철학은 **사물**에, 17세를 거쳐 19세기까지의 철학은 **관념**에, 그리고 계몽된 현대 철학의 무대는 **말**에 관심을 두었다는 그림은 상당히 그럴듯하다. 그러나 이 순서를 무엇이 으뜸인지, 또는 무엇이 토대인지에 대한 세 가지 대조적 관점들을 제공하는 순서로 생각해서는 안 된다. 이를테면, 아리스토텔레스는 관념과 말을 사물을 통해 가장 잘 설명할 수 있다고 생각했는데 데카르트와 러셀은 그 설명의 순서를 재배열했다는 식은 아니라는 말이다. 아리스토텔레스에게는 지식 이론이 없었고, 아니 그런 이론의 필요성을 느끼지 않았고, 데카르트와 로크에게는 의미 이론이 없었다고 말하는 것이 더 정확할 것이다.[10]

무엇인가 I What Is a Theory of Meaning? I」, S. 구텐플랜 편집, 『마음과 언어Mind and Language』(Oxford, 1975), pp. 97-138을 보라. 전자의 구별에 대한 변론은 p. 137에서 가장 명시적으로 제시되며, 후자에 대해서는 pp. 117ff를 참조하라.

10 이언 해킹, 『왜 철학에 언어가 중요한가?Why Does Language Matter to Philosophy?』(Cambridge, 1975), p. 43.

앎에 대한 아리스토텔레스의 언급은 로크의 의문에 좋건 나쁘건 답을 제공하지 않으며, 그것은 언어에 대한 로크의 언급이 프레게의 의문에 대한 답을 제공하지 않는 것과 마찬가지다.

더밋이 언어철학을 기초로 보는 이유는 인식론적 쟁점들이 이제 마침내 의미 이론의 쟁점들로 올바르게 정식화되고 있다고 보기 때문이다. 그는 "관념의 길"에서 생겨난 쟁점들의 중요성에 대해 데카르트에게 동의하지만, 우리는 최근에야 그런 쟁점들을 제대로 진술할 수 있게 되었다고 생각한다. 스피노자와 라이프니츠가 스콜라주의 형이상학자들이 서투르게 행해 왔던 일들(예를 들면, 실체의 본성에 대한 탐구 같은)을 자기들은 잘 해내고 있다고 생각했던 것처럼, 더밋과 퍼트넘도 인식론자들이 서투르게 해왔던 일들(실재론과 관념론 사이의 쟁점을 탐구하는)을 자기들은 잘 해내고 있다고 생각한다. 그러나 돌이켜 보면 우리는 데카르트가 자기기만에 빠졌다는 것을 알 수 있다. 칸트 시대에 이르러, 만약 우리가 데카르트적인 우려들에서 출발한다면 옛적의 형이상학적 질문들을 제기할 수 없게 된다는 것이 분명해진 것이다. 이런 측면에서 데이빗슨은 칸트가 데카르트, 스피노자, 라이프니츠의 입장에 맞섰던 것처럼 러셀, 퍼트넘, 더밋의 입장에 맞선다. 데이빗슨이 의미 이론의 제공과 "우발적인 철학적 청교도주의"를 구분한 것은 칸트가 이성의 합법적 사용과 불법적 사용을 구분한 것의 현대판이다.

만약 우리가 새로운 철학적 패러다임이 오래된 문제들을 진술하거나 해결하는 새로운 방법을 제시하기보다는 그 문제들을 옆으로 제쳐 낼 뿐이라는 이런 관점을 채택한다면, 우리는 두 번째("불순한") 유형의 언어철학이란 새로운 철학적 활동을 오래된 문제와 엮으려는 가장 최근의 항수 어린 시도라고 생각하게 될 것이다. 우리는 언어철학을 "제1철학"으로 보는 더밋의 생각이, 언어철학 말고 다른 어떤 영역이 "제일"이기 때문이 아니라, 철학이 토대를 갖는다는 생각이 지식이 토대를 갖는다는 생각만큼 잘못이기 때문에 잘못임을 알게 될 것이다. 이런 사고방식에 의하면, "철학"은 영구적인 쟁점들과 대면하면서 불행히도 그 쟁점들을 계속 잘못 진술하거나 서투른 변증법적 도구들로 공격하는 학문의 이름이 아니다. 오히려 그것은 하나의 문화적 장르, "인류의 대화 속 하나의 목소리"다(마이클 오크쇼트의 표현을 이용하자면). 이 목소리가 어떤 특정 시기에 다른 주제가 아닌 어떤 한 주제에 집중하는 이유는 변증법적 필연성에 의해서가 아니라, 대화 속 다른 데서 일어나는 다양한 일들(신과학, 프랑스 혁명, 근대 소설)이나, 무언가 새로운 것을 생각하는 천재적인 개개인(헤겔, 마르크스, 프로이트, 비트겐슈타인, 하이데거)이나, 또는 그러한 여러 가지 힘의 합성으로 인한 결과 때문이다. 흥미로운 철학적 변화(이를 "철학적 진보"라고 말할 수도 있지만, 그것은 논점 선취가 될 것이다)는 오래된 문제를 다루는 새로운 방법이 발견될 때가 아니라 새로운 일군의 문제들이 등장하고 오래된 문제들이 사라지기 시작할 때 발생한다. (데카르트의 시대나 지금 우리 시대나 둘 다) 이때 새로운 문제들이란 곧 비로소 올바르게 보게 된 오래된 문제라고 생각하고 싶은 유혹이 생긴다. 그러나 쿤과 파이어아벤트가 탐구의 역사에 대한 "교과서적" 접근법을 비판하면서 제시한 모든 이유를 고려할 때 그런 유혹은 거부되어야 한다.

이 장에서 나는 이러한 "쿤적"인 사고방식을 촉구하는 일에 주로 매달릴 텐데, 그것은 언어철학과 전통적인 철학적 문제들 사이의 관계에 대한 더밋의 더 친숙한(그리고 내 생각에 일반적으로 받아들여지는) 견해와는 반대되는 것이다. 나는 "불순한" 언어철학과 그것이 인식론의 문제들을 언어철학으로 부당하게 옮겨 놓는 행태를 비판하는 방식으로 그 일을 수행할 것이다. 물론 내가 이 분야 전체를 훑어볼 수는 없으므로, 나는 한 가지 주제, 즉 언어가 작동하는 방식에 대한 설명이 "언어가 세계에 어떻게 걸리는지how language hooks onto the world"를 이해하고 그에 따라 진리와 지식이 어떻게 가능한지를 이해하는 데에도 도움이 되리라 생각하게 만드는 가장 큰 유혹을 제공하는 주제에 충실할 것이다. 그것은 이른바 개념적 변화에 관한 쟁점으로서, "실재론", "실용주의", "검증주의", "관념론", "규약주의"에 대한 가장 최근의 논쟁이 바로 이 쟁점을 중심으로 벌어지고 있다. 나는 데이빗슨이 "개념적 변화"라는 생각 자체가 비일관적이며, 이에 관한 논쟁들이 어째서 그렇게 중요해 보이면서도 동시에 어째서 그렇게 해결될 것처럼 보이지 않는지 알아보려면 바로 그 점을 꿰뚫어 봐야 한다고 말한 점에서 그가 옳다고 생각한다.

따라서 다음 절에서 나는 한편으로는 인식론에서의, 그리고 다른 한편으로는 언어철학에서의 이론-변화가 일으킨다고 알려진 쟁점들을 논의할 것이다. 그리고 이어지는 절들에서는 그런 쟁점들에 대한 퍼트넘의 "실재론적" 대응을 자세히 논의할 것이다. 왜냐하면 내가 보기에는 퍼트넘의 작업이 "불순한" 프로그램을 가장 명료하게 진술하고 있기 때문이다. 나는 이를 언어에 대한 "순수한" 또는 "실용주의적인" 또는 "언어 게임적인" 접근법과 대조할 것인데, 그 접근법은 셀라스와 비트겐슈타인, 그리고 더불어 데이빗슨이 잘 보여준다고(이 세 사람이 서로 대립하는 위치에 있는 것처럼 보일 수 있는 차이점이 있음에도 불구하고) 나는 생각한다. 나는 이를 통해 두 접근법 사이의 쟁점이 인식론으로서의-철학 시대에 실재론자를 관념론자 및 실용주의자와 갈라놓았던 쟁점들의 재연이 아니며, 실제로는 언어에 관한 쟁점이 전혀 아님을 보여주고 싶다. 나는 만약 우리가 언어-사실과 도식-내용의 구분에 대한 콰인과 데이빗슨의 비판을 아주 세게 밀어붙인다면, 더는 "실재론자"와 "관념론자"(혹은 "실용주의자") 사이에서 "언어가 세계에 어떻게 걸리는가"에 관한 쟁점을 진술할 변증법적 여지가 없다고 주장할 것이다. 내가 보기에, 그런 쟁점을 구성하고픈 욕구는 모든 것에 우선하는 영구적인 중립적 모체를 만들어 과거와 미래의 탐구를 "판정하고" 비판하려는 칸트적 욕구가 한 번 더 모습을 드러낸 것이다. 건축학적이고 포괄적인 학문으로서의 철학에 대한 이런 향수가 현대 언어철학에서 살아남은 이유는 오로지 "언어"와 "선험적인 것"을, 그리고 "선험적인 것"과 "철학"을 모호하게 결부시켰기 때문이다. 현대 언어철학에서 만약 "실재론자"와 "실용주의자" 사이에 진정한 쟁점이 존재한다면, 내가 보기에 그것은 형이상학적인 쟁점이다. 즉 선험적 지식의 원천으로서의 언어 개념을 버리고 나서도 철학이 그 자신의 칸트적 자아상을 유지할 수 있겠느냐는 것이다. **바로 이 점**에 대해서는 확실히 나는 "실용주의자"의 편을 들 것이다. 하지만 나는 내 논의가 이 메타철학적 쟁점을 흔히 진술되는 방식보다 덜 이솝 우화적인 언어로 정리하는 데 도움이 되기를 바란다.

2. 우리의 조상들은 무엇에 관하여 말하고 있었던 걸까?

아리스토텔레스가 자연적 운동과 강제적 운동이 나뉜다고 한 것은 틀린 생각이었을까? 아니면 그는 우리가 운동에 관해 말할 때 말하는 것과는 다른 무언가를 말하고 있었던 것일까? 뉴턴은 아리스토텔레스가 오답을 내놓았던 질문에 정답을 제시했던 것일까? 아니면 두 사람은 서로 다른 질문을 던지고 있는 것일까? 이런 종류의 수수께끼는 최근 몇 년간 과학철학과 언어철학에서 나온 최고의 연구 성과에 상당히 많은 영감을 주었다. 하지만 대부분의 철학적 난제들이 그렇듯, 그에 대해 제시된 다양한 해법들보다 그런 연구의 동기와 선가정이 더 흥미롭다. 어쨌든, 왜 우리는 이런 질문들에 대해서 테세우스의 배가 판자가 하나씩 바뀌어 가는 동안에도 지속되고 있는 것이냐는 질문에 대한 대답보다 더 흥미로운 대답이 있으리라 생각해야 하는가? 왜 우리는 "그들은 무엇을 의미했는가?"나 "그들은 무엇을 지칭하고 있었는가?" 같은 질문에 확정적인 답이 있을 걸로 생각해야 할까? 어떤 특수한 역사 서술의 목적에 어떤 휴리스틱 차원의 고려 사항들이 관련되느냐에 따라, 그런 질문에 어느 쪽으로든 답변 가능하다고 보지 못할 이유는 무엇일까?

우리가 여기에 확정적인 답이 있어야 한다고 생각하는 이유는, 우선 떠오르는 어림짐작으로는, 진리 추구의 역사가 시나 정치 또는 의복의 역사와는 달라야 한다고 생각하기 때문이다. 우리는 "그리스인들이 σωφροσύνη소프로쉬네'로 '절제'를 의미했을까?", "누에르족은 영혼을 kwoth로 지칭할까?" 같은 질문들이라면, 한 문화권의 특정한 한 낱말이 매우 다른 어떤 문화권의 한 낱말과 짝을 이룰 수 있다고 생각할 특별한 이유가 없다고 일축해도 별 문제가 없다고 느낄 수 있다. 사실, 우리는 그런 낱말을 장황하게 풀어 쓰는 것조차도 별 도움이 되지 않을 것이며 그냥 이국적인 언어 게임에 익숙해져야 한다고 느낄 수도 있다.[11] 그러나 과학에서 그런 태도는 고약해 보인다. 여기서 우리는 사람들이 지칭하려고 했거나 적어도 자신도 깨닫지 못하는 사이에 언급하고 **있었던** 무언가가, 예를 들면 운동과 그것의 법칙 같은 것이 지극히 당연히 저 밖에 존재한다고 말하는 경향이 있다. 과학적 탐구는 세계에 어떤 종류의 대상이 있고 그것이 어떤 속성을 가지는지 밝혀내는 활동으로 여겨진다. 진지한 탐구를 수행한 사람이라면 오직 어떤 술어를 어떤 사물에 적용해야 할지만 묻고 있었을 것이다. 아리스토텔레스가 어떤 사물에 관해 말하고 있었는지 알기가 어려울 때 우리는 어딘가에 정답이 있어야 한다고 느낀다. 왜냐하면 그가 **우리가** 말하고 있는 것들 가운데 **일부**에 관해 말하고 있었음은 틀림없을 것이기 때문이다. 설령 그가 실재하지 않는 대상과 예화되지 않은 속성을 상상했다 하더라도, 그는 **실제로** 존재하는 대상에 얽혀 있는 담화나 그런 대상과의 여타 상호작용을 통해 그런 것들에 관한 자신의 담화에 분명히 의미를 부여했을 것이다. 이런 느낌이 바로 다음과 같은 도구주의적 발언의 뿌리다. "운동의 종류와 법칙에 대한 이 모든 담화는 단지 감각 경험들을 분류하는 복잡한 방식일 뿐이다." 우리가 알지 못하는 어떤 것에 관한 담화가 "실제로는" 우리가 아는 어떤 것에 대한 담화라고 말하고 싶은 이런 욕구는, 우리의 오도된 조상들이 우리 시대에 최고로 인정받는 탐구자들이 말하고 있다고 주장하는 바로 그것(그게 무엇이건 간에)을 "실제로" 말

---

11 클리퍼드 기어츠Clifford Geertz의 『문화의 해석The Interpretation of Cultures』(New York, 1973)에 실린 「중층 기술: 문화 해석 이론을 향하여Thick Description: Toward an Interpretive Theory of Culture」를 보라.

하고 있었다고 ("휘그적인"• 방식으로) 간단히 가정하는 것으로 충족되곤 했다. 그래서 우리는 아리스토텔레스가 자연의 하강 운동에 관해 말할 때 실제로 그는 중력에 관해 말하고 있었고, 무지한 선원들이 유니콘의 뿔에 관해 말할 때 실제로 그들은 일각一角고래의 뿔을 지칭한 것이었으며, "열소 유체caloric fluid"는 튀어 오르는 분자들 사이의 에너지 전달을 기술하는 잘못된 방법이고, 키르케고르가 아브라함과 하나님과의 관계를 말할 때 그는 우리와 육신을 지닌 아버지와의 관계를 기술하고 있었던 것이라는 등의 말을 듣게 된 것이다.

두 가지 발전 덕분에 최근 몇 년간 이런 "그들이 실제로 말하고 있었던 것" 전략에 관해서 철학자들이 신경을 쓰게 되었다. 그 두 가지 발전이란 콰인이 판정 내린 두 가지 "경험론의 독단들"이 각기 와해한 것이라고 대략 말할 수 있다. 첫 번째 독단은 콰인이 "본질주의"라고 부르는 것을 신성시했다. 본질주의란 우리가 논의 대상의 본질을 발견함으로써 사람들이 무엇에 관해 말하고 있는지와 사람들이 그것에 관해 무엇을 말하는지를 구분할 수 있다는 생각이다. 언어적 형식의 측면으로 보자면, 그것은 우리 언어의 어떤 용어가 고대 과학자들 언어의 어떤 용어를 번역한 것인지 발견할 수 있고, 이어서 그 용어들의 의미를 말해 주는 분석 진술들과 그 두 용어의 지칭 대상에 관하여 거짓일 가능성도 있는 믿음을 표현하는 종합 진술들을 구분함으로써 그 지칭 대상의 본질을 발견할 수 있다는 독단이었다. 두 번째 독단은 그런 번역은 언제나 발견될 **수 있으며**, 그런 분석 진술들은 항상 정식화될 **수 있다**고 주장했다. 왜냐하면 어떤 지칭 표현의 의미를 결정하기 위해서는, "중립적 관찰 언어"로 된 보고들 가운데 어떤 보고가 문제의 그 지칭 대상의 존재를 주장하는 진술을 확증하고 어떤 보고가 반증하는지 발견하기만 하면 되기 때문이다.

과학이 "저 바깥에 존재하는" 것들을 "객관적으로 지칭"한다는 점에서 더 말랑한 담론과는 다르다는 확신은 전前-콰인 시대에는, 설령 비물질적으로 지성 안에 현전할 수 있는 아리스토텔레스식 본질 같은 것이 없다 하더라도 확실히 감각의 현전들 안에는 세계와의 접점이 있다는 사고에 의해 뒷받침되었다. 이러한 접촉과 더불어, 지칭 대상의 본질을 그로부터 기대되는 현전들의 측면에서 특징짓는 조작주의적 "의미 분석" 능력은 과학에 종교 및 정치에는 없는 무언가를 부여하는 것처럼 보였다. 그것은 바로 실재하는 것들과의 접촉을 진리의 시금석으로 사용할 수 있는 능력이다. 콰인이 독단들을 전복하고 쿤과 파이어아벤트가 관찰의 "이론-적재성theory-ladenness" 사례들을 제시할 때 맞이했던 공포는 그러한 시금석이 없을지도 모른다는 두려움의 결과였다. 왜냐하면 우리가 뉴턴이 아리스토텔레스보다 낫다고 인정한 이유가 뉴턴의 말이 실재에 더 잘 부합하기 때문이 아니라 단순히 뉴턴 덕분에 우리가 실재에 더 잘 대처할 수 있게 되었기 때문이라고 말하고 나면, 과학을 종교나 정치와 구분해 주는 것은 아무것도 없을 것이기 때문이다. 분석적인 것과 종합적인 것, 관찰적인 것과 이론적인 것을 구분할 수 있는 능력은 우리와 "비합리주의" 사이를 가르는 전부나 마찬가지였다.

나는 이전 장들에서, 합리성을 당대의 철학적 독단들과 동일시하는 것은 칸트 이래로 철학이 문화에 대한 영구적인 중립적 근본 틀을 제시하는 것을 자신의 할 일로 삼았다는 사실을 반영하는 것이라고 제안했다. 이 근본 틀은 실재하는 것들에 탐구, 즉 "과학의 안전한 행로" 위에 있는 학문과 나머지 문화의 구분을 중심으로 구축된다. 이는 흄의 『인간 지성에 대한 탐구』 마지막 단락, 『순수이성비판』 제2판 「서문」의 첫 단락, 그리고 내가 제4장에 인용한 러셀과 후설의 선언들에서 발견되는 그런 종류의 구분이다. 철학이 본질적으로 과학과 비과학의 구분을 정식화하는 작업이라면, 현재의 정식화를 위태롭게 만드는 것은 철학 그 자체와 더불어 합리성까지도 위태롭게 만드는 것처럼 보인다(철학은 바짝 경계하며 끊임없이 어둠의 세력을 막아 내는 합리성의 수호자로 여겨진다). 콰인이 독단들이 지닌 이런 사고방식을 무너뜨리자, 많은 철학자의 반응은 자기들이 바라는 그 구분을 정식화할 어떤 방법을 찾자는 것이었다. 그 방법이란 (a) 빈학파 시절부터 그래 온 것처럼 언어철학을 계속 그림의 중앙에 두고, (b) 언어를 선험적인 것의 영역으로 보는 그 어떤 생각에도 의존하지 않으면서, (c) 뉴턴과 아리스토텔레스가 공통의 지칭 대상을 가졌는지(만약 그랬다면 그것이 무엇인지)에 관한 질문들에 답변을 제공해 줄 것이었다. 이런 욕망이 이른바 "지칭 이론"이라고 불리게 된 학설의 뿌리였으며, 이 용어는 지금 내가 "불순 언어철학"이라고 부르고 있는 것과 대략 공외연적이다.

그러나 그런 욕망이 명시적으로 드러나기 전 혼란스러운 예비 단계에서 철학자들은 "의미-변화"에 관한 이론을 요청했다. 그런 요구는 주로 전통적인 경험론적 견해가 "의미 불변의 조건"을 선가정하고 있다는, 다시 말해 "미래의 모든 이론은 그것이 설명에서 활용될 때 [다른] 이론들이 말하는 바나 설명되어야 할 사실 보고에 영향을 미치지 않는 방식으로 진술되어야 할 것"을 선가정을 하고 있다는 파이어아벤트의 주장에 대한 반발에서 비롯된 것이었다.[12] 파이어아벤트는 쿤과 마찬가지로, 새로운 이론이 등장할 때 많은 "관찰" 진술을 포함해 언어의 많은 진술의 의미가 변경된다는 것을 보여주는 데 관심이 있었다. 아니, 적어도 그런 변화가 일어났다고 인정하는 것이, 의미는 일정하게 유지하고 오직 믿음만 바뀌게 두는 교과서적인 표준 견해보다 과학사의 사실들을 더 잘 이해하게 해준다는 것을 보여주고자 했다. 그런 역사적 사례들에 대해 많은 철학자가 보인 반응은 새로운 발견의 결과로 의미가 변화**할 수 있다**는 것, 즉 합리적 탐구가 수행될 수 있게 해주는, 의미에 관한 영구적인 중립적 근본 틀이 지금껏 생각되어 온 것만큼 영구적이지 않다는 것을 인정하는 것이었다. 그러나 그들은 "합리적"이고 원리적인 의미 변화 같은 것이 반드시 있어야 하며, 이제 자연과학자들이 당연시하는 그 합리성의 수호자이자 해설자로서 우리의 임무는 관련된 그런 원리들이 무엇인지 설명하는 일이라고 말했다. 파이어아벤트 본인은 쓸모 있는 어떤 특징이 바뀔 때마다 의미가 바뀐다고 제안하는 데 만족했지만, 더 냉정한 사람들은 "의미는 그대로이고 믿음이 변한다"와 "믿음이 변할 때마다 의미가 변한다" 사이에 어떤 중간 견해가 있어야 한다고 생각했다. 이는 쿤의 "정상 과학" 내에서 이루어지는 믿음의 변화를 "과학 혁명"에서 발생한 규범의 전환과 별개로 표시하는 방법이 있어야 한다는 생각으로 이어졌다. 철학자들은 이론-변화에 대한 교과서적인 설명이 오해의 소지가 있음을 인정하지만, 여전히 과학사 편찬자에게 필요한 것은 무엇이든 철학이 제공할 수 있다고 말했다. 우

12 파이어아벤트, 「훌륭한 경험론자가 되는 법How To Be a Good Empiricist」, 『경험론에 대한 도전Challenges to Empiricism』, 해럴드 모릭Harold Morick 편집 (Belmont, Calif., 1972), p. 169.

리는 믿음의 잇따른 변화들이 단순히 믿음의 변화가 아니라 "개념 도식"의 변화에 해당하는 무언가를 산출하는 조건들을 발견하는 일에 착수할 것이다.[13]

새로운 개념 도식을 채택하는 것이 합리적으로 여겨질 때와 그 이유를 알 수 있는 어떤 규준이 존재하는 한, 의미의 같음, 객관성, 진리를 개념 도식에 상대화해도 아무 문제가 없으리라는 생각은 잠깐은 솔깃했다. 합리성의 수호자인 철학자는 이제 단지 우리가 무엇을 의미했는지 말해 주는 사람이 아니라 우리가 언제 다른 무언가를 의미하기 시작할 수 있는지를 말해 주는 사람이 되었기 때문이다. 그러나

13 프레더릭 슈프Frederick Suppe는 자신의 「과학 이론들에 대한 철학적 이해의 탐색The Search for Philosophic Understanding of Scientific Theories」(『과학 이론의 구조The Structure of Scientific Theories』, 슈프 편집[Urbana, 1974], pp. 3-241)에서 이런 프로젝트를 과학적인 이론-변화에 관한 "세계관Weltanschauungen 분석"을 구축하려는 시도로 분류한다(특히, pp. 127ff 참조). 슈프가 논의하는 많은 저술가가 그 용어의 함의들이나 슈프가 제시한 내용 중 일부 세세한 부분들에 대해 이의를 제기할 것이라고 나는 생각한다. 그러나 최근 과학철학의 발전에서 이 시기를 다룬 슈프의 일반적인 논조는 나에게는 정확하고 명쾌해 보인다. 이 시기를 이해하는 데 유용한 또 다른 문헌은 『개념적 변화Conceptual Change』(글렌 피어스Glenn Pearce와 패트릭 메이너드Patrick Maynard 편집, Dordrecht, 1973)인데, 이 책에는 "의미-변화"의 문제에 관한 매우 유용한 논문 몇 편이 수록되어 있다. 특히 빈클리Robert Binkley, 셀라스, 퍼트넘, 배럿Robert Barrett, 윌슨N. L. Wilson의 논문들이 그렇다. 내가 이 장에서 취하고 있는 노선은 빈클리와 셀라스의 논문들과 잘 어울리지만, 내가 생각하기로는 두 사람 모두 빈클리가 정식화한 "우리의 인식적 승인 체계가 의미 변화의 맥락에서 어떻게 적용되어야 하는가?"(p. 71)라는 질문을 너무 심각하게 받아들이고 있다. 내 관점에서는 그런 체계, 즉 모든 것에 우선하는 합리성의 구조란 없다. 배럿의 퍼트넘 비판은 아래 각주 26번에 인용한 논문들에서 파인Arthur Fine과 내가 제기한 비판과 일맥상통한다.

철학자의 전통적인 역할을 유지하려는 그런 시도는 실패할 수밖에 없었다. 하나를 할 수 없는 콰인적인 모든 이유는 다른 하나도 할 수 없는 이유이기도 했다. "언어적 전회"의 시작 이래로 철학자들은 단어의 의미를 앎으로써 개념에 대해 알 수 있는 사람이자, 따라서 경험적인 것을 초월하는 작업을 하는 사람으로 묘사되었다. 그러나 "경험적 고려 사항들"(예를 들면, 달에 반점이 있다는 발견, 삼부회가 원래의 형태로 되돌아가지는 않을 것이라는 발견)이 "개념적 변화"(예를 들면, 천체나 국가에 관한 다른 개념)를 유발하지만, 그것을 요구하지 않는다는 사실이 인정되자마자 철학자와 역사가 사이의 분업이 더는 의미가 없어졌다. 이런저런 발견의 결과로 아리스토텔레스의 개념 도식을 포기하는 일이 합리적이라고 말한다면, "의미 변화" 또는 "개념 도식의 전환"은 "특히 중심적인 믿음들의 변화"를 뜻하는 것에 지나지 않게 된다. 역사가는 옛 도식에서 새 도식으로의 전환을 이해할 수 있게 만들어 준다. 그리고 그 시대의 지식인이었다면 누구라도 이 도식에서 저 도식으로 이끌렸으리라고 말할 수 있는 이유를 이해하게 해준다. 그런 이해가능하고 개연성 있는 과정이 "합리적인" 과정임을 보여주기 위해 역사가가 이미 한 일에 철학자가 보탤 수 있는 것은 아무것도 없다. 파이어아벤트가 "의미 불변성"이라고 불렀던 것 없이는, 철학자가 적용할 수 있는 특별한 방법(의미-분석)이란 없다. 왜냐하면 "의미 불변성"은 탐구가 합리적인 것이 되려면 선험적으로 알 수 있는 영구적인 근본 틀 안에서 수행되어야 한다는 칸트의 주장을 "언어적"으로 진술하는 방식이었을 뿐이기 때문이다. 이 근본 틀이 바로 경험적 내용의 가능 범위를 제한할 뿐 아니라 어떤 경험적 내용이 생겼을 때 그것으로 어떤 일을 하는 것이 합리적인지 설명해

주는 도식이다. 그런 도식이 일시적인 것으로 여겨지자, 도식-내용의 구분 자체가 위험에 처했고, 그와 더불어 우리 자신이 탐구에 공헌하는 바(예를 들면 "언어" 같은 도식적이고 형식적인 요소)에 관한 우리의 선험적 지식 덕분에 가능해진 칸트식 철학 개념도 위험에 빠졌다.

3. 관념론

철학자들은 반항할 권리라는 개념이 주권에 관한 연구로서의 정치철학에 재앙이었던 것처럼, 의미-변화의 규준을 찾으려는 탐색이 의미 분석으로서의 철학 개념에 재앙이라는 것을 아주 빠르게 깨닫게 되었다. 그래서 그들은 파이어아벤트가 "의미-변화"에 관해 말했을 때 그가 자신의 요점을 잘못 진술했음을 깨달았다. 이런 비판은 퍼트넘이 가장 효과적으로 수행했다.

> 파이어아벤트도 실증주의자들을 괴롭혔던 동일한 어려움에서 벗어날 수 없다. … 실제 그렇다는 것을 알려면, 파이어아벤트에게 용어의 의미는 해당 용어를 포함하는 전체 이론에 의존한다는 점을 상기하는 것으로 충분하다. … 물론 어떤 이는 이론의 모든 변화는 곧 용어들의 의미 변화라는 급진적인 노선을 취할 수도 있을 것이다. … 하지만 나는 파이어아벤트가 이런 노선을 취하지 않으리라고 예상한다. 왜냐하면 X들에 대한 우리의 경험적 믿음의 모든 변화가 곧 X라는 용어의 의미 변화라고 말하는 것은 의미에 관한 문제와 사실에 관한 문제의 구분을 포기하는 일이 될 것이기 때문이다. 영어의 의미론적 규칙이 영어 사용자의 경험적 믿음과 전혀 구별될 수 없다고

말하는 것은 그저 영어의 의미론적 규칙이라는 개념을 배 밖으로 내던져 버리는 일이 될 뿐이다. … 만약 파이어아벤트가 이런 진로를 택했더라면 센세이션의 출현은 전부 사라졌을 것이다. 왜냐하면 여기서 "센세이션"은 의미에 대한 비관습적인 사고방식과 관습적인 사고방식 사이를 슬그머니 왔다 갔다 하는 데 달려 있기 때문이다.[14]

이에 공감하면서 철학자들은 우리가 조상의 이론이나 이국적인 문화와 맺는 관계에 대한 논쟁의 두 번째 단계로 접어들었다. "의미" 개념에 대해 전적으로 콰인적인 태도를 지닌 사람이라면 아예 "그들이 '…'를 같은 의미로 사용했을까?"라고 묻고 **싶지**조차 않으리라는 것이 인정되었다. 그렇다면 그 모든 소란은 무엇 때문이었을까? 아마도 다양한 진술에 어떻게 진릿값을 부여할 수 있느냐가 문제였을 것이다. 우리는 "아리스토텔레스는 운동에 대해 대체로 거짓인 말들을 했다"라고 말해야 할지, 아니면 "아리스토텔레스는 **그가** '운동'이라고 부른 것에 대해 대체로 참인 말들을 했지만, 우리는 그런 것이 있다고 믿지 않는다"라고 말해야 할지 알고 싶다. 더 나아가, 어떤 경우에는 "여기서 아리스토텔레스는 그 자신의 기준으로 보더라도 엉터리였다"라고 말하고, 다른 경우에는 "여기서 우리는 아리스토텔레스의 물리학 내에 뭔가가 있기만 했어도 참일 수 있었겠지만, 아쉽게도 존재하지 않는 것을 지칭하고 그 바람에 거짓인 진술을 보게 된다"라고 말하고 싶을 수도 있다. 혹은, 또 다른 방식으로 말하자면, 우리는 아리스토텔레스적인 거짓들을, 말하고 있는 대상이 존재하지 않

14 퍼트넘, 『마음, 언어, 실재』, pp. 124-125.

는 것에 따른 결과인 것과 그 자신의 이론적 장치를 오용한 데서 기인한 것으로 구별하고 싶어 한다. 그것은 우리가 "홈스는 베이커가에 살았다"라는 거짓과 "홈스는 결혼했다"라는 거짓을 구별하고 싶어 하는 것과 마찬가지다. 내적 질문(문화, 이론, 이야기, 게임 내에서 답이 주어지는)과 외적 질문(우리가 구성원으로 있는 문화인지, 우리가 받아들이는 이론인지, 우리가 믿는 이야기인지, 우리가 플레이하는 게임인지에 따라 답해지는)을 구분하기 위해서는 "지칭" 개념이면 충분하고 "의미" 개념은 건너뛸 수 있다. "의미"는 그것이 세계 내의 어떤 대상을 분간하여 우리 자신의 문화, 이론, 이야기, 게임에서 지지하는 어떤 대상과 같은지, 같지 않은지 결정할 방법을 제공했기 때문에 중요해 보였을 뿐이었다. 일단 우리가 의미 개념을 포기하면 의미에 의해 결정되는 지칭의 개념, 즉 용어의 "정의적 속성"이 그 용어의 지칭 대상을 분간한다는 생각도 역시 포기하게 된다.

철학자들은 용어의 정의, 본질, 의미의 도움 없이 대상을 분간해야 할 필요성이, 콰인이 의심스럽게 만든 프레게의 장치를 사용하지 않는 "지칭 이론"의 필요성을 낳았다고 생각했다. 지칭 이론에 대한 이러한 요구는 "실재론적"인 과학철학에 대한 요구와 동화되어 과학적 탐구가 동일 대상들에 대해 점점 더 많은 것을 알아냄으로써 진전을 이룬다는 쿤 이전, 파이어아벤트 이전의 생각을 복원하게 되었다.[15] 쿤이나 파이어아벤트가 이를 부인했던 것이 아니었다. 다만 대안적 이론들의 통약불가능성incommensurability에 대한 그들의 견해는 우리가 실제로 이해하는 유일한 "진리"와 "지칭" 개념은 "개념 도식"

15 Ibid., pp. 196ff 참조.

에 상대화된 것들뿐이라는 제안이었다. 만약 파이어아벤트와 쿤이 제안한 대로(그리고 콰인과 셀라스가 그렇게 믿어도 좋을 추가적인 이유들을 제시했듯이) 모든 대안적 이론들에 공통된 단일한 관찰 언어가 있어야 할 필연성이 없다면, 이론적 용어에 대해 언제나 조작적 정의를 제시할 수 있다는 경험론적 발상은 폐기되었어야 했다. 첫 번째 독단에 대한 콰인의 공격은 "정의定義"라는 개념을 의심스럽게 만들었고, 두 번째 독단에 대한 그의 전체론적 공격은 "감각에 주어짐"이 문화접변의 문제라는 셀라스의 주장과 결합하여 "조작적 정의"라는 개념을 이중으로 의심스럽게 만들었다. 이 모든 반反경험론적 논쟁의 반反환원주의적 함의는 관념론과 상당히 비슷해 보이는 무언가가 지적으로 존중받을 만해지기 시작했다는 것이다. 무엇이 실재하는가 또는 무엇이 참인가에 대한 질문은 주어진 개념적 근본 틀과 독립적으로 해결될 수 있는 문제가 아니라고 말하는 것이 가능해 보였고, 이는 결국 어쩌면 그러한 근본 틀과 별개로 정말 존재하는 것은 아무것도 없다는 것을 암시하는 것처럼 보였다.[16] 따라서 우리가 현실

16 사실 이런 암시는 콰인과 쿤의 **비판자**들에게만 떠올랐고, 그런 다음 그들은 그 암시를 귀류법적 가정으로 덥석 움켜쥐었다. 슈프의 「철학적 이해의 탐색」, p. 151을 참조하라. "… 과학이 항상 어떤 규율적인 모체를 통해 세계를 바라본다면… 쿤은 모종의 반경험적 관념론에 찬동하는 것이 아닐까?" 이스라엘 셰플러Israel Scheffler는 그의 『과학과 주관성Science and Subjectivity』(Indianapolis, 1976) 제1장에서 관념론을 비난한다. 하지만 나중 장들에서는 C. I. 루이스의 "소여" 개념과 제4장에서 논의한 경험론 신화 대부분을 포기한 후에도 우리가 여전히 어떻게 관찰을 통해 이론을 통제할 수 있는지를(더 논쟁적인 믿음들을 덜 논쟁적인 믿음들로 통제하는 형태를 취하면서) 보여주는 것 같다. "단지 우리는 관찰이 무차별적인 소여와의 순수한 대면이라고 생각하거나, 혹은 개념적으로 너무 오염되는 바람에 가설에 대한 모든 관찰 테스트가 순환적인 것이

적으로 가능한 모든 "개념적 근본 틀들"을 포괄하는 그 무언가로서 이른바 공통된 탐구의 모체를 찾을 **수 있다**는 생각은, 거울에서 점점 더 정확한 자연의 표상들이 발견되리라는 콰인 이전, 쿤 이전의 낡은 관념에 **무언가** 참된 것이 틀림없이 있다고 느끼는 사람들에게 매우 매력적으로 다가왔다.

그러나 사실 "관념론"을 둘러싼 이러한 아우성은 논점 일탈이다. 우리가 단어들을 사용하여 대상을 만든다고 (불합리하게) 말하는 것과 자연에 대한 과거와 미래의 지속적인 탐구의 모체를 우리 자신의 용어들로 말고 달리 기술할 방법을 어떻게 찾아야 할지 모른다고 말하면서 "대안적 개념 도식들"에 반대하는 논점을 선취하는 것은 완전히 다른 문제이다. 전자를 말하고 싶어 하는 사람은 거의 없다. 후자를 말하는 것은 "세계와의 접촉을 잃는다"라는 겁나는 수사와 결별했을 때, 자연과 우리의 언어 사이의 관계에 관한 대화에서 우리의 유일한 안내자는 자연에 대한 우리의 현재 견해라고 말하는 한 가지 방식일 뿐이다. 세계에 존재하는 것에 대해 우리가 가진 최선의 개념들에 비추어 용어들에 지칭 대상을, 문장들에 진릿값을 할당해야 한다고 말하는 것은 별 게 아니다. 진리와 지칭이 "개념 도식에 상대적"이라고 말하는 것은 마치 이보다 더 많은 것을 말하는 것처럼 들리지만, "우리의 개념 도식"을 단순히 현재 우리가 믿는 것, 즉 현재 문

될 수밖에 없다고 생각하는 잘못된 이분법을 지닌 것"이라는 셰플러의 주장(p. 39)은 바로 쿤 자신이 이 쟁점에 대해 말하고 싶어 했을 말처럼 보인다. 마이클 윌리엄스가 내게 지적해 주었듯이, 쿤은 회의주의에는 찬성이든 반대든 관심이 없는데도, 거의 언제나 철학자들은 그가 마치 회의주의적 논증들을 펼치고 있는 것처럼 읽는다.

화를 구성하는 관점들의 집합을 가리키는 말로 받아들이는 한 그렇지 않다. 콰인, 셀라스, 쿤 또는 파이어아벤트가 제공한 모든 논증이 "개념적 도식"이라는 말을 통해 우리에게 허용하는 의미는 이것이 전부다. 하지만 퍼트넘은 파이어아벤트의 의미-변화 담론이 일으킨 일부 혼란을 깔끔하게 정리한 후, 안타깝게도 파이어아벤트와 자신의 차이를 "의미" 개념을 진지하게 받아들이는 것과 포기하는 것의 차이가 아니라 "관념론적" 의미 이론과 "실재론적" 의미 이론의 차이로 취급하는 쪽으로 나아갔다.

이 가짜-쟁점이 어떻게 발전했는지 살펴보는 것은 소위 개념 변화 문제에서 나온 "지칭 이론" 발전의 마지막 단계를 이해하는 것이다. 예를 들어, 퍼트넘은 이렇게 말한다.

> 실증주의적 과학 이론의 잘못은 그것이 관념론적 또는 관념론적 경향의 세계관에 기초하고 있으며, 그 세계관이 실재에 대응하지 않는다는 것이다. 그러나 현대의 실증주의에서 관념론적 요소는 정확히 의미 이론을 통해 개입하는 것이므로 실증주의에 대한 모든 실재론적 비판의 한 부분은 적어도 경쟁하는 이론의 개괄적 그림을 포함해야 한다.[17]

퍼트넘이 "관념론적 경향의 세계관"이란 말로 의미하고자 한 관점이란, 대략 "'확실한 사실'을 단지 실제적이고 잠재적인 **경험**에 관한 사실로, 다른 모든 담화를 어떤 식으로든 단지 실제적이고 잠재적인 경

17 퍼트넘, 『마음, 언어, 실재』, p. 207.

험에 관한 고도의 파생적 담화"(p. 209)로 간주하는 관점, 혹은 그러려는 경향이 있는 관점이다. 그렇게 해서 그는 조작적 정의를 추구하고픈 실증주의의 욕망에 동기를 부여한 것은, 분석-종합 구분을 보장하고 그럼으로써 (내가 위에서 다룬 방식대로) 고정된 탐구의 근본틀을 보장해야 할 필요성이 아니라, 경험과 독립적 실재 사이의 관계에 관한 물음들을 피하려는 버클리식 욕망이라고 여긴다. 이것은 역사적인 측면에서는 비뚤어진 판단이지만, 특별히 중요한 것은 아니라고 생각된다. 중요한 것은 퍼트넘이 다음과 같이 주장한다는 것이다. "오늘날 실증주의자는 버클리와 매한가지로 과학적 이론과 실천을 받아들일 자격이 없다. 다시 말해, 실증주의자가 하는 이야기는 과학 이론이 참이라거나 과학적 실천이 진리를 발견하는 경향이 있다고 생각할 그 어떤 이유로도 이어지지 않는다"(p. 209). 퍼트넘은 전형적으로 철학자들이 강한 "반실재론적 직관 혹은 강한 실재론적 직관"을 가지고 있다고 생각한다.

> … 반실재론자는 우리의 이론과 아르키메데스의 이론을 어떤 고정된 이론-독립적 존재자들의 영역에 대한 대체로 올바른 두 가지 기술로 보지 않으며, 과학에서의 "수렴"이라는 발상에 회의적인 경향이 있다. 우리의 이론이 아르키메데스가 기술했던 **동일한** 존재자에 대한 **더 나은** 설명이라고 생각하지 않는 것이다. 그러나 우리의 이론이 **단지** 우리의 이론일 뿐이라면, X가 *χρυσός*금의 외연에 속하는지를 결정할 때 **그 이론**을 사용하는 것은 네안데르탈인의 이론을 사용하여 X가 *χρυσός*의 외연에 속하는지 결정하는 것만큼이나 임의적일 뿐이다. 임의로 사용하는 것이 **아닌** 유일한 이론은 화자 자신이 신봉하는

이론뿐이다.

> 문제는 강력한 반실재론자에게 **진리**는 이론-내적 개념으로서가 아니면 아무 의미가 없다는 것이다. … 반실재론자는 "잉여론redundancy theory"적인 의미에서 진리를 이론-내적으로 사용할 수 있지만, 이론-외적으로 가용한 진리와 지칭 개념은 갖지 않는다. 그러나 외연은 진리 개념과 묶여 있다. 한 용어의 외연이란 바로 그 용어가 적용되는 대상이다. 반실재론자는 거북한 조작주의를 통해 외연 개념을 유지하려고 애쓰기보다는 (이론 외적인 의미에서) 진리 개념을 거부하듯이 외연 개념을 거부해야 한다. 예를 들어, 듀이처럼 그는 진리 대신 "보증된 주장가능성"이라는 개념으로 돌아갈 수 있다. … 그러면 그는 아르키메데스 시대에는 "X는 금*χρυσός*이다"가 보증되게 주장가능했으나 오늘날에는 보증되게 주장가능하지 않다고 말할 수 있다. … 하지만 X가 *χρυσός*의 외연에 속한다는 주장은 "X는 금*χρυσός*이다"라는 주장이 참이었다는 주장과 마찬가지로 무의미한 것으로 거부될 것이다. (p. 236).

"반실재론자"가 되기 위한 퍼트넘의 규준에 부합하는 철학자를 찾기는 어렵다. 쿤은 자신이 "동일 존재자들에 대한 더 나은 기술"이라는 개념을 마땅치 않게 생각한다고 때때로 암시하지만, 실증주의적인 과학철학에 대한 그의 비판에 영향을 받은 철학자들 대부분은 그렇게까지 멀리 나갈 필요는 없다고 보았다. 다시 말하지만, 아무리 말과 세계 사이의 연결에 관한 이론이라는 개념을 의심스럽게 여기고 셀라스처럼 "참"을 개념적 근본 틀에 상대화하는 경향을 보이는 철학자라고 해도, 퍼트넘이 무의미하다고 말해야 한다고 생각한 주장

가운데 그 어느 쪽도 무의미하다고 말하지는 않을 것이다. 셀라스는 "우리의 개념적 근본 틀 내에서는 보증되게 주장가능하지만 참은 아니다"라는 말이 문제의 그 진술을 보증되게 주장할 수 없게 될 또 다른, 어쩌면 아직 고안되지 않은, 개념적 근본 틀을 암묵적으로 언급한다고 해석할 것이다. 제임스나 듀이, 스트로슨처럼 "진리 대응론"에 의구심을 품는 철학자라 할지라도, 사고에 영향을 받아 변하는 자연 개념이나 "우리가 사물에 대한 이론-독립적인 기술을 제공할 수 없다"라는 생각에서 "이론-독립적인 사물은 없다"를 추론하는 것에 동조하지는 않는다. "관념론자"와 "실재론자" 간의 논쟁에서 늘 그렇듯이, 양쪽 모두 상대방이 입증의 책임을 지기를 바란다. 소위 관념론자는 상식뿐 아니라 심지어 언어철학이 말하고 싶어 하는 모든 것에 만족스러운 의미를 부여할 수 있다고 주장하며 실재론자가 혹시라도 무엇을 보탤 수 있는지 묻는다. 실재론자는 관념론적 관점은 반직관적 결과를 낳으며 "사고(또는 말)와 세계 사이의 대응"이라 불리는 관계 이론만이 그런 결과로부터 우리를 보호할 수 있다고 주장한다.

퍼트넘은 실재론자와 그 적수 사이에 중요한 쟁점이 있다는 것과 실재론자가 옳다는 것을 보여주기 위해 각각 설계된 세 가지 논증 노선을 제시한다. 첫째는 "참"을 "보증되게 주장가능하다"거나 혹은 여타 정당화 관계들과 관련된 다른 "말랑한" 개념을 의미하는 것으로 해석하는 것에 반대하는 논증이다. 이것은 말과 세계 사이의 관계에 대한 이론만이 만족스러운 해석을 제공할 수 있음을 보여주기 위한 것이다. 둘째는 설명이 필요한 특정 종류의 사회학적 사실, 즉 과학적 탐구를 위한 표준적 방법의 신뢰성이나 세계에 대처하는 도구로서 우리 언어의 유용성은 실재론적 근거에서만 설명될 수 있다는 취지의 논증이다. 셋째는 실재론자만이 "과거의 과학에서 사용된 많은 용어가 무언가를 지칭하지 않았다"에서 "우리의 과학자들이 사용하는 그 어떤 용어도 무언가를 지칭하지 않을 가능성이 압도적으로 높다"라는 결론으로의 추론을 피할 수 있다는 주장이다. 실재론자는 이런 결론을 못마땅하게 여긴다.[18] 나는 이 중 세 번째 논증만이 실제 상대와의 진짜 논쟁을 시작하게 만든다고 생각한다. 이 논증에 대한 나의 검토는 다음 세 단원에서 지칭, 진리, 상대주의에 대한 논의들로 구성될 것이다. 그러나 이 단원의 나머지 부분에서는 어째서 세 번째 논증만 진지하게 받아들일 필요가 있는지 보이기에 충분할 정도로만 퍼트넘의 처음 두 논증을 비판해 보고자 한다.

"보증되게 주장가능하다" 같은 그 어떤 개념도 "참이다"와 동일한 구문론적 특징들을 갖지 못하리라는 퍼트넘의 주장은 완벽하게 정당화된다. 그러나 이것이 철학자 누구의 주장과 관련이 있는지는 분명하지 않다. "참이다"가 "보증되게 주장가능하다"를 의미한다고 제안하는 철학자들은 일반적으로 (a) 진리 개념을 언어, 이론, 탐구 단계 또는 개념 도식에 상대화하거나 혹은 (b) "보증되게 주장가능하다"라는 개념이 있으면 "참이다" 개념이 필요하지 않다고 설명한다. 다른 말로 하자면, 그들은 우리의 통상적인 "참이다"의 사용을 수정하자고 제안하거나 아예 그 용어를 버리자고 제안한다. 퍼트넘 자신도 지적했듯이, "참이다"를 **분석**한다는 식의 생각에 반대하는 논증들

---

18 퍼트넘, 「'실재론'이란 무엇인가」, *Proceedings of the Aristotelian Society*, 1976, p. 194. (이 글은 수정을 거쳐 그의 『의미와 도덕 과학Meaning and the Moral Sciences』[London, 1978]에 강의 II-III으로 재수록되었다. 이 책은 내가 이 장을 쓴 이후에 출간되었다.)

은 "선善하다"를 정의하려는 시도에 대한 무어의 반대 논증들처럼 쉽고, 그 이유도 사실상 같다. "참이지만 보증되게 주장가능하지 않음"은 예를 들어 "선이지만 최고의 행복에 이바지하지 않음"이나 "선이지만 지금까지 모든 문화에서 승인이 거부됨"과 마찬가지로 훌륭한 의미가 있다. 진리에 관해 무언가를 말해서 우리가 진리 **탐색**에 성공한다는 것이 무엇인지를 설명하거나 뒷받침하는 데 관심이 있는 철학자들은(타르스키와 데이빗슨은 그렇지 않다) "선하다"에 관해서 그것이 그저 무언가를 칭찬하기 위해 사용된다는 것 이상을 말하고 싶은, 이를테면, 그것은 도덕적 진보를 설명하거나 뒷받침해 줄 무언가라는 식으로 말하고 싶은 철학자와 같다. 하지만 그런 종류의 이야기라면 할 말이 거의 없을 수 있다. 도덕 철학의 비유를 다시 한번 사용하자면, 선한 행위가 ***선의 형상*** 또는 ***도덕 법칙***에 부합하는 행위라고 설명하는 것은 "선"을 정의할 수 없는 이유나 그것이 어떻게 사용되는지를 이해하는 데 아무런 도움이 되지 않는다. 참인 진술이 세계의 존재 방식에 대응한다고 말하는 것 역시 똑같이 무용하다.[19]

"반실재론자"에게 적합한 입장은 "비도구적 선성善性"이나 "비기능적 미"를 해명해 줄 것이 아무것도 없는 것처럼 "이론-독립적 진리"를 해명해 줄 것은 아무것도 없음을 그냥 인정하고 입증의 책임을 퍼

---

19 넬슨 굿맨, 「세계가 존재하는 방식The Way the World Is」, 『문제들과 프로젝트들Problems and Projects』(Indianapolis, 1972), pp. 24-32, 특히 p. 31을 보라. "세계가 존재하는 수많은 방식이 있으며, 모든 참인 기술은 그중 하나를 포착한다." 데이빗슨이 「개념적 도식이라는 바로 그 생각에 관하여」(아래에서 논의될)와 「심적 사건들」(앞의 제4장 5절에서 논의된)에서 굿맨의 요점을 가장 잘 발전시킨 것 같다.

트넘에게 다시 넘기는 것뿐이다. 그 책임을 떠밀 방식은 대략 이렇게 묻는 것이다. "만약 우리에게 몰역사적인 이론-독립적 진리 개념이 없다면 무엇을 잃게 될까?" 이 질문은 "소크라테스가 '선하다'를 '나에게는 나쁘지만 그렇더라도 선한', '아테네인에는 나쁘지만 그렇더라도 선한', 그리고 심지어 '신들에게는 혐오스럽지만 그렇더라도 선한' 같은 말이 의미를 지니는 방식으로 사용하라고 가르쳤을 때 우리가 얻은 것은 무엇이었나?"라는 질문만큼이나 합리적으로 보인다. 우리가 그런 진리와 선성善性 개념, 즉 모든 정당화 문제와 무관하게 자유로이 유동하는 진리와 선 개념을 갖고 있다는 것에는 의심할 여지가 없다. 그런 진리 개념이 주장가능성이나 정당화 개념이 결코 갖지 못할 어떤 속성들을 갖는다는 것 역시 의심할 여지가 없다(예를 들어, 퍼트넘이 언급한 몇 가지를 인용하자면, 어떤 진술이 참이면 그 논리적 귀결들도 참이고, 두 진술이 참이면 그 연언도 참이고, 어떤 진술이 지금 참이면 언제나 참이라는 것 등등). 그런 진리 개념은 오래되어 봤자 소크라테스와 아리스토텔레스 시대 정도일 것이며, 그 이전에는 아마도 "논리적 귀결"이라는 개념은 이해될 수 없었을 것이다. 그러나 그 기원이 무엇이든, 우리가 그러한 개념을 가지고 있다는 사실이 그 자체로 진리 개념에 대한 흥미로운 철학적 이론이 있으리라는 것을 보장하지는 않는다. 철학책에서 "진리"에 대한 논의로 통하는 것들 대부분은 사실 정당화에 관한 것이며, 그것은 "선"에 대한 논의로 통하는 것들 대부분이 쾌락과 고통에 관한 것인 것과 마찬가지다. **초월적인 것들**과 그것의 상식적인 상대역들을 날카롭게 구분한 대가는 우리에게 이론-구축의 재료와 해결할 문제가 남지 않는 것일 수 있다.

그러나 퍼트넘은 정당화와는 무관하게 해결되어야 할 문제들이 있음을 매우 명시적으로 밝히고 있으며, 내가 언급한 두 번째 논증은 "정당화와 반대되는 것으로서의 진리 개념은 무엇을 **위해** 필요한가?"라는 질문에 대한 직접적인 답변이다. 퍼트넘의 답변은 우리의 탐구 절차의 신뢰성을 설명하기 위해 그것이 필요하다는 것이다. 더 구체적으로 말하자면, 과학에서 "수렴"이라고 하는 사실, 즉 예전의 나쁜 이론들이 아무리 그래도 우리 시대에 가까워질수록 우리의 현재 이론들에 점점 더 근접하는 모습을 보여준다는 사실을 설명하는 데 필요하다는 것이다.[20] 이런 출발점에 대한 명백한 반대는 그런 "수렴"이 역사 서술의 불가피한 가공물이라는 것이다. 우리의 선배들이 현재 우리가 있는 지점까지 비록 어설프게나마 점진적으로 진보해 왔음을 보여주는 이론-계승(또는 종교나 정부 형태의 계승)에 관한 이야기를 자연스럽게 말하는 방식은 언제나 존재할 것이 분명해 보인다. 반실재론자가 우리의 현재 이론에서 언급되는 대상들이 우리 조상들에게 미친 인과적 영향에 대해 할 이야기가 없을 것으로 생각할 이유는 없다. 반실재론자도 그런 대상들에 대해 정당화는 되지만 거짓인 기술이 제시되고, 뒤이어 똑같이 정당화는 되지만 이전 기술과는 양립하지 않으면서 그것보다 조금은 더 나은 기술이 따라 나오고, 그리고 그런 일이 우리 시대에까지 계속 이어져 온 이 전 과정에서 그 대상들 자체가 어떻게 기여했는지 설명할 수 있다. 그러나 "수렴"을 다양한 학문 분야의 역사에 관한 사실이 아니라 새로운 이론들

20 퍼트넘, 「지칭과 이해Reference and Understanding」, 『의미와 도덕과학Meaning and the Moral Sciences』, pp. 97-119를 보라. 내가 이 논문의 내용을 알게 된 것은 퍼트넘 교수가 친절하게 제공해 준 사전 인쇄본 덕분이다.

의 검사 결과에 관한 사실로 본다면, 실재론자가 그런 사실을 더 잘 활용할 수 있는 위치에 있는 것처럼 보일 수 있다. 퍼트넘과 협력하여 이런 노선의 논증을 발전시켜 온 보이드는 "수렴"을 다음과 같은 원칙의 "신뢰성"으로 해석한다.

> 이론이 제기하는 인과적 주장이 어떤 상황에서 그럴 법하게 잘못될 수 있는지는 가용한 이론적 지식에 비추어 조사해야 한다. 기존 지식에 비추어 볼 때 그럴 법한 대안적 인과 메커니즘이 그 이론에서 진술하는 인과 메커니즘 대신 작동할 수도 있기 때문인지, 혹은 이미 알려진 종류의 인과 메커니즘이 그 이론이 요구하는 인과 메커니즘에 그 이론이 예상 못한 방식들로 간섭할 것으로 그럴 법하게 예상할 수 있기 때문인지 말이다.[21]

이런 원칙에 예외를 두는 사람은 상상하기 어려우며, 따라서 보이드가 오로지 이 원칙은 "관련된 부수적 이론들에 대한 실재론적 이해" 위에서 유용한 결과로 이어진다고 설명할 수 있다고 주장할 때 비로소 쟁점에 부딪히게 된다.

> 우리가 이론들이 어디에서 실험적으로 잘못될 가능성이 가장 큰지 "추측"할 때는 언제나, 현재 받아들여지는 법칙들이 개연성 있는 인과적 지식을 표상한다고 가정하고 그 이론들이 인과 관계에 대한 설

21 리처드 보이드Richard N. Boyd, 「실재론, 미결정성, 그리고 인과적 증거 이론 Realism, Underdetermination and a Causal Theory of Evidence」, *Nous* 7(1973), 11.

> 명으로서 어디에서 거짓일 가능성이 가장 큰지 물어보는 방법을 쓴다고 가정해 보라. 그리고 우리의 추측 절차가 먹혀들어 이론들이 실재론자가 예측하곤 하는 바로 그 지점에서 실제로 잘못될 가능성이 가장 크다고, 즉 거짓된 실험적 예측을 산출한다고 가정해 보라. … 과학적 실재론 외에 어떤 설명이 가능할까? 단순히 규약적으로 또는 자의적으로 채택된 과학적 전통들의 결과로는 확실히 안 된다. … 어떤 경험론자도 제안하지 않을 테지만, 세계가 우리의 **규약들**로 형성된 것이 아닌 한, 그런 원칙의 신뢰성이 단지 규약의 문제일 수 있는 길은 없다. (p. 12)

보이드는 여기서 어떤 절차가 독립적인 검사라는 측면에서 신뢰할 만하다는 의미(온도계가 바깥 날씨가 얼마나 불쾌한지에 관한 신뢰할 만한 표시자인 것처럼)와 어떤 절차가 우리가 대안을 상상할 수 없으므로 신뢰할 만하다는 의미를 혼동하고 있다. 기존 이론으로 새 이론을 점검하는 것은 선택적인 절차가 아니다. 그것 말고 어떤 방법으로 새 이론을 점검하겠는가? 새 이론이 흔히 기존 이론이 예측했던 바로 그 지점에서 잘못된다는 사실은 설명이 필요한 일이 아니다. 만약 다른 어딘가에서 잘못되었다면 설명이 필요할 것이다. 비실재론자가 새 이론을 검사하면서 기존 이론의 관련성을 설명할 길 없어 보이게 할 유일한 방법은 이것이다. 즉, 새로운 이론이 마찬가지로 새로운 관찰 언어, 시험 절차 및 자체의 규제 원리를 완비한 채 등장한다고 주장하는 허수아비 논증을 받아들이는 것이다. 하지만 "새 이론"은 방대한 믿음의 네트워크에서 아주 사소한 변화일 뿐이다. 제임스가 말했듯이, 새 이론의 진리성은 주로 축적된 옛 진리와 처음에 그 이론을 제안하게 했던 "변칙 사례" 사이의 "결혼 기능"을 수행하는 능력의 문제다. 파이어아벤트의 일부 억지스러운 심술만이 새 이론에는 옛 이론의 결과에 기초한 모든 검사를 면제해 주어야 한다고 제안할 뿐이다. 그런 제안들은 우리에게 "보증된 주장가능성" 개념에 더해 "진리" 개념까지 필요한가의 의문과는 아무런 관련이 없다.

4. 지칭

우리에게 그런 개념이 정말 필요하다는 것을 보이려면 퍼트넘의 세 번째 논증으로 넘어가야 한다. 이 논증은 지금까지 논의했던 반실재론자들보다 더 그럴듯한 "반실재론자"를 우리에게 선보인다는 장점이 있다. 이 논증은 퍼트넘이 "'어떤 이론적 용어도 일절 지칭하지 않는다'라고 결론 내리는 파멸적인 메타-귀납"을 차단해야 할 필요성이라고 부른 것을 중심으로 전개된다.[22]

> 만약 우리가 전자電子가 플로지스톤과 비슷하다는 관점의 이론을 받아들인다면 어떻게 될까?
> 그렇다면 우리는 전자가 실제로 존재하지 않는다고 말해야 할 것이다. 이런 일이 계속 생기면 어떻게 될까? 한 세대가 상정한 모든 이론적 존재자(전자뿐 아니라 분자, 유전자 등)가 후대 과학의 관점에서 볼 때 한결같이 "존재하지 않는다"라면 어떻게 될까? 물론 이것은 다음과 같이 묻는 "오류로부터의 논증"이라는 오래된 회의주의 논증의

22 퍼트넘, 「'실재론'이란 무엇인가?」, p. 194.

한 형태다. **지금** 우리가 오류에 빠져 있지 않다는 것을 어떻게 아는가? 그러나 바로 이런 형태로 그 오류로부터의 논증은 오늘날 많은 사람에게 단순한 "철학적 의심"이 아닌 **심각한** 걱정거리가 된다.

이것이 심각한 걱정거리인 한 가지 이유는 결국 다음과 같은 메타-귀납이 압도적으로 설득력 있게 되기 때문이다. 즉 **50년 전 이전의**(혹은 그 시점이 언제든 간에) **과학에서 사용된 모든 용어가 아무것도 지칭하지 않듯이, 지금 사용되는 모든 용어**(관찰 용어라는 것이 만일 있다면 그것은 제외할 수 있겠지만) **역시 아무것도 지칭하지 않는 것이 밝혀지리라**는 것이다. (pp. 183-184)

퍼트넘은 이러한 메타-귀납을 차단하는 것이 "*지칭 이론*의 명백한 요망 사항"이라고 말한다. 이는 두 가지 이유로 당혹스럽다. 첫째, 과학의 혁명적 변화가 끝났다는 것을 어떤 철학적 관점이 보여줄 수 있을지 분명치 않다. 원시적인 정령 숭배자 조상들이 우리에 맞서 있듯이 우리가 우리 후손들과 맞서게 되는 일은 과연 없을 것인가. 우리가 어떻게 우리 자신의 문화 바깥으로 나가서 탐구의 종결에 견주어 우리 문화의 위치를 평가한다는 것일까? 둘째, 설령 그런 철학적 관점이 존재한다고 하더라도 지칭 이론이 어떻게 그런 관점을 제공할 수 있을지 명확하지 않다. 우리에게 "만약 존스가 했다고 알려진 위대한 공적을 존스가 수행한 것이 아니고 (이전에는 역사에 알려지지 않았던) 스미스가 대부분 한 것이라면, '존스'는 존스를 지칭하는가 아니면 스미스를 지칭하는가?"와 같은 질문에 대한 결정적인 직관이 있다고 가정해 보자. 덜 그럴 법하지만, 그런 수수께끼 같은 사례들에 관한 직관이 매우 확고해서 "분자"라는 말로 우리와 돌턴John

Dalton이 같은 것들을 지칭하는 반면, "열소 유체"는 분자의 운동을 지칭하기 위해 사용된 적이 없었음을 직관에 호소하지 않고도 알게 해주는 일반 이론에 이르게 된다고 가정해 보자.[23] 그런 이론은 제안된 메타-귀납의 전제들을 훨씬 더 과거로 밀어낼지 모른다. 왜냐하면 이제 우리는 자체의 이론적 용어들이 아무것도 지칭하지 않는 그런 과학을 찾아서 50년이 아니라 5천 년을 되돌아봐야 할 수도 있기 때문이다. 그러나 아마도 그것은 이를테면 미래의 은하계 문명의 과학과 비교하여 우리 과학의 지위 문제를 심각한 걱정거리로 키워 온 회의주의자를 만족시키기는 어려울 것이다. 추측상 그런 회의주의자를 만족시킬 수 있는 것은 모든 시대와 장소의 과학자들이 대체로 같은 것을 지칭해 왔음을 보여줌으로써 문제의 그 메타-귀납에 사용된 흥미로운 전제들을 모두 제거해 줄 지칭 이론뿐일 것이다.

자, 한 가지 분명한 의미에서 우리는 어떤 이론이건 같은 것을 지칭해 오고 있다는 것을 그 어떤 이론이 나오기 전부터도 완벽하게 잘 안다. 이론들은 모두 같은 우주를 다루고자 노력하고 있었으며, **그것**을 지칭했다. 비록 헛되고 어리석은 기술들로 지칭한 경우가 흔했던 것은 틀림이 없지만 말이다. 다음 과학 혁명의 결과로 유전자, 분자, 전자 등은 존재하지 않고, 시-공간적 범프나 갈릴레오 시대부터 과학자들을 조종해 온 은하계 최면술사들의 최면 암시 등과 같은 이런저런 것들만이 존재한다는 사실을 발견한다고 하더라도, 그것이 우리를 세계나 우리 조상들과의 접촉에서 벗어나게는 하지 못할 것

23 나는 이 사례를 롬 하레Rom Harré의 『과학적 사고의 원리들The Principles of Scientific Thinking』(Chicago, 1970), p. 55에서 빌렸다.

이다. 왜냐하면 우리는 예컨대 밀레토스인들의 과학이 부상하게 된 것에 대해서 이야기하는 것과 같은 방식으로, 세계에 관한 거짓되고, 혼란스럽고, 헛된 기술들로부터 세계에 관한 더 나은 기술들이 등장하게 된 이야기를 계속해서 할 것이기 때문이다. 두 경우 모두 이성의 승리에 관한 이야기가 될 것이고, 두 경우 모두 같은 세계에 이성을 적용한 일이 될 것이다. 세상이 실제로는 어떤 모습으로 밝혀질지 모르지 않느냐는 것이 "심각한 걱정거리"의 근거처럼 보이지만, 일반적으로 세상이 실제로 어떤 것일 수 있겠느냐에 관해 이해가능한 제안이란 존재하지 않는다. (세계에 대한 어떤 이해**불능**의 기술, 즉 번역불가능한 개념적 도식 내에서 해명되는 기술이 있을지도 모른다는 제안은 귀납적 지지를 받을 필요도 없고, 받을 가능성도 없는 전혀 다른 걱정거리다. 이 또 다른 걱정거리는 다음 절에서 "개념적 도식" 개념에 대한 데이빗슨의 공격과 연결하여 논의될 것이다.)

"같은 것에 대한 나쁜 기술"이라는 이 개념이 여전히 쟁점을 흐리는 것처럼 보일 수 있다. "지칭"은 모 아니면 도의 문제처럼 보인다. "열소 유체"가 분자의 운동을 지칭하거나 지칭하지 않는다고 말하는 것이, "열소 유체"와 "분자 운동"이 같은 현상에 대한 (더 좋고 더 나쁜) 기술의 두 가지 축약어라고 말하는 것보다 더 나아 보일 수 있다. 결국에 가서 어느 쪽으로 밝혀지건 상관없이 말이다. 우리는 분자 운동을 지칭하는 것이 개별적인 사람이나 중간 크기의 물리적 대상을 지칭하는 것과 같아야 한다고 느낄 수 있다. 즉 우리는 **그것들**을 지목하거나 지목하지 않는다. 그런 느낌은 우리가 최근 타르스키를 읽고 있었다면 더 강해지고, 셀라스처럼 이론적 진술들을 준-도구주의적 방식으로, 즉 다른 진술들의 발화를 허락하는 실질적 추론의 원리들로 보는 것을 꺼린다면 한층 더 강해진다. 그럴 때 우리는 "열은 분자 운동이다"와 같은 문장들이 "흰색은 눈의 전형적인 색깔이다"가 참일 때와 같은 간명한 "대응" 방식으로 참이기를 원할 것이다. 따라서 "언어가 어떻게 작동하는지"를 이해할 목적이라면, 단순히 "실재를 기술하기 위해" 표현을 사용한다고 하는 것보다는 그 표현이 "존재자를 지목한다는" 측면에서 생각하는 것이 더 중요해 보일 수도 있다. 그럴 수도 있다고 하자. 그렇더라도 회의주의자를 달래기 위해 우리가 "휘그식"으로 역사 서술을 하는 것 이상의 일을 해야 할 이유를 알기는 어렵다. 우리는 그냥 글을 잘 서술하기만 하면, 심지어 가장 원시적인 정령 숭배자도 예를 들어 분자의 운동, 라듐, 유전자 같은 것들 관해 말하도록 만들 수 있다. 그런다고 분자가 존재하지 않을지도 모른다는 회의주의자의 두려움을 달래줄 수는 없겠지만, 단어가 세계와 어떻게 관계 맺는지에 대한 그 어떤 발견도 그럴 수 없기는 마찬가지일 것이다. 왜냐하면 그 이론을 통해 알려진 "그 세계"는 단지 당시의 과학에 알려진 세계일 뿐이기 때문이다.

그렇다면 지금까지의 논의를 통해 우리는 다음과 같은 딜레마에 처하게 된다. 지칭 이론은 다음 둘 중 하나다. 현대 과학의 성공을 뒷받침하기 위해 요청되는 것이거나, 아니면 단지 과학의 역사를 어떻게 집필할 것인지에 관한 결정일 뿐이거나(그런 역사 서술에 "철학적 토대"를 제공하는 것이 아니라). 한 가지 과제는 너무 많은 것을 요구하고 다른 과제는 "이론"이라는 제목을 붙이기에는 너무 사소해 보인다. 이 시점에서 "지칭 이론"이라는 생각이 애초에 어디에서 유래했는지 묻는 것이 좋을 것이다. 지칭 이론이 대체 어떤 종류의 이론이기에 회의주의를 차단하고 그럼으로써 우리가 인식론에 늘 기대해 온 그런 일을 수행하는 짐을 져야 한다는 것일까? 내가 보기에, 그런 이론이 존재한다는 생각은 다음과 같은 두 가지 전혀 다른 고려 사항을 뒤섞은 결과다. 즉,

> 크립키, 도넬란 등이 지적한 것처럼, 지칭에 대한 설-스트로슨의 규준, 즉 S가 "X"를 사용할 때 S는 X에 관한 자신의 중심 믿음 대부분을 참으로 만들어 줄 존재자를 뭐가 됐든 지칭한다는 규준에 반례가 있다는 사실.[24]
>
> 믿음이나 의도(또는 더 일반적으로는 단어 사용자의 머릿속에 있는 존재자들)라는 측면에서 의미가 지칭을 결정한다는 통상의(프레게, 설, 스트로슨) 가정은 우리가 거짓 믿음을 많이 가질수록 "세계와의 접촉"도 덜 하게 된다는 것을 시사한다는 사실.

이 두 가지 고려 사항을 함께 취하는 것은 단어가 세계에 어떻게 걸리느냐에 관한 통상의 "지향주의적" 개념이 특수한 사례들에서 틀리기도 하고 철학적으로 재앙이기도 하다는 것을 시사한다. 그래서 최근의 "불순" 언어철학에서는 의미론의 으뜸 원리들로 돌아가서, 프레

---

24 그런 반례에 대한 가장 최근의 논의는 키스 도넬란의 「고유명과 식별 기술구Proper Names and Identifying Descriptions」와 솔 크립키의 「이름과 필연」에서 제기된다. 두 논문 모두 『자연 언어의 의미론Semantics of Natural Language』(데이빗슨과 하만 편집, Dordrecht, 1972)에 수록되어 있다. 그런 반례들을 다루는 일반 이론을 구축하려 시도한 추가 논문들은 스티븐 슈워츠Stephen P. Schwartz가 편집한 『명명, 필연, 그리고 자연종Naming, Necessity and Natural Kinds』(Ithaca, 1976)을 보라. 더불어 이 책의 편집자는 「서론」에서 문헌에 대한 유용한 논평을 제공한다.

계의 "지향주의적" 지칭 이론을 전복하고 무언가 더 나은 것으로 대체함으로써, 콰인, 비트겐슈타인, 셀라스, 쿤, 파이어아벤트(그리고 이 책의 다른 중심 인물들)가 내놓은 "관념론"적으로 들리는 학설들을 반박해야 한다는 것이 거의 하나의 정설이 되어 버렸다.[25] 그 발상은 세계가 뻗어 와 언어를 사실적(예를 들면, 인과적) 관계에 걸려 있게 만든다면 우리는 항상 "세계와 접촉"하고 있겠지만, 반면 예전의 프레게식 관점에서는 우리가 세계를 잃어버릴 위험에 처하거나 혹은 처음부터 아예 세계를 걸지 못하고 있던 것일 수도 있다는 것이다.

그러나 우리는 지칭에 관한 예전의 지향적인 이론과 새로운 "인과적"(또는 더 일반적으로는 비지향적이고 따라서 "실재론적"인) 이론 사이의 충돌이라는 생각에 의구심을 품어야 한다. 이 충돌은 "지칭하다"의 애매성에서 생겨난다. 이 용어는 (a) 어떤 표현과 실재의 어떤 다른 일부 사이에, 누가 그 관계의 성립을 알든 모르든 상관없이 성립하는 사실적 관계를 의미하거나, (b) 어떤 표현과 비존재 대상 사이에 성립할 수 있는 순수한 "지향적" 관계를 의미할 수 있다. 하나를 "지칭"이라고 부르고 다른 하나를 "…에 관해 말하기"라고 부르자. 우리는 셜록 홈스를 **지칭**할 수는 없으나 그에 **관해 말할** 수 있으며, 플로지스톤에 관해서도 마찬가지다. "…에 관해 말하기"는 상식적인 개념이고 "지칭"은 철학의 전문 용어다. "…에 관해 말하기"는 현실뿐만 아니라 허구에도 적용되며, 실재론적 목적에는 쓸모가 없다. 사람들의 믿음이 그들이 무엇에 관해 말하고 있는지를 결정한다는 가정

25 퍼트넘의 「의미의 의미The Meaning of Meaning」와 「규약주의 논박」(둘 다 그의 『마음, 언어, 실재』에 실려 있다)은 이런 태도를 최대한으로 표현하고 있다.

은, 무엇이 존재하느냐에 관한 의문이 생기지 않는 한, 존재하지 않는 것들에 대해서처럼 존재하는 것들에 대해서도 잘 작동하거나 나쁘게 작동한다. 어떤 공동체가 있는데, 거기에는 상충하는 이론들(물리적이건, 역사적이건, "존재론적"이건, 무엇이건 간에)은 없으나 거기서 참되게 언급되는 사람들이나 사물들 일부는 정말로 존재하고 다른 일부는 허구라는 점은 잘 알려져 있다고 해보자. 실제로 우리는 그런 공동체에서 설-스트로슨 규준을 사용할 수 있을 것이다. 우리는 그게 뭐든지 간에 우리 믿음 대부분이 참이 되는 것들에 관해 말하고 있다. 수수께끼 같은 사례들(그게 뭐든지 간에 사람들이 그들의 믿음 대부분을 참으로 만드는 존재자에 관해 말하고 있지 않다고 직관이 말해 주는 사례들)은 그들이 모르는 것을 우리가 알고 있을 때만 발생한다. 따라서 만약 우리가 지금까지 알려지지 않은 스미스라는 사람이 가공의 인물 존스에게 귀속된 행적의 99%를 수행했지만, 실제로 존스에 관한 설화들은 로빈슨이라는 사람을 중심으로 만들어졌다는 것을 알게 된다면, 우리는 우리가 존스에 대해 말할 때 **실제로는** 스미스가 아니라 로빈슨에 관해 말하고 있는 것이라고 말하고 싶을 수도 있다.

그런 "실제로는 …에 관해 말하기"라는 개념이 **지칭**과 혼동될 때, (퍼트넘과 크립키가 그런 것처럼) 우리가 지칭에 관한 "직관들"을 가지고 있고 바로 그런 직관들이 혹시 비지향적인 "이론-독립적" "지칭 이론"의 근거가 될 수 있지 않을까 생각하기 쉽다. 그러나 그것은 다음과 같은 질문, 즉

a. 존스에 대한 일상적 믿음들이 거짓임을 표현하는 가장 좋은 방법은 무엇인가? 이를테면, 그 믿음들이 그 어떤 것에 관한 것도

아니라고 말하는 것인가, 허구에 관한 진리들이었다고 말하는 것인가, 아니면 실재에 관한 거짓이라고 말하는 것인가?

가 다음 질문에 대한 답변에 기반하여 답해져야 한다고 생각하는 것이다.

b. 우리가 사용하는 "존스"라는 이름과 "지칭" 관계로 연결된 세계 내 존재자가 있는가?

퍼트넘과 크립키가 채택한 견해에서, (b)는 합당한 질문이며 (a)에 선행한다. 이 견해에 따르면 (a)에 답하는 것은 설명이나 역사 서술의 편의의 문제가 아니라 엄격한 사실의 문제, 즉 (b)에 대한 답변으로 결정되는 사실의 문제다. 내가 권장하고 있는 견해에서는 (b)가 제기되지 않는다. 이 근처에서 유일한 사실적 쟁점은 이야기되는 다양한 존재자들의 존재 혹은 비존재에 관한 것이다. 후자의 사실적 질문에 결정을 내리고 나면 우리는 (상식적인 설-스트로슨 규준에 따라) 문제의 그 사람이 존재하지 않는 존재자에 관해 말하고 있는 믿음들에 대해 네 가지 태도 중 하나를 취할 수 있다. 즉 우리는 이렇게 할 수 있다.

1. 그 믿음들이 모두 거짓이라고 선언하거나(러셀) 진릿값-없음을 선언한다(스트로슨).

또는

2. 그 믿음들을 둘로 나눈다. 즉, 그 어떤 것에 관한 것도 아니므로 거짓이거나 진릿값이 없는 것들과, "실제로는" 어떤 실재하는 것에 "관한" 것이어서 참일 수도 있는 것들로 나눈다.

또는

3. 그 믿음들을 둘로 나눈다. 즉, 그 어떤 것에 관한 것도 아니므로 거짓이거나 진릿값이 없는 것들과, "실제로는" 허구적인 존재자들에 "관한" 것이므로 참일 수도 있는 것들로 나눈다.

또는

4. (2)와 (3)의 전략을 결합한다.

"실제로는 …에 관한"의 "실제로는"은 설-스트로슨의 관함성aboutness 규준에서 벗어난다는 것을 뜻하지만, 그것이 사실의 문제에 관한 우리의 직관을 소환하는 표시는 아니다. 이는 누군가가 비록 일견 부끄러운 방식으로 행동했지만, 더 많은 정보를 바탕으로 더 폭넓은 관점에서 그 사안을 보면 도덕적 가치에 대한 상식적인 규준은 제쳐 두어야 한다고 암시하는 상황에서 "실제로는 잘한 일"이라는 개념을 사용하는 것과 비슷하다. 그런 도덕의 사례에서, 우리는 행위와 ***선의 형상*** 사이의 사실적 연관성에 대한 직관을 가진 것이 아니며, 다만 역설을 피하고 정합성을 극대화하는 방식으로 그 상황에 대한 우리의 기술을 재구성하고 있을 뿐이다. 누가 실제로는 무엇에 관해 말하고 있는지를 결정할 때도 마찬가지다.

내가 제안하는 견해와 퍼트넘-크립키의 견해 사이의 쟁점이 결국은 "마이농주의Meinongianism"의 문제, 즉 허구적인 것들을 지칭할 수 있느냐의 문제로 귀착되는 것처럼 보일 수도 있다. 하지만 그렇지 않다. **지칭하다**라는 용어의 사용이 다음과 같은 추론에 좌우된다는 의미에서라면, 당연히 우리는 허구적인 것들을 지칭할 수 없다.

"N"은 지칭하며, N은 ϕ이다.

로부터

N이 존재한다(허구가 아니다).

이것이 **지칭하다**라는 용어가 사용되는 통상의 방식이며, 나는 이 용어를 다르게 사용하고 싶은 마음이 없다. 하지만 이 조건이 "지칭"의 개념을 정의한다는 사실로부터 내가 끌어낸 교훈은 "지칭"은 "…에 관해 말하기" 또는 "실제로는 …에 관해 말하기"와는 특별히 관련이 없다는 것이다. "지칭"은 우리가 세계에서 발견한 오류를 표현하는 데 사용되는 다양한 전략들에 관해 나름의 결정을 내릴 때, 다시 말해 위의 (1)~(4) 중 하나를 결정한 다음 그 결정의 결과를 "규격화된" 형식, 즉 표준 양화 논리를 모체로 사용하는 언어 안에 담아내려고 할 때만 발생한다. 이것이 바로 내가 "지칭"이 전문 용어라고 말한 의미다. 이는 또한 "지칭"이 우리가 그것에 관해 직관을 지닌 뭔가가 아닌 이유이기도 하다. 그래서 나는 설-스트로슨 규준과 충돌하는 "직관"이란, 단지 무엇이 존재하는가에 관한 논쟁이 있을 때 무엇에 "관해 실제로 말해지고 있는가"에 대한 논쟁이 있을 수 있으며, 이때 "실제로는 …에 관한"의 규준은 설-스트로슨 규준이 아니라는 직관일 뿐이라고 판단한다.

그렇다면 "실제로는 …에 관한"이란 무엇일까? 이 질문에 답은 없으며, 그런 "규준"도 없다. 위 (1)~(4)의 전략 가운데 하나를 선택하게 만드는 고려 사항은 매우 다양하므로 규준을 요구하는 것은 적절하지 않다. 우리는 어떤 표현과 그 표현의 사용자가 존재한다고 생각하는 것 사이에 성립할 수 있는 " …에 관하여 말하기"나 어떤 표현과 실제 참으로 존재하는 것 사이에만 성립할 수 있는 "지칭하기"와 대비되게, "실제로는 …에 관해 말하기"란 어떤 표현과 **우리**가 존재한다고 생각하는 것 사이에 성립할 수 있는 관계라고 말하고 싶은 유혹을 받을 수 있다. 그러나 이는 잘못일 것이다. 왜냐하면 다시 한 번 말하지만, 우리는 비존재하는 것들에 관해 말할 수 있을 뿐만 아니라, **실제로는** 비존재하는 것들에 관해 말하고 있는 것으로 밝혀질 수도 있기 때문이다. 실제로는 X에 관해 말하기와 실재하는 X에 관해 말하기는 같지 않다. 여기서 "실제로는"은 논의 대상인 사람의 상대적 무지를 화자가 주장하는 상대적으로 더 큰 지식의 맥락 안에 "위치시키는" 문제일 뿐이다. 그것을 수행하는 방법은 담론의 맥락만큼이나 많다. 예를 들어 이런 말들을 고려해 보라. "당신은 지금 탈레스에 관해 말하고 있다고 생각하지만, 실제로는 헤로도토스가 말해준 이야기에 관해 말하고 있다." "당신은 지금 당신의 정신분석가에 관해 말하고 있다고 생각하지만, 실제로는 당신 자신에 관해 말하고 있다." "당신은 지금 아르테미스라는 허구의 신에 관해 말하고 있다고 생각하지만, 실질적으로는 기원전 9세기에 테베에 살았던 육신을 지닌 여성에 관한 말하고 있다." "당신은 지금 리튬에 관해 말하고 있다고 생각하지만, 실제로는 크립토나이트에 관해 말하고 있다."[26]

그리하여 나는 지칭 이론의 추구가 한편으로 사람들이 "실제로는 무엇에 관해 말하고 있는가"에 관한 일반 이론을 얻고자 하는 가망 없는 "의미론적" 추구와 다른 한편으로 회의주의자를 반박하면서 우리가 비허구에 관해 말하고 있다는 주장을 뒷받침할 방법을 찾는 똑같이 가망 없는 "인식론적" 추구 사이의 혼선을 보여준다고 생각한다. 데이빗슨적인 "순수" 언어철학의 목적을 위해서는 그 어느 쪽도 충족될 필요가 없다. 전자의 요구는 대략 역사 서술, 인류학적 기술 등등에서 어려운 사례들을 해결하기 위한 결정-절차에 대한 요구이다. 그러나 이런 경우에는 재치와 상상력 외에는 아무것도 도움이 되지 않는다. 후자의 요구는 우리의 현재 표상 집합 외부에 있는 어떤 초월적 관점을 통해 그러한 표상과 표상 대상 사이의 관계를 검사할 수 있어야 한다는 요구이다(이것은 버클리가 충족할 수 없다고 말했고, 칸트가 세계를 "외양"이라고 부름으로써만 충족했으며, *자연의 거울*이라는 이미지가 우리에게 충족할 수 있어야 한다고 생각하게 만든 요구이다). "무엇이 지칭을 결정하는가?"라는 질문은 정합적인 거짓 믿음들로 이루어진 커다란 집합들(다른 시대, 다른 문화 등등의)을 우리의 믿음 집합과 비교하는 최선의 절차에 관한 질문인지, 회의주의자를 논박하는 방법에 관한 질문인지 애매하다. 지칭 이론들에 관한 토론은 질문의 첫 부분에 답하려는 시도들에서 구체성을 얻고, 둘째 부분에 어떻

---

26 나는 다음 글에서 지칭에 관한 나의 견해를 훨씬 더 길게 전개하였다. 「실재론과 지칭Realism and Reference」, *The Monist* 59(1976), 321-340. 이 주제와 관련하여 퍼트넘에 대한 유사한 비판은 다음 글을 보라. 아서 파인, 「이론들을 비교하는 방법: 지칭과 변화How to Compare Theories: Reference and Change」, *Nous* 9(1975), 17-32.

게든 답할 수 있다는 암시들에서 나름의 철학적 관심을 얻는다. 그러나 회의주의자를 반박할 수 있는 것은 아무것도 없다. 인식론이 하고 싶어 했던 일을 해낼 수 있는 것은 아무것도 없다. 왜냐하면 언어가 어떻게 작동하는지는 오로지 세계의 나머지 부분에 관한 현재의 이론 안에서만 발견하는 것이며, 누군가가 현재 이론의 일부를 사용하여 그 이론의 나머지 부분을 뒷받침할 수는 없는 것이기 때문이다. 이러한 목적을 위해서라면 지칭 이론은 "대상의 초월적 구성 이론" 만큼이나 가망이 없다.

퍼트넘은 (내가 이 장의 상당 부분을 쓴 뒤에 행한 한 강연에서) 자신의 "형이상학적 실재론", 즉 성공적인 지칭을 그 성공을 선가정하지 않는 어떤 수단을 통해 설명하려는 기획을 대부분 철회했다. 이 강연에서 그는 "인과 이론들"에 대해 내가 방금 지적한 요점을 언급한다. 그는 형이상학적 실재론자가 원했지만 가질 수 없었던 것은 "철저히 비인식적인 것으로서의 진리"라는 견해, 즉 "조작적 유용성, 내적 아름다움과 우아함, '개연성', 단순성, '보수성' 등의 관점에서는 '이상적'이라고 할 이론이 **거짓일 수도 있다**"라는 견해라고 말한다.[27] 형이상학적 실재론자는 그것이 "참"과 "보증되게 주장가능함"을 명확하게 분리하는 유일한 방법처럼 보였기 때문에 그렇게 말할 필요가 있다고 **생각했다**. 그러나 퍼트넘의 말처럼, 설령 타르스키를 좇아 "참"을 만족 관계를 통해 정의하더라도, 우리는 그 관계를 통해 **어떤** 믿

27 퍼트넘, 「실재론과 이성Realism and Reason」, *Proceedings of the American Philosophical Association*, vol. 50(1977), 485. (이 논문은 지금은 『의미와 도덕 과학』에 재수록되어 있다. 이 구절은 그 책에는 p. 125에 나온다).

음 집합이건 다 세계와 짝지을 수 있게 될 것이다. 또한 이를 수행할 수 있는 수많은 **서로 다른** 방법들이 있을 것이며, **이론에 대한 통상적인 제약 외에 이를 수행하는 방법들을 제약하는 것은 아무것도 없다.** 우리가 무엇을 지칭하는가에 관한 우리의 최선의 이론은 단지 사물 일반에 관한 우리의 최선의 이론에서 생겨난, 논란의 소지가 없는 부수물일 뿐이다. 퍼트넘은 이렇게 말한다. "… '인과적' 지칭 이론은 여기서 아무런 도움이 되지 않는다(아마도 그럴 것이다). 왜냐하면 '원인들'이 어떻게 유일무이하게 지칭할 수 있느냐는 형이상학적 실재론자의 그림에서 '고양이'가 어떻게 그럴 수 있는지 못지않게 수수께끼이기 때문이다."[28] 마찬가지로, 내용에 들어 있는 사물들이 어떻게 그 도식을 구성하는 표상들의 지칭에 닿아서 그것을 결정하는지에 대한 우리의 설명에서 "원인"을 그 어떤 비지향적 관계로 대체하더라도, 세계가 무엇으로 이루어져 있는지에 관한 우리의 이론은 그 관계에 관하여 자기-정당화의 이론을, 그리 대단할 것 없이, 산출할 것이다.

5. 거울 없는 진리

결국 퍼트넘의 철회는 초월적 철학이 할 수 없는 일, 즉 우리가 채택하고 있는 표상들의 도식에 관해, 그 도식이 우리가 표상하고 싶은 내용과 결합되어 있음을 분명히 해줄 무언가를 제시하는 일을 다른 어떤 경험적 학문이 해낼 수 있게 만들 방법은 없다는 말과 같다. 그런데 만약 그런 방법이 없다면, 우리는 도식-내용 구분을 완전히

---

28 퍼트넘, 「실재론과 이성」, p. 486(『의미와 도덕 과학』에서는 p. 126).

내버릴 필요가 있다는 데이빗슨의 주장을 받아들일 수 있다. 우리는 "도식" 개념으로는 철학자들이 전통적으로 그 개념을 가지고 하고 싶었던 일을 할 수 있는 방법이 없음을 인정할 수 있다. 즉 "합리성"이 행사하는 특별한 특정 제약들, 우리의 이상적인 이론들이 "실재에 대응"해야 하는 이유를 설명해 주는 그런 제약들을 분명하게 드러내는 일은 그 개념을 가지고서는 불가능하다는 것이다. 퍼트넘은 이제 굿맨과 비트겐슈타인의 의견에 동의한다. 언어를 세계의 그림으로 여기는 것, 즉 언어를 일군의 표상 집합으로 보고 그런 표상 집합이 자신이 표상하는 것과 모종의 비지향적 관계를 맺고 있음을 철학이 드러내 보여줄 필요가 있다고 생각하는 것은 언어가 어떻게 학습되는지 또는 어떻게 이해되는지를 설명하기에 유용하지 **않다**는 것이다. 그러나 적어도 이런 철회 이전에 쓴 글에서는 그는 자연화된 인식론의 목적을 위해 언어에 대한 이런 그림을 여전히 활용할 수 있다고 생각했다. 그림으로서의-언어는 언어를 사용하는 방법을 이해하는 데는 유용한 이미지가 아니지만, "지도가 지구의 특정 부분과 적절한 방식으로 대응하면 성공적"인 것처럼 탐구의 성공을 설명하는 데는 유용하다고 생각한 것이다. 퍼트넘은 여기서 셀라스와 로젠버그가 취한 것과 같은 입장을 취하고 있다. 이들은 "참"을 "우리에 의해 보증되게 주장가능한 것"과 동일시하지만(따라서 존재하지 않는 대상에 대한 진리를 허용하지만), 그러고 나서 계속해서 "그림그리기"를 아르키메데스의 점을 제공하는 비지향적 관계로 기술한다. 그런 아르키메데스의 점을 참조하여 우리는 세계에 대한 우리의 현재 이론이 비록 확실히 참이기는 하지만 어떤 후속 이론만큼 적절하게 세계를 그린 것은 아닐 수도 있다고 말할 수 있다는 것이다. 용어상의 차이는 중요하지 않다. 왜냐하면 세 철학자가 모두 원하는 것은 단지 "세계에 관한 우리의 변화하는 이론들이 더 나빠지는 게 아니라 더 좋아지고 있다는 것을 보장하는 것은 무엇인가?"라는 질문에 답을 할 수 있게 하려는 것이기 때문이다. 세 사람 모두 내가 "순수" 언어철학의 문제들이라고 부르는 것을 다루기 위해 비트겐슈타인식 의미-사용 이론을 원하면서, 인식론적 문제들을 다루기 위해서는 『논고』식 그림 관계를 원한다.

퍼트넘이 그런 초월적 보증을 유의미하게 하려는 자신의 이전 시도들을 비판한 것은 셀라스와 로젠버그에게도 똑같이 적용된다. 그는 이렇게 말한다.

> 형이상학적 실재론은 그것이 퍼스적인 실재론, 즉 이상적인 이론이 존재한다는 주장과 구분될 수 있다고 주장하는 바로 그 지점에서 무너진다. … 퍼스 자신(과 검증주의자들)은 형이상학적 실재론이 **바로 그** 지점에서 무너져 지리멸렬해진다고 항상 **말했고**, 나와 같은 실재론자들은 그들이 **틀렸다고** 생각했기 때문에, 적어도 하나의 실질적인 쟁점에 대해 "그들이 옳았고 우리는 틀렸다"라는 불쾌한 시인을 피할 수 없다.[29]

이 구절을 셀라스가 퍼스에 관해 논의한 대목과 비교해 보라.

> …"이상적 진리"와 "실제로 존재하는 것"의 개념들이 퍼스식 개념

---

29 퍼트넘, 「실재론과 이성」, p. 489(『의미와 도덕 과학』에서는 p. 130).

구조의 관점에서 정의된다고 하더라도, 그것들이 퍼스식 공동체가 늘 존재해야 할 것을 요구하지는 않는다. 퍼스 자신은 "그림그리기"의 차원을 고려하지 않아 난관에 빠졌는데, 실제적이고 가능한 믿음들의 계열 바깥에 이 계열의 구성 인자들이 근접해 갈 수 있는 이상이나 한계를 정의하기 위해 기댈 수 있는 아르키메데스의 점이 없었기 때문이다.[30]

여기서 셀라스의 요점은, 퍼스가 "진리"를 "궁극적으로 모두가 동의하게 되어 있는 의견"과 동일시함으로써 진리와 실재의 존재 자체가 인류의 지속 및 이성적 탐구에 관한 계몽주의적 개념들의 지속 같은 운에 달린 문제들에 의존하는 것처럼 보이게 만든다는 것이다. 그래서 셀라스는 인간의 탐구를 바라보는 방식을 대체하고 싶어 한다. 그것은 "동의하게 되어 있는"을 우주에 의한 자기-표상들의 창조로 이어지는 인과적 과정에 관한 기술로 보는 것이다. 그래서 우리는 로젠버그가 후기 퍼스의 진화적 사랑의 이상주의적 형이상학을 그대로 되풀이하고 있음을 발견한다.

우리는 우리의 표상 활동을… 오로지 물리적 시스템으로서의 우주에 대한 **총체적** 이론의 개념들을 이용해 그것을 재기술함으로써만 이해할 수 있다. 자연적 필연성을 지닌 이 물리적 시스템은 하위 시스템들을 진화시켜 결국은 필연적으로 전체에 대한 점점 더 적합한 표상들을 투사하게 된다. 거칠게 말하자면, 우리는 물리적 우주를,

30 셀라스, 『과학과 형이상학』, p. 142.

> 필연적으로 "인식자를 자라게 하고" 그럼으로써 그 자신 안에서 그 자신을 반사하기에 이르는 통합된 물리적 시스템으로 보게 되어야 한다.[31]

셀라스와 로젠버그는 둘 다 ***자연의 거울***의-존재하게-됨이 마음들의 존재에 의해 가능해지는 것으로 옳게 바라보지만, 그들은 (퍼트넘이 그런 것처럼) 심성과 지향성은 거울이 어떻게 반사하는지를 이해하는 데 무관하다고 강조한다. 우리가 조상보다 우월한 이유와 방법을 말하는 데 도움을 주는 그 결정적으로 중요한 표상하기는 규약의 도식에 상대적으로 일어나는 것도, 의도에 상대적으로 일어나는 것도 아니다. "그림그리기는 복잡한 사실적 관계이며, 그 자체로 지시나 진리의 개념들과는 상당히 다른 상자에 들어간다."[32]

그러므로 퍼트넘의 철회가 옳다면, 이는 셀라스와 로젠버그가 중요시 생각했던 요점과 직접 관계가 있다. 퍼트넘은 일군의 비지향적 관계들(인과적 지칭 이론이나 셀라스의 "더 적합한 그림그리기"라는 개념이 제공하는 것들과 같은)을 얻으려는 시도는 그런 관계들이란 단순히 세계에 관한 지금 시대 이론의 또 다른 부분들에 불과하다는 사실에 의해 항상 무효가 된다고 말한다. 퍼트넘은 인식론의 모든 가능한 자연화에 대한 이러한 비판이 그가 말한 소위 "내재적 실재론"이라는 관점을 우리에게 남긴다고 생각한다. 그것은 "언어-사용하기

31 제이 로젠버그, 『언어적 표상Linguistic Representation』(Dordrecht, 1974), p. 144.

32 셀라스, 『과학과 형이상학』, p. 136.

가 우리의 목적을 이루거나 만족을 성취하거나 하는 그런 종류의 일에 이바지한다는 평범한 사실"을 "언어가 세계를 반사하는 것이 아니라 **화자들이** 세계를 반사하는 것이라고, 다시 말해 화자들이 그들의 환경을 **그 환경에 대한 기호적 표상을 구성한다**는 의미에서 반사하는 것"이라고 말함으로써 설명할 수 있다는 견해이다.[33] 이런 의미에서 내재적 실재론은 그저 우리가 우리 자신의 표상적 규약들에 따라 우주를 그 어느 때보다 더 잘 표상하고 있다는 관점일 뿐이다. 하지만 그것은 결국은 이를테면 그 모든 세월 동안 표상된 적이 없던 리튬을 표상하기 위해 **리튬**이라는 용어를 발명한 것을 놓고 그냥 우리 자신을 칭찬하는 것과 같다. 철회된 "형이상학적" 실재론과 논란의 여지가 없는 내재적 실재론의 차이는, 우리가 ***자연*** 자체의 표상 규약에 따라 성공적으로 표상하고 있다고 말하는 것과 우리 자신의 표상 규약에 따라 성공적으로 표상하고 있다고 말하는 것의 차이다. 이는 대략 ***자연의 거울***로서의 과학과 자연에 대처하기 위한 일군의 현장 도해로서의 과학 사이의 차이다. 우리가 우리 나름의 관점에 따라 아주 잘 대처하고 있다고 말하는 것은 참이지만 사소하다. 우리가 올바로 반사하고 있다고 말하는 것은 "오로지 하나의 그림일 뿐"이며, 그것은 우리가 결코 이해할 수 있었던 적이 없는 그림이다. 우리가 아는 한, 자연은 반드시 자신을 표상하는 인식자를 성장시킬 수 있지만, 자연이 우리의 표상 규약이 자연 그 자신의 것과 점점 비슷해지고 있고 그래서 오늘날 자신이 과거보다 더 적절하게 표상되고 있다고 느낀다는 것이 무슨 의미일는지 우리가 알지 못

33 퍼트넘, 「실재론과 이성」, p. 483(『의미와 도덕 과학』에서는 p. 123).

한다. 아니면, 차라리 우리가 절대적 관념론자들을 끝까지 따라가서 인식론적 실재론이 인격화된 범신론에 기반해야 한다는 것을 인정해야만 그런 느낌을 이해할 수 있을 것이다.

나는 지금 절에서 비지향적 관계가 지향적 관계와 마찬가지로 이론-상대적이라는 퍼트넘의 단순하지만 통렬한 지적을, 인식론을 먼저 언어철학으로 전환한 다음 의미와 지칭에 대한 자연주의적 설명을 확보함으로써 결국은 인식론을 자연화하려는 전체 시도에 대한 일반적 비판으로서 제시하고자 노력 중이다. 콰인의 「자연화된 인식론」, 대니얼 데닛의 "진화적 인식론"의 암시들, 크립키와 피스크Milton Fisk가 부활시킨 아리스토텔레스적인 본질과 자연적 필연성 개념, 다양한 인과적 지칭 이론, 셀라스식 그림그리기 이론들의 공통된 동기는 인식론을 탈-초월화시키면서도 우리가 인식론이 할 수 있으리라는 기대했던 바를 수행하게 만들자는 것이었다. 그것은 우리의 성공적인 탐구의 규준이 단지 **우리의** 규준일 뿐만 아니라 **올바른** 규준, 자연의 규준, 우리를 **진리**로 인도할 규준인 이유를 우리에게 말해 주는 것이다. 만약 이런 동기가 마침내 포기된다면 언어철학은 단순히 "순수한" 데이빗슨적 의미론이 된다. 거울-이미지에 의존하는 것이 아니라, 그와는 반대로 의미와 지칭에 관해 철학적으로 흥미로운 질문들을 제기하는 일을 최대한 어렵게 만드는 의미론이 되는 것이다.

그렇다면 이제 데이빗슨이 진리에 관한 자신의 논의를 어떻게 "도식-내용" 구분 및 거울-이미지 일반에 대한 그의 공격과 결부시켰는지 이어서 기술해 보기로 하자. 우선, 그는 진술이 실재에 대응하기(실재를 "그리기", "적절하게 표상하기") 때문에 참이 된다는 생각은 철학적으로 논란의 여지가 없는 모든 경우, 즉 "눈은 하얗다"와 같은 경우에는 그냥 별문제가 없다고 말하고 싶어 한다. "인내는 명예를 환히 빛나게 한다", "세계에 관한 우리의 이론은 물리적 실재에 대응한다", "우리의 도덕 철학은 *선의 형상*에 부합한다"와 같은 경우에도 역시 별 문제가 없다. 이런 진술들 역시 세계가 올바른 종류의 사물들을 포함하고 그 진술들이 제안하는 방식으로 배열되어 있을 때, 그리고 오직 그때만 참이다. 데이빗슨의 견해에 따르면, 세계에서 명예나 물리적 실재나 *선의 형상*을 절멸시키는 "철학적 청교도주의"가 존재할 일은 없다. 만약 누군가가 그런 것들은 존재하지 않는다고 말하고 싶다면, 그런 것들을 포함하지 않는 대안적인 세계 이론을 제시할 수 있지만, 그것이 **의미론적** 이론이 되지는 않을 것이다. 진리가 실재에 대응하는 방식에 대한 논의는 하늘과 땅 사이에 무엇이 있는지에 대한 논의와는 상관없이 자유로이 유동한다. 영어 문장(온갖 종류의 사물에 대한 온갖 종류의 이론을 포함하는 말 그대로의 영어)에 진리 조건을 부여하는 프로젝트에서 이론-선택의 규준이나 "참되고 궁극적인 실재의 구조를 그리는" 규격화된 표기법의 구축으로 이어지는 길은 없다. 데이빗슨에게 대응이란 존재론적 선호가 없는 관계로서, 어떤 종류의 단어를 어떤 종류의 사물과도 연결할 수 있다. 이런 중립성은 데이빗슨식 관점에서 보면 자연은 선호하는 표상됨의 방식이 없으며, 따라서 규격화된 표기법에 관심이 없다는 사실을 표현한다. 또한 자연에 대해 우리는 참인 믿음을 더 많이 또는 더 적게 가질 수 있다는 단순한 의미를 제외하고는 더 잘 대응하거나 더 잘못 대응할 수 없다.[34]

두 번째로, 데이빗슨은 "표상적 도식"이나 "개념적 근본 틀" 또는 "의도된 대응"이라는 개념이 "진리" 개념과 "의미" 개념을 떼어 놓으

려는 시도이며, 따라서 실패할 수밖에 없다고 생각한다. 이런 주장을

34 데이빗슨이 허구적인 것들에 관한 진리의 문제에 어떤 견해를 지니는지, "셜록 홈스"와 셜록 홈스 사이에 "만족" 관계가 성립함을 허용할지 말지에 대해 나는 확실히 알지 못한다. 나는 부디 그가 허용하기를 바랄 것이다. 왜냐하면 그것이 내가 강조하고 있는 타르스키식 의미론과 "실재론적" 인식론의 분리를 뒷받침하기 때문이다. 내가 제기하고 있는 관점에 따르면, "셜록 홈스가 왓슨 박사와 방을 함께 썼다"라는 말은 "눈이 희다"라는 말만큼이나 참이며 이에 대한 "철학적 분석"은 거의 필요하지 않다. 이는 지칭하는 표현을 포함하지 않는 참인 진술이 있을 수 있음을 의미한다. 이런 결과는 만약 우리가 "지칭하기"와 "…에 관해 말하기"의 구분, 따라서 "지칭하지 않음"과 "어떤 것에 관해서도 말하지 않음"의 구분을 기억한다면 혼란스러울 일이 없을 것이다. 그러나 나는 타르스키의 "만족" 개념과 그 두 가지 다른 개념들 사이의 관계에 대해 확신을 가질 만큼 그 "만족" 개념의 해석을 둘러싼 쟁점들이 분명하다고 느껴지지 않는다. 내가 취하고 싶은 일반적 노선은 깔개 위의 고양이에 관해서뿐만 아니라 허구적인 것들, 가치, 수에 관한 참인 진술도 존재하며, 전자의 모형에 근거하여 후자의 진리를 "분석"할 때 참조되는 "대응" 같은 무언가를 찾으려는 시도는 무의미하다는 것이다. 셀라스가 이 요점을 주장하는 방법은 모든 참인 진술이 세계를 "그리는" 것이 아니라 오로지 "기본적인 경험적" 진술만 그런 것이라고 말하는 것이다. 나는 어떤 참인 진술도 세계를 그리지 않는다고 말하고 싶다. 그림 그리기는 '단지 하나의 그림일 뿐'이며, 그것은 오로지 훨씬 더 뒤엉킨 언어 분쟁Sprachstreit을 생성하는 데 이바지할 뿐이다. 타르스키에 관한 해석에 대해서는, "타르스키-카르납 부류의 의미론적 진술들은 언어적 항목과 언어-외적 항목 간의 관계를 주장하지 않는다"(『과학과 형이상학』, p. 82)라는 셀라스의 주장 및 "'그림'의 의미로서의 '대응하다'와 타르스키-카르납의 의미로서의 '대응하다'" 사이의 대조를 보라(p. 143). 셀라스의 관점은 모든 의미론적 진술이 내포에 관한 것이며 "그림그리기"는 의미론과 아무 상관이 없다는 것이다. 대조적인 견해들로는 다음을 보라. 존 월러스John Wallace, 「지칭의 틀에 관하여On the Frame of Reference」, 『자연 언어의 의미론Semantics of Natural Language)』(데이빗슨과 하만 편집) 및 하틀리 필드, 「타르스키의 진리 이론Tarski's Theory of Truth」, *Journal of Philosophy* 69(1972). "참"을 "언어-외적인 것들과의 관계에서 성립하는 것"으로 해석하려고 시도하지 않으면서 "주장가능함"과 구분하는

제시하는 그의 가장 효과적인 방법은 "대안적 개념 도식", 예를 들어 우리의 도식에서 사용되는 지칭 표현을 전혀 포함하지 않는 도식이라는 개념은 "참이지만 번역할 수 없는" 언어에 관한 개념이라고 주장하는 데서 나타난다. 데이빗슨은 전통적인 거울-이미지의 여러 변형(실재에 더 잘 또는 더 나쁘게 "들어맞거나" 혹은 실재를 서로 다르게 "분류"하는 것으로서의 개념 도식들)에 대한 일련의 비판을 제기한 후에 이렇게 결론을 내린다.

> 문제는 사실에 들어맞는다거나 사실에 적용된다는 개념들처럼 경험의 총체에 들어맞는다는 개념은 참이라는 단순한 개념에 이해할 만한 그 어떤 것도 보태지 않는다는 것이다. 증거나 그냥 사실이 아니라 감각적 경험에 관해 말하는 것은 증거의 출처나 본성에 대한 견해를 표현하지만, 그것이 개념 도식의 검사에 쓰일 수 있는 새로운 존재자를 우주에 보태는 것은 아니다.

그래서 그는 이렇게 말한다.

> 언어나 개념 도식을 어떤 존재자에 들어맞음이라는 개념을 통해 특

관점을 규명하기 위한 시도로는 다음을 보라. 로버트 브랜덤, 「진리와 주장가능성Truth and Assertibility」, *Journal of Philosophy* 73(1976), 137-149. 브랜덤은 내가 "순수" 언어철학이라고 부르는 것의 목적, 즉 언어가 어떻게 세계에 걸리는지가 아니라 언어가 어떻게 작동하는지를 이해하려는 목적을 위해 "주장가능함"과 더불어 "참"이 필요한 이유를 설명한다. 내가 믿기에, 그는 그럼으로써 의미론에서 이 개념의 필요성과 인식론에서 이 개념의 필요성 사이의 근본적인 혼동, 즉 "불순" 언어철학에 동기를 부여하는 혼동을 진단한다.

> 징지으려는 우리의 시도는 그렇다면 결국 무언가가 수용할 수 있는 개념 도식 또는 이론인 것은 그것이 참인 경우라는 단순한 생각으로 귀결된다. 어쩌면 한 도식의 공유자들이 세부적인 측면에서는 서로 다를 수 있음을 허용하기 위해 **대체로** 참이라고 말하는 것이 더 나을 것이다. 그리고 우리 것과 다른 개념 도식의 규준은 이제 이렇게 된다. 즉 대체로 참이지만 번역할 수 없음. 이것이 유용한 규준인지의 문제는 정확히 번역 개념과 독립적으로 언어에 적용되는 진리 개념을 우리가 얼마나 잘 이해하고 있느냐의 문제이다. 내 생각에 그 답은 우리가 그것을 전혀 독립적으로 이해하지 못한다는 것이다.[35]

데이빗슨이 우리가 그것을 이해하지 못한다고 말하는 이유는 그가 이른바 "의미에 대한 특정한 전체론적 관점"이라고 부르는 것에서 도출된다.

> 만약 문장이 그것의 의미를 구조에 의존하고, 우리가 그 구조 안에 있는 각 항목의 의미를 그것이 나타나는 문장들의 총체로부터 추상한 것으로서만 이해한다면, 우리는 그 언어의 모든 문장(과 단어)에 의미를 부여함으로써만 어떤 문장(혹은 단어)이건 그것에 의미를 부여할 수 있다.[36]

---

35 데이빗슨, 「개념적 도식이라는 바로 그 발상에 관하여」, p. 16. 불행히도 데이빗슨은 이 논문에서 "통약불가능"이 "번역불가능"을 의미한다고 쿤을 잘못 해석한다(p. 12). 이들 두 개념을 선명하게 분리하는 것이 이 책의 내 논증을 위해서 매우 중요하다. 제7장 1절을 보라.

36 데이빗슨, 「진리와 의미」, p. 308.

의미에 대한 이런 전체론적 관점은 한 언어의 의미 이론이 할 일은 단지 "문장의 의미가 단어의 의미에 어떻게 의존하는지 설명하는"(p. 304) 것뿐이라는 견해에 해당한다. 결정적인 한 수는 "개별 단어는 그것이 나타난 문장의 의미에 체계적으로 영향을 미친다는 사실을 넘어서서 어쨌거나 의미를 지녀야 한다"(p. 305)라고 생각할 필요가 없다고 말하는 것이다. 전통적인 견해는 우리가 특정한 개별 단어들에 직시ostension를 통해 (혹은 다른 어떤 비지향적 메커니즘, 즉 "언어의 무대 설정"을 선가정하지 않는 메커니즘을 통해) 의미를 부여하고, 그런 다음 거기서 시작해서 전체론적으로 언어를 세계에 정박시킨다는 것이다. 데이빗슨의 신-비트겐슈타인주의적 요점은 "빨강"과 "엄마"도 오로지 문장의 맥락, 그럼으로써 전체 언어의 맥락에서만 용도를 지니며 참을 진술하는 데 일조할 수 있다는 것이다(p. 308 참조). 직시(또는 신경 경로, 또는 다른 모든 비지향적 설정)가 언어 학습에서 어떤 역할을 하든, 그 언어를 알기 위해 혹은 그 언어를 번역하는 방법을 알기 위해 그런 메커니즘에 관해 무언가를 알아야 할 필요가 없다. 데이빗슨은 영어 문장에 대한 타르스키식 진리 조건에도 같은 말이 적용되며, 이것이 바로 결과적으로 "언어 L에 대한 의미 이론은, 만약 그것이 L에서-참에 대한 (재귀적) 정의를 포함한다면, '어떻게 문장의 의미가 단어의 의미에 의존하는지'를 보여준다"고 말하게 되는 이유라고 지적한다. 왜냐하면,

> 우리가 언어 L에 대한 의미 이론에 요구하는 것은 어떤 (추가적인) 의미론적 개념들에 호소하지 않고도 그 의미 이론이 술어 'T이다'[다음 도식 안에 있는: s는 T이다, 만일 그리고 오직 만일 *p*라면]에 충분

> 한 제한을 부과하여 도식 T에서 '*s*'가 L의 문장에 대한 구조적 기술로 대체되고 '*p*'가 바로 그 문장으로 대체될 때 얻게 되는 모든 문장을 반드시 함축하게 해야 한다는 것이다. … [그렇다면] 우리가 만족스러운 의미 이론들에 부과한 조건은 본질상 타르스키의 규약 T이다. (p. 309).

그래서 데이빗슨은 우리를 다음과 같은 결론으로 이끈다.

> 규약 T는 진리 개념이 어떻게 사용되느냐에 대한 우리의 최선의 직관을 구현하기 때문에, 어떤 개념 도식이 우리의 개념 도식과 근본적으로 다르다는 어떤 검사에 대해서 만약 그 검사가 우리가 진리 개념을 번역 개념과 분리할 수 있다는 가정에 의존하는 것이라면 큰 희망을 품을 수 있어 보이지 않는다.[37]

의미에 대한 데이빗슨의 전체론과 "도식"이라는 개념에 대한 그의 경멸 사이의 연관성을 지적함으로써 이 논증의 요점을 다시 진술해 보자. 이런 의미에서 전체론자가 아닌 사람은 어떤 언어를 이해한다는 것이 두 가지 별개 과정의 문제라고 생각할 것이다. 즉, 직시를 통해 개별 단어를 세계에 연결시키고 그다음 다른 단어들이 사용되면서 이 중심핵을 둘러싸고 의미를 쌓아 가게 만드는 것이다. 그는 또한 "참"이 의미하는 바를 이해한다는 것은 모든 참인 문장을 그것을 참으로 만든 직시들이 명백히 드러날 때까지 "분석"하는 일과 관련

37 데이빗슨, 「개념적 도식이라는 바로 그 발상에 관하여」, p. 17.

된다고 생각할 것이다. 지칭이 가장 문젯거리가 되지 않는 지점, 즉 지시사들이 제 임무를 수행하는 언어와 세계의 접촉면에서 전체론의 적용이 멈춰 서게 되는 이런 그림은 도식-내용 구분이 시작되는 한 가지 방식이다. 만약 우리가 이런 식으로 언어를 생각하면, 다른 누군가(예를 들어 은하계인)가 원래의 직시 행위에서 세계를 다르게 "쪼개서" 그들 언어의 "핵심"에 있는 개별 단어에 다른 의미를 부여하게 되리라는 생각에 사로잡히게 될 것이다. 그래서 영어의 "핵심"에 의미를 부여하는 우리의 방식으로부터의 이런 이탈이 그들 언어의 나머지 부분을 감염시킬 것이며, 따라서 우리가 소통할 방법이 없게 될 것이다. 지칭의 공통점도 없고 번역의 가능성도 없다. 이러한 은유들에 대한 데이빗슨의 공격은 이른바 전도된 스펙트럼 문제, 즉 일부 사람들이 (색깔을 비롯해 아마도 다른 모든 지각적인 "질적 공간들"에 대해) 잘못된 발판을 딛고 출발할 수 있다는 가능성에 대해 맥스 블랙이 제기한 비트겐슈타인식 비판과 유사하다. 블랙은 우리가 의사소통에서 사실상 그 차이를 "깔끔히 무시할" 수 있다고 지적한다. 당연히 언어는 우리가 무엇을 직시하고 있었든 똑같이 잘 헤쳐 나갈 것이다.[38] 마찬가지로 데이빗슨도 원래 직시에서의 차이가 전체론적 수준(그 단어가 포함된 문장들의 사용)에서 나타나지 않더라도 그 언어

---

38 맥스 블랙, 「철학에서 언어적 방법Linguistic Method in Philosophy」, 『언어와 철학Language and Philosophy』(Ithaca, 1949), 특히 pp. 3-8을 보라. 블랙은 "전도된 스펙트럼"을 자신이 권장하는 언어에 대한 접근 방식이 반박에 도움이 되는 전형적인 부류의 회의주의 논증으로 취급한다. 내 생각에 그 점에서 그는 옳다. 실제로 내가 제4장에서 "인식론적 행동주의"라고 불렀던 것 전부가 블랙이 여기서 제공하는 부류의 논증에서 파생될 수 있다고 보는 시각이 존재한다.

의 의미 이론은 그 차이를 깔끔하게 무시할 수 있다고 말할 수 있다.

그래도 여전히 우리는 데이빗슨의 논증이 오로지 의미 **이론**과 진리 **이론**을 제시한다는 것이 무엇인가에만 관련된 것이라고 고집하고 싶을 수 있다. 우리는 아마도 그가 혹시라도 할 수 있는 일은 어떤 언어가 우리 언어로 번역될 수 없는 한 세계에 대한 참인 기술을 제공하는 언어의 존재를 **검증할** 수 없음을 보여주는 것뿐이며, 그것은 그런 언어가 **존재할** 수 없음을 보여주는 것은 아니라고 주장할 수도 있다. 이런 논증 노선은 블랙이 "전도된 스펙트럼" 문제를 다루는 방식 및 그와 비슷한 비트겐슈타인식 반회의주의 전략들을 "검증주의적인" 것으로 보는 비판과 유사한 것이 될 것이다.[39] 나는 이 반론에 대답하는 것으로 이 장을 마무리하고자 한다.

6. 진리, 선성善性, 상대주의

검증주의에 관한 쟁점을 바라보는 다소 더 폭넓은 관점을 이해하기 위해 다음 제안들을 고려해 보라.

---

39 이런 부류의 반론에 대해서는 배리 스트라우드Barry Stroud, 「초월적 논증들Transcendental Arguments」, *Journal of Philosophy* 65(1968), 241-256을 보라. 나는 이런 반론을 「검증주의와 초월적 논증들Verificationism and Transcendental Arguments」, *Nous* 5(1971), 3-14에서 다루고자 시도한 바 있으며, 몇 가지 관련 반론들은 「초월적 논증들, 자기-지칭, 그리고 실용주의Transcendental Arguments, Self-Reference and Pragmatism」(『초월적 논증들과 과학Transcendental Arguments and Science』(페터 비에리Peter Bieri와 롤프 호스트만Rolf Horstmann, 그리고 로렌츠 크뤼거Lorenz Krüger 편집, Dordrecht, 1979), 77-103에서 다루었다.

우리의 어떤 용어도 지칭하지 않는다

우리의 어떤 믿음도 참이 아니다

세계가 존재하는 방식을 표상하는 언어와 영어 사이에 어떤 번역도 가능하지 않다

우리의 어떤 도덕적 직관도 옳지 않다(***선의 형상***에 참여하지 않는다, ***도덕 법칙***을 반영하지 않는다, 혹은 뭐든지 간에 등등).

나는 이 중 가장 그럴듯하지 않은 것이 마지막 것이라고 본다. 그 이유는 우리가 도덕적이라고 받아들이는 것, 이를테면 ***선의 형상***에 참여하는 **후보**로 받아들이는 것은 우리의 현재 도덕적 직관을 대략 만족시키는 무언가, 적어도 그런 직관에 지나치게 거슬리지 않는 무언가이기 때문이다. "도덕적으로 옳다"는 것이 "행동에 관한 우리 자신의 이상理想과 다소 비슷하거나, 그보다 조금 더 한 정도"를 의미한다고 생각하는 것은 경솔한 일일까? 이것이 단지 누구든 우리의 직관에 호소하지 **않는** 사람이라면 도덕에 대해 할 말이 있는 사람으로 인정할 수 없다는 검증주의적 직관 때문에 어떤 진정한 가능성을 무시하는 것일까?

나는 "자연주의적 오류"의 발생과 관련이 있는 "선"의 철학적 의미와 그런 관련이 없는 일상적 의미를 구분함으로써 그런 질문들에 가장 잘 답할 수 있다고 생각한다. 만약 우리가 "어떤 것이 선하기 위한 필요충분조건은 무엇인가?"라고 묻는다면, 우리는 무어의 편에 서서 선이 어떤 언급 가능한 조건들과 어떤 관련이 있는지는 항상 열린 질문이라고 말할 수 있다. "선"과 같은 단어들은 **일단 철학적 전통이 그**

것들을 다루어 온 방식대로 다루어지고 나면 어떤 의미를 얻게 되어서 바로 그런 측면에서 그것은 이러저러하다고 말하게 된다. 그런 단어들은 상상의 초점focus imaginarius을 가리키는 이름, 다시 말해 그것의 온전한 의미를 그 어떤 조건 집합의 충족과도 동일시할 수 없는 ***순수 이성의 이념***을 가리키는 이름이 된다. 이것은 플라톤 이전의 그리스인들에게는 ἀγαθός아가토스(선)가 그런 어떤 무조건적인 것의 이름 역할을 했다는 말이 아니다. 피타고라스 추종자들과 오르페우스 숭배자들과 플라톤이 관념론을 (이 말의 두 가지 의미 모두에서) 발명하기 이전에는 그 어떤 단어도 그런 목적을 이루지 못했다는 말도 아니다. 다만 지금은 "선"의 구체적인 철학적 용법이 존재하며, 그 용법은 플라톤, 플로티누스, 아우구스티누스 및 여타 철학자들이 영원한 것과 시공간적인 것의 절대적 차이에 대한 구체적인 플라톤식 이론을 구축하는 데 도움을 주지 않았다면 지금과 같지 않았을 것이다. 무어가 "선"의 의미에 대해 우리의 감각에 호소했을 때, 그가 호소하고 있던 감각이란 다름 아닌 이것, 즉 버밍엄에서보다 블룸즈버리에서 더 흔히 접할 수 있었던, 서양 사상사적 지식 없이는 대단히 이해하기 어려운 그런 감각이었다. 『윤리학 원리Principia Ethica』는 『에우티프론』과 마찬가지로 널리 행해지는 언어적 또는 지성적 실천을 기술하려는 노력으로서보다는 교화적 교육과 조용한 도덕 혁명의 저술로 읽어야 한다.

그러나 "선"의 일상적 의미도 또한 존재한다. 그것은 이 단어가 칭찬을 위해, 무언가가 어떤 이익에 부합한다는 것을 언급하기 위해 사용될 때 지닌 의미다. 이런 의미에서도 역시 우리는 ***좋은 삶***을 찾고, 도덕적 딜레마를 해결하고, 사과의 등급을 매기고, 하는 등등을 할 수 있게 해줄 선성善性의 필요충분조건 집합을 찾게 되지는 않을 될 것이다. 그런 필요충분조건 집합이 찾아지기에는 대답해야 할 서로 다른 이해관계의 종류가 너무 많고, 칭찬해야 할 것들의 종류도 너무 많으며, 그것들을 칭찬해야 할 서로 다른 이유가 너무 많기 때문이다. 그러나 이것은 "선"의 철학적 의미의 정의불가능성에 대해 내가 방금 제시했던 이유와는 전혀 다른 "선"의 정의불가능성 이유다. 흔한 상투적 의미에서 "선"이 정의불가능한 이유는 좋은 사람이나 좋은 사과가 무엇인지에 대해 우리가 완전히 틀릴 수도 있기 때문이 아니라, 단순히 흥미로운 기술記述적 용어 가운데 필요충분조건을 갖춘 경우란 없기 때문이다. 첫 번째인 "선"의 철학적 의미의 경우, 그 용어를 정의할 수 없는 이유는 우리가 선한 것에 관해 말하는 모든 것이 "논리적으로" 선성善性이 무엇인지와 전혀 무관할 수 있기 때문이다. 보통의 상투적인 사고방식으로 이 첫 번째 의미를 깨닫게 하는 유일한 방법은 그 사고가 플라톤이나 무어의 시각에서 출발해서 그 **형상**을 이해하게 되기를 희망하는 것뿐이다.

물론 내가 "선"에 두 가지 의미가 있다고 제안할 때 요점은 "참임"과 "실재함" 및 "실재의 올바른 표상"에도 또한 각각 두 가지 의미가 있으며, 인식론의 난점 대부분은 그 두 의미 사이의 오락가락에서 비롯된다는 제안(메타윤리학의 난점이 대부분 "선"의 의미들 사이의 오락가락에서 비롯되는 것처럼)을 그럴 법하게 만들려는 것이다. 선성善性과 진리 사이의 유비를 쫓아가는 것으로 시작해 보자. "참"이 대략 "관심 있는 모든 사람에 맞서 방어할 수 있는 것"을 의미한다는 흔한 용법을 생각해 보라. 여기서 믿음이 정당화된다는 것과 그것이 참이라는 것 사이의 경계는 매우 희미하다. 그런 이유로 소크라테스는 대화 상대에게 이 두 개념의 차이를 설명하는 데 어려움을 겪었고, 오늘날 철학 교수들이 신입생들에게 그것을 설명할 때도 같은 어려움을 겪는다. 실용주의자들이 진리를 "우리가 현재 우리의 이해에 비추어 계속 탐구하면 믿게 될 것" 또는 "우리로서는 믿는 편이 더 나은 것" 또는 "보증된 주장가능성"과 동일시했을 때, 그들은 자신들이 밀의 발걸음을 뒤따르며 공리주의자들이 도덕에 했던 일을 과학에 하고 있다고 스스로 생각했다. 즉 과학을 우리가 단순히 존중할 수 있는 무언가가 아니라 사용할 수 있는 무언가로, *신의 마음*만큼이나 상식으로부터도 동떨어져 있는 것이 아니라 상식과 연속적인 무언가로 만든다는 것이었다.

타르스키와 데이빗슨이 주의를 기울인 것은 "참"의 흔하고 상투적인 의미이고, 퍼트넘이 자신의 "자연주의적 오류" 논증을 적용한 것은 특별한 철학적 의미에 대해서다.[40] 이 두 가지 관심사는 서로를 스쳐 지나간다. 데이빗슨의 관심사는 영어 문장들 사이의 관계를 도식화하여, 사람들이 어떤 긴 문장을 "참"이라고 부르게 된 결과가 그들이 그보다 더 짧은 문장을 "참"이라고 부르는 것의 함수임을 이해함으로써 그런 결과를 얻은 이유를 명료하게 하는 방법을 찾으려는 "순수한" 프로젝트이다. 퍼트넘의 관심사는 이 문제에 대한 가장 완벽하게 가능한 이해가 우리를 참인 믿음들을 전혀 갖지 못할 가능성에 여전히 노출된 채로 남게 할 것임 보여주려는 "불순한" 프로젝트이다. 당연히 그렇게 되겠지만, 다시 말하건대, 여기에는 무관한 것

40 「지칭과 이해」(『의미와 도덕 과학』, p. 108)를 보라. 여기서 퍼트넘은 "참"에 관한 자신의 전략과 "선"에 관한 무어의 전략 사이의 유비를 명시화한다.

들을 마치 반대 관계처럼 보이게 만드는 애매성이 있다. 데이빗슨은 탐구의 종결을 예상한다거나 퍼트넘의 회의적인 "메타-귀납"을 차단한다거나 하는 시도를 하지 않아도 우리의 믿음 대부분이 참이라고 말할 수 있다. 이 주장은 우리가 우리 믿음 대부분이 거짓이라는 제안을 이해할 수 없다는 그의 주장에서 따라 나온다. 그런 제안은 오로지 "대안적인, 번역불가능한, 개념적 도식"이라는 엉터리 개념으로 뒷받침될 때만 의미를 지닌다. 그러나 그런 주장은 우리가 모든 것을 잘못 믿고 있다는 제안을 구체적으로 제기해 보라고 회의주의자에게 도전할 때 비로소 그를 막아 낼 힘을 지닌다. 아마도 회의주의자에게 그 도전은 "…는 도덕적으로 옳다"로 끝나는 우리의 모든 문장이 거짓이라는 더 제한적인 주장을 구체적으로 제시하기만큼이나 어려운 프로젝트가 될 것이다. 데이빗슨은 칸트와 마찬가지로 이런저런 중심 믿음이 거짓으로 판명되거나, 이런저런 도덕적 직관이 왜곡된 편견으로 판명된다는 사실로부터 그런 믿음이나 직관 모두가 그렇게 판명될 가능성이 있다고 예측할 수 없다고 말한다. 전반적인 동의의 맥락에서만 진리나 선성善性에 대한 의심이 의미를 지닌다. 회의주의자와 퍼트넘은 구체적인 "철학적" 의미의 "선"과 "참"으로 말을 돌림으로써 이 요점을 피한다. 그것들은 ***순수 이성의 이념***들처럼 정확히 ***무조건적인 것들***을 대변하도록 고안된 것들로서, 담론이 수행되고 탐구가 추구되는 맥락을 벗어나 새로운 맥락을 확립하려는 취지를 지닌다.

만약 우리가 "대부분의 믿음은 참이다"라는 데이빗슨의 주장을 우리가 탐구의 종결에, 세계의 존재 방식에 대한 파악에, 어둑한 구석이라고는 하나도 없는 ***자연의 거울***에 점점 가까워지고 있다는 주장으로 해석한다면, 그는 검증주의자이자 규약주의자이자 상대주의자처럼 보인다. 그러나 그것은 그의 주장을 플라톤의 분할된 선분의 꼭대기에 가까이 다가간 것으로, ***선의 형상***에 대한 명료한 통찰에 가까워진 것으로 해석하는 것과 같다. 그런 해석은 "참"과 "선"을 모두 표상들의 도식이 그 도식에 내용을 제공하는 무언가에 정확하게 들어맞는 상황에 대한 이름으로 받아들이는 것이다. 하지만 데이빗슨이 말한 바와 같이,

> 우리가 서로 다른 도식을 가진 사람들이 어떻게 의사소통을 할 수 있는지, 존재할 수 없는 그 무엇인 이른바 중립 지대나 공통 좌표계의 필요성 없이도 의사소통이 작동하는 방식을 보여주었다는 식으로 논의를 정리하는 것은 잘못일 것이다. 우리는 도식들이 서로 다르다고 말할 수 있는 이해할 수 있는 근거를 찾지 못했기 때문이다. 모든 인류, 적어도 모든 언어 사용자가 공통 도식과 존재론을 공유한다는 영광스러운 소식을 발표하는 것도 마찬가지로 잘못일 것이다. 왜냐하면 만약 우리가 도식들이 서로 다르다고 납득할 수 있는 방식으로 말할 수 없다면 도식은 하나라고도 납득할 수 있게 말할 수 없기 때문이다.
>
> 해석되지 않은 실재, 모든 도식과 과학 바깥에 있는 무언가라는 개념에 대한 의존을 포기한다고 해서 우리가 객관적 진리라는 개념을 포기하는 것이 아니다. 오히려 그 반대다. 도식과 실재의 이원론이라는 독단하에서 우리는 개념적 상대성과 도식에 상대적인 진리를 얻는다. 그런 독단이 없으면 그런 종류의 상대성은 그냥 폐기된다. 물론 문장의 진리는 계속 언어에 상대적으로 남지만, 그것은 최대한

객관적이다. 도식과 세계의 이원론을 포기한다고 해서 우리가 세계를 포기하는 것이 아니다. 대신, 우리의 문장과 의견을 요리조리 참이나 거짓으로 만드는 익숙한 대상들과 매개 없는 접촉을 다시 확립하는 것이다.[41]

데이빗슨이 우리의 믿음 대부분이 참이라거나 어떤 언어든 영어로 번역될 수 있다고 말한다고 해서 그를 검증주의자이자 상대주의자라고 부르는 것은 단지 "실재론자들"이 자기네 실재론을 극적이고 논쟁적으로(퍼트넘이 말하는 의미에서, "내재적"이라기보다는 "형이상학적"인 것으로) 만드는 데 필요한 "플라톤적" 진리, 선, 실재 개념을 데이빗슨이 사용하지 않는다고 말하는 것에 불과하다. 그렇다고 데이빗슨이 이러한 플라톤적 개념들의 "비일관성"을 드러내서 그것들을 "논박"하는 것도 아니다. 그가 그런 개념들로 할 수 있는 일은 칸트가 순수 이성의 이념들로 했던 일 같은 것이 전부다. 즉, 그 개념들이 어떻게 기능하며, 그것들이 무엇을 할 수 있고 무엇을 할 수 없는지 보여주는 것뿐이다. 플라톤적 개념들의 문제는 그것들이 "틀렸다"는 것이 아니라 그것들에 관해 할 말이 그리 많지 않다는 것이다. 구체적으로 말하자면, 그것들을 "자연화"할 방법도 없고, 그게 아니면 그것들을 다른 탐구나 문화, 삶과 연결할 방법도 없다는 것이다. 만약 듀

---

41 데이빗슨, 「개념적 도식이라는 바로 그 발상에 관하여」, p. 20. 나는 세계(상식이 그렇다고 받아들이는 바로서의)를 포기하는 것과 **세계**(우리가 결코 제대로는 이해할 수 없을 **물-자체**, 즉 **세계**로서의)를 포기하는 것의 대조를 다음 논문에서 펼쳐 보이고자 노력하였다. 「잘 잃어버린 세계The World Well Lost」, *Journal of Philosophy* 69(1972), 649-666, 특히 662-663.

이에게 왜 서양 문화가 선성善性이 무엇인지에 대해 가장미미한 개념을 갖고 있다고 생각하는지 묻거나, 데이빗슨에게 왜 우리가 늘 실제로 존재하는 것에 관해 말하거나 그것에 관해 참인 무언가를 이야기한다고 생각하는지 묻는다면, 그들은 우리가 어떤 이유로 그 주제에 대해 의구심을 갖게 되었는지 되물을 가능성이 크다. 만약 우리가 입증 부담은 그들에게 있으며, 회의주의자가 옳아도 우리가 결코 그것을 알지 못하리라는 사실을 근거로 회의주의자가 옳을 수 없다고 주장하는 것은 그들에게 허용되지 않는다는 식으로 대답한다면, 아마도 듀이와 데이빗슨 둘 다 자신들은 그런 방식으로 주장하지 않을 거라고 대답할 것이다. 그들은 검증주의적 논증들에 호소할 필요가 없다. 구체적인 의심의 근거가 제시되기도 전에 어째서 회의주의적 대안을 걱정해야 하는지를 묻기만 하면 된다. 회의주의자에게 부담을 다시 넘겨주려는 이러한 시도를 "검증주의" 혹은 지식의 질서와 존재의 질서를 혼동한 것이라고 부르는 것은, 어떤 구체적인 대안이 제공될 때까지 자신이 "빨갛다"라고 부른 것들이 정말 빨간지 걱정하지 않을 것이라고 말하는 사람을 "검증주의자"라고 부르는 것과 같다. "참"이나 "선"이나 "빨강" 같은 단어의 적용에 대해 일반적인 기준보다 더 높은 기준을 가질 것인지를 결정하는 문제는, 내가 알 수 있는 한, 논쟁할 만한 쟁점이 아니다. 그러나 나는 이것이 실재론자와 실용주의자 사이에 유일하게 남은 쟁점이 아닐까 생각하며, 언어철학은 우리에게 그 어떤 흥미로운 논쟁점을 새로 제공한 적이 없다고 꽤 확신한다.

PHILOSOPHY

제3부

철학

PHILOSOPHY

제7장

인식론에서 해석학으로

1. 통약과 대화

나는 지식 이론에 대한 욕망은 제약에 대한 욕망이라고 (제3장에서) 주장한 바 있다. 그것은 붙들고 늘어질 수 있는 "토대", 이탈해서는 안 되는 근본 틀, 그 자신을 강제하는 대상, 반박될 수 없는 표상을 찾으려는 욕망이다. 내가 토대의 추구를 반대하는 최근의 반동을 "인식론적 행동주의"라고 기술했을 때(제4장에서), 그것이 콰인과 셀라스가 우리에게 새롭고 더 나은 "행동주의적" 유형의 인식론을 가질 수 있게 해주리라는 의미는 아니었다. 오히려 그들은 우리가 대면과 제약을 향한 욕구를 포기할 때 사물들이 어떻게 보이는지를 우리에게 제시한다. 하지만 토대적 인식론의 종말은 흔히 채워져야 할 공백을 남긴 듯한 느낌을 준다. 제5장과 제6장에서 나는 그 공백을 메우려는 다양한 시도를 비판했다. 이 장에서는 해석학에 관해 논할 것이므로, 나는 해석학을 인식론의 "후속 학문"으로 내세우려는 것이 **아니라는** 점을 처음부터 분명히 하고자 한다. 해석학은 한때 인식론 중심의 철학이 채웠던 문화적 공백을 채우는 활동이 아니라는 것이다. 내가 제공하게 될 해석에 따르면, "해석학"은 학문의 이름도 아니고, 인식론이 성취하지 못한 종류의 결과를 성취하는 방법도 아니며, 연구 프로그램의 이름도 아니다. 반대로 해석학은 인식론의 종말이 남긴 문화적 공간이 메워지지 않으리라는, 우리 문화가 더는 제약과 대면의 요구를 느끼지 않는 그런 문화가 되어야 한다는 희망의 표현이다. 영구적인 중립적 근본 틀이 있고 그것의 "구조"를 철학이 드러낼 수 있다는 생각은, 마음이 직면해야 할 대상들이나 탐구를 제약하는 규칙들이 모든 담론 또는 적어도 특정 주제에 대한 모든 담론에 공통적이라는 생각과 같다. 따라서 인식론은 주어진 어떤 담론에 이바지하는 것들이 모두 통약가능하다는 가정 위에서 진행된다. 해석학은 대체로 이 가정에 맞선 투쟁이다.

"통약가능하다"고 할 때 내가 의미하는 바는, 진술들이 충돌하는 것처럼 보이는 모든 지점에서 무엇이 쟁점을 해소해 줄 것인지에 관해 합리적 합의에 도달하는 방법을 말해 줄 일련의 규칙들 아래로 그 통약의 대상들이 포섭될 수 있다는 것이다.[1] 그런 규칙들은 이상적인 상황을 구축하는 방법을 우리에게 말해 주며, 이에 따라 모든 잔여 불일치는 "비인지적"이거나 단지 언어적이거나, 아니면 단지 일

1 이런 의미의 "통약가능하다"가 "용어들에 같은 의미를 할당하다"와 같지 않다는 점에 유의하라. 쿤을 논의할 때 흔히 사용되는 것이기도 한 이런 의미는 내가 보기에 "의미의 같음" 개념의 취약성을 고려하면 유용하지 않은 것 같다. 내가 볼 때, 논쟁의 당사자들이 "서로 다른 방식으로 용어를 사용한다"라고 말하는 것은, 그들이 어떻게 문제를 해결해야 할지 방법을 찾지 못한다는 사실을 서술하는 그리 신통치 않은 방식인 것 같다. 이 점에 대해서는 제6장 3절을 보라.

시적인 것으로서 추가 조치를 통해 해결될 수 있는 것으로 보이게 될 것이다. 중요한 것은 무엇이 이루어져야 해결에 이르**렀다**고 할 수 있을지에 대해 합의가 되어야 한다는 것이다. 그러는 동안 대화 당사자들은 각자 서로의 합리성에 잠정적으로 만족하면서, 그들이 서로 다르다는 것에 동의할 수 있다. 인식론의 지배적 개념은 우리가 합리적인 존재가 되고, 온전한 인간이 되고, 마땅히 해야 할 일을 하기 위해서는, 다른 인간들과 합의점을 찾을 수 있어야 한다는 것이다. 인식론을 구축한다는 것은 다른 사람들과 최대한의 공통 기반을 찾는 것이다. 인식론이 구축될 수 있다는 가정은 그런 공통 기반이 존재한다는 가정과 같다. 때때로 그런 공통 기반은 우리 외부에 놓여 있는 것으로 상상되었다. 예를 들면, ***되어 감***의 영역에 반대되는 ***있음***의 영역에, 탐구를 인도하는 동시에 그 목표이기도 한 ***형상***의 영역에 있다고 말이다. 때로는 우리 내부에 놓여 있다고 상상되기도 했다. 우리 자신의 마음을 이해함으로써 우리가 진리를 찾는 올바른 방법을 이해할 수 있어야 한다는 17세기식 생각처럼 말이다. 분석철학에서는 흔히 그것이 언어 속에 놓여 있다고 상상해 왔다. 언어가 가능한 모든 내용에 대해 보편적 도식을 제공한다고 여겨진 것이다. 그러한 공통 기반이 **없다고** 말하는 것은 합리성을 위태롭게 하는 것처럼 보인다. 통약의 필요성에 의문을 제기하는 것은 만인에 대한 만인의 전쟁으로 되돌아가는 첫걸음으로 보인다. 따라서, 이를테면 쿤이나 파이어아벤트에 대한 흔한 반응 중 하나는 그들이 설득보다는 무력 사용을 옹호하고 있다는 것이다.

듀이, 비트겐슈타인, 콰인, 셀라스, 데이빗슨에게서 발견되는 지식과 의미에 대한 전체론적이고, 반토대주의적이고, 실용주의적인 취급은 많은 철학자에게 거의 똑같이 불쾌감을 주는데, 그 이유는 바로 그런 식의 취급은 곧 통약의 추구를 포기하는 것이고 따라서 "상대주의적"인 것이기 때문이다. 만약 우리가 지식-주장을 판결할 수 있는 공통 기반으로 삼을 만할 토대가 있다는 사실을 부정한다면, 합리성의 수호자로서 철학자라는 개념이 위험해지는 것으로 보인다. 더 일반적으로, 만약 우리가 인식론 같은 것은 없고, 예를 들어 경험심리학이나 언어철학에서 인식론의 대용물을 찾을 수 없다고 말한다면, 이는 우리가 합리적인 의견 일치나 불일치 같은 것은 존재하지 않는다고 말하는 것으로 비춰질 수 있다. 전체론적 이론들은 모든 사람이 자신만의 작은 전체, 즉 자신만의 작은 패러다임, 자신만의 작은 실천, 자신만의 작은 언어 게임을 건설하고 그 안으로 숨어들어 가는 것을 허용하는 것처럼 보인다.

내 생각에 인식론이나 혹은 어떤 적절한 후속 학문이 문화에 필요하다는 견해는 철학자가 할 수 있는 두 가지 역할을 혼동하는 것이다. 한 가지 역할은 아는 게 많은 호사가, 다중 실용주의자, 다양한 담론들 사이의 소크라테스적 중재자 역할이다. 말하자면, 그의 살롱에서는 은둔적인 사상가들이 홀린 듯 자신들의 자기-폐쇄적인 관행에서 빠져나온다. 학문과 담론 사이의 불일치는 의사소통 과정에서 타협되거나 초월된다. 다른 한 가지 역할은 모든 사람의 공통 기반을 아는 문화의 감독자 역할이다. 그것은 플라톤식 철인 왕의 역할로서, 그는 **당사자들**이 알든 모르든, 다른 모두가 실제로 무엇을 하고 있는지 안다. 왜냐하면 그는 그들이 행하고 있는 일의 궁극적 맥락(***형상, 마음, 언어***)을 알기 때문이다. 첫 번째 역할은 해석학에, 두 번째 역할은 인식론에 적합하다. 해석학은 다양한 담론 간의 관계를 어떤 가능한 대화의 타래를 이루는 실 가닥들의 관계로 본다. 그런 대화는 화자들을 하나로 묶는 규율적 모체를 미리 전제하지 않으면서도, 그 대화가 지속되는 한 합의의 희망을 잃어버리지 않는다. 이 희망은 미리 존재하고 있는 공통 기반을 발견하기 위한 것이 아니라 **단순히** 합의에 대한 희망, 또는 적어도 흥미롭고 유익한 의견 불일치를 위한 희망이다. 인식론은 합의의 희망을 품는 것이 곧 화자들을 공통의 합리성 안에서 하나로 묶어 주는 공통 기반이 존재한다는(아마도 본인들은 알지 못하겠지만) 징후라고 본다. 해석학에서 합리적이라는 것은 인식론을 그만두려는 것, 즉 대화에 이바지하는 모든 것들이 특별한 일군의 용어들 안에 포섭되어야 한다는 생각을 기꺼이 그만두려는 것이며, 대화 상대방의 방언을 자신의 것으로 번역하지 않고 기꺼이 받아들이는 것을 의미한다. 인식론에서 합리적이라는 것은 대화에 이바지한 그 모든 것을 번역해 냄으로써 합의를 가능하게 해줄 적절한 용어들의 집합을 찾아내는 것을 의미한다. 인식론에서 대화는 암묵적 탐구다. 해석학에서 탐구는 통상적 대화다. 인식론에서는 대화 참가자들을 오크쇼트가 말하는 **우니베르시타스**universitas, 즉 공동의 목적을 달성하기 위해 상호 간의 이해관계로 뭉친 집단이라고 본다. 해석학에서는 이들을 **소시에타스**societas 안에서 결속된 존재, 즉 공통 기반은 말할 것도 없고, 공통의 목표에 따라서도 아닌, 그저 시민 예절에 의해 결속된, 인생의 궤적이 우연히 겹친 사람들의 공동체라고 본다.[2]

2 마이클 오크쇼트Michael Oakeshott, 「한 근대 유럽 국가의 특징에 관하여On the Character of a Modern European State」, 『인간적 행위에 관하여On Human Conduct』(Oxford, 1975) 참조.

내가 **인식론**과 **해석학**이라는 용어를 사용하여 이러한 완벽한 반대 관계를 표현하는 것이 억지스러워 보일 수도 있다. 나는 전체론과 "해석학적 순환" 사이의 몇 가지 연관성에 주목함으로써 이를 정당화하려고 노력할 것이다. 정확한 표상으로서의 지식 개념은 특정 종류의 표상, 특정 표현, 특정 과정이 "기초적"이고 "특권적"이고 "토대적"이라는 생각에 자연스레 가담한다. 그런 지식 개념에 대해 이전 장들에서 논의한 바 있는 비판들은 다음과 같은 형태의 전체론적 논증으로 뒷받침된다. 즉 우리는 그런 기초적 요소들이 나타나는 전체 조직에 대한 선행 지식에 근거하지 않고서는, 그런 요소들을 따로 분리해 내지 못하리라는 것이다. 따라서 우리는 어떤 실천의 성공적인 성취라는 개념을 (요소 하나하나에 대한) "정확한 표상"의 개념으로 대체할 수 없을 것이다. 요소들에 대한 우리의 선택은 실천에 대한 우리의 이해에 좌우될 것이며, 요소들로부터의 "합리적 재구성" 덕분에 실천이 "합법화되는" 것이 아니다. 이런 전체론적 논증의 노선은 우리가 "해석학적 순환"을 결코 피할 수 없으리라는 것을 말해 준다. 해석학적 순환이란 낯선 문화, 관행, 이론, 언어 등에 대해서 그 전체의 작동 방식에 관해 무언가 알지 못하는 한 그것의 부분들을 이해할 수 없고, 반대로 그것의 부분들을 어느 정도 이해하기 전에는 전체의 작동 방식을 파악할 수 없다는 사실을 가리킨다. 이런 해석 개념은 이해에 이른다는 것이 어떤 증명을 따라가는 것이기보다는 어떤 사람과 친숙해지는 일과 비슷함을 암시한다. 두 경우 모두, 우리는 특정 진술이나 여타 사건을 특징짓는 방법에 대한 추측들과 전체 상황의 취지에 대한 추측들 사이를 왔다 갔다 하다가, 점차 지금까지는 낯설었던 것에 편안함을 느끼게 된다. 토대 위에 세워진 구조가 아닌 대화로서의 문화 개념은 이러한 해석학적 지식 개념에 잘 들어맞는다. 왜냐하면 낯선 사람과 대화를 나누는 것은 본보기들을 모방하여 새로운 덕이나 기술을 습득하는 것처럼 ἐπιστήμη에피스테메(인식지)보다는 φρόνησις프로네시스(실천지)의 문제이기 때문이다.

해석학과 인식론의 관계를 다루는 보통의 방식은 그 두 분야가 문화를 양분해서 인식론은 진지하고 중요한 "인지적" 부분(우리가 합리성에 대한 의무를 충족하는 부분)을 담당하고 해석학은 그 외 모든 부분을 책임져야 한다고 제안하는 것이다. 그런 구분의 이면에는 엄격한 의미의 ἐπιστήμη에는 λόγος로고스가 있어야 하며, λόγος는 통약의 방법을 발견함으로써만 주어질 수 있다는 생각이 놓여 있다. 통약의 관념은 "진정한 인지"라는 개념 안에 내장되어 있어서 "단지 취향의 문제" 또는 "의견의 문제"인 것은 인식론의 책임 범위에 속할 필요가 없고, 거꾸로 인식론이 통약가능하게 만들 수 없는 것은 단지 "주관적"인 것으로 낙인찍힌다.

인식론적 행동주의가 제안하는 지식에 대한 실용주의적 접근 방식은, 통약가능한 담론들과 그렇지 못한 담론들 사이의 경계를 단순히 "정상" 담론과 "비정상" 담론 사이의 경계로 해석할 것이다. 즉, 쿤의 "정상" 과학과 "혁명적" 과학 사이의 구분을 일반화한 것으로 해석한다는 것이다. "정상" 과학은 무엇을 현상에 대한 올바른 설명으로 간주할 것이며, 무엇을 해결해야 할 문제로 간주할 것인지에 대한 합의를 배경으로 문제를 해결하는 실천을 말한다. "혁명적" 과학은 설명의 새로운 "패러다임"과 그에 따른 새로운 문제 꾸러미를 도입하는 것이다. 정상 과학은 무엇이 합리적인가에 관한 인식론자의 개념에 실생활만큼이나 가까이 다가가 있다. 모든 사람이 다른 모든 사람이 말하는 모든 것을 평가하는 방법에 동의한다. 더 일반적으로 말하자면, 정상 담론은 무엇을 관련된 기여로 간주할지, 무엇을 질문에 대한 답변으로 간주할지, 무엇을 그 답변을 옹호하는 좋은 논증 혹은 그것에 대한 좋은 비판으로 간주할지에 대해 합의된 규약 집합 내에서 수행되는 담론이다. 비정상 담론은 그런 규약에 무지하거나 그것을 무시하는 사람이 그 담론에 합류할 때 발생한다. *ἐπιστήμη*는 정상 담론의 산물이다. 그것은 다른 참여자들이 "합리적"이라고 간주하는 참여자 모두가 참이라고 동의할 수 있는 종류의 진술이다. 비정상 담론의 산물은 헛소리부터 지적 혁명까지 무엇이든 될 수 있으며, 예측 불능의 것들이나 "창조성" 연구에 전념하는 학문이 없듯 비정상 담론을 기술하는 학문도 없다. 그러나 해석학은 어떤 정상 담론의 관점에서 비정상 담론을 연구한다. 이는 우리가 지금 일어나고 있는 일에 대해 아직은 너무 불확실해서 그것을 기술할 수 없고 그럼으로써 그것에 대한 인식론적 설명을 시작할 수 없는 단계에서 그것을 이해해 보려는 시도이다. 해석학이 불가피하게 특정 규범을 당연시한다는 사실이 그 점에 관한 한 해석학을 "휘그식"으로 만든다. 그러나 그것이 사물을 바라보는 새로운 각도를 잡아내려는 희망에서 비환원적으로 전개되는 한, 해석학은 그 자체의 휘그적인 성격을 초월할 수 있다.

이런 관점에서 볼 때 인식론의 영역과 해석학의 영역 사이의 경계는 "자연에 관한 과학"과 "인간에 관한 과학"의 차이가 아니며, 사실과 가치, 이론적인 것과 실천적인 것, "객관적 지식"과 더 무르고 수상쩍은 것 사이의 차이도 아니다. 그 차이는 순전히 익숙함의 차이일 뿐이다. 지금 무슨 일이 벌어지고 있는지 완벽하게 이해하면서도 그것을 확장하거나 강화하거나 가르치거나 "정초할" 요량으로 성문화하고 싶어 할 때, 우리는 인식론적이 된다. 무슨 일이 벌어지고 있는지 이해하지도 못하면서 그런 일에 관해 **뻔뻔하게** "휘그적"으로 되기보다 이해하지 못한다는 것을 인정할 정도로 솔직할 때 우리는 해석학적이 될 수밖에 없다. 그것은 우리가 이미 합의된 탐구(또는 더 일반적으로는, 담론)의 관행을 보유한 곳에서만 인식론적 통약을 얻을 수 있다는 뜻이며, 그런 일은 "정상" 과학에서만큼이나 "아카데미" 예술,• "스콜라" 철학, "의회" 정치에서 쉽게 이루어진다. 그런 통약을 얻을 수 있는 이유는 우리가 "인간 지식의 본성"에 대해 무언가를 발견했기 때문이 아니라, 단순히 어떤 실천이 충분히 오래 지속되면 그런 실천을 가능하게 하고 그것을 부분들로 나누는 방법에 대한 합의를 허락하는 규약들을 비교적 쉽게 격리할 수 있기 때문이다. 넬슨 굿맨은 우리가 어떤 귀납 추론과 연역 추론을 습관적으로 받아들이는지 발견함으로써 그것의 규칙들을 발견한다고 말했다.[3] 일반적으로 인식론도 마찬가지다. 신학이나 도덕 또는 문학 비평에서는 그런 문화 영역이 "정상"일 때 통약을 얻는 데 어려움이 없다. 특정 시기에는 어떤 비평가들이 시의 가치를 "정당하게 인식"하는지 판별하는 일이, 어떤 실험자들이 정확한 관찰과 정밀한 측정을 할 수 있는지 판별하는 일만큼이나 쉬웠다. 다른 시기, 예를 들어 푸코가 최근

• 이론과 기법에서 엄격한 전통적 기준을 따르는 19세기 예술 양식. – 옮긴이

3 논리에 대한 넬슨 굿맨의 실용주의적 태도는 다시 한번 "해석학적 순환"을 떠올리게 하는 한 대목에 멋지게 요약되어 있다. "이것은 악하게 순환하는 것으로 보인다. … 그러나 이 순환은 선순환이다. … **어떤 규칙은 만약 그것이 우리가 받아들이기를 꺼리는 추론을 산출하면 수정되고, 어떤 추론은 그것이 우리가 수정하기를 꺼리는 규칙을 위배하면 거부된다**"(『사실, 허구, 예측Fact, Fiction and Forecast』[Cambridge, Mass., 1955], p. 67).

유럽 지성사에서 분별한 "고고학적 지층들" 사이의 전환기에는, 어떤 과학자가 실제로 합리적인 설명을 제공하는지 아는 일이 어떤 화가가 불멸의 운명을 지녔는지 아는 일만큼이나 어려울 수 있다.

2. 쿤과 통약불가능성

최근 몇 년 동안, 해석학과 반대되는 것으로서의 인식론의 가능성에 대한 논쟁이 쿤의 연구 결과라는 새로운 구체성을 얻게 되었다. 그의 『과학 혁명의 구조』는 표준적인 인식론에 대한 비트겐슈타인의 비판들에 빚이 있기는 해도 그 비판들을 신선한 방식으로 기존 견해에 적용한 것이었다. 계몽주의 시대 이래로, 특히 칸트 이래로, 물리 과학은 나머지 문화가 척도로 삼아야 하는 지식의 패러다임으로 여겨져 왔다. 쿤이 과학의 역사에서 얻어 낸 교훈은 물리 과학 내에서의 논쟁이 계몽주의가 제시하는 것보다는 오히려 (행위의 비난 가능성, 공직자의 자격, 시詩의 가치, 입법의 바람직함 등에 관한) 일상적인 대화에 더 가깝다는 것을 시사했다. 특히 쿤은 과학철학이 과학 이론들 가운데서 어떤 것을 선택하기 위한 알고리듬을 구성할 수 있는지 의문을 제기했다. 이에 대한 의구심은 과연 인식론이 과학에서 출발하여 "인지적" 또는 "합리적"이라고 생각될 수 있는 여러 인간 담론의 공통 기반을 발견함으로써 나머지 문화로 진출할 수 있을지 독자들의 의구심을 배가시켰다.

쿤이 말한 과학의 "혁명적" 변화 사례는, 그 자신이 언급했듯이 해석학이 항상 자신의 특별한 과제로 삼아 온 종류의 사례들, 즉 과학자가 너무 어리석게 들리는 것들을 말함으로써 우리가 그를 제대로 이해했다고 믿기 어려울 정도의 사례들이다. 쿤은 학생들에게 이런 격률을 제시하노라고 말한다.

> 중요한 사상가의 저작을 읽을 때는 먼저 텍스트에서 명백히 부조리한 부분을 찾아서 양식이 있는 사람이 어떻게 그런 글을 쓸 수 있었는지 자문해 보라. 답을 찾았을 때, … 그런 구절들이 납득이 갈 때, 이전에 이해했다고 생각한 더 중심적인 구절들의 의미가 바뀌었다는 것을 발견할 수 있을 것이다.[4]

계속해서 쿤은 "의식하든 의식하지 않든, 모두가 해석학적 방법의 실천가인" 역사가들에게는 이 격률을 굳이 언급할 필요가 없다고 말한다. 그러나 인식론적 전통 내에서 연구하면서, 예를 들면 아리스토텔레스와 뉴턴을 통약시킬 중립적 도식("관찰 언어", "교량 법칙" 등)의 관점에서 사고할 수밖에 없었던 과학철학자들은 쿤이 그런 격률을 소환한 것을 불쾌하게 받아들였다. 그들은 그런 도식을 이용해서 해석학적 억측을 불필요하게 만들 수 있다고 생각했다. 많은 과학철학자가 성공적인 설명의 패러다임이 서로 다르거나, 같은 규율의 모체를 공유하지 않거나, 혹은 그 둘 다인 과학자 집단들 사이에 통약성이 없다는 쿤의 주장이[5] 과학에서의 이론-선택이라는 개념을 위태

---

4 쿤, 『본질적 긴장The Essential Tension』(Chicago, 1977), p. xii.

5 『과학 혁명의 구조The Structure of Scientific Revolutions』에서는 뒤섞여 있었으나 지금은 구분되는 "패러다임"의 두 가지 "중심" 의미, 즉 성취된 결과로서의 "패러다임"과 "규율의 모체"로서의 패러다임의 구분에 대해서는 「패러다임에 대한 재고Second Thoughts on Paradigms」를 보라(Ibid).

롭게 한다고 보았다. 왜냐하면 "과학철학"(논리적 경험주의자들 사이에 숨어 있을 때는 "인식론"이라는 이름으로 불렸던)은 이론-선택의 알고리듬을 제공하는 그 자신의 모습을 내다보았기 때문이다.

그러나 사후적인 휘그식 알고리듬(과학적 논쟁에서 승리한 쪽의 어휘나 가정을 바탕으로 인식론을 구성하는 알고리듬)을 제외하면 그 어떤 알고리듬도 불가능하다는 쿤의 주장은 그 자신이 덧붙인 "관념론적"으로 들리는 말들로 인해 불명료해졌다. 서로 다른 이론의 지지자들이 자신의 증거를 제시할 수 있는 "중립적 관찰 언어"가 이론들 사이에서 결정을 내리는 데 거의 도움이 되지 않는다고 말할 수는 있다. 하지만 그들이 "서로 다른 것을 본다"거나 "서로 다른 세계에 살고" 있으므로 그런 언어가 있을 수 없다고 말하는 것은 또 다른 문제다. 안타깝게도 쿤은 후자 부류의 우발적인 발언을 했고, 철학자들은 거기에 달려들었다. 쿤은 "관찰은 환경과 지각 기관의 본성에 따라 그 자체 영원히 고정된 것이며, 패러다임에 따라 변하는 것은 그런 관찰에 대한 과학자의 해석일 뿐"이라는 전통적인 주장에 반대하고자 했다.[6] 그러나 이 주장이 단지 응시의 결과를 언제나 양쪽 모두가 수용할 수 있는 용어로 표현할 수 있다는 의미라면("그 유체가 더 어두워 보였다", "바늘이 오른쪽으로 기울었다", 혹은 급박한 상황에서 "지금 여기 빨강!" 등등) 그것은 해롭지 않다. 쿤은 그러한 무해한 언어를 사용할 수 있다는 것이 어떤 알고리듬에 따라 이론들 가운데 결정을 내리는 데는 아무런 도움이 되지 않는다는 것을 보여주는 것에 만족해야 했다. 배심원 재판에서 알고리듬에 따라 유죄 또는 무죄를 결정

6 쿤, 『과학 혁명의 구조』, 제2판(Chicago, 1970), p. 120.

하는 것이 같은 이유에서 도움이 되지 않는 것처럼 말이다. 문제는 중립적 언어와 당면 쟁점에 관해 결정을 내리는 데 유일하게 유용한 언어들 사이의 간극이 전통적인 경험론적 인식론이 들먹인 "의미 공준"이나 다른 신화적 존재자들로 메워질 수 없을 만큼 너무 크다는 데 있는 것이다.

쿤은 간명하게 인식론적 프로젝트를 완전히 폐기했어야 했다. 그러나 그 대신 그는 "전통적인 인식론적 패러다임에 대한 실행 가능한 대안"[7]을 요구하면서, "우리는 적어도 '과학자는 그 후로[혁명 이후] 다른 세계에서 일한다'와 비슷한 진술들을 이해하는 법을 배워야 한다"라고 말했다. 그는 "아리스토텔레스와 갈릴레오가 끈에 매달려 왔다 갔다 하는 돌을 보았을 때, 전자는 속박된 낙하를, 후자는 진자를 보았다"라는 주장이나 "진자는 패러다임-유도적인 게슈탈트 전환과 매우 비슷한 것에 의해 세상에 존재를 알렸다"라는 주장도 우리가 이해할 수 있어야 한다고 생각했다. 이런 발언들의 불행한 결과는 다시 한번 실재론과 관념론 사이를 진자가 왔다 갔다 하게 만든 것이었다. 전통적 경험론의 혼동을 방지하기 위해서는, 문제의 그 게슈탈트 전환에 관해서 사람들이 중간에 굳이 추론을 거치지 않고서도 진자에 대해 언급하면서 감각 자극에 반응할 수 있게 되었다는 사실을 이해하는 것으로 충분하다. 쿤이 "데카르트에 의해 시작되어 뉴턴 역학과 같은 시기에 발전한 철학적 패러다임"이 전복될 필요가 있다고 말한 것은 옳았다. 하지만 그는 무엇을 "철학적 패러다임"으로 간

7 이 구절을 포함해 지금 단락에서 쿤에게서 인용한 모든 구절은 같은 책, pp. 120-121에 있다.

주하느냐에 관한 자신의 개념이 성공적인 거울반사에 관한 실재론적 설명의 유일한 대체자는 반사된 세계의 순응성에 관한 관념론적 설명뿐이라는 칸트식 개념에 따라 규정되도록 내버려두었다. 우리는 "자료와 해석"이라는 개념과 이 개념이 암시하는 바를 확실히 포기할 필요가 있다. 이 개념은 우리의 언어 선택에 의해 오염되지 않은 **진짜** 자료를 얻을 수 있을 때 그것을 곧 합리적 선택을 "정초"하는 일로 봐야 한다고 암시한다. 그러나 우리는 관념론자가 되기보다는 인식론적 행동주의자가 됨으로써 이 개념을 버릴 수 있다. 해석학은 새로운 인식론적 패러다임이 필요하지 않으며, 그것은 자유주의 정치사상이 새로운 주권 패러다임을 요구하지 않는 것과 마찬가지다. 해석학은 오히려 우리가 더는 인식론적이지 않을 때 얻는 것이다.

그럼 이제 우리는 쿤의 우발적인 "관념론"은 제쳐 두고, 단순히 그 어떤 이론-선택의 알고리듬도 없다는 그의 주장에 집중할 수 있다. 그런 주장으로 인해 그의 비판자들은, 쿤이 모든 과학자가 각자 자신만의 패러다임을 설정하고 그 패러다임의 관점에서 객관성과 합리성을 정의하도록 허용한 것이라고 주장하기에 이르렀다. 이런 비판은 내가 위에서 말했듯이 전체론적이고 비토대적인 모든 지식 이론에 대해 습관적으로 제기되어 온 것이다. 그래서 쿤은 이렇게 적었다.

> 패러다임을 학습할 때 과학자는 이론, 방법, 표준을, 대개는 따로 떼어낼 수 없을 정도의 혼재된 형태로 획득한다. …
> 그런 관찰은 … 경쟁 패러다임들 사이의 선택이 어째서 정상 과학의 규준으로는 해결할 수 없는 물음들을 노상 불러일으키는지 그 명시적인 첫 번째 단서를 우리에게 제공한다. … 경쟁하는 표준들에 관한

> 쟁점과 마찬가지로, [그것은] 정상 과학 전체의 바깥에 있는 규준을 통해서만 답해질 수 있으며, 그렇게 외부 규준에 의지하는 것이야말로 패러다임 논쟁을 가장 분명하게 혁명적으로 만드는 것이다.[8]

그리고 셰플러와 같은 비판자들은 종종 그를 다음과 같이 해석하곤 했다.

> … 경쟁 패러다임들에 대한 비교 평가를 이차 수준의 담론에서 일어나는 심의 과정으로 여기는 것이 꽤 설득력이 있다. … 그것은 적어도 어느 정도는 이차적 논의에 적합한 공유된 표준들에 의해 규제된다. 하지만 방금 인용한 구절은 그런 이차적 표준의 공유가 불가능하다는 것을 암시한다. 왜냐하면 어떤 패러다임을 수용한다는 것은 이론과 방법뿐만 아니라, 경쟁 패러다임들에 맞서 그 패러다임을 정당화하는 데 이바지하는 규준의 지배적 표준도 수용하는 것이기 때문이다. … 따라서 패러다임의 차이는 불가피하게 이차 수준의 규준적 차이에 상향 반영된다. 이에 따라 각 패러다임은 결국 불가피하게 자기 정당화적일 수밖에 없으며, 패러다임 논쟁은 객관성을 성취하지 못할 수밖에 없다. 다시금 우리는 과학 공동체 내에서의 패러다임 전환을 끝내 비합리적 변환으로 특징짓는 길로 되돌아갈 수밖에 없어 보인다.[9]

---

8 쿤, 『과학 혁명의 구조』, 초판(Chicago, 1961), pp. 108-109.

9 이스라엘 셰플러Israel Scheffler, 『과학과 주관성Science and Subjectivity』(Indianapolis, 1967), p. 84.

"패러다임의 차이는 불가피하게 … 상향 반영된다"라고 주장하는 것은 확실히 가능하지만, 쿤이 실제로 그런 식으로 주장하지는 않았다. 그는 단지 메타-담론으로의 그런 반영이 패러다임 전환 논쟁의 해결을 정상 과학 내의 논쟁 해결보다 더 어렵게 만든다고 말했을 뿐이다. 여기까지는 셰플러와 같은 비판자들도 반대하지 않을 것이다. 실제로 쿤이 지적한 바와 같이, "과학철학자들 대부분은 … 이제 전통적으로 추구해 온 종류의 알고리듬을 그다지 달성할 가망이 없어 보이는 이상으로 간주할 것이다."[10] 쿤과 그의 비판자들을 갈라놓는 유일한 진짜 질문은, 과학에서 패러다임 전환과 관련하여 발생하는 일종의 "숙의 과정"(쿤이 『코페르니쿠스적 혁명The Copernican Revolution』에서 보여준 바와 같이 한 세기 내내 펼쳐질 수도 있는 그런 부류의 과정)이, 예를 들어 **앙시앵 레짐**ancien régime에서 부르주아 민주주의로의 전환이나 어거스틴 사조•에서 낭만주의 사조로의 전환과 관련하여 발생하는 숙의 과정과 다른 종류인지에 대한 것이다.

쿤은 (해석학적 문제가 아직 생기지 않았을 수 있는 정상 과학 내에서도) 이론 간 선택의 판단 규준은 "선택을 결정하는 규칙으로서가 아니라 선택에 영향을 주는 가치로서 기능한다"(p. 331)라고 말한다. 그의 비판자들 대부분이 이 점에 대해서도 동의할 것이다. 그러나 그들은 "숙의 과정"에 들어가게 허용해서는 안 되는 "외래적인 고려 사항"(과학이 신학에 미치는 영향, 지구에서 생명의 미래 등등)과 대조적으로 그러한 선택에 영향을 주어야 할 구체적인 **과학적** 가치의 범위를

10 쿤, 『본질적 긴장』, p. 326.

• 18세기 전반부에 유행한 영국의 신고전주의 문학 양식. – 옮긴이

찾을 수 있느냐가 결정적인 문제라고 주장할 것이다. 쿤이 "정확성, 일관성, 범위, 단순성, 유익성"(p. 322)이라고 확인한 규준 자체는 어느 정도 표준적인 목록이며, 이런 것들을 제외한 어떤 가치가 우리의 선택에 영향을 미치도록 허용하는 것은 "비과학적"인 일이 되리라고 말하고 싶어질 수도 있다. 그러나 그러한 다양한 규준을 만족시키는 문제와 관련된 밀고 당기기는 끝없는 합리적 논쟁의 여지를 제공한다. 쿤이 말한 바대로,

> 역사가가 [새로운 이론에] 그리도 오랫동안 불합리하게 저항했던 사람들, 예를 들어 성직자 같은 사람들을 늘 발견할 수는 있지만, 그런 저항이 비논리적이거나 비과학적이 되는 지점을 발견하지는 못할 것이다.[11]

하지만 그렇다면 우리는 벨라르미노 추기경이 코페르니쿠스 이론에 반대하며 제기한 고려 사항들, 즉 하늘의 구조에 대한 성서적 기술들이 "비논리적이거나 비과학적"**이었다고** 말할 방법을 찾을 수 있을까?[12] 아마도 여기가 쿤과 그의 비판자들 사이의 전선이 가장 첨예하게 형성될 수 있는 지점일 것이다. "철학자"가 된다는 것이 무엇인가

---

11 쿤, 『과학 혁명의 구조』, 제2판, p. 159.

12 조르조 데 산틸라나Giorgio de Santillana는 코페르니쿠스적 이론들에 대한 벨라르미노의 매우 세련된 반론들이 수행한 역사적 역할을 『갈릴레오의 범죄The Crime of Galileo』(Chicago, 1955)에서 기술한다. 마이클 폴라니Michael Polanyi는 『개인적 지식Personal Knowledge』(Chicago, 1958)에서 벨라르미노의 입장이 지닌 중요성을 논의한다.

에 대한 17세기적 개념 대부분과 "이성적"으로 된다는 것이 무엇인가에 대한 계몽주의적 개념 대부분은 갈릴레오가 절대적으로 옳고 교회는 절대적으로 그르다는 것에 의존한다. 여기에 단순히 이성과 미신 사이의 흑백 투쟁이 아니라 합리적인 의견 불일치의 여지가 있다고 말하는 것은 "철학"이라는 바로 그 개념 자체를 위험에 빠뜨리는 짓이다. 왜냐하면 그것은 갈릴레이와 뉴턴 역학을 패러다임으로 삼는 이른바 "진리 찾기의 방법" 찾기라는 생각을 위태롭게 하기 때문이다.[13] 만약 벨라르미노의 경우에 대한 질문에 아니라고 대답한다면, 과학과 구분되는 방법론적 학문으로서의 철학, 통약의 공급자로서의 인식론, 통약을 가능하게 하는 공통 기반 위에서만 가능한 것으로서의 합리성 등, 서로를 강화하는 발상들의 전체 복합체가 위험해질 것처럼 보인다.

쿤은 이 질문에 명확한 답변을 제시하지는 않지만, 그의 글들은 아니라는 대답을 지지하는 논증의 무기고를 제공한다. 어쨌든 지금 이 책의 논증에는 아니라는 대답이 함축되어 있다. 중요하게 고려해야 할 것은 우리가 과학과 신학 사이에 경계선을 긋는 방법을 알고 있느냐다. 그것은 이를테면 천체를 제대로 이해하는 것은 "과학적" 가치이고, 교회 및 유럽의 일반적 문화 구조를 보존하는 것은 "비과학적" 가치냐는 것이다.[14] 우리가 그것을 알지 못한다는 논증은 분야

---

13 "근대 철학"의 창시자들은 역학을 이중적인 의미에서 패러다임으로 받아들였다. 한편으로 "진리 찾기의 방법"은 뉴턴이 따른 것이거나 적어도 뉴턴식의 결과를 도출할 수 있어야 했다. 다른 한편으로 로크 같은 저술가들에게 뉴턴 역학은 "내적 공간"의 역학(리드와 라일이 "준-기계적" 심적 연산들이라고 풍자한)의 본보기였다.

들, 주제들, 문화의 부분들 사이의 경계선 자체가 새로운 실질적 제안들로 인해 위태로워지는 것이라는 주장을 중심으로 전개된다. 이 논증은 앞서 나열한 이론의 표준적 요구 사항 중 하나인 "범위" 규준의 범위라는 측면에서 제기될 수 있다. 벨라르미노는 코페르니쿠스 이론의 범위가 생각보다 좁다고 여겼다. 그가 코페르니쿠스의 이론은 어쩌면 실제로는 이를테면 항해 목적이나 여타 실용성 지향의 천체 계산을 위한 독창적인 발견적 장치에 불과할지도 모른다고 제안했을 때, 그는 그 이론이 자체의 적절한 범위 안에서 정확하고 일관되며 단순하고 심지어 유익할 수도 있음을 인정한 것이었다. 그 이론이 이보다 더 넓은 범위를 가진 것으로 여겨져서는 안 된다고 말할 때, 그는 천체가 대략 프톨레마이오스적이라고 믿을 만한 탁월하고 독립적인 (성서적) 증거가 있다고 말함으로써 자신의 견해를 옹호한 것이었다. 그의 증거는 다른 영역에서 가져온 것이었고, 그러니 그가 제안한 범위의 제한은 "비과학적"인 것이었을까? 성경이 천체의 구성 방식에 대한 탁월한 증거의 원천이 **아니라는 것**은 무엇이 결정할

---

14 같은 종류의 또 다른 사례로는 문화를 여러 영역으로 나누는 전통적 구분에 대해 마르크스주의 비평가들이 제기한 "객관성" 문제를 들 수 있다. 예를 들면, 헤르베르트 마르쿠제Herbert Marcuse, 『일차원적 인간One-Dimensional Man』 (Boston, 1964), 제6-7장을 보라. 더 구체적으로, 우리는 지능의 유전성을 제대로 이해하는 "과학적" 가치와 인종주의를 저지하는 "정치적" 가치를 명확하게 구분할 방법이 있는지 물어볼 수 있다. 나는 그런 구분을 위해서는 계몽주의의 ("부르주아적인") 지적 장치 대부분이 필요하다고 말한 마르쿠제가 옳다고 생각한다. 하지만 마르쿠제와 달리 나는 그런 장치의 한 부분인 인식론 중심의 "토대" 철학을 버리더라도 우리가 그 구분을 유지할 수 있기를 희망할 것이다.

까? 많은 것들이 있겠지만, 그중에서도 특히 기독교란 대부분 사제의 농간에 불과하다는 계몽주의의 판단이 있다. 하지만 성경이 실제로 신의 말씀이라고 대개 생각했던 벨라르미노의 동시대 사람들은 벨라르미노에게 뭐라고 말해야 했을까? 그들이 말했던 것은 다른 무엇보다도, 성경에 매달리는 것과 성경 해석에 사용된 다양한 외래적(예를 들면, 아리스토텔레스적인 것과 프톨레마이오스적인) 개념들에 매달리는 것은 분리할 수 있다는 것이다(이것은 나중에 19세기 자유주의 신학자들이 창세기와 다윈에 관련하여 말하게 되는 것과 비슷하다). 성서의 해석이 어느 정도까지 적법하게 자유로울 수 있는지에 관한 이 모든 논쟁은 핵심을 벗어난 것이었을까? 그것들은 말하자면 성경의(그럼으로써 교회의) 범위를 제한하려는 시도였다. 즉, 코페르니쿠스의 범위를 제한하려는 벨라르미노 자신의 시도와는 정반대의 반응이었다. 따라서 벨라르미노가 (그리고 부득이, 갈릴레오의 옹호자들이) 외래적인 "비과학적" 고려 사항을 끌어들였는가 하는 문제는, 한 진술과 다른 진술의 관련성을 사전에 결정하는 방식이 존재하는지, 즉 행성의 움직임에 관한 진술들을 지지하는 데 있어 어떤 종류의 증거가 **있을 수 있는지**를 결정하는 어떤 "격자grid"(푸코의 용어를 빌리자면)가 존재하는지에 관한 문제로 보인다.

분명히 내가 도출하고 싶은 결론은, 17세기 후반과 18세기에 등장한 그 "격자"가 갈릴레오가 재판을 받던 시기인 17세기 초에는 존재하지 않아서 그것에 호소할 길이 없었다는 것이다. 상상해 볼 법한 그 어떤 인식론도, 인간 지식의 본성에 관한 그 어떤 연구도, 그 "격자"가 머리에서 쥐어짜 내지기 전까지는 그것을 "발견"할 수 없었을 것이다. "과학적"이라는 것이 무엇인지에 관한 개념은 막 형성되는 과정에 있었다. 만약 우리가 갈릴레오와 칸트에게 공통된 가치들을 지지하거나 혹시 그런 가치들의 서열을 지지한다면, 실제로 당시의 벨라르미노는 "비과학적"이었다. 하지만 물론 거의 모든 사람(아마도 파이어아벤트는 포함되지 않겠지만, 쿤을 포함해서)이 기꺼이 그런 가치들을 지지한다. 우리는 과학과 종교, 과학과 정치, 과학과 예술, 과학과 철학 등등을 날카롭게 구분하는 일의 중요성에 관한 300년의 수사修辭를 계승한 사람들이다. 이 수사가 유럽의 문화를 형성했다. 그것이 우리를 오늘날의 우리로 만들었다. 인식론이나 과학의 역사학 내에 적지 않은 난국이 있어도 그 수사를 물리칠 만큼은 아니라는 것은 다행스러운 일이다. 그러나 그런 구분에 충실하겠다고 선언하는 것이 곧 그것들을 채택하는 "객관적"이고 "합리적"인 기준이 있다는 말은 아니다. 말하자면 갈릴레오는 논쟁에서 승리했고, 그 승리의 결과로, 우리는 모두 "근대 철학"이 발전시킨 적절성과 부적절성의 "격자"라는 공통 기반 위에 서 있다. 하지만 벨라르미노-갈릴레오 간 쟁점이 이를테면 케렌스키와 레닌 사이의 쟁점이나 왕립 아카데미(1910년경)와 블룸즈버리 사이의 쟁점과는 "다른 부류"임을 무엇이 보여줄 수 있을까?

나는 통약성의 개념으로 되돌아감으로써 여기서 문제가 되는 "다른 부류"라는 개념을 설명할 수 있다. 지금 요구되는 그 다름이란, 벨라르미노-갈릴레오 논쟁의 경우에는 관련된 모든 고려 사항을 참작한 공평하고 합리적인 관찰자라면 누구든 갈릴레오의 편에 서게 되어 있는 반면, 내가 방금 언급한 다른 쟁점들의 경우에는 합리적인 사람들의 의견이 여전히 다르다고 말할 수 있게 해줄 그런 다름이다. 물론 그것은 다시 벨라르미노가 호소한 가치들이 제대로 "과학적"이었는지, 그의 태도에 "사심이 없고" 그의 증거가 "적절"하다고 여겨질 수 있는지에 관한 질문으로 우리를 되돌아가게 한다. 이 시점에서 나는 우리가 특정한 가치들("합리성", "공평함")이 당대의 교육적, 제도적 패턴에 얽매이지 않고 자유로이 떠다닌다는 생각을 버리는 편이 낫다고 본다. 우리는 그저 갈릴레오가 일을 진행하는 과정에서 "과학적 가치"라는 개념을 **창조하고** 있었으며 그가 그렇게 한 것은 멋진 일이었고, 그 일을 할 때 그가 "합리적"이었는지 질문하는 것은 적절하지 않다는 정도만 말할 수 있다.

쿤이 명백히 관련은 있으나 더 작은 어떤 쟁점과 관련하여 말했듯이, 우리는 과학 공동체를 "주제"를 가지고 구분 지을 수 없으며, 오히려 "교육과 의사소통의 패턴을 살펴봄으로써" 구분 지을 수 있다.[15] 무엇을 특정 주제에 대한 이론 간 선택에 적절한 것으로 간주할지 아는 것은 정상 탐구의 시기에는 쿤이 "규율적 모체disciplinary matrix"라고 부르는 것에 속하는 것이다. 탐구자들의 적절한 공동체가 의문시되는 시기, 다시 말해 그 안에서 "배운 사람", "일개 돌팔이", 괴짜 사이의 경계(혹은 사례를 바꾸자면, "진지한 정치 사상가"와 "혁명적 선동가" 사이의 경계)가 모호해져 가는 시기에는 적절성 문제가 쟁점이 된다. 주제에 초점을 맞춰서, 예를 들어 "성서에서 신이 했다고 말하는 것들은 신경 쓰지 말고 그저 행성만 바라보면서 **그것들이** 무슨 일을 하는지 보라"는 식으로 말해서는 적절성을 판단할 수 없다. **단지** 행성을 바라보는 것은 **단지** 성경을 읽는 것만큼이나 천체 모형을 선택하는 데 아무런 도움이 되지 않을 것이다. 1550년에는 일군의 특정

15 쿤, 『본질적 긴장』, p. xvi.

한 고려 사항들이 천문학에 대한 "합리적" 견해에 적절했지만, 1750년에 이르러서는 상당히 다른 일군의 고려 사항들이 적절성을 갖게 되었다. 돌이켜 보건대, 무엇이 적절하다고 여겨졌는지에서 나타난 이러한 변화는 세계에 실제로 존재하는 것들 사이에 적절한 구분 선을 긋는 것으로(천문학이 자율적인 과학적 탐구의 영역임을 "발견"한 것으로) 볼 수도 있고, 혹은 문화적 분위기의 전환으로 볼 수도 있다. 그 변화가 "합리적 논증"에 의해 초래된 것이 아님을 분명히 하는 한, 우리가 그런 변화를 어떤 방식으로 보느냐는 크게 중요하지 않다. 여기서 "합리적"이라는 말의 의미는 예를 들어, 최근에 노예제, 추상미술, 동성애자, 멸종위기종 등에 대한 사회적 태도와 관련하여 생겨난 변화들이 "합리적"이라고 여겨지지 않을 것이라고 말할 때의 그 의미다.

쿤과 그의 비판자들에게 내가 취하고 있는 노선을 요약하자면 이렇다. 그들 사이의 논쟁은 세계에 실제로 존재하는 것을 발견하는 것으로서의 과학이 논증을 만드는 패턴과 "실재와 대응"한다는 개념이 그다지 적합해 보이지 않는 담론(예를 들면, 정치나 문학 비평)이 논증을 만드는 패턴에 차이가 있는지에 관한 것이다. 논리-경험주의적 과학철학, 그리고 데카르트 이후의 인식론적 전통 전체는, ***자연의 거울*** 안에서 정확한 표상에 도달하는 절차가 "실천적" 또는 "미적" 문제들에 관한 합의에 도달하는 절차와 어떤 심원한 방식에서 다르다고 말하고 싶어 한다. 쿤은 "정상" 담론과 "비정상" 담론에서 일어나는 일들 사이의 차이보다 더 심원한 차이는 없다고 말할 이유를 우리에게 제공한다. 그런 구분은 과학과 비과학의 구분을 가로지른다. 사람들이 쿤의 저술을 격렬한 분노[16]로 맞이한 것은 당연한 일이었다. 왜냐하면 ***계몽주의***의 이상은 우리의 가장 소중한 문화적 유산이면서 또한 전체주의 국가들이 점점 더 많은 인류를 집어삼켜 사라질 위험에 처해 있기도 하기 때문이다. 그러나 *계몽주의*가 신학과 정치를 벗어난 과학의 자율성이라는 이상과 *자연의 거울*이라는 과학적 이론의 이미지를 함께 결합했다는 사실이 그 혼동을 보존해야 할 이유는 되지 않는다. 우리가 18세기부터 거의 고스란히 물려받은 적절성과 부적절성의 격자는 그것이 더는 이 이미지에 얽매이지 않을 때 더 매력적으로 다가올 것이다. 진부한 거울 은유는 갈릴레오의 도덕적, 과학적 유산을 온전하게 유지하는 데 아무런 도움이 되지 않는다.

3. 대응으로서의 객관성과 동의로서의 객관성

쿤의 비판자들은 오직 실재와의 대응이 있는 곳에서만 합리적 합의가 가능하다는 독단을 영속화하는 데 일조했다. 여기서 "합리적"이라는 말은 과학을 그 패러다임으로 삼는 특별한 의미를 지닌다. 우리가 "객관적"이라는 말을 다음 두 가지 의미로 사용함으로써 이런 혼동이 더욱 부추겨진다. 하나는 "부적절한 고려 사항에 의해 굴절되지 않은 논증의 결과로 합의될 관점을 특징짓는다"라는 의미이고 다른

---

16 그러나 그런 광포함은 주로 전문 철학자들 사이에서 발견되었다. 과학이 어떻게 작동하는지에 대한 쿤의 기술은 철학자들이 보호해 주려 관심을 기울였던 바로 그 합리성의 소유자인 과학자들에게는 충격이 아니었다. 하지만 철학자들은 거울-은유들에 대한 직업적 애착을 그런 은유가 계몽주의에서 수행했고, 그럼으로써 근대 과학의 제도적 기반을 가능하게 만드는 데서 수행했던 중심 역할에 대한 이해와 결합했다. 그들이 전통에 대한 쿤의 비판이 중대하고, 근대 과학의 부상을 보호해 온 이념이 위험에 처했다고 본 것은 옳았다. 그들이 그 제도들에 여전히 그 이념이 필요하다고 생각한 것은 틀렸다.

하나는 "사물을 실제 그대로 표상하는 것"을 의미한다. 그 두 용법은 대체로 공共외연적이며, 철학 외적인 목적의 경우 그 둘을 함께 사용해도 문제가 발생하지 않는다. 하지만 만약 우리가 "선성善性이 도덕적 의문들에 대한 합리적 논증의 결과로 정확하게 표상되기를 기다리며 저 바깥에 존재한다는 것은 정확히 무슨 의미에서인가?" 또는 "사람들이 미분 방정식이나 텐서로 표상한다고 생각하기 이전에도 그런 방법들로 정확하게 표상될 수 있는 실재의 물리적 특성들이 존재한다는 것은 정확히 무슨 의미에서인가?" 등과 같은 질문들을 진지하게 받아들이면, 그 두 개념 사이에 긴장이 발생하기 시작한다. 첫 번째 부류의 질문을 던지게 된 것은 플라톤 덕분이고, 두 번째 부류는 관념론과 실용주의 덕분이다. 어떤 질문도 답해질 수 있는 것이 아니다. 첫 번째 질문에 대해서는 "그 어떤 의미로도 그건 아니다"라고 강하게 대답하고, 두 번째 질문에 대해서는 "가능한 한 가장 온전하고 가장 명확한 의미에서 그런 것이다"라고 똑같이 강하게 대답하려는 우리의 자연스러운 성향도, 우리가 여전히 인식론적, 형이상학적 이론들을 구성하여 그런 질문들에 대한 답변을 **정당화할** 필요성을 느끼는 한, 이러한 질문들을 제거하는 데 아무런 도움이 되지 않을 것이다.

칸트 이후 그런 이론들의 주된 용도는 주관-객관 구분과 관련된 직관들, 즉 자연과학의 바깥에 있는 그 어떤 것도 "객관적"으로 여겨지지 않음을 보여주려는 시도나 도덕, 정치, 시 등에 그 영예로운 용어를 적용하려는 시도를 뒷받침하기 위한 것이었다. 우리가 무엇에 관해 객관적일 수 있는지 밝혀내려는 시도로서 형이상학은, 예를 들어 (오랜 도덕적 딜레마를 마침내 해결한 결과로서) ***도덕 법칙***의 새로운 조항의 발견, (수학자들에 의한) 새로운 종류의 수나 새로운 공간 집합의 발견, 양자 불확정성의 발견, 고양이가 깔개 위에 있다는 발견 사이의 유사점과 차이점에 대해 질문할 수밖에 없다. 맨 마지막 발견, 즉 "실재와의 접촉", "대응으로서의 진리", "표상의 정확성"이라는 개념들을 위한 편안한 **교두보**point d'appui의 발견은 다른 발견을 객관성의 관점에서 비교하는 기준이 된다. 따라서 형이상학자는 가치, 수, 파동 패킷이 고양이와 닮은 측면들에 대해 고민해야 한다. 인식론자는 더 흥미로운 진술들이 저 거울반사의 승리, 즉 "고양이가 깔개 위에 있다"라는 적절한 발화가 보유한 객관성을 공유하는 측면들에 대해 고민해야 한다. 인식론적 행동주의로부터 따라 나오는 관점에서는, 예를 들어 무언가에 대응하는 ***도덕 법칙***이 있는지를 발견할 수 있는 흥미로운 방법이 존재하지 않는다. 예를 들어 "인간 본성에 수반되는 도덕적 기준"이 뉴턴의 기계론적 우주보다 아리스토텔레스의 질료형상론적 우주에 더 어울린다는 사실은 "객관적인" ***도덕 법칙***이 있다거나 없다고 생각할 이유가 되지 못한다. 다른 그 어떤 것도 마찬가지다. 형이상학의 곤경은 실증주의자들이 정확히 말했듯이, 그 영역 내에서 무엇이 만족스러운 논증으로 여겨질는지 아무도 분명하게 느끼지 못한다는 것이다. 물론 실증주의자들이 실천에 옮겼던 "불순" 언어철학(예를 들면, 지향적인 것들의 "비非사실성"에 관한 콰인의 논제 같은)도 사정은 마찬가지지만 말이다. 내가 권유하는 관점에서는, 그런 영역들에서의 합의가 거의 완료된 가상의 시대에서라면 도덕, 물리학, 심리학을 똑같이 "객관적"인 것으로 바라볼 수도 있을 것이다. 그럴 때 문학 비평, 화학, 사회학 등 논쟁의 여지가 더 많은 영역은 "비인지적" 영역으로 강등하거나 "조작주의적으로 해석"하거나 이런저런 "객관적" 학문으로 "환원"할 수도 있을 것이다. "객관적", "인지적"과 같은 경칭을 붙이는 것은 탐구자들 사이에 합의가 존재한다는 표현 혹은 합의를 희망한다는 표현에 지나지 않는다.

앞서 언급했던 내용을 일부 반복하게 될 수도 있지만, 나는 쿤과 그의 비판자들 사이의 논쟁이 "객관-주관" 구분의 논의 맥락에서 여전히 다시 다룰 가치가 있다고 생각한다. 이유는 간단하다. 그 구분의 위력이 너무나도 강력하고, 또한 도덕적 감정으로 매우 충만해 있기 때문이다. 다시 한번 말하지만, 그런 도덕적 감정은 계몽주의의 가치를 보존하는 것이 우리가 가진 최선의 희망이라는 (전적으로 정당화된) 생각의 귀결이다. 따라서 이 절에서 나는 그런 가치들과 ***자연의 거울*** 이미지를 연결하는 고리들을 또 한번 끊어 낼 작정이다.

먼저 쿤의 견해가 "주관성"으로 들어가는 수문을 열어 준다는 주장을 쿤 자신이 어떻게 다루는지 살펴보면서 시작하는 것이 편리하다. 그는 이렇게 말한다.

> "주관적"이라는 용어는 몇 가지 확립된 용법이 있다. 그중 하나는 그것이 "객관적"과 반대된다는 것이고, 다른 하나는 "판단적"과 반대된다는 것이다. 나의 비판자들이 내가 호소하는 색다른 특징들을 주관적이라고 기술할 때, 내 생각에 그들은 그릇되게도 이 의미 중 두 번째에 의존한다. 그들이 내가 과학에서 객관성을 박탈한다고 불평할 때, 그들은 주관적이라는 말의 두 번째 의미를 첫 번째 의미와 뒤섞는 것이다.[17]

"주관적 특징들"은 그것들이 비非판단적이라는 의미에서 "취향의 문제"라고 쿤은 이어서 말한다. 즉 아무도 굳이 따지려 들지 않는, 단순히 자기의 마음 상태를 보고하는 것에 불과하다는 것이다. 그러나 당연하게도 시나 사람의 가치는 그런 의미에서 취향의 문제가 아니다. 따라서 쿤은 과학적 이론의 가치도 같은 의미에서 "취향이 아닌 판단"의 문제라고 말할 수 있다.

"주관성"에 가해지는 비난에 대한 이런 답변은 어느 정도까지는 유용하지만, 그 비난의 배후에 있는 더 심원한 두려움에까지는 닿지 못한다. 이는 취향의 문제와 사전에 진술이 가능한 알고리듬으로 해결할 수 있는 문제 사이에는 정말로 중간 지대가 존재하지 않는다는 두려움이다. 내가 생각하기에, 그런 중간 지대가 없다고 보는 철학자는 대략 다음과 같은 추론을 하는 것이다.

1. 모든 진술은 인간의 내부 상태(그들의 *유리 같은 본질*, 어쩌면 흐릿해진 거울)나 외부 실재(자연)의 상태를 기술한다.
2. 어느 진술이 어느 쪽인지는 보편적 동의를 얻는 방법을 아는 진술이 어느 것인지를 봐서 말할 수 있다.
3. 따라서 영구적 의견 불일치의 가능성은 아무리 합리적인 논쟁처럼 보일지라도 실제로는 논쟁할 것이 없다는 표시다. 그 주제가 그저 내부 상태에 불과한 것일 수 있기 때문이다.

플라톤주의자와 실증주의자가 공유하는 이런 추론의 과정은, 후자에게서 우리가 문장을 "분석"함으로써 그 문장이 실제로 "주관적"인 것

17 쿤, 『본질적 긴장』, p. 336.

에 관한 것인지 아니면 "객관적"인 것에 관한 것인지 발견할 수 있다는 생각을 낳았다. 여기서 "분석"이란, 진리를 확증한다고 간주할 수 있는 것에 대한 일반적 합의가 건전하고 이성적인 사람들 사이에 존재하는지 밝혀내는 것을 의미한다. 전통적인 인식론 내에서 그런 후자의 생각은 사실상 그 실제 의미가 제대로 이해된 적이 없는 셈이다. 왜냐하면 그 생각은 우리가 사용할 수 있는 유일한 "객관성" 개념이 거울반사가 아니라 "동의"임을 시인하는 것이기 때문이다. 예를 들어, "우리는 합리적 믿음을 우리가 현재 신뢰할 수 있다고 생각하는 방법들을 통해 도달한 믿음이라고 정의한다"[18]라는 에이어의 신선하리만큼 솔직한 발언에서도 "신뢰성"이라는 개념은 여전히 우리가 오직 실재하는 것들과의 대응을 통해서만 합리적일 수 있음을 암시하는 기능을 한다. 제아무리 세계의 모든 특권적 표상을 모으더라도 어떤 사람이 "만약 필요한 임시방편의 가정들을 기꺼이 받아들일 준비가 되어 있다면, 그가 명백히 적대적인 증거 앞에서도 자신의 신념을 유지하도록"(p. 95) 허용하게 되리라는 에이어의 똑같이 솔직한 시인도 "정서적"인 것과 "분석적"인 것으로부터 "경험적"인 것을 분리할 때 "세계에 관한 진리"를 다른 것들로부터 분리하고 있는 것이라는 자신의 확신을 물리치기에는 충분하지 않다. 이는 에이어가 플라톤처럼 위의 추론 연쇄에 또 다른 하나의 토대주의적 전제를 보태기 때문이다.

---

18 A. J. 에이어, 『언어, 진리, 논리Language, Truth and Logic』(New York, 1970), p. 100.

4. 우리는 외부 실재와의 의문의 여지 없는 연결고리가 분쟁 당사자들에게 공통 기반을 제공하는 영역들에서만 영구적으로 결정불가능한 합리적 의견 불일치의 가능성을 제거할 수 있다.

거울반사 대상과의 의문의 여지 없는 연결고리(예를 들면, 그 대상에 대한 특권적 표상 같은)를 찾을 수 없는 경우 알고리듬이 존재할 가능성이 없다는 주장은, 알고리듬이 존재할 가능성이 없는 경우 오로지 합리적 동의의 **겉모습**만 있을 수 있다는 주장과 결합하여, 적절한 특권적 표상의 부재는 우리에게 오직 "취향의 문제"만 있을 뿐임을 보여준다는 결론으로 이어진다. 쿤이 이것은 일상적인 "취향" 개념과 거리가 멀다고 말한 것은 옳으나, 합의와는 조금도 관련될 필요가 없는 무언가로서의 진리라는 똑같이 비일상적인 개념과 마찬가지로 그 개념 역시 철학 내에 오랜 역사가 있다.[19] 쿤의 제안과 같은 덤덤한 역사학적 제안들이 철학적으로 훈련된 지성의 더 깊은 무의식적 차원을 왜 불편하게 만드는지를 이해하려면 바로 그 역사를 이해해야 한다.

---

19 칸트는 실재에 관한 진리라는 개념을 독일 철학(그리고 더 나아가 독일 대학들을 모범으로 삼고 우러러봤던 전문화된 학문으로서의 철학)에 구축했다. 그가 그렇게 했던 것은 단지 현상에 대처하는 것과 지적으로 본체를 직관하는 것의 구분을 통해서였다. 그는 또한 인지적 판단과 미적 판단의 구분, 미적 판단과 단순한 취향의 구분을 유럽 문화에 구축했다. 그러나 지금 논의의 목적상, 그가 옳고 그름을 판단할 수 있는 "미적 판단"과 그럴 수 없는 "취향"을 구분한 것은 논외다. 아마도 쿤의 비판자들은, 과학에서의 이론-선택을 인지적 판단이 아닌 미적 판단의 문제로 삼았다고 그를 더 신중하게(하지만 그들 나름의 이치에서는, 동시에 통렬하게) 비판할 수 있었을 것이다.

쿤에게 제기된 "주관주의"라는 혐의에 대처하는 최고의 방법은, 아마도 내가 인용한 대목에서 "주관적"이라는 표현의 의미를 쿤 자신이 제시한 것과는 다른 방식으로 구분하는 것이다. 우리는 앞서 구분한 "객관적"의 두 가지 의미에 각각 대략적인 반의어가 될 "주관적"의 두 가지 의미를 구분할 수 있다. 첫 번째 의미의 "객관성"은 철저하게 논의를 거친 후 합리적인 토론자들의 합의로 선택되는 이론들의 속성이었다. 이와 대조적으로, "주관적" 고려 사항은 합리적인 토론자들에 의해 배제되었거나, 배제될 것이거나, 배제되어야 할 고려 사항으로서, 이론의 주제와 무관한 것으로 여겨지거나 그렇게 여겨져야 하는 것들이다. 객관성이 요구되는 토론에 어떤 사람이 "주관적인" 고려 사항을 끌어들이고 있다고 말하는 것은, 거칠게 말하면, 그 사람이 다른 이들이 생각하기에는 논점을 벗어난 고려 사항을 끌어들이고 있다고 말하는 것과 같다. 만일 그가 그런 **엉뚱한** 고려 사항을 밀어붙인다면 그는 정상적인 탐구를 비정상적인 담론으로 바꾸고 있는 것이며, 그래서 (점수를 잃을 경우) "괴짜"가 되거나 (점수를 딸 경우) "혁명가"가 되는 것이다. 이런 의미에서 어떤 고려 사항이 주관적이라는 것은 단순히 그것이 낯설다는 것이다. 따라서 주관성을 판단하는 것은 적절성을 판단하는 것만큼이나 위험성이 있다.

반면에 더 전통적인 의미에서 "주관적"은 "바깥에 있는 것과 대응하기"와 대비되며, 따라서 "오직 여기 안에(마음속 또는 특권적 표상을 포함하지 않음으로써 바깥에 있는 것을 정확하게 반사하지 못하는 마음의 "혼돈된" 부분에) 있는 것의 산물"과 같은 무언가를 의미한다. 이런 의미에서 "주관적"은 "감정적" 또는 "환상적"과 결부되는데, 왜냐하면 우리의 감정들과 우리의 상상들은 특유의 것들이지만, 반면 우리의 지성들은 최선의 상태에서는 똑같은 외부 대상에 대한 똑같은 거울이기 때문이다. 여기서 우리는 "취향의 문제"와의 연결고리를 얻는데, 특정 순간의 감정 상태(예술 작품에 대한 우리의 무의식적이고 순간적인 반응이 그 예이다)는 확실히 논쟁의 여지가 없기 때문이다. 우리는 우리 내면에서 일어나는 일에 특권적으로 접근한다. 이런 식으로 플라톤 이래의 전통은 "알고리듬 대 알고리듬 없음"의 구분과 "이성 대 정념"의 구분을 함께 결합해 왔다. "객관적"과 "주관적"의 다양한 다의성은 그런 혼동이 어떻게 발전할 수 있는지를 잘 보여준다. 만약 이들 구분이 전통적으로 연계되어 있지 않았더라면, 어떤 탐구의 역사가가 과학자들의 논쟁과 문학 비평가들의 논쟁 사이의 유사성을 강조했다고 해서 그가 우리의 감정을 승격시켜 우리의 정신을 위험에 빠뜨리는 사람으로 해석되지는 않았을 것이다.

그러나 쿤 본인이 때때로 그 전통에 너무 큰 양보를 하곤 한다. 특히 그가 최근의 과학적 기획이 왜 그리 훌륭하게 수행되고 있는지와 관련하여 미해결의 심각한 문제가 있다고 제안할 때가 그렇다. 이를테면, 그는 이렇게 말한다.

> 여기까지 나를 따라온 사람들조차도, 내가 기술한 종류의 가치-기반 기획이 어떻게 과학처럼 발전하여 예측과 통제를 위한 강력한 신기술을 반복적으로 생산해 낼 수 있는지 알고 싶어 할 것이다. 안타깝게도 이 의문에 대해 나는 전혀 해답이 없지만, 이는 내가 귀납의 문제를 해결했다고 주장하지 않는다는 것을 다르게 언급하는 방식일 뿐이다. 만약 과학이 공유된 어떤 구속력 있는 선택 알고리듬 덕분에 실제 발전했다면, 그 성공을 설명하는 데서도 나는 똑같이 난

처했을 것이다. 설명의 빈틈은 내가 절실하게 느끼는 것이지만, 그런 빈틈의 존재로 인해 내 입장이 전통과 구별되는 것은 아니다.[20]

이전 장에서 퍼트넘의 "형이상학적 실재론"과 관련하여 내가 주장했듯이, 그 빈틈이 절실하게 느껴져서는 **안** 된다. 우리는 아무도 부릴 방법을 모르는 재주를 부리지 못한다고 유감스럽게 여겨서는 안 된다. 우리가 이 공백을 메워야 하는 도전에 직면해 있다는 생각은 플라톤적인 **상상의 초점**,* 즉 합의와 결별한 것으로서의 진리를 실체화하고, 자기 자신과 그 무조건적 이상 사이의 간극을 빌미로 우리가 우리 자신의 존재 조건을 아직 이해하지 못한다고 느끼게 된 데서 비롯된 또 하나의 결과물이다.

내가 옹호하는 관점에서는 "만약 과학이 단지 …에 불과하다면,

---

20 쿤, 『본질적 긴장』, pp. 332-333. 이 책에는 나로서는 쿤이 인식론적 전통에 너무 많은 것을 넘겨준다고 주장할 수밖에 없는 다른 대목들이 있다. 그중 하나는 "지칭 결정과 번역"에 대한 철학자들의 이해가 쟁점을 명확히 하는 데 도움이 되리라는 희망을 표현한 p. xxiii의 한 대목이다. 또 다른 대목은 p. 14에서 과학철학은 과학사가들의 해석학적 활동과는 확연히 구분되는 임무를 가진다고 제안한 것이다. "철학이 할 일은 합리적 재구성에 있으며, 그 재구성 대상에서 건전한 지식으로서의 과학에 본질적인 요소들만 보존하면 된다." 내게는 이 대목이 철학자가 기술해야 할 "건전한 지식의 본성"이라 불리는 것이 존재한다는 신화를 고스란히 보존하는 것으로 보인다. 이는 당대의 문화를 구성하는 다양한 규율적 모체 내에서 무엇이 정당화로 여겨지는지 기술하는 활동과는 상당히 구분되는 활동이다.

* focus imaginarius. 칸트의 『순수이성비판』 변증론에 등장하는 개념으로, 현상세계에 실제로 존재하지 않으나 경험적 인식의 성립과 통일성을 위해 설정되는 가상의 규제적 원리를 가리킨다. – 옮긴이

어째서 과학이 예측과 통제를 위한 강력한 신기술을 생산하는가?"라는 질문은 "1750년 이후 서구에서 도덕의식의 변화가 단지 …에 불과하다면, 어째서 그것이 인간의 자유를 위해 그토록 많은 것을 성취할 수 있었나?"라는 질문과 비슷하다. 우리는 첫 번째 빈칸을 "구속력 있는 …라는 알고리듬의 고수固守" 혹은 "쿤이 말한 제도화된 규율적 모체의 계승"으로 채울 수 있다. 두 번째 빈칸은 "도덕적 쟁점들에 대한 세속적 사고의 적용" 또는 "부르주아의 죄의식" 또는 "권력의 지렛대를 통제하는 사람들의 정서적 체질 변화" 또는 그 밖에 다른 여러 문구로 채울 수 있다. 어떤 경우에도 무엇이 정답으로 여겨질지는 아무도 알 수 없다. 되돌아보고, "휘그적으로" 보고, 그리고 "현실적으로" 보건대, 우리는 언제나 우리가 원하는 성취(자연의 예측과 통제, 억압받는 자들의 해방)를 무엇이 존재하느냐(전자, 은하, **도덕법칙**, 인권)에 대한 더 분명한 관점을 얻게 된 결과로 볼 수 있을 것이다. 그러나 그런 설명은 철학자들이 원하는 종류의 설명이 아니다. 퍼트넘의 표현을 빌리자면 그것들은 "내적인" 설명이다. 그것은 우리와 세계의 상호작용에 대해 정합적인 인과적 이야기를 만들어 내고자 하는 우리의 욕구를 충족시키는 설명이지, 진리에 근접하는 방법을 보여줌으로써 거울반사를 보증하려는 우리의 초월적 욕구를 충족시키는 설명이 아니다. 쿤이 의도한 의미에서 "귀납의 문제를 해결하는 것"은 아마도 "사실과 가치의 문제를 해결하는 것"과 같을 것이다. 두 문제 모두 어떤 명료하지 않은 불만족의 이름들로만 살아남을 뿐이다. 그것들은 "정상 철학" 내에서는 공식화될 수 없는 종류의 문제들이다. 결국 벌어지는 일이라고는 과거 또는 영원과의 접촉을 수립하려는 막연한 희망에서 이따금 그런 문제에 대한 "해결책"이라는 이름표를 이런저런 기술적인 장치에 붙이는 경우가 전부다.

우리에게 필요한 것은 "귀납의 문제"에 대한 해결책이 아니라, 과학이 "가치-기반 기획"이라는 것이 아무런 놀람도 일으키지 않는 그런 방식으로 과학을 생각할 수 있는 능력이다. 그렇게 하지 못하게 우리를 방해하는 것은 "가치"는 "내적"인 반면 "사실"은 "외적"이라는 뿌리 깊은 관념이다. 이 관념은 우리가 어떻게 사적인 내면의 에피소드에서 시작해 사물에 부딪히는 일을 피할 수 있는 것인지 만큼이나 우리가 어떻게 가치에서 시작해 폭탄을 만들어 낼 수 있는지를 불가사의하게 여긴다. 여기서 우리는 다시 한번 "관념론"이라는 골칫덩이와 마주치게 된다. 이것은 알고리듬에 대한 탐색은 과학에 대한 "실재론적" 접근 방식과 손잡고 함께 가는 반면, 역사가의 단순한 해석학적 방법으로의 이완은 관념론자에게 길을 터주는 꼴이라는 생각이다. 이론과 실천, 사실과 가치, 방법과 대화 사이의 구분이 완화되어야 한다고 제안될 때마다, 세계를 "인간의 의지에 가변적인 것으로" 만들려는 시도라며 의심을 산다. 이것은 다시 한번 "비인지적"인 것과 "인지적"인 것을 명확히 구분하거나, 아니면 전자를 후자로 "환원"해야 한다는 실증주의적 주장을 낳는다. 왜냐하면 세 번째 가능성, 즉 후자를 전자로 환원하는 것은 자연을 인간이 **발견한** 무언가가 아니라 마치 역사나 문학처럼 인간이 **만들어 낸** 무언가로 만듦으로써 자연을 "정신화"하는 것처럼 보이기 때문이다. 일부 비판자들은 쿤이 제안하고 있는 것이 바로 이 세 번째 선택지라고 보는 것 같다.

그러나 쿤이 "관념론"의 문턱에 올라섰다고 보려는 이 새로워진 시도는 위의 (4)와 같은 무언가가 참이라는 주장, 즉 우리는 과학자를 "외부 실재와 접촉"하며 그에 따라 정치가나 시인은 사용하지 않는 수단으로 합리적 합의에 도달할 수 있는 사람들로 보아야 한다는 주장을 되풀이하는 혼란스러운 방식이다. 이 혼란은 쿤이 과학자의 방법을 정치가의 방법으로 "환원"함으로써, "발견된" 중성자의 세계를 "만들어진" 사회적 관계의 세계로 "환원"했다고 암시하는 데서 비롯된다. 여기서 다시 한번 우리는 적절한 알고리듬으로 프로그램된 기계가 발견할 수 없는 것은 무엇이든 "객관적으로" 존재할 수 없으며, 따라서 어떻든 "인간의 창조물"임에 틀림없다는 생각을 발견한다. 다음 절에서 나는 인식론과 해석학의 구분이 "밖에 있는 것"과 우리가 "구성하는 것"의 구분에 상응한다고 생각되어서는 안 된다는 점을 보이고자, 객관성에 대해 내가 말해 온 내용을 이 책의 앞부분에 나온 몇 가지 논제들과 한데 합쳐 보고자 한다.

4. 정신과 자연

"말랑한" 학문 즉 ***정신과학***에 적합한 일군의 특별한 방법들이 있다는 생각에 실제로 관념론과의 역사적인 연결고리가 있다는 점을 실토하지 않을 수 없다. 아펠이 말했듯이, 철학적 전략들로서 분석철학과 "해석학" 사이의 당면한 대립은 다음과 같은 이유에서 자연스러워 보인다.

> 후기 비트겐슈타인은 ***정신과학***의 토대라고 봐야 하는 19세기 ***관념론***의 정신과 주체의 형이상학(전자가 확실히 자료 연구에 더 중점을 두긴 하지만)을 서양 철학의 다른 모든 형이상학적 개념과 함께 언어의 "질병"으로 간주한다.[21]

경험적 자아는 자연과학에 넘겨줄 수 있어도 현상 세계를 구성하고 (아마도) 도덕적 행위자로 기능하는 초월적 자아는 그럴 수 없다는 생각은, 실제로 정신-자연 구분을 의미 있게 만드는 데 다른 어떤 것 못지않게 큰 역할을 했다. 그래서 이런 형이상학적 구분이 *정신과학*과 *자연과학*의 관계에 대한 모든 논의의 배경에 도사리고 있다. 이런 구도는 "해석학"을 이야기하기 좋아하는 사람들이 다른 어떤 방법(이를테면 "과학적 방법" 또는 어쩌면 "철학적 분석")을 새로운 종류의 방법(의심스럽게도 "말랑한" 종류의)으로 대체할 것을 제안하고 있다는 모호한 생각으로 인해 더욱 복잡해진다. 이 절에서 나는 아직-통약불가능한 담론들에 관한 담론으로서 해석학이 (a) 데카르트의 이원론에서 "마음" 측면이나 (b) 자발성의 구성 및 구조화 능력과 수용성의 수동적 능력을 나눈 칸트식 구분에서 "구성" 측면이나 (c) 철학 외적 분야들에서 추구하는 통상적 방법들과 경쟁하는, 문장의 진리 여부를 발견하는 방법이라는 생각 등과 특별한 관련이 없음을 보이고 싶다. (그렇더라도 내가 사용하고 있는 이 제한적이고 정화된 의미의 "해석학"은 가다머, 아펠, 하버마스 같은 저술가들이 이 용어를 사용하는 방식과 **분명히** 연결고리가 있다고 생각한다. 나는 다음 장에서 그 연관성을 도출하고자 시도할 것이다.)

쿤 때문에 마음이 끌려 과학철학의 (그리고 더 일반적으로 인식론의) 표준 개념들을 거부하고 싶어진 사람들을 괴롭히는 것은 "관념

21 카를-오토 아펠Karl-Otto Apel, 『분석적 언어철학과 정신과학Analytic Philosophy of Language and the Geisteswissenschaften』(Dordrecht, 1967), p. 35. 또한 p. 53 참조.

론에 빠질 수 있다"는 두려움이다. 이런 두려움은, 만약 물리적 우주에 대한 과학의 진리 탐구를 해석학적인 관점에서 연구하게 되면, 과학의 진리 탐구가 자연이 이미 만들어 놓은 것을 **발견하는** 거울반사 능력의 적용이 아니라 **만드는** 능력으로서의 정신 활동으로 여겨지리라는 생각 때문에 더욱 고조된다. 쿤에 대한 논의의 배경에 도사리고 있는 이 잠재적인 낭만-고전의 대립은, 불행히도 쿤이 "세계에 대해 새로운 기술記述 사용하기"라는 고전적 어구 대신 "새로운 세계가 등장하게 됨" 같은 낭만적 어구를 사용함으로써(앞의 2절에서 반대했던) 표면으로 떠오르게 된다. 내가 권장하고 싶은 관점에서는 그 어떤 것도 이 두 어구 사이의 선택, 즉 무언가를 만들어 내는 이미지의 표현과 무언가를 발견한다는 이미지의 표현 사이의 선택에 크게 좌우될 것이 없다. 그것들은 그래서 이전 절에서 논의한 "객관적"과 "비객관적", 또는 "인지적"과 "비인지적" 사이의 대립과 닮았다. 하지만 물리학의 경우 "이미 존재하는 것을 더 잘 기술하기"라는 고전적 개념에 충실히 따르는 것이 덜 역설적이다. 이것은 심오한 인식론적 또는 형이상학적 고려 때문이 아니라, 단순히 우리가 조상들이 어떻게 조금씩 산을 기어올랐기에 지금 우리가 그 산의 (어쩌면 잘못된) 정상에 서 있게 된 건지 휘그식으로 이야기할 때, 몇 가지 요소들은 이야기 전반에 걸쳐 일정하게 유지할 필요가 있기 때문이다. 현행 물리이론에서 이해되는 바로서의 자연의 힘들과 물질의 작은 부분들은 그런 역할을 맡기 좋은 선택들이다. 물리학이 "발견하기"의 본보기인 이유는 단지 (적어도 서구에서는) 불변의 ***도덕 법칙***이나 시적 규범을 배경으로 가변하는 물리적 우주들에 관해 이야기하기는 어려워도, 그 반대 방향으로 이야기하기란 매우 쉽기 때문일 뿐이다. 정신이 자연으로 환원되는 것까지는 아니어도 적어도 자연에 기생한다는 우리의 강경한 "자연주의적" 감각은, 우리가 역사적 변화에 관해 이야기하는 데 물리학이 좋은 배경을 제공한다는 통찰과 다르지 않다. 이 말을 마치 우리에게 원자와 빈 공간을 제외한 모든 것이 "규약에 따른"(또는 "정신적인" 또는 "구성된") 것임을 알려주는, 실재의 본성에 대한 어떤 깊은 통찰이 있었다는 의미로 받아들여서는 안 된다. 데모크리토스의 통찰은 사물의 가장 작은 부분들에 관한 이야기가 그런 것들로 이루어진 사물들에서 생겨나는 변화를 이야기하는 데 좋은 배경을 형성한다는 것이었다. 이런 장르의 세계-이야기(루크레티우스, 뉴턴, 보어가 잇달아 살을 붙인)의 수용이 서구를 정의하는 특성일 수는 있지만, 그러한 수용이 인식론적 또는 형이상학적 보증을 얻을 수 있거나 혹은 그런 보증을 요구하는 선택은 아니다.

내 결론은 쿤주의자들이 "서로 다른 세계들"을 거론해서 휘그주의자들을 요리하려는 유혹에 저항해야 한다는 것이다. 그런 어구를 포기한다고 해도 그들이 인식론적 전통에 양보하게 되는 것은 아무것도 없을 것이다. 과학사 연구도 나머지 역사 연구와 마찬가지로 해석학적이어야 한다고 말하면서, 현행 과학적 실천을 **적법하게** 만들 수 있는 "합리적 재구성"이라 불리는 무언가가 별도로 존재한다는 것을 부정한다고 해서(쿤은 아니지만 나는 그러듯이) 물리 과학자들이 발견한 원자, 파동 패킷 등이 인간 정신의 창조물이라고 말하는 것은 여전히 아니다. 인류 역사에 대해 말할 수 있는 가능한 가장 큰 이야기를 구성하는 데 있어 당대의 정상 과학에 동조하는 것은, 그것이 앞 절에서 언급한 다양한 플라톤적 독단에도 함께 동조하는 것이 아닌 한, 물리학이 정치나 시에는 해당하지 않는 어떤 방식으로 "객관적"

이라고 말하는 것이 아니다. 왜냐하면 만들기와 발견하기 사이의 경계선은 통약불가능성과 통약가능성 사이의 경계선과는 아무런 관련이 없기 때문이다. 혹은 달리 말하자면, 인간이 단순히 자연적 존재가 아니라 정신적 존재라는 의미, 즉 알래스데어 매킨타이어Alasdair MacIntyre, 찰스 테일러Charles Taylor, 마저리 그린Marjorie Grene 같은 반환원주의자들이 주목했던 그 의미는 인간이 세계를 만드는 존재라는 뜻이 아니다. 사르트르의 편에 서서 인간은 그 자신을 만들며 그러므로 원자나 잉크통과는 다르다고 말하는 것은, 인간의 자기 창조의 일면이 원자나 잉크통을 "구성"하는 데 있다는 제안을 거부하는 것과 수월하게 양립할 수 있다. 그러나 자기 창조적이라는 낭만적 인간 개념, 현상 세계를 구성하는 자로서의 칸트적 인간 개념, 특별한 비물질적 성분을 포함하는 자로서의 데카르트적 인간 개념에서 발생하는 혼란들은 더 자세히 검토할 필요가 있다. 그런 일군의 혼란은 "정신의 본성", "인격의 환원불가능성", 행위와 운동의 구분, 그리고 ***정신과학***과 ***자연과학***의 구분에 관한 많은 논의에서 구체적으로 드러난다. 마지막 구분은 해석학적 방법 및 여타 방법의 구분과 공외연적으로 여겨지므로, 내가 제공하고 있는 해석학의 개념을 명확히 하기 위해서는 그 구분을 다루는 것이 특히 중요하다.

나는 해석학이 "정신" 또는 "인간에 관한 과학들"에 특별히 잘 어울리지만, 반면 다른 어떤 방법("객관화"하는 "실증적" 과학들의 방법)은 "자연"에 적합하다는 주장을 논의 주제로 삼아서 이 삼중의 혼란을 풀어 나가기 시작할 것이다. 만약 우리가 인식론과 해석학 사이의 경계선을 내가 지금껏 그려 오고 있는 대로 정상 담론과 비정상 담론 사이의 대비로서 그린다면, 이 둘은 경쟁하기보다는 오히려 서로를 돕는다는 것이 분명해 보인다. 이국적 문화에 대한 해석학적 탐구자에게 그 문화 안에 기록된 인식론의 발견만큼 가치 있는 것은 없다. 그 문화의 소유자들이 어떤 흥미로운 진리를 발언했는지 판정하는 데 있어(그 결정은 우리 시대와 장소의 정상 담론의 기준에 따라 이루어진다. 그게 아니면 뭐가 있겠나?), 그런 진리들이 어리석게 들리지 않게 하면서 번역하는 방법을 해석학적으로 발견하는 일만큼 가치 있는 것은 없다. 따라서 나는 방법들이 경쟁한다는 생각이, 세계가 우리 자신의 문화에서 정상 담론(데이빗슨 이전 식의 표현을 사용하자면 "개념 도식")으로 가장 잘 기술할 수 있는 영역과 그렇지 않은 영역으로 나뉜다는 관점에서 비롯된 것이 아닐까 의심한다. 구체적으로, 이 관점은 사람들이란 어쨌거나 늘 너무도 끈적거리고 미끄러울 것이라서(사르트르의 "점성") "객관적" 설명에서 벗어나게 되리라는 것을 암시한다. 그러나 다시 한번, 내가 원하는 대로 해석학-인식론의 구분 선을 그려 본다면, 사람이 꼭 사물보다 더 이해하기 어려울 필요는 없다. 다만 통약불가능한 담론의 경우에는 오로지 해석학이 필요할 뿐인데, 사람은 대화하나 사물은 대화하지 않을 뿐이다. 차이를 만드는 것은 대화 대 침묵이 아니라, 통약불가능한 대화 대 통약가능한 대화다. 물리주의자들이 옳게 지적했듯이, 누군가가 하는 말을 번역할 방법을 우리가 규명할 수 있다면, 왜 그렇게 말하는지에 대한 설명이 위치 이동이나 소화에 대한 설명과 다른 종류여야 한다고(혹은 다른 방법으로 진행되어야 한다고) 생각할 이유가 없다. 인간이 통약불가능한 것들을 말할 수 있어야 할 형이상학적 이유란 없고, 앞으로도 계속 그렇게 말하리라는 보장도 없다. 인간이 과거에 그렇게 했다는 것은 단지 우리에게는 (해석학적 관점에서 보면) 행운이거나 (인식론적 관점에서 보면) 불운일 뿐이다.

"사회과학의 철학"에 관한 전통적 논쟁은 대체로 다음과 같이 전개되어 왔다. 한쪽에서는 "설명"(대략, 예측적 법칙 아래 포섭하는 것)은 "이해"를 선가정하며, 그것을 대체할 수 없다고 말한다. 다른 쪽에서는 이해란 곧 설명하는 능력일 뿐이며, 저쪽에서 "이해"라고 부르는 것은 단지 어떤 설명력 있는 가설들을 얻기 위해 더듬어 나가는 원초적 단계에 불과하다고 말한다. 양쪽 모두 대단히 옳다. 아펠은 다음과 같이 올바르게 지적한다.

> "이해"(즉 ***정신과학***들)의 주창자들은 언제나 설명의 이론(즉 객관적 사회과학이나 행동과학)을 지지하는 사람들을 뒤에서 공격하며, 그 반대의 경우도 마찬가지다. "객관적 과학자들"은 "이해"의 결과들이란 오로지 전-과학적이고 주관적인 휴리스틱 차원의 타당성을 지닌 것들일 뿐이며, 적어도 그것들은 객관적 분석의 방법들로 검증되고 보완되어야 한다고 지적한다. 반면에 이해의 주창자들은 사회과학에서 어떤 데이터를 얻고, 그럼으로써 가설들에 대한 어떤 객관적 검증을 획득하는 것은 의미에 대한 … "실제 이해"를 선가정한다고 주장한다.[22]

해석학을 의심하는 사람들은, 어떤 존재들이 말을 한다는 사실이 그들이 예측력 강한 법칙들의 거대하고 통일된 그물망을 피해 나간다고 생각할 이유가 되지는 않는다고 말하고 싶어 한다. 왜냐하면 그런

---

22 같은 책, p. 30.

법칙들은 그들이 무엇을 먹을 것인가에 못지않게 무엇을 말할 것인가도 예측할 수 있기 때문이다. 해석학을 옹호하는 사람들은 그들이 무엇을 말할 것인가 하는 질문에 두 부분이 있다고 말한다. 하나는 그들이 어떤 소리를 내고 어떤 모양을 새기느냐(아마도 신경생리학을 통해 충분히 예측할 수 있게 될지 모른다)이고, 다른 하나는 그것들이 무엇을 **의미하느냐**로서 이 둘은 전혀 다른 문제다. 이 시점에서 "통일 과학" 옹호자들의 자연스러운 대처는 그것이 다르지 **않다고** 말하는 것이다. 왜냐하면 어떤 유의미한 발화를 단일한 하나의 언어, 즉 통일 과학 자체의 언어로 번역하는 절차가 있기 때문이다. 모든 사람이 언젠가 말할 수도 있는 모든 것을 포함하는 단일한 언어가 제시된다면(카르납이 『세계의 논리적 구조』에서 그러한 언어를 만들어 보려고 시도했던 그런 방식으로), 조사 대상인 언어-사용자가 그 언어의 어떤 문장을 제시하고 있는지에 관한 질문은 그가 저녁으로 무엇을 먹을 것인지에 관한 질문보다 더 "특별한" 것이 아니다. 통일 과학의 언어로 번역하는 것은 어려운 일이지만, 그런 번역 시도가 식습관을 설명하려는 시도와는 다른 어떤 이론 구성 또는 이론 검증의 기법을 수반하는 것은 아니다.

이에 응답할 때 해석학의 옹호자들은 형이상학적 필연성의 문제라기보다는 순전한 사실의 문제로서 "통일 과학의 언어" 같은 것은 존재하지 않는다고 정확히 말해야 한다. 우리는 모든 훌륭한 설명적 가설을 공식화하는 데 필요한 영구적인 중립적 모체의 역할을 할 언어를 **갖고 있지** 않으며, 어떻게 그런 언어를 얻을 수 있는지에 대해 가장 흐릿한 개념조차 갖고 있지 않다(이것은 우리가 별로 도움은 안 되나 어쨌든 중립적인 관찰 언어를 실제 가지고 있다는 말과 양립할 수 있다). 따라서 모든 담론을 선호하는 용어 집합으로 번역하여 통약가능하게 만들려는 시도로서의 인식론이 유용한 전략이 될 가능성은 없다. 그 이유는 "통일 과학"이 어떤 한 형이상학적 영역에만 먹히고 다른 영역에는 먹히지 않기 때문이 아니라, 우리가 그런 언어를 가지고 있다는 휘그식 가정이 탐구의 길을 차단하기 때문이다. 우리는 우리가 설명을 시도할 때 사용하는 언어를 언제라도 바꾸고 싶어 할 수 있다. 특히 우리가 설명하고자 하는 대상이 쓰는 언어의 번역 방법을 알아냈기 때문에 그렇게 할 수도 있다. 하지만 이것은 단지 어떤 이에게 더 나은 발상이 있을 영원한 가능성의 한 특수 사례가 될 것이다. 대상자가 쓰는 언어를 이해하고, 그들이 왜 이렇게 하고 저렇게 하는지에 대해 그들 자신이 제공하는 설명을 파악하는 것은 도움이 될 수도 있고 그렇지 않을 수도 있다. 특별히 어리석거나 정신질환이 있는 사람들의 경우, 우리는 그들의 설명을 마땅히 배척해야 한다. 우리는 그들이 받아들이지 않고 이해조차 하지 못할 용어들로 그들에게 의도와 행동을 귀속한다. 화자가 어떤 행위를 수행하고 있는지 판단할 때 일반적으로 화자가 자신에 관해 내놓는 기술을 고려할 필요가 있다는 익숙한 주장은 대단히 건전하다. 그러나 그런 기술을 제쳐 두는 것이 완벽하게 지당할 때도 있을 수 있다. 그런 기술에 부여된 특권은 인식적이라기보다는 도덕적이다. 예를 들어, 그의 기술과 우리의 기술 사이의 차이는 그가 우리 법에 따라 재판을 받아서는 안 된다는 것을 의미할 수 있다. 그것이 우리의 과학으로 그를 설명할 수 없다는 뜻은 아니다.

우리 자신의 믿음과 욕망 들을 "너무 많이" 손에 쥔 채로 외국 문화를 휘그식으로 해석하는 일을 고집하다간 그 문화를 이해할 수 없을 것이라고 말하는 것은, 과거의 과학자들을 대상으로 같은 방식을 고집하면 그들을 이해할 수 없으리라는 쿤의 관점을 일반화한 것일 뿐이다. 이것은 그 자체로, 지금까지 사용된 어휘가 갑자기 툭 튀어나온 다른 모든 것에도 통할 것이라고 가정해서는 안 된다는 주장으로 일반화될 수 있다. 문제는 정신이 본래 예측되는 일에 저항한다는 것이 아니라 단순히 우리 자신의 정신이 지금 다른 모든 정신(혹은 어쩌면 다른 신체)을 설명하고 예측할 가설을 수립하는 데 가장 적합한 어휘를 확보한 상태라고 생각할 이유가 없다는 것이다(그리고 그렇게 생각하지 않아야 할 많은 이유가 있다). 이런 관점은 찰스 테일러가 제기한 것으로서, 그는 다음과 같이 질문한다.

> … 우리는 그러한 해석학적 과학의 전망에 너무 분개하여 검증 모형으로 돌아가기를 원하게 될지도 모른다. 왜 우리는 논리적 경험주의자들이 우리의 형식화할 수 없는 통찰들에 대해 제안하는 바대로, 우리의 의미 이해를 발견의 논리의 한 부분으로 받아들이면서 여전히 우리 과학의 토대를 우리 예측의 정확성에 둘 수는 없는 것일까?[23]

그는 "그러한 정확한 예측이 근본적으로 불가능한" 세 가지 이유를 나열하며 이에 답한다. 그는 다음과 같이 말한다.

> 엄정한 예측이 불가능한 세 번째이자 가장 근본적인 이유는 인간

---

23 찰스 테일러, 「해석과 인간에 관한 과학들Interpretation and the Sciences of Man」, *Review of Metaphysics* 25(1971), p. 48.

이 스스로 정의하는 동물이라는 점이다. 자가-정의의 변화와 더불어 인간이란 무엇인가에도 변화가 생기며, 그렇게 되면 인간은 다른 용어들로 이해되어야 한다. 그러나 인류 역사에서 개념적 돌연변이들이 통약불가능한 개념적 거미줄을 만들어 낼 수 있고 실제로 종종 그런 일이 생긴다. 그것은 한마디로, 용어들을 공통된 표현 지층과 관련지어 정의할 수 없는 상황이다.(p. 49)

낯선 문화에 거주하는 자들의 행동을 예측하는 데 방해가 되는 것은 간단히 말해 그들 언어의 통약불가능성이라고 하는 지적은 내가 보기에 정확히 맞는 말이다. 그러나 테일러가 계속해서 다음과 같이 말할 때 나는 그가 자신의 요점을 모호하게 만들어 가고 있다고 생각한다.

자연과학에서 예측의 성공은, 시스템의 과거와 미래의 모든 상태가 개념들의 동일 범위 내에서 이를테면 동일 변수의 값으로 기술될 수 있다는 사실과 밀접한 관련이 있다. 그래서 태양계의 모든 미래 상태는 과거 상태와 마찬가지로 뉴턴 역학의 언어로 기술될 수 있다.… 과거와 미래가 같은 개념적 거미줄에 집어넣어져야만 후자의 상태를 전자 상태의 어떤 함수로 이해할 수 있고, 그럼으로써 미래를 예측할 수 있다.

인간에 관한 과학에서는 개념적 혁신이 결국에는 인간적 실재를 바꾸어 놓는다는 사실로 인해 이런 개념적 통일성이 손상된다. (p. 49)

여기서 테일러가 복원한 인간 개념은 그 자신을 묘사하고 예측하고 설명하는 더 나은(또는 적어도 새로운) 방법을 찾아내어 내면으로부터 변화하는 존재로서의 인간이다. **즉자-존재**être en-soi에 불과한 비인간 존재들은 내면으로부터 변화를 이루는 것이 아니라 단순히 더 나은 어휘로 기술되고, 예측되고, 설명될 뿐이다. 이런 서술 방식은 우주가 두 종류의 사물로 구성되어 있다는 낡고 그릇된 형이상학적 개념으로 우리를 되돌아가게 한다. 인간이 자신을 다시 기술함으로써 그 자신을 바꾼다는 의미는, 인간이 자신의 식단이나 성적 파트너나 거주지를 변경함으로써 자신을 바꾼다는 의미보다 형이상학적으로 더 흥미롭거나 신비하지 않다. 그것은 그냥 같은 의미다. 즉 새롭고 더 흥미로운 문장들이 그들에게 참되게 적용된다는 의미일 뿐이다. 계속해서 테일러는 "우리가 미래를 제대로 이해하고자 할 때 그 미래를 특징짓는 데 사용되어야 할 바로 그 용어들은 현재 우리에게 전부 주어져 있는 것이 아니다"(p. 50)라고 말하는데, 그가 의도한 것은 이것이 오직 인간에게만 해당한다는 것이다. 하지만 우리가 알기로, 인간의 창조성은 메마를 수도 있고, 미래에는 **비**인간 세계가 우리의 개념적 그물망에서 벗어날지도 모를 일이다. 어쩌면 미래의 모든 인간 사회가 우리 자신의 단조로운 변주가 되는 일이(아마도 편재한 테크노크라시 전체주의의 결과로서) 벌어질지도 모른다. 그러나 현대 과학(침술, 나비의 이동 등을 설명하기엔 이미 매우 난망해 보이는)이 금세 아리스토텔레스의 질료형상론처럼 아주 곤란한 지경에 빠진 것처럼 보이게 될 수도 있다. 테일러가 기술하고 있는 것은 인간과 비인간 사이의 경계가 아니라, 탐구 분야에서 올바른 어휘가 준비되어 있는지 다소 불확실하다고 느끼는 부분과 준비되어 있다고 어느 정도 확실하게 느끼는 부분 사이의 경계다. 이것은 현재로서는 ***정신***

*과학*과 *자연과학* 분야 사이의 구분과 대략 일치한다. 그러나 그런 일치는 **그냥** 일치에 불과한 것일 수 있다. 충분히 긴 관점에서 보면 인간은 소포클레스가 생각했던 것보다 덜 δεινός경외할 만한 존재일 수 있고, 자연의 원초적 힘은 현대 물리주의자들이 꿈꾸는 것보다 더 경외할 만한 것으로 판명될 수도 있다.

이 점을 이해하려면, 우리가 그냥 인간의 **대자**對自, pour-soi를 무시하는 편이 나은 경우가 많다는 점을 염두에 두는 것이 도움이 된다. 예를 들어, 특별히 고리타분하고 관습적인 사람들의 경우에 우리는 그렇게 한다. 그런 사람들의 모든 말과 행동은 너무 예측 가능해서 우리는 주저 없이 그들을 "대상화"한다. 거꾸로, 현재 우리가 사용하는 개념적 그물망에 걸리지 않는 비인간적인 무언가를 직면했을 때, 미지의 언어에 관해 말하기 시작하는 것은 자연스럽다. 예를 들어 뉴턴 역학이 이름을 붙이지 않은 세계의 특징들을 기술하는 언어를 가진 나비들의 이동을 상상해 보라. 아니, 그렇게까지 멀리 나아가지 않더라도, 적어도 우리는 ***자연의 책***the Book of Nature이 아직 해독되지 않았다는 생각에 자연스럽게 빠져든다. 즉, 그것에는 이를테면 "중력"이 들어 있지 않듯이 "자연 운동"도 들어 있지 않다는 것이다. 우리는 마치 이국적인 문화의 원주민이나 우리의 이해를 뛰어넘는 말을 하는 천재를 마주한 경우처럼 "같은 언어로 말하지 않는다"라는 것이 분명해지는 순간, 비인간 세계 또는 그 일부를 의인화하고 싶어지는 유혹에 빠진다. 자연이란 너무나 판에 박히고 친숙하며 다루기 쉬운 것이어서 우리가 우리 자신의 언어를 암묵적으로 신뢰하게 만드는 그 무엇이다. 정신이란 너무도 낯설고 다루기 어려운 것이어서 우리의 "언어"가 그것에 "적합"할지 궁금해하기 시작하게 만드는 그 무엇이다. 거울 이미지에서 벗어난 우리의 궁금증은 간단히 말해서 누군가 또는 무언가가 우리 언어에는 상응하는 기존 단어들이 없는 용어들로 세상에 대처하고 있는 것은 아닐까 하는 것이다. 더 간단히 말하자면, 그것은 그저 우리가 우리의 주장뿐만 아니라 우리의 어휘를 바꿔야 하는 것은 아닐까 하는 궁금증이다.

나는 이 장의 서두에서 해석학은 대략 낯선 것에 관한 우리의 연구를 기술하고 인식론은 대략 익숙한 것에 관한 우리의 연구를 기술한다고 말했다. 방금 "정신"과 "자연"에 대해 다소 억지스러운 해석을 내놓은 김에, 이제 아예 나는 해석학은 정신에 관한 우리의 탐구를 기술하고, 반면 인식론은 자연에 관한 우리의 탐구를 기술한다는 전통적인 견해에 동의할 수도 있을 것이다. 하지만 내 생각에는 정신-자연의 구분을 완전히 내버리는 것이 더 나을 것 같다. 이미 말했듯이, 이 구분은 (a) 현재 우리가 사물을 설명하고 예측하는 방식에 잘 들어맞지 않는 것과 잘 들어맞는 것 사이의 구분 및 (b) 이런저런 어느 시점에 인간 특유의 것으로 여겨졌던 모든 다양한 특성들(제1장 3절에서 열거한)을 통합하는 무언가와 나머지 세계 사이의 구분을 뒤섞는다. 그것은 또한 (c) 자발성의 능력(구성이라는 초월적 활동)과 수용성의 능력 사이의 구분(제3장 3절에서 비판한)을 이 두 가지 구분과 뒤섞는다. (이런 뒤섞음은 감각의 초월적 수용 능력과 "경험적 자아"를 구성하는 감각적 표상들의 영역을 병합함으로써 수행된다. 칸트 자신도 피할 수 없었던 병합이다.) 낭만주의적인 자기-초월적 창조성으로서의 정신(언제든 자칫하면 우리의 현재 언어와 통약불가능한 방식으로 말하기를 시작할 수 있는), 인간의 ***유리 같은 본질***과(물리적 설명에서 벗어난 그것의 모든 형이상학적 자유와) 동일시되는 것으로서의 정신,

그리고 현상적 실재의 "구성자"로서의 정신을 뒤섞은 결과가 19세기 독일 관념론의 형이상학이었다. 그것은 이것저것을 유익하게 합쳐 놓은 묶음이었지만, 그다지 다행으로 볼 수 없는 그로 인한 결과 중 하나는 철학에 과학과는 전혀 별개의 특별한 영역이 있다는 생각이었다. 그러한 합침은 인식론 중심의 학문으로서의 "철학" 개념이 생명을 유지하는 데 일조했다. 초월적 구성자로서의 정신 개념(칸트적 의미에서)이 한편으로는 데카르트적 이원론의 호소력에 의해서, 그리고 다른 한편으로는 낭만주의의 호소력에 의해서 강화되는 한, "인식론" 또는 "초월 철학"이라 불리는, ***자연과학***(정신생리학)으로도 ***정신과학***(지식사회학)으로도 환원될 수 없는 그 주재主宰의 학문 개념은 의문시되지 않고 살아남을 수 있었다. 또 다른 불행한 유산은 비非기계적 번역의 (그리고 더 일반적으로는 상상력 넘치는 개념-형성의) 필요성과 "구성자로서 초월적 자아의 환원불가능성"을 혼동한 것이었다. 이 혼동은 관념론-실재론의 쟁점이 마땅히 종결되었어야 하는 시점 이후로도 오랫동안 생명을 부지하였다. 해석학의 지지자들은 (이번 절 서두에서 인용한 아펠의 글이 잘 보여주는 바와 같이) 관념론 비슷한 무언가를 자기네 활동 강령이라고 생각하였고, 반면 해석학의 적들은 공공연히 해석학을 실천하는 사람은 누구나 "반자연주의자"로서 물리적 우주의 맹목적 외부성에 대한 제대로 된 감각이 모자란 자일 수밖에 없다고 가정했다는 점이 이를 잘 말해 준다.

자, 그렇다면 "***정신과학***의 환원불가능성"에 대해 내가 하고 싶은 말을 요약하고자, 나는 다음과 같은 논제를 제시하려 한다.

언젠가는 우리가 "원리상" 사람 몸의 모든 움직임(그의 후두와 글씨 쓰는 손의 움직임을 포함하여)을 몸속 미세 구조들을 참조하여 예측할 수 있게 되리라고 말한 점에서는 아마도 물리주의가 옳을 것이다.

그런 성공이 인간의 자유에 미치는 위험은 아주 미미하다. 왜냐하면 "원리상"이라는 조항은 이따금 교육적 차원에서 연습하는 경우를 제외하면, 초기 조건(미세 구조의 선행 상태들)을 결정하는 일이 너무 어려우니 그 일을 수행해 내지 못하게 될 개연성을 허용하겠다는 것이기 때문이다. 고문하고 세뇌하는 자들은 어쨌든 이미 자기들이 원하는 대로 인간의 자유를 마음껏 간섭할 수 있는 좋은 위치에 있으며, 과학이 더 진보한다고 그들의 위치가 더 나아질 것도 없다.

자연과 정신의 전통적 구분 배후에 있고, 또한 낭만주의의 배후에 있기도 한 직관은 우리가 누군가의 입에서 어떤 소음이 흘러나올지 그 의미를 모른 채로도 예측할 수 있다는 것이다. 따라서 설령 우리가 서기 4000년의 과학적 탐구자 공동체가 내는 소리를 예측할 수 있다고 해도, 아직 우리는 그들의 대화에 참여할 수 있는 위치에 있다고 말해서는 안 된다. 이 직관은 매우 정확하다.[24]

어떤 소음이 무엇을 의미하는지 몰라도 그것을 예측할 수 있다는 사실은, 소음을 생성하는 미세 구조의 필요충분조건들이 그 미세 구조를 기술하는 데 사용되는 언어의 어떤 진술과 그 소음이 표현하는 진술 사이의 실질적 동치 관계에 들어맞는 일이 거의 없으리라는 사

---

24 이것이 바로 정신과학은 "사실의 문제"를 포함하지 않는다는 콰인적인 주장에 도사리고 있는 핵심 진리다. 레이먼드 고이스Raymond Geuss는 콰인에 대한 논의에서 이 점을 다음과 같이 잘 표현하였다. "우리가 자연에 관한 어떤 이론을 갖고 있어서 누군가의 언어 성향을 영구적으로 예측할 수 있다고 해도, 우리는 여전히 그래서 그가 무엇을 **의미하는지** 이해하지 못할 것이다"(「콰인과 존재론의 불확정성Quine und die Unbestimmtheit der Ontologie」, *Neue Hefte für*

실을 말해 줄 뿐이다. 이는 어떤 것도 원리상 예측할 수 없기 때문이 아니며, 자연과 정신 사이의 존재론적 분리 때문은 더더욱 아니다. 그것은 단지 뉴런에 대처하는 데 적합한 언어와 사람에 대처하는 데 적합한 언어의 차이 때문일 뿐이다.

우리는 다른 언어-게임에서 나온 암호 같은 발언에 대해서, 우리의 일상적인 언어-게임에서 어떤 문장이 그 발언과 실질적으로 동치인지 알거나 신경 쓰지 않고도 어떻게 대답해야 하는지 알 수 있다.[25] 서로 다른 언어-게임에서 가져온 문장들 사이에서 실질적 동치 관계를 찾아 통약가능성을 산출하는 것은 우리의 동료 인간들에 대처하는 여러 기법 가운데 하나일 뿐이다. 그 기법이 효과가 없다면 무엇이든 효과가 있는 다른 방법에 의지하는 수밖에 없다. 예를 들어 새로운 언어-게임을 익히고 가능하다면 예전 언어-게임을 잊는 것이다. 이는 비인간적 자연이 전통 과학의 어휘로 예측되기를 거부할 때 우리가 사용하는 방법과 같다.

해석학은 "또 다른 앎의 방식"이 아니다. 그것은 예측적 "설명"에 반대되는 "이해"이다. 그것은 또 다른 대처 방법이라고 보는 것이 더

Philosophie, Heft 8[1973], p. 44n).

25 모든 언어가 서로 번역가능하다고 해서(제6장에서 언급한 데이빗슨적인 이유들로 인해) 그것이 그러한 동치 관계를 ("원리상으로"라도) 발견할 수 있다는 뜻은 아니다. 단지 우리의 방법적 지식에 일시적 장애 이상의 문제가 있다는 주장, 즉 서로 다른 "개념 도식"이라고 불리는 무언가로 인해 다른 언어 사용자와 대화하는 법을 배우지 못하게 된다는 주장을 이해할 수 없다는 의미일 뿐이다. 그것은 또한 위대한 시는 번역할 수 없다는 잘못된 낭만주의적 주장 배후에 놓여 있는 직관을 제거하는 것도 아니다. 위대한 시들도 당연히 번역될 수 있다. 문제는 그 번역이 그 자체로 위대한 시가 아니라는 것뿐이다.

났다. 만약 우리가 "인지"라는 개념을 예측적 과학에 **넘겨줘 버리고** "대안적 인지 방법"에 대한 고민을 멈춘다면 그것은 철학적 명료성에 이바지하는 일이 될 것이다. 철학자가 된다는 것은 "지식 이론"을 갖는 것이라는 칸트식 전통이나 명제의 진리에 대한 지식에 기초하지 않은 행위는 "비합리적"이라는 플라톤식 전통이 없었더라면 **지식**이라는 단어는 싸워서 차지할 만한 가치가 있는 것으로 보이지 않았을 것이다.

제8장

거울 없는 철학

1. 해석학과 교화

철학자가 된다는 것이 무엇인지에 대한 현재 우리의 개념은 모든 지식-주장을 통약가능하게 만들려는 칸트의 시도에 너무 얽매여 있어서, 인식론이 없는 철학이 과연 무엇일 수 있을지 상상하기 어렵다. 더 일반적으로 말해서, 만약 어떤 활동이 지식과 아무 관련이 없다면, 즉 그 활동이 어떤 의미로 지식 이론이거나, 지식을 얻는 방법이거나, 최소한 어떤 지극히 중요한 종류의 지식을 어디서 찾을 수 있는지에 대한 실마리조차도 아니라면, 과연 그런 활동이 "철학"이라는 이름을 감당할 자격이 있을지 상상하기 어렵다. 이 어려움은 플라톤주의자들, 칸트주의자들, 실증주의자들이 공유한 개념, 즉 인간에게는 본질, 이른바 본질 찾기라는 본질이 있다는 개념에서 비롯된다. 우리의 주요 임무가 우리 자신의 ***유리 같은 본질***에 따라 우리 주변의 우주를 정확하게 반사하는 것이라는 생각은, 데모크리토스와 데카르트에게 공통된 개념, 즉 우주는 매우 단순하고 명석 판명하게 알 수 있는 것들로 구성되어 있으며 그것의 본질에 대한 지식이 모든 담론의 통약을 허용하는 만능-어휘를 제공한다는 생각을 보완해 준다.

인식론 중심의 철학을 무효로 만들기 전에 먼저 인간에 대한 이 고전적인 그림을 무효화해야 한다. 현대 철학의 논쟁적인 용어로서 "해석학"은 바로 그런 시도를 일컫는 이름이다. 그런 목적으로 이 용어를 사용하게 된 것은 대체로 한 권의 책, 가다머의『진리와 방법』덕분이다. 가다머는 이 책에서 해석학이 고전적 인간관에 부합하는 "진리를 획득하는 방법"이 아니라는 점을 분명히 하며 이렇게 말했다. "해석학적 현상은 기본적으로 방법의 문제가 전혀 아니다."[1] 오히려 가다머는 대략 우리가 해석학을 실천해야 한다는 사실로부터, 즉 인식론적 전통이 외면하려 했던 세상 사람들에 관한 하나의 사실로서의 "해석학적 현상"으로부터 어떤 결론을 도출할 수 있는지를 묻고 있다. 그는 말한다. "여기서 전개되는 해석학은… 인간과학의 어떤 한 가지 방법론이 아니다. 그것은 그러한 방법론적 자의식을 넘어서서 인간과학이 진정으로 무엇이고 인간과학을 세계에 대한 우리 경험의 총체와 연결해 주는 것이 무엇인지를 이해하려는 시도이다."[2] 그의 책은 인간에 대한 고전적 그림을 더 큰 그림 안에 위치시

---

1 한스-게오르크 가다머Hans-Georg Gadamer,『진리와 방법Truth and Method』(New York, 1975), p. xi. 실제로, 가다머의 책을 방법이라는 바로 그 발상에 반대하는 논고라고 부르는 것이 합리적일 수 있는데, 여기서 그 '방법'이란 통약의 시도로 여겨진다. 이 책과 파울 파이어아벤트의『방법에 반대한다Against Method』사이의 유사점에 주목하는 것은 유익한 일이다. 가다머를 이해하는 나의 논법은 알래스데어 매킨타이어에게 빚진 것이다. 그의「해석의 맥락들 Contexts of Interpretation」, *Boston University Journal* 24(1976), 41-46을 보라.

2 가다머,『진리와 방법』, p. xiii.

키고, 그럼으로써 표준적인 철학적 문제들에 대해 일련의 해결책을 제시하려는 것이 아니라 오히려 그것들과 "거리 두기"를 시도하는, 이른바 인간에 대한 재기술이다.

현재 나의 목적에 비추어볼 때, 가다머의 책은 그가 "정신"이라는 철학적 개념에 얽혀 있는 세 가닥의 요소 중에서 자기-창조적 인간이라는 낭만적 개념을 다른 두 가닥과 분리해 냈다는 점에서 중요성을 지닌다. 가다머는 (그가 자신의 작업 일부를 신세 지고 있는 하이데거처럼) 데카르트적 이원론이나 "초월적 구성" 개념(어떤 의미에서 보든 관념론적 해석이 가능한)을 용인하지 않는다.[3] 따라서 그는 내가 앞 장에서 주장하려 애썼던 요점, 즉 "정신과학의 환원불가능성"은 형이상학적 이원론의 문제가 아니라는 "자연주의적" 요점과 우리 자신을 재기술하는 것이 우리가 할 수 있는 가장 중요한 일이라는 우리의 "실존주의적" 직관이 어우러질 수 있도록 돕는다. 그는 사유하기의 목표로서의 "지식" 개념을 "*Bildung*교육, 자아-형성" 개념으로 대체함으로써 그 일을 수행한다. 우리가 더 많이 읽고, 더 많이 대화하고, 더 많이 쓰면서 다른 사람이 되고, 우리 자신을 "재형성"한다고 말하는 것은 그런 활동 덕분에 우리에게 참되게 적용되는 문장들이 우리가 더 많이 마시고, 더 많이 버는 등의 일을 할 때 우리에게 참되게 적용되는 문장들보다 더 중요하다는 것을 극적으로 표현하는 방식일 뿐이다. 우리 자신에 대해 새롭고 흥미로운 것을 말할 수 있게 해주는

3 Ibid., p. 15 참조. "그러나 우리는 의식의 역사성에 대한 통찰이 헤겔의 세계사 철학에 매여 있지 않듯이, *Bildung*이 헤겔의 절대정신 철학에 매여 있지 않은 정신의 요소임을 인정할 수 있다."

사건들은 우리의 외형이나 생활 수준을 변화시키는 사건들(덜 "정신적인" 방식으로 우리를 "재형성"하는)보다 그런 비형이상학적 의미에서 우리에게(적어도 안정되고 번영된 세계에 거주하는 비교적 여유가 있는 우리 같은 지식인들에게는) 더 "본질적"이다. 가다머는 저 바깥 세계에 존재하는 것이나 역사 속에서 무슨 일이 일어났는지보다는 우리 자신의 용도에 따라 자연과 역사에서 얻어낼 수 있는 것에 관심을 두는 태도를 특징짓고자 "***영향사적 의식***wirkungsgeschichtliches Bewusstsein" (우리를 변화시키는 과거에 대한 의식)이라는 개념을 발전시켰다. 이런 태도에서 사실들(원자와 빈 공간에 관해, 또는 유럽의 역사에 관해)을 올바로 아는 것은 우리 자신을 표현하고 그럼으로써 세상에 대처하는 새롭고 더 흥미로운 방법을 찾는 예비 단계일 뿐이다. 인식론적이거나 기술적인 관점과는 달리 교육적 관점에서는 진리의 소유보다 무언가를 표현하는 방식이 더 중요하다.[4]

"교육"은 너무 밋밋하게 들리고 "*Bildung*"은 너무 낯설게 들리기 때문에 나는 새롭고, 더 낫고, 더 흥미롭고, 더 유익한 말하기 방법을 찾는 이 프로젝트를 가리키는 말로 "교화edification"를 사용할 것이다.

---

4 여기서의 대비는 가다머가 「인문주의 전통의 중요성The Significance of the Humanist Tradition」 서두에서 언급한 "고전적" 교육과 "과학적" 교육 사이의 전통적인 다툼에 관련된 대비와 같다. 더 일반적으로, 그것은 시(전자 유형의 교육에서 빠질 수 없는)와 철학(자신을 최상급의 학문으로 여기며 후자 유형 교육의 토대가 되고자 하는) 사이에서 벌어지는 싸움의 한 측면으로 볼 수 있다. 예이츠는 혼령들에게(그는 혼령들이 아내의 영매술을 통해 자신에게 『비전A Vision』을 구술하고 있다고 믿었다) 찾아온 이유를 물었다. 영혼들은 "너에게 시에 쓸 은유들을 가져다주기 위해서"라고 대답했다. 철학자라면 저승이 어떤 곳인지에 관한 어떤 확실한 사실들을 기대했을지 모르지만, 예이츠는 실망하지 않았다.

(본인이나 타인을) 교화하려는 시도는 우리 자신의 문화와 어떤 이국적인 문화나 역사 시대 사이, 또는 우리 자신의 학문과는 통약불가능한 어휘를 사용하여 통약불가능한 목적을 추구하는 것처럼 보이는 다른 학문 사이에 연결고리를 만드는 해석학적 활동으로 구성될 수 있다. 하지만 그게 아니라 교화가 새로운 목표, 새로운 단어 또는 새로운 학문을 궁리하는 "시적" 활동으로 구성될 수도 있다. 그다음 해석학을 이른바 역으로 적용해서 우리에게 익숙한 주변 환경을 우리가 새로 고안한 낯선 용어들로 재해석해 보는 것이다. 어느 쪽이든 그 활동은 건설적이지 않으면서 교화적이다('edify교화하다'와 'construct건설하다' 이 두 단어가 어원적으로 관계가 있음에도 그렇다). 적어도 "건설적"이라는 말이 정상 담론에서 연구 프로그램의 완수를 위해 일어나는 일종의 협력을 의미한다면 그렇다. 왜냐하면 교화의 담론은 비정상적인 것으로 기대되며, 낯섦의 힘으로 우리를 우리의 낡은 자아에서 벗어나게 하여 새로운 존재가 되도록 돕는 것이기 때문이다.

가다머에게 교화의 욕망과 진리의 욕망 사이의 대비는 해결되거나 타협될 필요가 있는 긴장의 표현이 아니다. 만약 갈등이 있다면, 그것은 교화될 수 있는 **유일한** 방법은 저기 바깥에 무엇이 있는지 아는 것(사실을 정확하게 반영하는 것, 본질들을 알아내서 우리의 본질을 실현하는 것)뿐이라는 플라톤-아리스토텔레스의 견해와 진리의 추구는 단지 우리가 교화될 수 있는 여러 방법 가운데 하나일 뿐이라는 견해 사이의 갈등이다. 가다머는 객관적 지식의 탐구(그리스인들이 수학을 모델로 활용하여 처음 발전시킨)를 인간의 여러 프로젝트 중 하나로 보는 방법을 규명해 낸 하이데거의 공로를 정당하게 인정한다.[5] 그러나 그 요점은 사르트르에게서 더 생생하게 드러난다. 그는 세계에 관한 객관적 지식을 얻고 그럼으로써 자신에 관한 객관적 지식을 얻으려는 시도를 자신의 프로젝트를 선택할 책임을 회피하려는 시도로 보았다.[6] 사르트르가 그렇게 말하는 것은 자연, 역사, 또는 다른 어떤 것에 대한 객관적 지식에의 욕구가 실패할 수밖에 없다거나 더 나아가 자기기만일 수밖에 없음을 말하려는 것이 아니다. 주어진 정상 담론의 집합 내에서 어떤 기술이 우리에게 적용되는지 아는 것이 곧 우리 자신을 아는 길이라고 생각하는 한, 그런 욕구가 자기기만의 유혹을 불러일으킨다는 것을 말하고자 한 것뿐이다. 하이데거, 사르트르, 가다머에게 객관적 탐구는 완벽하게 가능하고 종종 실현되는 것이며, 그런 객관적 탐구에 대해 유일하게 지적해 줄 말은 그것은 우리 자신을 설명하는 수많은 방법 중 몇 가지만을 제공하며, 그것들 가운데 일부는 교화의 과정을 방해할 수 있다는 것이다.

객관성에 대한 이런 "실존주의적" 관점을 요약하자면 다음과 같다. 즉, 객관성은 우리가 우리에 관해 발견한 (주장 및 행동에 대한) 정당화의 규범에 부합하는 것으로 여겨져야 한다. 그런 부합이 그 이상의 무언가로, 다시 말해 현재 통용되는 정당화 실천의 "근거"를 다른 무언가에 두게 만드는 그 무엇에 대한 접근 권한을 획득하는 방법으로 여겨질 때만 그것은 의심스럽고 자기기만이 된다. 그런 "근거"는 "철학적 토대"로 여겨질 만큼 너무도 명석하고 판명하게 지각되

---

5 『진리와 방법』에서 「…인식론적 문제의 극복The Overcoming of the Epistemological Problem…」이라는 장을 보라(pp. 214ff). 그리고 마르틴 하이데거의 『존재와 시간』, 32절과 비교해 보라.

6 장-폴 사르트르Jean-Paul Sartre, 『존재와 무L'Être et le néant』, 제2부 3장 5절과 그 책의 「결론」을 보라.

는 것이기 때문에 정당화가 필요치 않다고 여겨진다. 이것이 자기기만인 이유는 단순히 궁극적 정당화가 결국은 정당화될 수 없는 무언가에 의존하게 된다는 일반적인 불합리 때문이 아니다. 그것은 현재의 과학, 도덕 등에서 사용되는 어휘가 실재에 특권적으로 밀착되어 있어서 단순한 또 하나의 기술 집합 그 **이상**의 것이 된다고 생각하는 더 구체적인 불합리 때문에 자기기만이다. 재기술이 "본질의 변화"가 아니라는 자연주의자들의 견해에 동의한다면 이어서 "본질" 개념의 완전한 폐기가 뒤따라야 한다.[7] 그러나 자연주의 이론들 대부분의 표준적인 철학적 전략은 우리 자신의 문화가 실제로 인간의 본질을 파악하고 있음을 보여주는 어떤 방법을 찾아내서 새롭고 통약불가능한 모든 어휘를 단지 "비인지적" 장식에 불과한 것으로 만들려는 것이다.[8] "실존주의적" 관점의 유용성은 우리에게 본질이 없다고 선포함으로써, 우리가 ***자연과학*** 중 하나(또는 그 통일체)에서 발견한 우리 자신에 관한 기술들을 시인, 소설가, 심층 심리학자, 조각가, 인류학자, 신비주의자 들이 제공하는 다양한 대안적 기술들과 동등한 수

---

7 만약 사르트르가 인간은 본질을 갖지 않는 것이 본질인 존재라고 언급하고, 뒤이어 이것은 또한 다른 모든 존재에게도 해당한다고 말했더라면 좋았을 것이다. 그렇게 덧붙이지 않는 한, 사르트르는 단순히 인간이 (다른 무엇보다도 바로 그 자신을 위해) 항상 새로운 기술記述을 자유롭게 선택한다는 점을 제기한 것이라기보다, 그저 정신과 자연 사이의 아주 오래된 형이상학적 구분을 다른 용어들로 고수하는 것처럼 보일 것이다.

8 내가 보기에 흔히 자연주의자로 분류되는 듀이는 "과학적 방법"에 관해 끊임없이 말하고 있음에도 불구하고, 이러한 환원적 태도를 보이지 않은 대표적인 저술가인 것 같다. 듀이 특유의 업적은 자연과학이 사물의 본질에 관하여 유리한 위치를 점한다고 생각하지 않을 만큼 충분히 헤겔적이면서도, 인간을 다원의 용어들로 생각할 만큼 충분히 자연주의적이었다는 점이다.

준으로 볼 수 있게 해준다는 것이다. 예술보다 과학에서 (바로 현시점에) 더 많은 합의가 이루어지고 있다는 사실 덕분에 전자의 기술들이 특권적인 표상이 되는 것이 아니다. 그것들은 우리의 처분에 따르는 자기-기술의 레퍼토리 중 하나일 뿐이다.

이 요점은 어떤 이가 당대의 정상 자연과학의 결과만 아는 것으로는 배운 사람, 즉 교양인gebildet이라고 간주할 수 없다는 상식의 연장으로도 제시될 수 있다. 가다머는 『진리와 방법』을 "그 자체 이외에는 어떤 목표도" 갖지 않는 무언가로서의 *Bildung* 개념에 의미를 부여하는 인본주의 전통의 역할에 대한 논의로 시작한다.[9] 우리가 그런 개념에 의미를 부여하기 위해서는 시대, 전통, 역사적 사건을 기술하는 어휘들의 상대성에 대한 감각이 필요하다. 이것이 바로 교육에서 인본주의 전통이 하는 일이며, 이는 자연과학의 결과들을 가지고 훈련하는 것으로는 할 수 없는 일이다. 그런 상대성의 감각을 고려할 때, 우리는 "본질"이라는 개념도, 본질의 정확한 표상을 인간의 과업으로 여기는 사고방식도 진지하게 받아들일 수 없다. 자연과학들은 자기들만의 힘으로 우리가 어떤 존재이고 어떤 존재가 될 수 있는지 알며, 단지 우리의 행동을 예측하고 통제하는 방법뿐만 아니라 그런 행동의 한계(그리고 특히 우리의 유의미한 말하기의 한계)까지 모두 알고 있다고 우리를 확신시키려 한다. 가다머가 ***정신과학***에서 "객관성"의 요구(밀과 카르납이 공유했던)를 막아 내려 시도한 것은 교육이 정상적 탐구의 결과를 훈련하는 것으로 환원되는 것을 막으려는 시도이며, 더 넓게는 비정상적인 탐구가 단지 그것이 비정상적이라는 이

---

9 가다머, 『진리와 방법』, p. 12.

유만으로 의심스럽게 비치는 것을 막고자 한 시도다.

객관성, 합리성, 정상 탐구를 우리가 교육받고 교화되어야 할 필요성이라는 더 큰 그림 안에 위치시키려는 이러한 "실존주의적" 시도는, 사실의 학습과 가치의 습득을 구분하려는 "실증주의적" 시도에 의해 흔히 역공을 받곤 한다. 실증주의적 관점에서 볼 때, 가다머의 ***영향사적 의식***에 대한 해명은 설령 우리가 우리 자신에 관해 객관적으로 참인 모든 기술을 다 알고 있더라도 여전히 우리는 우리 자신을 어찌해야 할지 모를 수 있다는 평범한 상식을 반복하는 것에 지나지 않을 수 있다. 이런 관점에서 보면, 『진리와 방법』(그리고 이 책의 제6장과 제7장)은 정상 탐구에서 제공하는 모든 정당화 요구에 전적으로 순응하더라도, 여전히 우리는 그렇게 정당화된 주장들로부터 우리 자신의 도덕을 자유롭게 도출할 수 있는 존재로 남으리라는 사실을 단지 극적으로 과장되게 표현한 것일 뿐이다. 그러나 가다머, 하이데거, 사르트르의 관점에서 볼 때, 사실-가치 구분의 문제점은 그것이 정확히 정상 탐구의 결과들이 제공하는 기술과 더불어 대안적인 기술들도 가능하다는 사실을 흐리기 위해 고안되었다는 데 있다.[10] 그것은 일단 "모든 사실이 다 파악되고 나면", 합리적 논의가 불가능한 선택, 즉 "비인지적"으로 어떤 태도를 채택하는 일 말고는 아무것도 남지 않는다는 것을 암시한다. 그것은 우리가 우리 자신을 기술하기 위해 하나의 참인 문장 집합을 사용하는 것은 이미 우리 자

---

10 『존재와 시간』, p. 133에 나오는 "가치"에 대한 하이데거의 논의와 『존재와 무』, 제2부 1장 4절의 사르트르의 논의를 보라. 베버Max Weber에 관한 가다머의 언급들을 비교하라(『진리와 방법』, pp. 461ff).

신을 향한 태도를 선택하는 것이고, 또 다른 참인 문장 집합을 사용하는 것은 그와는 다른 태도를 채택하는 것이라는 사실을 은폐한다. 이러한 "사실적" 진술들의 집합을 통약가능하게 만드는 가치-면제 어휘가 있다고 가정할 때만, 사실과 가치, 믿음과 태도 사이의 실증주의적 구분은 그럴듯하게 보일 수 있다. 그러나 그러한 어휘가 언제든 입에서 나올 준비가 되어 있다고 하는 철학적 허구는 교육적 관점에서 볼 때 재앙이다. 그것은 우리가 자신을 한편으로는 참인 문장을 아는 사람으로, 다른 한편으로는 삶이나 행위나 예술 작품을 선택하는 사람으로 분열시킬 수 있는 척 가장하도록 강요한다. 그런 인위적인 괴리는 교화 개념에 초점을 맞추는 일을 불가능하게 만든다. 아니, 더 정확히 말하자면, 그런 괴리는 교화를 정상 담론에서 사용되는 이성적 능력과는 무관한 것으로 생각하도록 우리를 유혹한다.

따라서 본질상-본질을-아는-자로서의-인간이라는 고전적 그림을 없애려는 가다머의 노력은 무엇보다도 사실과 가치의 구분을 없애려는 노력이자, 그럼으로써 우리가 "사실들의 발견"을 여러 가지 교화 프로젝트 중 하나로 생각하게 만들려는 노력이라고 할 수 있다. 이것이 가다머가 인지, 도덕, 미적 판단에서 칸트가 제시한 구분들을 허무는 데 그렇게 많은 시간을 할애한 이유다.[11] 내가 알 수 있는 한, 칸트의 "격자"를 그 자리에 계속 둘 것인지 아니면 내칠 것인지의 쟁

---

11 칸트의 세 번째 『비판』에 나오는 "미적인 것의 주관화the subjectivization of the aesthetic"에 대한 가다머의 논박을 보라(『진리와 방법』, p. 87). 그리고 아리스토텔레스의 자연학, 논리학, 윤리학의 구분에 관하여 하이데거가 「인본주의에 관한 편지Letter on Humanism」에서 언급한 내용과 비교해 보라(하이데거, 『기본 저술들Basic Writings』, 크렐David Farrell Krell 편집[New York, 1976], p. 232).

점을 논증할 방법은 없다. 과학과 교화를 각각 "합리적인" 것과 "비합리적인" 것으로 보는 사람들과 객관성에 대한 탐구를 ***영향사적 의식*** 안에서 설명되어야 할 여러 가능성 중 하나로 보는 사람들에게 공통된 통약의 지반을 제공하는 철학적 "정상" 담론은 존재하지 않는다. 그런 공통의 지반이 없다면 우리가 할 수 있는 일은 우리 자신의 관점에서 저쪽 편이 어떻게 보이는지 보여주는 것뿐이다. 즉 우리가 할 수 있는 일은 반대 측을 해석학적으로 바라보는 것뿐이다. 이상하거나 역설적이거나 거슬리는 그들의 말이 그들이 하고자 하는 나머지 말과 어떻게 서로 얽혀 있는지, 그들이 하는 말을 우리 자신의 대안적 어구에 넣었을 때 어떻게 보일지 드러내 보이려고 노력하는 것이다. 전통을 해체하려는 하이데거와 데리다의 시도에 공통된 측면이 바로 이런 부류의 논쟁적 의도를 지닌 해석학이다.

2. 체계 철학과 교화 철학

해석학적 관점에서 진리 획득은 그 중요성이 점차 퇴색하고 교육의 한 구성 요소로 간주되는데, 이런 관점은 우리가 한때 다른 관점에 서 있었을 때만 가능하다. 교육은 문화적 적응에서 시작해야 한다. 따라서 객관성의 추구와 그런 객관성을 구성하는 사회적 실천에 대한 자의식적 인식은 **교양인**이 되기 위해 필수적인 첫 단계다. 우리는 먼저 우리 자신을 **즉자**卽自로 보아야 한다. 즉, 우리 동료들의 판단에서 객관적으로 참이라 할 진술들로 기술되는 존재로 먼저 자신을 보아야 하며 그래야 비로소 우리 자신을 **대자**對自로 보는 것이 어떤 의미를 지니게 된다. 유사하게, 우리가 우리 문화가 제공하는 세계에 관한 기술들에 대해 많은 것을(예를 들어 자연과학들의 결과물을 학습함으로써) 알아내지 못한다면 교육이 될 수가 없다. 아마도 나중에는 우리가 "실재와의 접촉"에 가치를 덜 부여할 수도 있겠지만, 그런 여유는 암묵적으로, 그런 다음에는 명시적이고 자의식적으로, 우리 주변에서 전개되는 담론들의 규범에 순응하는 여러 단계를 거치고 난 후에야 비로소 가질 수 있다.

교육, 심지어 혁명가나 예언자의 교육도 문화적 적응과 순응에서 시작할 필요가 있다는 이 진부한 요점을 제기하는 이유는, 그저 정상 담론에 정상적으로 참여하는 것이 단지 하나의 프로젝트, 즉 세계 안에 존재하는 하나의 방식일 뿐이라는 "실존주의적" 주장에 경고를 달아 보완하기 위해서다. 여기서 경고란 요컨대 비정상적인 "실존적" 담론은 항상 정상 담론을 숙주로 삼고, 해석학의 가능성은 항상 인식론의 가능성(그리고 아마도 현실성)을 숙주로 삼으며, 교화는 항상 당대의 문화가 제공하는 소재들을 사용한다는 말이다. 우리 자신의 비정상성을 인식하지 못한 채로 비정상 담론을 **새롭게** 시도하는 것은 가장 축자적이고 끔찍한 의미에서 광기다. 인식론이 구실을 할 자리에서 해석학적 태도를 고집하는 것, 즉 우리가 스스로 정상 담론을 그 자체의 동기라는 측면에서 보지 못하게 만들고 오로지 우리 자신의 비정상 담론 내부로부터만 그것을 보게 만드는 것은 미친 것은 아니지만, 교육의 부족을 여실히 드러내는 것이다. 사르트르, 하이데거, 가다머에게 공통된 객관성과 합리성에 대한 "실존주의적" 태도를 채택하는 일은 잘 이해된 규범에서 의식적으로 벗어나면서 그렇게 할 때만 의미가 있다. "실존주의"는 **본질상 반동적인** 사유 운동이며, 오로지 전통에 반대하는 데서만 의의를 지니는 사조이다. 나는 이제 본질상 건설적인 작업을 하는 철학자들과 본질상 반동적인 작업을 하는 철학자 사이의 이러한 대조를 일반화하고자 한다. 그럼으로써 나는 인식론에 중심을 둔 철학과 인식론의 허식에 대한 의심을 출발점으로 삼는 종류의 철학 사이의 대비를 전개할 것이다. 이것이 바로 "체계" 철학과 "교화" 철학의 대비이다.

충분히 성찰적인 모든 문화에는 한 가지 영역, 한 가지 실천 집합을 골라내어 그것을 인간 활동의 본보기로 간주하는 사람들이 있다. 그들은 그런 다음 나머지 문화가 이런 모범으로부터 어떻게 이익을 얻을 수 있는지 보여주려고 노력한다. 서양 철학의 주류 전통에서 이 본보기는 **앎**knowing, 즉 정당화된 참인 믿음 혹은 그보다 더 낫게 아예 정당화가 불필요할 정도로 내재적 설득력이 있는 믿음을 소유하는 것이었다. 이 주류 전통 내에서 새로운 인지적 성과를 접하고 고무된 철학자들이 연이은 철학적 혁명을 일으켰다. 예를 들면, 아리스토텔레스의 재발견, 갈릴레이 역학, 19세기의 자의식적 역사학의 발전, 다윈주의 생물학, 수리 논리학 등이 그런 인지적 성과들이다. 토마스가 교부들을 회유하기 위해 아리스토텔레스를 이용한 것이나, 데카르트와 홉스가 스콜라주의를 비판한 것이나, 뉴턴을 읽는 것이 자연스럽게 폭군의 몰락으로 이어진다고 하는 계몽주의의 사고나, 스펜서의 진화론이나, 논리학을 통해 형이상학을 극복하려는 카르납의 시도 등은 최신의 인지적 성취를 모형 삼아 나머지 문화를 재형성하려는 숱한 시도들이다. "주류" 서양 철학자는 전형적으로 이렇게 말한다. 이제 이런저런 탐구 방식이 아주 깜짝 놀랄 성공을 거두었으니, 모든 탐구와 모든 문화를 그 모형 위에 재형성하고, 그럼으로써 이전에는 관습과 미신, 그리고 자연을 정확하게 표상하는 인간 능력에 대한 적절한 인식론적 이해의 부족으로 불명료했던 영역들에서 객관성과 합리성이 지배적인 위치를 차지할 수 있도록 합시다.

근대 철학사의 주변부에서 우리는 비록 어떤 "전통"을 형성한 것은 아니지만 인간의 본질이 본질을 아는 자가 되는 것이라는 생각을 불신한다는 점에서 서로 닮은 인물들을 발견할 수 있다. 괴테, 키르케고르, 산타야나, 윌리엄 제임스, 듀이, 후기 비트겐슈타인, 후기 하이데거가 이런 부류의 인물들이다. 이들은 종종 상대주의나 냉소주의라는 비난을 받기도 한다. 그들은 흔히 진보에 대해, 특히 이런저런 학문이 마침내 인간 지식의 본성을 너무도 분명하게 밝힌 바람에 이제 이성이 나머지 인간 활동 전역으로 퍼질 것이라는 최신 주장에 의구심을 품는다. 이 저술가들은 우리가 알고 싶은 모든 것에 대해 정당화된 참인 믿음을 가졌을 때조차, 우리가 가진 것은 그저 당대의 규범에 부합하는 것에 불과할 수 있다는 견해를 계속 제기해 왔다. 그들은 이번 세기의 "미신"이 지난 세기 이성의 승리였다는 역사주의적 감각뿐만 아니라, 최신의 과학적 성취에서 빌린 최신 어휘란 본질의 특권적 표상을 표현하는 것이 아니라 다만 세계가 기술될 수 있는 잠재적으로 무한한 어휘 중 그저 또 다른 하나에 불과할 수 있다는 상대주의적 감각도 잃지 않았다.

주류 철학자들은 내가 "체계적"이라고 부를 철학자들이고, 주변부 철학자들은 "교화적"이라고 부를 철학자들이다. 이 주변부의 실용주의적 철학자들은 **체계 철학에 대해**, 다시 말해, 보편적 통약의 전체 프로젝트에 대해 주로 회의적이다.[12] 우리 시대에는 듀이, 비트겐슈타인, 하이데거가 주변부의 위대한 교화 사상가들이다. 세 사람 모두 자신의 사상을 전통적인 철학적 문제에 대한 견해를 표현하거나 협력적이고 진보적인 학문으로서 철학에 대한 건설적 제안을 하는 것으로 이해하는 일을 최대한 어렵게 만든다.[13] 그들은 인간에 대한 고전적 그림, 체계 철학이 담긴 그림, 최종적 어휘로 보편적 통약을 찾으려는 그림을 조롱한다. 그들은 단어가 그것의 표상적 특성 덕분에가 아니라 다른 단어들로부터 의미를 얻는 것이라는 전체론적 관점, 그리고 그에 따른 지당한 귀결로서 어휘의 특권은 실재하는 것들에

---

12 자크 데리다Jacques Derrida가 그의 「백색 신화La Mythologie Blanche」에 인용했던(『철학의 여백들Marges de la Philosophie』[Paris, 1972], p. 250), 아나톨 프랑스Anatole France의 「에피쿠로스의 정원Garden of Epicurus」에 나오는 구절을 생각해 보라.

> … 형이상학자들은 새로운 언어를 구성할 때 칼과 가위 대신 동전과 메달을 숫돌에 가는 칼갈이와 같다. 그들은 부조, 비문, 초상을 문지른다. 그러고는 더는 그 누구도 동전에서 빅토리아, 빌헬름, 프랑스 공화국을 알아볼 수 없을 때 그들은 이렇게 설명한다. 이 동전들에서 이제 특별히 영국적이거나, 독일적이거나, 프랑스적이라 할 것은 전혀 없소. 왜냐하면 우리가 그런 것들을 시간과 공간으로부터 제거해 버렸기 때문이오. 그것들은 이제 더는 이를테면 5프랑의 가치를 갖는 것이 아니라 이루 헤아릴 수 없는 가치를 가지며, 그것들이 교환의 매개가 되는 영역은 무한히 확장된 것이오.

13 카를-오토 아펠Karl-Otto Apel이 "이론적 학문 분야로서의 서구 형이상학에 의문을 제기한" 두 사람인 비트겐슈타인과 하이데거를 비교한 것을 보라(『철학의 변형Transformation der Philosophie』[Frankfurt, 1973], 제1권, p. 228). 나는 내가 지금 말해 오고 있는 것을 뒷받침하기 위해 듀이, 비트겐슈타인, 하이데거에 대한 해석들을 제시한 적은 없지만, 비트겐슈타인에 관해서 쓴 소품 「철학을 순수하게 지키기Keeping Philosophy Pure」(*Yale Review*[Spring 1976], pp. 336-356)와 「전통 극복하기: 하이데거와 듀이Overcoming the Tradition: Heidegger and Dewey」(*Review of Metaphysics* 30[1976], 280-305) 및 「듀이의 형이상학Dewey's Metaphysics」(『듀이 철학에 대한 새로운 연구들New Studies in the Philosophy of John Dewey』, 스티븐 M. 칸Steven M. Cahn 편집[Hanover, N.H., 1977])에서 그러려고 시도한 적이 있다.

대한 그것의 투명성에서가 아니라 어휘를 사용하는 사람들로부터 획득된다는 생각을 꾸준히 이야기한다.[14]

체계 철학자와 교화 철학자의 구분이 정상 철학자와 혁명적 철학자의 구분과 같지는 않다. 후자의 구분은 후설, 러셀, 후기 비트겐슈타인, 후기 하이데거를 모두 나눠진 경계의 같은 쪽("혁명적")에 들어가게 한다. 내 목적상 중요한 것은 혁명적 철학자들을 두 종류로 구분하는 것이다. 한편에는 정상적이고 전문화된 철학을 수행할 수 있는 새로운 학파들을 건설한 혁명적 철학자들이 있다. 이들은 새 어휘와 기존 어휘의 통약불가능성을 일시적인 불편으로 여기면서 그것을 선배들의 단점 탓으로 돌리고 자신들의 어휘를 제도화함으로써 그런 불편이 극복되리라 본다. 반면에 자신의 어휘가 혹시라도 제도화될 수 있다는 생각이나 자신의 글이 전통과 통약가능한 것으로 보일 수도 있다는 생각을 두려워한 위대한 철학자들도 있다. 후설과 러셀은 (데카르트와 칸트처럼) 전자에 속한다. 후기 비트겐슈타인과 후기 하이데거는 (키르케고르와 니체처럼) 후자에 속한다.[15] 위대한 체

---

14 데리다는 언어에 관한 이런 하이데거적인 요점을 『목소리와 현상La Voix et le phénomène』에서 길고도 교훈적으로 상술한다(영어로는 『말과 현상Speech and Phenomenon』(데이비드 앨리슨David Allison 번역, Evanston, 1973)으로 번역되었다. 뉴턴 가버Newton Garver가 이 번역서의 「서론」에서 데리다와 비트겐슈타인을 비교한 것을 참조하라.

15 서양 철학이라는 전체 관념을 창안한 사람인 저 플라톤이 지닌 영원한 매력은 그가 어떤 부류의 철학자였는지 우리가 아직도 알지 못한다는 점이다. 『일곱 번째 편지』를 가짜로 치부하더라도 수천 년 동안 주석을 달고 났는데도 대화편에서 어떤 구절이 농담인지 아무도 모른다는 사실은 그 수수께끼를 계속 신선하게 유지해 준다.

계 철학자들은 건설적이며 논증들을 제공한다. 위대한 교화 철학자들은 반동적이며 풍자, 패러디, 금언을 제공한다. 그들은 자신이 반항하던 시대가 끝나면 자신의 작업이 의의를 잃는다는 것을 안다. 그들은 **의도적으로** 주변부에 머문다. 위대한 체계 철학자는 위대한 과학자처럼 영원을 위해 쌓아 올린다. 위대한 교화 철학자들은 자기 세대를 위해 부순다. 체계 철학자는 자신의 주제를 과학의 안전한 행로 위에 올려놓고 싶어 한다. 교화 철학자들은 시인들이 때때로 일으킬 수 있는 경이의 감각, 즉 태양 아래 새로운 무언가가 있다는 경이, 이미 존재하는 것에 대한 정확한 표상이 **아닌** 무언가, (적어도 잠깐은) 설명할 수 없고 사실상 말로 기술하기도 어려운 무언가를 위한 공간을 계속 열어 두기를 원한다.

그러나 교화하는 철학자라는 개념은 역설적이다. 플라톤은 철학자를 시인에 반대되는 존재로 정의했기 때문이다. 철학자라면 이유를 대고, 자신의 견해를 주장하고, 자신을 정당화할 수 있을 것이다. 그래서 논증적인 체계 철학자들은 니체와 하이데거에 대해 그들이 다른 그 무엇일 수는 있어도 어쨌든 **철학자**는 아니라고 말한다. 물론 이런 "실제로는 철학자가 아니다"식 전략은 정상 철학자들이 혁명적 철학자들에 맞서 사용하기도 한다. 실용주의자들이 논리 실증주의자들에 맞서 사용했고, 실증주의자들이 "일상언어 철학자들"에 맞서 사용하기도 했으며, 앞으로도 안락한 전문성이 위험에 처할 때마다 사용될 것이다. 그러나 그런 식의 용법은 단지 어떤 통약불가능한 담론이 제안되고 있음을 말해 주는 것 이상도 이하도 아닌 그저 수사학적 선제조치일 뿐이다. 반면에 그것이 교화 철학자를 상대로 사용될 때는 그 비난이 그냥 하는 소리가 아니다. 교화 철학자의 문제는 논증 제공이 본업인 철학자면서도 그저 다른 용어 집합을 제공하고 싶어 할 뿐, 그런 용어들이 본질(예를 들면, "철학" 그 자체의 본질)에 관하여 새로 발견된 정확한 표상이라고 말하는 법이 없다는 것이다. 말하자면 그는 단지 정상 철학(당대 학파들의 철학)의 규칙들뿐만 아니라 일종의 상위 규칙, 즉 낡은 규칙이 주된 문제에 들어맞지 않거나 실재에 적합하지 않거나 영원한 문제들의 해결에 방해가 된다는 것을 포착한 경우에만 규칙 변경을 제안할 수 있다는 규칙까지도 위반하고 있다. 교화 철학자들은 혁명적인 체계 철학자들과는 달리 이 상위 수준에서 비정상적인 사람들이다. 그들은 그 자신을 어떤 객관적 진리(이를테면, 철학이 무엇인지에 관한)를 찾아낸 사람으로 내세우기를 거부한다. 그들은 사물이 어떻게 있는지에 대한 정확한 표상을 제공하는 것과는 다른, 그것보다 더 중요한 무언가를 하는 사람으로 자신을 내세운다. 그들의 말에 의하면 그것이 더 중요한 이유는, "정확한 표상"이라는 개념 자체가 철학이 하는 일이 무엇인지를 생각하는 적절한 방식이 아니기 때문이다. 그러나 그들은 계속해서 이렇게 말한다. 그것은 "…에 대한(예를 들면, '실재의 가장 일반적인 특질' 또는 '인간의 본성'에 대한) 정확한 표상의 탐색"이 철학에 대한 **부**정확한 표상이기 때문은 아니다.

자만이 덜한 혁명가들은 선배들이 견해를 가졌던 많은 것들에 대해 견해를 가질 여유가 있지만, 반면에 교화 철학자들은 견해를 갖는다는 개념 자체를 비난해야 하면서도 그것이 견해를 갖는 것에 대한 견해 갖기는 아니라고 해야 한다.[16] 이것은 거북하지만, 불가능하지는 않은 입장이다. 비트겐슈타인과 하이데거는 용케도 그 일을 꽤 잘 해낸다. 그들이 그 일을 그 정도로 잘 해낼 수 있는 한 가지 이유는 그들은 우리가 무언가를 말할 때 반드시 어떤 주제에 관한 견해를 표현하고 있어야 한다고 생각하지 않기 때문이다. 우리는 그냥 **무언가를 말하고 있는** 것일 수 있다. 탐구에 이바지하는 것이 아니라 단지 대화에 참여하는 것일 수도 있는 것이다. 어쩌면 무언가를 말하는 것이 항상 사물이 어떠한지 말하는 것은 아닐 수도 있다. 어쩌면 **사물이 어떠한지** 말하는 것이 그 자체로 사물이 어떠함을 말하는 경우가 아닐 수도 있다. 두 사람 모두 우리에게, 사람들이 실재의 내적 표상을 외재화한다고 보지 말고, 그냥 이런저런 이야기를 하고 있으며 더 좋거나 나쁜 것들에 관해 말하고 있다고 볼 것을 제안한다. 그러나 이것은 그들로서는 이제 시작일 뿐이다. 왜냐하면 그럴 때 우리는 자신이 이것을 **본다**고 보는 일을 멈추면서도 자신이 다른 무언가를 본다고 보기 시작해서는 안 되기 때문이다. 우리는 우리의 말에서 시각적 은유, 특히 거울상 은유를 완전히 제거해야 한다.[17] 그러기 위해서는 말이 내적 표상의 외재화가 아닐뿐더러, 아예 표상이 아니라고 이해해야 한다. 우리는 사고에 대해서뿐만 아니라 문장에 대해서도 대응 개념을 버려야 하며, 문장들이 세계가 아니라 다른 문장들과 연결된다고 보아야 한다. 우리는 "사물이 어떠한지에 대응한다"라는 표현을

---

16 하이데거의 『세계상의 시대Die Zeit des Weltbildes』는 이 난제에 대해 내가 접한 최고의 논의이다. (마저리 그린Marjorie Grene이 「The Age of the World-View」[*Boundary* II, 1976]로 번역했다.)

17 데리다의 최근 저술들은 이러한 은유를 피하는 방법에 대한 숙고들이다. 하이데거가 「일본인과 질문자 간의 언어에 관한 대화에서 발췌한 내용Aus einem Gespräch von der Sprache zwischen einem Japaner und einem Fragenden」(『언어로의 도상에서Unterwegs zur Sprache』[Pfullingen, 1959])에서 그런 것처럼, 데리다는 동양 언어와 표의문자의 우월성이라는 개념을 가지고 종종 장난을 친다.

성공적인 정상 담론에 자동으로 부여되는 칭찬으로 보아야 하며 나머지 담론에서 철두철미 연구되고 열망해야 할 관계로 간주하지 말아야 한다. 이 칭찬을 **비**정상 담론의 업적에까지 확장하려는 시도는 마치 판사의 현명한 판결에 두둑한 팁을 남겨서 칭찬하는 것과 다를 바 없다. 그것은 분별없는 행동이지 않은가. 비트겐슈타인과 하이데거도 사물이 어떠한지에 대한 견해를 가지고 있다고 생각하는 것은, 정확히 말하자면 사물이 어떠한지에 대해 틀린 생각이라고 할 수는 없다. 그것은 그냥 빈곤한 취향일 뿐이다. 그것은 그들을 그들이 있고 싶어 하지 않는, 그들을 우스꽝스럽게 보이게 하는 위치에 데려다 놓는 것이다.

그러나 어쩌면 우스꽝스럽게 보이는 것이 **당연한 일일지도** 모른다. 도대체 그러면 어떤 견해를 갖는 것에 대해 눈치껏 적당한 태도를 택해야 하는 때는 언제이고, 누군가에게 그래야 할 도덕적 의무가 있다고 주장해야 하는 때는 언제인지 우리가 어떻게 안단 말인가? 이는 마치 누군가가 우리의 규범들(예를 들면, 사회 조직, 성적 관습, 대화 예절 등)을 받아들이지 않는 것이 도덕적으로 터무니없을 때는 언제이고, (적어도 잠정적으로는) 존중받아야 할 때는 언제인지를 어떻게 알 수 있느냐고 묻는 것과 같다. 일반 원칙들을 참조해서는 그러한 것들을 알 수 없다. 예를 들어, 우리는 특정 문장이 발화되거나 특정 행위가 수행되면 대화나 인간관계가 끊길 거라고 미리 알 수는 없는데, 왜냐하면 모든 것은 무엇이 그런 발화나 수행을 초래했는지에 따라 달라지기 때문이다. 교화 철학자들을 대화 상대로 보는 것이 그들을 공통 관심사에 대한 견해를 가진 사람들로 보는 데서 벗어나는 한 가지 대안이다. 지혜에 대한 사랑이 논증에 대한 사랑과 같지 않다고 생각하고, 지혜의 성취가 본질을 표상하는 올바른 어휘를 찾는 일에 있지 않다고 생각하는 한 가지 방법은, 그 지혜를 대화 참여에 필요한 실천적 지혜로 생각하는 것이다. 교화 철학을 지혜에 대한 사랑**으로** 보는 한 가지 방법은, 그것을 대화가 탐구나 연구 프로그램으로 퇴보하는 것을 막으려는 시도로 보는 것이다. 교화 철학자들이 결코 철학을 종식할 수는 없지만, 그들은 철학이 과학의 안전한 행로에 이르는 것을 막는 데 도움을 줄 수 있다.

3. 교화, 상대주의, 그리고 객관적 진리

나는 이제 교화 철학이 진리의 발견이 아니라 대화의 지속을 목표로 한다는 이 제안을 확대하여, 진리를 교화에 종속시킨다며 제기되는 "상대주의"라는 익숙한 비난에 대한 응답을 그로부터 끌어내고 싶다. 나는 대화와 탐구의 차이가 사르트르가 제시한 자신을 **대자**對自로 생각하는 것과 **즉자**卽自로 생각하는 것 사이의 구별과 유사하며, 따라서 교화 철학자의 문화적 역할은 우리가 일련의 객관적 사실을 앎으로써 우리 자신을 안다고 믿는 데서 비롯된 자기기만을 피하도록 돕는 것임을 주장할 것이다. 다음 절에서는 이 주장을 역으로 뒤집어 볼 것이다. 거기서 나는 앞의 여러 장에서 권해 왔던 전적인 행동주의, 자연주의, 물리주의가 우리를 잉크통이나 원자와는 "환원불가능하게" 다른 존재로 만드는 형이상학적으로 심오하고 감춰진 중요한 본성이 우리에게 있다고 생각하는 자기기만을 피하는 데 도움이 된다고 말할 것이다.

사람들은 흔히 전통적 인식론에 의문을 품는 철학자들을 양립할 수 없는 경쟁 이론 중 기껏해야 하나만 참일 수 있다는 생각에 의문을 제기하는 사람들로 여기곤 한다. 하지만 실제로 그 생각에 의문을 제기하는 사람을 찾기는 어렵다. 예를 들어, 누군가가 정합론이나 실용론 같은 "진리론들"은 다수의 양립불가능한 이론들이 설정된 "진리" 조건을 충족할 가능성을 허용한다고 말하면, 대개 정합론자나 실용론자는 그것은 단지 우리가 그런 "진리"의 후보들 가운데서 선택할 근거들을 가질 수 없다는 것을 보여줄 뿐이라고 대답하곤 한다. 그들은 여기서 도출해야 할 교훈이란, 자신들이 "참"에 대한 부적절한 분석을 제시했다는 것이 아니라 "진리 이론the truth theory", "해야 할 옳은 일the right thing to do"과 같이 직관적으로나 문법적으로는 단수지만, 유일무이한 지칭 대상을 골라내 줄 필요충분조건의 집합이 주어질 수 없는 그런 용어들이 있다는 것이라고 말한다. 그들은 그런 사실이 놀랄 일이 아니라고 말한다. 예를 들어, "그녀가 꽤 난처한 상황에 빠진 것을 알았을 때 해야 했을 최선의 대처"가 유일무이하게 지칭하는 것을 골라내 줄 필요충분조건이 있다고 생각하는 사람은 아무도 없다. 그럴듯한 조건들을 제시해서 양립불가능한 경쟁 후보들의 목록을 줄일 수는 있을지 몰라도 말이다. "그 지독한 도덕적 딜레마 상태에서 그녀가 해야 했을 일"이나 "인간의 *선한 삶*"이나 "실제로 세계를 구성하고 있는 것"의 지칭 대상들에 관해서는 사정이 달라야 하는 이유가 무엇이란 말인가?

진리나 실재나 선의 조건들을 만들어 내기는 하지만 유일무이하게 개별화하는 조건들을 제공하려 하지는 않는 모든 시도 안에 상대주의가 도사린다고 보려면, 우리는 내가 위에서 논의한(제6장 6절에서) 초월적 용어들에 대한 "플라톤적" 개념을 채택해야 한다. 우리는 그런 용어들(*진리*, *실재*, *선*)의 참된 지칭 대상을, 우리 사이에서 통용되는 정당화의 실천과는 어떤 식이건 상상으로조차도 연관성이 없는 것으로 생각해야 한다. 이런 플라톤적 실체화가 낳은 딜레마는 한편으로는 철학자가 이러한 유일무이한 지칭 대상들을 골라내기 위한 규준을 찾으려 시도해야 하지만, 다른 한편으로는 이러한 규준이 무엇일 수 있는지에 대한 유일한 단서가 현재의 실천(예를 들면 당대 최고의 도덕적, 과학적 사고)에서 제공된다는 것이다. 따라서 철학자들은 자기 자신에게 시시포스의 과제를 선고한 셈이 된다. 왜냐하면 초월적 용어에 대한 설명이 완성되자마자 본질과 우연 사이의 혼동이라는 "자연주의적 오류"의 딱지가 붙게 되기 때문이다.[18] 나는 이런 자기-논박적인 집착의 원인에 대한 단서를 다음과 같은 데서 찾을 수 있다고 생각한다. 즉 "해야 할 단 하나의 올바른 일"에 대한 조건을 찾는 것이 직관적으로 불가능하다는 점을 이유로 "객관적 가치"를 거부하는 철학자들조차도, 세계에 대한 단 하나의 참된 이론을 특징지을 조건들을 찾는 것이 불가능하다는 점을 이유로 "객관적인 물리적 실재"를 부정하기는 꺼린다는 것이다. 그러나 그들은 받아들여야 한다. 형식적으로 그 두 생각은 동등하기 때문이다. 도덕적 진리에 대해 "대응"의 접근법을 채택하는 문제에 대한 찬반의 이유는 물리적 세계에 대한 진리에 관련된 찬반의 이유와 같다. 내 생각에, 부당한 처사를 저지른 것에 대해서 우리가 흔히 가치 때문이 아니라 물리적 실재에 이리저리 떠밀려 그랬다고 변명한다는 것을 깨달을

18 이 점에 관해서는 윌리엄 프랭키나William Frankena의 고전 「자연주의적 오류The Naturalistic Fallacy」, *Mind* 68(1939)를 보라.

때, 본심이 드러난다.[19] 하지만 그 떠밀림이 객관성, 정확한 표상, 또는 대응과는 대체 무슨 상관이 있을까? 내가 생각하기에는, 우리가 실재와의 **접촉**(인과적, 비-지향적, 비-기술記述-상대적 관계)을 실재에 **대처하는 것**(실재를 기술하기, 설명하기, 예측하기, 수정하기 등 우리가 특정한 기술들 아래서 수행하는 일들 전부)과 혼동하지 않는 한, 아무 상관도 없다. 물리적 실재가 퍼스의 "2차성", 즉 비매개적 압력이라는 말의 의미는 물리적 실재를 기술하거나 혹은 그것에 대처하는 우리의 모든 방식 가운데 어느 하나가 "유일하게 옳은" 방식이라는 것과는 아무런 관련이 없다. 여기서 매개의 결여가 매개의 정확성과 혼동되고 있다. 기술의 부재가 특정 기술에 부여된 특권과 혼동된다. 오로지 그런 혼동으로 인해서만, 물질적인 것들에 대한 하나의 참된 기술을 특징짓는 조건들을 제시할 수 없음이 물질적인 것들의 완고함에 대한 둔감성과 혼동될 수 있다.

사르트르는 그런 혼동이 왜 그렇게 빈번하며, 그 결과가 왜 그토록 큰 도덕적 열성을 지닌 채로 전달되는지에 대한 설명을 돕는다. 사르트르가 보기에, "참"이라는 말의 의미에 관한 우리의 "직관"에 포함된다고 추정되는 "실재를 기술하고 설명하는 단 하나의 올바른 방법"이라는 개념은, 단지 돌덩이들이 저 난폭한 방식으로 발치에 부딪히듯 어떤 기술과 설명의 방식이 우리에게 **강제된다는** 개념일 뿐이다. 또는 시각적 은유로 바꾸어 말하자면, 이는 우리가 침침한 거울

19 가치에 떠밀린 느낌이 들어 보이는 것도 실은 변장한 물리적 실재일 뿐이라고 (예를 들면, 부모의 조건화에 의해 프로그램된 신경 배열이나 선분비물 등) 그들은 환원적으로 말한다.

안에서 보듯 실재를 보는 것이 아니라, 장막이 걷히고 담론과 기술이 불필요해지는 어떤 그 상상할 수 없는 형태의 직접성을 지닌 채 드러나는 실재를 갖는다는 개념이다. 만약 우리가 지식을 담론적인 무언가, 관념이나 단어의 지속적인 조정을 통해 얻어지는 무언가가 아니라, 그냥 떠밀림 당하거나 혹은 말문을 막는 광경 앞에 꼼짝도 못하고 굳어 버릴 때처럼 누구도 어찌할 수 없는 그런 무언가로 변환할 수 있다면 우리는 더는 경쟁하는 관념과 단어, 이론과 어휘 사이에서 선택의 책임을 지지 않아도 될 것이다. 사르트르는 이렇게 책임을 내팽개치려는 시도를, 자기 자신을 하나의 사물, 즉 **즉자적-존재** être-en-soi로 바꾸려는 시도라고 기술한다. 이런 사리에 맞지 않는 생각은 인식론자의 시각에서는 진리 획득을 **필연성**의 문제로 보는 형태를 취한다. 그것은 초월론자에게는 "논리적" 필연성이며, 진화론적 "자연화"를 추구하는 인식론자에게는 "물리적" 필연성이다. 사르트르의 관점에서 볼 때, 그런 필연성을 찾고자 하는 충동은 또 다른 대안 이론이나 어휘를 내세울 수 있는 자유를 없애고 싶은 충동이다. 따라서 그런 충동이 사리에 맞지 않음을 지적하는 교화 철학자는, 선택의 부담이 사라지리라는 인간 공통의 희망에 동참하지 않는다는 이유로 도덕적 진지함이 결여된 "상대주의자" 취급을 받는다. 덕을 아리스토텔레스적인 자기 발전으로 보는 도덕 철학자가 동료 인간에게 관심이 부족하다고 여겨지는 것처럼, 단지 행동주의자일 뿐인 인식론자는 객관적 진리를 향한 보편적 인간 열망을 공유하지 않는 사람으로 취급받는다.

사르트르는 시각적 이미지가 어째서 항상 그 자신을 초월하려 애쓰고 있는지 알 수 있게 도와줌으로써 그간 서양 철학의 문제들을 설정해 온 그 이미지에 대한 이해를 보충한다. 흐릿하지 않은 자연의 거울이라는 개념은 거울에 반사된 것과 구별할 수 없어서 결국은 거울이 아니게 될 거울 개념이다. 인간의 마음은 그런 흐릿하지 않은 거울이며 또한 인간이 그것을 안다는 생각은, 사르트르의 말에 따르면, 바로 신의 이미지와 같다. 그런 존재는 어떤 태도를 보여야 할지, 어떻게 기술해야 할지 선택이 필요한 낯선 대상을 마주칠 일이 없다. 그런 존재에게는 행위나 기술을 선택할 필요도 능력도 없을 것이다. 이 상황을 유리하게 생각하면 그런 존재는 "신"으로 불릴 수 있고, 불리하게 생각하면 "단지 기계"로 불릴 수 있다. 이런 관점에서 볼 때, 단지 대화를 지속하는 것보다 차라리 통약을 찾는 것, 즉 **가능한** 모든 기술을 하나로 환원하는 방법을 찾아내서 더 이상의 재기술을 불필요하게 만드는 방법을 찾는 것은 인간성을 탈피하려는 시도인 셈이다. 정상 탐구가 그런 것처럼 철학 역시 가능한 모든 담론이 자연스럽게 합의에 수렴하는 모습을 보여줘야 한다는 생각을 버리자는 것은, 한낱 인간 그 이상의 존재가 되려는 희망을 버리는 일이 될 것이다. 따라서 그것은 현재의 실천과 믿음으로는 희미하게조차도 반사될 수 없을 것 같은 어떤 존재자로서의 *진리*, *실재*, *선성*善性이라는 플라톤적 개념을 포기하고 "상대주의"에 다시 정착하는 일이 될 것이다. 상대주의는 "참인", "실재하는", "선한"에 관한 유용한 개념들은 오로지 그런 실천과 믿음의 연장선에 있는 것들 뿐임을 당연시한다.

마침내 나는 여기서 바로 앞 절을 마무리하며 내놓았던 제안, 즉 교화 철학의 요점은 객관적 진리를 찾는 것이 아니라 대화를 계속 이어 나가는 데 있다는 제안으로 다시 돌아가게 된다. 내가 옹호하고 있는 관점에서 볼 때, 그런 진리는 정상 담론에서 나온 정상적 결과물이다. 교화 철학은 비정상일 뿐만 아니라 반동적이기 때문에, 일부 특권적 기술 집합을 실체화하고 그에 따라 보편적 통약을 제안함으로써 대화를 차단하려는 시도에 대한 저항으로서만 의미를 지닌다. 교화 담론이 애써 피하려는 위험은 어떤 주어진 어휘나, 사람들이 자신에 대해 생각하게 될 수도 있는 특정한 방식이 그들을 속여서 이제부터 모든 담론은 정상 담론이 될 수 있다거나 혹은 그래야만 한다고 믿게 만드는 위험이다. 그로 인한 문화의 동결은 교화 철학자들의 눈에는 인간의 비인간화로 비칠 것이다. 따라서 교화 철학자들은 레싱Gotthold Lessing이 "모든 *진리*"보다 진리를 향한 무한한 분투를 선택한 것에 동의하고 있는 셈이다.[20] 교화 철학자에게는 "모든 *진리*"가 제시된다는 바로 그 생각이 불합리하다. 왜냐하면 *진리*라는 플라톤적 개념 자체가 불합리하기 때문이다. 그것은 특정-기술-하의-실재에 관한 것이 아닌 실재에 대한 진리 개념으로도 불합리하고, 다른 모든 기술과 제각각 통약가능하기 때문에 그것들을 모두 불필요하게 만드는 어떤 특권적 기술 하에서의 실재에 관한 진리 개념으로서도 불합리하다.

대화의 지속을 철학의 충분한 목표로 보는 것, 지혜란 그저 대화 유지 능력일 뿐이라고 보는 것은, 인간을 정확하게 기술하고 싶어 하는 존재로 보는 것이 아니라 새로운 기술記述들의 생성자로 보는 것이다. 철학의 목표를 진리, 다시 말해 인간의 모든 탐구와 활동에 궁

20 키르케고르는 이 선택을 "체계"보다 "주관성"을 선택한 자기 선택의 원형으로 삼았다. 『철학적 단편에 부치는 비학문적인 해설문Concluding Unscientific Postscript』, 데이비드 스웬슨David Swenson과 월터 라우리Walter Lowrie 번역(Princeton, 1941), p. 97 참조.

극적인 통약을 제공하는 조건들에 관한 진리라고 보는 것은 인간을 주체가 아닌 객체로 보는 것이다. **즉자**이자 동시에 **대자**로서, 즉 기술되는 대상이자 동시에 기술하는 대상으로서가 아니라, 그저 현존하는 **즉자**로 보는 것이다. 철학 덕분에 우리가 기술의 주체를 그 자체로 모종의 기술의 객체로 볼 수 있게 되리라 생각하는 것은 가능한 모든 기술이 단일한 기술적 어휘, 즉 철학 자체가 보유한 어휘의 도움으로 통약가능해질 수 있다고 생각하는 것과 같다. 왜냐하면 그런 보편적 기술이라는 개념을 가질 때만 비로소 우리는 주어진-특정-기술-하의-인간을 인간의 "본질"과 동일시할 수 있기 때문이다. 그런 개념이 있어야 비로소 인간이 본질을 **가진다**는 생각이 이해될 것이다. 본질들을 아는 것이 바로 그 본질이라고 생각하든 말든 말이다. 그러므로 인간이 주체이면서 동시에 객체이고 **대자**이면서 동시에 **즉자**라고 말한다고 해서 우리가 우리의 본질을 파악하고 있는 것이 아니다. 우리가 "우리의 본질은 본질이 없는 것"이라고 말한다고 해도, 만약 우리가 그런 통찰을 기반 삼아 인간에 대한 더 많은 진리를 찾기 위해 건설적이고 체계적인 시도를 감행한다면, 플라톤주의에서 벗어나는 것이 아니다.

그것이 바로 "실존주의"가, 더 일반적으로 말하자면 교화 철학이 반동적일 **수밖에 없는** 이유이고, 교화 철학이 대화를 새로운 방향으로 이끄는 것 이상의 일을 할 때마다 자기기만에 빠지게 되는 이유다. 어쩌면 그러한 새로운 방향이 새로운 정상 담론, 새로운 과학, 새로운 철학적 연구 프로그램, 그리고 그에 따른 새로운 객관적 진리를 낳을 수도 있을 것이다. 그러나 그런 것들은 교화 철학의 요점이 아니라 단지 우연한 부산물일 뿐이다. 요점은 언제나 같다. 그것은 바로 듀이가 "관습의 딱딱한 껍데기를 깨는 것"이라고 불렀던 사회적 기능을 수행하여, 선택적 기술하에서인 경우를 제외하고는, 인간이 그 자신이나 다른 어떤 것을 안다고 생각하는 착각을 저지르지 않도록 막는 것이다.

4. 교화와 자연주의

나는 제7장에서 정신-자연의 구분을 없애는 것이 좋은 발상이 되리라고 주장했다. 이 구분은 각각 해석학과 인식론의 구분에 상응하여 인간과 다른 사물의 분리, 혹은 인간을 구성하는 두 부분의 분리로 이해된다. 이제 나는 이 주제를 다시 꺼내고 싶다. 그것은 내가 지금 논의하고 있는 "실존주의적" 학설들이 앞선 장들에서 옹호했던 행동주의 및 유물론과 양립할 수 있음을 강조하기 위해서다. 체계적이면서 동시에 교화적이고 싶어 하는 철학자들이 흔히 그런 견해들이 양립할 수 없다고 보았으며, 그래서 그들은 **대자**이자, 반성할 수 있는 자이자, 대안적 어휘의 선택자로서 우리 자신에 대한 우리의 감각 자체가 철학적 주제로 전환될 수 있는 방식을 제안하였다.

최근의 많은 철학이 "현상학"이나 "해석학", 또는 그 둘 모두의 비호 아래 이 불행한 발상을 만지작거린다. 예를 들어, 하버마스와 아펠은 새로운 종류의 초월적 관점을 창조하여 칸트가 시도했던 것과 같은 일을 할 수 있게 하면서도 과학주의나 역사주의로는 빠지지 않는 방법들을 제안했다. 다시 말하지만, 마르크스나 프로이트 또는 둘 모두를 "주류" 철학에 끌어들일 필요가 있는 인물들로 보는 철학자들 대부분은 마르크스와 프로이트가 부각한 현상, 즉 자기-기술의 변화에서 기인한 행동의 변화를 중심으로 준-인식론적 체계들을 개발하고자 노력해 왔다. 그런 철학자들은 전통적 인식론이 인간을 "객관화"하는 데 전념했다고 보며, 그 전통이 "지식 객관화"를 위해 했던 일을 "반성"을 위해 수행해 줄 인식론의 후속 분과를 고대한다.

나는 우리가 인식론을 계승할 주제를 찾으려 해서는 안 되고, 오히려 철학이 영원한 탐구의 근본 틀을 발견하는 작업을 중심으로 삼아야 한다는 생각에서 벗어나기 위해 노력해야 한다고 역설해 왔다. 특히 우리는 과학이 설명하지 못한 채로 남긴 것을 철학이 설명할 수 있다는 생각에서 벗어나야 한다. 내가 보기에 "보편적 실용주의"나 "초월적 해석학"을 발전시키려는 시도는 매우 의심스럽다. 왜냐하면 그것은 딱 우리가 가지지 못하리라고 사르트르가 말한 것을 약속하는 것처럼 보이기 때문이다. 그것은 바로 자유를 자연으로 보는 방식(또는 조금 더 알아들을 수 있게 말하자면, 우리의 어휘 창조나 어휘 선택을 우리가 그런 어휘들 가운데 어느 하나 **속에서** 우리 자신을 바라보는 것과 같은 "정상적" 방식으로 간주하는 방식)이다. 그런 시도는 정상 담론을 통해 객관적 지식을 찾는 일을 내가 제안했던 바대로 교화의 한 요소로 보는 데서 출발한다. 그러나 그러고 나서 그 시도는 대개 더 야심 찬 주장들로 나아가곤 한다. 하버마스의 다음 구절이 그 사례다.

> … 지식이 실천적 삶의 보편적 맥락들에서 갖는 기능들은 재구성된 초월 철학의 근본 틀 안에서만 성공적으로 분석될 수 있다. 덧붙이자면, 그것은 절대적 진리 주장에 대한 경험론적 비판을 불러오지 않는다. 자연과학과 인문과학의 탐구 논리에 대한 반성을 통해 인지적 관심사를 확인하고 분석할 수 있는 한, 그것들은 합법적으로 "초

> 월적"인 지위를 주장할 수 있다. 그것들은 자연사의 결과로 분석되자마자, 이를테면 문화인류학의 관점에서 분석되자마자 "경험적" 지위를 갖게 된다.[21]

반대로 나는 "지식이 실천적 삶의 보편적 맥락들에서 갖는 기능들"을 "분석"하는 일반적인 통관적 방법을 찾으려는 노력은 의미가 없으며, 문화인류학(지성사를 포함하는 넓은 의미의)이 우리에게 필요한 전부라고 주장하고 싶다.

하버마스나 혹은 같은 동기에 사로잡힌 다른 저술가들은 경험적 탐구로 족하다는 제안에는 "객관주의적 환상"이 섞여 있다고 여긴다. 그들은 듀이식 실용주의와 셀라스와 파이어아벤트의 "과학적 실재론"을 부적절한 인식론의 산물로 보는 경향이 있다. 내가 보기에 듀이, 셀라스, 파이어아벤트의 가장 큰 미덕은 그들이 비인식론적인 종류의 철학, 즉 "초월적인 것"에 대한 모든 희망을 포기하는 철학으로 나아가는 길을 제시하고 부분적으로 그런 철학을 예시한다는 점이다. 하버마스는 어떤 이론이 "초월적으로 그 자신을 정초하기" 위해서는 그 이론이 다음과 같아야 한다고 말한다. 즉,

---

21 위르겐 하버마스, 『인식과 관심Erkenntnis und Interesse』, 제2판, 「후기」(Frankfurt: Suhrkamp, 1973), p. 410(크리스티안 렌하르트Christian Lenhardt가 「『인식과 인간적 관심』의 후기A Postscript to *Knowledge and Human Interests*」로 번역(*Philosophy of the Social Sciences* 3[1973], 181에 수록). 하버마스가 여기서 택한 노선에 대한 비판, 즉 나의 것과 유사한 비판에 대해서는 다음을 보라. 미하엘 토이니센Michael Theunissen, 『사회와 역사: 비판 이론의 비판에 대하여Gesellschaft und Geschichte: Zur Kritik der Kritischen Theorie』(Berlin, 1969), pp. 20ff. (내가 토이니센을 언급하게 된 것은 레이먼드 고이스 덕분이다.)

> 그 이론을 가능하게 **하면서** 동시에 그것에 제한을 가하기도 하는 불가피한 주관적 조건들의 범위를 익혀야 한다. 왜냐하면 이런 종류의 초월적 확증은 항상 그런 이론 자체의 과도한 자기-확신적 자기-이해를 주로 비판하기 때문이다.[22]

구체적으로 말해서, 그런 과신은 다음과 같이 생각하는 것에 해당한다. 즉,

> 철학적 실재론이 상정하는 의미에서 실재에 참되게 들어맞음 같은 것이 존재할 수 있다. 진리 대응론들은 사실을 세계의 존재자로 실체화하는 경향이 있다. 그런 견해의 객관주의적 환상을 폭로하는 것이 바로 가능한 경험의 조건을 그 자체로 반성하는 형태의 인식론이 지닌 의도와 내적 논리다. 모든 형태의 초월 철학은 가능한 경험 대상의 범주적 구조를 분석함으로써 경험의 객관성 조건을 확인한다고 주장한다.[23]

그러나 듀이, 비트겐슈타인, 셀라스, 쿤, 그 밖에 이 책에서 다룬 다른 중심인물들은 모두 "철학적 실재론이 가정하는 의미에서 실재에 참되게 들어맞음"을 반박하는 나름의 방법을 가지고 있으며, 그들 중 누구도 이것이 "가능한 경험 대상의 범주적 구조를 분석함으로써" 이루어지리라고 생각하지 않는다.

---

22 하버마스, 「후기」, p. 411(영역본은 p. 182).

23 Ibid., pp. 408-409(영역본은 p. 180).

칸트의 초월적 견지 비슷한 무언가를 채택해야만 우리가 오만한 철학적 실재론과 실증주의적 환원주의를 벗어날 수 있다는 생각은, 나에게는 하버마스의 것과 비슷한 프로그램들의 기본적 실수처럼 보인다(과학이 제공하는 것보다 "우선하는" 어떤 방식으로 인간을 기술해 줄 후설의 "생활-세계의 현상학"이라는 개념이 그런 것처럼). 그러한 상찬할 만한 목적을 달성하기 위해 요구되는 것은 초월적 견지와 경험적 견지에 대한 칸트의 "인식론적" 구분이 아니라, 경험적 자아로서의 인간과 도덕적 행위자로서의 인간이라는 그의 "실존주의적" 구분이다.[24] 정상 과학 담론은 항상 두 가지 방식으로 바라볼 수 있는데, 객관적 진리에 대한 성공적 탐색으로 보거나 혹은 우리가 관여하는 많은 프로젝트 중 하나, 다른 여러 담론 중 하나로 보는 것이다. 전자의 관점은 정상 과학의 정상 관행과 잘 어울린다. 여기서 도덕적 선택이나 교화의 문제들은 생겨나지 않는다. 왜냐하면 그런 문제들은 이미 해당 주제에서 객관적인 진리를 추구하는 것에 대한 암묵적인 "자기-확신적" 찬동에 선점된 상태이기 때문이다. 후자의 관점으로부터는 다음과 같은 질문들을 던지게 된다. "그것이 무슨 의미인가?", "우리와 나머지 자연이 작동하는 방식에 대한 우리의 지식에서 어떤

---

24 윌프리드 셀라스는 이 후자의 칸트적 구분을 효과적으로 활용하여 인격성이란 경험적 수단으로 분리해 낼 수 있는 특정 유기체의 특징이 아니라 "우리 중 하나가 되는 것", "우리라면 모두 …했을 것"이라는 형식의 실천적 명령의 범위에 속한다는 것의 문제임을 강조한다. 나는 이 책에서, 특히 제4장 4절에서 이 주장을 여러 번 끄집어낸 바 있다. 셀라스 본인의 용례는 다음을 보라. 『과학과 형이상학Science and Metaphysics』(London and New York, 1968), 제7장과 논문 「과학과 윤리Science and Ethics」, 『철학적 전망Philosophical Perspectives』(Springfield, Ill., 1967).

교훈을 얻게 되는가?" 또는 "우리 자신의 행동에 관한 법칙들을 알았으니 이제 우리는 어떻게 해야 하는가?"

그런 질문들이 어떤 새로운("형이상학적"이거나 "초월적"인) 기술적 혹은 설명적 담론(예를 들면, "인간", "정신", "언어" 등을 다루는)을 통해 답을 얻게 되리라는 생각이 언제나 체계 철학의 근원적 오류였다. 새로운 객관적 진리를 발견함으로써 정당화 문제에 답하고, 특권적 영역에 관한 기술들을 통해 도덕적 행위자의 정당화 요청에 답하려는 그런 시도는 철학자가 지닌 나쁜 신념의 특별한 형태, 즉 도덕적 선택을 가짜-인지로 대체하는 특별한 방식이다. 칸트의 위대함은 그런 시도의 "형이상학적" 형식을 꿰뚫어 보고 전통적 이성 개념을 파괴하여 도덕적 신념을 위한 공간을 마련한 데 있었다. 칸트는 과학적 진리를 목적이나 정당화에 대한 우리의 요구에 답을 주거나, 무엇을 해야 할지에 대한 우리의 도덕적 결정이 세계의 본성에 대한 **지식**에 근거한다고 주장할 길을 제공하지 못하는 무언가로 보는 방식을 제시했다. 불행히도 칸트는 과학에 대한 그의 진단을 "불가피한 주관적 조건들"의 발견이라는 방식으로 제시했으며, 그것이 과학적 탐구에 대한 반성을 통해 드러나리라고 보았다. 똑같이 불행하게도, 그는 도덕적 딜레마의 판단 절차가 실제로 존재한다고 생각했다(비록 정언명령에 대한 우리의 이해는 **인지**가 아니므로 그것이 **지식**에 근거하는 것은 아니지만).[25] 그래서 그는 새로운 형태의 나쁜 철학적 신념을 만들

25 *K.d.r.V.*, A824/B852ff에서 칸트가 지식과 필연적 믿음을 구분하고 특히 후자의 동의어로 'Unternehmung'을 사용한 것을 보라.〔이 대목에서 'Unternehmung'는 지식이 성립하지 않는 상황에서 특정 목적을 위해 사유 속에서 시도하는 기획, 의도 등으로 이해할 수 있다. – 옮긴이〕 내가 보기에, 첫 번째 비

어 냈는데, 그것은 바로 다른 어딘가에 있는 세계를 찾으려는 "형이상학적" 시도를 자신의 참된 자아를 찾으려는 "초월적" 시도로 대체한 것이었다. 도덕적 행위자를 구성적인 초월적 자아와 암묵적으로 동일시함으로써 그는 자유를 자연으로, 선택을 지식으로, **대자**를 **즉자**로 환원하려는 훨씬 더 복잡한 칸트 이후의 시도들로 나아가는 길을 열어 두었다. 이 길은 내가 자연과 정신, "과학 객관화하기"와 반성, 인식론과 해석학 사이를 나누는 몰역사적이고 영구적인 구분을 익숙한 것과 낯선 것, 정상적인 것과 비정상적인 것 사이의 역사적이고 잠정적인 구분을 통해 재구성함으로써 차단하고자 애써 왔던 바로 그 길이다. 왜냐하면, 그 구분들을 그런 식으로 처리하게 되면 우리는 그것들을 두 개의 탐구 영역을 나눈 것으로서가 아니라, 탐구와 탐구가 **아닌** 것의 구분, 더 정확히 말하자면 탐구와 미완의 질문 던지기의 구분으로 보게 되기 때문이며, 바로 그런 질문 던지기로부터 탐구들, 즉 새로운 정상 담론들이 출현할 수도 (혹은 그렇지 않을 수도) 있다.

이 주장을 자연주의와의 연관성을 드러내는 데 도움이 될 다른 방식으로 표현하자면, "형이상학"이 과학이 알 수 없는 것에 대한 지식을 제공하려는 시도를 의미한다고 할 때, 나는 그런 형이상학의 제거를 절박한 명령으로 생각한 실증주의자들이 절대적으로 옳았다고

판의 그 절은 Bxxx에서 신념을 위한 자리를 마련하기 위해 이성〔칸트의 원문에는 'Wissen'으로 되어 있어서 '지식'으로 번역하는 것이 더 적절하나, 로티는 'reason'으로 영역하였다 – 옮긴이〕을 폐기한다는 유명한 구절을 가장 잘 설명해 주는 부분인 것 같다. 그러나 다른 많은 지점에서 칸트는 실천 이성이 우리의 지식을 확장해 준다고 일관성 없이 말한다.

말하고자 한다. 왜냐하면 그것은 정상성의 장점과 비정상성의 장점을 결합한 담론, 즉 객관적 진리의 상호주관적 안전보장과 정당화할 수 없으나 무조건적인 도덕적 주장의 교화적 성격을 결합한 담론을 찾으려는 시도이기 때문이다. 철학을 과학의 안전한 행로 위에 자리잡게 하려는 충동은, 특수한 종류의 대상(*선의 이데아*)에 대한 객관적 진리를 확인하는 것으로서의 도덕적 선택이라는 플라톤의 프로젝트를 정상 과학에서 발견되는 대상들에 대한 일종의 상호주관적이고 민주적인 합의와 결합하려는 충동이다.[26] 신을 믿느냐 마느냐의 문제 같은 도덕적 선택과 전혀 무관하고 전혀 교화적이지 않은 철학은 **철학**이 아니라 오로지 어떤 특별한 종류의 과학으로 여겨질 것이다. 따라서 철학을 과학의 안전한 행로 위에 올려놓는 프로그램은 성공하더라도 곧바로 철학을 단지 지루한 학술적 전문 분야로 바꾸어 놓을 뿐이다. 체계 철학은 기술과 정당화, 인지와 선택, 사실들을 올바로 파악하는 것과 우리에게 어떻게 살아야 하는지 말하는 것 사이의 간극을 영원히 넘나들며 존재한다.

이 점을 알고 나면 인식론이 체계 철학의 본질로 부상한 이유를 더 명확하게 알 수 있다. 왜냐하면 인식론은 정상 담론 내의 정당화 패턴들을 단지 그러한 패턴 **그 이상**으로 보려는 시도이기 때문이다. 그것은 그런 패턴들이 도덕적 헌신을 요구하는 무언가, 즉 ***실재***, ***진리***, ***객관성***, ***이성***에 연결된 것으로 보려는 시도이다. 반대로 인식론에

---

26 실증주의자들 본인이 이러한 충동에 빠르게 굴복했다. 도덕적 질문이 비인지적이라고 강조하는 가운데서도 그들은 전통 철학에 대한 자신들의 도덕주의적 공격에 준-과학적 지위를 부여할 생각이었고, 따라서 "비인지적"이라는 말의 "정서적" 용법과 관련하여 스스로 자기-지칭적 비판의 대상이 되고 말았다.

서 행동주의자가 된다는 것은 우리 시대의 정상 과학 담론을 양면적으로, 즉 다양한 역사적 이유에서 채택된 패턴이자 객관적 진리의 성취로 보는 것이다. 여기서 "객관적 진리"란 현재 벌어지고 있는 일을 설명하는 방법에 관해 현재 우리가 가진 최선의 발상 그 이상도 이하도 아니다. 인식론적 행동주의의 관점에서 볼 때, 과학적 탐구가 "불가피한 주관적 조건들"에 의해 가능해지고 제한된다는 하버마스의 주장에 담긴 유일한 진리는, 그런 탐구가 정당화의 실천을 채택함으로써 가능해지며 그런 실천에는 가능한 대안들이 있다는 것이다. 그러나 그러한 "주관적 조건들"은 어떤 의미에서도 "탐구의 논리에 대한 반성"을 통해 발견할 수 있는 "불가피한" 것들이 아니다. 그것들은 단지 특정 사회나 직업 혹은 여타 집단이 특정 종류의 주장에 대해 좋은 근거로 삼는 것에 관한 사실들일 뿐이다. 이러한 규율의 모체는 "문화인류학"의 평범한 경험적이자-해석학적인 방법으로 연구된다. 해당 집단의 관점에서 볼 때 그런 주관적 조건들은 상식적이고 실천적인 명령(예를 들면, 부족의 금기, 밀의 **방법론** 등)과 해당 주제에 대한 표준적 현행 이론의 조합이다. 사상사가家나 인류학자의 관점에서 볼 때 그것들은 특정 인간 집단의 믿음, 욕구, 실천에 대한 경험적 사실들이다. 우리가 이 두 관점을 동시에 취할 수 없다는 의미에서 이 둘은 양립할 수 없다. 그러나 이 둘을 상위의 종합에 포섭시킬 이유도, 그럴 필요도 없다. 문제의 그 집단은 스스로 한 관점에서 다른 관점으로 이동할 수 있다(따라서 "반성"의 과정을 통해 그들의 과거 자아를 "객관화"하고 그들의 현재 자아에 적용되는 새로운 문장을 만들 수 있다). 그러나 이것은 인간의 지식에 대한 새로운 이해를 요구하는 신비한 과정이 아니다. 사람들이 자신이 하는 일에 의구심을 키울 수 있고, 그에 따라 이전에 사용하던 방식과는 통약할 수 없는 방식으로 담론을 시작할 수 있다는 것은 누구나 다 아는 사실이다.

이는 가장 놀랍고 불온한 새로운 담론들에도 그대로 적용된다. 마르크스, 프로이트, 사르트르와 같은 교화 철학자들이 우리의 행위와 주장을 정당화하는 우리의 일상적 패턴에 대한 새로운 설명을 제공하고, 그러한 설명이 받아들여져 우리의 삶 속으로 통합될 때, 우리는 반성이 어휘와 행동을 변화시킨 현상의 주목할 만한 예시를 얻은 것이다. 그러나 내가 제7장에서 주장했듯이, 이 현상은 이론-구성이나 이론-확증에 대한 새로운 이해를 요구하지 않는다. 우리가 새로운 자기-기술("부르주아 지식인", "자기 파괴적", "자기기만적" 같은 용어를 사용하여)을 내재화함으로써 우리 자신을 변화시킨다고 말하는 것은 충분히 참이다. 그러나 이것은 인간이 식물학 이론을 통해 가능해진 교배를 통해 식물학 데이터를 변경한다거나, 폭탄과 백신을 발명하여 자기들의 삶을 변화시켰다는 사실보다 더 놀라운 것이 아니다. 공상과학 소설을 읽는 것처럼 그런 변화의 가능성을 사색해 보는 것이 "철학적 실재론"의 자기-확신을 극복하는 데 도움을 준다. 그러나 그런 사색이 반성의 본성에 대한 초월적 설명으로 보완될 필요는 없다. 필요한 것은 비정상 담론들에 관한 사실 또는 그 가능성에 교화적으로 호소함으로써 정상 담론을 통해 얻은 지식에 대한 우리의 의존을 약화하는 것이 전부다. 문제의 그 못마땅한 자기-확신은 단지 주어진 주제를 논의할 때 규격화된 어휘를 제공하는 것으로 자신의 역할을 내세움으로써 대화의 흐름을 차단하려는 정상 담론의 경향성일 뿐이다. 더 상세히 말하자면, **가능한** 모든 합리적 담론에 대한 최종 통약의 어휘로서 그 자신을 내세워 길을 막는 정상 인식론 중심 철학의 경향성을 말한다. 앞의 제한적 형태의 자기-확신은 보편적 통약과 체계 철학이라는 바로 그 관념을 의심스럽게 보는 교화 철학자들에 의해 전복된다.

용납받기 어려운 반복의 위험을 무릅쓰고 나는 다시 한번 강조하고자 한다. 정상 담론과 비정상 담론의 구분은 주제(예를 들면 자연 대 역사 혹은 사실 대 가치), 방법(예를 들면 객관화 대 반성), 능력(예를 들면 이성 대 상상) 등에서의 구분이나, 체계 철학이 세계의 의미를 이전까지 간과된 세계의 어떤 부분이나 특징에 대한 객관적 진리로 구성하기 위해 사용한 적이 있는 그 어떤 구분과도 일치하지 않는다. 모든 것이 교화될 수 있고 모든 것이 체계화될 수 있는 것처럼, **무엇이든** 비정상 담론의 대상이 될 수 있다. 내가 자연과학과 여타 학문들의 관계를 논의해 오고 있는 이유는, 단지 데카르트와 홉스의 시대 이래 과학적 담론이 정상 담론이었고, 다른 모든 담론은 그것을 모델로 삼아야 할 필요가 있다는 가정이 철학을 하는 표준적 동기가 되어 왔기 때문이다. 그러나 우리가 일단 이 가정을 내치고 나면, 내가 불만을 표해 온 다양한 반-자연주의 또한 내칠 수가 있다. 더 구체적으로 말하자면, 다음과 같은 것을 전부 주장할 수 있다.

모든 발언, 생각, 이론, 시, 작곡, 철학이 순전히 자연주의적인 용어들로 완전히 예측 가능한 것으로 밝혀질 것이다. 개별 인간 내부의 미세 과정에 대한 모종의 원자와-빈-공간식 설명은 앞으로 발화될 모든 소리나 새김의 예측을 허용해 줄 것이다. 유령은 없다.

아무도 자신의 행위, 생각, 이론, 시 등을 결정하거나 창안하기 전에 그것들을 예측할 수 없을 것이다. (이것은 인간의 기이한 본성에 대한 흥미로운 언급이 아니라 오히려 "결정"이나 "창안"이 의미하는 바로부터의 사소한 귀결이다.) 따라서 자신을 **즉자**로 인지한다고 해서 **대자**로 존재하지 않게 될 것이라는 희망(또는 위험)은 존재하지 않는다.

이러한 예측이 이루어질 수 있게 하는 법칙들의 완전한 집합에, 모든 인간에 대한 완전한 기술(원자와-빈-공간식 용어들로)이 더해지더라도 그것이 여전히 인간에 대한 전체적인 "객관적 진리"가 되지는 않을 것이며, 인간에 대한 참된 예측을 모아 놓은 전체 집합이 되지도 않을 것이다. 그런 객관적 진리의 또 다른 별개의 집합들(일부는 예측에 유용하고 일부는 그렇지 않은)이 여전히 남게 될 것이며, 그런 집합의 수는 인간에 관한 정상 탐구를 수행할 수 있는 바탕이 될 통약불가능한 어휘들(예를 들면 우리가 믿음과 욕망, 덕과 미를 귀속할 때 쓰는 모든 어휘)이 존재하는 만큼이나 많을 것이다.

통약불가능성은 환원불가능성을 함축하지만 양립불가능성을 함축하지는 않으므로, 그런 다양한 어휘들을 "가장 하위 수준"인 원자와-빈-공간식 과학의 어휘로 "환원"하지 못한다고 해서, 그 어휘들의 인지적 지위나 그것들이 가리키는 대상의 형이상학적 지위에 의구심을 제기하는 것은 아니다. (이는 사람의 믿음만큼이나 시의 미적 가치에도 해당하며, 의지만큼이나 덕에 대해서도 마찬가지다.)

불가능한 가정이지만, 설령 이 모든 객관적 진리를 모은다 하더라도 반드시 교화적이 되지는 않을 것이다. 그것은 의미가 없고, 도덕이 없는 어떤 세계의 그림일 수도 있다. 그것이 개인에게 도덕을 암시하는 것처럼 보일 것인지는 그 개인에 달린 문제일 것이다. 그에게 그렇게 보이거나 보이지 않는 것이 참일 수도 있고 거짓일 수도 있다. 그러나 그 세계가 "실제로" 의미나 도덕을 가졌거나 가지지 않았다는 것이 객관적으로 참이거나 거짓은 아닐 것이다. 세계에 대한 그의 지식이 그에게 세계와 더불어 혹은 세계 안에서 무엇을 해야 하는지에 대한 감각을 남겨 줄 것인지 그 자체는 예측할 수 있지만, 그것이 **그렇게 해야만 할지는** 예측할 수 없다.

과학, "과학주의", "자연주의", 자기-대상화, 지식이 과한 나머지 사람이 아니라 사물로 전락하는 것 등등에 대한 공포는 모든 담론이 정상 담론이 되어 버릴 것이라는 공포다. 그것은 우리가 묻는 모든 질문에 객관적으로 참이거나 거짓인 답이 존재하게 되어, 인간의 가치는 진리를 아는 데 있고 인간의 덕은 단지 정당화된 참인 믿음에 불과하게 되리라는 공포다. 그것이 공포인 이유는 태양 아래 무언가 새로운 것을 발견하고, 단지 관조적이기보다는 시적일 수 있는 인간 삶의 가능성을 차단하기 때문이다.

그러나 비정상 담론에 가해지는 위협은 과학이나 자연주의 철학에서 비롯되는 것이 아니다. 그것은 식량 부족과 비밀경찰에서 비롯된다. 여가와 도서관이 주어지면 플라톤이 시작한 대화는 자기-대상화에서 끝나지 않을 것이다. 세계나 인간의 어떤 측면들이 과학적 탐구의 대상에서 벗어나기 때문이 아니라, 자유롭고 여유 있는 대화가 마치 불꽃이 위로 솟아오르듯 비정상 담론을 생성하기 때문이다.

5. 인류의 대화 속에서 철학

나는 이 책을 오크쇼트의 유명한 제목[27]을 빗댄 표현으로 마무리하고자 한다. 왜냐하면 내가 생각하기에, 그 표현이 철학이 어떤 어조로 논의되어야 하는지를 잘 포착하고 있기 때문이다. 인식론과 그것의 가능한 계승자들에 대해 내가 말한 상당 부분은 셀라스의 다음과 같은 신조에서 몇 가지 지당한 결론을 도출하려는 시도다.

> 어떤 사건이나 상태를 **앎**의 사건이나 상태로 특징지을 때, 우리는 그 사건이나 상태에 대한 경험적 기술을 제공하고 있는 것이 아니다. 우리는 그것을 이유들의 논리적 공간, 즉 누군가의 말을 정당화하는, 또 정당화할 수 있는 그런 공간에 위치시키는 것이다.[28]

만약 우리가 앎을, 과학자나 철학자가 기술하는 어떤 본질을 보유하는 것이 아니라 현재의 기준에 따라 믿을 수 있는 어떤 권리로 본다면, 우리는 **대화**를 지식이 이해되는 궁극적 맥락으로 보는 길에 제대로 들어선 것이다. 우리의 초점은 인간과 인간의 탐구 대상 사이의 관계에서 대안적인 정당화 기준들 사이의 관계로, 그다음에는 지성사를 구성하는 그런 기준들의 실제 변화로 이동한다. 이를 통해 우리는 ***자연의 거울***을 발명하여 근대 철학을 가능하게 한 인간, 즉 셀라스의 신화적 영웅 존스에 대한 셀라스 본인의 기술을 헤아리게 된다.

> 꿀꿀대고 끙끙대는 동굴의 신음에서 응접실, 실험실, 서재의 미묘하고 다차원적인 담론들, 즉 헨리 제임스와 윌리엄 제임스의 언어, 아인슈타인의 언어, 담론 너머 *ἀρχή*아르케(원리)에 닿기 위해 담론을 돌파하려 애쓰는 가운데 무엇보다도 흥미로운 차원을 제공한 철학자

---

27 마이클 오크쇼트, 「인류의 대화 속에서 시의 목소리The Voice of Poetry in the Conversation of Mankind」, 『합리주의와 정치학Rationalism and Politics』(New York, 1975) 참조.

28 셀라스, 『과학, 지각, 실재』, p. 169.

> 들의 언어에 이르는 여정의 한가운데에 서 있는 존스가 바로 *인간 그 자신*임을 독자는 알아보지 못하는가? (p. 196)

이 책에서 나는 유럽 문화사의 한 에피소드로서 인식론-중심 철학의 역사에 대한 일종의 서언을 제시했다. 그런 철학은 위로는 그리스인들에게로 거슬러 올라가며, 옆으로는 이런저런 시기에 스스로 인식론의 대체자, 따라서 철학의 대체자를 자임했던 온갖 종류의 철학 외적인 분야들로 뻗어 나간다. 따라서 문제의 그 에피소드를 데카르트에서부터 러셀과 후설에 이르는 위대한 철학자들의 교과서적인 표준 계보 차원의 "근대 철학"과 단순히 동일시할 수는 없다. 하지만 그렇더라도 그 계보에서 지식의 토대에 대한 탐색이 가장 분명하게 드러난다. 그래서 ***자연의 거울*** 이미지를 해체하려는 나의 시도 대부분이 이들 철학자와 관련이 있다. 나는 담론을 돌파하여 담론 너머의 ἀρχή아르케로 나아가려는 그들의 충동이, 사회적 정당화의 실천을 단지 그런 실천 이상의 것으로 보려는 충동에 어떤 식으로 뿌리내리고 있는지 보이고자 노력했다. 하지만 나는 주로 분석철학의 최근 문헌에서 나타난 그런 충동의 표현들에 초점을 맞추었다. 그렇기에 그 결과물은 하나의 서언에 지나지 않는 것이었다. 합당한 역사적 논의에는 내가 가지고 있지 않은 학식과 솜씨가 모두 필요하다. 그러나 나는 이 서언이 철학의 현대적 쟁점들을 어떤 대화, 이런 쟁점들을 한때 전혀 몰랐고 또다시 아무것도 모르게 될 수 있는 그런 대화의 특정 단계에서 벌어진 사건들로 보도록 만들기에 충분했기를 바란다.

플라톤이 논의하길 원했던 주제를 논의하지 않고도 플라톤이 시작한 대화를 계속할 수 있다는 사실은, 철학을 대화 속 목소리로 취급하는 것과 철학을 하나의 분과, **학과목**Fach, 전문적인 탐구 분야로 취급하는 것의 차이를 잘 설명해 준다. 플라톤이 시작한 대화는 플라톤이 꿈꾸었을 법한 것보다 더 많은 목소리에 의해, 그래서 그가 전혀 알지 못한 화제들에 의해 확대되었다. 점성술, 물리학, 고전 철학, 가구 설계 등과 같은 어떤 한 "분과"는 혁명을 겪을 수 있으나, 그것의 자아상은 현재 상태에서 형성되며, 그것의 역사는 부득이 "휘그식으로" 점진적 성숙에 대한 설명으로 쓰일 수밖에 없다. 이것이 철학사를 저술하는 가장 빈번한 방식이며, 나 역시 써야 할 필요가 있는 종류의 역사를 개괄할 때 그런 휘그적 방식을 완전히 피했다고 감히 주장할 수 없다. 그러나 내가 보여주었기를 희망하는 것은 철학자들이 현재 관심을 기울이는 쟁점들과 그들이 휘그적으로 철학이 늘 (어쩌면 부지불식간에) 관심을 가져 왔다고 보는 쟁점들을 역사적 우연의 결과물로 보는 방법, 철학이라고 하는 그 대화에서 이뤄진 방향 전환들로 볼 수 있는 방법이다.[29] 그 대화는 오랫동안 지금의 전환을 받아

29 두 명의 최근 저술가 미셸 푸코Michel Foucault와 해럴드 블룸Harold Bloom은 역사적 기원이 지닌 이런 의미의 맹목적 사실성을 자기들 연구의 중심으로 삼는다. 블룸, 『오독의 지도A Map of Misreading』(New York, 1975), p. 33을 참조하라. "모든 연속성은 그 기원에 있어서는 절대적으로 자의적이면서 그 목적론에 있어서는 절대적으로 불가피하다는 역설을 지닌다. 우리는 모든 이가 모순어법적으로 연애 생활love lives이라고 부르는 것에서 이를 너무나도 생생하게 알고 있어서, 그 문학적 대응물은 굳이 많은 설명이 필요치 않을 정도다." 푸코는 사상의 역사를 바라보는 자신의 방식이 "우연성, 불연속성, 물질성의 개념들을 사고의 바로 그 뿌리 속으로 끌어들일 수 있게 해준다"라고 말한다(「언어에 관한 담론The Discourse on Language」, 『지식의 고고학Archaeology of Knowledge』 [New York, 1972]에 수록, p. 231). **철학**의 역사에서 맹목적 우연성을 보는 일은 그 무엇보다도 어렵다. 그것은 단지 헤겔 이후 철학에 관한 역사학은 "진보

들여 왔지만, 인간이 이성을 잃어버리거나 "진짜 문제들"과의 접촉을 잃어버리는 일 없이도 다른 방향으로의 전환은 일어날 수 있다.

하나의 분과로서의 철학에 대한 대화적 흥미, 어떤 개별 천재 철학자에 대한 대화적 흥미는 변화해 왔고, 앞으로도 우발적인 상황에 따라 예측할 수 없는 방식으로 계속 변화할 것이다. 그런 우발적 상황은 물리학에서 일어나는 일부터 정치에서 일어나는 일까지 다양할 것이다. 17세기에 갈릴레오가 "순수하게 과학적인 질문들"의 창안을 성공적으로 시도했던 것이 잘 설명해 주는 바대로, 학문 간의 경계는 흐릿해지고 변화할 것이며 새로운 학문이 생겨날 것이다. 현재 사용되는 것과 같은 의미의 "철학적 중요성"과 "순수하게 철학적인 질문"이라는 개념은 칸트의 시대 무렵에 이르러서야 의미를 갖게 되었다. 인식론이나 어떤 후속 분과가 철학의 중심에 있다는 (그리고 예를 들어 도덕철학, 미학, 사회철학은 어쨌든 파생적이라는) 우리의 후기-칸트적 감각은, 전문 철학자의 자아상이 ***자연의 거울*** 이미지에 대한 그의 직업적 집착에 의존한다는 사실을 반영한다. 철학자가 나머지 문화에서 나온 주장들에 관하여 그 **합법성 문제**quaestiones juris를 결정할 수 있다는 칸트식 가정을 하지 않는다면 그런 자아상은 무너진다. 그런 가정은 지식의 본질을 이해하는 것, 즉 셀라스가 우리에게 할 수 없

적"이거나 "퇴행적"이었지만(헤겔의 진보에 대한 설명을 하이데거가 뒤집은 경우에서처럼) 결코 불가피성의 의의를 찾지 못할 경우란 없었다는 이유만으로 그렇다. 만약 우리가 일단 영구적이고 중립적이며 몰역사적이고 통약가능한 어휘에 대한 열망을 그 자체 하나의 역사적 현상으로 볼 수 있다면, 아마도 우리는 지금까지 가능했던 것보다 덜 변증법적이고 덜 감상적으로 철학사를 쓸 수 있을지도 모르겠다.

다고 말한 일을 행하는 것과 같은 것이 존재한다는 개념에 의존한다.

철학자가 다른 누구도 썩 잘 알지 못하는 앎에 관해서 뭔가를 안다는 생각을 버리는 것은, 언제나 그의 목소리가 대화에 참여한 다른 참가자들의 압도적인 주목을 받는다는 생각을 버리는 일이 될 것이다. 그것은 또한 이를테면 정신분석의 존중 가능성, 모호한 특정 법률의 합법성, 도덕적 딜레마의 해결, 역사학이나 문학 비평 학파의 "건전성" 등등에 대해 전문 철학자에게는 **직무상**ex officio 사람들이 흥미로운 견해들을 가질 수 있게 해주는 "철학적 방법"이나 "철학적 기술技術"이나 "철학적 관점"이라 불리는 무언가가 있다는 생각을 버리는 일이기도 할 것이다. 철학자들은 종종 그러한 의문들에 관해 흥미로운 견해를 실제로 가지고 있으며, 그들이 받은 철학자로서의 전문적인 훈련이 그런 견해를 갖기 위한 필요조건인 경우가 보통이다. 하지만 그렇다고 해서 철학자들이 지식(또는 다른 어떤 것이든)에 관해 특별한 종류의 지식을 가지고 있으며, 그로부터 그들이 적절한 추론적 결과들을 도출한다는 의미는 아니다. 내가 방금 언급한 다양한 주제에 대해 그들이 유용한 훈수를 둘 수 있는 것은, 유사한 주제에 관해 펼쳐진 여러 논쟁의 역사적 배경에 익숙하다는 점과 더불어, 가장 중요하게도 그런 주제에 관한 논쟁들에 케케묵은 철학적 상투어들이 끼어든다는 사실 때문에 가능한 것이다. 다른 대화 참가자들은 그런 상투어들을 책을 읽다가 우연히 접하기 마련이지만, 전문 철학자들은 그것들에 관한 찬반 의견까지 숙지하고 있으니 말이다.

그런데 하나의 직업으로서의 철학이라는 신칸트주의적 이미지는 자연을 반사하는 "마음" 또는 "언어"의 이미지와 관련이 있다. 따라서 인식론적 행동주의와 그에 따른 거울-이미지의 거부는 그러한 직업이 있을 수 없거나 있어서는 안 된다는 주장을 함축하는 것처럼 보일 수도 있다. 하지만 그런 결론은 따라 나오지 않는다. 직업은 그것을 탄생시킨 패러다임이 지나가도 살아남을 수 있다. 어쨌든 대학이 존재하는 한, 위대한 죽은 철학자들을 읽은 교사들의 필요성은 철학과가 존속하리라는 것을 보장할 만큼 아주 충분하다. 거울 이미지에 대한 신념을 광범위하게 상실했을 때 실제로 초래할 결과는 그저 이 이미지가 만들어 낸 문제들이 특정한 역사적 시대 안에 "캡슐화"되는 일일 것이다. 우리가 실제로 한 시대의 끝자락에 있는지 나는 알지 못한다. 이는 아마도 사람들이 듀이, 비트겐슈타인, 하이데거를 진심으로 받아들이게 되느냐에 달린 문제이지 않을까 어렴풋이 추측해 본다. 거울-이미지와 "주류" 체계 철학이 어떤 천재적인 혁명가에 의해 다시 소생할 수도 있을 것이다. 혹은 칸트가 제시했던 철학자의 이미지가 중세 성직자의 이미지가 갔던 길을 금세 따라갈지도 모른다. 그런 일이 일어나면, 철학자들 자신도 철학이 나머지 문화에 "토대"나 "정당화"를 제공한다거나, 다른 학문 고유의 영역에 대한 **합법성 문제**를 판단한다는 식의 생각을 더는 진지하게 받아들이지 않을 것이다.

그러나 어떤 일이 일어나든 철학이 "종말을 맞이할" 위험은 없다. 종교는 계몽주의 시대에 종말을 맞이하지 않았고, 회화는 인상주의에서 종말을 맞이하지 않았다. 플라톤에서 니체에 이르는 시기가 하이데거가 제안하는 방식으로 캡슐에 담긴 채 우리와 "멀어지게" 되더라도, 그리고 20세기 철학이 (16세기 철학이 지금 우리에게 그렇게 보이는 것처럼) 어색한 과도기적 동요의 단계로 보이게 되더라도, 그 과도기를 건너간 저편에는 "철학"이라 불리는 무언가가 있게 될 것이다. 왜냐하면 설령 표상에 관한 문제들이 우리 후손들에게는 우리가 지금 질료형상론을 보는 것만큼이나 구닥다리로 보일지라도, 사람들은 여전히 플라톤, 아리스토텔레스, 데카르트, 칸트, 헤겔, 비트겐슈타인, 하이데거를 읽을 것이기 때문이다. 이 사람들이 우리 후손들의 대화에서 어떤 역할을 하게 될지는 아무도 모를 일이다. 체계 철학과 교화 철학의 구분을 계속 이어 나가게 될 것인지도 역시 아무도 모를 일이다. 어쩌면 철학이 순전히 교화적인 것이 됨으로써, 철학자로서의 자기 정체성은 자신이 해결하고 싶은 문제들의 측면보다 자기가 읽고 토론하는 책들의 측면에 있게 될지도 모른다. 어쩌면 인식론과는 어떤 식으로도 관련이 없지만, 그렇더라도 철학적인 정상 탐구를 가능하게 하는 새로운 형태의 체계 철학이 발견될 수도 있을 것이다. 이러한 추측들은 그냥 한번 던져 본 것들이며, 내가 말해 온 것들 가운데 그 어떤 것도 하나의 추측을 다른 것보다 더 그럴듯하게 만들어 주지 않는다. 내가 고수하고 싶은 유일한 요점은, 철학자들의 도덕적 관심이 서구의 대화 안에 근대 철학의 전통적인 문제들을 위한 자리를 고집하는 일이 아니라, 그 대화를 지속하는 데 있어야 한다는 것이다.

전문가로서의 철학자

유별나게 꼼꼼한 『뉴욕타임스』 독자라면 가끔 미국 철학회 동부 지부가 3일간의 연차 총회를 막 개최했다거나, 블랙 교수의 후임으로 화이트 교수를 회장으로 선출했다는 소식을 신문 뒤쪽 지면의 단신으로 접할 것이다. 이 단체가 어떤 조직일지 자문해 본다면, 독자는 아마도 대학에서 철학을 가르치는 사람들로 구성된 단체이겠거니 하며 옳게 결론을 내릴 것이다. '윤리학', '데카르트에서 칸트까지' 등으로 불리는 교과목에 대한 희미한 기억이 떠오를 수도 있고, 쾌락은 누릴 가치가 없다거나 자기 앞에 있는 책상이 신의 마음속에 있는 관념임을 증명하려고 애썼던 노교수 던켈버그의 약간 우스꽝스러워

◈ 본 출판사는 닐 그로스Neil Gross에게 감사를 표한다. 그는 자신의 책 『리처드 로티: 한 미국 철학자의 형성Richard Rorty: The Making of an American Philosopher』(University of Chicago Press, 2008) 집필을 위한 연구 중에 이전에 출판된 적 없는 이 논고를 발견하고 타자 원고 한 부를 우리에게 제공했다. 그로스에 따르면, 로티는 웰즐리 컬리지에 있는 동안(1958-1961) 이 논고를 썼고 1961년에 프린스턴으로 옮긴 후 어느 시점엔가 고쳐 썼다(p. 162). 여기에 실은 글은 그의 아내 메리 바니 로티Mary Varney Rorty가 그 고쳐진 부분을 합쳐서 편집한 것이다.

보이는 진지한 모습이 생각나기도 할 것이다. 만약 독자가 그 사흘 동안 무슨 일이 있었을까 궁금해한다면, 아마도 그 사람들이 서로 논문을 읽어 주며 시간을 보냈을 것이라고 다시 한번 옳게 추측할 것이다. 그러나 독자는 이렇게 자문할 수도 있다. 어째서『뉴욕타임스』는 그 모든 논문 발표의 현장에서 기삿거리 하나 찾아내지 못한 걸까? 철학자들은 그저 자기들끼리 중얼거리는 것에 만족하는 걸까? 설마 이젠 던켈버그의 따분하고 터무니없는 주장은 넘어섰겠지? 어쨌든 철학은 우리에게 궁극적인 가치를 제공하고 인간 사유의 운동에 방향을 제시하는 만학의 여왕이어야 할 텐데, 어째서 그 철학자들은 제 역할을 하지 않는 것일까?

이런 사유의 흐름은 전문 철학자를 대하는 외부인의 태도에 담긴 역설적 성격을 잘 보여준다. 한편으로는 철학이 매우 중요하다는 것을 누구나 안다. 누구나 철학이 있어야 하고, 실제로 누구나 철학이 있다. 또한 철학이 "심오하고" "어려운" 학문이라는 것도 누구나 안다. 아마도 가장 심오한 철학을 가졌으리라 기대해 볼 법한, 철학함을 전업으로 삼는 사람들이 있다는 것은 모두가 어렴풋이 인식하고 있다. 그러나 아무도 그런 전문가들이 무슨 생각을 하는지 특별히 열심히 알아내려 하지 않으며, 전문가들 본인도 그들에게 무언가를 전달하려 애쓰는 것 같지 않다. 미국에서 철학은 그저 또 하나의 학술적 전문 분야일 뿐이다. 이제부터 나는 이 역설적으로 보이는 현상을 더 자세히 풀어낸 뒤, 그런 현상이 암시하는 다음과 같은 실천적 의문들에 대한 몇 가지 성찰을 이어 가고자 한다. (1) 전문 철학자들은 현재 그들이 하고 있는 일과는 다른 어떤 일을 해야 하는가? (2) 그게 아니라면, 그들이 지금보다 더 많은 관심을 받고 있어야 하는가?

교육받은 일반인뿐만 아니라 동료 학자들도 대개는 철학자들이 시간을 어떻게 사용하는지에 대해 완전히 깜깜하다. 유전학자는 조금만 수고를 기울이면 경제학이나 불문학의 동료들이 무엇을 하려 하는지, 그리고 그러기 위해 그들이 어떤 수단을 사용하는지 대략 떠올릴 수 있다. 좀 더 수고를 기울이면 그들이 대신 똑같은 일을 할 수 있다. 하지만 철학과의 친구들을 위해서는 그런 일을 하는 것이 훨씬 더 어렵다는 것을 모두가 알게 된다. "모든 시간과 모든 영원의 응시자"라든가 "존재 자체**로서의** 존재에 대한 탐구" 같은 어구들은 오래전에 고인이 된 플라톤이나 칸트 같은 존엄한 인물에게는 잘 어울리지만, 정년 보장을 받기 위해 필사적으로 버티면서 자신의 책("구조, 해석, 선택: 가치에 대한 언어적 접근"이라는 제목을 붙인)을 기한 내에 탈고하겠노라 다짐하는 젊은 딤블 교수와 결부시키기는 어렵다. 딤블은 언어와 윤리에 관심이 있는 걸로 보인다. 하지만 구체적인 도덕적 딜레마를 해결해 달라고 요청받으면 당황하고 짜증을 낸다. 언어학(비교 문법, 음소 분석 등등의 의미에서)에 관한 질문을 던졌을 때 그는 속절없이 무지하다. 그 책을 쓰기 위한 연구는 어떤 것이냐고 물었을 때, 그는 단지 다른 철학자들을 읽고 그들의 오류를 메모하는 것으로 밝혀진다. 지금 하는 일이 플라톤과 칸트가 한 일과 관련이 있느냐는 질문에 그는 정말로 그렇다고 보장한다. 그러면서 그는 비록 당연히 플라톤은 윤리적 선택에 관해 철저히 혼란에 빠졌지만, 칸트는 자기 책이 곧 펼쳐 보일 진리들 가운데 일부를 흐릿한 유리를 들여다보듯 어렴풋이 엿보았다고 덧붙인다. 이러한 대답들은 그 질문을 던진 동료를 한없이 당황하게 만든다.

전문적인 철학함에 대한 당혹과 의심은 학자들뿐만 아니라 학계에 있지 않은 미국의 지식인들 사이에도 단단히 자리 잡고 있다. 책을 읽는 사람들과 『인카운터Encounter』나 『파르티잔 리뷰Partisan Review』 같은 잡지에 기고하며 우리 문화의 동향과 우리 영혼의 질병을 분석하는 사람들은 미국 철학회 학술대회에서 도대체 무슨 일이 벌어지고 있는지에 대해 대개는 『뉴욕타임스』의 일반 독자만큼이나 모호한 개념을 갖고 있다. 학술지들이 존재한다는 사실을 어렴풋이 알 뿐, 그런 학술지에 어떤 내용이 담기는지는 그저 직감만 할 뿐이다. 전문적인 철학함에 관해 언급할 기회가 있을 때면 대개는 적당히 역사적 일반화로 일축해 버리는 게 보통이다. "하찮은 언어적 문젯거리에 빠져든 최근의 영미 철학", "전후 유럽 철학의 히스테리컬한 비합리주의", "르네상스 이후의 철학을 불구로 만든 사실과 가치의 환상적 결별", "플라톤 이래의 철학적 사색을 무력화시킨 수학 숭배" 같은 식으로 말이다. 보통 제삼자를 통해 전해 듣는 이런 폄하적인 상투적 표현 덕분에 문학적 지식인들이 문화 비평과 문화적 양심을 지키는 역할을 대신 떠맡을 수 있게 되었다. 전문 철학자들이 왜 그 역할을 양위했는지, 아니, 그 역할을 정말 양위한 건지 아닌지 굳이 귀찮게 알려 할 필요도 없다. 칵테일파티에서 딤블과 맞닥뜨린 사람들은 그가 키르케고르를 논할 수 없다는 사실을 발견한다. 딤블은 키르케고르를 읽은 적이 없기 때문이다. 더 나아가 사람들은 딤블에게 존경심이란 오로지 와플이라는 현대 영국 철학자에게 바칠 것 말고는 없는 것 같다는 사실을 알게 된다(와플은 『마음Mind』이라는 학술지에 "대단히 중요한" 논문을 몇 편 발표한 것으로 보인다). 이런 경험은 그들이 전문 철학자들의 "협소함"에 대해 지금껏 들어온 모든 것을 확인해 주며, 이에 그들은 더 사귈 만한 가치가 있는 다른 동료들을 찾아 나선다.

그렇다면 우리는 전문 철학자들은 대체로 자기네끼리만 대화한다는 결론을 내릴 수 있다. 물론 유의미한 예외들도 있다. 학계에 있지 않은 소수의 일부 지식인 중에는 평균적인 전문가 수준에 필적할 만큼 철학사에 대해 많이 아는 사람들이 있다. **그런 사람들**이 위에서 언급한 일반화를 입에 올릴 때는 본인들이 직접 그런 주장을 뒷받침할 준비까지도 되어 있다. 더불어, 모든 세대에는 철학자라는 직업군 외부에까지 알려지고 읽히며 영향을 미치는 한두 명의 "위대한" 전문 철학자(듀이나 하이데거 같은)가 존재한다. 그러나 이런 예외들은 단지 다음과 같은 일반적인 역설을 더 뚜렷이 도드라져 보이게 할 뿐이다. 즉, 전적으로 제일 원리들에만 관심을 가진다고 여겨지던 학문은 대체로 무시되고 있으나, 오히려 지금은 고급 논문에서 저급 설교에 이르기까지 다른 모든 공적 발언이 오히려 우리에게 제일 원리들이 절실히 필요하다는 사실을 상기시키는 시대라는 것이다.

* * * * *

우리는 앞서 언급했던 요점으로 되돌아감으로써 이런 상황을 이해하는 초입에 들어설 수 있다. 그 요점이란 철학에는 "진보"나 "발견"에 대한 분명한 규준이 없다는 것이다. 혹시라도 일반인, 동료 학자, 비학술적 지식인이 테크니컬한 철학 연구를 접할 때 느끼는 당혹감이란 독특한 종류의 것이다. 그 당혹감은 단순히 특수한 기법들에 관한 것이 아니라 목표와 가치의 규준에 관한 것이다. 그것은 양성자가속기 제어 장치를 조작하는 물리학자를 바라볼 때 느끼는 종류의 몰이해가 아니라, 완전히 무의미해 보이는 현대 미술 작품 전시회를 관람할 때 느끼는 그런 종류의 몰이해다. 물리학자의 경우, 우리는 간단하게 다른 물리학자에게 물어보는 것 말고도 그가 일을 잘 하고 있는지 판단할 방법을 어느 정도 알고 있다. 그가 제어 장치를 제대로 다루고 있다면 아마도 그 덕에 우리는 본전을 뽑고도 남을 성과를 얻게 될 것이다. 설령 우리가 어쩌다 물리 이론과 국방 둘 다에 완전히 무관심하더라도, 왜 어떤 사람들은 거기에 관심을 가질 **수도 있는지** 알 수 있다. 예술가의 경우는 그와는 다른 더 근본적인 무력감이 존재한다. 이때는 우리가 판결을 내릴 가망이 없어 보이는 것을 존중하라고 요구받는다. 우리 앞에 있는 작품이 나름 좋은 작품인지 아닌지 알지 못할뿐더러, 도대체 누가 이런 종류의 작품을 원할지조차 상상할 수 없다. 다른 예술가나 전문 미술 평론가에게 물어보는 것 말고는 판단할 도리가 없음을 깨닫고 나면 때때로 우리는 "이런 추상적인 표현주의 작품은 모두 그냥 야바위일 뿐이야"라는 식의 편집증적 의심에 빠지기도 한다. 딤블의 경우도 마찬가지다. 다른 모든 철학자가 그를 유망한 젊은 철학자라고 말하기 때문에 우리는 그가 유망한 철학자라는 것을 안다. 하지만 그 직업군 전체가 고장 수리 중이 아니라는 것을 우리가 어떻게 알 수 있을까? 상호 존중의 고리를 끊어내고 객관적인 우수성 기준을 향해 나아갈 도리는 없는 걸까? 현대 미국 철학자들이 모두 "언어 분석"이라 불리는 질병에 굴복했다는 글을 정말로 어디선가 읽은 적이 있지 않던가? 어쩌면 우리는 딤블과 그 일당을 일소하고 **진짜** 철학자들을 데려오는 문제를 생각해 봐야 할지도 모른다.

하지만 이를테면 라틴어 금석학자나 식물학자에 대해서는 그럴 생각을 꿈도 꾸지 않으면서 왜 철학자에 대해서는 그런 어두운 의심을 드리워야 할까? 전자의 분야들이 생산한 결과물이 눈에 더 명확히 보인다는 말만으로는 불충분하다. 우리 대부분은 어딘가에 그런 결과물이 있으리라 맹목적으로 믿고 있지만, 그것들에 무지한 채 남아 있어도 전혀 개의치 않는다. 설령 우리가 식물학을 전혀 모르더라도, 미국에서 지난 30년 동안 **진짜** 식물 연구가 이뤄지지 않았으며 그런 명목으로 수행된 일들은 사기이자 망상이라고 말하는 사람을 만나면 정신이 나갔다고 무시해 버려야 한다. 만약 우리가 철학에 대해 누군가가 그런 비슷한 선언을 할 때 관심을 가지고 귀를 기울인다면, 그것은 철학이 "사람이라면 마땅히 누구나 생각해야 하는 것"이라는 성격을 예술과 공유하기 때문이다. 이것은 단순한 속물근성이 아니다. 식물학을 전혀 모르는 것은 불행한 일이지만 비인간적인 것은 아니다. 예술이나 철학을 그냥 무시하는 것은 실로 비인간적이며, 실제로 그러는 사람은 아무도 없다. 너무 자신감이 없어서 취향을 표현하지 못하긴 해도, 마음속 은밀한 곳에서 자기가 좋아하는 예술이 실제로 "객관적으로" 좋아할 만한 것이라고 확신하지 않는 사람은 없다. 또한 "철학자들이 찾고 있는 것"은 자기가 이미 내내 알고 있는 것인데 다만 "그것을 표현할 수 없을 뿐"이라고 느끼지 않는 사람도 없다. 철학에 관해 말하자면, 우리는 모두 본능적으로 플라톤의 상기론을 받아들인다. 철학자들에게 "답변"을 구할 때, 우리는 철학자들이 한 말들을 어쩌다 듣게 된 것임에도 그것들이 실은 오랫동안 우리의 의식 수준 바로 아래에 잠재되어 있었기 때문에 아주 잘 알아들을 수 있다고 자동으로 가정한다. 과학자나 역사가에게 당혹감을 느낄 때 우리는 단순히 그런 느낌을 고백하는 반면, 예술가나 철학자에게 당혹감을 느낄 때는 이렇게 말하고 싶은 유혹을 받는다는 것이 중요하다. "그건 내가 말하는 예술이 아니야." 또는 "그건 내가 말하는 철학이 아니야."

이렇게 해서, 사람들은 전문화된 학술 분야로서의 철학을 경외심, 당혹감, 불신이 섞인 시선으로 바라보게 된다. 어쩐지 아마추어가 행하는 철학이 전문가가 행하는 철학보다 더 좋은 것처럼 보인다. 다른 어떤 분야의 전문가(슈뢰딩거나 토인비)에게 그의 연구에 "철학적 함의"가 있다고 말하는 것은 높은 찬사다. 우리는 전문 철학자 중에서도 다른 분야에서 먼저 두각을 나타낸 사람(예컨대, 수학에서 러셀과 화이트헤드)에 대해 가장 흡족해한다. 운동 실력이나 아름다운 용모처럼, 철학은 부가적인 매력("활짝 피어오른 장미꽃"처럼)을 보태주는 훌륭한 장식처럼 보이지만, 철학에 전념하며 거기에만 배타적인 관심을 둔다고 하면 무언가 이상하다.

* * * * *

철학하기의 목표들에 대한 이런 혼란과 철학의 전문성에 대한 이런 갈피 잡기 어려운 시각에 관하여 이제 이런 식으로 설명을 시작해 볼 수 있다. 우리는 철학을 반쯤은 준-과학적인 학문으로 생각한다. 즉 명확성, 논리적 엄밀성, 소통가능성, 상호주관성이 그 절정에 달해야 하는, 이른바 **학 중의 학**scientia scientiarum의 영역으로 생각한다. 나머지 반쯤은 철학하기를 다양한 예술적 창작 활동으로, 철학자를 앞을 내다보는 사람으로 생각한다. 첫 번째 사고방식은 우리에게 팀워크, 통합 연구, 목표와 방법에 대한 합의, 결괏값에 대한 합의를 기대하게 한다. 두 번째 사고방식은 우리에게 어떤 위대한 사상가의 업적에 구현된 때로는 비범한 통찰vision을 기대하게 한다.

그러니 만약 우리가 철학을 **단순히** 예술의 일종이거나 혹은 **단순히**

과학의 일종으로 생각하는 데 만족할 수 있다면, 그렇게 갈피를 못 잡는 동요와 애초의 역설을 초래한 오해를 해소하는 일은 아마 매우 쉬워질 것이다. 만약 철학이 단순히 다루는 주제 측면에서 다른 과학 분야들과 구별되는 것이었다면, 앞서 언급한 종류의 당혹감을 낳은 것은 그 주제에 대한 단순한 무지이며, 외부인은 판단을 내리기 전에 시간을 들여 체계적으로 철학 교육을 받아야 한다고 말할 수 있었을 것이다. 사실 이것이 현대 철학의 결함에 관해 쉽게 떠드는 일반화를 참아낼 인내심이 바닥났을 때 전문 철학자들이 종종 취하는 노선이다. 반면, 철학이 예술의 한 형태라면, 우리는 미국 철학회 학술대회장에서 일어나는 일에 대한 외부인의 무관심을 이해하고 변명할 수 있다. (시를 읽는 사람 가운데 대체 누가 "시인 대회" 같은 데 참석하는 것을 꿈이나 꾼단 말인가?) 우리는 대학 철학과들을, 마치 잠재적 작곡가들이 음악학과에서 교향곡의 역사를 가르치며 생계를 구하는 것처럼, 결국은 철학자가 될 수도 있는 사람들이 젊은이들에게 자기네 예술의 고전적 업적을 가르치며 밥벌이할 기회를 얻는 곳으로 바라볼 수 있다. 그렇다면 우리는 철학에서 "진보"나 "연구"를 기대하지 말아야 한다. 대신 우리는 간혹 "위대한" 철학자를 빼고 나머지 모든 철학자를 무시하는 우리의 습관에 대해 더 자신감을 가져야 한다. 철학자들이 교육 관료들로부터 느닷없이 자신의 존재를 정당화해 보라는 도전을 받았을 때 종종 취하는 노선이 바로 이것이다. 그들은 "문화에 대한 철학의 기여"를 의심하는 것은 순전히 무교양 속물주의임을 은근히 암시하며 버틴다.

그러나 사실 철학을 특수한 주제와 관련된 또 다른 하나의 학술 분야로 생각하거나 여러 예술 중 하나로 생각하는 것은 똑같이 오해의 소지가 있는 무익한 일일 것이다. **과학**으로서의 철학과 **통찰**로서의 철학 사이의 긴장은 "철학"이라는 단어 그 자체만큼이나 오래되었다. 그것은 플라톤에게서 뚜렷했고, 그의 대화편이 다룬 주요한 논제 중 하나를 형성하였다. 철학적 사유에서 이어져 온 매번의 혁명들, 즉 철학사의 바로 그 원재료라 할 혁명들에 영감을 불어넣은 것이 바로 그런 긴장을 제거하기 위한 노력이다. 거의 한결같이 새로운 철학은 마침내 자신이 기나긴 세월이 흐른 끝에 비로소 철학을 엄격한 과학으로 만들고 있다거나, 혹은 과학적 사고의 방법과 형식의 굴레로부터 철학을 단번에 영구 해방하고 있다고 선언한다. 그러나 그러한 철학의 재구성이 이루어질 때마다 익숙한 긴장이 새로 터져 나온다. **철학을 철학답게 만들고, 철학을 특유의 독자적**sui generis**인 것으로 만드는 것이 바로 그러한 지속적인 긴장이다.** 철학에 접근할 때의 불안감은 "과학-예술", "엄격한-통찰적인", "객관-주관", "사적-공적"과 같은 친숙한 분류 항목들에 그 자신이 집어넣어지게 내버려 둘 리 없을 무언가 앞에서 느끼는 불안감이다. 하지만 그런 분류 항목들의 출처가 어디인지, 그런 분류들이 적절한지, 만약 그런 구분들이 철저하거나 배타적이지 않은 듯 보이면 우리가 정말로 불편해할 필요가 있는지를 자문한다면, 우리는 어느 쪽으로 눈길을 돌려야 할까? 아마도 철학이 아닐까. 그런 질문들은 어떤 종류의 것들인가? 아마도 철학적인 질문들일 것이다. 가장 큰 질문들을 던지고 가장 포괄적인 분류의 도식들을 확립하는 학문으로서 철학에는 언제나 최종 발언권이 있다. 결코 명확한 답을 얻을 수 없는 단 한 종류의 질문은 바로 질문 **그 자체**에 관한 질문이다. 철학사의 진로를 결정해 온 것은 정확히 말해 답변이 아니라 **질문**의 적절성에 대한 성찰이다. "과학인가, 예술인가?", "객관적인가, 주관적인가?" 같은 질문들을 언제 던질 수 있는지, 던질 수나 있는지에 대한 성찰이 가장 윗자리를 차지한다. 따라서 철학이 그러한 이분법 중 이쪽 또는 저쪽에 확정적으로 속한다고 고집하는 것은, **자동적으로**ipso facto 그런 구분 자격에 관한 질문 제기를 금지하는 것과 다름없다. 앞서 언급했듯이 그런 고집이 철학에서 일어난 매번의 역사상 혁명을 배후에서 이끌어 간 원동력이었다. 그리고 그 동반되는 금지의 불수용이야말로 그러한 혁명이 어느 것도 마지막이 아니었던, 혹은 앞으로도 마지막이 될 수 없는 이유이다.

철학자들의 습관에 익숙한 사람들은 내가 방금 언급한 마지막 단락이 철학자가 비판에 맞서 대꾸하는 표준적인 답변 노선 중 또 다른 하나로서 단연코 사람을 가장 화나게 하는 방식임을 알 것이다. 여기서 기본 전략은 익숙한 것이다. "당신의 용어들을 정의하라!" 전문가들을 제외하고는 "객관적", "과학", "통찰" 같은 용어로 무엇을 의미하는지 크게 신경 쓰는 사람은 결코 없을 것이므로, 이 수법은 비판자가 이 용어들이 혹시 어떤 은밀한 의미를 담고 있지나 않은지, 그리고 본인이 어리석게도 그 용어들을 칠칠치 못하게 사용하는 것은 아닌지 의심하게 만들려고 계산된 것이다. 그가 그런 가능성 따위에 주눅 들지 않는다 해도, 여전히 철학자는 그를 다음과 같은 이런 저런 대화로 빠르게 끌어들여 입 다물고 움츠리게 만들 수 있을 것이다(이것은 몇 년 동안 학생들을 가르치고 나면 모든 전문 철학자가 비몽사몽 중에도 실행할 수 있고 일부는 정말로 써먹는 작전이다).

비판자(괄괄하게): 어째서 당신네 철학자들은 더 과학적이지 않은 거요?

철학자: "과학적"이라는 말이 무슨 의미죠?

비판자: 내 말인즉슨, 도대체 당신들은 왜 어떤 답변에도 **동의하지** 않느냐 말이오?

철학자: 답변을 듣고 싶은 질문이 뭔데요?

비판자: 정말로 무슨 질문에 관해 이야기하고 있는지 모른다는 거요?

철학자: 그러니까요. 우리가 지금 이야기하고 있는 게 바로 그 질문에 관해서잖아요, 아시겠죠.

아니면 이럴 수도 있다.

비판자(절절하게): 당신네 철학자들은 어째서 정말 중요한 것들에는 관심을 두지 않나요?

철학자: 무엇이 **중요한지** 어떻게 알 수 있죠?

비판자: 하지만 무엇이 중요한지도 모르는데 어떻게 **무언가든** 판단할 수 있단 말이오?

철학자: 그게 바로 우리가 해결하려는 문제입니다. **그 문제가** 중요하다는 건 확실히 인정하시겠죠, 안 그런가요?

이것은 익숙한 종류의 논쟁이고, 이 때문에 뭔가 속임수가 아니냐는 짜증 나는 의심이 유발되기도 하고, 또 이런 식의 논쟁이란 것이 쉽게 오용될 수 있음에도 불구하고, 그런 논쟁을 진지하게 받아들이는 것이 전문적 철학의 기능이나 문화 내에서 그런 철학이 차지하는 위치에 대한 이해에 도달할 수 있는 유일한 방법이다. 철학이 매우 어려우면서도 결정적으로 중요하다는 데 만장일치로 동의하기는 하는 데 그 분야의 전문가들은 자신들끼리만 대화한다고 하는 역설로 되돌아가 보자. 질문들에 답하기 때문이 아니라 질문 만들기에 관심을 기울이기 때문에 철학이 중요하다고 본다면 이 역설은 해체되기 시작한다. 철학이 어려운 이유가 그것이 오랜 정신적 훈련("논리적 사고")을 통해 습득해야 하거나 보기 드문 행운의 선물("통관적 시각")이라 할 신비한 능력의 행사를 요구하기 때문이 아니라, 지금껏 제기되어 왔고 또 제기될 수 있는 질문들의 합당성에 대한 경이로울 만큼 다양한 질문들에 친숙할 것을 요구하기 때문이라고 본다면, 역설은 더 확실히 해체될 것이다. 철학 전문가를 더는 "어떤 하나의 철학"을 제공하는 기능을 가진 사람으로 생각하지 않는다면 역설은 완전히 해체될 수 있다. 그것이 그가 수행하는 기능의 중요한 **일부분**인 것은 사실이다. 그 점은 금융 전문가가 투자 자본을 실제 보유하는 것이나 체스 선수가 수를 낼 수 있을 만큼 충분한 기물을 유지하는 것이 그들 기능의 중요한 한 부분인 것과 마찬가지다. 그러나 질문의 합당성 여부를 놓고 지속해 온 역사적 대화에서 억지로 비틀어 떼어낸 "철학"은 물물교환의 세계에 나도는 주식 증서처럼, 아무도 체스를 두지 않는 세상의 체스 기물처럼 우스꽝스럽고 한심한 것이다. 주식 증서나 체스 기물도 그럴 수 있겠지만, 철학도 **미적** 가치를 지닐 수는 있다. 그러나 그런 대화가 없는 세상에서라면 철학은 **단지** 그런 가치만을 지닐 것이다. 철학은 철학자들이 서로 대화를 멈출 때, 그럴 때만 예술의 형태가 될 것이다. 철학은 철학자들이 어떤 특정 공식들에 자기들이 답을 구하려는 질문들과 그 답이 나왔다고 할 때가 언제인지 알 수 있는 규준들이 모두 포함되어 있다고 동의할 때, 그럴 때만 과학이 될 것이다. "최후의" 철학, 도대체 그런 게 존재할 수 있다면 그것은 우리가 아는 그 철학이 전혀 아니게 될 것이다. 그것은, 설령 알아들을 수는 있다고 해도, 기이한 종류의 시 또는 기이한 종류의 사용 설명서가 될 것이다.

"최후의" 철학이 없으리라 생각하는 이유는 간단히 말해 어떻게 답변하든 질문에 대한 "답변"이 아닐 수는 없으며, 어떤 질문도 그 자체의 영구적 적절성을 보장할 수 없기 때문이다. 우리가 "마음의 광대한 범위", "무한한 것을 향한 인간의 추구" 등에 관한 그 모든 진부한 표현에서 핵심 진리를 발견할 수 있는 지점이 바로 여기다.

철학이 "광대"하다는 의미와 철학이 **특유하다**sui generis는 의미는 아마도 예술은 "통찰"을, 과학과 학문은 "결과"를 기대할 수 있는 반면에, 철학의 산물은 오직 **대화**일 수 있다는 말로 더 명확해질 수 있다. 철학책이 제시하는 "결론"도, 그 결론이 자신을 지지하는 "증거"로 제시된 모든 것과 맺는 관계도 그 자체로 가치 판단의 대상이 될 수 없다. 예술에서 중요한 한 가지 측면은 작품이 온전히 그 자체 고립된 형태로 판단될 수 있고 또 그렇게 판단되어야 한다는 것이다. 과학에서는 결론이 잘 확립되는지가 중요하므로 그런 고립은 적절하지 않다. 철학에서는 판단하기의 이 두 방식이 모두 적용되지 않는다. 과학과 달리 철학에서는 어떤 견해에 대한 "증거"가 되거나 주장이 "잘 확립"되기 위한 규준 자체가 의문시된다. 이런 점에서 철학은 예술과 더 유사하다. 결론에 대한 증거와 이 "증거"가 진정 증거인지에 관한 질문이 모두 제시되어야 하며, 그것들이 귀납 또는 연역 추론보다는 미적 통일성에 더 가까운 관계 속에서 함께 들어맞아야 하기 때문이다. 그러나 예술과 달리, "어떤 하나의 철학"을 생각할 때 우리가 흔히 떠올리는 총체성은 그것이 **다른** 모든 "철학들"과 분리되는 순간 본질상 불완전해진다. 특정 시대의 전문 철학자들이 형성한 상호 이해와 인정의 순환을 어떻게 깰 수 있는지 묻는다면, 다른 시대 철학자들이 제기한 답해지지 않은 질문들에 호소할 수 있다고 답변할 수 있다. 그러나 철학의 역사라는 그 대화에서 벗어나 철학의 "진보"를 가늠할 수 있는 바깥 지점으로 어떻게 탈출할 수 있는지 묻는다면 답은 없다. 그럴 수가 없다. 이 대화는 자치적이다. 결국 이 대화의 **속편**을 계속 이어가는 것은 철학자 모두에게 "제작" 책임이 있다고 말할 수 있다.

그렇다 하더라도 우리는 이런 주의사항에 따라 설정된 관점 내에서 종종 "그 통찰의 깊이"와 "결과의 정확성 및 확정성" 둘 다에 대해 전문 철학자들을 칭송하기도 한다는 사실을 인정할 수 있고, 또 설명할 수도 있다(이에 관하여 우리는 또한 철학에서 "팀워크"와 "합의"가 가능한 방식과 가능하지 않은 방식도 개괄할 수가 있다). 이 시점에서 나는 과학의 방법과 예술의 방법 사이에 뚜렷한 차이가 있다는 상식적이고도 지나치게 단순화된 생각에 의지해 왔다는 점을 밝혀 두어야 하겠다. 당연한 말이지만, 상상력 넘치는 통찰이야말로 일류 학자나 과학자를 시시한 이들과 구별해 주는 특징이다. 착상이나 기법의 가능성을 탐구하는 데 기울이는 방법론적인 고심은 예술가와 호사가를 구분해 준다. "통찰"이나 "방법"을 **둘 다** 요구하지 않는 학문 분야란 없으며, 그 분야 종사자가 둘 중 어느 하나가 있다고 해서 칭찬받고 어느 하나가 없다고 해서 비난받는 것도 아니다. 철학도 예외는 아니다. 그러나 여전히 명확히 해야 할 것은 대화를 그 산물로 생산하는 학문에서 이러한 덕목이 구체적으로 어떤 식으로 나타나는가 하는 점이다. 물론 "통찰"에 관해서는 꽤 분명하다. 철학자에게 요구되는 것은 다른 철학자들(또는 과학자들이나 일반인들)이 습관적으로 던지는 특정 질문에 선가정된 것이 무엇인지 볼 수 있어야 한다는 것이다. 그것을 보고 난 후, 그런 선가정이 정당한지에 대한 새로운 질문을 제기하는 것이 그가 대화에 이바지하는 바다. 칸트, 키르케고르, 화이트헤드, 비트겐슈타인을 두드러져 보이게 하는 것은 바로 그렇게 이전 철학이나 문화 또는 어떤 특정 학문에서 겉으로 표현되지 않은 가정들을 "꿰뚫어 본 것"이다. 이것이 바로 예술에 가장 가까운 철학함의 측면이며, 개인적인 창조성과 "위대함"의 여지가 위치하는 지점도 바로 이 측면이다. 또한 그것은 매우 이상하게도 외부인이 가장 쉽게 접할 수 있는 측면이기도 하다. 그와 같은 사람들의 저술은 모종의 신선함과 힘을 지니고 있어서 급속히 팽창하는 일련의 철학 외적 관심사들 안에서 자신의 존재감을 인정받는다(심지어 칸트식 혹은 화이트헤드식 전문 용어로 휘감아 놓았을 때조차 그렇다).

그러나 그것이 유일한 측면은 아니다. "방법"과 "엄격함"의 측면, 즉 철학자를 발군의 "논리적" 사고자로 여기는 대중의 생각에 근접하는 철학의 측면으로 눈길을 돌리면 철학자가 어떤 종류의 일을 하는지 명확히 말하기가 더 어려워진다. 철학하기가 질문에 관해 질문을 제기하는 것이라면, 엄격함을 위한 자리는 어디에 있을까? 확실히 엄격함은 질문, 가정, 규준으로 이루어진 잘 정의된 근본 틀, 한마디로 우리가 "과학"이라고 부르는 것 안에서만 발견되는 것인가? 이 질문과 더불어 나는 이 논고의 중심 주제인 철학에서 **전문성**의 본성이라는 주제로 되돌아간다. 지금까지 그려진 철학하기의 본성과 기능에 대한 밑그림을 고려할 때, 우리가 전문 철학자 대열에서 이따금 나오는 위대한 사상가들을 솎아내고 난 후 남는 수많은 전문기술자

무리, 즉 헌신적인 문하생들과 유능한 숙련자들에 대해 우리는 무엇을 말할 수 있을까? 딤블이 미국 철학회 발표회장에서 논문을 읽거나 학계 전문 학술지에 논문을 게재할 때, 그는 한 시대의 암묵적 선가정들에 의문을 제기하는 것이 아니라, 주의 깊게 "문헌을 따라가지 않은" 사람에게는 전혀 이해되지 않는 요점을 주장하고 있을 가능성이 크다(또한 그의 논증의 결론이란 것이 보통 사람으로서는 너무도 명백하고 사소하게 들려서 그것을 굳이 왜 언급해야 하는지 전혀 알 길이 없을 가능성도 크다). 하지만 딤블의 동료들은 딤블이 "중요한 결과를 내놓았다"라거나 대안적 견해를 "결정적으로 폐기했다"라고 말하는 소리를 이따금 듣게 될 것이다. 여기서 우리는 분명히 심지어 공동 작업이 가능할 정도까지 과학계와 비슷한 모양새에 다가가 있다. 질문에 관한 질문을 끊임없이 던지는 가운데 어떻게 그런 모양새가 만들어질 수 있을까?

이 질문에 대한 가장 일반적인 대답은 이것이다. 즉, 선가정에 의문을 제기하는 것은 진정한 대안이 존재한다는 것을 보여줄 수 없다면 효과적이지 않을 것이며, 그런 대안을 보여주려면 시간과 인내, 세밀한 주의가 필요하다는 것이다. 특히, 대안으로 주장되는 것들이 진짜배기임을 보여주는 것은, 아주 역설적으로 보이겠지만, 그런 대안의 채택에 수반되는 새로운 전망으로 인해 세계가 급진적으로 바뀌지 않는다는 것을 보여주는 일과 관련 있다. 가장 위대한 철학자라 할지라도 자신의 새로운 질문들이 창조하는 새로운 전망에서는 사물들이 어떻게 보일지 그저 암시만 할 수 있을 뿐이며, 이 암시의 윤곽을 채우는 것은 한 세대의 작업이다. 어떤 철학자가 쾌락은 선이 아니라거나 물질이 존재하지 않는다거나 무모순의 법칙이 거짓이라고 말할 때, 그가 우리로서는 자문해 보려는 꿈조차 꾼 적이 없는 선가정에 의문을 제기하는 데 성공했다고 기꺼이 인정할 수 있지만, 그런 일이 수고를 들일 가치가 있다는 것은 여전히 증명될 필요가 있다. 명백한 역설을 "토착화"하는 것이 바로 철학 문하생들이 하는 일이다. 새로운 전망 **안에서도** 우리가 말하고 싶은 모든 것을 여전히 말할 수 있다는 것, 그리고 이 새로운 전망이 우리에게 제공하는 비판적 자의식을 통해 얻는 이점 덕분에 이전보다 더 잘 말할 수 있게 되었음을 보여주는 것이 그의 몫이다. 새로운 철학적 통찰은 본성상 먼저 하나의 역설로, 다시 말해 만약 그 통찰을 받아들이면 우리가 살아가며 운신하는 편안한 믿음 집합의 일부 또는 전부가 뒤집힐 그런 생각으로 나타나야 한다는 것이다. 새로운 철학들이 발언 기회를 얻는 이유는 단지 기존 믿음 집합이 결코 충분할 만큼 편하지는 않기 때문이다. 그러나 예비 청문 단계를 넘어서려면 새로운 철학이 옛 믿음 집합의 원소들 사이에 있었던 긴장을 어쨌든 완화하는 것에 덧붙여 이전에 누렸던 모든 안락함을 보존해 주리라는 점을 보여주어야 한다. 이것은 한 사람이 감당하기에는 너무 큰 일이다. 아마도 독창적인 질문 집합을 제시하지는 못하더라도 새로운 철학적 통찰이 함축하는 바를 이해하고 그것을 설명하고 옹호하는 데 자신의 삶을 기꺼이 바칠 수 있는 사람들이 없다면 철학적 사변은 결코 개인적 기벽의 차원을 넘지 못할 것이다.

그러나 모든 철학자를 한편으로 위대하고 독창적인 사변가로, 다른 한편으로는 그들이 제각기 거느린 문하생 군단으로 분류하는 것은 너무 단순한 처사일 것이다. 철학적 대화가 주로 대립하는 학파들 사이의 문제인 것은 사실이지만, 플라톤 이후 2,400년이 지난 지금은 선택할 수 있는 학파가 매우 많다는 것을 기억해야 한다. 기껏해야 한두 세대 동안 무시당할 뿐, 어떤 철학도 깨끗이 사라진 적이 없다. 예를 들어, 1차 세계대전 직전까지 "유행"했고 그 무렵에 이미 퇴락적 스콜라주의의 단계에 이르렀던 관념론은 현재는 "퇴출" 상태다. 그러나 그 자리를 대신한 철학 사조(분석철학, 현상학)가 퇴락기에 도달하는 것은 시간문제일 뿐이다. 그때가 오면 관념론에는 건전한 것이 많았고, 관념론을 몰아낸 학파들과 관념론이 몰아낸 학파들 모두와 함께 관념론이 조화를 이룰 수 있는 요소가 많다는 것을 알아채게 될 것이다. 관념론은 대화에서 또 하나의 목소리가 될 것이고 그 대화의 참여자들은 줄곧 늘어날 것이며 그 대화 속 발언들은 줄곧 더 복잡해질 것이다. 이런 대화의 내부에는 신중하게 절충적인 사람들이 있다. 대담한 사변가도 아니고 헌신적인 문하생도 아닌 이들은 과장된 독단들의 뒤범벅을 뚫고 특정 쟁점에 대해 비록 제한적이지만 정합적인 일군의 결론에 도달하는 길을 알아내고자 노력한다. 그런 타협자를 문하생과 선명히 구분할 수는 없다 하더라도, 원한다면 우리는 그들을 철학의 숙련자로 생각할 수 있다. 이들이 없다면 철학적 대화는 진정한 대화가 전혀 아닌, 그저 주장과 반론의 교환에 불과할 것이다.

그렇게 해서 우리는 이러한 문하생과 숙련자에게서 철학의 "기술적" 측면을 구성하는 요소들, 즉 특정 요점들에 대한 검토, 특정 텍스트에 대한 해명, 대안적 선가정이 선사하는 가능성과 문제 들에 관한 체계적 탐구 등을 발견한다. 여기가 바로 "엄격함"과 과학적 모양새가 들어오는 지점이다. 예를 들어, 윤리에 대한 마르크스주의적 관점과 지각에 대한 흄적 관점을 왜 동시에 채택할 수 없는지 정확한 이유를 설명하는 일은 길고 고된 과정이다. 그런 설명은 제대로 될 수도 있고, 안 될 수도 있지만, 만약 제대로 된다면 어떤 유망해 보이던 사유 노선이 사실은 막다른 골목임을 실제로 단번에 보여줄 수도 있다. 철학은 죽지 않지만, 철학들의 특정 부분들의 특정 종합은 죽는다. 또 다른 예를 들자면, 스피노자의 "실체"와 "양태" 구분이 스피노자가 전념하는 지식 이론의 관점에서 명확히 진술될 수 없음을 보여주는 일은 번거로운 작업이다. 그런 작업은 길고도 조심스러운 문헌 연구뿐만 아니라 스피노자 전후의 철학사에 나타나는, 그와 관련된 수많은 문제에 대한 재고를 요구한다. 그러나 이 작업이 잘 이루어진다면 우리는 스피노자 사상에서 정확히 무엇이 살아 있고 무엇이 죽었는지 단번에 명확히 알 수 있을 것이며, 차례로 온갖 분파의 철학자들이 스피노자 일원론의 정확히 어떤 요소를 자신들이 이바지하는 대화에 편입할 수 있고 어떤 요소를 편입할 수 없는지 파악하는 데 도움이 될 것이다. 다시 말하지만, 철학은 죽지 않아도 철학이 표현되는 공식들은 죽는다. 세 번째 예를 들자면, 철학적 문제의 본성에 대한 논리 실증주의의 통찰들은 "완벽한 언어"의 구성을 요구하는 프로그램과 오랫동안 손댈 수 없을 정도로 뒤엉켜 있었다. 여기서 완벽하다는 말은 전통적인 철학의 문제들 가운데 그 어떤 것도 그 언어로 공식화될 수 없다는 의미였다. 그런 통찰들이 이 프로그램과 결별할 수 있기 전에 누군가는 실제로 그러한 언어를 구축하려고 시도해 봐야 했다. 사실적 관점에서 볼 때, 그런 언어가 어느 정도 수준까지 구성될 수 있는지 알아내기 위해서는 거의 한 세대에 걸친 노력이 필요했고, 그 안에는 일상 언어의 여러 중요한 부분에 대한 계속되는 재구성 작업이 포함된다. 그 결과 최초의 논리 실증주의자들이 할 수 있으리라 추정했던 특정한 일들은 아예 할 수 없다는 것이 밝혀졌다. 많은 개별 연구자들이 문제의 특정 부분을 맡아 각자 조각조각 처리하는 협력적인 노력 외에 다른 방법으로는 이런 결과에 도달할 수 없었을 것이다. 그런 결과물이 일반적으로 인정되자, 그것은 논리 실증주의를 논박하는 것이 아니라 철학자들이 애초에 실증주의의 어떤 점에 사로잡혔던 것인지 철저히 재고할 것을 요구했다. 다시 말하자면, 철학은 살해되어 사라지는 것이 아니라 대화가 계속되면서 거의(절대 완전히는 아니다) 알아볼 수 없을 정도로 수정된다. 그러한 수정 과정은 위대한 사상가들이 아니라 기술자들의 작업이다.

내가 방금 무작위로 제시한 사례들이 전문 철학자가 바로 어떤 **종류**의 일에 시간을 쓰는지 암시해 주었기를 바란다. 그런 종류의 일을 하는 철학자라면, 그는 질문들에 관한 질문자의 역할을 제쳐 두고 질문, 가정 및 규준으로 이루어진 상당히 제한된 근본 틀 내에서 작업하는 것을 자신의 임무로 설정한다. 그는 더는 모든 시간, 모든 영원을 관조하는 자가 아니라 단순히 "X라고 말하면, Y와 Z도 일관되게 말할 수 있는가?"라고 묻는다. 이것은 절차의 엄격함과 결과에의 동의를 둘 다 얻을 수 있는 그런 종류의 질문이다. 예를 들어 보자. 철학의 목적과 방법에 대해 토마스주의자와 실증주의자보다 더 서로 이견을 보이는 학파들은 없지만, 그렇더라도 나름대로 아퀴나스를 안다고 하는 실증주의자들은 교내 토론에서 두 명의 토마스주의자 중 누가 이겼는지 아주 잘 말할 수 있고, 다른 한편으로 최근 철학의 논리와 역사를 아는 토마스주의자는 어떤 실증주의자가 자기네 주제에 공헌하고 있으며 누가 공헌하지 못하는지를 쉽게 간파할 수 있다. 각 학파가 던지는 질문들은 상대에게는 상당히 무의미해 보일 수 있지만, 그렇다고 해서 그런 질문들에 답변으로 제안된 것들의 가치를 올바로 판단하지 못하게 되는 건 아니다. 따라서 우리가 언급한 "과학적" 모양새는 방법과 질문의 적절성에 대한 완전한 의견 불일치와 공존할 수 있다. 아마도 가장 가까운 비유를 들자면, 골퍼가 만약 체스의 규칙을 안다면 체스 선수를 평가할 수 있지만, 그래도 어쩌면 그는 왜 사람들이 체스에 시간을 낭비하는지는 이해하지 못할 수도 있는 것과 같다.

그러나 체스 규칙과의 비유가 오해의 소지가 있다는 점에 유의해야 한다. 철학 훈련을 받지 않은 일반인이 **오로지** 아퀴나스만 읽었다면 토마스주의적인 철학하기의 질적 수준에 대해 타당한 판단을 할 수 없을 것이고, 그가 **오로지** 경험론의 고전만 읽었다면 실증주의적 철학하기에 대해서도 마찬가지일 것이다. 실증주의자와 토마스주의자는 똑같이 단일한 하나의 더 큰 대화에 참여하는 대화자들이며, 그것은 비록 그들이 의도적으로 제한된 틀 안에서 작업하고 있을 때도 마찬가지다. 한 학파의 경계선 안에서 논의되는 문제들이라 하더라도, 그것들이 정말로 문제들**인** 이유는 다른 학파가 존재하기 때문이다. 토마스주의자와 실증주의자가 서로를 이해할 수 있게 만드는 것은 그들을 같은 분야의 종사자로 만드는 바로 그것, 즉 그들이 철학사의 지식을 공유한다는 것이다. 철학자들이 철학자들인 이유는 그들이 공통의 목표와 관심사를 가지고 있기 때문이 아니다(그들은 그렇지 않다). 공통의 방법을 사용하기 때문도 아니다(그들은 그렇지 않다). 공통의 문제 집합을 논의하기로 동의해서도 아니다(그들은 그렇지 않다). 공통된 능력을 부여받았기 때문도 아니다(그들은 그렇지 않다). 그 이유는 단지 그들이 지속해서 이어지고 있는 단일한 하나의 대화에 참여하고 있다는 점 바로 그 하나다.

* * * * *

우리가 제시해 온 다양한 철학하기 양식에 대한 개괄은 "철학자는 대체 **하는** 일이 뭐야?"라는 수사학적 질문에 답하려는 시도였다. 그것은 먼저 이 질문에 답을 해야 우리가 애초의 역설을 통해 제기한 실천적인 질문들, 즉 '전문 철학자들은 지금 하는 일과는 다른 어떤 일을 해야 하는가?', '그들은 지금보다 더 많은 관심을 받고 있어야 하는 걸까?' 같은 질문들을 감당할 수 있어서였다.

첫 번째 질문에 관해 말하자면, 만약 대체 철학자가 하는 일이 무엇인지에 대한 우리의 설명에 일말의 진리라도 들어 있다면, 그 질문은 기껏해야 어리석고 최악의 경우 잠재적으로 매우 위험한 것이라는 결론이 뒤따른다. 대체로 단일한 철학 학파를 조사하며 단일한 통찰 집합에서 나온 결과들을 규명하는 일만 파고들다가 철학이란 무엇인가에 대한 개념이 생겨난 경우에만 그런 질문을 제기하게 된다. 그러한 통찰들에 대안이 있다는 것은 알지만 그 학파가 생명을 유지하며 나름의 존재 의의를 얻고 있는 대화의 맥락에 대해서는 알지 못하는 사람이라면, 그는 착각에 빠진 채 자기에게 철학적 탐구의 방향을 바꾸라고 요구할 자격이 있다고 느낄 수 있다. 특히 하나의 질문에만 전적으로 몰두하고 지금이 그 질문이 처음 제기된 순간인지 아닌지 알아보는 수고를 들이지 않는다면, 철학자들이 전혀 다른 질문들을 논의하는 것을 발견했을 때 쉽게 화가 날 수 있다. 철학이 **어떤** 질문에 답할 때든 똑같이 잘 적용되는 특정한 일군의 방법과 도구를 보유한 학문이라는 그림을 머릿속에 그리는 것이 정확히 철학적 아마추어의 표지다. 그런 그림을 떠올리면 철학자가 자기가 원하는 일(보통은 자기가 이미 믿고 있는 것을 믿기 위한 이유를 찾는 일을 뜻한다)을 하지 못하게 되는 요인은 무심함, 어리석음, 유행 등이라고 생각하기 쉽다. 엔지니어가 폭탄 설계에서 발전소 설계로 방향을 전환할 수 있는 것처럼, 딤블도 자신이 현재 집착하고 있는 것들에서 "**진짜** 문제들"로 방향을 전환할 수 있다고 생각하는 사람이라면, 그러기를 꺼리는 그의 태도에 분노할 수도 있다. 권력은 대개 수많은 철학적 아마추어들의 손에 떨어지고 그들이 지닌 박애와 사회적 유용성의 감각이 그들을 분노의 표출로 몰아가기 때문에, 철학자들의 귀에는 지금 당신들이 무슨 일을 하고 있어야 하는지 아느냐는 소리가 아주 빈번히 들려온다(이런 충고는 **시위대**나 독재자뿐만 아니라 종교나 문학의 대가, 다른 분야의 전문가들로부터도 나온다). 전문 철학자들이 그런 충고를 무시하고 자기들끼리 대화를 어느 정도까지 계속할 수 있는지는 특정 문화 내에서 지적 자유가 어느 정도 허용되는지를 보여주는 가장 손쉬운 지표 중 하나다.

이것은 그런 전문 철학자들이 **항상**, 그리고 어떻든 **자동으로** 자기들이 해야 할 일을 하고 있다는 의미일까? 이 질문이 백이면 아흔아홉 의도하는 바를 고려할 때 내가 **정말로** 하고 싶은 말은 이것이다. 철학자들은 질문들에 관한 질문자들이며 그들의 기능은 대화를 지속시키는 것이다. 따라서 그들이 하고 있어야 하는 일은 다른 무엇보다도 자기들이 바로 그 제 할 일을 다 하고 있는지 묻는 것이며, 바로 그것이 정확히 그들이 **정말로** 하는 일이다. 다시 말하지만, 이 대화가 잘못된 방향으로 갔다거나 잘못된 질문과 관련되어 있다고 혹시라도 말할 수 있는 지점은 이 대화의 바깥 어딘가에 존재하는 것이 아니다. 누구든 그런 말을 하고 싶다면, 그 대화 속으로 들어가야 한다. 그것도 전심을 쏟아서 그래야 한다. 예를 들어, 딤블은 자기 책이 다루고 있는 세세하고, 기술적이고, 전문 용어가 난무하는 문제들이야말로 우리가 "**진짜** 문제"에 대해 무언가 분별 있는 말을 할 수 있기 전에 해결되어야 하는 문제들이라고 생각한다. 그가 틀릴 수도 있다. 그러나 그의 책을 읽어 보지도 않고 그런지 아닌지 말할 방법은 없으며, 그의 책과 플라톤의 『국가』를 연결하는 책들 가운데 어지간한 몇 권을 뽑아 읽지 않고서는 그의 책을 이해할 방법도 없다. 아마도 그렇게 하고 나서야 비로소 딤블이 가짜 문제에 관심이 있으며 그런 일이 그의 어리석음이나 철학사에 대한 본인의 무지에서 비롯되었음을 보여주는 논증들을 제출할 수 있을 것이다. 그러나 어떤 철학자 또는 한 세대의 철학자들이 어리석거나 근시안적이라고 말하는 것은 그들이 해야 할 일을 안 하고 있다고 말하는 것이 아니라 그 일을 **잘못하고** 있다고 말하는 것이다. 이것은 허울뿐인 구분이 아니다. 아마추어의 판단과 동료 전문가의 판단이 보여주는 차이가 바로 그것이다. 대화 속에서 한 세대 또는 한 학파의 철학자들에 대해 그런 판단을 내릴 수 있다는 것은 새로운 질문들을 던짐으로써 하나의 질문 집합이 설정한 한계를 돌파하려는 시도인 셈이다. 만약 성공적이라면, 그런 시도는 철학에서 "위대함"의 표지가 될 것이다. 따라서 백에 한 번, "철학자들은 해야 할 일을 하고 있는가?"라는 질문은 (대화 외부가 아니라 대화 내부에서 이 질문이 제기되는 경우) 실없는 것이 아니라 오히려 정반대로 철학적 탐구의 새로운 시대를 예고하는 것이다.

내가 지금 말하고 있는 것은 철학의 산물은 대화이기 때문에 대화에 관해 판단을 내릴 수 있는 철학 외부의 어떤 관점은 존재하지 않는다는 내 논지에 따른 자명한 결과에 지나지 않는다. 그 논지는 앞에서 꾸며 본 대화 모형들의 요점을 요약하는 간단한 방식으로 보일 수 있다. 그 요점이란, 그 자신이 철학자가 되지 않고서는 철학에 대해 어떤 것도 말할 수 없다는 것이다. 그러나 이런 식의 되받아치기가 의심스러우리만치 깔끔하다는 점과 그런 되받아치기를 구현한 대화에서 속임수의 낌새가 풍긴다는 것은 진짜 질문이 여전히 회피되고 있음을 시사한다. 진짜 질문은 아마도 이것이다. "좋소, 그러면 '철학자'로 인정받으려면 내가 뭘 해야 한단 말이오?" 다른 말로 해서, 대체 철학사를 정확히 얼마나 많이 알아야 (a)철학자들이 뭔가 다른 일을 하고 있어야 한다거나, (b)그 이상 알아야 할 필요는 없다거나 하는 판단을 할 수 있는 자격이 생긴단 말인가? 이제 이에 대한 일반적인 답변은 이렇다. 많이. 구체적인 답변은 이것이다. 당대의 철학자들이 묻고 있는 질문들에 답을 제시할 수 있을 만큼 충분히. 철학자들에게 자기가 아는 언어로 말해 달라는 요구를 멈추고 그들에게 왜 그들이 **그들의** 언어로 말하는 것을 멈춰야 하는지를 **그들의** 언어로 말하기 시작할 때, 그리고 그때에만 비로소 그 사람은 더는 철학의 아마추어가 아니게 된다. 다른 식으로 말하자면, 특정 질문들이 무의미하다고 말하는 것을 멈추고 왜 그것들 말고 다른 질문들이 제기되어야 하는지뿐만 아니라 왜 이런 새로운 질문들에 대한 답변이 동시에 옛날 질문들까지 해결하게 될 것인지 설명하기 시작할 때, 그 사람은 철학적 아마추어가 아니게 되는 것이다. 질문들에 관한 끊임없는 질문 던지기에도 불구하고, 철학을 어떤 무기나 자기표현의 한 형태가 아닌 대화로 만드는 원칙은, 해결되지 않은 채로 남아 있어도 되는 질문은 없다는 것이다. 모든 새로운 질문 집합, 모든 "코페르니쿠스적 혁명"은 옛 질문들을 새로 표현할 수 있는 맥락을 제공해야 한다. 모든 새로운 철학적 언어는 옛 언어를 자신의 용어로 번역하게 해줄 어휘를 포함해야 한다.

아마추어가 전문가들 사이에서 혁명이 일어났다는 것과 자기가 항상 어리석다고 생각했던 옛 질문과 답변이 이제는 전문가들 본인들도 어리석다고 인정한다는 것을 알게 될 때, 아마추어는 자기가 그것을 원래부터 알고 있었다고 판단 내리기 쉽다. 그러나 그는 알지 못했다. 신세대와 구세대의 논쟁에서 신세대의 내부 토론들로 눈을 돌리자마자 그는 자신이 알지 못했다는 것을 발견하게 될 것이다. 이제 그에게는 그런 토론들이 옛 질문과 답변이 그랬던 것처럼 무의미해 보일 것이다. 신세대의 논쟁적 구호들도 대화 내의 사람들과 대화 밖의 사람들에게 같은 의미를 지닐 수 없다. 내부자에게는 그런 구호들이 편리한 약어일 뿐이다. 외부인에게는 문자 그대로의 진리들이다. 문자 그대로의 진리로 받아들여짐으로써, 그런 진리를 공식화하는 데 사용된 용어들은 일상적 용법이 부여하는 의미들로 당연하게 받아들여진다. 그러나 2,400년에 걸친 철학적 대화의 결과는 무엇보다도 단어들에 대해 일상적 용법에서의 뜻보다 훨씬 더 제한적이거나 훨씬 더 풍부한 뜻을 개척한 것이다. 아마추어가 용어의 적절한 의미에 대해 전문가가 제시하는 판단이라고 해서 뭐든 다 받아들일 필요는 없지만, 그 판단이 무엇인지는 항상 알 필요가 있다. 현시대의 그 어떤 철학적 언어도 영구적일 리 없다고 추정된다고 해서 그것을 배워야 할 의무에서 벗어날 수 있는 건 아니다. 그러한 각각의 언어는 모두 지금까지 공식화되지 않은 질문들에 대한 답을 무의식적 선가정으로 받아들이게끔 강제하지 않을 구조를 지닌 언어를 지속해서 탐색해 온 최근래의 결과물들이다. 최후의 철학이 존재하지 않으리라는 것과 같은 이유로 최후의 철학적 언어도 존재하지 않을 것이다. 그러나 선가정 없는 언어를 찾으려고 시도한 철학자들의 역사를 알지 못한 채 철학적 입장(철학의 본성과 목표, 혹은 그 밖에 다른 어떤 것에 관하여)을 진술하려는 시도는 한 번도 시를 읽지 않고 시를 쓰는 것의 단점과 수학을 배우지 않고 물리학을 하는 것의 단점을 독특한 방식으로 결합하는 꼴이다.

철학에서의 혁명에 대해 전문가와 아마추어가 내놓는 제안의 차이에 대한 이런 언급들은 "아마추어"라는 용어 대신 "이데올로그"라는 용어로 대체하면 명확해진다. 내가 사용하는 이데올로그라는 단어의 의미는 철학자들 사이의 대화를 충분히 엿들어서 특정 구호나 상대방을 반박하는 일련의 논증들을 포착하기는 하지만, 그 대화 안에서 그 구호의 위치나 상대방이 내놓는 반박 논증들이 무엇인지는 충분히 알지 못하는 사람을 뜻한다. 그런 반쪽짜리 지식을 갖고 그는 대화는 끝났고, 이제 대화로서의 철학은 통찰의 표현으로서의 철학 또는 사회적 효용의 도구로서의 철학으로 대체될 수 있다는 가정 아래 행동으로 나아간다. 이데올로그에게 **모든 것은 신비에서 시작하여 정치에서 끝난다.**• 그가 어깨너머로 들은 구호는 자신의 영혼 저 깊은 곳에서 텅 빈 거대한 공간에 투사된 목소리 특유의 반향을 일으키며

• tout commence en mystique et finit en politique. 가톨릭 신앙, 사회주의, 애국심을 결합한 독특한 프랑스 사상가 샤를 페기Charles Péguy의 1910년도 저서 『우리의 청춘Notre jeunesse』에 실린 유명한 문구. – 옮긴이

울려 퍼진다. "존재가 본질에 선행한다." "형이상학은 잘못된 문법의 산물이다." "진리는 쓸모가 있는 것이다." "인간은 자기 존재의 근거로부터 소외되어 있다." 그는 이러한 구호들이 어떤 질문에 대한 답변인지, 그것들이 어떤 질문을 불러일으키는지 자문하지 않기 때문에 질문에 대한 답변의 상대성을 파악할 수 없다. 그것을 파악할 수 없으니 그는 대화를 계속해야 할 필요를 알지 못한다. 오히려 신전에서 얻은 신탁을 갖고 나와 백성에게 전해 주는 것이 자신의 의무라고 생각한다. 다른 신탁을 가지고 온 전령들이 동시에 도착한 것을 알게 될 때 그는 그런 신탁들이 가짜 신들의 제단에서 나온 것이라고 선포할 수밖에 없다. 경쟁 구호들(본인이 엿듣지 못했거나 이해하지 못하는)은 시대에 뒤떨어진 것으로 몰거나 그저 괴상망측하거나 비이성적인 힘의 산물로 보이도록 만들어야 한다. 그런 구호들의 인기를 설명하기 위해 사회학적, 경제적, **문화사적** 설명을 끌어들여야 한다. 본인이 어깨너머로 들은 철학자는 다른 여러 철학자 중 하나가 아니라 어떻게든 유일한 "진짜" 철학자처럼 보이도록 만들어야 한다. 이런 필요에서 내가 앞서 인용한 철학사에 대한 일종의 일반화들이 만들어져 나온다. 이런 필요에서 마침내 전문 철학자들이 지금 하는 일을 멈추고 선택된 구호를 떠받들거나 그 구호로부터 따라 나오는 결과들을 연역하는 일에 매달려야 한다는 제안들이 제기된다. 철학자들이 그 제안을 받아들이거나 받아들일 수밖에 없다면 철학은 끝나고 이념이 그 자리를 대신하게 된다. 받아들이지 않는다면 서구에서 실제 벌어지고 있는 상황, 즉 전문 철학자들 사이의 지속적인 대화가 이데올로그들 사이의 지속적인 논쟁(이를테면, 철학적 하위문화로서)과 나란히 달리되, 그것에 몇 걸음 앞서 있는 상황에 이르게 된다.

* * * * *

그렇다면 이 모든 것의 교훈은 전문 철학자들 간의 대화가 지금보다 실제로 더 많은 관심을 받아야 한다는 것일까? 만약 그렇다면, 그것은 우리가 큰 질문들에 대한 우리의 관점들을 얻기 위해 모든 대안에 등을 돌리고 그냥 미국 철학회 학술대회에 떼 지어 몰려가야 한다는 의미일까? 플라톤부터 딤블과 와플에 이르기까지 철학사에 대한 충실한 기반을 모두에게 제공할 수 있도록 커리큘럼을 혁신해야 한다는 뜻일까? 현실적인 이념 충돌에 대한 논의는 철학자들의 관심거리인 방법론적, 인식론적, 형이상학적 문제에 대한 논의로 대체되어야 하는 걸까? 철학자가 왕이 되어야 하나, 아니면 왕이 철학자가 되어야 하나?

이런 귀결 중 어느 것도 반드시 따라 나오지 않는다. 라이프니츠식 낙관주의의 위험을 무릅쓰고 말하자면, 나는 전문 철학자들이 대체로 해야 할 일을 하고 있을 뿐 아니라 적절한 만큼의 주목을 받고 있다고 말하고 싶다. 한편으로, 이데올로그들 사이의 논쟁이 종종 전문 철학자들의 심기를 불편하게 만든다는 것은 완전히 맞는 말이다. 이념 논쟁이 충분히 오래 이어지면 전문 철학자들이 토론하는, 이를테면 인식론적 질문들에 반드시 부닥치게 될 것이다. 그것은 철학의 태동기에 플라톤적 대화들이 한창 진행되던 도중에 그런 질문들에 부닥쳤던 바와 같다. 그런 질문들에 관해 심지어 오늘날의 지식인 중 가장 수준 높다는 사람들이 드러내는 순진무구함은 전문가들을 진정으로 질리게 한다. 철학은 실제로 마지막까지 남겨진 질문들이 토론되는 곳이며, 그런 점에서 철학은 실제로 만학의 여왕이다. 그러나 다른 한편으로 군주의 부재가 국가에 재앙이 될 수 있다고 해서, 그리고 군주에게는 궁정이 있어야 한다고 해서, 그렇다고 우리가 모두 궁정 대신이 되어야 한다거나 심지어 우리가 모두 ***궁정 회람***을 읽어야 한다는 결론은 따라 나오지 않는다.

구별해 보자. 나는 어떤 개인이 철학적 연구를 어느 정도까지 수행해야 한다거나 혹은 그렇게까지 할 필요가 없다는 식으로 일반화하려는 것이 아니다. 우리가 주어진 질문에 대해 자신의 지적 정직성을 지키면서 토론하는 일을 언제, 그리고 어디에서 자신에게 허용할 수 있느냐의 문제는 우리 각자에게 영원한 문제, 어쩌면 **가장 중요한** 문제일 수도 있다. (그 어떤 전문 철학자, 문하생, 사색가도 직업의 특성상 이 문제에서 벗어날 수 없다. 어떤 전문가에게나 그렇듯, 그에게도 어떤 작업이든 간에 뭔가를 해내고자 한다면 계속 모르는 체해야 하는 사상 노선들, 탐구되지 않은 전통들, 읽지 않은 책들이 있기 마련이다). 하지만 개인이 아닌 집단, 즉 현대 미국 문화와 제도의 맥락에서 특수화된 활동으로서의 전문 철학계에 관해서는 내가 제시한 낙관적인 결론을 뒷받침한다고 말할 무언가가 있다고 생각한다. 제시하고자 하는 요점은 간단히 (그리고 다시 한번) 말해서, 자유로운 대화에서는 대략 마땅히 그래야 하는 만큼의 질문과 답변이 오가고 논의된다는 것이다. 다시 말해, 나는 여기서 다시 한번 무제약적인 대화의 바깥에 그 대화를 판단할 수 있는 그 어떤 관점도 존재하지 않는다는 논제에 호소하는 것이며, 전문 철학자들끼리 나누는 대화는 한 사회가 자유로운 그 정도만큼 이데올로그들, 다른 분야의 전문가들, 일반 대중의 대화 및 토론 들과 연속성을 지닌다는 사실에 그 논제를 적용하고 있는 것이다. 자유로운 대화에서 누군가가 던지게 되는 '질문에 관한 질문'의 양은, 자동으로, 그 사람이 필요로 하는 만큼이다. (나는 이런 언급이 문화에 적용된 "자유"의 의미에 대한 간단한 분석이라고 생각한다.)

여기서 우리는 지금까지 논의에서 대화의 다양한 종류와 수준에 대해 부자연스럽게 선명한 구분을 적용했음을 알아챌 필요가 있다. 내가 해당 용어들에 부여한 의미에서 볼 때, 미국 철학회 내부에는 당연히 "이데올로그들"이 있고, 외부에도 "전문 철학자들"이 있다.

그러나 이런 반론이 있을 수 있다. 그렇게 그려진 말과 사유의 완벽한 자유와 투명성은 결국 우리 모두가 파트타임 전문 철학자가 되어야 한다고 암시하는 것처럼 보인다는 것이다. 왜냐하면, 우리는 특수한 분야들이나 이념 논쟁들에서 각각의 질문은 비판적 탐구를 요구하며 그런 탐구가 철학 그 자체라고 말하지 않았던가? 모든 층위의 문화가 철학의 조건을 모방하려는 'Andersstrebung'•을 드러내지 않는가, 또한 어쩌면 완벽한 자유란 모든 대화의 흐름이 하나로, 즉 확연히 철학적인 것으로 흘러 들어가는 것을 의미하게 되지 않을까? 자, **이상적으로** 자유로운 사회에서라면 아마도 그런 결과들이 따라 나올 것이다. 모든 담론의 연속성을 방해하는 것은 아무것도 없을 것이며, 모든 논쟁은 계속 꼬리를 물고 이어져 마지막 질문에까지 이를 것이다. 그러나 그런 이상적 자유를 누리려면 대안적 행위들 사이의 선택과 관련한 모든 의문이 해소될 때까지 어떤 행동도 취해지지 않아야 할 필요가 있다. 그런 공상의 사회에서는 모든 사람이 실제로 왕이면서 철학자가 될 것이다. 그러나 그런 조건이 충족되지 않는

• 다른 영역의 특징을 받아들여 자신을 개선하면서도 자신의 고유한 특징은 유지하려는 방식의 모방. – 옮긴이

사회에서는 질문들이 억제되어야 한다. 일이 처리되게 하려면 최후의 의문들이 해결되기 전에 행동에 나서는 데 수반되는 지적 부정직의 부담을 우리 모두가 받아들여야 한다. 특히, 행동이 응답을 요구할 때라면, 그런 만큼 어쩔 수 없이 우리는 잘못된 질문을 하고 있을 가능성을 무시해야 한다. 무슨 뜻이냐 하면, 우리는 질문의 적절성에 관해 철학자들 사이에서 진행되는 대화를 심심치 않게, 심지어 대개는, 체계적으로 무시해야 한다는 것이다.

하지만 우리가 과도하게 경시하고 있는 건 아닌지 어떻게 알 수 있을까? 우리가 **충분히** 반성적인지 아닌지 어떻게 말할 수 있을까? 말할 수 없다면, 우리가 어떻게 여기 미국에서 우리의 전문 철학자들을 정당하게 대우하고 있다고 단언하는 위치에 있을 수 있을까? 다시 말하지만, 우리는 구분해야 한다. 대화에 참여할 자유를 누리는 것과 그 자유를 사용할 의지(또는 "지성", "활력" 또는 뭐든 간에)를 갖는 것은 별개다. 나는 후자에 대해 말한 적도 없고 지금도 말하고 있지 않다. 나는 여기서 현대 미국 사회가 보유한 두뇌나 에너지의 양을 측정하려는 게 아니다. (그런 일을 하려는 시도들은 역사의 파토스pathos에 과하게 탐닉한 결과로서 어리석고 무익할 수밖에 없지 않겠느냐는 의구심이 든다). 단지 내가 말하고 싶은 것은 미국에서는 행동의 필요성에서 벗어나 있을 충분한 여유가 진정으로 존재하는 덕분에 지적인 수요 공급의 법칙이 확실히 정착했다는 것이다. 위에서 암시했듯이, 나는 그 법칙이 그렇게 정착했다는 사실이 우리 자신을 "자유롭다"고 부를 때 우리가 의미하는 바의 큰 부분임을 주장하고 싶다. 내가 전문 철학자들이 마땅히 받아야 할 대우를 받고 있다고 말할 때 의미하는 바는 단순히, 그들이 그런 대우를 받지 않는다면

(예컨대, 이데올로그들이 철학을 더 많이 알았다면 아낄 수 있었던 시간을 낭비한다면) 그것은 인간의 유한성, 즉 전문가들과 그들의 다양한 청중 양측 모두의 단순한 게으름과 어리석음의 결과라는 것이다. 그러나 당연히 **그런** 의미에서는 어떤 책도, 어떤 전통도, 어떤 학문도 받아 마땅한 대우를 **결코** 받지 못한다. 전문적 철학이 더 많은 관심을 받아야 한다고 외치는 것은 그것이 처한 궁지가 특별한 경우일 때만 중요성을 지닐 것이다.

내 생각에 철학이 특별한 경우는 아니다. 아마도 철학이 특별해 보이는 이유는, 내가 말한 바와 같이, 모든 논쟁과 모든 탐구는 질문할 만한 질문들을 제기하는 것에 달려 있고, 그 질문들에 질문을 제기하는 일은 불가피하게 우리를 철학으로 인도하기 때문일 것이다. 그러나 철학은 비록 형식적으로는 자율적이지만 실질적으로는 자족적이지 않다. 철학은 명백히 다른 분야의 연구로부터, 그리고 덜 명백하나 훨씬 더 중요하게도 이데올로그들의 논쟁으로부터 자양분을 얻는다. 어떤 의미에서 전문 철학은 이념적 하위문화가 그것에 기생하는 것만큼이나 그런 하위문화에 기생하기도 한다. 예를 들어, 헤겔주의, 마르크스주의, 토마스주의, 듀이주의 등의 구호들이 이념 투쟁에 포박되어 사회운동 프로그램으로 만들어질 때 그런 이력을 지켜보면서 전문가들은 애초에 그런 구호들을 약어로 등장시킨 해당 철학적 사변의 몸통에서 무엇이 살아 있고 무엇이 죽었는지 재평가할 수 있다. 이념 논쟁이나 철학 외적 분야의 연구에 가해지는 제약은 조만간 철학자들이 나누는 대화의 질을 떨어뜨릴 것이며, 그것은 후자에 가해지는 제약이 조만간 다른 모든 문화 층위의 질을 떨어뜨리는 것과 마찬가지다. 이러한 주고받기 상황에서 특별한 경우란 존재하지 않는다. 유일한 길잡이는, 내가 주장해 온 바와 같이, 지적 수요와 공급의 법칙이다. 그것이 바로 제임스의 표현을 빌리자면 지적 자유 개념의 "현금 가치"인 것이다.

* * * * *

우리가 모두 철학으로 달려가 철학을 배워야 한다고 외치는 것은 철학자가 모두 무언가 다른 일로 달려가 그 일을 해야 한다고 외치게 만드는 것과 똑같은 착각의 산물이다. 두 종류의 외침 배후에는 세상에 일군의 특별한 "철학적" 진리가 존재한다는 가정, 또는 모든 문제에 어떻게든 똑같이 잘 먹혀들며 그런 문제를 해결하는 데 사용되는 일상의 저속한 방법과는 구분되는 특별한 "철학적" 기법이 존재한다는 가정이 깔려 있다. 철학적 **전문성**에 대한 이러한 환영 같은 개념이 해체될 수 있다면, 우리는 전문 철학자의 진정한 **전문성**이 우리에게 정확히 어떤 일을 **정말로** 해줄 것인지 더 잘 이해할 수 있을 것이다. 전문 철학자란 질문의 적절성에 관한 철학적 대화를 지속하는 데 헌신하고, 그렇게 지속하는 데 필요한 그 대화의 역사와 그것의 현재 진전 상황에 대한 상세한 전문 지식을 보유한 집단이다. 그들은 행위의 목적과 수단에 대한 만인의 대화가 그 자체로 중단되지 않게 하려면 반드시 수행되어야 할 일들을 한다. 이보다 더 많은 일을 하는 것도, 더 적은 일을 하는 것도 아니다. 철학이 단지 학술적인 전문 분야에 불과하다는 비아냥에도 불구하고, 그리고 다른 시대 다른 땅 철학자들과의 불쾌한 비교에도 불구하고, 미국 철학자들은 그 어느 때보다 충실히 그 일을 잘 해내고 있다.

◆ 후기 ◆

리처드 로티를 추억하며

데이비드 브롬위치David Bromwich

2007년 6월 8일에 작고한 리처드 로티는 존 듀이와 버트런드 러셀의 시대 이래로 영미권 철학자에게는 찾아볼 수 없던 영예와 대중적 인지도를 얻었다. 그의 명성은 그가 이름을 떨친 전문 철학자 무리에게만 국한된 것이 아니었으며, 지난 10년간 독일, 프랑스, 남미 등지의 학식과 탐구심을 지닌 더 많은 청중에게까지 확대되었다. 로티의 영향력이 그렇게 확대된 것은 그가 원한 것도, 예상한 것도 아니었지만, 어떤 면에서는 준비된 것이었다. 1970년대와 1980년대 초에 가장 잘 알려진 그의 글들, 즉 역설로 가득하고 논증에 기반한 그 복잡한 저술들이 대학의 철학과에 속해 있지 않은 많은 독자를 끌어들이기 시작하자, 로티는 더 짧은 책들, 자신의 이론을 담은 요약본들, 토론을 수록한 출판물들, 인터뷰들 등을 통해 독자를 만나기 위해 적극적으로 노력했다. 그중 마지막 형식은 그에게 큰 이점을 가져다주었다. 그의 대화 방식은 평범하고 허세가 없었으며, 그에게는 순발력 넘치는 재치, 풍부한 암시와 일화, 그리고 (사상가에게는 매우 드문 자질인) 경청하는 능력이 있었다.

내게 로티의 이름은 그의 논문 「직업화된 철학과 초월주의 문화Professionalized Philosophy and Transcendentalist Culture」를 처음 읽었을 때만 해도 생소했다. 이 논문은 1976년 미국철학회에서 발표하고 『조지아 리뷰Georgia Review』에 실렸는데, "신세계에서의 철학"에 대한 산타야나의 성찰을 회상하는 것으로 시작하여 흥미로운 이유로 산타야나를 칭송했다. 산타야나는 "우리를 경멸하지 않으면서도 우리에게 냉소할 수 있었는데, 이는 대개 본토박이들이 갖기엔 너무도 어려운 재주"라는 것이었다. 이 논문은 이어서 「미국 철학의 고상한 전통The Genteel Tradition in American Philosophy」에 나타난 산타야나의 역사주의, 즉 미국 철학자들이 "인간 정신이 그 자신을 실현하기 위해서는 그저 우리의 국민적 천재성을 표현하기만 하면 된다"라며 드러낸 자만심을 향해 산타야나가 드리운 의심(구舊세계의 시선으로 맛을 낸)의 눈초리에 찬사를 보내며 확고히 지지하기에 이른다. 산타야나는 미국을 "긴 행렬 속 또 하나의 제국"으로 바라보았다. "그의 온건한 희망은 우리가 패권을 지니는 동안 부디 그 패권을 누릴 수 있기를 바라는 것이었다." 로티의 이 논문에 대한 평가를 표현하는 데에도 온건이라는 단어가 잘 어울리는데, 이 글은 거대한 주제를 거짓된 열의 없이 우아하고 여유 넘치게 다루고 있어서다. 나는 저자가 프린스턴대학교에서 가르친다는 것을 알게 되었고, 그곳 영문과에 일자리를 얻은 후에는 기회가 되면 그를 만나 보리라 결심했다.

사실 당시 로티는 문학 이론과 대륙 철학을 공부하는 교수진과 대학원생들 사이에서 친숙한 인물이 되어 가고 있었다. 그는 선배 노릇을 하려 하지 않는 안내자였다. 이를테면 1975년에서 1985년 사이에 많은 대학에 생겨난 "이론 독해 모임들" 덕분에 인문 예술과 문학의 비전문가적인 부흥이 일어날 것만 같던 순간이 있었다. 정신분석학, 프랑크푸르트학파, 레비스트로스Claude Lévi-Strauss와 기어츠Clifford Geertz의 인류학 등 열광의 원천은 다양했고 그런 다양한 원천들이 양립할 수 있다는 보장도 없었다. 토론은 열성적이면서 허세적이었으며, 지배적인 분위기는 거의 성서적인 엄숙함이었다. 철학 훈련을 많이 받지 않은 사람들이 이러한 분위기에서 철학책을 숙독하며 의견을 표명했다. 이들은 여러 언어로 된 책을 마치 뛰다가 천천히 걷다가 하듯이 읽는 사람들이었다. 토론에 나선 화자들은 아포리아를 빼먹거나 이분법적 대립이 되살아나게 하지 않으려고 주의를 기울였지만, 삼단논법과 말장난의 차이를 항상 잘 알지는 못했다. 학술서를 내는 출판사들이 구조주의나 해체주의에 관해 문학자들이 쓴 읽기 편한 이론 입문서를 내놓기 시작했지만, 가르쳐 주거나 명확히 설명하기보다는 나열하고 번역하는 경향이 더 많았다. 그런 와중에 특유의 활력을 지닌 로티가 등장했다. 그는 짧은 호흡으로 명료하게 사유하고 말했으며, 쉽고 유창했다. 새로운 연구를 대하는 그의 태도는 따뜻했지만, 구분할 것은 구분했다. 그는 반反몽매주의자였다. 그의 일축은 속전속결로 논쟁을 종결하는 무시무시한 방식이었다.

그는 데리다와 푸코의 1968년 이후 저술을 존중했지만, 그 둘을 합체시켜 한 명의 현자로 만들거나 아방가르드를 위한 심화 프로그램으로 만들지 않고 그냥 따로따로 존중했다. 그는 데리다가 피델 카스트로에 버금가는 육중함으로 언어-행위 이론을 풍자한 강연•에서

• 1971년 캐나다 몬트리올에서 열린 국제 콜로키움 '의사소통Communication'에서 발표한 "Signature, Event, Context"를 말한다. – 옮긴이

자신의 허영심과 나쁜 거래를 했다고 생각했다. 로티가 「일종의 글쓰기로서의 철학Philosophy as a Kind of Writing」에서 언급했듯이, 그의 느낌으로는 단어들의 불투명성과 어원이나 문맥으로도 해소할 수 없는 다의성을 강조하는 탈脫구축이 문학보다 철학에 줄 수 있는 교훈이 더 많았다. 많은 독자가 이런 판단을 한 그에게 감사를 표했고, 동시에 그에게 배척당한 야심적인 수행자들로부터는 원망을 샀다. 로티 자신의 사상적 배경, 즉 그가 철학의 관념론과 문학의 "텍스트중심주의textualism"를 상식의 쌍둥이 출발점으로 취급하게 만든 배경은 1979년에 출간된, 내게는 매우 중요한 책이었던 『철학과 자연의 거울』에서 상세히 설명되었다. 이 책의 논증이 지닌 추동력은 현실이나 자연에서 진정한 핵심이나 최종적 진리, 정도를 벗어난 천재성이나 문화적 특이성의 편차를 측정할 수 있는 어떤 목적인因이나 토대 혹은 영원한 규범을 발견하려는 형이상학적 소망과는 반대되는 것이었다. 로티는 "선명하고 불변하는 단 하나의 보편적인 빛"을 추구하며 앞으로 나아가는 듯 보이는 모든 전진은 플라톤주의의 잔재가 아직 청산되지 않았다는 신호라고 주장했다. 인간의 "유리 같은 본질"의 변형들이 연이어 바뀌어 가는 과정을 파고든 그의 탐구에는 낭만주의의 영웅적 충동을 바라보는 신선한 관점, 즉 인간적인-것-그-이상의 진리를 향한 인간적 갈망을 극복하겠다는 결의가 또한 담겨 있었다.

『철학과 자연의 거울』이 출간될 무렵, 나는 딕•의 동료로서 프린스턴대학의 맥코시 홀 건너편에 있었고, 그를 정기적으로 만나면서

• 친한 사이끼리 사용하는 'Richard'의 애칭. – 옮긴이

장차 그의 두 번째 저서 『실용주의의 결과들Consequences of Pragmatism』에 실릴 후기 논문들을 보게 되었다. 그는 신중한 독자였고, 또한 자기 글도 신중하게 읽히기를 간절히 소망했다. 역설에 대한 사랑과 세련된 냉소적 어조 속에 그의 그런 품성이 종종 감춰지곤 했지만 말이다. 그의 성실함은 자존심보다 더 진했다. 한번은 내가 어떤 책의 한 장章을 그에게 건넨 적이 있었다. 거기에는 칸트가 『판단력 비판』에서 미적 판단의 가능성을 자신이 소위 "초감성적 기체supersensible substrate"라고 부르는 것과 연결하면서 종래의 형이상학에 빠져들었다고 주장한 내용이 실려 있었다. 그것은 미적인 것들은 오직 관념으로서만 존재할 수 있다고 믿었던 한 이론가에게서 나온 이상한 공식이었다. 그의 연구실에서 이야기를 나눌 때 딕이 "이건 뭔가 잘못되었네요"라고 말하더니 해당 인용구와 장을 아래층으로 가져가 독일어와 대조해 가며 확인했고, 5분 후 자신이 발견한 내용을 가지고 돌아왔다. "당신 말이 맞아요. 그건 칸트적인 게 아니네요. 이 사람 그렇게 말해선 안 되는 건데, 그렇게 말했군요." 그런 인정은 로티다웠고 그냥 당연한 일이었다. 여러 해에 걸쳐서, 그는 몇 가지 사안에 대해 마음을 바꿀 때 꽤 여러 차례나 공개적으로 철회 의사를 밝혔고, 그만한 위상을 지닌 학자 중에 호들갑 떨지 않고 그렇게 하는 사람은 거의 없었을 것이다. 그러나 철학자라면 "마땅히 말했어야 하는" 것을 감추지 않는 강박적 충동은 그의 결코 포기할 리 없고 절대 후회할 수도 없던 논쟁 본능이었다. 그런 본능은 위르겐 하버마스와 나눈 수많은 따뜻한 의견교환에서 희극적인 결과로 나타났다. 실용주의자 로티는 합리주의자 하버마스에게 자연과학의 객관성에 닻을 내린 공적 이성을 불필요하게 추가하지 않더라도 실로 얼마나 많은 계몽주의 원리를 유지할 수 있는지를 일러주곤 했다. 그런 응답들의 실질적 내용만큼이나 그 태도 역시 소중히 여겼던 하버마스는 자기가 '말했어야 하는 것'을 결코 완전히 받아들이지 않았다.

딕은 실용주의자를 자처했지만, 어떤 측면에서 그 명칭은 그의 지성적 자세와 정치적 이상주의를 한데 묶어주는 그의 헌신적 믿음들의 범위를 고려할 때 그리 잘 어울리지 않았다. 그는 1980년대 자유주의 잡지들에 기고한 여러 글에서 소련을 가리켜 "악의 제국"이라는 표현을 즐겨 썼지만, 공산주의가 몰락했을 때 그의 자기만족은 절대영도로 내려갔고, 개혁의 희망을 계속 살리고자 그다음 저서로 미국 좌파의 미래를 담은 『미국 만들기Achieving Our Country』를 집필했다. 우리는 몇 가지 세부 사항에 대해 의견이 달랐다. 나는 그가 신좌파에 대해 감상적이라고 생각했고, 그는 내가 구좌파에 대해 감상적이라고 여겼다. 그의 아버지 제임스 로티James Rorty는 1920년대에 명성 높은 시인이었다가 1930년대에 개혁주의 언론인으로 전향했지만, 딕이 자기 아버지가 쓴 기사를 언급하기 전까지는 그의 인생역정의 막바지 단계를 알지 못했다. 그 기사는 좌파 동조자들의 마지막 함성에 관한 것이었는데, 거기서 다룬 사건은 1949년 9월 4일 뉴욕 픽스킬 바로 북쪽에서 열린 폴 로브슨Paul Robeson의 공연이었다. 지역 주민들이 일주일 전에 공연을 막았었다. 그 때문에 공연 일정이 다시 잡혔고, 행사 소식을 또 듣게 된 주민들이 집단행동에 나서면서, 공연장을 나서던 관객과 공연자들이 몽둥이와 돌멩이로 무장한 애국주의자들의 습격을 받았다. 나는 제임스 로티가 기사에 뭐라고 썼는지 물었다. 딕이 말했다. "아버지는 폴 로브슨이 자신의 의견을 표현해야 했던 것처럼 픽스킬 주민들도 자기 의견을 표현할 권리가 있다고 주장하셨지요." 나는 자동차 전면 유리창에 날아든 돌과, 숙모와 삼촌이 살아서 그곳을 벗어날 수 있을지 겁에 질렸던 이야기들을 소환했고, 그러는 사이 딕은 재빨리 견해 차이를 계산했다. "당신은 그 기사 읽지 않는 게 좋겠습니다." 그가 말했다.

내 생각에, 그는 가끔 자신의 선한 본성을 일반화하는 경향이 있었고 그 바람에 인간사人間事에서 사디즘의 작동을 충분히 고려하지 않고는 했다. 이런 주제는 그의 세 번째 주요 저서인 『우연성, 아이러니, 연대Contingency, Irony, and Solidarity』의 기초가 된 1986년 유니버시티 칼리지 런던University College London에서의 노스클리프 강연Northcliffe Lectures과 이듬해 케임브리지에서의 클라크 강연Clark Lectures에서 거의 탐구되지 않는다. 오웰과 나보코프는 로티가 인간 연대의 원천으로 문학을 옹호할 때 그 기반으로 삼은 현대 작가들로, 위대한 작가들이면서도 하여간 기묘한 한 쌍이었다. 특히 그들이 공유한 몇 안 되는 눈에 띄는 특질 중 하나가 뚜렷한 사디즘의 기미라는 점 때문에 더욱 그랬다. 조지 오웰은 그 사실을 의식했으며, 『버마 시절』부터 『1984』에 이르는 그의 글은 난해한 자기 인식으로 충만해 있다. 두 사람 중 더 순수한 탐미주의자였던 나보코프는 자신의 욕구를 미학 외적인 통제 아래 두어야 할 의무가 있다는 생각을 비웃었을 것이다. 그래도 나보코프와 오웰은 독자들에게 잔인성에 대한 고조된 경각심을 창조한 작가로 나란히 해석된다. 로티가 보기에 잔인성, 즉 동료 생명체에게 일부러 해를 끼치는 행위를 있는 그대로 바라본다는 것은 잔인성의 실천을 단념한다는 선언을 의미한다. 1993년의 옥스퍼드 앰네스티 강연Oxford Amnesty Lecture에서도 비슷한 전제를 감지할 수 있는데, 거기서 그는 사람들이 희생자들을 인간 이하로 볼 때만 잔혹 행위를 저지르게 된다고 언명한다. 여기에는, 어떤 사람들은 희생자가 인간이라는 것을 실제로 알기 때문에 고통을 입히려 할 수도 있으며 타인을 지배하는 데서 인간적 쾌감을 얻을 수도 있다는 가능성이 배제되어 있다.

자유와 진리의 관계에 대해 로티는 오웰과 확연한 차이를 보였다. 오웰의 뿌리 깊은 신념이자 그 어떤 논증으로도 회심시킬 수 없는 그의 직관은 잔인한 짓을 가장 잘 저지르는 사람은 진리에 관심 없는 자들이라는 것이었다. 무관심과 가혹성은 심리적으로 연결된다. 이것은 실제적인 관찰은 아니더라도 확인은 해볼 수 있는 의견으로서, 누구든 크고 작은 독재자들의 권력 남용을 자신이 어떻게 지각하는지에 비추어 검증해 볼 수 있다. 로티가 오웰의 믿음을 부정했는지는 확실치 않지만, 그의 후기 철학의 전체 동향은 그런 믿음에 반하는 것이었다. 그는 이렇게 말했다. "자유를 소중히 지켜라, 그러면 진리는 저절로 지켜질 것이다." 하지만 정말 그럴까? 『진리의 의미The Meaning of Truth』에서 윌리엄 제임스가 당대의 강단 철학을 내친 것처럼, 로티는 철학자들이 가장 소중히 여기는 그 가치의 철폐를 자신의 무르익은 야망으로 삼았다. 그는 그 가치를 "대문자 T의 진리Truth"라고 불렀다. 이 주제에 대한 그의 다소 니체적인 변주들은 힐러리 퍼트넘, 존 설, 그리고 자연과학과 도덕과학을 가르는 선명한 경계선을 유지하고 싶었던 다른 이들과의 논쟁을 촉발하는 계기가 되었다. 그런 토론들에서 로티가 최고였는지는 나보다 더 나은 자격을 갖춘 심판들이 판단해야 할 것이다. 그러나 그의 목적은 쉽게 오해되었다. 결정가능한 "문제의 사실"이 존재한다는 것을 부인하는 것이 그의 목적은 아니었다. 예를 들어, 이산화탄소에 원자가 몇 개인지, 리디체와 미라이•에서 얼마나 많은 사람이 누구에 의해 죽었는지에 대한 정답의 존재를 부정하는 것이 아니었다. 그의 실용주의(반대자들은 상대주의라고 부르는)는 오히려 과학자가 시인처럼 자기가 관심을 둔 세계의 부분들을 흡수하고 인간적 사용을 위해 그 결과를 구현한다는 깨달음에서 비롯된 것이다. 그는 『철학과 자연의 거울』에서 토머스 쿤을 듀이, 비트겐슈타인, 도널드 데이빗슨, 윌프리드 셀라스와 함께 "이 책의 중심인물" 중 한 명으로 언급한다. 그가 자연의 세계든 예술의 세계든 그 어떤 세계도 결코 정확히 있는 그대로 보이는 게 아니라는 믿음을 끌어내게 된 것은 그 누구보다도 바로 쿤 덕분이었다. 세계는 언제나 어떤 기술記述하에서만 보인다.

딕이 가끔 오판하거나 편파적으로 강조한 것들도 있지 않느냐고 굳이 말한다면, 잔인성의 기원이 도덕적이라기보다는 인지적이라는 판단이나, 사회적 진보가 진리에 대한 미신적인 과대평가를 경계하는 데 달려 있다는 견해 등이 그런 경우라고 할 수 있을 것이다. 나는 그런 모습이 철학을 천성으로 타고난 지성인의 전형적 특징이라고 생각한다. 아마도 딕 본인은 심정적으로 이 말을 인정하지 않기가 더 십상이겠지만 말이다. 그는 철학자는 동료 인간에 대해 특별한 주장을 하지 않으며 실제로 철학자는 지혜를 생산할 믿을 만한 능력이 없다고 말하곤 했다. 그런 분위기에 젖어 있을 때 그는 러셀이나 촘스키 같은 사상가들의 진보적 정치사상과 그들의 철학적 견해 사이에는 아무 연관이 없으며, 1933년 하이데거의 친나치적인 프라

• 리디체는 나치가 학살 사건을 일으킨 옛 체코슬로바키아의 지명이고 미라이는 미군이 양민 학살 사건을 저지른 베트남의 지명이다. – 옮긴이

이부르크대학교 총장 취임 연설은 기술, 존재, 현대인에 대한 그의 숙고를 조금이나마 해명해 주는 것이기는커녕 "슈바르츠발트의 촌부Schwarzwald redneck"가 내뱉은 범용한 감정 토로에 불과하다고 덧붙이곤 했다. 그는 누군가를 위대한 철학자로 만드는 것은 관찰할 수 있는 그 어떤 인간적 자질이 아니라 결국은 단지 "신경 경련"일 뿐이라고 말하곤 했다. 하지만 나는 그가 전적으로 그렇게 믿었다고는 생각하지 않는다. 그는 완벽한 아이러니에 이르러서 이제 그만해도 좋겠다 싶은데도 그 한계 지점을 넘어 계속해서 철학 학술지에 논문을 게재했는데, 그가 그렇게 1991년부터 15년이 넘는 세월 동안 네 권짜리 『철학 논문집Philosophical Papers』의 출판 준비를 계속할 수 있었던 것은 무척이나 심원한 자기 인식 덕분이었다. 이런 상황들이 그가 철학과 문학의 경쟁 관계를 판결할 때 취한 태도 속에 숨겨진 진정한 복잡성에 일조한다. 로티는 우월한 관점이 있다는 것을 일절 거부했다. 그는 거의 모든 철학자와 달리 신념을 갖고 그 거부 선언을 실행에 옮겼다. 그렇지만, 구체적 형태의 철학적 논증들은 그에게는 어마어마하게 진정한 것들이었다. 그것은 아마도 비철학자나 일반 독자들이 소설 속 등장인물들에 불과한 것들을 진정한 것들로 여길 수 있는 것과 마찬가지일 것이다.

대화는 끊임없는 문화적 의견교환을 가리키기 위해 사용한 그의 은유였다. 그런 대화 안에서는 예술과 과학, 지식과 상상력이 자유로운 놀이를 펼치는 사이에, 학문 분과들의 위세나 고색창연이 사라지곤 한다. 그는 더 높은 차원의 종합에 대한 환상 없이도 "심적 분투"의 이상주의는 계속될 수 있다고 믿었다. R. G. 콜링우드와 마이클 오크쇼트는 그보다 앞서 대화라는 생각을 옹호했고 그 단어를 종종 사용했다. 하지만 오크쇼트는 시詩의 목소리가 실천적 활동이나 과학적 탐구의 목소리와 구별될 수 있는 "인류의 대화"를 염두에 두었고, 한편 콜링우드는 역사가와 과거의 대상들 사이의 대화를 이야기했는데, 이런 대화에서는 어떤 탐구도 간단히 옛일을 끄집어내는 행위로는 종결될 수 없다. 왜냐하면 이 대화에는 두 개의 마음과 두 시대의 세계가 문답에 참여하기 때문이다. 문화적 대화에 대한 로티의 발상은 두 선구자의 영향을 받았지만, 교육적인 측면이 더 분명하게 나타나며 일상에 적용할 수 있는 부분들도 있다. 대화라는 생각은 우리가 관용적인 사람이 되고 싸움을 단칼에 내 뜻대로 영구 해결하겠다는 자만심을 버리는 데 도움이 된다. 이 개념은 그를 혹평하는 이들에게는 너무 나긋나긋하고 모두를 품에 안겠다는 것처럼 보였다. 유물론자들은 그것이 언행의 정치적, 경제적 결정 요인들을 빼놓고 있다는 점에서 역사적으로 순진한 소리라고 여겼고, 권위 있는 사람들은 그것이 초보자이건 자기 나라말을 할 줄 아는 것 말고 아무 능력도 없는 일반 시민이건 모두 똑같은 지적 권리를 누린다는 것을 함의한다는 점에서 불쾌감을 느꼈다.

진실을 말하자면, 그런 어떤 대화의 관념을 거부하는 것이야말로 민주주의의 유토피아적 요소를 거부하는 것이다. 로티는 이런 신념을 듀이에게 물려받은 유산의 본질적 부분으로 간직했다. 듀이는 『민주주의와 교육Democracy and Education』에서 진정한 민주주의와 교육은 단일한 한 과정이며, 개성과 연대는 평등한 시민들의 끝없이 자유로운 탐구를 통해서만 가능해진다고 주장한 바 있다. 로티는 지난 20년 동안 그 유산의 결과들을 확대하고 설명하기 위해 꾸준히 노력했다. 그는 확신과 애정이 혼재된 가운데 이 일을 수행했으며, 그 배경에는 언제나 시카고대학교 학부 시절에 처음 엿보았던 문화의 관념이 자리하고 있었다. 그의 회고에 따르면, 시카고대학교는 아침에 루돌프 카르납의 의미론 강의를 들으러 가고 저녁에는 앨런 테이트에게 숭고에 대한 강의를 들을 수 있는 곳이었다. 로티는 그런 문화가 계속 꽃을 피워 나간다면 “하나부터 열까지 초월적”인 문화가 되리라고 내다보았다. 그런 문화에서는 “조너선 에드워즈와 토머스 제퍼슨, 헨리 제임스와 윌리엄 제임스, 존 듀이와 월러스 스티븐스, 찰스 퍼스와 소스타인 베블런이 모두 등장할 것이다. 아무도 누가 미국인인지, 심지어는 누가 철학자인지조차도 아마 묻지 않을 것이다.” 로티는 자기가 받은 교육의 밑바탕에 깔려 있었다고 느낀 이 약속을 언제라도 다른 사람들이 생생하고 매력적인 것으로 받아들이게 만들 수 있었다.

그는 타고나길 지적으로 쉬는 법이 없었고, 그가 자신의 영웅들에게서 발견하고 칭송했던 여러 자질을 스스로 드러냈다. 담소가 진부하고 따분해지면 주제를 바꾸고, 쓸데없는 절차가 발견의 길을 막으면 그 절차를 우회했으며, 실제의 대상이나 관념적인 대상을 고쳐 기술할 수 있는 능력을 지녔으되, 결코 대화를 멈춘다는 생각은 갖고 있지 않았다. 그는 자기가 가진 문제의식들을 특징짓기 위해서 언젠가 “호메로스식 명부”라는 표현을 쓴 적이 있는데, 그 이름들이 항상 위에 나열된 것처럼 그렇게 잡다하지는 않았다. 대개는 헤겔, 다윈, 니체, 프로이트, 하이데거, 데리다, 데이빗슨 등 광활하면서도 잘 알려진 인물 집단으로부터 문제의식을 끄집어낸 경우가 더 많았다. 명언이나 폭발력 있는 경구가 그의 임시 수단일 수는 있지만, 철학사는 그가 자신이 몰두하는 더 큰 관심사를 풀어 헤쳐 가며 귀에 쏙 들어오는 반복 악절을 만들 때 활용하는 부동의 속기 매체였다. 로티가 철학과 벌인 논쟁은 결국 연인의 다툼이었고, 저술가로서의 재능에 결코 못지않은 철학과 문학의 강연자로서 본인이 지닌 능력을 통해 그가 얻은 즐거움은 약간은 겸연쩍어도 하는 연주자의 즐거움이었다. 그것은 반평생 본인의 자만을 치유하기 위해 열심히 노력했던 한 비범한 천재의 우수 어린 자부심에 어울리는 것이었다. 목소리는 명확하고 부드러웠으며, 덧붙일 말이 없을 때는 무의식적으로 말을 멈춰서 다른 사람이 들어올 여지를 남겨 두었다. 그에게서 배운 사람들은 그의 정직과 지성 못지않게 그의 호기심과 새롭고 드문 것을 찾아내는 경이로운 능력을 그리워할 것이다.

◆ 역자 후기 ◆

『철학과 자연의 거울』에 도전하려는 교양 독자를 위한 짧은 해제

1. 1931년에 태어나 2007년에 작고한 리처드 로티는 20세기 이후의 영미 철학계를 대표하는 가장 영향력 있는 세계적인 철학자 중 한 명이며, 그가 1979년에 발표한 대작 『철학과 자연의 거울』은 철학 사조와 상관없이 현대 철학 전체를 통틀어 가장 중요한 고전 중 하나라고 불러도 과장이 아니다.

미국에서 태어나 시카고대학교에서 철학을 전공하였고 졸업 후 같은 대학에서 석사학위를 받았으며, 예일대학교에서 박사학위를 받고 그 후로 평생 웰즐리칼리지, 프린스턴대학교, 버지니아대학교, 스탠퍼드대학교 등 네 곳에서 철학을 포함해 다양한 문화 담론과 인문학 분야를 가르치는 교수로 재직했다는 점에서, 로티가 줄곧 영미 철학계에서 활동한 철학자라는 점에는 의문의 여지가 없다. 하지만 그를 통상 말하는 전형적인 '영미 분석철학자'라고 부르기에는 잘 어울리지 않는 측면이 있다. 비록 그가 수학하는 과정에서 영미 분석철학의 세례를 받아 실제로 엄밀한 논증 구성과 세밀한 철학적 분석의 역량을 유감없이 발휘했던 것은 분명하지만 말이다. 어떻게 보면 그는 영미 분석철학의 관점에서 이단자에 가깝다. 그가 『철학과 자연의 거울』을 출간하고 나서 3년 후에 20년간 재직하던 프린스턴대학교 철학과를 단호히 박차고 나와서 버지니아대학교 인문학부로 자리를 옮긴 것도, 이 책에서 노골적으로 드러낸 주류 분석철학에 대한 강도 높은 비판으로 인해 동료 분석철학자들과의 갈등과 불화가 심화했기 때문이었다. 그는 반대 진영의 철학자들에게 철학이 줄곧 추구해 왔다고 생각하는 객관성과 보편적 진리 추구의 고고한 가치를 무너뜨린 상대주의자, 회의주의자, 관념론자라는 비난을 받았다. 그리고 그런 측면에서 아직도 이 책에 펼쳐진 로티의 중심 주장과 세부 논증들에 여전히 동의하지 않는 철학자들이 많은 것도 사실이다.

그는 언어적인 개념이나 의미의 분석이 철학의 문제를 해결해 준다고 생각하지 않는다는 점에서 전형적인 언어 분석철학자는 아니다. 조금 더 정확하게 말하자면, 그간 이런저런 어떤 방법으로도 만족스럽게 풀리지 않던 철학적 문제가 언어 분석을 통해서 비로소 해답을 얻게 되는 경우란 로티가 생각하기에 찾아보기 어렵다. 그는 철학이 어떤 특별한 독보적 지위를 지닌다고 생각하지도 않지만, 그렇다고 반드시 과학이 지배적 담론이 되어야 할 이유는 없으며, 철학이 과학의 방법론을 받아들여 과학화되어야 한다고도 생각하지 않았다. 무엇보다 겉보기에 로티를 유별나 보이게 만드는 측면은, 그가 영미 철학과 매우 대조적이라고들 흔히 생각하는 소위 대륙 철학의 여러 사조에 무척 친화적인데다가, 전형적인 주류 영미 철학자들이 철학적 실패의 무덤처럼 여기는 서양 철학의 오랜 역사에 매우 정통할뿐더러 그것을 실패의 무덤은커녕 우리가 지금의 철학적 대화에 참여하려면 반드시 되돌아봐야 하는, 그간 인류가 축적해 온 지혜의 보고로 여긴다는 점이다. 여기에

한 가지만 더 언급하자면, 그의 철학적 관심사가 종국에 지향하는 대상이 전형적인 주류 영미 분석철학자들과는 달리 사회, 정치, 문화라는 이른바 가치와 당위의 영역에 있다는 점도 그를 영미 분석철학의 시각에서 이색적으로 보이게 만드는 주목할 만한 특징이다.

독창성 넘치는 로티의 철학을 굳이 어느 특정 사조에 집어넣자면, 자신도 스스로 밝히듯이 그는 영미 분석철학자라기보다는 제임스, 퍼스, 듀이로 대표되는 미국 고유의 철학인 실용주의의 계보를 잇는 신新실용주의 철학자라고 불려야 할 것이다. 로티가 인식론적 행동주의라고도 부르는 신실용주의의 요점은 한마디로 철학이 지식과 진리에 대해 상식 이상의 것을 제공하지 않는다는 것이다. 철학이 제공하는 지식과 진리가 '상식'인 이유는 진리 주장 혹은 지식 주장의 정당화가 우리 공동체 일원의 사회적 실천 말고 그 어떤 존재론적 근거도 필요로 하지 않으며, 따라서 철학적으로 고민해야 할 인식론의 문제란 애초에 존재할 이유가 없기 때문이다. 누군가의 진리 주장에 대해서 우리 공동체의 구성원들이 의심하고, 질문하고, 답변을 끌어내는 사회적 실천을 수행한 끝에 더는 그 진리 주장에 이의를 제기할 이유를 갖지 못할 때, 즉 그 진리 주장이 공동체 구성원들에 의해 승인될 때 그 주장은 진리로 받아들여진다. 사회 구성원들이 합리적인 이의를 제기하지 않는 주장을 우리는 상식이라고 부르지 않던가. 이렇게 지식과 진리에 관한 신실용주의적 관점을 받아들일 때 중요한 것은 그런 사회적 실천을 가능하게 할 공동체 구성원 개개인의 이성적 사고 역량과 그들 모두에게 발언 권한을 공평하고 안전하게 보장해 줄 정치 제도다. 로티의 철학적 논의가 사회, 정치, 문화의 영역으로 확장된 것은 지극히 당연한 일이다.

『철학과 자연의 거울』에서 로티는 지식과 진리를 사회적 실천과 대화의 산물로 보는 신실용주의적 견해 즉 인식론적 행동주의를 적극적으로 옹호하면서, 우리가 그런 관점을 받아들인다면 철학의 역할과 위상은 어떻게 바뀌어야 하는지 역설한다. 그런 과정에서 로티는 가장 일반적인 차원에서 지식의 토대를 구축하여 모든 학문과 문화의 기반을 제공하는 영구적이고 중립적인 근본 틀을 제공하려는 근대 철학 이후 인식론 중심의 체계 철학을 강력히 비판한다. 이를 위해 로티는 인식론 중심 철학의 핵심에 자리한 표상주의 이론을 비판의 주된 표적으로 삼는다. 표상주의란 마음이 외부 대상의 표상을 형성하고 그 표상이 외부 대상에 일치하는지를 기준으로 지식의 획득 여부를 판단한다는 견해다. 이 견해에 따르면, 어디 한 곳 울퉁불퉁한 데 없이 깨끗한 거울이 자기 앞의 대상을 반사하여 그 대상과 구분할 수 없을 정도의 완벽한 거울상을 담아내듯, 유리 같은 마음이 바깥의 자연을 반사하는 거울이 되어 마음 안에 생성한 표상이 바로 우리의 믿음을 정당화하는 이른바 지식의 토대가 된다.

로티에 따르면, 인간이 외부 세계를 거울처럼 그대로 반사하는 유리 같은 마음을 갖고 있다는 것을 전제로 한 표상주의 이론과, 이를 통한 지식의 토대 확보가 철학 본연의 임무라고 여긴 인식론 중심의 체계 철학을 탄생시킨 주동자는 위대한 근대철학자들인 데카르트와 로크다. 그 이후의 서양 철학은 한창 현대로 접어들 때까지도 이들이 만든 유리 같은 마음의 존재와 인식론 중심의 체계 철학 수립이라는 철학적 사유의 틀을 벗어나지 못했다. 많은 현대 심리철학자들이 마음에 관한 데카르트의 견해를 맹렬히 비판하고 난 이후에도 여전히 그들은 그의 흔적을 깔끔히 지우지 못했다.

이런 견고한 틀에 치명적인 균열을 일으킨 철학자들이 바로 로티가 세 명의 혁명적인 사상가로 꼽은 듀이, 비트겐슈타인, 하이데거다. 로티의 근본 견해와 주장은 전반적으로 이들 세 철학자에게 광범위한 영향을 받았다고 말할 수 있다. 로티가 표상주의를 구체적으로 논박하고 인식론적 행동주의를 제기하는 논증적 힘을 발휘할 수 있게 만든 조력자들은 20세기 영미 분석철학을 대표하는 철학자들인 셀라스, 콰인, 데이빗슨이다. 특히 이들 가운데 '소여의 신화'를 비판한 셀라스가 로티에게 직접적으로 미친 영향이 매우 크다. 또한 지식과 진리가 '정확한 표상' 여부에 달려 있다는 생각 대신 사회적인 우연의 산물이라는 주장을 제기하는 데 결정적인 영향을 미친 사람은 과학철학자 쿤이다. 철학의 역할은 체계를 구축하여 철학 이외의 학문과 문화의 토대를 제공하는 것이 아니라, 공동체와 공동체 구성원의 교화와 끊임없는 문화적 대화를 창출하는 것이라는 주장을 제기하는 데에 영향을 미친 사람들은 가다머를 포함한 해석학자들이다. 이렇게 로티는 이 철학자들의 선구자적인 통찰과 구체적인 이론들을 놀라운 솜씨로 통합하고 거기에 끈덕진 고전 철학 문헌 연구를 보탬으로써 『철학과 자연의 거울』이라는 기념비적인 저서를 탄생시킨 것이다.

2. 로티가 '모든 학문과 문화에 토대가 될 근본 틀을 제공한다'라는 망상의 철학 개념(분석철학도 거기서 벗어나 있지 않은)을 해체하는 철학적 치료제를 만들어 나가는 전 과정은 당시 절정에 달한 20세기 영미 분석철학이 맹위를 떨치던 그 한복판에서 이루어졌고, 그 치료제를 만드는 데 사용한 비법은 아이러니하게도 바로 그 분석철학의 언어로 쓰였다. 이는 20세기 분석철학의 핵심 논의들이 전개되어 온 과정을 공부해 본 적이 없는 사람이라면 이 책을 읽어 나가는 과정에서 매우

고전할 수 있다는 것을 암시한다.

실제로, 로티와 『철학과 자연의 거울』의 드높은 명성을 들어 본 적이 있는 교양 독자가 무심코 이 책을 집어 들고 독서에 나섰을 때 어쩌면 심한 당혹감과 낭패감을 느끼게 될지 모른다. 오해하면 안 되는 것이, 이 책은 어떤 철학적 통찰을 잘 정리해서 먹기 좋게 만들어 입에 넣어주는 철학적 교양서가 아니라 첨예한 충돌과 반박을 불러올 날 선 철학적 논증들이 책 전체에 고스란히 들어 있는 그야말로 본격적인 철학서이다. 한 마디로 이 책은 우선 철학 전공자를 위한 책이다. 그리고 실은 철학 전공자에게도 로티의 치밀한 논증과 유려한 수사학을 좇아가기란 결코 쉬운 일이 아니다. 특히 제1부 전체 및 제2부의 일부가 만만치가 않다. 제2부의 나머지와 제3부는 상대적으로 수월한 느낌이 들지만, 전체적으로 볼 때 난해한 철학책이라는 인상을 지울 수 있는 정도까지는 아니다. 하지만 철학 전공자가 아니라 하더라도 지레 겁먹고 책을 덮어 버리지 말고 한번 도전해 보자. 우리의 이해력을 시험하는 어려운 책일수록 도전의 성공에서 얻는 지적 희열은 이루 형언할 수 없는 것이 아니던가. 게다가 철학 전공자라는 한정된 독자들의 전유물이 되기에는 이 책에 들어 있는 함의와 통찰이 너무도 큰 울림을 전해주는 것 같다. 교양 독자의 그런 과감한 도전에 힘을 보태기 위해 지금부터 먼저 각 부의 요점을 간략히 정리하고, 해당 부분을 읽어 나가면서 마주칠 이해의 벽을 넘어서는 데 도움이 될 만한 책들을 몇 권 소개하고자 한다. 이 책들과 함께 『철학과 자연의 거울』을 읽어 나간다면, 20세기 서양 철학의 흐름과 주요 쟁점까지 폭넓게 파악할 수 있는 보너스 포인트도 얻게 될 것이다.

이 책은 크게 세 부분으로 나뉘는데, 제1부의 주된 논의 대상은 마음 즉 심리철학이다. 로티는 제1장에서 근대 이후 마음에 관한 대개의 철학적 논의가 당연하게 전제하고 있는 '자연의 거울로서의 마음'이라는 직관은 고대 철학의 시각적 은유에서 유래한 것이기는 하나 대체로 17세기 데카르트 이원론이 발명한 것이라는 점을 논증한다. 제2장은 분석철학자들이 잘 사용하는 전형적인 철학적 사고실험을 통해서 그런 '마음' 개념이 우리에게 꼭 필요했던 것은 아니며, 우리 몸에 대한 과학적 이해가 충분히 발전하게 되면 우리가 전혀 다른 마음 개념을 가질 수도 있으리라는 것을 세밀하게 논증한다.

로티가 제1부에서 전개하는 논의를 제대로 좇아가려면 현대 심리철학의 주요 이론과 쟁점에 대한 배경지식이 필요하다. 그런 배경지식을 얻을 수 있는 개론서들은 많고 그중 어느 것을 읽어도 좋겠지만, 가장 손꼽히는 참고 서적은 『심리철학』(김재권, 필로소픽, 2023)이다. 현대 심리철학에 관한 개론서로서 이 책에 필적할 만한 책은 찾기 어렵다. 제1부에 심심치 않게 등장하나 설명이 충분치 않은 철학자나 이론이나 개념 등은 이 책을 참조해 파악해 볼 수 있을 것이다. 여기에 비트겐슈타인의 『철학적 탐구』(특히 후반부), 데카르트의 『성찰』과 로크의 『인간지성론』을 함께 읽는다면 더할 나위가 없겠다.

제2부의 주제는 지식, 즉 인식론이다. 제3장은 우리의 마음이 믿음을 갖고 그것을 정당화하는 문제와 관련하여 특히 로크와 칸트가 저지른 혼동과 착오를 검토하고, 믿음의 정당화는 근본적으로 사회적 실천의 측면에서 해명되어야 함을 제기한다. 제4장은 소여의 신화를 비판하는 셀라스와 필연성 개념을 비판하는 콰인의 실용주의와 전체론을 받아들이게 되면, 우리의 마음이 거울처럼 실재의 정확한 표상을 갖게 될 때 비로소 지식을 얻게 된다는 주장을 폐기할 수 있음을 논증한다.

제5장과 제6장은 각각 경험심리학과 언어철학을 논의의 대상으로 삼아서, 이들 두 분과가 17세기 인식론의 연장선상에서 성공적인 표상주의 이론을 제공하는 현대적 이론이 될 수 있는지를 검토하고, 그 두 분과 모두 정확한 표상을 제공한다는 이론적 목표를 결코 달성할 수 없음을 논증한다.

제2부에서 로티가 제시하는 까다로운 논증들을 제대로 흡수하기 위해서는 현대 분석철학 전반에 대한 일정 정도의 배경지식이 요구된다. 『분석철학이란 무엇인가?』(한스요한 글로크, 서광사, 2009), 『분석철학의 역사』(스티븐 슈워츠, 서광사, 2007), 『분석 철학 대 대륙 철학』(제임스 체이스 외, 도서출판b, 2023) 등이 분석철학의 역사를 개관하는 책들이다. 셀라스는 로티에게 직접적인 영향을 미친 중요한 철학자이나 그의 책은 우리나라에 번역된 것이 없다. 다만 『이성의 논리적 공간』(김영건, 서강대학교출판부, 2014), 『표상의 언어에서 추론의 언어로』(이병덕, 성균관대학교출판부, 2017), 『현대 인식론』(이병덕, 성균관대학교출판부, 2022)이 셀라스 철학뿐만 아니라 반反토대주의적인 실천적 정당화 개념을 이해하는 데도 도움이 된다. 제2부에서 자주 언급되는 콰인의 논문 "Two Dogmas of Empiricism"은 『경험주의의 두 가지 독단』(전기가오리, 2021)으로 출간되어 있지만, "Epistemology Naturalized (자연화된 인식론)"는 번역되지 않았다. 『콰인과 분석철학』(조지 로마노스, 한국문화사, 2002)은 콰인 철학에 대한 해설서다. 데이빗슨의 주요 저작들은 여럿 번역되어 있다. 『진리와 해석에 관한 탐구』(나남출판, 2021), 『행위와 사건』(한길사, 2012)에 로티가 다룬 데이빗슨의 논문들이 수록되어 있다. 『반실재론을 넘어서서』(배식한, 서울대학교출판부, 2009)도 데이빗슨과 퍼트넘의 이론을 이해하는 데 도움이 된다.

제3부의 주제는 '철학' 그 자체다. 철학이란 무엇인지, 철학이란 어떤 학문이어야 하는지에 대한 메타철학적 논의가 전개된다. 제7장은 쿤의 정상 과학 개념을 전용하여 정상 담론과 비정상 담론을 구분하고 이 두 담론 사이의 관계를 해명함으로써, 정확한 표상 개념을 근거로 모든 학문과 문화에 토대가 될 영구적 근본 틀을 제공한다는 전통적인 철학의 자아상을 비판한다. 제8장은 가다머로 대표되는 해석학의 논의를 바탕으로 체계 철학과 교화 철학을 구분하고, 거울 같은 마음 안에 정확히 반사되는 세계의 표상을 해명하여 지식의 토대, 더 나아가 여타 모든 문화의 근본 토대를 제공한다는 식의 '철학' 개념을 폐기하고 난 후에 철학과 철학자의 진정한 역할이란 무엇이어야 하는지를 밝힌다. 로티에 따르면, 철학자는 그 시대를 위한 새로운 문제를 제기하고 그 문제를 다룰 수 있는 새로운 어휘들을 제공하여, 우리가 낡은 문제와 낡은 어휘를 버리고 우리 자신과 세계를 새로운 시각과 태도에서 바라볼 수 있게 세상을 교화하는 사람이다.

쿤의 『과학혁명의 구조』(까치, 2013)와 가다머의 『진리와 방법』(문학동네, 2012)은 모두 우리말로 번역되어 있다. 『방법에 반대한다』(파울 파이어아벤트, 그린비, 2019)도 로티가 언급하고 있는 책이다. 더불어 국내 출간된 로티의 저서 『우연성, 아이러니, 연대』(사월의책, 2020)는 『철학과 자연의 거울』이 내린 결론에 따라 해체된 철학이 이제부터 실천해야 할 후속 역할을 구체적으로 제시하고 있어서 함께 읽어 볼 필요가 있다.

혹시 오해는 하지 말았으면 한다. 여기 소개한 참고 도서들이 『철학과 자연의 거울』보다 수월하게 읽을 수 있다는 말은 아니다. 다만 한 걸음도 전진할 수 없는 장벽에 부딪혔을 때 이리저리 돌파구를 마련할 실마리를 어디에서든 찾아내야 한다면, 이 책들을 뒤적여 보는 것이 도움이 되리라는 것이다.

3. 이 번역서는 프린스턴대학교 출판부가 2009년에 재출간한 *Philosophy and the Mirror of Nature* 30주년 기념판을 원본으로 삼았다. 이 판본에는 로티의 미출간 원고인 「전문가로서의 철학자」가 수록되어 있는데, 오늘날 직업적 철학자의 역할에 관한 그의 날카로운 통찰이 큰 감명을 준다. 또한 인식론 분야의 저명한 철학자 마이클 윌리엄스의 서문과 로티의 학문적 교우였던 데이비드 브롬위치의 애정 어린 후기도 실려 있어서, 이런 부속 원고들에 덧붙여 역자의 글까지 또 수록할 필요가 있겠느냐는 생각도 든다. 그러나 이 어려운 철학서에 도전한 교양 독자에게 조금이라도 도움이 되었으면 하는 심정에서 다소의 중복을 감수하고 이 글을 수록하게 된 것이니 부디 양해를 구한다.

『철학과 자연의 거울』은 1998년에 우리말 번역본이 출간된 적이 있으나 이미 오래전부터 시중에서 구할 수 없는 상태였다(이전 번역판이 '철학 그리고 자연의 거울'이라고 다소 부자연스러운 제목을 붙인 것은 아마도 고심 끝에 내린 결정이었을 것이며, 언어 표현의 의미가 중의성을 띠는 것을 꺼리는 사람이라면 누구나 그 결정을 이해할 것이다. 그러나 이번 새로운 번역판의 제목은 '자연의 거울'이라는 말이 적어도 철학에 관심이 있는 사람에게 이제는 어느 정도 익숙한 말이 되어 있으리라는 기대에서 좀 더 자연스럽게 읽히는 『철학과 자연의 거울』로 결정하였다). 그러던 중 필로소픽 출판사가 이 책을 재출간하는 뜻깊은 작업을 추진하였고, 어쩌다 보니 과문한 역자가 번역을 맡아 오랜 시간 고전에 고전을 거듭하였다. 로티가 이 책 어딘가의 주석에서 위대한 시가 다른 언어로 번역될 수 없는 것은 아니지만 다만 그 번역물이 위대한 시가 되지 않을 뿐이라고 말했던 것이 역자의 머릿속을 떠나지 않았다. 만약 필로소픽 출판사의 구윤희, 김승현 편집자의 도움마저 없었다면, 번역을 제대로 끝마칠 수나 있었을지 가늠이 안 된다. 그냥 의례적인 말이 아니라 정말로 두 편집자의 날카로운 지적과 유용한 제안들은 더없이 큰 도움이 되었다. 믿음직한 근대 철학 연구자들인 홍우람 교수, 김종원 교수와 번역어 선정 문제를 놓고 나눈 여러 차례의 대화도 매우 유익했다. 이런 여러 사람의 조력 덕분에 그나마 많은 실수를 줄일 수 있었지만, 아무리 그렇더라도 최종적으로 이 책의 번역에 온전히 모든 책임을 져야 마땅한 역자로서는 로티의 빛나는 저술이 혹시라도 남아 있을 부적절한 번역으로 퇴색되는 일이 없기를 부디 바랄 뿐이다.

어떤 독자에게 『철학과 자연의 거울』은 어쩌면 함부로 발을 들여놓기에는 너무 험준한 고산일 수 있다. 설령 그렇다 하더라도 철학을 사랑하고 오늘날의 세계를 만들어 낸 사상의 지형도를 조금은 낯선 시각으로 그려 보고 싶은 모든 독자에게 이 책의 일독을 진심으로 권하고 싶다. 그렇게 힘겹게 까마득한 정상을 딛고 올라섰을 때 그는 인간, 세계, 철학을 바라보는 한 철학자의 빛나는 통찰을 벅찬 가슴으로 맞이할 수 있을 것이다.

역자 석기용

(누구보다 철학을 사랑하며 철학적 분투의 일생을 살다가 너무 이르게 작고하신 김영건 형을 추모한다. 아마도 그는 이 책의 새로운 번역 출간을 누구보다 기뻐했을 것이다.)

◆ 색인 ◆

ㄹ

ㅁ

ㅂ

ㅅ

ㅇ

ㅈ

ㅊ

ㅋ

철학과 자연의 거울

초판 1쇄 발행 | 2026년 1월 12일

지 은 이 | 리처드 로티
옮 긴 이 | 석기용
펴 낸 이 | 이은성
편　　집 | 구윤희, 김승현
펴 낸 곳 | 필로소픽
주　　소 | 서울시 종로구 창덕궁길 29-38, 4~5층
전　　화 | (02) 883-9774
팩　　스 | (02) 883-3496
이 메 일 | philosophik@naver.com
등록번호 | 제2021-000133호

ISBN 979-11-5783-385-6　93100

필로소픽은 푸른커뮤니케이션의 출판 브랜드입니다.